高等院校研究生用书

TEXTBOOKS FOR GRADUATES

财务管理理论前沿专题

主编　周守华　汤谷良　陆正飞　王化成

中国人民大学出版社

·北京·

前　言

企业的根本目标是实现健康、稳定而又可持续发展，从而最大限度地创造财富或价值。这是企业财务管理所要研究和解决的核心问题。正因为如此，企业财务管理的成功与否常常能决定企业的兴衰成败。过去十多年间，企业财务管理的环境发生了巨大变化，全球政治、经济、科技等各方面的重大变革影响甚至改变了企业财务管理的理论和方法体系，并提供了新的技术手段；企业财务管理的实践也因此产生了很多新问题。如何在变化了的与正在变化的环境下，基于企业财务管理面临的新问题，应用相关学科的理论和新的研究成果，在理论上推动财务管理的前沿研究，在实践上指导企业迅速适应新的财务管理环境，更好地应对新的财务管理问题，是财务管理学家面临的新任务。在中国当下，这一任务尤其重要，因为持续改革中的经济体制、日益全球化的中国经济特别是越来越多的中国企业走向全球化经营，为财务管理的理论与实践提出了很多新问题。

出于完成上述任务的目的，本书有幸邀请到了国内财务管理学领域的一些专家，主要从六个方面对现代财务管理研究已取得的成果进行综合性评述，分析未来研究方向，并结合中国国情，探讨中国现代财务管理理论及其应用的若干问题。

第一部分是财务管理理论与方法研究。这部分内容主要包括财务管理理论结构、财务理论研究方法论，以及企业估值理论和方法。财务管理理论研究主要是通过对财务管理假设、财务管理目标、财务管理内容的分析，建立广义财务管理理论结构的基本框架及其研究路径。财务理论研究方法论主要是对财务管理研究的主要方法进行评述，包括对事件研究中显著性统计量是否能够无偏估计的评述，对自选择模型中如何控制内部信息在企业财务管理决策中的作用以及如何无偏地估计研究模型系数的评述等。此外，本书还介绍了企业估值的 Ohlson 理论内涵、对 Ohlson 模型的再思考及 Ohlson 估值理论与会计谨慎性的关系，并指出了未来可能的研究方向。

第二部分是融资行为研究。这部分主要包括对资本结构、IPO 和 SEO 问题的探讨。自 1958 年 Modigliani 和 Miller 提出 MM 理论以来，资本结构一直是公司财务研究的重要话题。在放松 MM 理论严格的假设条件后，学者们提出了权衡理论和融资优序理论。本部分对资本结构的这三个主要理论进行了评述。近十多年来，IPO 作为企业重要融资手段的财务问题逐渐凸显，除了传统的 IPO 三大谜团（IPO 折价、新股长期弱势和 IPO 热市现象）以外，与 IPO 有关的发行制度与定价机制、募集资金投向、盈余管理等也成为我国 IPO 问题研究的热点。本书介绍了融资优序理论在我国的适用性和现金持有水平实证检验等内容，对我国上市公司股权融资偏好进行了解析；同时，也对我国上市公司再融资方式及其监管效率进行了讨论。

第三部分是投资行为研究。这部分主要包括投资理论与政策和企业并购重组行为。投资作为企业成长的主要动因和未来现金流量增长的重要基础，决定了企业的经营风险、盈利水平以及资本市场对其经营业绩和发展前景的评价。目前企业投资理论主要有以下四种：⑴新古典框架下的企业投资理论；⑵基于委托代理的企业投资理论；⑶基于信息不对称的企业投资理论；⑷基于风险与收益的企业投资理论。本书在对上述四种理论进行评述的同时，研究了企业非效率投资的判别与测度，以及企业投资支出的影响因素。除此之外，本书对企业并购重组这一重大投资活动进行了探讨，并就我国资本市场近年来推出的一系列旨在完善市场基本制度和恢复市场功能的改革措施对并购市场产生的影响进行分析，提出未来可能的研究方向。

第四部分是股利政策研究。如何将公司实现的收益在股东和企业内部留存之间进行合理的分配，是上市公司管理者面临的现实问题，也是尚未圆满解决的难题之一。1961 年 Modigliani 和 Miller 提出了股利政策与公司价值无关论。然而，在现实经济中，MM 的假设并不成立，股利政策是否影响公司价值、如何影响公司价值、公司应该如何确定股利政策等问题仍然困扰着经济学家。本书从所得税、交易成本、不对称信息及公司所有权结构等方面进行股利政策的文献回顾，并提出了未来研究的方向。

第五部分是公司治理与财务管理研究。这部分内容主要包括内部资本市场、企业集团财务、企业内部控制、财务预警系统、全面预算及业绩评价。自从 Jensen and Meckling（1976）开创性地提出委托代理理论以来，“公司治理”一词越来越频繁地出现在公司财务问题研究中，公司治理与公司财务相融合的研究已经成为学术界重点关注的领域之一。本书基于委托代理理论，对我国企业集团财务及其内部资本市场进行了研究；在对内部控制信息披露行为的影响因素、内部控制信息披露的经济后果、内部控制缺陷及其披露影响因素等进行回顾的基础上，阐述了内部控制质量的度量、对内部控制作用的合理期望、研究方法的多元化运用；对预算管理中出现的编制问题、组织问题、参与者问题进行了论述；归纳经营者业绩评价与激励理论所研究的基本问题，进一步解读现有的经营者业绩评价与激励研究中的优势和局限，最后提出该领域未来可能值得深入研究的方向。

第六部分是公司行为财务。传统财务理论基于理性经济人、效率市场与利润极大化的假设，着眼于客观的市场状况，却常常无法解释一些现实市场的纷乱与异常现象。行为财务学从人类决策行为出发，结合心理学、行为学的研究成果，对财务管理理论提出新的思考方向，并取得了较好的成果。其中，资本结构领域和 IPO 领域的市场择机理论、投资、筹资与收购和兼并领域的过度自信理论和股利政策领域的迎合理论最具代表性。另外，管理者羊群行为也被看成是公司行为财务的一部分内容。

希望本书的出版在推动财务管理理论前沿研究的同时，为学习财务管理的研究生与从事企业财务管理实际工作的人员提供可资参考的信息与思路。

周守华

2013 年 11 月 2 日于北京

目　录

专题1 广义财务管理理论结构[①]

——以财务管理环境为起点的研究框架

理论研究的深度，是衡量一门学科成熟与否的标志；首尾一贯的理论，则是评估实务正确与否的指南。随着国家经济的繁荣发展以及对先进财务管理理论的兼收并蓄，我国的财务管理理论研究不断进行着创新并取得多方面进展。但与此同时，很多经济生活中带有特殊经济背景的现象很难直接借鉴西方成熟理论。因此，立足于中国社会、经济发展的现状与趋势，有选择地吸收西方财务理论的精髓，在研究理念、研究体系、研究内容上积极创新，形成一套框架合理、逻辑缜密、内容完备、脉络清晰的财务管理理论结构对于引导财务管理理论研究，指导财务管理实践创新具有重要意义。

一、问题提出

（一）财务管理理论

《韦氏国际词典》（Webster's New International Dictionary）第三版将理论解释为：理论是某一研究领域的一套前后一致的假设、概念和实用原则所构成的系统。

我国《辞海》对理论的解释是：理论是概念、原理的体系，是系统化了的理性认识。

我国《现代汉语词典》对理论的解释是：理论是人们由实践概括出来的关于自然界和社会的知识的有系统的结论。

---

① 中国人民大学科学研究基金"研究品牌计划"（中央高校基本科研业务费专项资金资助）项目成果（项目号11XNI007）。

但不论怎样描述，理论与实践的关系总是非常密切并相辅相成的。它们互为对方提供支持和帮助，每一方都有助于纠正对方的缺陷，使其变得更加完善。理论的职能是扩大经验的范围，并深化其含义。凡属科学的理论，必须能完整、准确地解决两个问题：(1) 如何解释实践，即认识世界；(2) 如何进一步做好实际工作，即改造世界。

财务管理理论是根据财务管理假设所进行的科学推理或对财务管理实践的科学总结而建立的概念体系，其目的是用来解释、评价、指导、完善和开拓财务管理实践。

(二) 财务管理的理论结构

"结构"作为哲学上的范畴是指物质及其运动的分布状态，是事物各个组成要素之间相互稳定的排列顺序、组合方式和互相制约、互相联系、互相作用、互相依赖的关系总和。一般而言，讲到结构，应包括以下两个方面的含义：一是构成系统或物质的基本要素或元素；二是这些要素或元素在整体中的作用及其排列组合，即要素之间的连接关系。即使系统的构成要素或物质的组成元素相同，但由于其连接方式不同也会引起系统或物质发生变化，因此，讲到结构，一定包括上述两方面内容。

借用结构的基本定义，笔者认为，财务管理的理论结构是指财务管理理论各组成部分（或要素）以及这些部分之间的排列关系。

笔者认为，应构建以财务管理环境为起点，财务管理假设为前提，财务管理目标为导向，由财务管理基本理论、财务管理通用业务理论、财务管理特殊业务理论和财务管理理论其他领域构成的财务管理结构体系。

财务管理环境是财务管理理论研究的逻辑起点。财务管理中的一切理论问题都由此展开，并在此基础上层层深入，形成合理的逻辑层次关系。站在企业的角度观察财务管理环境，可以将其分为外部环境和内部环境。

财务管理的外部环境包括宏观环境和市场环境，其中宏观环境包括政治环境、经济政策、社会文化环境、技术发展状况、法律状况等，市场环境则包括与企业经营密切相关的资本市场、原材料市场、人力资源市场等在内的各要素市场和产品市场的发展。宏观环境为企业交易活动的顺利进行提供了各种保障和约束，宏观环境的不同将导致市场交易成本的差异，而交易成本的大小将直接影响规范企业行为的一系列形式、内容与执行过程（李增泉等，2005），甚至会影响企业的财务管理决策。以产品市场竞争为例，较早时候已有研究发现产品市场竞争与管理者懈怠 (Scharfstein，1988)、资本结构 (Chevalier，1995) 密切相关，近年来我国学者也在这方面做了大量工作。

企业的内部环境是指企业战略和治理结构，包括企业的组织架构、战略及经营模式选择等。企业可以对内部环境施加有效影响，通过对企业组织架构、战略、经营模式等因素的调整，直接影响财务决策活动。作为企业获取竞争优势的重要途径，战略选择对企业财务决策的影响至关重要。如何界定、规划和执行一个良好的战略是决定其财务状况和经营绩效的关键所在。

（三）研究财务管理理论结构的意义

第一，建立科学的财务管理理论结构，能够弥补财务管理研究中的一项空白。有关财务管理的中外文献虽然很多，但系统、深入研究财务管理理论结构的文章基本没有。一些研究财务管理理论体系的文章虽然提出一些理论构想，但都没能进入理论结构的实质领域。在研究财务管理理论时，既要研究财务管理理论的构成要素，也要研究财务管理理论各个构成要素之间的内在联系，然后再按这种内在联系排列组合起来，形成一个理论框架，以便用于指导财务管理的实践和财务管理的理论研究。因此，建立科学的财务管理的理论结构具有重要意义。

第二，建立科学的财务管理理论结构，是正确进行财务管理理论研究的需要。任何一门学科的理论都需要有一种概念框架作为统一推理，财务管理也不例外。财务管理的理论结构，就是通过构建财务管理理论的各个组成部分及其相互关系，从而为财务管理的理论研究提供依据。只有建立了合理的理论结构体系，才能对复杂的客观事物进行抽象，从而更深刻地理解客观事物。因此，从我国财务管理实践出发，同时借鉴西方财务管理理论的研究成果，不断进行财务管理理论结构的研究，就能根据不断变化的财务管理实践而更新观念，创建新的理论。也只有如此，财务管理理论才能得到长足的进步。

第三，建立科学的财务管理理论结构，是有效指导财务管理实践的需要。从财务管理的感性认识发展到理性认识，认识的过程和任务尚未完成，必须回到财务管理实践中，实现第二次飞跃。这是因为，一方面正确的财务管理理论必须反映财务管理的规律性，因此，财务管理理论是否正确，必须接受财务管理实践的检验；另一方面，理论的目的是指导实践，只有实现了对财务管理实践的解释、评价和指导，财务管理理论才有了真正的归宿。笔者认为，社会主义市场经济条件下财务管理工作的完善和发展，都必须有正确的财务管理理论体系的指导。

二、中外文献回顾

（一）外部财务管理环境与公司财务理论研究

外部财务管理环境包括国家层面的经济环境及与企业经营密切相关的各种市场环境。近年来，越来越多的学者注意到国家和地区在经济制度、法律保护状况等方面的差异，并将其作为重要解释变量纳入微观企业经营行为的研究框架。同时，各种要素市场的发展状况对企业经营行为的影响也开始受到学者们的关注。研究的内容主要包括：财务管理环境如何影响企业的组织和治理结构、战略选择等企业内部理财环境及财务管理环境如何影响企业的理财行为。

1. 宏观环境

宏观环境为企业交易活动的顺利进行提供了各种保障和约束，宏观环境的不同将导致市场交易成本的差异，而交易成本的大小将直接影响到规范企业行为的一系列形式、内容与执行过程（李增泉等，2005），进而会影响企业的财务管理决策。以产品市场竞争为例，较早时候已有研究发现产品市场竞争与管理者懈怠（Scharfstein，1988）、资本结构（Chevalier，1995）密切相关，近年来我国学者也在这方面做了大量工作。李青原等（2007）发现，随着公司产品市场竞争性的增加，财务杠杆起初会增加，但在资产专用性随着产品市场竞争增加至某一临界值后，财务杠杆会转为下降趋势。姜付秀等（2008）发现产品市场竞争对公司资本结构偏离目标资本结构水平产生显著影响。除此之外，我国的社会结构特性（李心合，2005）、国家经济政策（饶品贵、姜国华，2010）等因素对财务管理活动的影响也都得到了一定程度的证明。

随着计划经济体制已逐步瓦解，市场在资源配置过程中逐步发挥作用。然而，到目前为止，政府在经济活动中仍然处于主导地位，市场化改革仍处于攻坚阶段，在部分时期部分地区甚至有倒退的迹象。同时，由于市场经济建设时间较短，中国的市场经济建设仍处于起步阶段，与西方成熟的经济体相比，在产权保护、市场化程度及法制水平等方面还存在很大差距，这些都使得市场交易成本大大增加，从而对企业的治理结构和经营决策产生重要影响。以美国等成熟市场国家为研究情境的财务学文献研究是基于充分竞争的市场环境下，独立的市场主体在完善的法律保护背景下进行的；而在中国典型的新兴加转轨市场环境下，企业的组织和治理结构安排必然与成熟市场存在差异。

最近，越来越多的学者注意到新兴市场国家与发达国家在法律制度、产权保护程度等方面的差异，并深入考察这种特殊的市场环境如何影响企业的治理结构（Fan et al.，2011）。正如学者们观察到的那样，法律保护不健全及严重的政府干预是新兴市场国家的普遍特征，通过税收、法规、国有控制等手段，政府影响和控制了商业经济中从生产过程、产出，到诸如劳动力、土地、资源、能源、建筑及金融等各个方面。正因为如此，法律保护程度和政府干预程度是新兴市场中企业决策的关键影响因素（Shleifer and Vishny，1994，1998；La Porta et al.，1999）。而内生于该制度环境的企业也可能存在特殊的治理模式，一种典型的企业行为就是建立政治关联。

Bartels and Brady（2003）认为，企业所处的制度环境决定了其建立政治关联的动机，制度环境越落后，企业建立政治关联的动机越强。Chen，Li and Su（2005）研究发现，在金融发展滞后、政府管制较多、非正式税收负担越严重、司法体系越薄弱的地区，民营企业家越可能参与政治。由此导致的结果是，政府的腐败程度越高，企业的组织结构越复杂，公司治理越薄弱（Fan et al.，2009 等）。Chen et al.（2010）研究发现，当地区的市场化进程较为缓慢，政府官员对企业的干预动机较强时，民营企业更有动力进行“政治寻租”，即与政府官员建立政治联系。而无论基于横截面的数据还是从时间序列的角度考察，这些具有政治联系的民营企业本身的股权集中度很高，这种高度集中的股权结构安排有助于控股股东更好地向政府官员进行寻租，并最大化获取“租金”。Fan et al.（2007）研究了 625 家 A 股上市公司的政治关系，发现 28%的公司 CEO 曾在政府部门任职，或者现在仍担任一定的政府职位，而且这些具有政治关系的公司，董事会的专业化水平较低。刘慧龙等（2010）研究发现，公司聘用政治关联高管的目的不同，决定了它们所采用的激励策略也不同。在国有控股公司中，政治关联公司的高管报酬业绩敏感性低于非政治关联企业，而在非国有控股公司中，政治关联公司的高管报酬业绩敏感性高于非政治关联公司。陈冬华等（2005）也发现，国有企业的高管报酬业绩敏感性较差，而大量进行在职消费是国有企业薪酬管制下高管人员的一种替代选择。游家兴等（2010）通过对 ST 公司中高层管理人员变更情况进行考察，发现高管的政治关联越密切，因业绩低劣而被迫离职的可能性越小。即高管所拥有的政治资源成为其构筑职位壕沟的资本，弱化了公司治理对高管应有的监管和约束机制。

政治关联的建立显著影响了公司财务决策行为和公司价值。在新兴市场国家中，很多企业的价值提升是源于其对政府的寻租（Fisman，2001），例如，许多研究都证明企业管理层有动机和地方官员建立政治联系，因为这些官员可以影响国有商业银行的信贷决策以及赋予企业部分商业特权（Sapienza，2004；Dinc，2005；Fan et al.，2007；Claessens et al.，2008 等）。然而，建立政治关联也会给企业带来沉重的政治负担，梁莱歆、冯延超（2010）从扩大就业规模、保持社会稳定的政治性成本角度研究了政治关联对企业雇佣行为的影响，研究发现政治关联企业的雇员规模、薪酬成本均显著高于非关联企业，即建立政治关联的民营企业受到了政府为实现扩大就业、促进社会稳定目标而进行的政治干预，支付了更高的薪酬成本。刘慧龙等（2010）也发现，国有企业的政治关联显著降低了员工的配置效率，员工冗余程度更高。Chen et al.（2010）发现，在具有政治关联的国有企业中，企业投资规模与企业的成长性并不相关，即政治关联损害了国有企业的投资效率。

除关注法律制度、政府治理质量等正式制度因素对企业决策的影响外，现有文献逐渐注意到声誉机制、关系、道德约束等非正式制度因素对企业财务决策的影响。因为，在新兴市场国家，企业家往往最后选择通过诉诸法律来解决商业纠纷，原因在于法律救济往往具有很高成本。大量契约关系往往通过能够建立和维护履约双方共同预期的替代方式来保障（Fan et al.，2010），这些替代方式包括交易双方的关系、交易主体个人声誉等。Tsai（2002），Allen et al.（2005）及 Linton（2006）注意到，中国许多私营企业尽管面临着不完善的法律保护环境，在融资过程中存在明显的“信贷歧视”，但依靠非正式的融资渠道，中国的私营企业取得了长足发展，并促进了中国经济的增长，他们认为声誉机制及个人关系等机制在其中发挥了重要作用。Allen et al.（2005）还因此将中国视为“法与金融”等文献研究结果的反例。然而，Ayyagari et al.（2010）对上述观点提出质疑，他们基于2 400家中国公司的详细调查数据研究发现，通过银行等正式融资渠道获取资金的公司增长要高于通过其他非正式渠道获取资金的公司，尽管非正式的融资渠道有助于小规模公司的发展，但总体来看，公司的发展更加得益于正式的融资渠道。Ayyagari et al.（2010）等认为，基于个人声誉及关系的非正式融资渠道对于支持私营领域的发展作用有限，很难成为正式制度的替代。

宏观经济政策的变化对微观企业主体的影响至少包括三个途径（姜国华、饶品贵，2011）。首先，宏观经济政策的实施会直接改变企业对未来经济前景及行业运行状况的判断，进而会影响企业的财务决策；其次，宏观经济决策（如货币政策、信贷政策等）会直接影响企业的资本成本，进而对企业财务决策产生影响；最后，宏观经济政策的实施可能会改变企业经营的信息环境，影响企业获取信息的不确定程度，从而影响企业的财务决策。周业安（1999）分析了中国政府金融抑制政策对企业融资能力的影响；姚琼（2004）则从宏观经济环境（包括金融市场、银行体系、通货膨胀、经济增长和利率）角度分析了其对上市公司资本结构的影响；肖作平（2004）的研究也表明，宏观经济因素、行业因素等显著影响企业的资本结构；饶品贵、姜国华（2010）的研究表明，当国家货币政策紧缩时，企业转而采用商业信用作为替代的融资方式，从而在一定程度上抵消了紧缩政策的影响；而陆正飞、祝继高（2009）的研究也发现在货币政策紧缩时，企业会主动增加现金持有水平，以抵御风险。

2. 市场环境

除宏观环境外，各种要素市场及产品市场的发展也会对企业的组织和治理结构及财务决策产生重要影响。

Allen and Gale（2000）认为，产品市场竞争可以直接替代公司治理机制，亦即当企业面临激烈的市场竞争时，其内部治理机制所发挥的作用将大大降低。激烈的市场竞争将直接遴选出优秀的管理层，而将不称职的管理层淘汰。Julia Chou et al.（2011）等研究发现，企业面临的市场竞争会影响其治理结构的选择，并对经理人的行为产生约束。面临激烈市场竞争的公司，其治理结构较弱，公司治理质量对绩效的促进作用只有在市场竞争较弱时显著存在，从而说明市场竞争对企业的治理结构选择具有重要影响。Tian and Twite（2011）从产品市场竞争及内部治理机制互动的视角研究了企业产出的影响，也得出类似的结论。他们发现，当企业面临激烈的市场竞争时，内部治理机制对企业产出效率的影响降低，即产品市场竞争是内部治理机制的有效替代。

（二）内部财务管理环境与公司财务理论研究

企业的内部环境是指企业战略和治理结构，包括企业的组织架构、战略及经营模式选择等。企业可以对内部环境施加有效影响，通过对企业组织架构、战略、经营模式等因素的调整，直接影响财务决策活动。作为企业获取竞争优势的重要途径，战略选择对企业财务决策的影响至关重要。如何界定、规划和执行一个良好的战略是决定其财务状况和经营绩效的关键所在。例如，与实行成本领先战略的企业相比，实行产品领先战略的企业应不断致力于通过塑造产品或服务的独特性，以造成相对于竞争者的有利差异来获得竞争优势，为了支撑这一战略的顺利实施，必然需要企业投入大量资本进行产品的设计和改进，如何筹集和管理这些资本就显得至关重要（Titman，1984）。从控制风险的角度出发，实施产品领先战略的企业应当减少负债，而且企业的竞争优势越是依赖于创新，企业的财务杠杆率应该越低（王任飞，2004）。高新技术企业作为典型的以产品领先战略为核心的企业，强调风险管控，所以需要保持较高的财务松弛空间，以应对我国高度动态的环境和企业自身的高成长要求（孔宁宁等，2010）。任何一项产品或服务从无到有，再到其使用价值的实现，都要经过研究开发、生产、销售、售后服务等价值创造环节，不同的企业根据自己具备的资源和能力，会专注于价值链上的不同阶段，从而形成不同的经营模式，比如专注于销售和售后服务的公司，所有的产品生产可能都实行外包，从而形成轻资产型公司，而另一些专注于生产的企业，可能不得不购置大量的生产设备和厂房，从而成为重资产型公司。而不同的经营模式可能对企业的筹资、投资、分配产生不同的影响。

对公司治理结构的研究主要围绕公司治理机制及治理效率展开（Gillan，2006；Shleifer and Vishny，1997），具体包括：股权结构与公司治理效率的研究（Fama and Jensen，1983；Faccio and Lang，2001；etc.）；债权约束在公司治理中作用的研究（Jensen and Meckling，1976；Grossman and Hart，1982；etc.）；董事会特征与公司治理效率的研究（Rosenstein and Wyatt，1990；Borokhovich et al.，1996；etc.）；高级管理人员报酬计划的研究（Aggarwal et al.，2007；Bebchuk and Fried，2003；Jensen and Murphy，1990；Rosen，1982；Benston，1985；etc.）；公司控制权市场在公司治理中作用的研究（Martin and McConnell，1991；etc.）；公司治理在内部资本市场效率中的作用（郑国坚，2008）；公司领导权结构的研究（Berg and Smith，1978；etc.）；财务报告的真实性与公司治理关系的研究（Beasley，1996；etc.）；媒体、机构投资者等外部力量对公司治理效率的影响

(Joe et al.，2009；Zingales et al.，2008；Li et al.，2008)。

作为公司治理理论和公司实践的核心内容，公司组织架构是财务理论研究的基础问题。组织架构的设置决定了公司控制权的配置和控制权结构，而以控制权为纽带建立的内部资本市场（ICM）是财务管理研究的热点领域。相对于外部资本市场而言，内部资本市场在监督、激励、内部竞争、资本的低成本配置等方面具有其独有的优势和特点，因而显著地影响了企业的财务决策行为。随着市场经济制度的确立和国有企业改革的深入，在政府政策和市场导向的作用下，我国在不同层次上形成了一大批企业集团。这些通过划转、重组、兼并、收购等手段建立起来的企业集团已经发展成为国民经济的主导力量，这为国内学者研究内部资本市场提供了很好的契机。国外的理论研究表明，内部资本市场之所以存在，是因为它可以克服企业与外部资本市场之间存在的信息不对称及激励不兼容，从而能更有效地进行资源配置（Alchian，1969；Williamson，1975）。但是这一理论似乎并不能很好地解释我国当前的现状。随着我国市场化程度的加强、信息披露状况的改善及监管的逐步到位，企业与外部资本市场之间的信息不对称程度应该日趋减缓，但却有越来越多的企业热衷于打造企业集团，通过各种方式在集团内部配置资本以构建内部资本市场。因此，处在新兴市场国家转轨经济中的企业集团内部资本市场必然有不同于成熟市场的特殊性。这种特殊性必然会影响我国企业集团内部资本市场功能的发挥和内部资本市场的运作行为，进而产生一系列经济后果。

目前，国内关于内部资本市场的研究尚处于起步阶段，缺乏系统的研究，主要研究成果包括以下几个方面：

（1）内部资本市场有效性。内部资本市场研究是围绕资本配置效率展开的，其有效性问题一直是学者们讨论的热点。同国外学者的研究结果类似，国内学者的研究结论也主要分为两类：一类是认为 ICM 可以提高资本配置效率，增加企业价值（朱鮀华，2007；胡旭阳、王丽萍，2009）；一类认为 ICM 常常出现无效配置，破坏企业价值（翁逸群等，2000；黎来芳，2005；杨棉之，2006；万良勇、魏明海，2006；邵军、刘志远，2007，2008；许艳芳、张伟华、文旷宇，2009）。与支持有效内部资本市场假设的文献相比，发现内部资本市场无效运营的证据相对更多。另外，王峰娟和邹存良（2009）通过案例分析还发现多元化程度与内部资本市场的关系并不是线性的，而是呈∩形关系。

（2）内部资本市场与融资约束关系。融资约束是很多企业面临的问题，其直接后果会造成投资不足（underinvestment）。由于我国外部资本市场尚不发达，融资约束问题在我国企业中显得更为突出（尤其是民营企业和中小企业）。缓解融资约束成为很多企业进行多元化经营、构建内部资本市场的出发点。国内学者对内部资本市场与融资约束的关系进行了比较全面的研究，发现内部资本市场能够减轻融资约束（周业安、韩梅，2003；韩亮亮等，2008；黎来芳等，2009）。不过学者李焰等（2007）通过对复星集团的考察，发现集团化运作在放大融资能力的同时也会导致企业财务杠杆上升、财务风险加大。

（3）内部资本市场中的寻租行为和管理层激励。代理问题普遍存在于各种组织形式的企业中，企业集团也不例外。在企业集团中，存在着双层代理关系。总经理从其控制企业总资产中获取私人收益，部门经理则从各自控制的分部资产中获得收益，因此会产生寻租行为（Scharfstein，Stein，2000）。部门之间为了争夺有限的资源，还会进行内部争斗。这些都会扭曲内部资本配置，需要采取相应的激励措施，以降低负面影响，提高资本配置效率（Wulf，2002；Motta，2003；Bernardo，et al.，2006）。受国外研究的影响，近年来我国学者也开始关注内部资本市场中的寻租行为和管理激励问题（韩忠雪、朱荣林，2005；王明虎，2007；卢建新，2007；钱雪松、邹薇，2008）。

（4）内部资本市场与资本结构关系。企业资本结构和内部资本市场的联系是非常密切的：当外部资本市场不发达时，企业会较少使用外部债务，而倾向于利用内部资本市场从母公司借款（Desai，et al.，2004）；当企业的负债率大幅增加时，内部资本市场会把资本分配给可以产生高现金流的部门（Peyer and Shivdasani，2001）。近年来，有关内部资本市场与资本结构关系的研究开始增多，内容涉及资本成本、经营模式、控股结构等方面（姜付秀、陆正飞，2006；米运生等，2008；韩亮亮等，2008），从不同角度解释了内部资本市场对资本结构的影响，契合了中国实际。

（三）财务决策研究

在对企业财务决策的相关研究中，许多学者围绕公司治理框架，从代理冲突、控股股东的角度来分析公司治理机制对财务决策的影响（Cronqvist and Fahlenbrach，2009），具体包括公司治理对投资决策、筹资决策、分配决策和现金持有决策的影响（Barclay，et al.，2009；Cronqvist et al.，2009；Stephen G. Sapp，2008；Kumar and Ramchand，2008；John et al.，2008；Michael Firth et al.，2008；Ivashina et al.，2008；Sandy Klasa，2007；Beak，et al.，2006；Richardson，2006；Hartzell et al.，2005；Faccio et al.，2001 etc）。国内学者大多围绕我国公司治理中股权集中、大股东占控制地位的实际出发，研究这种特殊的治理结构对公司财务决策的影响（林斌等，2008；刘慧龙等，2009；王化成、李志杰，2008；王化成等，2007；童盼、陆正飞，2005；王化成、胡国柳，2005；肖作平、吴世农，2002；刘星、曾宏，2002；陈信元等，2003）。

国内学者对融资决策的研究主要集中于两点：一是资本结构（包括债务结构和股权结构）的影响因素；二是控股股东与股权融资行为（陈晓、单鑫，1999；沈艺峰、田静，1999；陆正飞、辛宇，1998；吕长江、韩慧博，2001；洪锡熙、沈艺峰，2000；肖作平、吴世农，2002；杨兴全，2002 等；杨其静，2004；童盼、陆正飞，2005；林斌等，2008；刘慧龙等，2009）。

随着股权分置改革的完成，定向增发作为全流通背景下借鉴境外成熟市场经验而引入的全新证券发行制度正式成为中国资本市场的一种再融资方式，而且近年来已经成为上市公司股权再融资的最重要方式。许多学者注意到这一变化，分别从股权再融资方式选择、定向增发的折价率与宣告效应、定向增发后的公司业绩变化等角度对我国上市公司的定向增发行为做了深入研究（王化成、邓路，2011；邓路等，2010；郑琦，2008；章卫东、李德忠，2008；朱红军，2008；张鸣、郭思永，2009；章卫东，2007 等），但尚未取得一致的结论。

传统的投资理论致力于分析有形资产的投资问题（Lang and Stulz，1994；Berger and Ofek，1995；Lins and Servaes，1999；辛清泉，2009 等），而对无形资产投资及人力资产投资的相关研究较少。主要原因在于，上市公司关于无形资产及人力资产投资的披露并不规范，相关数据的获取较为困难，限制了相关实证研究的顺利展开。王化成等（2005）通过手工搜集报表附注中披露的无形资产信息，研究发现，我国上市公司所披露的无形资产信息不具有可读性和可比性；无形资产投资对公司业绩有显著的正向贡献；其披露的无形资产信息具有一定的价值相关性，但投资者对其反应存有滞后性。刘运国、刘雯（2007）通过对 2001—2004 年披露了 R&D 支出的 454 个上市公司进行考察，发现上市公司 R&D 支出同高管任期呈显著正相关关系，高管任期越长的公司，R&D 支出越高，而即将离任的高管没有积极性增加 R&D 支出，同时高管是否持股与 R&D 支出显著正相关，即对高管的股权激励有利于增加公司的 R&D 支出。

现有文献关于分配的研究，主要围绕公司的股利分配（包括现金股利和股票回购）展开。国内关于股利理论的研究主要集中在三个领域：股利政策影响因素的分析（刘星、李豫湘，1998；吕长江、王克敏，1999；原红旗，2001 等）；信号理论的检验（陈晓等，1998；李常青，1999；魏刚，2000；孔小文、于笑坤，2003 等）；代理理论的检验（廖理、方芳，2004；应展宇，2004 等）。然而，随着知识经济时代的到来，作为知识载体的人力资本对于公司价值的贡献度愈加重要，而且按照马克思主义的劳动价值理论，企业的剩余来源于劳动者的活劳动。因此，人力资本也有权参与剩余的分配。

从产权角度来看，人力资本的投资和贡献形成其对企业产权的要求权，人力资本的产权属性则是人力资本参与价值分配的理论基础。由于人力资本的专用性和群体性特质导致其抵押性功能不断增强，人力资本逐渐成为企业风险的主要承担者。周其仁（1996）、刘小玄（1996）从现代经济中人力资本与非人力资本在资本形式和作用上的无差别性阐述了人力资本参与剩余分配的原因。Alchain and Demsetz（1972）提出仅仅依靠监督不能完全解决人力资本的努力问题，而剩余索取权的安排可以用来解决自我监督的激励问题。张建琦（2001）进一步指出，人力资本产权的私有性要求剩余索取权的激励。正是由于对剩余的贡献和激励的需要，人力资本应当而且可以参与企业的剩余分配。

国内外学者对人力资本参与企业剩余分配模型的研究，概括起来主要有以下几种思路：一是以 Hashimoto（1981）为代表的人力资本投资交易费用模型研究；二是随着博弈论和信息经济学研究的不断深入，对员工和企业双方分享企业剩余进行博弈分析；三是以价值创造为出发点，从价值创造的本质出发，提出了企业分配的"新三位一体公式"（冯子标等，1999）。

要想实现对人力资本的合理分配，业绩评价系统的运用和激励机制的设计必不可少。从现有的文献资料来看，国外对于业绩评价系统运用的研究文献较多地集中于评价指标体系设计和高级管理层激励方面（Kaplan and Norton，1992，1996）。

国内的研究成果则主要集中于人力资源及企业整体的业绩评价领域。例如，王化成等（2003）通过对因子分析方法的改进建立了上市公司的业绩综合评价体系。池国华、迟旭升（2003）从外部投资者的角度探讨了上市公司的整体经营业绩评价问题。王化成等（2004）比较了会计利润、现金流及经济增加值的价值相关性。支晓强（2005）以委托代理理论为基础构建模型，分析了企业分部经理业绩评价中业绩指标、激励强度的选择。

自 Stein（1988）开创性地将行为经济学的理论和方法运用到公司财务领域，触发了行为财务（behavioral corporate finance）问题的研究之后，许多学者也逐渐尝试融合心理学、社会学等因素研究企业的投融资行为。Stein（1996），Baker and Wurgler（2002）等提出并检验的资本结构的市场择时理论（market timing theory），即假定企业管理者理性而投资者非理性，理性的经理面对非理性市场时，能够选择恰当的时机发售股票。例如，当企业的股价太高时，理性经理就会利用投资者的热情发售更多的股票；相反，如果股价太低，则回购股票；Graham and Harvey（2001），Brav et al.（2004），Graham et al.（2004）等通过对上市公司财务总监的一系列匿名调查分析证实了上述研究结论。Shleifer and Vishny（2003）提出的股市驱动并购理论（market-driven acquisitions theory），该理论认为股票市场在反映公司真实价值方面是无效的，而公司经理人员则是完全理性的，知悉公司的实际价值以及股票市场的无效，并利用这些信息做出相应的决策。因而并购是由相关公司的股票市值所驱动的，股票被高估或低估是并购发生的决定因素。Baker and Wurgler（2004）等提出并检验股利政策迎合理论（catering theory of dividends），该理论认为公司发放现金股利的决策取决于投资者的需求，当投资者愿意以较高价格购买发放现金股利的股票时，经理就会迎合这种需求而发放现金股利；相反，当投资者愿意以较高价格购买那些不发放现金股利的股票时，经理就会迎合投资者的需求而不发放现金股利。

国内行为财务的研究目前还处于探索阶段，相关的文献主要有沈艺峰、吴世农（1999）；杨胜刚（2002）；吴世农等（2002）；朱武祥（2002，2003，2004）；吴世农、吴超鹏（2003，2005）；吴世农、许年行（2004）；周业安、陈彦斌（2004）；米黎钟、李国平（2005）；熊大春、邵希娟（2006）；许年行、吴世农（2007）；沈艺峰等（2007）；姜付秀等（2009）；张敏等（2008）。研究内容涉及股权分置改革中的锚定效应研究，上市公司股利政策的迎合理论检验，管理过度自信对企业投资的影响等。

（四）对现有研究的评述

通过对现有财务管理理论研究的回顾，我们认为当前财务管理理论研究在取得了重要成绩的同时，还存在以下几方面不足：

（1）尽管现有文献围绕企业所处的宏观环境，包括政治环境、法律环境等正式制度因素对企业组织与治理结构及财务决策的影响进行了许多卓有成效的研究，但关于社会文化环境、具体经济政策等如何影响企业财务决策的研究还远远不够，同时关于技术环境等其他宏观环境如何影响企业的财务管理活动的研究还少有涉及。

（2）在市场环境方面，资本市场发展、产品市场竞争等市场因素对企业治理结构及理财行为的影响已受到学者的关注，但原材料市场状况、人力资本市场状况等对企业组织及治理结构和财务决策的影响尚停留在理论探讨层面，缺乏进一步深入研究。

（3）现有文献关于组织及治理结构对企业财务决策的影响主要围绕企业的公司治理机制及效率展开，较多关注单体公司的治理机制如何影响其财务管理决策，而围绕集团公司内部资本市场决策展开的研究较少，且尚未取得一致结论。

（4）近年来，许多公司都从财务管控逐渐转变为战略管控，战略选择对企业财务决策的影响在财务管理实践中越来越重要，然而现有文献对企业战略等内部环境因素对财务决策的影响缺乏关注。

（5）随着网络技术的持续发展及社会分工的不断细化，企业之间在经营模式上的差别越来越明显，这些变化势必影响企业的财务管理决策，现有文献还鲜有将企业经营模式作为重要的环境变量纳入财务管理理论研究范畴。

三、基本问题分析

（一）财务管理假设

财务管理假设是人们利用自己的知识，根据财务活动的内在规律和理财环境的要求所提出的，具有一定事实依据的假定或设想，是进一步研究财务管理理论和实践问题的基本前提。

1. 理财主体假设

理财主体假设是指企业的财务管理工作应限制在每一个经济上和经营上具有独立性的组织之内。它明确了财务管理工作的空间范围，理财主体假设为正确建立财务管理目标，科学划分权责关系奠定了理论基础。

理财主体应具备以下特点：理财主体必须有独立的经济利益；理财主体必须有独立的经营权和财权；理财主体一定是法律实体，但法律实体并不一定是理财主体。一个组织只有具备这三个特点，才能真正成为理财主体。

2. 持续经营假设

持续经营假设是指理财主体持续存在并且能执行其预计的经济活动。它明确了财务管理工作的时间范围。持续经营假设可以派生出理财分期假设。按理财分期假设，可以把企业持续不断的经营活动，人为划分为一定期间，以便分阶段考核企业的财务状况和经营成果。

持续经营假设是财务管理上一个重要的基础前提。在确定筹资方式时，要注意合理安排短期资金和长期资金的关系；在进行投资时，要合理确定短期投资和长期投资的关系；在进行收益分配时，要正确处理各个利益集团短期利益和长期利益的关系，这些都建立在此项假设基础之上。

3. 有效市场假设

有效市场假设是指财务管理所依据的资本市场是健全和有效的。美国财务管理学者法玛（Fama）在1965年和1970年各发表一篇文章，将有效市场划分为三类：(1) 弱式有效市场，指的是当前的证券价格完全反映了已蕴涵在证券历史价格中的全部信息，任何投资者仅仅根据历史信息进行交易不会获得额外盈利；(2) 次强式有效市场，指的是证券价格完全反映所有公开的可用信息，根据一切公开的信息（如公司的年度报告、董事会公告等）都不能获得额外的盈利；(3) 强式有效市场，指的是证券价格完全反映一切公开和非公开的信息，投资者即使掌握内幕信息也无法获得额外盈利。实证研究表明，美国等发达国家的证券市场均已达到次强式有效市场。我国有些学者认为，中国股票市场已达到弱式有效（陈小悦等，1997），但尚未实现次强式有效（吴世农等，1997）。事实上，即使是发达的股票市场，也不是在所有时间和所有情况下都是有效的，个别情况也会出现例外，所以称为假设。

有效市场假设是建立财务管理原则，决定筹资方式、投资方式，安排资金结构，确定筹资组合的理论基础。如果市场无效，很多理财方法和财务管理理论都无法建立。

4. 资金增值假设

资金的增值假设是指通过财务管理人员的合理营运，企业资金的价值可以不断增加。这一假设实际上指明了财务管理存在的现实意义。因为财务管理是对企业的资金进行规划和控制的一项管理活动，如果在资金运筹过程中不能实现资金增值，财务管理也就没有存在的必要了。

资金增值假设的派生假设是风险与报酬同增假设。此项假设是指风险越高，获得的报酬也越高（指取得的增值越大或付出的成本越低）。风险与报酬同增假设实际上暗含着另外一项假设，即风险可计量假设。

资金增值假设说明了财务管理存在的现实意义，风险与报酬同增假设又要求财务管理人员不能盲目追求资金的增值，因为过高的报酬会带来巨大的风险。此两项假设为科学确立财务管理目标、合理安排资金结构、不断调整资金投向奠定了理论基础。

5. 理性理财假设

理性理财假设是指从事财务管理工作的人员都是理性的理财人员，因而，他们的理财行为也是理性的。他们会在众多的方案中，选择最有利的方案。尽管我们承认存在一部分盲目的理财人员，但从财务管理理论研究来看，只能假设所有的理财行为都是理性的，因为盲目的理财行为是没有规律的。没有规律的事情无法上升到理论的高度。

理性理财假设可派生出另外一项假设——资金再投资假设。这一假设是指当企业有了闲置的资金或产生了资金增值，都会用于再投资。因为理财行为是理性的，因此，企业必然会为闲置的资金寻找投资途径；又因为市场是有效的，就能够找到有效的投资方式。

理性理财行为是确立财务管理目标，建立财务管理原则，优化财务管理方法的理论前提。例如，财务管理的优化原则，财务管理的决策、计划和控制方法等都与此项假设有直接联系。

（二）财务管理目标

财务管理的目标是企业理财活动所希望实现的结果，是评价企业理财活动是否合理的基本标准。财务管理目标制约着财务运行的基本特征和发展方向，是财务运行的一种驱动力。不同的财务管理目标，会产生不同的财务管理运行机制；科学地设置财务管理目标，对优化理财行为，实现财务管理的良性循环，具有重要意义。中外关于财务管理目标问题，争议一直较大，现仅就曾经在我国和西方国家广泛应用的几种观点进行说明。

1. 产值最大化

在传统的集权管理模式下，企业的财产所有权与经营权高度集中，企业的主要任务就是执行国家下达的总产值目标，企业领导人职位的升迁，职工个人利益的多少，均由完成产值计划指标的程度来决定，这就决定了企业必然要把总产值作为企业经营的主要目标。随着时间的推移，人们逐渐认识到，这一目标存在如下缺点：

只讲产值，不讲效益；只讲数量，不求质量；只抓生产，不抓销售；只重投入，不讲挖潜。因此，把总产值最大化当作财务管理的目标，是不符合财务运行规律的。

2. 利润最大化

利润最大化目标是指通过对企业财务活动的管理，不断增加企业利润，使利润达到最大。20世纪50年代以前，西方财务管理理论界一直认为利润最大化是财务管理的最优目标。目前，我国也有一部分财务管理学家认为以利润最大化为目标是财务管理人员的最佳选择。笔者认为，以利润最大化作为企业财务管理目标有合理的一面，这是因为企业要想取得利润最大化，就必须讲求经济核算，加强管理，改进技术，提高劳动生产率，降低产品成本，这些都有利于经济效益的提高。但以利润最大化作为财务管理的目标存在以下缺点：利润最大化没有考虑利润发生的时间，没能考虑资金的时间价值；利润最大化没能有效地考虑风险问题，这可能会使财务人员不顾风险大小去追求最多的利润；利润最大化往往会使企业财务决策带有短期行为的倾向，即只顾实现目前的最大利润，而不顾企业的长远发展。

3. 股东财富最大化

股东财富最大化是指通过财务上的合理经营，为股东带来最多的财富。尽管理论界存在着“股东财富最大化能否转化为股票价格最大化”的争论，但是当我们做出资本市场有效假设以后，可以认为股票价格是衡量股东财富最有力的指标。这是因为股价最具观察性，并且最能反映股东未来所获得的收益。这样股东财富最大化又演变为股票价格最大化。

与利润最大化目标相比，股东财富最大化目标有其积极的方面。这是因为：

(1) 股东财富最大化反映了时间价值。因为股票价格受到企业每股预期收益大小及取得时间的影响，因此股东财富最大化在一定程度上能够克服公司在追求利润上的短期行为。

(2) 股东财富最大化目标考虑了风险因素。因为风险高低会对股票价格产生重要影响。

(3) 股东财富最大化反映了资本与收益之间的关系。因为股票价格是对每股股份的一个标价，反映的是单位投入资本的市场价格。

但应该看到，股东财富最大化目标也存在一些缺点：它只适用于上市公司，对非上市公司则很难适用；它只强调股东的利益，而对公司其他关系人的利益重视不够；股票价格受多种因素影响，并非都是公司所能控制的，把不可控因素引入理财目标是不合理的。

尽管股东财富最大化目标存在上述缺点，但如果一个国家的证券市场高度发达，市场效率极高，上市公司可以把股东财富最大化作为财务管理的目标。

“股东财富最大化”或“股票价格最大化”的目标对股份公司来说是一个比较容易获得的指标。那么诸如独资公司或合伙公司该如何运用这一原则呢？从理论上说，这些公司的价值等于公司在市场上的出售价格，或者是投资人转让其出资而取得的现金。对一个正常经营中的企业而言，很难用这种整体出售的价格来衡量。因此从实践上看，可以通过资产评估来确定非上市公司价值的大小，或者根据公司未来可取得的现金流入量来进行衡量。

4．相关者利益最大化

持相关者利益最大化观点的人认为，“股东财富最大化”没有将公司更多的利益集团考虑进去，诸如债权人、职工、社会等，而公司的价值是这些利益集团共同作用和相互妥协的结果。从理论上来讲，各个利益集团的目标都可以通过公司长期稳定发展和不断增长而实现，从而使公司的价值达到最大化。所以，持这种观点的人认为，以相关者利益最大化作为财务管理的目标，比以股东财富最大化作为财务管理目标更加科学。

然而，“股东财富最大化”观点的持有者认为，相关者利益最大化只是放松了股东财富最大化中的一些约束条件，因此这种观点没有与股东财富最大化形成本质上的区别；相反，由于很难找到一个指标将相关者利益全部反映进来，因此目前在实践中较难操作。

笔者认为，给出一定约束条件后，股东财富最大化与相关者利益最大化可以协调一致，两者都是对公司价值最大化的追求。这些约束条件是：

（1）公司的债权人、员工及政府的利益受到完全的保护。

（2）没有社会成本。公司在追求股东财富最大化的过程中所耗费的成本都能够归结于公司并确实由公司负担。

在以上这些假设前提下，股东财富最大化的过程将不存在与第三方相关者的利益冲突。因此，经营者就能专注于一个目标——股东财富最大化，从而实现公司价值的最大化。公司理财强有力的一个方面就是它始终如一地强调价值最大化，由此，公司理财保持了自身的一致性和连贯性，同时也发展了许多有效的模型和理论，用于公司的各种财务活动中。

（三）财务管理内容

笔者认为，传统财务管理在内容上进行了比较深入的研究，但研究的范围比较狭窄，为此，笔者提出了广义筹资理论、广义投资理论和广义分配理论三个范畴。

1．广义筹资理论

（1）传统资本结构理论。

莫迪格利安尼和米勒（简称 MM）是现代资本结构理论的创始人，首次以严格、科学的方法研究资本结构与企业价值的关系，形成了著名的“MM 资本结构理论”，为现代财务管理理论的发展做出了重要贡献。但 MM 理论没有研究负债内部的结构和权益内部的结构。在 MM 理论之后的各种理论，如权衡理论、信息不对称理论、激励理论等，也基本是沿着MM理论的思路进行研究的，很少涉及负债内部和权益内部的结构问题。笔者认为，负债内部和权益内部的结构对企业价值也会产生重要影响。为此，提出了包括负债内部结构和权益内部结构的广义筹资理论。

(2) 负债结构理论。

负债结构是指企业负债中各种负债数量比例关系，其中最主要的是短期负债与长期负债的比例关系。笔者不仅主张在资本结构中研究短期负债问题，而且认为应作为重点问题来进行研究。从理论上来讲，短期负债属于企业风险最大的融资方式，但也是资本成本最低的筹资方式，因此，短期负债比例的高低，必然会影响企业价值。从实践上来看，企业所偿还的均是短期债务，因为长期债务在转化为短期债务后才面临偿还问题。我国目前企业偿债能力较弱，主要是短期负债过度所致。这与理论上不注意研究负债结构有直接关系，因为没有理论作指导的实践活动，常常都是盲目的。

(3) 权益结构理论。

权益结构是指所有者权益内部的各种比例关系，这里涉及的问题比较多，就目前来看，主要应研究以下问题：国家股、法人股、个人股和外资股的比例关系；职工内部股与外部股的比例关系；普通股与优先股间的比例关系；稳定股与活跃股的比例关系等。上述比例关系有许多在经济学领域中已有研究，但迄今为止，并未引起财务管理学领域的足够重视，笔者认为这些问题全部都在财务学研究的范畴之内，应加强研究。

2. 广义投资理论

(1) 传统投资理论。

从西方财务管理来看，投资问题主要集中在两个方面：第一，固定资产投资问题，主要研究现金流量和各种投资决策指标，最早研究此方面问题的是美国人乔尔·迪安(Joel Dean)，他1951年出版的名著《资本预算》一书，主要研究应用贴现现金流量来确定最优的投资决策问题。第二，证券投资问题，主要研究证券估价和风险分散，其主要理论有投资组合理论、资本资产定价理论和期权定价理论。

20世纪90年代以前，我国财务管理中很少研究投资管理问题，90年代以后，投资管理问题才逐渐引起重视。我国财务管理中的投资理论主要研究固定资产投资问题，对固定资产投资问题的研究又主要围绕投资决策指标来展开。

虽然固定资产投资和证券投资的确是企业投资两个最重要的方面，但仅仅研究上述两个方面是不够的。近年来，无形资产和人力资产在企业中发挥越来越重要的作用，所需要的投资也越来越多，因此，企业投资管理中必须包括这两项内容。我们把包括无形资产投资和人力资产投资的投资理论，称为广义的投资理论。

（2）无形资产投资理论。

无形资产是企业最重要的资产之一，在市场经济条件下，无形资产能为企业带来巨大的经济效益。随着科学技术的飞速发展，以知识形态为主的无形资产在企业生产经营中的作用越来越引起人们的重视。英国品牌价值咨询公司 Brand Finance 2011 年发布的品牌价值排行榜显示，谷歌（Google）的品牌价值为 483 亿美元。无形资产不仅本身具有价值，更重要的是它可以带来本身以外的价值，可以产生财富，使企业立于不败之地。美国可口可乐一位经理在 1967 年曾经宣称：即使可口可乐所有工厂在一夜之间被大火烧毁，它依然能很快起死回生，因为可口可乐的品牌能使任何一家公司财源滚滚，凭此就可以向银行贷款，恢复生机。

无形资产对于一个地区乃至一个国家的经济发展也是至关重要的。在当今的国际经济合作中，经济发达国家和地区常常向落后的国家和地区出售生产技术、工艺流程和商标等无形资产，以此取得丰厚利润。

从以上分析可以看出，无形资产给企业带来的财富是巨大的，对企业财务管理目标的实现具有重要意义。传统上，对于自创无形资产的投资一般都计入当期费用，没有当作一项投资来处理，对于购入的无形资产才当作长期投资处理。但是，在企业的无形资产中，自创无形资产所占比重较大，而自创无形资产投资属于长期的巨额投资，因此，必须对这些无形资产投资进行认真的可行性分析，做出合理的投资决策，以便保证无形资产投资取得最大的经济效益。为此，必须根据无形资产的特点，建立无形资产投资理论。

（3）人力资产投资理论。

人是社会经济发展中最重要、最活跃、最有创造力的因素。人力资产是指企业所拥有的、能够给企业未来带来经济利益的人力资源，它包含直接或间接增加企业现金或其他经济利益的潜力。从经济学的角度来看，人力资产投资是指花费在人身上的一切费用之和，包括人出生以来的生活方面的投资、教育投资和其他投资。显然，这一概念不符合企业财务管理的要求，因为人在进入企业之前所花费的投资额是企业无法控制的。因此，我们认为，从财务管理的角度来看，人力资产投资一般是指企业投资在人力资产上的各种支出。

即使是企业用于人力资产的各种支出，也不全都属于人力资产投资。因为企业发生的与人力资产相关的支出是多种多样的，如招聘人员的支出、工资支出、培训支出、医疗费支出等。但这些费用可以分为两大类：一类是为了取得和维持人力资产原有潜力而发生的支出，如员工招聘支出和工资性支出。另一类是为了增加人力资产原有潜力而发生的支出，如员工培训等开发性支出。笔者认为，仅仅第二类支出应归属于人力资产投资。其原因在于：第一类支出的招聘费用一般数额较小，没有必要当作投资处理；工资性支出属于收益分配的范畴，不应在投资中考虑；投资是相对于价值增值的一个概念，工资性支出不会增加人力资产的价值，只有开发性的培训支出，才会使人力资产价值增加。综上所述，人力资产投资是指企业将资金转化为增加人力资产潜力的过程，其表现形式为企业对人力资产进行培训的开发性投资。

早在20世纪五六十年代舒尔茨研究人力资产时就指出，对人力资源进行投资所产生的收益远远高于对非人力资源的投资。但时至今日，理论界和实务界在对企业投资情况进行分析时，仍局限于固定资产等物质资源上，对人力资源的投资，大多通过定性的方法来进行模糊管理。因此，笔者认为，对人力资产投资的研究填补了企业投资理论中人力投资部分的空白，使得企业投资理论更加完整和科学。对应于人力资产和物质资产，企业投资应包括两个部分：人力资产投资和物质资产投资。理论的严谨与科学决定了我们必须研究人力资产投资问题。

3. 广义分配理论

分配方式、分配格局和分配机制等牵动企业各方面的经济利益关系，分配是否合理，影响各方面的积极性和主动性，从而最终影响企业经营效率、发展状况和企业价值。因此，合理处理分配关系具有重要意义。

（1）企业分配理论应研究的内容。

从西方财务管理来看，研究的分配对象是税后利润，即主要探讨税后利润如何在企业和股东之间分配，重点探讨这种分配对企业价值的影响。从我国财务管理来看，研究的分配对象是利润总额，即研究利润总额如何在国家、企业、企业所有者和企业职工之间进行分配。笔者认为，企业分配的对象应是对企业新创造价值的分配，即 $v+m$ 部分。为了与财务管理中的相关概念衔接，笔者将 $v+m$ 部分称为薪息税前盈余，即支付工薪、利息和所得税之前的盈余。这样，财务管理中的分配对象便有了三个概念：小口径的概念，仅指税后利润；中口径的概念，指利润总额；大口径的概念，指薪息税前盈余。为了能够和上述两个口径的分配对象加以区别，我们称第三个口径的分配为广义分配。

当把企业分配的对象确定为薪息税前盈余后，企业的分配关系主要有以下几个方面：一是企业与劳动提供者之间的分配关系（包括企业的高级管理人员和一般的职工）；二是企业与资金提供者之间的分配关系（包括债权人和股东）；三是企业与公共服务提供者之间的关系（指各级政府）。但考虑到企业与政府之间的分配关系主要是依法征税和纳税的关系，这方面的理论问题由财税方面的学科专门进行研究，故财务管理研究的重点主要是前两个方面。

（2）关于分配依据问题。

分配依据是企业分配活动所遵循的基本标准，是构成一定分配方式的核心要素。在每一个社会形态中，与特定的生产方式相联系，都有一个或几个分配依据在分配过程中发挥作用。

我国目前所处的发展阶段，生产力尚不发达，除公有制外尚存在多种所有制成分，还有私人资本所有者。因此，在现阶段，还不可能实现马克思所设想的按劳分配制度。当然，我国也不可能完全实行西方的按资分配制度，因为这是和社会主义制度的特点相违背的。笔者认为，只能是按对收益的贡献来分配。即谁对企业的薪息税前盈余有贡献，谁参加分配；贡献多，多分；贡献少，少分。

(3) 关于分配受益者问题。

分配受益者是指通过企业分配活动能够获得一定收益的组织或个人。根据前面确定的分配依据，笔者认为，在社会主义初级阶段，分配受益者主要有如下三个方面：资金的提供者，可以分为债权人和所有者；劳动的提供者，可以分为以提供体力劳动为主的一般工人或职员和以提供脑力劳动为主的高级管理人员和科技人员；社会服务提供者。

(4) 关于分配主体问题。

分配主体是指对企业可供分配的收益具有分割权的组织或个人。企业的收益产生以后，要在拥有受益权的成员（即分配受益者）之间进行分割。在这种分割过程中，拥有受益权的成员之间的地位并不是平等的。在每一次分配过程中，总有一方居于主导地位，决定收益的分配比例，而其他拥有受益权的成员则处于从属地位。在企业分配中处于主导地位的主要是企业的经营者集团。

(5) 关于分配模式问题。

笔者认为，广义财务管理分配模式可以概括如下：

薪息税前盈余
—各种流转税
流转税后盈余
—工资
息税前盈余
—利息
税前盈余
—所得税
税后盈余
—各项提留
变动收益分配前盈余
—劳动者分享的变动收益
股东分享的变动收益

上述看似简单的分配模式，却提出了企业分配甚至整个企业理财的一些新问题。

第一，在上述分配模式中，如果工资为零，股东分享的变动收益为零（实际上是没有股东提供的资金），则资本的提供者不承担剩余风险，也不分享剩余收益，风险完全由劳动者承担，剩余收益完全归劳动者分享，属于劳动雇佣资本的制度。这种情况在很多社会制度都出现过，但都没有普遍推行。

第二，在上述分配模式中，如果劳动者分享的变动收益为零，则劳动者不承担剩余风险，也不分享剩余收益，剩余风险由资本家承担，剩余收益也完全归资本家所有，属于资本雇佣劳动的制度。这种方式在资本主义国家得到普遍推行。

第三，上述分配模式中，如果流转税、工资、利息、所得税、劳动者分享的变动收益、股东分享的变动收益均不为零，则属于分配受益者根据各自的特点选择不同的分配模式，有一部分分配受益者不愿承担风险，他们分享固定收益。另一部分分配受益者愿意承担剩余风险，他们共同分享企业剩余收益。笔者认为，这是我国目前可以选择的最好分配模式。

第四，在上述分配模式中，如果流转税、工资、利息均为零，则会大大降低企业的财务风险，这是典型的风险共担、收益共享模式，这是社会主义初级阶段最佳的收益分配模式，但由于与现行分配模式相比变化太大，有关方面的风险承受能力尚无法达到，目前还无法全面推行，可先在一些企业试点，待条件成熟再大面积推广。

（四）广义财务管理理论结构的基本框架

广义财务管理理论结构的构想产生于20世纪90年代中期，经过多次修改完善，形成了以财务管理环境为起点，财务管理假设为前提，财务管理目标为导向，由财务管理的基本理论、财务管理通用业务理论、财务管理特殊业务理论和其他专门领域构成的理论结构（王化成，1998）。现对该结构说明如图1—1所示。

1. 财务管理理论的起点、前提与导向

财务管理环境是财务管理理论研究的逻辑起点。财务管理中的一切理论问题都由此展开，并在此基础上层层深入，形成合理的逻辑层次关系。

财务管理假设是财务管理理论研究的前提。一般来说，理论体系的建立，多数要通过假设、推理、实证等过程实现。因此，要形成理论，需要先根据环境和特定学科的规律性提出假设，并以之为前提展开财务管理基本理论和通用业务理论的论述。没有财务管理假设，就无法形成科学的财务管理基本理论和通用业务理论。

财务管理目标是财务管理理论和实务的导向。它是在认真研究财务管理环境和已经确立的财务管理假设的基础上确定的，既对财务管理的内容、财务管理原则、财务管理方法等基本理论问题起导向作用，也对财务管理的通用业务理论和特殊业

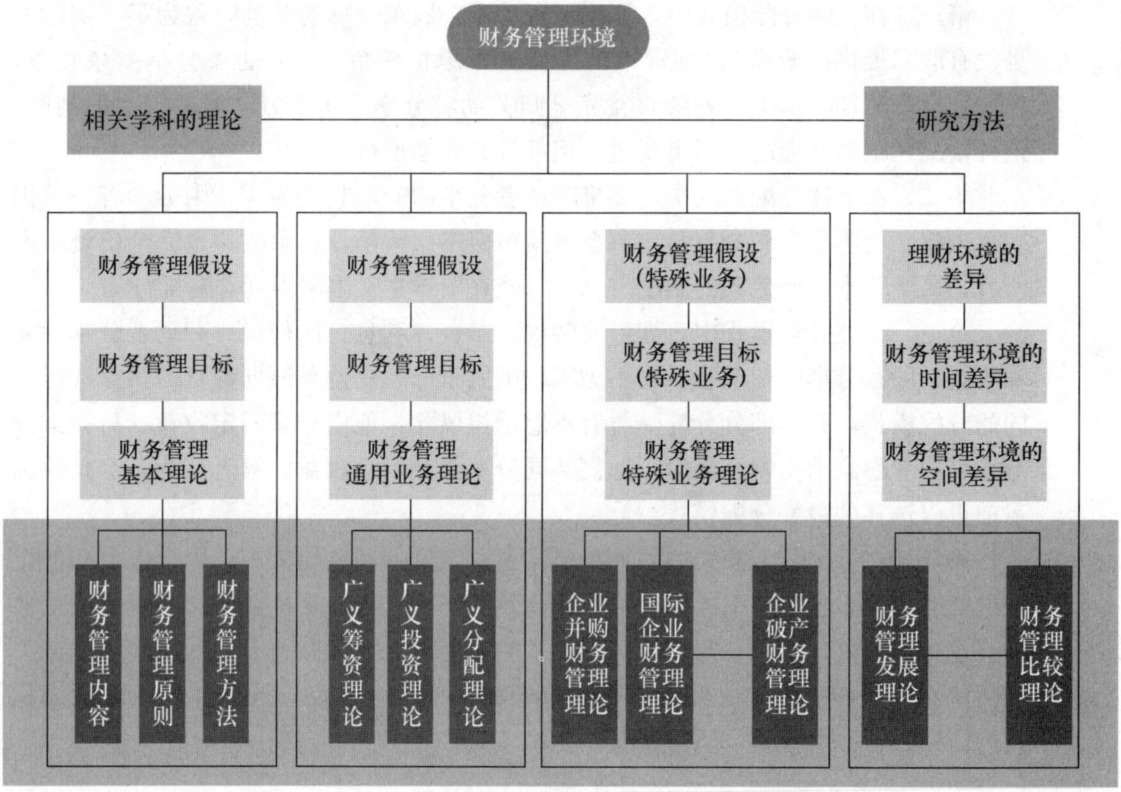

图 1—1　突出内容和方法的广义财务管理理论体系框架

务理论起导向作用。不同的财务管理目标，必然产生不同的理论构成要素和理论逻辑层次关系。在财务管理理论结构中，财务管理目标具有承上启下的作用，它是根据财务管理环境确立的，同时又会对财务管理基本理论和应用理论产生影响。

相关学科理论包括经济学、心理学、社会学等领域的有关研究，这些内容虽然不直接属于财务管理的研究范畴，但其发展对财务管理理论的深入研究具有基础性的意义。正是在相关学科理论不断丰满成熟的基础上，财务管理理论才得以在巨人的肩膀上望得更远。

研究方法包括规范的归纳和演绎，也包括实证的案例、实验、档案等多种方法。正因为财务管理理论研究是一个复杂而艰苦的过程，就愈发显出研究方法的重要。“工欲善其事，必先利其器”，适当的研究方法可以达到事半功倍的效果，反之则不利于理论研究的发展。

2. 财务管理的基本理论

财务管理的基本理论是指由财务管理内容、财务管理原则、财务管理方法构成的概念体系。

财务管理的基本内容是企业财务活动，而财务活动又分为企业筹资引起的财务活动、企业投资引起的财务活动和企业分配引起的财务活动。因此，财务管理的内容包括企业筹资管理、企业投资管理和企业分配管理等主要方面。

财务管理的原则是财务管理工作必须遵循的基本准则，是从财务管理实践中概括出来的体现财务活动规律性的行为规范。财务管理原则在财务管理理论结构中也居于承上启下的地位，它是根据财务管理环境、财务管理目标、财务管理内容的要求建立起来的，但又对财务管理方法体系的建立起指导作用。如果没有财务管理原则，财务管理目标、财务管理内容与财务管理方法之间就没有连接点，财务管理理论结构就显得残缺不全。财务管理原则主要有系统原则、比例原则、优化原则、弹性原则、平衡原则、动力原则和时效原则等（王化成，1994b）。

财务管理方法是财务管理人员为了实现财务管理目标、完成财务管理任务，在进行理财活动时所采取的各种技术和手段。财务管理方法是财务管理理论结构的落脚点，没有这一基点，财务管理理论结构就变得虚无缥缈，就无法有效指导财务管理实践。因此，财务管理方法是财务管理理论结构中不可缺少的组成部分，必须认真研究。

3. 财务管理的通用业务理论

财务管理的通用业务是指各类企业都有的财务管理业务。从财务管理的基本理论中我们知道，财务管理的基本内容包括企业筹资管理、企业投资管理、营运资金管理和企业分配管理。但企业营运资金管理更多的是操作方法问题，理论方面的内容不多，故在财务管理的通用业务理论中，可以只研究企业筹资管理理论、企业投资管理理论和企业分配理论。这三个方面的理论，都受财务管理环境的影响，都以财务管理的基本假设为前提，都以财务管理的目标为导向。

企业筹资管理理论主要研究企业资本结构问题，传统的资本结构理论只研究权益资金与负债资金的比例关系问题，虽然为现代财务管理理论的发展做出了重要贡献，但也存在许多问题，应加以改进和完善。为此，笔者提出了包括权益资本内部结构和负债资本内部结构的广义资本结构的概念，并构建了研究广义资本结构的基本框架。

企业投资管理理论主要研究资金的投放和运用问题，传统的投资理论主要研究固定资产投资和证券投资问题。随着市场经济的发展，无形资产和人力资产在企业发展中起到越来越重要的作用，因此，在企业投资管理理论中，必须包括这两方面的内容。为此，笔者提出了包括无形资产投资和人力资产投资在内的广义投资理论的概念，并构建了研究广义投资理论的基本框架。

企业分配理论主要研究企业生产成果的分配问题，从财务管理来看，传统的分配理论只研究税后利润或利润总额的分配问题。而为了实现企业价值最大化这一财务管理目标，财务上的分配理论既要研究与企业资金提供者的分配问题，也要研究与企业劳动提供者的分配问题。为此，笔者提出了包括这两个方面分配问题在内的广义分配理论的概念，并构建了研究广义分配理论的基本框架。

4. 财务管理的特殊业务理论

财务管理的特殊业务是指只有在特定企业或某一企业的特定时期才有的财务管理业务。这些业务有很多，如企业破产清算的财务管理、企业并购的财务管理、企业集团的财务管理、小企业财务管理、国际企业财务管理等都属于企业财务管理中的特殊业务。这些业务往往都是在特定情况下或特定的企业中发生的，它往往会对原有的财务管理假设产生冲击，财务人员在处理这些业务时，通常要提出新的假设，有时甚至提出新的财务管理目标。如企业破产的财务管理、企业并购的财务管理就对持续经营假设提出挑战，研究此类问题时，就不能遵循持续经营假设，而应当提出非持续经营假设。

5. 财务管理理论的其他领域

分析完上述四个方面，财务管理理论结构的主要问题都有了相应的安排，但尚有一些问题没有讨论。这些问题主要有：财务管理的发展理论（即财务管理史问题）、财务管理的比较理论（即比较财务管理问题）和财务管理的教育理论。我们把这些问题统一归入财务管理理论的其他领域进行研究。财务管理的发展理论主要研究财务管理环境在时间上的差异以及这些差异对财务管理理论和实践的影响；财务管理的比较理论主要研究财务管理环境的空间差异以及这些差异对财务管理理论和实践的影响；财务管理教育理论主要研究财务管理环境变化对财务教育提出的要求以及财务管理教育所采取的对策。这些问题也是财务管理理论研究中的重要问题，必须纳入财务管理的理论结构。

从以上说明中可以看出，广义财务管理理论结构主要对财务管理的研究内容进行了拓展，将传统的财务管理理论研究扩展到股权和债务的内部结构、无形资产和人力资产投资、针对人力资本所有者的分配等领域，丰富了财务管理的理论研究内容，并与社会生活的发展更加紧密地联系在一起。

（五）广义财务管理理论框架下的研究路径

在研究广义财务管理理论体系框架中的各项问题时，可遵循如图 1—2 所示的研究路径，即“外部财务管理环境——内部财务管理环境——广义财务决策——企业价值”。从图 1—2 中我们可以看到，包括广义筹资、广义投资、广义分配在内的三方面广义财务决策受到企业外部、内部环境的影响，同样，财务决策的实施又会对企业战略及治理结构产生反作用，正是在两者的交互作用中，企业战略及治理结构得以动态优化，公司财务决策也更加合理。在探讨内部环境对企业财务决策具体的影响方式和程度时，可以根据实际情况从效率市场假设和行为财务假设两种视角出发。不论选择哪条路径，最终的落脚点都是企业价值最大化。

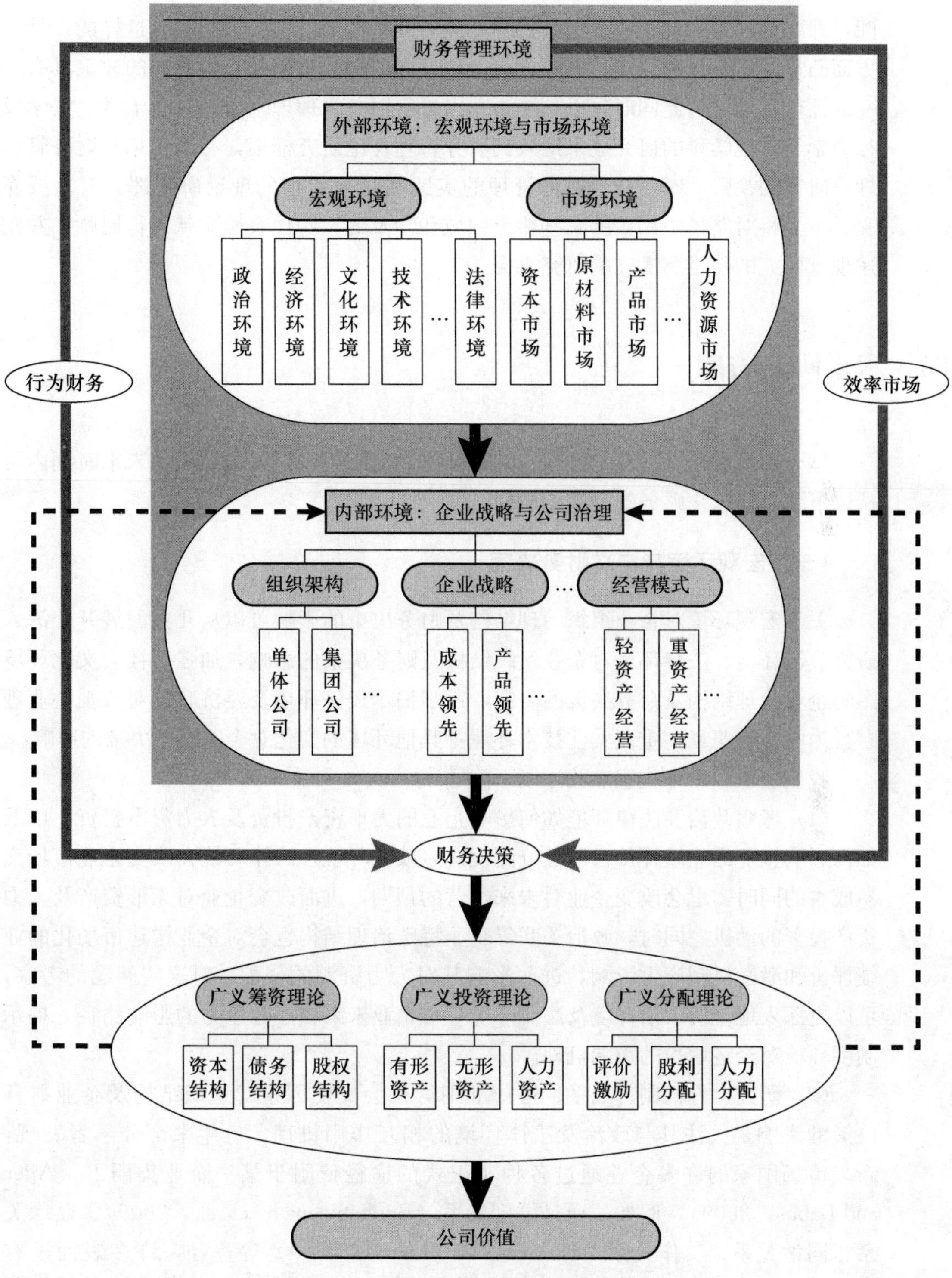

图 1—2　广义财务管理理论结构中的研究路径

广义财务管理理论结构的研究路径创见性地提出广义筹资、广义投资和广义分配，并在此视角下基于企业财务管理环境研究具体的财务决策问题。这样的设计一方面凸显了财务管理目标，另一方面也使不同的财务理论及其所决定的政策具有统一的评价标准。与此同时，以环境为起点进行财务管理理论研究将政治学、法学及社会学等其他学科的研究成果纳入到财务管理理论研究框架，有助于拓宽财务管理理论研究的视野，对于指导财务管理的实践和财务管理的理论研究都具有重要意义。下文将对路径中涵盖的某些热点领域和涉及的一些代表性文献进行回顾，并阐述现有研究的不足及潜在的研究机会。

四、未来研究方向

基于广义财务管理理论框架，结合现有研究的不足，我们认为，未来时期内可从以下几方面深化财务管理理论研究。

（一）宏观环境与广义财务决策

关于宏观环境对企业组织治理结构及财务决策的影响可以从几方面展开：深入研究政治环境、法律环境对企业组织结构及财务决策的影响，加强对社会文化环境影响企业治理结构及财务决策的研究，逐步揭示经济环境及经济政策对微观企业理财行为的影响路径，重点关注技术环境等其他环境的变化对企业财务决策的影响。

我们建议，未来应重点关注以下问题：

(1) 考察政治及法律环境如何影响企业的无形资产投资及人力资本投资，以及如何影响企业的业绩评价机制及分配模式。政治环境及法律环境在改变企业市场交易成本的同时，也会改变企业对未来经营的预期，进而改变企业对无形资产及人力资产投资的动机。同时，政治关联等企业特殊治理结构也会对企业构建市场化的业绩评价和激励机制产生影响，进而影响其对人力资源的分配。对这些问题的考察，可以更深入地说明政治环境及法律环境等对企业未来核心竞争力的影响路径，揭示制度环境对经济增长的影响机理。

(2) 研究声誉机制、关系、道德准则等社会文化因素对组织结构及企业财务决策的影响，关注其与政治及法律环境的相互作用机理。近年来部分学者发现，新兴市场国家的许多企业通过各种非正式的途径依附于某一企业集团下（Allen and Babus，2009），例如，通过婚姻关系（Bunkanwanicha et al.，2009）、血缘关系、同学关系、工作关系（Khanna and Thomas，2009）等途径，许多表面没有控制权关系的企业在实质上也构成内部资本市场。这些途径的采用内生于社会文化环境，而关系、道德准则等社会文化因素在其中所起的作用及带来的影响值得深入研究。

(3) 关注通货膨胀等宏观经济环境及货币政策、产业政策等宏观经济政策对企业债务结构、无形资产投资等具体财务决策的影响机理。历次金融危机经验证明，宏观经济状况会对企业的财务决策产生重要甚至决定性影响，政府的宏观经济政策制定会对微观企业产生何种影响，也是评估政府政策效果、修正政府决策行为的重要依据。学术研究显然不能对此视而不见。尽管部分学者已经开始尝试研究部分宏观经济政策对企业财务行为的影响，但上述研究对于完整揭示宏观经济环境对微观企业行为的影响机制还远远不够，不过我国近年来复杂多变的宏观经济环境及频繁出台的宏观经济政策为深入开展上述研究提供了绝好的机会。未来的研究应深入关注不同宏观经济政策（如财政政策、货币政策、信贷政策、产业政策等）及宏观经济环境（经济周期、通货膨胀等）变化对企业负债结构选择、无形资产投资等的影响，同时应考察不同治理结构的企业受上述宏观经济政策的影响是否存在显著差异，由此揭示宏观经济环境对微观企业行为的影响机制。

(4) 探索技术环境变迁对企业资金管理、无形资产及人力资产投资等财务决策的影响。近年来，科学技术的迅猛发展极大地改变了企业信息搜集的途径和效率。例如，依托信息技术，集团企业资金集中管理、全面预算等财务管理手段得到广泛应用，企业的筹资和投资模式也受到很大影响。加强对此问题的研究，有助于拓展财务管理理论研究视野。

(二) 市场环境与广义财务决策

关于市场环境对企业组织治理结构及财务决策的影响可以从几方面展开：深入研究投资者信念对企业融资行为的影响，以及随着债券市场的发展，公司的融资结构及其影响因素可能发生的系统性变化；持续关注产品市场竞争状况对企业财务管理决策的影响，逐步探索原材料市场及劳动力市场变化对企业财务管理决策的影响。

我们建议，未来应重点关注以下问题：

(1) 考察产品市场竞争对企业应收账款管理、产品竞争策略和市场拓展策略选择、资本配置及业绩评价机制的影响机理。产品市场的竞争情况会直接影响企业的资金回笼，而应收账款账龄和债权风险的变化会进一步影响企业的资金管理和融资规划。不仅如此，产品市场竞争还会影响企业的市场竞争战略，通过产品价格策略、质量管理等传导至生产流程优化与成本控制等方面，进而影响到企业的资金配置。此外，产品市场的竞争状况还会影响企业的市场拓展策略，而市场拓展一方面取决于市场拓展的投资安排，另一方面取决于市场拓展团队的素质和激励水平，综合而言，将会影响企业在市场拓展上的投资、人力资产投资、业绩评价与激励。产品市场竞争对企业财务决策的可能影响路径如图1—3所示。

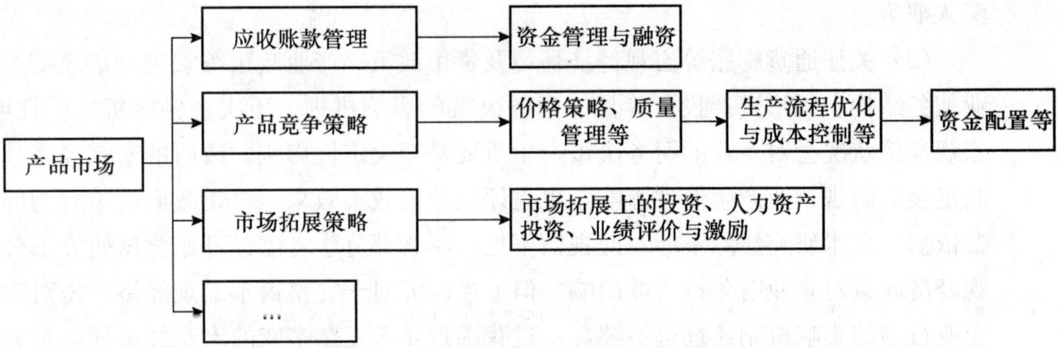

图 1—3　产品市场对企业财务决策的影响路径

（2）研究要素市场，特别是原材料供应市场与劳动力市场对企业投资及分配的影响。原材料供应市场控制能力的强弱，对其应付账款管理的影响十分明显，进而影响其选择商业信用等低成本融资方式的能力。当企业在原材料市场处于相对强势地位时，企业可以延长应付账款的付款期限，通过长期占用原材料供应商货款进行融资，从而影响企业的债务期限结构。当企业在原材料市场话语权较弱，特别是当原材料价格波动较大时，企业可能会通过纵向一体化控制部分或全部原材料供应，将交易内部化，从而影响企业的投资行为。而劳动力市场则对企业的人力资产投资和人力资本分配有较为明显的影响。

（三）组织结构与广义财务决策

由于我国的企业集团大多还没有整体上市，具有较强融资能力的上市公司往往成为集团公司对外融资的窗口和控股股东进行资本运作的平台，因此与国外的联合大企业相比，我国企业集团的内部资本市场运作方式更为复杂。结合公司组织架构，可以从几方面展开内部资本市场的相关研究：考察内部资本市场不同运作方式对公司投融资决策的影响；深入研究企业集团资金集中管理如何影响公司财务决策，以及财务决策如何促进资金集中管理模式的改进；通过实地调研、问卷调查和多案例收集分析尽量多的信息和数据，运用分析式研究构建符合中国实际的数理模型，结合企业战略和公司治理机制，对内部资本市场运行机制及运行效率进行深入研究。

我们建议，未来应重点关注以下问题：

（1）深入研究内部资本市场运作机制对公司财务决策的影响。在中国当前的制度环境下，企业集团的存在是常态，研究集团内部资本市场运作的落脚点在于其产生的经济后果，尤其是对企业财务绩效和股东财富的影响，而公司财务决策是此影响的中介桥梁。我国企业集团形成途径各不相同，有政府通过行政手段整合形成，有企业通过市场化手段控股、参股形成，有分拆上市，也有整体上市，由此导致内部资本市场的运作主体和层级各不相同，既有集团层面的内部资本市场运作，也有上市公司层面的多元化运作。深入研究企业集团不同的内部资本市场运作方式对财务决策的影响，一方面可以更好地了解企业集团财务决策的有效性，另一方面可以为研究内部资本市场的经济后果提供依据。

(2) 围绕企业集团的金融业务，分析其对公司财务决策及集团财务风险的影响。近年来，为支持企业集团化的发展，许多企业集团内设立了财务公司并涉足证券、保险等其他金融业务。这些金融业务兼具内部结算功能、融资功能、投资管理功能和中介服务功能，具有典型的企业内部资本市场特征，是我国许多企业集团内部资本市场运作的主要平台。然而，目前对集团内部金融业务如何影响集团的内部资本市场运作及企业财务风险缺乏深入认识，未来应加强对此问题的关注。

(四) 企业战略与广义财务决策

不同的战略选择对企业的经营风险、业务流程选择、人力资本需求等均会产生重要影响（见表 1—1)，未来研究需要将企业战略选择作为重要的内部环境，考察其对公司财务决策的影响，具体而言，应关注战略选择和企业资本结构的关系、战略选择和企业资本成本的关系、战略选择和企业无形资产投资水平之间的关系、战略选择和企业人力资本投资水平之间的关系、战略选择和企业股权投资收益率水平之间的关系等五大方面研究。

表 1—1　　成本领先战略和产品领先战略企业对比分析

	经营风险	业务流程	人力资源需求
成本领先战略	较低	标准化程度较高	通用型人才
产品领先战略	较高	标准化程度较低	高科技人才

我们建议，未来应重点关注：

(1) 战略选择和企业筹资决策之间的关系。实行产品领先战略的公司由于经营风险比较大，为了控制企业总体风险水平，可能不得不更多地选择对企业自身来说风险比较稳健的筹资方式——股权融资；而从资本成本的角度来说，在财务风险水平相同的情况下，实行产品领先战略的公司由于经营风险较大可能不得不承担较高的资本成本。未来研究应重点考察不同战略选择对企业资本结构及债务结构的影响。

(2) 战略选择对企业技术投资及人力资源投资决策之间的影响。实行产品领先战略的公司由于更加注重产品的研究开发，因此在人力资源需求方面对员工素质要求较高，在人力资本投资方面投入可能比较大；同时，实行产品领先战略的公司由于专注于研究开发，无形资产投资在总资产投资中的比重也应该更高。而对于选择成本领先战略的企业来说，其业务流程的标准化程度比较高，在人力资源需求方面对员工能力要求较低，因此在人力资源投入方面可能较少，但是其对 IT 等信息系统的投入会相对较高。选择不同竞争战略的企业在人力资源及无形资产方面的投资差异应该成为学者关注的对象。

(3) 战略选择对企业预算管理系统选择的影响。与实行成本领先战略的公司相比，实行产品领先战略的公司业务流程标准化程度比较低，如何在这类公司中贯彻执行预算管理，给财务管理理论和实践提出了巨大挑战。

(4) 战略选择对企业激励制度设计的影响。企业业绩评价及激励机制设计与企业的战略密切相关。例如，在实行产品领先战略的公司中，应更加重视对高科技人才创新能力的激励，因此，这类公司会更多采用股权激励等变动薪酬的方式。未来研究应关注企业战略选择对其激励机制选择的影响及经济后果。

(五) 经营模式与广义财务决策

不同经营模式可能对企业的筹资、投资、分配产生不同的影响，未来应考察：经营模式和企业资本结构之间的关系、经营模式和企业资本成本之间的关系、经营模式和债务融资方式之间的关系、经营模式和企业资产结构之间的关系等。

我们建议，未来应重点关注：

(1) 研究经营模式和企业债务结构之间的关系。不同的经营模式可能决定了不同的经营风险水平，从而影响企业的债务结构和资本成本。许多采用重资产模式运营的公司由于拥有大量实物资产，因此可以通过抵押获取银行贷款。而采用轻资产模式运营的公司则更可能采用股权融资模式，因此，两类公司的资本结构存在显著差异。

(2) 考察经营模式对企业资产配置结构的影响。不同经营模式的企业运营需要不同的资产，从而形成了不同的资产结构。专注于研发的公司，其无形资产占总资产比例可能较高，同时，由于此类企业对员工素质要求较高，其人力资本方面的支出比例也可能比较高；专注于生产的公司，需要购置大量的机器设备和厂房，与专注于研发的公司相比，其固定资产等有形资产的比例可能比较高；专注于销售和售后服务的公司，其资产的流动性可能较好，账面上可能存在大量的闲置资金，如何提高这些闲置资金的利用效率，提高流动资产周转率，是这类企业面临的巨大挑战。

除以上提到的研究建议外，我们认为在行为财务理论和多种研究方法的背景下可以展开更为丰富并契合实际经济生活的研究。

依托行为财务理论，可以考虑：(1) 在筹资管理理论中，明确控制权特征、内部资本市场、价值链等要素与公司筹资安排之间的相互作用关系，考虑非理性行为的影响，建立最优筹资决策模型。(2) 在投资管理理论研究中，明确公司治理结构特别是股权结构、控制权与投资行为选择的因果关系，借助于行为财务理论探析我国上市公司过度投资的深层次原因，并提出相应对策。(3) 在分配管理理论中，明确决策者、投资者不同的行为、心理因素对股利决策的影响，寻求最优股利政策制定的决策路径。

我国财务管理的特殊环境决定了理论研究中无法完全借鉴西方资本市场背景下的研究思路和研究方法。同时，我国企业在财务管理环境变化的过程中产生了大量创新性实践，有很多经验值得总结，也有一些教训需要吸取，这些不具有大样本特征的实际情况更适合使用针对个案的案例研究方法，特别是对企业进行实地调研，掌握第一手材料进而提炼出有益的结论和建议。而且，行为财务理论引入后更适合使用实地调研、调查问卷、实验研究等切合具体环境的研究方法。因此，我们建议在未来的研究中结合行为财务理论，面向企业实际财务决策行为中的具体情况，选择恰当的研究方法，增加实地调研等研究方法的使用，并重视多种研究方法的结合互补。在此基础上，逐渐发展出适合我国具体环境需要的原创性分析模型。

建议阅读文献

[1] 陈冬华，陈信元，万华林. 国有企业中的薪酬管制与在职消费 [J]. 经济研究，2005 (2)：92～101

[2] 陈晓，单鑫. 债务融资是否会增加上市企业的融资成本 [J]. 经济研究，1999，9 (1)：18

[3] 池国华，迟旭升. 我国上市公司经营业绩评价系统研究 [J]. 会计研究，2003 (8)：45～47

[4] 郭复初. 国家财务论 [M]. 成都：西南财经大学出版社，1993

[5] 郭复初. 财务通论 [M]. 上海：立信会计出版社，1997

[6] 韩亮亮，李凯，徐业坤. 金字塔结构，融资替代与资本结构——来自中国民营上市公司的经验证据 [J]. 南开管理评论，2008，11 (6)：74～78

[7] 韩忠雪，朱荣林. 公司多元化折价：寻租与投资偏差 [J]. 财经研究，2005 (11)：137～144

[8] 洪锡熙，沈艺峰. 公司收购与目标公司股东收益的实证分析 [J]. 金融研究，2001 (3)：26～33

[9] 饶品贵，姜国华. 货币政策波动、银行信贷与会计稳健性 [J]. 金融研究，2011 (3)：51～71

[10] 姜付秀，屈耀辉，陆正飞等. 产品市场竞争与资本结构动态调整 [J]. 经济研究，2008 (4)：99～110

[11] 姜付秀，陆正飞. 多元化与资本成本的关系——来自中国股票市场的证据 [J]. 会计研究，2006 (6)：48～55

[12] 孔宁宁，张新民，唐杰. 我国高新技术企业战略、资本结构与绩效关系研究 [J]. 中国工业经济，2010 (9)：112～120

[13] 黎来芳，黄磊，李焰. 企业集团化运作与融资约束——基于静态和动态视角的分析

[J]. 中国软科学，2009 (4)：013

[14] 黎来芳. 商业伦理诚信义务与不道德控制——鸿仪系"掏空"上市公司的案例研究 [J]. 会计研究，2005 (11)：8～14

[15] 李青原，陈晓，王永海. 产品市场竞争、资产专用性与资本结构——来自中国制造业上市公司的经验证据 [J]. 金融研究，2007 (4A)：100～113

[16] 李焰，陈才东，黄磊. 集团化运作、融资约束与财务风险——基于上海复星集团案例研究 [J]. 管理世界，2007 (12)：117～135

[17] 梁莱歆，冯延超. 民营企业政治关联、雇员规模与薪酬成本 [J]. 中国工业经济，2010 (10)：127～137

[18] 刘慧龙，陆勇，宋乐. 大股东"隧道挖掘"：相互制衡还是竞争性合谋——基于"股权分置"背景下中国上市公司的经验研究 [J]. 中国会计评论，2009，7 (1)：97～112

[19] 刘星，曾宏. 我国上市公司非理性投资行为：表现、成因及治理 [J]. 中国软科学，2002 (1)：65～69

[20] 卢建新. 资本配置、管理激励与内部资本市场效率 [J]. 中南财经政法大学学报，2007 (4)：92～98

[21] 陆正飞，辛宇. 上市公司资本结构主要影响因素之实证研究 [J]. 会计研究，1998 (8)：34～37

[22] 吕长江，韩慧博. 上市公司资本结构特点的实证分析 [J]. 南开管理评论，2001，5 (2)：6

[23] 米运生，姜百臣，牟小容. 经营模式、组织形式、资本结构的交互影响与农业企业成长：基于温氏集团的实证研究 [J]. 中国工业经济，2008 (8)：132～142

[24] 钱雪松，邹薇. 多维任务、两层次代理与企业的内部激励 [J]. 世界经济，2008 (11)：34～46

[25] 邵军，刘志远. 企业集团内部资本配置的经济后果——来自中国企业集团的证据 [J]. 会计研究，2008 (4)：47～53

[26] 邵军，刘志远. 企业集团内部资本配置对成员企业价值的影响 [J]. 证券市场导报，2007 (8)：33～41

[27] 沈艺峰，田静. 我国上市公司资本成本的定量研究 [J]. 经济研究，1999，11 (7)：45～52

[28] 童盼，陆正飞. 负债融资、负债来源与企业投资行为——来自中国上市公司的经验证据 [J]. 经济研究，2005 (5)：75～84

[29] 童盼，陆正飞. 负债融资、负债来源与企业投资行为 [J]. 经济研究，2005，5 (1)：3

[30] 万良勇，魏明海. 我国企业集团内部资本市场的困境与功能实现问题——以三九集团和三九医药为例 [J]. 当代财经，2006 (2)：78～81

[31] 王峰娟，邹存良. 多元化程度与内部资本市场效率——基于分部数据的多案例研究 [J]. 管理世界，2009 (4)：153～161

[32] 王化成，蒋艳霞，王珊珊等. 基于中国背景的内部资本市场研究、理论框架与研究建议 [J]. 会计研究，2011 (7)：28～37

[33] 王化成，张伟华，佟岩．广义财务管理理论结构研究——以财务管理环境为起点的研究框架回顾与拓展 [J]．科学决策，2011 (6)：1～32

[34] 王化成，李志华，卿小泉，于悦，张伟华，黄欣然．中国财务管理理论研究的历史沿革与未来展望．会计研究，2010 (12)

[35] 王化成，佟岩，卢闯等．关于开展我国财务管理理论研究的若干建议 [J]．会计研究，2006 (8)：29～36

[36] 王化成，佟岩．财务管理理论研究的回顾与展望 [J]．会计研究，2001 (12)：37～45

[37] 王化成．财务管理理论结构的新思考 [J]．电子财会，1994 (2)

[38] 王明虎．从寻租视角看集团企业内部资本市场和资源配置效率 [J]．经济理论与经济管理，2007 (7)：61～64

[39] 王任飞．创新型战略企业的资本结构选择 [J]．管理学报，2004 (3)：281～285

[40] 翁逸群，杨步东，刘济东．企业多元经营的效益分析 [J]．预测，2000 (4)：22～25

[41] 肖作平，吴世农．我国上市公司资本结构影响因素实证研究 [J]．证券市场导报，2002 (8)：39～44

[42] 肖作平．资本结构影响因素和双向效应动态模型——来自中国上市公司面板数据的证据 [J]．会计研究，2004 (2)：36～41

[43] 谢德仁．会计理论研究的逻辑起点及会计理论体系 [J]．会计研究，1995 (4)：1～6

[44] 辛清泉，谭伟强．市场化改革、企业业绩与国有企业经理薪酬 [J]．经济研究，2009 (11)：68～81

[45] 许艳芳，张伟华，文旷宇．系族企业内部资本市场功能异化及其经济后果——基于明天科技的案例研究 [J]．管理世界，2009 (B2)：103～109

[46] 姚琼．宏观经济环境对农业上市公司资本结构的影响 [J]．经济问题探索，2004 (6)：102～106

[47] 游家兴，徐盼盼，陈淑敏．政治关联、职位壕沟与高管变更——来自中国财务困境上市公司的经验证据 [J]．金融研究，2010 (4)：128～143

[48] 原红旗．中国上市公司股利政策分析 [J]．财经研究，2001，3 (27)：33～41

[49] 张鸣，郭思永．大股东控制下的定向增发和财富转移 [J]．会计研究，2009 (5)：78～86

[50] 章卫东，李德忠．定向增发新股折扣率的影响因素及其与公司短期股价关系的实证研究——来自中国上市公司的经验证据 [J]．会计研究，2008 (9)：73～80

[51] 郑琦．定向增发对象对发行定价影响的实证研究 [J]．证券市场导报，2008 (4)：33～36

[52] 周业安，韩梅．上市公司内部资本市场研究——以华联超市借壳上市为例分析 [J]．管理世界，2003 (11)：118～143

[53] 朱鲔华．分散化战略、企业价值和金融环境：来自中国上市公司的证据 [J]．华南师范大学学报（社会科学版），2007 (5)：12

[54] Aggarwal R.，Erel I.，Stulz R. M.，et al. Do US firms have the best corporate governance? A cross-country examination of the relation between corporate governance and shareholder wealth [R]. *National Bureau of Economic Research*，2007

[55] Alchian, A. Corporate management and property rights [J]. *Economic Policy and the Regulation of Corporate Securities*, 1969, 337

[56] Allen, F., Qian, J., Qian, M. Law, finance, and economic growth in China [J]. *Journal of Financial Economics*, 2005, 77 (1): 57-116

[57] Allen, F., Gale, D. Financial contagion [J]. *Journal of Political Economy*, 2000, 108 (1): 1-33

[58] Ayyagari, M., Demirgüç-Kunt, A., Maksimovic, V. Formal versus informal finance: evidence from China [J]. *World Bank Policy Research Working Paper Series*, Vol, 2008

[59] Baker, M., Wurgler, J. Market timing and capital structure [J]. *The Journal of Finance*, 2002, 57 (1): 1-32

[60] Bartels, L., Brady, H. Economic behavior in political context [J]. *The American Economic Review*, 2003, 93 (2): 156-161

[61] Bebchuk, L. A., Fried, J. Executive compensation as an agency problem [R]. *National Bureau of Economic Research*, 2003

[62] Berg, S. V. Smith, S. K. CEO and board chairman: A quantitative study of dual vs. unitary board leadership [J]. *Directors and Boards*, 1978, 3 (1): 34-39.

[63] Berger, P., Ofek, E. Diversification's effect on firm value [J]. *Journal of Financial Economics*, 1995, 37 (1): 39-65

[64] Chen, C. J. P., Li, Z., Su, X., et al. Rent-seeking incentives, corporate political connections, and the control structure of private firms: Chinese evidence [J]. *Journal of Corporate Finance*, 2011, 17 (2): 229-243

[65] Chevalier, J. A. Capital structure and product-market competition: Empirical evidence from the supermarket industry [J]. *The American Economic Review*, 1995: 415-435

[66] Claessens, S., Feijen, E., Laeven, L. Political connections and preferential access to finance: The role of campaign contributions [J]. *Journal of Financial Economics*, 2008, 88 (3): 554-580

[67] Cronqvist, H., Fahlenbrach, R. Large shareholders and corporate policies [J]. *Review of Financial Studies*, 2009, 22 (10): 3941-3976

[68] Dinç, I. S. Politicians and banks: Political influences on government-owned banks in emerging markets [J]. *Journal of Financial Economics*, 2005, 77 (2): 453-479

[69] Faccio, M., Lang, L. H. P., Young, L. Dividends and expropriation [J]. *American Economic Review*, 2001: 54-78

[70] Fama, E. F., Jensen, M. C. Separation of Ownership and Control [J]. *Journal of Law and Economics*, 1983, 2: 301-325

[71] Fan, J. P. H., Wong, T. J., Zhang, T. Institutions and organizational structure: the case of state-owned corporate pyramids [J]. *Journal of Law, Economics, and Organization*, 2012

[72] Fan, J. P. H., Wong, T. J., Zhang, T. Politically connected CEOs, corporate governance, and Post-IPO performance of China's newly partially privatized firms [J]. *Journal of Financial Economics*, 2007, 84 (2): 330-357

[73] Fan, J. P. H., Wei, K. C., Xu, X. Corporate finance and governance in emerging markets: A selective review and an agenda for future research [J]. *Journal of Corporate Finance*, 2011, 17 (2): 207-214

[74] Fisman, R. Estimating the value of political connections [J]. *The American Economic Review*, 2001, 91 (4): 1095-1102

[75] Gillan, S. L. Recent developments in corporate governance: an overview [J]. *Journal of Corporate Finance*, 2006, 12 (3): 381-402

[76] Graham, J. R., Harvey, C. R. The theory and practice of corporate finance: Evidence from the field [J]. *Journal of Financial Economics*, 2001, 60 (2): 187-243.

[77] Jocumsen, G. How do small business managers make strategic marketing decisions?: A model of process [J]. *European Journal of Marketing*, 2004, 38 (5/6): 659-674

[78] Grossman, S. J., Hart, O. D. *Corporate financial structure and managerial incentives* [M]. The economics of information and uncertainty. Chicago: University of Chicago Press, 1982: 107-140

[79] Hashimoto, S. Correlative microdomain model for shortrange-ordered alloy structures. II. Applications to special cases [J]. *ActaCrystallographica Section A: Crystal Physics, Diffraction, Theoretical and General Crystallography*, 1981, 37 (4): 511-516

[80] Jensen, M. C. and K. J. Murphy. 1990a. Performance Pay and Top Management Incentive [J]. *Journal of Political Economy*, 1998, 2: 225-264

[81] Kaplan, R. S., Norton, D. P. The balanced scorecard—measures that drive performance [J]. *Harvard Business Review*, 1992 (2-3): 71-97

[82] Kaplan, R. S., Norton, D. P. Using the balanced scorecard as a strategic management system [J]. *Harvard Business Review*, 1996, 74 (1): 75-85

[83] La Porta, R., Lopez-de-Silanes, F., Shleifer, A., et al. The quality of government [J]. *Journal of Law, Economics, and Organization*, 1999, 15 (1): 222-279

[84] Lang, L. H. P., Stulz, R. M. Tobin's q, corporate diversification, and firm performance [J]. *Journal of Political Economy*, 1994, 102: 1248-1280

[85] Peyer, U. C., Shivdasani, A. Leverage and internal capital markets: evidence from leveraged recapitalizations [J]. *Journal of Financial Economics*, 2001, 59 (3): 477-515

[86] Rosen, S. Hedonic prices and implicit markets: product differentiation in pure competition [J]. *The Journal of Political Economy*, 1974, 82 (1): 34-55

[87] Rosenstein, S., Wyatt, J. G. Outside directors, board independence, and shareholder wealth [J]. *Journal of Financial Economics*, 1990, 26 (2): 175-191

[88] Sapienza, P. The effects of government ownership on bank lending [J]. *Journal of Financial Economics*, 2004, 72 (2): 357-384

[89] Scharfstein, D. Product-market competition and managerial slack [J]. *The RAND Journal of Economics*, 1988: 147-155

[90] Shleifer, A., Vishny, R. W. Stock market driven acquisitions [J]. *Journal of Financial Economics*, 2003, 70 (3): 295-311

[91] Shleifer, A., Vishny, R. W. *The grabbing hand: Government pathologies and their cures* [M]. Cambridge: Harvard University Press, 2002

[92] Shleifer, A., Vishny, R. W. Politicians and firms [J]. *The Quarterly Journal of Economics*, 1994, 109 (4): 995-1025

[93] Stein, J. C. Takeover threats and managerial myopia [J]. *The Journal of Political Economy*, 1988: 61-80

[94] Stein, Jeremy, C. Rational Capital Budgeting in an Irrational World [J]. *Journal of Business*, 1996, 69: 429-455

[95] Sapp, S. G. The impact of corporate governance on executive compensation [J]. *European Financial Management*, 2008, 14 (4): 710-746

[96] Tian, G. Y., Twite, G. Corporate governance, external market discipline and firm productivity [J]. *Journal of Corporate Finance*, 2011, 17 (3): 403-417

[97] Titman, S. The effect of capital structure on a firm's liquidation decision [J]. *Journal of Financial Economics*, 1984, 13 (1): 137-151

[98] Williamson, O. *Markets and hierarchies: analysis and antitrust implications* [M]. New York: Free Press, 1975

[99] Wulf, J. Influence and inefficiency in the internal capital market [J]. *Journal of Economic Behavior & Organization*, 2009, 72 (1): 305-321

[100] Martin, K. J., McConnell, J. J. Corporate performance, corporate takeovers, and management turnover [J]. *The Journal of Finance*, 1991, 46 (2): 671-687

王化成（中国人民大学）
佟　岩（北京理工大学）
张伟华（北京工商大学）
刘周礼（中国人民大学）

专题 2　财务理论研究方法论①

一、问题提出

财务管理问题研究是当代金融学和会计学研究的重要领域。在这个领域内，国内外学者研究了公司资本结构、融资优先顺序、投资行为、股利政策、IPO、再融资、内部资本市场、兼并重组、企业破产等问题，取得了广泛的成果，对理解和指导企业投融资决策做出了重大贡献。本书其他章节分别回顾了这些具体研究领域的成果，本章着重回顾在这些财务管理问题研究中应用的方法论。我们首先归纳财务管理研究中应用最广泛的研究方法，然后解读这些方法应用的优点和局限，最后提出在方法论上未来可能值得深入研究的方向。

财务管理研究主要关注的问题可以归结为三个：第一，企业为什么选择（或者不选择）某个企业行为（例如，企业为什么选择或者不选择并购其他企业）；第二，投资者对企业进行某个行为（或者不进行某个行为）的反应；第三，在大部分研究中，以上两点是相互独立的，而在最新的研究文献中，学者也开始关注企业决策和投资者反应的相互影响。

我们用三篇关于股票分拆（stock split）的文章为例来说明以上三点的区别。Fama，Fisher，Jensen and Roll（1969）研究了投资者（股票价格）对一个财务管理现象（上市公司分拆股票）的反应。该文发现投资者对股票分拆的反应虽然在一些情况下可能有不超过一个月的时滞，但总体上比较及时。投资者反应的程度体现

① 姜国华，北京大学光华管理学院教授。本部分内容是对 Baker，Ruback and Wurgler（2007），Kothari and Warner（2007）和 Li and Prabhala（2007）的总结和综合，有兴趣的读者可以参见以上文章。关于财务管理研究方法论的中文文章尚为少见，本部分较少提及，遗漏之处，还望相关作者见谅。本人感谢北京大学光华管理学院王汉生教授、岳衡教授、对外经济贸易大学祝继高副教授的帮助。

了股票分拆和未来股利变化的关系，而且也是充分的。套利者事先很难通过预测股票分拆来套利以获得超额回报。这篇文章对应上面的第二个研究问题。

Ikenberry，Rankine and Stice（1996）则研究了一部分上市企业为什么选择分拆股票。该文认为股票市场上个股价格有一个正常的范围，股价过高的企业会选择分拆股票，从而把股价降至这个正常范围内。但是，并不是所有高股价的企业都会选择分拆股票，只有预期未来业绩良好的企业会选择分拆股票，而对未来业绩没有信心的企业则选择不分拆股票。这是因为如果把高股价通过分拆降到了正常股价范围，而未来业绩又不理想，股价可能从高于正常股价范围跌到低于正常股价范围。因此只有对未来业绩预期良好的企业才敢于分拆。基于此判断，作者认为股票分拆是一个自选择（self-selection）过程，具有信息含量。Ikenberry，Rankine and Stice（1996）进一步发现股票分拆的公司未来股票回报会好于市场表现。这篇文章对应上面的第一个研究问题。

我们可以看出，以上两篇文章中企业行为和投资者反应是相互独立的。Fama，Fisher，Jensen and Roll（1969）检验的是给定股票分拆，投资者如何反应；而Ikenberry，Rankine and Stice（1996）则假设企业在决定是否进行股票分拆时没有考虑投资者对分拆行为可能的反应。

Baker，Greenwood and Wurgler（2010）代表了财务管理研究方法的一个新演进。在本文中，作者认为企业在做是否分拆股票决策的时候考虑了市场对一定范围股价股票的偏爱程度。当投资者偏爱低价股的时候，上市公司股票分拆行为增加；反之则分拆行为减少。该文将企业的这种动机称为“讨好”动机（catering incentive）。在“讨好”动机下，企业的股票分拆决策已经不独立于投资者对分拆行为的反应，而是受投资者反应的影响。这篇最新文章对应上面的第三个研究问题。

和以上三个研究问题相对应的是财务管理研究方法论的三个重要方面。

第一是事件研究（event study）。

Fama，Fisher，Jensen and Roll（1969）开创了事件研究的先河。事件研究分析在一个公司财务管理事件（例如股票分拆）公布后一个短时间窗口（short window，如3天或者1周甚至1年以内）内公司股票价格的反应。股价是否对事件做出反应以及反应的强度衡量了市场对该事件的预期偏差，以及该事件对利益相关者财富变化的影响。因此，此类研究能够帮助我们理解企业财务管理决策的经济后果。同时，通过观察事件公布后长窗口内（long window，如1～5年）股票价格的变化，我们还可以检验股票市场的效率问题。如果在事件公布以后，投资者还可以根据该事件设计投资策略并取得超额回报，则说明市场在针对该事件的反应上有系统性偏差，从而市场充分有效的假说被拒绝（Brown and Warner，1980；Fama，1991）。

根据Kothari and Warner（2007）的统计，截至2007年，金融学领域前5名的学术杂志在过去 35 年中发表了超过 500 篇事件研究的文章，可以说，事件研究法是金融学研究的主流方法之一。在本部分的回顾中，我们重点关注的是和事件研究相关的统计与计量问题。

第二是财务管理研究模型中的自选择问题（self-selection）。

很少有财务管理事件是完全随机的，事实上，绝大部分财务管理事件都是企业管理层自我选择的结果。以股票分拆为例，如果 Ikenberry，Rankine and Stice（1996）的假设成立，那么掌握内部信息的管理层会根据其内部信息来做决策：在股价过高的情况下，如果内部信息显示企业未来业绩乐观，管理层就选择分拆股票（可观测到的事件）；同时，如果市场有效，投资者也就可以从分拆行为本身推测出内部信息的内容。但是，投资者应该如何对待那些没有分拆股票的公司呢？公司没有分拆股票也是一种选择，并且可能由各种不同的原因而导致。有的公司是因为内部信息显示企业未来业绩不乐观，所以主动选择了不分拆；也有公司可能是因为没有考虑过是否要分拆的问题。因此，当我们进行财务管理研究的时候，在研究方法上就必须考虑企业决策者自选择的可能，并通过统计与计量工具的合理应用，来控制或者发掘内部信息对企业财务管理决策的影响。

第三是行为公司财务方法论问题（behavioral corporate finance）。

Baker，Greenwood and Wurgler（2010）是行为公司财务的代表作之一。当企业财务管理决策和投资者反应不是相互独立，而是相互影响的时候，财务管理研究不仅面临事件研究和自选择导致的统计和计量问题，也面临着如何把行为研究的成果引入财务管理研究的挑战。迄今为止，在这个新领域中，研究文章大体遵循以下两个路径：一是假设管理层理性，投资者不理性；二是假设投资者理性，管理层不理性。无论是管理层不理性还是投资者不理性，学者关注的系统性心理误差（behavioral bias），主要是过度乐观误差（optimism）和过度自信误差（over-confidence）。在这一类研究中，学者面临的最大的方法论问题是如何准确衡量心理误差。

本文中，我们分别回顾这三个财务管理研究方法论的发展成果、面临的挑战和未来发展方向。

二、中外文献回顾[①]

（一）检验异常市场回报

衡量公司财务政策或者财务事件影响的方法之一就是检验资本市场上公司股价

① 本部分内容参阅了陆正飞，岳衡，祝继高：《公司财务实证研究：重点文献导读》，北京，中国人民大学出版社，2011，第 11 章“公司财务研究方法”。

的异常变动，这种股价的异常变动能够反映股东财富的变化，即事件研究法——通过某一事件发生前后的股价变动来观测特定事件对股票价值的影响。例如，Fama，Fisher，Jensen and Roll（1969）对股票分割的市场反应的研究。该类研究确立了事件研究方法在实证研究中的地位。自此以后，事件研究方法被大量应用于实证研究。Brown and Warner（1985）较早讨论了事件研究方法中使用日数据的情况，他们指出使用市场模型衡量异常股票收益，同时运用参数检验，可以得出比较准确的研究结果。这些结论对之后使用事件研究方法的大量文章具有重要影响。文献中还有一类探讨事件之后长期市场表现的，如 Barber and Lyon（1997），但是总体来讲研究者对如何衡量短期市场回报的看法比较一致，而对怎样衡量长期异常市场回报有一定的争议。

中国资本市场的特殊性使得我们有必要对已有的研究方法进行检验或修正。陈信元和江峰（2005）以 1990 年 12 月至 2003 年 12 月两市所有 A 股上市公司为抽样总体，检验了以均值调整模型、市场调整模型和市场模型为基础的多种检验方法的检验力。他们发现，无论事件研究中各公司事件是否相近或重叠，都应采用市场模型为基础的非参数秩检验法。杨丹和林茂（2006）选取 1995 年 1 月至 2000 年 12 月沪深两市 774 个 A 股 IPO 样本，计算 IPO 的等权平均、流通市值加权平均和总市值加权平均收益率，并使用不同的市场指数及配比股票组合的收益率加以调整来评价 IPO 的长期市场表现。经过事件时间和日历时间的实证研究发现：IPO 长期超常收益率对使用何种参照指标的收益率来调整以及使用何种加权平均方法很敏感，而且使用市值加权平均方法计算的正超常收益率更为显著。杨丹等（2008）指出，流通股和非流通股并存的特殊股权制度影响中国上市公司股价和股数科学合理的确定。同时，他们提出了一个通用的修正方法，即每股非流通股的价格相当于每股流通股的一个百分比，然后用实际数据对这个百分比的表达式进行估计，从而修正股权分置条件下价格模型与回报率模型。他们的研究结论表明，经过修正后的模型估计优于未修正的模型。

（二）检验异常经营业绩

另一个衡量一项公司财务政策或财务事件成功与否最直接的方法，就是看这项公司财务政策或事件对公司经营业绩的影响。例如，Barber and Lyon（1996）指出，在一般情况下，ROA，ROE，ROS 等常用的会计指标都能够带来比较一致的研究结论。但是统计检验的设计上必须十分谨慎：由于在公司财务研究中，公司财务政策的变化往往伴随着公司经营业绩异常表现，而经营业绩具有显著的均值回归特性，因此简单比较经营业绩的前后变化得到的结论并不准确。作者通过数据模拟，指出应该使用配对样本（matching sample）的方法，按行业、公司规模以及公司财务政策变化前的业绩进行配比，来得出正确的检验结果。作者同时指出非参数检验相对于参数检验具有一定的优势。Nohel and Tarhan（1998）在 Barber and Lyon（1996）的基础上提出，在选取配对样本前，对事件前公司的账面市价比（book-to-market ratio）也应进行控制。而在对期望绩效模型的设定研究方面，Lie（2001）对期望模型正确设定的条件进行了拓展性研究。他在选取配对样本时纳入了账面市价比值条件进行控制，结果表明，总体随机样本中，选取参考样本时控制之前的绩效指标和账面市价比，模型设定正确并且趋势也更强。

（三）公司财务研究中聚类现象的处理

财务管理的研究者面临大量的面板数据（panel data）分析，运用最多的分析技术是最小二乘估计（OLS）。OLS 中有几个基本的前提假定：线性性、自变量外生性、样本矩阵满列秩、随机扰动项同方差、无自相关和随机扰动项服从条件正态分布（靳云汇、金赛男，2007）。面板数据不一定符合统计上常用的 OLS 回归分析所要求的基本条件。这是因为面板数据间经常会存在残差的相关性，比如同一个公司不同年度观测的残差相关（time-series cluster），或者同一个年度不同公司观测的残差相关（cross-sectional cluster）。Peterson（2009）对 2001—2004 年发表在金融类顶级期刊上的金融实证研究文章进行调查，发现有 42%的文章对面板数据进行简单的 OLS 分析，这可能导致估计的标准差被低估，从而导致 t 值高估。研究中，如果这些问题没有得到很好解决，将对学术研究乃至实际工作产生巨大的影响，例如基金公司运用量化投资时发生错误计算的后果可能很严重。在这种情况下，回归分析时采用聚类处理（cluster）显得十分必要。之后的 Gow et al.（2010）更进一步指出只有时间序列和截面双向聚类处理才可能得到更加稳健的结果。

三、基本问题分析

（一）事件研究

在事件研究方法中，我们关心的问题是我们感兴趣的变量的统计特征，以及在什么情况下，统计结果以及由此得出的结论是稳健可靠的（Kothari and Warner，2007；Campbell，Lo and Mackinlay，1997）。

从 Fama，Fisher，Jensen and Roll（1969）开创了事件研究的先河以后，虽然大量的事件研究涌现出来，但是事件研究的基本统计模式十分稳定，即研究者关心的主要是事件前后一段时间内事件样本的平均回报率或者累计超额回报率。超额回报率是事件样本自身回报率和一个风险指标回报率的差。当平均回报率或者累计超额回报率在统计上显著异于零或者某个预先设定的标准时，我们就推论出投资者对事件做出了显著的反应。某种意义上，我们也可以称之为事件本身具有信息含量。

关于事件研究的统计问题，我们区分短窗口事件研究（1 年以内）和长窗口事件研究（1 年以上）。事件窗口的不同导致同样的回报率指标面临的统计问题不尽相同。简单来讲，学术界目前对短窗口事件研究的统计结论比较有信心，而对长窗口事件研究的统计结论疑问较大。

1. 短窗口事件研究

假设 $t=0$ 是事件日。$R_{it}=K_{it}+e_{it}$，这里 K_{it} 代表对该股票 i 在 t 期间内的正常回报率（或预期回报率，风险回报率）。e_{it} 则代表超额回报率（或未预期回报率），它是在发生了事件情况下股票回报率（R_{it}）与不包含事件的情况下股票预期回报率（K_{it}）的差额，因此代表了市场对事件的反应。

事件研究的目的是检验事件当中（t 期）事件公司的超额回报是否真正超额（实现回报是否真正异于正常回报）。为了达到这个目的，我们可以观察事件公司的回报分布是否异于预期回报的分布，但是在绝大部分研究中，我们关心的往往是这两个分布的均值是否相等。两个分布的其他统计特征（方差、偏度等）往往被忽略了，之所以如此是因为大部分事件研究关心的问题是该事件对利益相关者财富的影响。研究用到的统计量是在事件横截面上综合个股对事件的反应（cross-sectional aggregation）。

$$AR_t=\frac{1}{N}\sum_{i=1}^{N}e_{it} \tag{1}$$

然后我们检验 AR_t 的统计显著性。

同时，我们还关心事件前后更多期间内（如 $t-5\sim t+5$ 期）超额回报的特征。检验事件之前期间的超额回报可以回答投资者事先是否能够预测事件的发生（或者消息是否有泄露），而检验事件之后期间的超额回报可以检验投资者对事件的反应是否及时、充分，即市场是否有效。为此，我们可以计算事件前后一定期间内的累积超额回报率。

$$CAR(t_1,t_2)=\sum_{t=t_1}^{t_2}AR_t \tag{2}$$

然后我们检验 $CAR(t_1, t_2)$ 的统计显著性。$CAR(t_1, t_2)$ 是超额回报在时间序列上的综合（time-series aggregation），衡量在 t_1 期初购买事件股票，并持有到 t_2 期末的超额回报率。

在短窗口事件研究中，AR_t 和 $CAR(t_1, t_2)$ 已经被广泛应用。大部分学者的共识是短窗口中 AR_t 和 $CAR(t_1, t_2)$ 的统计特征基本符合统计检验的要求，因此可靠性比较高。但是，这其中仍有一些问题需要关注，以避免从这两个统计量中得出错误的结论。

例如，关于 $CAR(t_1, t_2)$ 的统计检验往往是 $CAR(t_1, t_2)$ 除以其标准差（standard deviation）的一个估计值，即

$$\frac{CAR(t_1, t_2)}{[\sigma^2(t_1, t_2)]^{1/2}} \tag{3}$$

式中，$\sigma^2(t_1, t_2)=L\sigma^2(AR_t)$；$L$ 是期间数。

式（3）中这个统计检验指标是个随机变量，因为我们计算的正常回报（K_{it}）不一定是准确的。一个准确的正常回报模型应该解决两个问题：一是正常回报模型包含的风险因素确实是风险因素；二是正常回报模型包含了所有应该包含的风险因素。很显然，不论是CAPM模型还是Fama-French三因素模型，都不能肯定地回答这两个问题。另外一个导致这个统计量是随机变量的原因是事件期间股票的回报率可能系统地受其他干扰因素（confounding factors）的影响。

要使式（3）中的统计量无误差，我们需要事件前后 L 个期间内各自的超额回报率的标准差来得到准确估计（Peterson，2009）。但是，很多财务管理中的事件往往集中（clustering）于某些特定的时间段①，从而使事件个股的超额回报率之间不相互独立，并影响了我们对其标准差的估计。这个问题会降低式（3）中对标准差的估计，提高式（3）中统计量的估计，使研究者高估事件前后累计超额回报的显著性。

为了解决由于事件发生集中导致的事件期间超额回报标准差估计中的偏差问题，一种解决方案是用事件检验期间之前或之后时间段内事件公司组合的标准差来代替事件期间的标准差。例如，如果我们研究股票分拆事件的市场反应，而分拆事件集中发生于投资者偏爱低价股的时候，如果我们的事件期间是 $t-5\sim t+5$ 天。这时，我们可以用所有分拆样本公司组合在 $t-180\sim t-6$ 天或 $t+6\sim t+180$ 天内的组合回报的标准差来检验 $t-5\sim t+5$ 天内分拆公司超额回报的显著性。这样，即使 $t-5\sim t+5$ 天内样本回报率之间有相关性，这个相关性也已经体现在了此期间之前或之后样本公司回报率的标准差的估计当中。

这种事件公司组合方法固然可以克服事件期间超额回报率的相关性问题，但是也产生了一个新问题：事件公司组合方法假设这些公司事件期间的标准差等于之前或之后期间内的标准差，但当事件的发生和宏观经济、行业形势等因素相关时，事件本身可能是对事件期间环境不确定性变化的反应，或者事件本身导致了不确定性的变化，因此事件期间的回报波动性大于其他期间内的回报波动性，使事件组合法发生偏差。为了进一步克服这个新问题，研究者可以比较事件期间和其他期间回报波动性的差异，并根据差异对使用的其他期间的波动性做出一定调整。

---

① 例如，Baker，Greenwood and Wurgler（2010）中股票分拆主要集中于投资者偏好低价股的期间。

2. 长窗口事件研究

针对一个公司事件，我们可以研究短窗口内投资者的反应，也可以研究长窗口内股价的表现。① 学术界长窗口研究的目的主要是检验市场对事件反应的有效性。如果市场是充分有效的，股价对事件的反应应该集中于短窗口内，以后股价的波动将和事件没有相关性。

在20世纪70年代有效资本市场理论正式形成以后，大量的长窗口事件研究发现在长窗口内，事件和股票回报率，尤其是和超额回报率相关，从而使学术界提出了对有效资本市场理论的质疑，并导致了行为金融学的兴起。这类长窗口事件研究通常被称为“异象”（anomaly）研究，其中包括早期的盈余后漂移异象（post-earnings announcement drift；Ball and Brown，1968）、规模异象（size effect；Banz，1981）、反转异象（reversal effect；DeBondt and Thaler，1985；1987）等。

衡量长窗口内事件公司的超额回报一般有两种方法：配比法（matching method）和Jensen-alpha法。因为其计算过程导致的系统性偏差（见Lyon，Barber and Tsai，1999），一般来说，在长窗口研究中我们不使用累计超额回报率来检验超额回报。

Barber and Lyon（1997）和Lyon，Barber and Tsai（1999）较系统地研究了配比法在长窗口事件研究中的适用性和可靠性。简单来说，配比法首先根据与研究事件无关的若干公司特征（如公司规模、行业归属、账面价值市值比、过去业绩）为每一个事件公司找到一个配比公司，然后比较事件公司在研究窗口内的购买持有回报（buy-and-hold return）和配比公司在同样研究窗口内的购买持有回报之间的差异，并以之为事件的超额回报（buy-and-hold abnormal return，BHAR）。

$$BHAR_i(t,T)=\prod_{t=1\sim T}(1+R_{i,t})-\prod_{t=1\sim T}(1+R_{bt}) \tag{4}$$

购买持有回报相对于定期平衡投资组合（periodic re-balancing）回报的优势是它更贴近于一个投资者真正的投资结果。

在式（4）中，T代表长窗口的期数，一般来说是3年或者5年，R_{it}是事件公司的回报率，而R_{bt}代表配比公司的回报率。在这里，一个事件公司可以配比到一个配比公司上，也可以配比到一组配比公司上。如果配比到一组配比公司上，R_{bt}可以是一个事件公司对应的一组配比公司的平均回报率。

Jensen-alpha法（也叫日历时间组合法，calendar-time portfolio approach）是另一种较常用的估计长窗口事件组合超额回报的方法。假设一些公司进行了同一个事件（如都进行了股票分拆），这些样本公司事件发生的时间分布在几年，甚至几

① 现有的研究当中，短窗口基本是事件前后若干天，长窗口则指事件发生后一年或以上。当然，窗口长度的选择还取决于研究者的目的以及事件对企业价值影响的实效。

十年之中。研究者的目的是分析事件发生后24个月内事件公司的股价表现。那么，在整个样本覆盖的日历期间内，研究者在每一个日历月份开始时建立一个事件公司组合，组合的构成公司是在此日历月份之前24个月内发生股票分拆的公司。可以看出，事件样本组合随着日历时间的推移其构成在发生变化，新发生的分拆公司进入事件样本，而初始的分拆公司被剔除出事件样本。然后我们计算本日历月份分拆事件样本的回报。和配比法中的购买持有回报不同，Jensen-alpha法是每个月都要重新平衡事件组合（re-balancing），显然会导致更多交易。

经过以上处理，我们得到了一个日历月份时间序列的事件公司组合回报。然后将这个回报率回归到CAPM市场风险因素，或者Fama-French三因素上去。以Fama-French三因素为例：

$$R_{pt}-R_{ft}=\alpha+\beta\times MKT_t+\gamma\times HML_t+\delta\times SMB_t+\varepsilon_t \tag{5}$$

式中，R_{pt}是事件投资组合p在第t月内的原始回报；R_{ft}是第t月内的无风险利率。MKT_t，HML_t，SMB_t分别是第t月内的市场因素、价值因素和规模因素。研究者关注的是截距项α，α是在控制了Fama-French三因素后事件组合月内平均月超额回报，并因此可以计算年化的超额回报。

很遗憾，虽然长窗口研究已经在金融学、会计学中广泛应用，也取得了显著的成果，但在长窗口内，不论是配比法超额回报还是Jensen alpha法超额回报的计算都在统计显著性检验上存在很大问题。问题之一是正常回报率的准确计量，我们将在下一节讨论，这里重点关注其他原因导致的统计特征问题，尤其是在长窗口内，超额回报分布标准差的无偏估计很难得到。

首先，长窗口内回报率的分布不符合大部分检验统计量要求的正态分布假设。股票回报率的最小值至多只能是−100%，而最大值却没有理论上限，这就导致超额回报率的分布是右偏的（right skewness）。超额回报率的右偏又导致了显著性检验统计量的偏差，因为一般的统计量建立在超额回报率分布是正态的假设上（Barber and Lyon，1997）。当超额回报率的分布右偏时，常用的t统计量分布不对称，而且理论均值小于零。

幸运的是，我们在检验事件组合的超额回报率是否异于零的时候，虽然超额回报率的分布右偏，但是其导致的t统计量的偏差却随着事件样本量的增加而减少。如果事件样本达到几百家，超额回报率的右偏问题基本可以不考虑。

其次，为了计算无偏的显著性检验变量，我们不仅假设事件公司超额回报率是正态分布的，还假设事件公司超额回报率相互独立，但是，在长窗口中，这个假设显然不成立。超额回报率之间的相关性大小首先取决于风险调整是否充分。即使事件公司回报率是相关的，如果风险调整充分，超额回报率之间的相关性会大幅度降低。很遗憾，风险调整是否充分是事件研究的另一个挑战（见下一小节）。

即使风险调整很充分，其他若干原因也会使超额回报率具有相关性。很多公司财务管理事件往往集中发生（如 IPO、股票分拆等），同时发生的事件必然导致事件公司股价的共同波动（co-movement）。一些财务管理事件的发生还具有行业特征，例如高科技公司的并购往往集中发生，所以事件公司的构成集中于某一个行业，而同行业公司的股价之间也有共同波动特征。

超额回报率之间的相关性降低了我们对事件样本超额回报率标准差的估计，提高了统计量的值，导致我们可能在事件没有显著超额回报率的时候认为有显著超额回报率（Brav，2000；Mitchell and Stafford，2000；Jegadeesh and Karceski，2004）。

之前我们注意到，在短窗口事件研究中，超额回报率之间的相关性也会导致显著性统计量出现偏差，但是研究者提出了一些解决方案。尤其是当相关性比较小的时候，短窗口检验甚至可以忽略回报率之间的相关性问题。长窗口则不同，即使一期内回报率之间的相关性较小，但是因为长窗口往往涉及几个期间，而回报率之间的相关程度随着期间的增加而迅速上升，导致显著性统计量偏差加大。

迄今为止，还没有比较完善的方法解决这个问题，我们将在“四、未来研究方向”中探讨一些初步尝试。

3. 联立假设检验问题（joint hypothesis problem）

以上我们关注的是长短窗口内事件公司超额回报统计特征给统计检验带来的问题，但是，一个更基础的问题是正常回报或预期回报应该如何计量。

正常回报或预期回报代表的是投资者根据一个股票的风险水平所要求的风险补偿，因此要求我们有风险水平的计量模型。一个正确的风险水平计量模型应该有两个特点：一是模型中包含的风险因素确实是风险因素；二是模型包含了所有投资者定价的风险因素。很遗憾，不论是 CAPM 模型（市场因素），还是 Fama-French 三因素模型（市场因素、市值因素、账面价值市值比因素），都无法满足以上两个条件。

所以，Fama（1991）指出，所有关于市场有效性问题的检验都是联立假设检验：(1) 检验市场是否有效率（即是否存在超额回报率）；(2) 计算正常回报率的风险模型是否正确。当我们无法通过任何方法确定第二个假设检验是否成立时，也就无法回答第一个假设检验是否成立。

一个好消息是，在短窗口事件研究中，联立假设检验问题不存在。不论正确的风险模型是什么样子，当我们的检验窗口是几天的时候，正常回报率都近似于零。因此，经过市场回报调整的超额回报率就可以很好地衡量投资者对一个事件的反应。

长窗口事件研究则不然，当检验窗口是 1 年或几年时，风险回报不可避免地出现在股票回报率当中，在没有一个正确的风险模型的情况下，很难确知我们得到的超额回报率是否超额。当然，这个问题是所有长窗口事件研究面临的问题，在这个问题没有解决之前，研究者可以多算几种超额回报率（CAPM 调整，Fama-French 三因素调整等），如果各种调整后的超额回报率都显著，我们用联立假设检验长窗口事件研究影响的顾虑也会相对减少。

（二）财务管理研究模型中的自选择问题

财务管理中的大部分事件（IPO、再融资、资本结构、股利政策、股票分拆等）不是随机事件。事实上，是企业经理层根据企业自身的情况选择进行（或者不进行）这些事件。影响选择的企业自身情况既包括我们能够观察到的企业特征（规模、当前资本结构、公司治理状况、行业特征、生命周期等），也包括我们观察不到的内部信息（private information）。

当我们研究企业为什么选择某个财务管理事件（或者研究某个财务管理事件的市场反应）的时候，我们研究的真正目标是一个企业做了这个选择和没做这个选择的原因差异或者市场对这个企业选择的反应差异。但是，一旦一个企业选择做了某件事情（分拆了股票），我们就无法看到这个企业如果没做这个事情（没分拆股票）会是什么样子。我们能观察到的是不同的企业有的分拆了股票，其他的则没有分拆股票。这个自选择问题是财务管理研究无法避免的问题，也是财务管理研究中统计计量模型的演变要解决的最主要问题。

举例来说，在我国股票市场上，2006 年以前，大股东侵占上市公司资金的现象十分严重。假如我们想研究什么样的公司治理机制可以抑制大股东占款，其中我们想检验是否质量高的审计师（前 10 大事务所）审计的上市公司大股东占款少。通常的做法是把所有上市公司大股东占款回归到一个虚拟变量（10 大审计的公司取值为 1，否则为 0）及其他影响占款的变量上去，如果虚拟变量的系数显著为负，说明审计师质量能够抑制大股东占款。在这个过程中，我们也控制了观察值之间的相关性对统计检验造成的影响等。

但这种做法还是有问题。因为企业的大股东可以控制企业的重要决策，包括审计师选择，所以，如果一个大股东预期自己将会占款，同时也认为质量高的审计师会抑制大股东的占款行为，这个大股东就会为企业选择一个非 10 大的审计师。这样，虽然我们事后观察到的数据是 10 大事务所审计的上市公司大股东占款少，但是其原因不一定是 10 大事务所的审计质量高，能够抑制占款，而是需要占款的大股东认为 10 大事务所审计质量高，所以没有选择 10 大事务所做审计。因此，我们在回归分析中要控制大股东（上市公司）的自选择行为。

自选择问题之所以重要，不仅因为它会使研究的显著性检验发生偏差，还因为在财务管理中，很多时候我们关注的问题恰恰是自选择本身，以及自选择所揭示出来的内部信息。高质量的审计师是否能抑制占款就类似于我们上面回顾的事件研究（事件发生后市场的反应），而大股东如何选择不同质量的审计师类似于财务管理研究关注的企业为什么IPO、为什么改变股利政策、为什么再融资、为什么分拆股票等。回答这些“为什么”时，既要用到可以观察到的企业特征，也涉及我们观察不到的内部信息，财务管理研究中对自选择问题的关注就是希望通过统计方法揭示出内部信息，同时正确估计观察到的公司特征对企业选择的影响。

解决财务管理研究中自选择问题的最经典方法是 Heckman（1979）方法。Heckman方法的核心出发点是把企业的自选择问题当作一个内部信息揭示的问题。在我们把大股东占款回归到可观察公司特征（规模、行业、审计师选择等）上的时候，我们还遗漏了内部信息对大股东占款的影响（omitted variable problem)。Heckman（1979）通过一个一阶段回归，把审计师选择回归到可观察公司特征上，并从中计算出一个反映影响自选择的内部信息的指标——逆米尔斯比率（inverted Mills ratio)，然后在二阶段大股东占款回归中把逆米尔斯比率包含进去，控制内部信息，这样审计师选择系数的估计才是无偏的（Chu，Du and Jiang，2010)。

近年来，财务管理研究中越来越多地采用了另一种模型设定方法：配比回归法(matching models)。我们把一个事件公司根据一些近似的公司特征（规模、行业、账面价值市值比等）配比到另一个一家非事件公司上去，然后在回归过程中设立一个虚拟变量（事件公司为1，非事件公司为0)，然后观察虚拟变量的系数的显著性，来推论事件的影响。

举例来说，我们想研究我国的国有企业改制上市是否提高了这些企业的盈利能力（Jiang，Yue and Zhao，2009)，因此，我们把每一个改制上市的国有企业根据公司规模、行业、上市前盈利能力等因素配比到一个没有改制上市的国有企业上去。然后通过回归分析来检验改制上市对企业盈利能力的影响。这种方法的一个重要前提是企业的行为选择和内部消息无关，而在自选择模型中，内部消息是选择问题的核心。

如果我们相信在我国股票市场早期，因为上市额度的限制以及考虑到大量优秀公司希望上市融资的现实，国有企业改制上市的公司和未能有机会改制上市的配比公司盈利潜力相同，那么配比回归法就可以使用在这个环境中。相反，大股东占款和审计师选择的问题涉及的内部信息及自选择问题就不能忽视，我们也就不能用配比回归法来进行研究。

（三）行为公司财务方法论问题

我们之前回顾的公司财务事件研究在20世纪80年代后发现了大量的证据，说明投资者对公司事件的反应不符合有效资本市场理论的预期，这些异象研究为行为金融学的兴起做出了重大贡献。① 近年来，行为金融的研究成果又被反过来应用到

① 见Barberis and Thaler（2003)，Shleifer（2000）和陆正飞、姜国华、张然（2008)。

公司财务研究中，形成了行为公司财务研究领域。首先需要说明的是，行为财务研究是财务管理研究的一种新方法，而不是新的财务管理问题，其所研究的对象和传统的财务管理研究是一样的，即各种公司事件。本部分内容只回顾其作为一种研究方法的问题，本书有专门章节介绍行为财务学的内容。

行为财务研究方法和传统研究的最大差别是放松了对管理层或投资者的理性假设，同时，管理层在做财务管理决策时会考虑投资者的反应，财务管理决策和投资者反应不再是相互独立的。

1. 行为金融成果简述

有效资本市场假说认为市场参与者是理性的，其对新信息的处理是无偏的、及时的，其偏好也符合理性经济人假设。市场上不会出现错误定价；即使出现错误定价，套利机制也保证错误定价被迅速纠正。因此，资本市场是有效的，价值等于价格。表现在事件研究上，就是任何投资者都不可能在事件发生后再建立投资组合，并获得超额投资回报。

但是，大量基于事件的研究发现了和有效资本市场预期不一致的结果。例如，Banz（1981）发现公司规模和未来超额回报负相关，Sloan（1996）发现应计利润和未来超额回报负相关等。套利的局限性使套利行为不可能迅速充分地纠正错误定价（Shleifer and Vishny，1997）。

随后，行为金融研究兴起。通过借鉴大量行为研究的成果，行为金融学把投资者在定价中发生的错误归结为两类。一类是投资者在事件发生后，形成新的对未来预期的过程中违背了贝叶斯法则，而之所以如此是因为投资者预期的形成受系统心理偏差的影响。例如，过度乐观心理偏差（optimism）使投资者高估了未来结果分布的均值（如La Porta，Lakonishok，Shleifer and Vishny，1997）；过度自信（over-confidence）心理偏差使投资者错误估计了未来结果分布的方差（如Jiang，Lee and Zhang，2005）。另一类错误是投资者在做决策的过程中偏好不一致。例如，当投资者面临获得利益的时候是厌恶风险的，但是当面临失去利益的时候却是喜欢风险的（Kahneman and Tversky，1979）。这两类错误共同导致投资者情绪进入了股票价格的形成过程，导致错误定价。

2. 理性经理层、非理性投资者下的行为财务研究

当投资者不完全理性，而经理层完全理性的时候，一方面如行为金融研究所表明的，股票价格（或资产价格）可能高于或者低于其内在价值，市场上出现了错误定价；套利局限性使错误价格不能被迅速纠正；另一方面，理性经理层能够发现错误定价的存在。经理层之所以能够发现错误定价是因为他们可能拥有内部消息，或者对企业信息的解读更加充分合理。同时，企业经理层在行为上更少受类似于套利局限性等限制的影响，例如他们考虑问题的期间往往较机构投资者长，而较少受短期股票价格波动的影响。

在这样的市场上，即使存在经理层和股东的代理问题，也不妨碍经理层利用市场上的错误定价来进行财务管理涉及的活动。我们只需要假设经理层的目标是最大化现有的长期投资者的利益。这个假设恐怕是很难被质疑的。

虽然行为公司财务研究是个新兴起的领域，但是在理性经理层、非理性投资者的框架下，研究者已经取得了一些成果。这里我们仅就和若干重要的财务管理问题相关的研究成果做个简单介绍。

第一是企业投资决策。企业的投资决策是否受资本市场错误定价的影响？一方面，当投资者对投资行为错误定价的时候，企业是否会过度投资？例如，当投资者过度偏好高科技股票的时候，非高科技企业是否会进入高科技投资领域？一个现象是在网络泡沫时代，大量公司把“.com”加入公司名字中（Cooper and Dimitrovand Rau，2001）。另一方面，当市场低估某类投资的价值时，财务紧张的企业（financially constrained）因为不能有效融资而不得不放弃投资计划，导致投资不足。在这个问题上，Polk and Sapienza（2004）等发现企业的投资行为受市场错误定价的影响，而且这个影响是能够和公司基本面推动的投资行为区分开的。Baker，Stein and Wurgler（2003）发现以上关系在更依赖权益融资的企业中尤为突出。

第二是企业并购行为。Shleifer and Vishny（2003）提出了一个企业并购的“择时”假设。当企业自身的股票被高估时，企业就有动机使用自身股票去收购别的企业。这种并购不是为了我们通常所说的并购的协同效应，而是为自身企业投资者保存价值。当未来自身股价向下调整的时候，收购来的企业的价值为收购方股东的股票提供了支撑。支持这个假说最好的例子恐怕就是2000年美国在线以自身股票收购时代华纳了。在实证研究中，Dong，Hirshleifer，Richardson and Teoh（2005）发现股票市场的错误定价和企业并购的交易量呈正相关，支持了Shleifer and Vishny（2003）的假说。

第三是股利政策。因为某种和企业内在价值无关的原因，投资者对上市公司支付股利的态度不断发生变化。当投资者偏好支付股利的公司股票时，这些股票相对于不支付股利的股票溢价会上升，反之则降低。Baker and Wurgler（2004）构建了这个溢价指标，发现当这个溢价高时，企业更容易启动股利发放，或者支付更高股利；当这个溢价低（或者为负）时，企业往往取消股利支付，或者降低股利金额。

3. 非理性经理层、理性投资者下的行为财务研究

行为财务研究的另一个框架是假设经理层不理性，而投资者理性。因为投资者是理性的，所以股票市场是有效率的，不存在错误定价。经理层不理性的来源和投资者不理性的来源类似。一般情况下我们还假设经理层不存在代理问题，即我们观察的是一个最大化股东利益的经理层，在决策过程中做了不理性的行为。

和股票市场上的套利机制不能充分发挥作用是错误定价的前提一样，经理层市

场上的套利机制的失灵也是本小节中行为财务研究的前提。例如，企业间的恶意收购、代理投票权的争夺虽然存在，但是两个发生作用的空间因为各种原因都很有限。所以非理性经理层的错误决策不一定能被迅速、充分地纠正。

关于投资者非理性的研究已经涉及了很多的投资者心理偏差，但是迄今为止，关于经理层非理性的心理偏差还主要集中在过度乐观和过度自信上。这两个心理偏差可能是所有偏差中最影响经理层决策的。过度乐观使人相信自己在某方面好于人群的平均水平，过度自信导致人相信自己的能力或者判断高于人群的平均水平。同时，即使经理层起初不受这些心理偏差的影响，但是随着以前决策结果的发生，经理层会受到自我归功（self-attribution bias）偏差的影响，即把过去决策导致的好结果归功于自己，而把过去决策导致的坏结果归咎于他人，从而衍生出其他心理偏差。

在非理性经理层、理性投资者的框架下，现有研究也取得了一些成果。

第一，在企业投资决策方面，针对创业企业家的问卷调查发现，这些企业家表现出强烈的过度乐观的倾向。Cooper，Woo and Dunkelberg（1986）发现68%的创业企业家认为他们的企业比同类型企业成功的概率要高，只有5%认为相反，甚至有1/3的创业企业家认为他们的企业百分之百会成功。很显然，这些过度乐观的企业家大部分在事实面前会失望。

Malmendier and Tate（2005）提供了大样本的研究结果。他们选用了一个很聪明的衡量经理层过度乐观倾向的代理变量。很多管理层持有公司股票期权，有些期权已经在行权期并且处于盈利状态，但是经理层没有行权，而是选择继续持有期权。因为经理层的人力资本已经和企业状况紧密结合，从分散风险的角度来讲他们应该行权并出售股票。Malmendier and Tate（2005）更进一步发现自愿持有已经盈利的期权的行为和企业未来股票超额回报没有关系，说明经理层不是因为拥有内部信息而持有。所以这个指标很清楚地衡量了经理层对企业未来过度乐观的预期。最后，Malmendier and Tate（2005）发现根据这个指标确认的过度乐观的经理层的企业投资—现金流敏感度更强，说明经理层的过度乐观偏差影响企业的投资行为。

第二，在企业并购行为方面，Roll（1986）最早提出了过度乐观和过度自信对公司财务决策尤其是并购决策的影响。这样的经理层过高估计了并购双方的协同效应，但是没有充分考虑“赢家诅咒”给交易带来的成本。Malmendier and Tate（2008）利用他们上面使用的经理层过度乐观程度的代理变量，发现实证结果和Roll（1986）的预期一致。过度乐观的经理层进行更多的并购行为，尤其是在不同行业之间扩展的并购行为，这些跨行业的并购很难说能产生协同效应。企业越不需要外部融资，则并购行为越多，因为对并购结果过度乐观的经理层同时会认为自己的股票被低估了。更重要的是，越乐观的经理层做的并购行为，市场反应越差，这个结果直接支持了非理性经理层、理性投资者的框架。

（四）小结

在本节中，我们回顾了财务管理研究的三个重要方面所涉及的主要研究方法问题。在事件研究中，我们重点关注的是显著性统计量是否能够无偏估计的问题；在自选择模型研究中，我们重点关注的是如何控制内部信息在企业财务管理决策中的作用，以及如何无偏地估计研究模型的系数；在行为财务学研究中，我们描述了行为财务学作为一种新的研究方法论的来源和意义。

限于篇幅，我们没有包含其他一些在金融学、会计学研究中需要注意的普遍性的统计问题。大部分研究论文会涉及这些问题，读者可以之作为线索寻找解决方案。

四、未来研究方向

（一）事件研究：长窗口超额回报率显著性统计量偏差的纠正

在前面部分，我们讨论检验事件公司长窗口（1～5 年）内超额回报率的显著性时，因为超额回报率之间的相关性，显著性统计量是有偏差的。这个偏差更多地表现在我们使用配比法计算购买持有回报的时候，所以一种解决方案是在长窗口研究中，我们更多地依赖 Jensen-alpha 法来得出结论。

Jensen-alpha 法使用的回报率是时间序列的，当市场是充分有效的时候，回报率在事件序列上是相互独立的，因此统计检验不受回报率之间相关的困扰。但是，Lyon，Barber and Tsai（1999）发现 Jensen-alpha 法统计量在非随机样本中也是有偏的，而大量的财务管理事件恰恰是非随机发生的。很遗憾，迄今为止，这个偏差的来源还不是很清楚。

Lyon，Barber and Tsai（1999）开发了 Bootstrap 和 Pseudo-portfolio 两种方法来控制回报率相关性问题，但是，Mitchell and Stafford（2000）和 Jegadeesh and Karceski（2004）认为这两种方法实际上并没有解决问题，其主要原因是 Lyon，Barber and Tsai（1999）假设事件公司是随机样本，但事实上财务管理事件往往是经理层自我选择的结果，不是随机发生的。

因此，未来研究的一个重要问题是解决因为样本回报率之间的相关性导致的显著性检验统计量偏差问题，否则，我们将很难对一个长窗口事件研究结果有信心。

（二）事件研究统计量的计算如何包含行为财务学的影响

不论是现有的事件研究，还是自选择问题，研究者都假设经理层和投资者是理性的。因此，我们在检验统计量的显著性时不需要考虑经理层或者投资者的不理性行为对股票回报的影响和对企业财务管理决策的影响。

但一些研究表明如果经理层或者投资者不完全理性，而且一方在决策过程中利用另一方的不理性行为，我们计量的显著性统计量也会受到影响。

例如，在长窗口事件研究中，一些学者倾向于 Jensen-alpha 法（Mitchell and Stafford，2000；Brav and Gompers，1997），但 Loughran and Ritter（2000）提出了反对意见。Loughran and Ritter（2000）认为，当投资者不理性并导致错误定价时，经理层会利用错误定价的机会来进行被高估了的财务管理行为（例如在网络泡沫期间大量进行科技股的 IPO，即使企业本身还不到 IPO 的阶段）。

Jensen-alpha 法在选取事件样本时固定样本期间长度（20 个月），然后每个日历月份往前滚动一个月，所以，这种方法实际上对过去 20 个月平等对待（equally weighted）。当市场错误定价及管理层对错误定价的利用集中在某些特定时间段的时候，Jensen-alpha 法的有效性要低于平等对待每个样本公司的方法，即 Jensen-alpha 法更容易接受市场有效的假设。针对这个问题，Fama（1998）提出在使用 Jensen-alpha 法时，不是平等对待固定样本期间的月份，而是根据月份内样本数目进行加权。

不论效果如何，Loughran and Ritter（2000）提出的问题都值得将来进行深入研究。正如我们在“行为公司财务方法论问题”部分回顾的，在资本市场上，投资者有不理性行为，企业经理层也有不理性行为，甚至两者在同一时刻、同一问题上都有不理性行为。这时，企业财务管理决策和投资者反应之间就不是独立的，而是相互影响的。过去关于公司财务管理研究的统计与计量探讨很少涉及这一互动对统计量计算的影响，在这方面的探索也许能在财务管理研究方法论上产生突破。

（三）自选择与财务管理行为的信号效应

企业经理层相对于投资者拥有内部消息。当我们进行财务管理研究的时候，只能观测到可见的企业特征，而观测不到内部消息。但也许恰恰是内部消息决定了企业的财务管理行为（如是否分拆股票），而企业的自选择行为向市场部分传递了内部消息（信号效应）。

Heckman 模型及其衍生方法可以控制内部信息的总量（逆米尔斯比率），但是无法帮助我们确认内部信息的内容和性质。未来的研究也许可能在特定的研究环境下，通过一定的统计方法，把内部信息和可观察到的企业特征联系起来，一定程度上解释内部信息的内容和性质。

更重要的，任何信号效应的使用都增加了企业的成本（例如一个资金受约束的企业不得不通过发放股利传递内部信息）。未来的研究也许可以结合强制性信息披露研究、市场效率研究，通过提高市场效率的手段减少企业信号效应的应用，从而增加所有市场参与者的福利。

（四）行为财务学研究面临的实证挑战

行为财务学首先面临的挑战是如何衡量经理层或投资者的不理性因素。在理性经理层、不理性投资者的框架下，我们首先需要一个实证变量来代表股票错误定价。一个选择是错误定价的事先指标，如市盈率、市净率，这些指标已经被证明和未来回报负相关。但遗憾的是这些研究往往使用整个市场样本做研究，而公司财务事件往往发生在一部分上市公司中。同时，这些错误定价指标可能和企业的一些特征相关，如和会计政策相关。因此，我们不能肯定地把财务管理事件和错误定价联系起来。

另一些研究使用错误定价的事后指标，例如一个事件发生后，股票回报不断降低，因此说明事件发生时有错误定价。但是这种方法又受到我们前面讨论的联立假设问题的影响，即我们无法确知正常风险回报模型是否准确。

在非理性经理层、理性投资者的框架下，问题更严重。这里我们需要准确衡量经理层过度自信或者过度乐观的代理变量。如果没有这样的指标，我们很难把行为财务研究的问题和代理问题、信息不对称问题区分开来。例如，一个企业的并购行为既符合过度乐观的行为财务假设，也符合代理问题中的“帝国建设”假设（empire-building）。除非我们事先能确信我们的指标只代表过度乐观或过度自信偏差，否则很难在取得结果后把上面两种假设区分开。

最后，行为财务学还面临另外一个重大问题：如果经理层和投资者都不理性，问题会是怎样？这是一个目前还没有涉及的研究问题，但是当市场情绪高涨的时候，不仅投资者会过度自信、过度乐观从而导致错误定价，而且经理层的情绪也会受到传染，从而影响公司财务决策。很显然，在此次金融危机发生之前的资产泡沫形成阶段，我们很难说投资者是不理性（高估了次级按揭贷款的偿债能力）的同时，认为经理层是理性的（只要看看美国直到泡沫破裂了还继续高涨的新房开工量就能说明问题）。不理性经理层、不理性投资者的框架恐怕会是行为公司财务研究下一个要开辟的领域。

建议阅读文献

［1］陈信元，江峰．事件模拟与非正常收益模型的检验力——基于中国 A 股市场的经验检验［J］．会计研究，2005（7）：25～31

［2］靳云汇，金赛男．高级计量经济学（上册）［M］．北京：北京大学出版社，2007

［3］陆正飞，姜国华，张然．证券投资实证研究：重点文献导读（第二版）［M］．北京：中国人民大学出版社，2013

［4］陆正飞，岳衡，祝继高．公司财务实证研究：重点文献导读［M］．北京：中国人民大学出版社，2011

［5］杨丹，林茂．我国 IPO 长期市场表现的实证研究——基于超常收益率不同测度方法的比较分析［J］．会计研究，2006（11）：61～68

［6］杨丹，魏韫新，叶建明．股权分置对中国资本市场实证研究的影响及模型修正［J］．经济研究，2008（3）：73～86

［7］Ball，R.，Brown，P. An empirical evaluation of accounting income numbers［J］. *Journal of Accounting Research*，1968：159-178

［8］Banz，R. W. The relationship between return and market value of common stocks［J］. *Journal of Financial Economics*，1981，9（1）：3-18

［9］Baker，M.，Greenwood，R.，Wurgler，J. Catering through nominal share prices［J］. *The Journal of Finance*，2009，64（6）：2559-2590

［10］Baker，M.，Ruback，R.，Wurgler，J. Behavioral corporate finance：A survey. In *The Handbook of Corporate Finance*：*Empirical Corporate Finance*，edited by Espen Eckbo. New York：Elsevier/North Holland［J］. 2007

［11］Baker，M.，Stein，J. C.，Wurgler，J. When does the market matter? Stock prices and the investment of equity-dependent firms［J］. *The Quarterly Journal of Economics*，2003，118（3）：969-1005

［12］Barberis，N.，Thaler，R. A survey of behavioral finance［J］. *Handbook of the Economics of Finance*，2003，1：1053-1128

［13］Barber，B. M.，Lyon，J. D. Detecting abnormal operating performance：The empirical power and specification of test statistics［J］. *Journal of financial Economics*，1996，41（3）：359-399

［14］Barber，B. M.，Lyon，J. D. Detecting long-run abnormal stock returns：The empirical power and specification of test statistics［J］. *Journal of Financial Economics*，1997，43（3）：341-372

［15］Brav，A. Inference in long-horizon event studies：A Bayesian approach with application to initial public offerings［J］. *The Journal of Finance*，2000，55（5）：1979-2016

［16］Brav，A.，Gompers，P. A. Myth or reality? the long-run underperformance of initial public offerings：evidence from venture and nonventure capital-backed companies［J］. *The Journal of Finance*，1997，52（5）：1791-1821

［17］Brown，S. J.，Warner，J. B. Measuring security price performance［J］. *Journal of Financial Economics*，1980，8（3）：205-258

［18］Brown，S. J.，Warner，J. B. Using daily stock returns：The case of event studies［J］. *Journal of Financial Economics*，1985，14（1）：3-31

［19］Campbell，J.，Lo，A.，Mackinlay，A. C. *The econometrics of financial markets*［M］. New Jersey：Princeton University press，1997

［20］Chu，G.，X. Du，and G. Jiang，2010，*Auditor quality and controlling shareholder expropriation of minority shareholders*：*evidence from China*. Working paper，Shanghai Jiaotong University

［21］Collins，D. W.，Dent，W. T. A comparison of alternative testing methodologies used in capital market research [J]. *Journal of Accounting Research*, 1984, 22 (1): 48-84

[22] Cooper, M.J., Dimitrov, O., Rau, P.R. A rose. com by any other name [J]. *The Journal of Finance*, 2001, 56 (6): 2371-2388

[23] Cooper, A.C., Woo, C.Y., Dunkelberg, W.C. Entrepreneurs' perceived chances for success [J]. *Journal of Business Venturing*, 1988, 3 (2): 97-108

[24] DeBondt, W.F.M., Thaler, R. Does the stock market overreact? [J]. *The Journal of Finance*, 1985, 40 (3): 793-805

[25] DeBondt, W.F.M., Thaler, R.H. Further evidence on investor overreaction and stock market seasonality [J]. *The Journal of Finance*, 1987, 42 (3): 557-581

[26] Dong, M., Hirshleifer, D., Richardson, S., et al. Does investor misvaluation drive the takeover market? [J]. *The Journal of Finance*, 2006, 61 (2): 725-762

[27] Fama, E.F. Efficient capital markets: II [J]. *The Journal of Finance*, 1991, 46 (5): 1575-1617

[28] Fama, E.F. Market efficiency, long-term returns, and behavioral finance [J]. *Journal of Financial Economics*, 1998, 49 (3): 283-306

[29] Fama, E., Fisher, L., Jensen, M., et al. The adjustment of stock prices to new information [J]. *International Economic Review*, 1969, 10

[30] Gow, I.D., Ormazabal, G., Taylor, D.J. Correcting for cross-sectional and time-series dependence in accounting research [J]. *The Accounting Review*, 2010, 85 (2): 483-512

[31] Heckman, J.J. Sample selection bias as a specification error [J]. *Econometrica: Journal of the Econometric Society*, 1979: 153-161

[32] Heckman, J.J., Ichimura, H., Todd, P. Matching as an econometric evaluation estimator [J]. *The Review of Economic Studies*, 1998, 65 (2): 261-294

[33] Heckman, J., Navarro-Lozano, S. Using matching, instrumental variables, and control functions to estimate economic choice models [J]. *Review of Economics and Statistics*, 2004, 86 (1): 30-57

[34] Ikenberry, D.L., Rankine, G., Stice, E.K. What do stock splits really signal? [J]. *Journal of Financial and Quantitative Analysis*, 1996, 31 (03): 357-375

[35] Jegadeesh, N., Karceski, J. Long-run performance evaluation: Correlation and heteroskedasticity-consistent tests [J]. *Journal of Empirical Finance*, 2009, 16 (1): 101-111

[36] Jiang, G., Yue, H., Zhao, L. A re-examination of China's share issue privatization [J]. *Journal of Banking & Finance*, 2009, 33 (12): 2322-2332

[37] Jiang, G., Lee, C.M.C., Zhang, Y. Information uncertainty and expected returns [J]. *Review of Accounting Studies*, 2005, 10 (2-3): 185-221

[38] Kahneman, D., Tversky, A. Prospect theory: An analysis of decision under risk [J]. *Econometrica: Journal of the Econometric Society*, 1979: 263-291

[39] Kothari, S.P., Warner, J.B.. Measuring long-horizon security price performance [J]. *Journal of Financial Economics*, 1997, 43 (3): 301-339

[40] Kothari, S.P., Warner, J.B. 2007. Econometrics of event studies. In: Eckbo, B.E.

(Ed.), Handbook of Corporate Finance: Empirical Corporate Finance, Vol. 1. Elsevier/North-Holland, Amsterdam, Chapter 2

[41] La Porta, R., Lakonishok, J., Shleifer, A., et al. Good news for value stocks: Further evidence on market efficiency [J]. *Journal of Finance*, 1997: 859-874

[42] Li, K., Prabhala, N. Self-selection models in corporate finance [J]. *Robert H. Smith School Research Paper* No. RHS, 2005: 06-020

[43] Lie, E. Detecting abnormal operating performance: Revisited [J]. *Financial Management*, 2001: 77-91

[44] Lyon, J. D., Barber, B. M., Tsai, C. L. Improved methods for tests of long-run abnormal stock returns [J]. *The Journal of Finance*, 1999, 54 (1): 165-201

[45] Loughran, T., Ritter, J. R. Uniformly least powerful tests of market efficiency [J]. *Journal of Financial Economics*, 2000, 55 (3): 361-389

[46] Malmendier, U., Tate, G. CEO overconfidence and corporate investment [J]. *The Journal of Finance*, 2005, 60 (6): 2661-2700

[47] Malmendier, U., Tate, G. Who makes acquisitions? CEO overconfidence and the market's reaction [J]. *Journal of Financial Economics*, 2008, 89 (1): 20-43

[48] Mitchell, M. L., Stafford, E. Managerial decisions and long-term stock price performance [J]. *The Journal of Business*, 2000, 73 (3): 287-329

[49] Nohel, T., and V. Tarhan. Share repurchases and firm performance: new evidence on the agency costs of free cash flow [J]. *Journal of Financial Economics*, 1998, 49: 187-222

[50] Peterson, M. A. Estimating standard errors in finance panel data set: comparing approaches [J]. *Review of Financial Studies*. 2009, 22: 435-480

[51] Polk, C., Sapienza, P. The real effects of investor sentiment [R]. *National Bureau of Economic Research*, 2004

[52] Roll, R. The hubris hypothesis of corporate takeovers [J]. *Journal of Business*, 1986: 197-216

[53] Shleifer, A. *Inefficient markets: An introduction to behavioral finance* [M]. Oxford: Oxford university press, 2003.

[54] Shleifer, A., Vishny, R. W. The limits of arbitrage [J]. *The Journal of Finance*, 1997, 52 (1): 35-55

[55] Shleifer, A., Vishny, R. W. Stock market driven acquisitions [J]. *Journal of Financial Economics*, 2003, 70 (3): 295-311

[56] Sloan, R. G. Do stock prices fully reflect information in accruals and cash flows about future earnings? [J]. *Accounting Review*, 1996: 289-315

姜国华（北京大学）

专题 3　公司治理与公司财务

一、问题提出

近些年，公司治理一词越来越频繁地出现在公司财务的研究中，公司治理与公司财务相融合的研究已经成为学术界关注的焦点。

（一）股权分散结构下的公司治理与公司财务问题

1932 年，Berle and Means 对美国最大的 200 家公司进行调查，发现并提出了著名的后来被诠释为"Berle-Means 命题"的观点，即现代公司的所有权分散与所有权和控制权分离。40 多年后，Jensen and Meckling（1976）基于股权分散与分离的结构安排提出了著名的代理成本学说，认为在代理人部分所有的情况下，管理者有偷懒和谋取私利的自身利益最大化动机。此后，大量学者追随他们的研究视角，研究了代理问题对公司财务的影响，由此，管理者的道德风险和逆向选择问题被提了出来，其经济后果是导致管理者额外津贴、挥霍浪费、过度投资、短期机会主义①和资产替代②等一系列财务问题（Jensen and Meckling，1976；Mikkelson，1981；Narayanan，1985；Jensen，1986）。

传统的财务理论往往假定管理者将自动最大化股东价值，因而对于财务问题的

---

① 短期机会主义行为是指由于管理者重视自己在人力资本市场中的声誉，他们可能以股东的长期利益为代价，采取增加企业短期业绩的投资决策。

② 资产替代现象是指企业在负债后，股东很可能放弃风险中性或风险较低的项目，将负债资金投向高风险高收益的项目中。投资高风险高收益项目一旦成功，那么债权人只能获得较低的固定利息收益，而剩余的收益全部归股东所有。投资高风险高收益项目一旦失败，股东在有限责任下，超出股东出资额部分的损失将全部由债权人承担，因此称为负债的资产替代现象。

关注一般集中于技术层面，如如何选择一个最优的投资项目。而代理成本学说的提出使公司财务理论界认识到了代理问题的重要性，极大地开阔了公司财务学家的研究视野，也使公司财务领域的研究产生了飞跃式发展。

一方面，为了降低代理成本缓解管理者的道德风险和逆向选择问题，一系列公司治理机制逐渐建立并完善起来；另一方面，公司财务行为本身也会影响或决定公司治理结构。因此，公司治理与公司财务相融合的研究逐渐形成并发展起来。公司治理由内部治理和外部治理两部分组成，在此我们将主要梳理和分析内部公司治理与公司财务的研究成果和基本问题。

在 Berle-Means 命题下，公司的代理冲突主要表现在管理者与股东之间，因此管理者与股东的代理冲突及其治理成了公司财务与公司治理领域研究的焦点，其主要研究问题包括：（1）管理者—股东的代理冲突导致了哪些财务行为的扭曲？公司绩效（这里所指的公司绩效包括公司市场价值和公司会计业绩两部分）受到了怎样的影响？（2）哪些治理机制可以控制或缓解这些财务问题？这些治理机制的效果如何？（3）公司财务反过来对公司治理机制又产生了怎样的影响？（4）外部市场发展对公司治理与公司财务的融合产生了怎样的影响？

（二）股权集中结构下的公司治理与公司财务问题

1981 年，鉴于第二次世界大战后数十年内所发生的巨大变化，Herman（1981）用 Berle-Means（1932）方法再次考察了美国公司的股权结构，发现从 20 世纪 30 年代到 70 年代中期，首先公司的所有权已经逐步从分散趋向集中，机构投资者已成为公司股份的主要持有者，掌握公司相当比例股份的大股东开始形成；其次管理者本身正逐渐成为所有者，公司控制权和所有权已由分离走向一定程度的结合。随着股权结构的这一变化，学者们一方面从 Berle-Means 命题的第一个结论——所有权分散出发，产生了关于大股东对公司财务决策作用的激烈争论；另一方面从 Berle-Means 命题的第二个结论——所有权与控制权分离出发，形成了关于管理者持股与公司绩效关系的大量实证检验，带动了公司治理与公司财务理论研究的发展。

到 20 世纪末，人们开始意识到关于公司所有权的研究主要集中在以美国为主，基本上没有跨出英美法系的国家范围，大部分研究结论也是以美国公司所有权结构为典型样本得出并成型的。但是，美国只是英美法系下的代表性国家，它的所有权结构是不是全球公司所有权结构的典型代表？如果不是，那么之前的一系列研究成果就是不具普遍意义的理论命题。为此，从 20 世纪 90 年代中期开始，关于所有权结构的研究从英美法系开始推向其他法系国家，从发达国家推向转型经济体国家和新兴国家和地区。

1998 年，La Porta，Lopez-de-Silanes，Shleifer and Vishny（LLSV）以 49 个

国家中最大的10家非金融类上市公司为样本，深入分析了前三大股东的持股情况。此后，Faccio和郎咸平（2002）对英国等13个西欧国家，Mitton（2002）、Lins（2003）等对东亚、西亚、南美和葡萄牙等18个新兴市场的股权结构也作了深入研究，他们都发现在世界范围内股权高度集中、以大股东为主的所有权结构才是最典型的组织形式，股权分散仅仅是发达的英美法系国家里大公司的普遍组织形式。事实上，Faccio和郎咸平的研究表明，即使在发达国家，股权分散也不具有普遍性。

对于Berle-Means命题的第二个结论，众多研究也发现了不同于两权分离的情况：除了英美法系国家，相当大一部分公司还同时存在着大股东本身就是管理者，即所有权和控制权重合的现象。

自此可见，在世界范围内股权不是完全分散而是高度集中，所有权与控制权不是完全分离而是在一定程度上重合（我们将其称之为LLSV命题），其带来的经济后果是：一方面，由于大股东与管理者的利益实际上趋于一致，两者之间的代理问题趋于缓和；另一方面，因股权集中所带来的控股大股东剥削小股东所产生的消极影响却日益突出，特别是在法律保护较弱的转型经济国家和新兴国家里。在这种情况下，主要的利益冲突就介于控股股东与少数股东之间，而不是像美国公司那样集中在管理者与股东之间。

那么，如何解决各国普遍存在的大股东剥削中小股东的代理问题？这时，投资者法律保护被提出来。因为要解决包括股东—管理者、大股东—小股东在内的代理冲突，不能只是简单强调股东—管理者之间在信息不对称和道德风险下的契约安排，而应该将中小投资者的法律保护与大股东控股形式进行某种程度的适度结合。法律制度与实施作为公司治理机制的一部分，其最为关键的就是通过法律体系保护外部投资者——无论是投资者还是债权人（La Porta，Lopez-de-Silanes and Shleifer，1999）。

自20世纪90年代中期开始，LLSV（1998，1999，2000a，2000b，2002）相继发表了一系列论文，全面系统地阐述了关于所有权结构、投资者法律保护与公司财务行为之间相互影响和相互作用的问题，围绕这批论文，最终形成了控股大股东与小股东代理冲突下的公司治理与公司财务研究，在这方面的研究中，学者们主要研究和试图回答的问题是：（1）控股大股东是否剥削了小股东以及剥削的证据或表现有哪些？（2）如何解决控股大股东剥削中小股东的代理问题？投资者保护是否保护了小股东的利益？（3）所有权结构、投资者法律保护与公司财务行为之间是怎样的关系？

事实上，Jensen and Meckling（1976）还提出了另一个代理关系，即管理者/股东与债权人之间的代理关系，并由此引发了基于管理者/股东—债权人代理冲突下的公司治理与公司财务问题，但限于篇幅在此不对这方面内容进行阐述。

二、中外文献回顾

在本部分，我们将围绕上述在股权分散和股权集中结构下提出的两方面研究问题，对公司治理与公司财务领域的研究成果进行回顾和梳理。在归纳时，我们只涉及公司财务问题，即只涉及包括筹资、投资和股利分配在内的财务行为以及包括公司市场价值和会计业绩在内的公司绩效。

（一）股权分散结构下的公司治理对公司财务的影响

1. 管理者—股东代理冲突下的公司财务行为

关于管理者—股东代理冲突下的公司财务研究主要集中在公司投资活动上，其主要发现有管理者帝国建造（empire builder）、短期主义行为（short-termism）、自由现金流假说（free cash flow hypothesis）和管理层壁垒假说（management entrenchment hypothesis）等。

早在1911年熊彼特就指出，管理者是帝国建造者。Hart（1995）也认为，管理者偏好个人帝国的建造，因为他们所追求的地位、权力、薪酬和特权、升迁等均与公司规模成正比（Jensen，1986；Jensen and Murphy，1990；Stulz，1990；Conyon and Murphy，2000）。Shleifer and Vishny（1989）指出，为降低被解聘的风险，提高与股东谈判的能力，管理者倾向于投资那些NPV为负但能增加其自身人力资本价值的项目。Franzoni（2009）发现，在大公司中过度投资问题更普遍，在一般上市公司中投资不足现象更普遍。

Hirshleifer（1993）指出，管理者有动机利用投资来维持和提高其职业声誉，从而提升其在劳动力市场的价值，这一动机导致他们在投资上的短期主义行为。Narayanan（1985）发现，由于管理者重视自身在人力资本市场上的声誉，他们可能会以股东的长期利益为代价，采取增加公司短期业绩的投资行为，从而导致一些资产的投资不足。例如，减少对机器设备维修的投入，减少对品牌忠诚度和职工培训等无形资产方面的投入。而股东很难甄别这些投资是否不足，因为短期行为往往伴随着良好的业绩和股价的攀升。

1986年Jensen提出了自由现金流假说，认为要使股东价值实现最大化，管理者就必须把自由现金流（FCF）支付给股东，但管理者基于自身利益考虑，宁愿将FCF投资于低收益的项目也不愿返还给股东，从而导致过度投资。Lang and Litaenberger（1989），Shin and Kim（2002），周立（2002）等的经验研究都证实了自由现金流假说。

还有学者将代理成本理论运用到公司并购行为中，提出了管理层壁垒假说

(management entrenchment hypothesis)。该理论认为，如果目标公司被成功并购，高层管理者就有可能失去职位和潜在的各种经济利益，为了保护自身利益，他们会采取各种措施阻止并购的发生，即使这种并购能够为并购双方带来更高的价值。

此外，Holmstorm and Costa（1986）发现，管理者出于职业安全考虑不愿投资新项目，因为新项目业绩将揭示管理者能力信息。Baker（2000）指出，管理者倾向于维持自己以往投入的但目前经营业绩较差的项目，而不是将其清算或退出，因为清算或退出都表示管理者先前的投资决策是错误的。Bertrand and Mullainathan（2003）指出，管理者偏好安逸的生活，在遇到棘手的决策时倾向于过度懒惰。其表现为：一是面临是否放弃已有业绩糟糕的项目时，他们可能怕麻烦而不愿意放弃，造成恶性增资；二是在是否建设新项目时又可能投资不足。

在多数研究关注于公司投资活动的同时，有学者基于管理者—股东之间的代理冲突将研究扩展到股利分配、融资活动等方面。例如，Easterbrook（1984）认为公司管理者一般不愿将利润分配给外部投资者，而是更倾向于将其留在公司或投资于一些效率低下的项目中，这样管理者就可以有大量的现金用于个人奢侈的在职消费。Stulz（1988）则将研究视角投向了融资活动并提出了壕沟效应（entrenchment effect）。壕沟效应是指在管理者持股比例较低时，管理者侵占公司资源的能力随其持股比例的提高而增强，因此在管理者持股比例较低时，他们会倾向于提高自身的持股比例。Johnson et al.（2000）进一步发现，当管理者持股比例达到一定程度后，他们的利益与公司利益趋于较高程度的一致，此时随着管理者持股比例的提高，侵占会减少，产生利益协同效应。Cronqvist et al.（2009）发现具有“堑壕”动机的高管通过向职工支付高工资来享受控制权私利。Pagano（2005）发现当高管和股东之间的利益冲突较大时，高管通过向员工支付高工资与职工形成同盟。陈冬华等（2011）发现，出于政治动机的工资增长对公司未来业绩增长具有显著的消极作用。

2. 管理者—股东代理冲突下的公司治理效应

针对管理者在投资、融资和股利分配活动中的侵占行为，公司治理机制逐渐建立和完善起来，这些治理机制主要包括董事会、管理层薪酬激励、管理层持股、大股东等内部治理机制，以及产品市场竞争、收购等外部治理机制。为了避免重复，其中，大股东治理（包括大股东的监督效应和隧道效应）我们放在控股大股东与小股东的代理冲突及投资者保护部分中进行阐述。

（1）董事会（board of directors）的治理效应。

股权分散导致了股东“搭便车”现象，即股东没有足够大的激励来确保管理者按照自己的利益行事（Grossman and Hart，1980），而董事会被认为是一种良好的监督管理者的机制。

1）董事会对财务行为的治理效应。关于董事会的治理效应研究主要集中在董事会结构（通常为内部董事与外部董事的比例）和董事会规模等方面。

首先，Chung et al.（2003），Gugler et al.（2003），Richardson（2002，2003，2005，2006）发现独立董事在董事会的投资决策会议中发挥着重要作用，能够遏制经理层的盲目投资行为。Mehran（1992），Berger et al.（1997）发现，投资银行和外部董事有助于改善公司的资本结构。陆正飞和高强（2003）采用问卷调查法，发现董事会中由控制股东推举或在控制股东单位任职的董事所占的比例越高、总经理由董事长兼任的公司，越偏好股权融资。Ashbaughetal（2004）发现在美国独立董事比例高和董事持股比例高的公司具有更低的权益资本成本。Anderson et al.（2004）在对美国的研究中发现：第一，董事会独立性与债务融资成本负相关，董事任期与债务融资成本正相关；第二，独立董事的职业特征（现任高管、退休人员、学者等）均与更低的债务融资成本显著相关，但相互之间并无显著差异；第三，董事持股比例与债务融资成本不存在显著关系。Marchica（2006）在对英国的研究中发现，非执行董事比率与公司的债务期限结构无关。肖作平（2005）发现独立性较强的董事会更倾向于高负债比率。吕长江和周县华（2005）发现，当独立董事较多时，公司倾向于支付高额股利，他们认为这说明现金股利可以减少内部人可控的自由现金流，缓解公司内部人与外部人之间的代理问题。

关于董事会构成对并购完成的影响，归纳起来主要来自两个方面：一是董事会能够影响公司治理的质量，改变公司成为被并购方的可能性；二是董事会能够影响并购的过程，一定程度上决定并购的难度。Shivdasani（1993）发现，当外部董事在董事会中的位置更为重要时，公司被敌意并购的可能性减小。Brickly et al.（1994）发现当董事会主要由外部董事构成时，市场对于被并购方采用毒丸抵御策略的反应为正，否则反应不乐观。Cotter et al.（1997）发现当外部董事比例超过50%时，敌意并购中被并购方的回报率要相对高出20%。Byrd et al.（2004）发现，美国董事会中设立的专业委员会不仅有助于抑制现金牛（cash cow）企业的过度投资，在有高成长机会时还可以向董事会提供关于潜在并购案的信息。

其次，关于董事会规模对财务行为的治理效应相关研究较少，比较一致的结论是董事会规模越大其监督和治理效率越低，越不利于公司资本结构的优化，但是有利于降低债务融资成本。如Berger et al.（1997），Anderson et al.（2004）在对美国的研究中分别发现，董事会规模与债务比率、债务融资成本负相关。

此外，Marchica（2006）发现，CEO和董事会主席两职分离的公司具有相对少的短期债务。吕长江和周县华（2005）发现，公司高级管理人员和董事薪金、董事会主席和监事会主席持股比例与现金股利正相关。总经理兼任董事长或副董事长时，现金股利更高。John et al.（2008）发现，公司治理弱的企业管理者更愿意采用保守的投资政策，以获得更好的融资方式。

2）董事会对公司绩效的治理效应。

首先，Rosenstein and Wyatt（1990，1997）发现，当外部董事加入董事会时市场反应为正。即使是那些原本就由外部董事占主导地位（外部董事占董事会成员的50%以上）的公司，新董事的上任也会引起公司股价的上涨。Weisbach（1988），Byrd and Hickman（1992），Borokhovich et al.（1996）等发现，外部董事占主导地位的董事会做出的决策更容易被市场所接受。

对于董事会结构与会计绩效方面，Morck，Shleifer and Vishny（1988）用Tobin' *Q* 作为公司绩效的度量，没有发现公司绩效与董事会结构有显著关系。此后，Hermalin and Weisbach（1991），Mehran（1995），Klein（1998），Vafeas and Theodorou（1998），Bhagat and Black（1999），Adam and Ferreira（2007）也发现，会计度量上的公司绩效与董事会结构无关。但是，Brickley et al.（1994），Peng（2004），王跃堂（2006）发现独立董事在董事会中所占比例与企业经营业绩显著正相关。Hermalin and Weisbach（2003）在总结了基于美国市场的实证研究后发现，更多的外部董事与公司的优异表现并无显著关系。Warther（1998），Hermalin and Eisbach（1998），叶康涛等（2011）分别发现，当公司面临危机时，外部董事和独立董事能够发挥监督作用。叶康涛等（2011）进一步发现，这时独立董事的监督行为能够缓解代理问题，提高公司价值。

其次，关于董事会规模对公司绩效的影响方面，Yermack（1996）利用Tobin's *Q* 发现，在美国的大公司中董事会规模与 *Q* 值负相关。从国际上看，相关研究也都发现了类似的负相关性（Berger，Ofek and Yermack，1997；Eisenberg，Sundrgen and Wells，1998）。但是，Coles et al.（2008）在美国大型的多元化杠杆公司中发现，董事会规模与市场绩效显著正相关。在针对中国的研究中，于东智和池国华（2004）发现，董事会规模与公司绩效指标之间存在倒U形关系，同时发现公司以前年度的绩效水平越好，则董事会的稳定性越强。而丛春霞（2004）发现董事会规模与公司绩效没有显著的关系。

最后，有研究探讨了董事会的职能及其效应。Weisbach（1988）发现，外部董事比率高的公司，更容易发生CEO更换事件。Yermack（1996）发现董事会规模小的公司，其业绩表现与CEO的更换关系更为紧密。Core，Holthausen and Larcker（1999）发现，CEO薪酬随其任期内任命的外部董事人数的增加而增加，同时也与董事会规模、超过69岁的董事人数、身兼多职的董事人数成正比。当公司的治理结构较弱时，CEO薪酬会更高。

还有研究发现独立董事的工作背景（如国际背景（Norburn，1986）、银行背景（Easterbrook，1984）、投行背景（Lee，Rosenstein and Wyatt，1999）、政府官员背景（Lester et al.，2008））有助于提高公司绩效，独立董事身兼多职与公司绩效正相关（Ferris et al.，2003）或负相关（Core et al.，1999）。此外，由于独立董事的个人特征差异较大，有研究从独立董事的性别（Farrell and Hersch，2005；Adams and Ferreira，2009）、教育背景（Rosenstein and Wyatt，1990；Fich，2005；魏刚等，2007；王跃堂等，2006；胡奕明、唐松莲，2008）、任期（Singh and Harianto，1989；Johnson et al.，1993；Westphal and Zajac，1995）等角度研究独立董事对公司业绩的影响。然而总体来看，研究结果存在一定的模糊性（朱振伟、金占明，2010）。为此，有研究建议应该从个体的个性、态度及认知等更深层次因素展开研究（Williams and O' Reilly，1998；Priem et al.，1999；Boone et al.，2005）。

（2）管理层薪酬激励的治理效应。

作为代理问题中的直接一方，管理者的行为是公司治理与公司财务的重点。对管理者最直接的治理方式是制定有效的薪酬激励制度（management compensation），使管理者的目标尽可能地与股东的目标一致。激励合同采取的方式主要有：现金、股票所有权、股票期权，甚至当公司表现太差时解雇等。

薪酬制度的理论研究多数来源于道德风险下的契约理论（Mirrlees，1976；Holmstrom，1979；Grossman and Hart，1983），研究如何设计薪酬的具体结构，如何设计最优的激励合同（incentive contract），而实证研究主要关注薪酬机制对公司财务行为和绩效的激励效果上。

1）薪酬激励对财务行为的治理效应。

Bizjak et al.（1993）认为，更重视长期股票收益的激励契约将导致有效率的投资。Narayanan（1996）研究了现金支付和股票支付激励契约，发现前者容易导致管理层对长期项目的投资不足，而后者容易导致过度投资，因此现金与股票相结合的激励更为有效。Stephen and Klein（2004）发现，非管理层董事的股票期权授予（stock option grants）可以促进公司增加投资。Kang et al.（2006）发现股权激励是美国公司长期资本投资的重要决定因素。Coles et al.（2006）发现，CEO的报酬对股价波动程度的敏感性越高，CEO越有可能实施高风险的投资政策。Ghosh et al.（2007）发现，R&D投资支出与CEO持股比例呈倒U形关系，与CEO股票期权在高水平的期权持有上呈正相关。辛清泉等（2007）发现，当薪酬契约无法对管理者的工作努力和经营才能做出补偿和激励时，地方政府控制的上市公司存在因薪酬契约失效而导致的过度投资现象。

在融资和股利分配方面的相关研究较少。Berger et al.（1997）在对美国的研究中发现，过量的薪酬（工资和奖金对数的实际值减去预测值）与债务比率负相关。总体而言，当CEO具有较长的任期、较弱的股票和薪酬激励以及没有面临来自董事会和大股东强烈监督时，公司债务比率显著地低。这说明管理者壕沟程度对公司资本结构具有影响，壕沟的管理者努力避免债务。吕长江和周县华（2005）发现，我国公司高管和董事薪金越高，董事会主席和监事会主席持股比例越高，公司越倾向于支付较多的现金股利。这说明管理层薪酬激励并没有起到降低代理成本的治理作用，反而是管理层实现自身利益最大化的渠道之一。

2）薪酬激励对公司绩效的治理效应。

更多的研究集中在薪酬激励对公司绩效的治理上。Jensen and Murphy（1990）用管理层薪酬相对于公司绩效的敏感程度（pay-performance sensitivity，PPS）作为衡量指标，对美国公司进行了研究，发现PPS并不高，仅为0.003 25，说明大多数的薪酬合同并没有充分包含管理者的激励成分。Gregg，Machin and Szymansky（1993）和Kaplan（1994）发现英国、德国和日本的PPS水平与美国非常相似，并且在英国这种微弱的联系在1988年后便消失了。Jensen and Murphy（1990），Shleifer and Vishny（1997）认为，实证中之所以发现PPS不显著主要是因为许多国家的法律和政治因素限制了较高的薪酬水平。Murphy（1999），Core et al.（2001）在对美国的实证检验进行总结后发现，整体而言，PPS随时间逐步增长，其中敏感性主要来自于薪酬构架中管理者拥有的公司股票和股票期权。Lambert and Larcker（1987），Morck et al.（1988），Hanlon et al.（2003）发现，经理薪酬激励使管理层的利益和股东的利益趋同，增加了股东财富。Basu et al.（2007）发现，与公司治理较弱的企业相比，174家大型日本企业的高管获得了更高的薪酬。

还有一些研究发现了管理层操纵薪酬契约的证据。例如，Yermack（1997）发现管理者能够按照对自己最有利的方向择时选择股权激励，在好消息来临之前或在坏消息过去之后给予管理者股权。Shleifer and Vishney（1997）认为，管理者可能更了解公司的未来表现，因此他们可以为自己争取最有利的薪酬合同，甚至可能操纵会计信息和投资方式来增加自己的报酬。Cyert et al.（2002）发现，存在强CEO的情况下，CEO薪酬一般高出20%～40%；而在强董事会的情况下，董事会持股比例与CEO薪酬显著负相关。Core et al.（2003）在集中考察了与股权相关的管理层激励文献后指出，不同公司对于高强度的激励需要不同，因此给予管理层更多的股权激励并不必然意味着代理成本的降低和业绩的改善。

我国上市公司从2002年开始普遍建立了经理绩效评价标准和薪酬激励约束机制。周建波和孙菊生（2003）发现，那些内部治理机制弱化的公司管理者存在利用股权激励机制为自己谋利的行为，因此成立相对独立的薪酬与考核委员会等类似机构作为股权激励的实施主体是重要的。权小锋等（2010）也发现，随着权力的增长，管理层倾向于通过盈余操纵获取绩效薪酬。激励薪酬具有正价值效应，而操纵性薪酬具有负价值效应。姜国华等（2006）在综合了已有研究后认为，从某种程度上说合同中的股权激励和股票期权激励不仅不能减少代理成本，甚至反方向给予管理者更多获取私利的渠道，特别是当董事会没有足够的能力或积极性与管理者商定奖励机制的时候。

总之，虽然现有研究还没有发现很强的管理层激励与公司表现高度相关的证据，但是基本支持管理层薪酬激励有利于提高公司绩效的结论。

(3) 股权结构对公司财务的影响。

20世纪80年代中期开始出现了管理者持股比例增加的现象，这时管理者持股对抑制代理问题起到了积极作用还是消极作用引起了学术界的激烈讨论。由于管理者持股属于公司股权结构安排，因此，在本部分我们重点回顾管理者持股的作用。为了避免重复，大股东的作用放在集中的股权结构下的公司治理与投资者保护中进行阐述。

1) 股权结构对财务行为的影响。

首先，Lang et al.（1991）发现，当管理层持股比较少时，其费用支出效率较低，说明管理层持股显著降低了自由现金流量的代理成本。Faulkender（2002）对美国小企业的调查也发现，管理者持股与企业现金持有量显著负相关。Pindada and Torre（2002）发现，管理层持股和股权集中缓和了股东—管理者的代理冲突，降低了公司的过度投资行为。然而，当经理人采取防御措施时，管理者持股似乎就没那么有用了，因为管理者可能会为了追求自身利益而提高投资水平。此外，当公司的所有权集中到足以鼓励股东监督经理人的决策行为时，与自由现金流相关的过度投资行为得到了缓和。然而，所有权集中度过高也不行，会使掌握控制权的所有者将公司的自由现金流用于过度投资。Pawlina and Renneboog（2005）发现，管理层持股（内部所有权）与自由现金流量之间存在一种非单调的关系。

对于机构投资者持股方面，国外文献基本支持机构投资者的监督在降低自由现金流量的代理成本方面有积极作用。例如，Chung et al.（2005）发现，低增长、高自由现金流量的公司长期盈利能力低，而其经理运用盈余管理来掩饰其低效的投资行为，当公司存在自由现金流量的代理问题时，机构投资者的监督能限制经理层的机会主义盈余管理行为。Pawlina Renneboog（2005）在对英国的研究中发现，投资—现金流敏感性主要来自于自由现金流量的代理成本，其与内部所有权存在一种非单调关系，而外部大股东（金融机构、政府、行业公司等）的有效监督能降低这种敏感度。Richardson（2006）发现机构投资者对降低公司的过度投资起到了积极作用。

我国上市公司的股权结构具有独特性，之前的二元股权结构和国有控股“一股独大”导致企业的股权结构对公司财务的影响更为复杂。刘星和曾宏（2002）认为，国有股权比重过大，大部分的剩余索取权都集于国有大股东一身，其他股东就无力对公司的投资决策实施控制。李维安和姜涛（2007）发现，国有股比例的增加使国有公司过度投资水平更高；股权制衡对投资过度有制约作用；地方控股较中央控股国有公司的过度投资水平更高。

其次，股权结构对融资活动的影响方面，一些研究发现，当管理者持股比例高，其财富和企业的价值紧密相连时，他们具有提高企业负债水平的动力，因此管理者持股有利于降低代理成本。例如，Kim and Sorensen（1986）研究发现，内部人持股集中的公司，债务比率显著高于内部人持股分散的公司。Agrawal and Mandelker（1987），Mehran（1992）也发现，管理者持股有利于降低代理问题。Berber et al.（1997）在对美国的研究中发现，管理者持有的股权和期权数量与企业的负债水平显著正相关。Short et al.（2002）在对英国的研究中发现，管理者持股比例与债务比率正相关，但是，外部大股东持股比例与债务比率负相关。此外，他们还发现管理者持股比例与债务比率之间的正相关关系受外部大股东的存在而减弱。但是，Mehran（1992）发现，外部大股东持股比例与债务比率正相关。吕长江和王克敏（2002）发现，在我国管理者持股比例与债务比率负相关。

相反，另一些研究没有发现管理者持股的积极作用。例如，Friend and Lang（1988）发现，债务水平随着管理者持股比例的增加而减少。但是具有大的非管理者股东[①]的公司，其平均债务比率显著地高。Chaganti and Damanpour（1991）发现，外部机构投资者持股与债务比率负相关；家族所有者持股、内部机构投资者持股缓和了外部机构投资者与资本结构之间的关系；管理者持股对机构投资者和资本结构之间的关系不存在显著的缓和效应。Jensen et al.（1992）发现，内部人持股负面影响公司债务水平和股利水平。Bathala et al.（1994）发现，机构投资者作为监督机制有助于减缓代理冲突，管理者持股和债务融资这两个监督机制是相互替代的。Firth（1995）也发现，管理者持股比率与更低的债务融资政策相关，而当机构投资者具有较高的持股比例时有利于债务水平的上升。但是，Moh'D et al.（1998）发现，机构投资者持股比例与债务水平负相关。他们还发现，外部股东人数与债务水平负相关。

此外，Himmelberg et al.（2002）发现，内部持股集中度与资本成本正相关。Ashbaugh et al.（2004）发现，机构投资者持股比例高和董事持股比例高的公司具有更低的权益资本成本，而大股东多的公司具有更高的权益资本成本。Datta et al.（2005）在对美国的研究中发现，管理者持股是公司债务期限结构选择的一个重要因素，管理者持股比例与公司债务期限呈负相关关系。具体来说，当管理者持股比例较高时，管理者与股东的利益趋于一致，管理者增加短期负债融资，以接受债权人及其他外部投资者监督的压力；而当管理者持股比例较低或无股权时，自利性动机会使管理者倾向于增加长期负债融资，以免受债权人监督的压力。

对于我国企业，冯根福和马亚军（2004）发现，法人股具有促使高管人员自身利益和其他股东利益相一致的作用，而国家股的这一作用不明显。曹廷求等（2004）发现，第一大股东的持股比例和负债率负相关，国有股权和法人股权对负债率有显著的正向影响。

① Friend and Lang（1988）把非经理或董事持股比例大于10%的股东定义为大的非管理者股东。

最后，股权结构对分配政策的影响方面，Rozeff（1982）发现，股利支付比例与管理层持股比例负相关，而且公司股权越分散股利支付比例越高。而 Sornnate（1989）发现，管理人员持股比例与股利支付率正相关。Fenn and Lang（2001）发现，管理层持股只有在高代理问题的公司中作用才显著，它与股利支付正相关。Harford et al.（2008）发现，公司现金持有水平与内部人所有权之间显著正相关。

在针对中国的研究中，Su（2000）发现，管理层持股比例越高、股权集中度越高、国有股比例越小，公司越倾向于发放现金股利。魏刚（2001）发现，国家股和法人股的比例越高，上市公司分配股利的概率越大。吕长江和周县华（2005）发现，股利支付与第一大股东持股比例呈 U 形关系。当公司前五大股东持股比例之间差距较大时，尤其第一大股东与第二大股东之间差距悬殊时，公司倾向于多发股利；当第二大股东和第三大股东持股比例显著提高时，公司将减少发放股利。董事会主席和监事会主席持股比例越高，公司越倾向于支付更多的现金股利。

2）股权结构对公司绩效的影响。

Kren and Kerr（1977）发现，提高董事持股比例比增加独立董事人数更有利于增加股东财富，Kesner（1987）在以《财富》500 强中的 250 家公司为样本时得到了同样的结论。Morck，Shleifer and Vishny（1988）用董事持股比例来代表管理层持股[①]，发现管理者持股与公司价值呈 N 形关系。Lord and Martin（1997）、Cho（1998）用联立方程实证检验了管理者持股与公司业绩的关系，结果发现，管理者持股比例与收购公告日股票市场超常收益率（作为公司业绩表现衡量标准）负相关。Lord and Martin（1997）认为，之所以 Morck et al.（1988）得出了与他们相反的结论是因为 Morck et al.（1988）没有考虑到管理者持股与公司业绩的内生性问题。Metrick（2009）也发现，相对于现金流权而言，若公司内部人控制了更多的投票权，公司价值和股票收益率都将更低。

但是，Mikkelson and Parth（1986）在研究了管理者持有的控制权股票比例与公司被接管的可能性后发现，虽然管理者持股比例因设立限制表决权股票而增加了，但股东财富并没有因此受到影响，管理者持股比例与公司控制权市场事件之间不存在线性关系。以后近十年的研究继续提供了与此相关的证据。

国内方面，吕长江和王克敏（2002）建立了资本结构、股利分配和管理者持股比例的结构方程，发现股利政策与管理者持股比例存在双向因果关系。管理者持股比例越高，股利支付率越低，而股利支付率较高的公司，管理者持股比例通常也较低。

① 其中董事会成员中既包括公司的管理者也包括公司外部股东。

(4) 外部治理机制的治理效应。

对于外部治理机制的研究最为广泛的是产品市场竞争和并购。在此以产品市场竞争为例，对外部治理机制的治理效应做一概括梳理。值得注意的是，外部治理机制对管理者—股东的代理冲突与大股东—小股东的代理冲突均具有治理效应。

竞争对公司降低成本、提高效率的作用早已被经济学界所关注和证实，但是其对管理层的监督和降低代理成本的作用是近几十年才引起人们关注的，特别是近20年中，产品市场竞争已被学界看做一个重要的外部治理机制。目前相关研究可归纳为三个方面，一是产品市场竞争与管理层激励的关系；二是产品市场竞争与其他治理机制的关系；三是产品市场竞争的治理效率。

Simon and Paul (2000) 发现，产品市场竞争程度对企业建立基于绩效的薪酬体系有显著的影响，这种影响对管理者和普通员工都有效。Cunat and Guadalupe (2005) 在对英国的研究中发现，产品市场竞争越激烈，薪酬—业绩敏感度越高，尤其是针对高级管理者而言。由于产品市场竞争与其他公司治理机制均有降低代理成本的作用，因此还有研究关注产品市场竞争与其他公司治理机制之间是替代还是互补关系①，然而实证检验并未得出一致的结论（Januszewski et al.，2002；Santalo，2002；Beinera et al.，2002；Randoy and Jenssen，2004；Cuňat and Guadalupe，2004；Koke and Renneboog，2005；Bozec，2005；Cuňat and Guadalupe，2005；Karuna，2007）。

对于产品市场竞争的治理效率，实证结论均支持产品市场竞争可以提高公司效率（如 Nickell，1996；Grosfeld and Tressel，2002；Januszewski et al.，2002；Koke and Renneboog，2005）。但是，产品市场竞争可能通过改善公司治理水平、激励创新等多种渠道达到提高公司效率的结果，因此，公司效率的提高并不必然意味着是竞争的代理效应所致。为此，Griffith (2001)，Baggs and De Bettignies (2007) 做了有益的尝试，结果仍发现竞争有利于提高公司效率。竞争的直接压力效应存在于所有的公司里，而竞争的代理效应仅存在于有代理问题的公司里（Baggs and De Bettignies，2007）。

改革开放后，中国引进了竞争机制，由此引发了市场竞争与所有权在决定公司绩效上孰轻孰重的争论。一种观点认为，产权改革是提高国有企业绩效的关键（张维迎，1995）。另一种观点认为，国企改革的关键在于为其创造公平的竞争环境（林毅夫等，1997）。刘芍佳和李骥（1998）认为，产权只是改变了公司的激励机制，但这种改变不能保证公司绩效一定提高。产权激励只有在市场竞争的前提下才能发挥作用。

实证方面，施东晖（2003）、徐向艺等（2007）分别发现股权集中度和高管薪

① 所谓替代效应是指公司治理弱时，竞争作为约束机制可以替代公司治理机制起到抑制管理层机会主义行为的作用，而互补效应是指公司治理的有效性将被市场竞争加强，反之亦然。

酬激励与市场竞争呈互补关系。但是胡一帆等（2005）发现，竞争与所有权呈替代关系。李寿喜（2007）发现，随着竞争程度的提高，各类产权公司的代理成本均呈下降趋势。张洪辉和王宗军（2010）发现，市场竞争能够显著约束公司的过度投资水平。

（二）股权集中结构下的投资者法律保护对公司财务的影响

20世纪80年代中后期，大股东或机构投资者作为控制代理问题的另一种机制得到了广泛的关注。1998年开始，人们发现股权集中才是世界范围内公司普遍存在的结构安排，伴随大股东的出现又带来了新的问题，如过度监督和攫取行为，由此悄然兴起了从不同角度寻找大股东攫取的证据以及投资者法律保护的研究，目前，这方面研究已成为公司理财领域的热点。

1. 股权集中结构下的公司财务行为

(1) 控股大股东的监督效应。

大股东的监督效应是指大股东通过有效监督管理层或直接参与经营管理来提升公司价值。传统的公司治理理论认为，大股东有动机、有能力约束管理者的自利行为，并对企业价值产生正的效应。

Holderness and Sheehan（1988）指出，如果大股东的目的是剥削公司，那么他们只要保持刚好能够确保绝对控股水平就可以了（如51%），但是大股东的平均持股比例达64%，在考虑超表决权条款后，也有36%的公司的大股东持股比例超过66%。进一步研究发现，大股东在挑选高层管理团队和董事会时发挥了积极的作用。大股东持有高比例的股权不仅是因为他们重视对管理者的监督，而且是因为高比例的股权能给他们带来管理上的利益，大股东不仅能监督管理团队还能带领管理团队。Yafeh and Yosha（2003）发现，具有大股东治理的公司，其广告费用、研发费用和管理人员休闲娱乐费用均有大幅度的下降。Lins（2003）在对18个新兴市场国家的研究中也发现，大股东对公司价值具有正面影响。Faulkender（2002），Guney et al.（2003），Jani et al.（2004），Pawlina and Renneboog（2005）发现，股权越集中，公司持有的现金水平越低，大股东越能对公司管理者进行有效的监督。

此外Denis and Serrano（1996）发现，对于业绩糟糕并存在大股东的公司，当公司击败接管要约后，管理者更换的频率显著高于其他公司。Kang and Shivdasani（1995），Franks and Mayer（2001），Renneboog and Trojanowski（2005）也发现大股东对管理人员的更换具有积极作用。Grossman and Hart（1980），Shleifer and Vishny（1986）还发现，大股东在公司收购中具有促进作用。

但是，Demsetz（1983）认为，股权集中度与收益率应该是不相关的。两年后，Demsetz and Lehn（1985）分别以前5位大股东、前20位大股东和赫芬达尔指数作为衡量所有权集中度的标准，以平均会计收益率作为代表性收益率，实证证实了Demsetz的观点。Thomsen et al.（2006）在总结了30篇关于大股东与公司业绩的代表性文献后得出：整体而言，所有权结构与公司业绩之间不存在显著关系。

（2）控股大股东的隧道效应。

大股东的隧道效应是指控股大股东凭借对公司的控制权获取隐性收益，降低公司价值的行为。大股东独吞的收益被称为控制权私有收益。Grossman and Hart早在1988年就指出，公司中如果有持股比例较高的大股东，就会产生控制权收益。这种收益只为大股东享有，而不能为其他股东分享。理论上，Johnson et al.（2000），La Porta et al.（2002）用静态模型，Shleifer Olfenzon（2002），Almeida Wolfenzon（2006）用动态模型，分别揭示了股权集中下控股大股东的侵占行为以及其与公司治理的内在机制。在实证上，研究主要从控制权溢价（Dyck and Zingales，2004）、公司价值（Thomsen et al.，2006）、股利政策（Truong and Heaney，2007）等几个方面寻求证据。La Porta et al.（1999），Bebchuk et al.（2000）认为，大股东可能采用各种手段侵占小股东的利益，包括给高管支付过高的薪酬、通过上市公司担保获取贷款、股权稀释、关联交易、掠夺公司的投资机会，迫使上市公司投资不盈利但有利于大股东的投资项目等。

第一，在控制权溢价方面，Barclay and Holderness（1989）提出，如果大股东预期能够通过投票权获得小股东无法获得的收益，那么大宗股票应该以溢价交易，该溢价接近私有收益的现值。他们通过研究普通股大宗交易的价格，发现了大股东控制权私有收益的证据。Shleifer and Vishny（1997）认为，当大股东的所有权超过一定临界点时，就能够完全控制整个企业，并获取小股东无法得到的控制权私有收益。Bennedsen and Wolfenzon（1999）也发现，终极控制股东可以利用很少的资源获取公司的控制权。Holderness（2003）总结了基于美国的相关研究后发现，大股东的形成主要来自两方面的原因：一是大股东通过监管能够增加公司的价值，从而增加自己分享到的利益；二是大股东可以获得控制权私人好处。但所有权的集中对于公司价值并没有大的影响。徐信忠等（2006）在对我国大宗股权转换的研究中也发现了控制权私人收益。

第二，关于大股东攫取对公司价值的损害方面，La Porta et al.（2000，2002）的研究表明，大小股东之间的利益冲突可能降低公司价值。Lemmon and Lins（2003）在对8个东亚国家的研究中发现，大股东在金融危机中的剥削行为越严重，公司的价值越低。Thomsen et al.（2006）在对欧洲的研究中也发现，大股东持股比例越高，对公司价值的侵占程度就越严重。国内学者徐晓东和陈小悦（2003）、刘芍佳等（2003）、陈晓和王琨（2005）、徐莉萍等（2006）、王鹏和周黎安（2006）、王鹏（2008）等也研究了股权集中度或第一大股东与公司绩效之间的关系。姜国华等（2006）在对国际性的相关研究进行总结后发现，国际性的研究更为复杂，因为大股东的研究往往同私有化过程联系起来。在全球，对公司的控制一般通过交叉持股、金字塔构架、投票权与所有权的分离等形式得以实施。整体而言，国际性的证据表明当大股东的控制权高于现金流权时，公司的价值会减少，支持大股东的隧道效应。

第三，还有研究从关联交易（Betrand et al.，2002；Bae et al.，2002；Cheung et al.，2006）、股利政策（La Porta et al.，2000；Faccio et al.，2001；Lee and Xiao，2003）、债务融资（Faccio et al.，2003；Aslan and Kumar，2008）等角度寻找大股东攫取的证据。LLSV（2000）发现，相对于缺乏法律保护的国家而言，如果公司有好的投资项目，法律保护好的国家的公司股东就愿意推迟获得股利。Truong and Heaney（2007）以37个国家的8 279个上市公司为样本发现，大股东为内部人时，公司更不可能发放股利或股利支付率很低，说明大股东更有可能留存盈余以便进行掏空或侵占。国内学者陈信元等（2003）发现，高额现金股利并没有提高公司价值，可能只是大股东转移资金的工具。原红旗（2004）、肖珉（2005）、唐跃军和谢仍明（2006）也发现，大股东存在以现金股利转移资金的倾向。王化成（2007）发现，所有权和控制权的分离程度越高，上市公司股利分配倾向和分配力度就越小。陆正飞等（2008）在对相关研究进行总结的基础上得出，中国上市公司发放现金股利的原因可能是大股东与小股东、非流通股东与流通股东间的代理问题的结果。现金股利更多的是被大股东用作从公司转移资源或套现的工具。但是，蒋东升（2010）以用友软件公司为例发现，高分红并非源于大股东的掏空行为，而是公司正常的对投资者的回报行为。

此外，Bebchuk et al.（1999），Wolfenzon（1999），Betrand et al.（2002），刘峰等（2004），杨棉之（2006），Fan et al.（2008），Jian and Wong（2008）发现，控股股东通过集团内公司间的商品和劳务交易、资产和控制权转移掠夺公司财富的概率特别高。

最后，还有研究认为，大股东并不总是掏空公司，他们也有“支持”公司的时候（Friedman et al.，2003；Riyanto and Toolsema，2003），大股东“支持”上市公司的目的是帮助公司暂时渡过危机，以便今后能够继续从上市公司输送资源，大股东的这一行为被称为双向资金占用。在我国，李增泉等（2004）、周晓苏等（2008）也发现了大股东双向资金占用现象。

2. *投资者法律保护的治理效应*

针对大小股东的代理问题以及管理者和大股东的侵占问题，LLSV（1998，1999，2000a，2000b，2002）相继发表了一系列文章，阐述所有权结构、投资者法律保护和公司财务行为之间的关系，形成了公司财务行为研究的法与金融学方法，向人们展示了一国的法律体系，特别是对投资者的保护程度，对公司财务、市场结构、公司治理结构、政府系统的有效性等所具有的基础性影响。

La Porta et al.（1997，1998，1999，2000）认为，法律体系结构及其有效性能够体现金融市场发展的差异性，投资者的有效保护能够促进金融市场的良性发展。La Porta et al.（2000）认为，投资者法律保护体系不仅能够阻止大股东和管理者的掠夺行为，而且是决定股权结构、公司治理、资本市场的宽度与深度、投资效率的重要因素。

LLSV（1998）研究了证券市场监管的普遍机制，并确认了法源（legal origin）、股东权利（anti-director rights）、执法效率与执法力度（enforcement）几个方面的机制，这些机制的核心作用就是要使投资者有能力监督公司的行为，避免经理层或大股东的剥削。

法源是指一个国家的公司法或商法从属于哪一个法系。LLSV（1998）指出，世界各国的商法虽有差异，但主要源自两大传统：英美法系（也称普通法系，common law）与大陆法系（civil law），后者起源于罗马法，又包括法国法系、德国法系和斯堪的纳维亚法系。法源理论认为，法源是决定一国投资者保护程度的根本性因素之一，它对其他具体的投资者保护机制有着重要的影响。LLSV（1998）研究发现，英美法系国家对外部投资者的法律保护显著强于大陆法系国家。大陆法系下的法国法系国家对外部投资者的法律保护最弱。继 LLSV（1998）以后，从法源出发建立起来的投资者保护分析框架迅速在学术界得到广泛的认同，并推动了该领域的实证研究（如 Ali and Hwang，2000；Ball，Kothari and Robin，2000；Hung，2001；Ashbaugh and LaFond，2003；Leuz，Nanda and Wysocki，2003；DeFond，Hung and Trezevant，2004；LLSV，2008）。

（1）投资者法律保护对财务行为的治理效应。

对于这方面的研究主要集中在投资者保护对公司资本结构和融资成本的影响上。LLSV（1998）发现拥有控制股权能够弥补投资者保护机制的不足，因为在投资者保护差的国家，股东面临被管理层欺骗的可能性大，一个或几个股东就通过增持股份到一定的程度以任命自己信任的管理层。LLSV（1998）发现，投资者保护政策越保护股东权利，该国上市公司的股权集中度就越低，这说明有越多的投资者愿意参与到股权投资中来。此外，他们发现，与大陆法系国家相比，英美法系国家里的公司能够更好地获取外部融资。Himmelberg et al.（2002）也发现，投资者法律保护越弱，内部人持股集中度越高。

Demirguc-Kunt and Maksimovic（1998）调查了 30 个国家的法律制度和金融体系对公司融资行为的影响，发现法律执行效率越高的国家，公司使用长期外部融资的比例越高。此外，股票市场的活跃度和银行规模与公司成长性外部融资相关。Bhattacharya and Daouk（2002），Hail and Leuz（2005）发现在严格执法的国家里，上市公司的融资成本显著低于其他国家。沈艺峰等（2005）针对我国公司的研究也发现投资者法律保护与权益资本成本负相关。Daouk，Lee and Ng（2005）关注了四个和证券市场监管有关的因素：会计披露透明度（earnings opacity）、内部交易（enforcement of insider trading laws）、卖空限制（short-selling restrictions）和公共机构腐败。他们发现，在这四个监管方面做得好的国家的上市公司融资成本显著地低。姜国华等（2006）在综合已有研究的基础上认为，如果一个国家的投资者保护机制差，投资者就不愿意冒险投资或要求的投资回报就高，这时公司的股价就低。所以除非认购价格很低，否则投资者不会认购公司的股票。而认购价格降低就使得公司融资成本上升，因此投资者法律保护直接影响公司的融资成本。另一方面，当股票认购价格低到这种地步时，公司已经没有必要发行股票了，导致公司筹集不到足够的资金。

在投资及股利分配方面，La Porta（2000）发现，在投资者保护较好的国家里，当公司面临的投资机会较少时，将会向投资者支付较高的现金股利，而在投资者保护较弱的国家里，公司倾向于低效投资。可见法律可以降低自由现金流过度投资。李增泉等（2004）也发现，反映投资者保护程度的第一大股东持股比例、控股股东的性质以及其他股东的持股集中度都对股利支付率有显著的影响，当所有权安排有利于保护小股东利益时，上市公司倾向于派发更多的现金股利。

（2）投资者保护对公司绩效的治理效应。

LLSV（2002）发现，投资者保护较好的国家的公司价值显著高于其他国家。股东权利较大的国家的公司价值显著高于股东权利较小的国家。Shleifer and Wolfenzon（2002）发现，投资者保护较好的国家的公司规模越大，公司价值就越高，股利分配就越多，股权集中度就越低，证券市场就越发达。此后有研究进一步发现，在投资者法律保护好的国家，控制权溢价水平相对较低（Nenova，2003），控制权私人利益较少（Dyck and Zingales，2004），能给企业创造价值的风险投资的发生概率较高（John et al.，2008）。针对我国的研究也得出了类似结论（夏立军等，2005；王俊秋、张奇峰，2007）。

Hart（1995）和LLSV（2000）还深入研究了投资者法律保护的具体方式，如赋予小股东更多的投票权。然而，这一理论假说的贡献始终受制于现实中投票权的制度难以改进。姚颐和刘志远（2011）以我国2002年推出的分类表决制为实验场所，再融资中赋予外部股东超额投票权的分类表决制可以加强对中小投资者的保护，尤其是基金持股发挥了重要作用。此外，Djankov et al.（2008）开始研究小股东如何进行“反抗”，设计了从法律角度衡量投资者保护程度的“反自利性交易指数”。

此外，有大量学者追随LLSV的研究视角，研究了投资者法律保护对证券市场效率（Morck，Yeung and Yu，2000）、公司或行业间的资本分配（Wurgler，2000）、经济增长（Morck，2000）等的影响，这些研究都表明，在投资者保护好的国家里，市场效率更高，资本配置更有效，公司规模更大，经济增长更快。

（三）公司财务对公司治理、投资者保护的影响

1. 公司财务对内部治理的影响

首先，一些研究关注负债的治理效应。Grossman and Hart（1986），Stulz（1990），Hart and Moore（1998）指出，债务融资能够减少两权分离的代理成本，促使经理们做出正确的投资决策。Jaggi and Gul（1999）发现，对低机会集的公司来说，自由现金流量和负债显著正相关，支持负债的监督效应假说。此后，Gul（2001），Wu（2004）也得出了这一结论。Wu（2004）进一步发现，对于低成长的公司，机构投资者通过提高管理层持股比例和公司负债比例来限制管理层的过度支出。Ruland and Zhou（2005）则发现，与专业化公司相比，多元化公司一般具有较高的自由现金流和较少的投资机会，因此更可能产生过度投资的代理问题，而增加负债则可以控制之。Zhang（2006）发现，公司通过调整资本结构和期权的授予来控制自由现金流量问题，随着自由现金流量的增加，产权比率上升或授予期权增加，净发行债务和授予期权呈负相关关系。

国内研究与上述理论预期存在较大差异，大多发现负债融资不但没有发挥治理作用，反而具有较为显著的代理成本。例如，江伟、沈艺峰（2004）发现，对于高成长性公司来说，负债融资反而导致了严重的非效率投资行为。伍丽娜、陆正飞（2005）发现，资产负债率与投资不足及过度投资的发生均呈正相关关系。而企业的盈利状况越差，越会加剧这种投资不足和过度投资行为。刘星、杨亦民（2006）发现，总体而言，融资结构与企业投资显著负相关。在分类检验中，高成长企业的融资结构与投资支出负向关系进一步提高，而在低成长企业中没有发现这一关系。结果支持负债代理成本理论以及负债融资对高成长企业的投资不足影响。童盼（2005）也发现，负债比例越高的企业投资规模越小，且两者之间的相关程度受新增投资项目风险与投资新项目前企业风险大小的影响：低项目风险企业比高项目风险企业的投资额随负债比例上升而下降得更快。

Aghion and Bolton（1992）认为，债务筹资契约的一个主要问题就是控制权转移，同时控制权转移又可导出资本结构的再调整。如果公司通过普通股或优先股融资，那么剩余控制权分别由投资者或管理者拥有；如果通过债券融资，当管理层能按期履行债务合约时，管理者拥有剩余控制权，否则控制权转入债权人手中。在契约及信息不完全的情况下，财务结构的选择就是控制权在不同证券持有者之间分配的选择。此外，还有研究对负债融资与薪酬激励是互补关系（Berkovitch et al.，2000）还是替代关系（Jain，2006；姜付秀、黄继承，2011）展开了讨论。

其次，还有一些研究关注股利分配政策的治理效应以及分配政策对公司治理的影响。例如，Jensen and Meckling（1976）、Easterbook（1984）认为，派发现金股利减少了管理者利用公司资源谋取个人私利的机会，因此派发现金股利可以减少股东—管理者的代理冲突。Jensen（1986）认为股利变动公告与股价波动间存在正相关的经验关系是支持自由现金流量假说的证据。按照Jensen的观点，Lang and Litzenberger（1989）指出自由现金流量充裕的公司，从事过度投资行为的可能性更大；有过度投资行为的公司如果提高股利，股价会做出积极的反应。La Porta（2000）等发现，股利可以减缓控股大股东—小股东的代理问题，而且当外部投资者要求内部人以现金形式分派股利有法律保障时，股利在减少代理问题的过程中所发挥的作用更显著。Faccio，Lang and Young（2001）得出了与此一致的结论，认为股利作为限制内部人攫取外部人利益的手段在欧洲和亚洲都适用。

杨熠和沈艺峰（2004）在对我国的研究中发现，对于自由现金流较多的公司，发放现金股利可以约束自由现金流的代理成本。陆正飞等（2008）认为，股票回购也可以减少自由现金流的代理成本。然而，吕长江和王克敏（1999）发现，代理成本越高，股利支付水平就越低，说明我国现金股利在控制代理问题方面发挥的作用很低。此后，陈冬华和时旭（2003）、原红旗（2004）得出了类似的结论。

最后，还有研究关注公司绩效对公司治理的影响。例如，Kaplan and Reishus（1990）发现，在业绩差的公司（股利减少的公司）里，高层管理者很少有机会在其他公司出任董事。Hermalin and Weisbach（1998）建立了一个公司表现、董事会监管与CEO能力的模型。模型揭示，董事会的任命是现有董事与CEO博弈的结果。公司表现越好，董事会的独立性越差，因为CEO的权力会随着公司表现越好而增长。

2. 公司财务对外部治理的影响

我们仍以产品市场竞争为例，Brander and Lewis（1986）开创了研究企业融资结构与企业产品竞争力关系的先河。他们认为负债融资比例的上升可以使公司在产品市场竞争中更具进攻性，从而增强其竞争力。另一种观点恰好相反，认为企业负债融资比例的上升使企业在产品市场竞争中更为软弱，从而处于不利地位，这一观点的主要代表是Bolton and Scharfstein（1990）。自20世纪90年代初以来，西方经济学家开始关注上述两种理论模型的实证研究。现有的实证研究大多数支持了Bolton and Scharfstein（1990）的理论假说（Opler Titman，1994；Chevalier，1995；Phillips，1995；Kovenock Phillips，1997；Zingales，1998；Campello，1999；Graham，2000）。可见，企业确定负债融资比例必须结合其产品市场竞争的格局。

三、基本问题分析

（一）股权分散结构下的基本问题分析

1. 公司治理效应分析

（1）董事会的治理效应分析。

董事会作为一种经济制度，其作用在于帮助解决公司结构中存在的代理问题。董事会是公司治理的核心。董事会具有监督和决策（建议）职能，它负责监督管理层，决定 CEO 人选，对诸如并购、股票回购等重大事项进行投票表决。

一般认为，董事会的独立性越强，其监督职能越好，代理冲突越能得到缓解。董事会监督职能的好坏主要体现在董事会结构和董事会规模两个方面。

第一，董事会结构。Fama（1980）、Fama and Jensen（1983）认为，董事会成员构成是建立有效董事会的重要因素，是董事会有效运作的基础。董事会的有效性是内部董事和外部董事的混合函数。首先，董事会中最具有影响力的自然是内部管理者，因为他们拥有从内部管理者相互监督中获取关于组织活动的有价值的特定信息，这些信息有助于董事会对管理层进行有效控制。然而，Williamson（1984）注意到，因为内部董事的信息优势，他们容易变成管理者的工具，并导致董事会与高层管理者合谋剥削股东的财富，而外部董事的介入可能会降低这种合谋的发生概率，同时增强董事会的活力（Fama，1980）。其次，如果董事会中包含外部成员，在内部管理者意见不一致时，他们可以充当仲裁员并制定涉及重大代理问题的决策，如确定对管理者的补偿，寻找新的高层管理者。最后，多数外部董事是其他公司的管理者，或其他复杂组织的重要决策代理人，他们的人力资本价值主要取决于其在其他组织中作为内部管理者所取得的业绩，因而他们关心自身在经理人市场的声誉，有按股东利益行事的激励，有利用董事身份向经理人市场传递信号的动机（Fama and Jensen，1983）。

综合可见，一般而言，董事会中外部成员的增加会提高董事会的独立性，增加其监督效率。然而，值得注意的是这一结论的前提是外部董事具有完全的独立性，否则他们的作用与内部董事不会有太大区别，这可以从一些实证证据中看出。虽然一些证据发现了外部董事的积极作用，然而也有相当一部分实证证据没有发现这一点。

第二，董事会规模。董事会规模是决定董事会有效性的重要因素（Lipton and Lorsch，1992；Jensen，1993；Yermack，1996）。首先，过大的董事会会造成董事们搭便车之类的问题。其次，随着董事会规模的增大，其沟通、协调和制定决策的难度增大，董事会控制管理层的能力下降。最后，当董事会成员较多时，董事们便不愿对管理者工作业绩进行直率的讨论，因为他们担心遭到仇恨和报复，因此较大规模的董事会会减少其抵御 CEO 控制的能力。Lipton and Lorsch（1992）建议，董事会规模保持在 7～8 人并同时提高他们的持股比例，这样有助于提高董事会的工作效率。Jensen（1993）也认为，保持小的董事会规模有助于提高董事会的工作效率。综合可见，董事会规模与公司绩效负相关，然而，既然这样为什么世界范围内的公司还普遍存在大董事会？对此，已有研究还没有给出满意的回答。

（2）薪酬激励治理效应分析。

由于信息不对称，股东很难观察到管理者的努力程度，但是管理层给公司带来的回报却在一定程度上可以观察到。根据代理理论，在无法直接或间接观察管理者的努力程度时，让管理层分享部分回报是一种次优选择，这样可以调和股东与管理者的利益冲突，这一观点被称为最优契约论。然而，Bebchuk et al.（2002）提出了管理层寻租论（rent extraction），认为最优契约的实现需要三个约束机制：1）薪酬制度的制定不受管理层控制，董事会可以自主选择最大化股东财富的最优薪酬计划；2）在董事会行为受到管理层影响的时候，有确保管理层选择最优薪酬计划的市场力量；3）股东有据以强制管理层采纳最优薪酬计划的法律手段。显然，现实中这三个约束机制都很不健全，因此薪酬计划往往偏离最优契约。管理层一般能够获得高于合理水平的薪酬，这些高出的部分便是他们权力的租金。管理层为了掩饰其寻租行为，通常还会采取一些低效的薪酬方案，扭曲和弱化管理层激励，损害股东价值。

可见，管理层薪酬制度能否真正起到激励作用还需结合三个约束机制进行分析。最优契约论和管理层寻租论并不矛盾，当三个约束机制较完善时，通过制定薪酬制度可以使管理者的目标尽可能与股东的目标一致，从而降低代理成本。当三个约束机制不完善时，薪酬制度不但不能成为有效的治理机制，反而成为管理者实现自身利益最大化的工具。

（3）股权结构的治理效应分析。

首先，对于管理层持股的治理效应，我们认为在管理者不持有或持股比例较低的情况下，会产生代理问题。随着管理者持股比例的增加，由于成本分担效应，股东与管理者之间的代理问题将降低，因此管理层持股具有积极作用。但是，当管理者持股比例继续增加并超过某一水平时，管理者的地位变得非常牢固，市场对其约束力降低，管理者开始追求自身利益最大化，管理者持股开始产生消极作用。因此，管理者持股对公司财务的影响是非线性关系。

其次，关于大股东的治理效应，既有积极作用又有消极作用。积极作用在于，首先由于在股权分散的公司里，股东具有搭便车的心理，而在有大股东的公司中，由于大股东有更大的收益要求权，因此他们有动机监督管理者的行为（Shleifer and Vishny，1986）。其次，由于大股东持股比例高，想随时出售股份的难度大，这使他们更长期地持有股份，从而可以更长期地监督管理者的行为（Maug，1998）。最后，大股东持股比例越高，监督收益超过监督成本的可能性越大。因此，综合以上三点，大股东有监督管理者行为的动机，而相对集中的控制权也使大股东有能力对管理者行为施加影响。

大股东的消极作用在于，过度监管和剥削小股东，尤其是在中小股东法律保护薄弱、大股东的控制权与现金流权分离度大的环境里。控制权是通过投票权来衡量的，现金流权是通过所有权来衡量的。所有权又分为直接所有和间接所有。一般来说，在"一股一票"的原则下，如果大股东直接持有股份，投票权和现金流权是重合的。但当大股东间接持有股份时，通常投票权与现金流权会发生分离，这时大股东通过持有较少的股份就达到控制上市公司的目的，就可能以各种合法和非法的渠道将上市公司的资源输送（tunneling）给自己。Bebchuk，Kraakman and Triantis（1999）分析了大股东分离控制权和现金流权的三种方式，即金字塔结构、交叉持股和二元股份结构（dual-class share structure）。通过这三种方式，大股东只要拥有少量的现金流权就可以牢牢控制公司的投票权。

Aghion and Tirole（1997），Burkart，Gromb and Panunzi（1997）以及Pagano and Roell（1998）都认为，如果大股东利用权力辖制管理者，管理者通常无法选择一些公司特有的投资决定。而公司上市正是管理者为了摆脱大股东或风险投资者的过度控制。多数研究认为，可以通过设计一定的所有权结构来限制大股东的权利。但是，Bebchuk（1999）的研究显示，如果在公司法的框架下大股东可以实现自我获利，那么股权集中将成为不可避免的结果。

LLSV（2000）将大股东—小股东的代理冲突论运用到股利政策中，提出了结果假说（outcome hypothesis）和替代假说（substitute hypothesis）。结果假说认为，当公司的代理成本较低时，外部投资者（小股东）有能力控制内部人的道德风险，从而可要求公司派发现金股利。而若代理问题比较严重，内部人就有可能随意侵占公司的资产，从而减少或不分配股利，因此代理成本与公司的股利支付率负相关。替代假说则认为，当公司存在严重的代理问题时，内部人也有可能通过高派发树立其不喜欢侵占的良好形象，以便将来能以较低的成本在资本市场上筹集资金，所以代理成本与股利支付率正相关。

总之，大股东对公司财务既有监督效应也有隧道效应。当公司股权开始趋于集中，大股东开始正式形成时，大股东有动机和能力监督管理者的行为，使管理者与股东的代理冲突得到缓解。但是，随着大股东控制权的增加及股权制衡度的降低，大股东的控制地位变得非常牢固。而两权分离度的增大，大大增加了大股东从偷盗或盘剥行为中获得的利益，因此大股东的隧道效应所带来的损失开始超过监督效应所带来的收益，大股东—小股东的代理冲突开始凸显。较高的现金流权意味着大股东在掠夺公司财富过程中将承担更多成本，如果大股东攫取大量的私有收益，股票价格就会下降，大股东的财富会降低。因此随着大股东现金流权比例的进一步增加，其与小股东的利益趋于一致，代理成本降低，公司价值提高。然而，社会的进步与发展又使得所有权与经营权分离成为必然，因此代理问题很难被完全消除。

2. 公司财务对公司治理的影响分析

企业通过负债筹措资金不仅仅是一种融资行为，负债本身还具有监督效应，负债率的高低一定程度上能反映公司治理结构和治理效率。负债的监督效应主要体现在两个方面：第一，由于负债本息的偿还在时间和金额上都具有刚性约束，为了避免陷入不能偿还的困境，管理者就不得不努力工作。第二，当公司增加新债时，潜在的债权人会对公司的预期收益与风险进行分析和评判，这对现有的债权人和股东来说是一次免费的外部监督。然而，在假设管理层与股东利益一致的前提下，太多的债务容易使公司管理者放弃净现值为正的投资项目，因为此时投资收益的大部分将归于债权人而对股东没有太多益处，因此负债融资易引发投资不足问题（Myers，1977）。

管理者持股比例的增加，一方面可以增加其控制权收益；另一方面，更有能力的潜在竞争对手成功并购公司的机会减少，造成公司后续发展能力萎缩。因此当公司面临收购时，管理者将在控制权收益损失和由于并购后公司业绩提高所带来的收益间权衡。这种权衡的最优持股比例可以通过选择最佳资本结构水平来实现，因此，资本结构的选择会影响经营者的持股比例及控制权，也会影响并购市场的竞争，最终影响公司价值（Harris and Raviv，1988）。

公司通过分派现金股利将盈利返还给外部投资者，这样就减少了管理者利用公司资源谋取个人私利的机会。同时，派发现金股利减少了公司的留存资金，当未来有好的投资机会需要资金时，不得不从外部资本市场筹资，从而给外部投资者提供了更多监督管理者行为的机会。因此，股利政策在一定程度上影响公司的治理结构和治理效率（Easterbook，1984；Jensen and Meckling，1976）。此外，有效的公司财务行为将提升公司业绩，并通过会计报告或其他途径将此信息传递给资本市场，引起公司股价的上涨。公司股价的高低直接影响公司的融资决策以及投资者对公司的信心，从而影响公司的股权结构和治理结构。可见，公司财务将会通过各种渠道影响公司治理结构和治理效率。

（二）集中股权结构下的基本问题分析

证券市场的作用是促进资金在投资者和企业之间的流动，当投资者受到法律保护时，他们愿意为公司所发行的证券支付更高的价格，反过来也吸引企业家愿意发行更多的证券去筹措发展所需资金。因此，通过约束大股东的剥削行为，可以带动金融市场的发展（LLSV，2000）。可见，投资者法律保护在促进公司发展和金融市场繁荣方面的作用不可估量。

1. 法源与公司财务问题分析

众所周知，世界各国的商法主要源于英美法系和大陆法系。英美法系的发展源于英国的庄园主和商人希望建立一套法律系统，该系统能够对财产和契约权利进行强有力的保护，并且能够限制王权对市场的干预。所以，司法体系独立于行政和立法系统是英美法系的核心。而大陆法系在法律形成过程中，政府起到了重要作用。法庭更倾向于维护政府和管理者的利益，法庭更依赖于政府，而不是独立于政府。因此，从历史发展来看，首先，固化在英美法系中的司法独立性意味着其更倾向丁保护私有财产和契约。其次，英美法系强调私人争端的司法解决作为社会问题的解决方式，意味着英美法系更加强调私有契约和秩序，较少强调政府监管，监管的程度旨在便利契约，而非指标特殊的结果（Mahoney，2001）。为此，大陆法系被称为“政府执行”，而英美法系被称为“争议解决”（Damaska，1986）。最后，在英美法系中极大地强调司法作为法律的来源，意味着其能够更快地适应环境变化并做出迅速的回应（Hayek，1960；Levine，2005）。英美法系的法官能够适应社会需求的变化来处理案件，较少拘泥于司法程序（DLLS，2003），因此能够使法律反映经济需求，这些特征有助于契约更好地履行和私有财产得到更好的保护。所以英美法系对环境的适应能力不仅使其越来越好，而且事实上倾向于更有效的法律规定（Posner，1973；Rubin，1977；Priest，1977；Ponzetto and Fernandez，2008）。

综上可见，法源与投资者法律保护之间存在着重要的联系，进而对公司财务有着重要的影响效应。

2. 股东权利与公司财务问题分析

股东权利代表公司股东行使股东权利的能力，它包含六个方面的权利：（1）邮寄投票权①；（2）无障碍出售权②；（3）累计投票权或比例代表权③；（4）少数股东施压机制④；（5）优先权⑤；（6）召开临时股东大会的比例⑥；（7）同股同权法则（one-share，one-vote，也称一股一票制）⑦。同股同权法则使一个股东如果希望取得更大的控制权就必须收购相应比例的股票，从而减少了个别股东通过少量资金达到实际控制公司的可能。事实上，同股同权法则在多数国家是不完全存在的，否

① 指股东是否可以通过邮寄方式在股东大会上投票，不可以通过邮寄方式投票的国家将限制小股东行使投票权。

② 指股东大会前股东是否需要将所持股票储藏在指定机构，如果需要，希望参加投票的股东在此期间就不能自由卖出股票，从而使一些不愿意这样做的股东丧失了投票的权利。

③ 即在选举董事会时股东是否可以把所有的票投给一个候选人，或者董事会中是否按比例包括小股东推荐的候选人。如果可以将有利于小股东把自己的候选人选入董事会。

④ 即公司法或商法是否给予小股东提供挑战董事会或股东大会决定的权利，或小股东反对董事会的基本决定时，是否可以要求公司回购小股东的股票。

⑤ 即当公司发行新股时，股东是否有权利优先购买，从而避免股权被稀释。股东的这一优先购买权只能经由股东投票才能取消。

⑥ 即需要多少持股比例股东才可以要求召开临时股东大会，这个比例越低，越有利于小股东。

⑦ 即每一只股票在享有控制权的同时必须拥有相应比例的现金流权利。

则也不会有大股东盘剥小股东的现象发生。

总之，股东权利包含上述六个方面的权利，因此我们可以从六个方面考察一国公司股东行使股东权利的能力。如果股东具有较好的行使能力，那么该国对股东权利的保护较好，特别是对中小股东权利的保护较好，这样就可以一定程度地限制大股东的侵占和攫取行为，进而一定程度地避免无效财务行为的发生，提高公司绩效。

3. 执法效率和力度与公司财务问题分析

即使有完美的法律，如果无法执行或没有执行，也达不到立法的目的。与没有法律相比，有法但执法不力给投资者带来的损失将会更大。因为投资者很容易了解法律是否存在，如果他们知道某项法律不存在，自然会采取措施应对法律的缺失。但是投资者很难在投资前确定已有法律的执行效率和力度，如果他们基于该项法律的存在而投资，结果发现该法律只是一纸空谈，就会因为事先毫无提防而遭受巨大损失，投资信心也从此遭到重创。

对于一个国家的执法效率可以通过以下几个方面予以综合反映（LLSV，1998）：（1）司法系统效率。（2）法制，是对一个国家法律和秩序传统的评价。（3）腐败（corruption），指公共权力机关和其人员的腐败。在商业行为中体现为公共权力机关及其人员在进行与商业有关的行为中，收取贿赂并为商业行为的某一方带来不当利益。除此之外，腐败还包括诸如公共权力机关收取不合理的费用，或者公共权力机关行政不作为等其他方面。（4）没收风险，指对一国“完全没收”和“强制国有化”的风险评价。（5）合同违约风险，指以批判、延期或缩减的方式修订契约的风险。（6）会计准则（accounting standards），会计准则的重要作用一方面体现在它是公司与股东之间传递信息的桥梁，另一方面体现在许多商业合同是以会计数据为基础订立的。其中，（1）、（2）、（4）、（5）反映一国的国家风险（country risk）①。独立主权的政府拥有行政权力，所以面对政府的不当行为，公司或个人往往无能为力。

以上监管机制的核心作用就是使投资者有能力监督公司的行为，避免经理层或大股东的剥削，这样才能提高公司财务效率。不过从这些机制中可以看出，能够实施这些机制的只能是政府、法庭或政府授权的机构。一个国家要想执法效率高、执法力度大，需要具备以下几个方面：第一，有独立、完整、级别与管辖权分明的商业执法体系；第二，国家、社会、经济机构和国民都要有良好的产权观念、法制观念和尊重合约的观念等；第三，在商业行为中，相关各方虽然都是自利的，但都应尊重现有的法律和法规，尊重法庭和裁决，尊重合同和契约（姜国华等，2006）。

① 国家风险包括强制国有化风险、政策变更风险、国家作为商业合同一方改变合同执行情况的风险，以及政府变更风险。

四、未来研究方向

由于目前以英美国家为代表的公司股权结构还基本处于较分散状态，而其他一些国家的股权结构基本处于集中状态，因此，在未来相当长的一段时期内，股权分散与股权集中结构下两类代理问题及其治理仍是公司治理与公司财务领域研究的焦点。虽然自公司治理理论广泛应用于公司财务的研究以来，公司财务理论研究取得了迅速的发展，获得了许多有价值的研究成果，但是，一方面由于经济问题极其复杂，加之受研究方法所限，目前还有许多微观经济现象不能被我们真正认识，不能被很好地解释；另一方面，随着社会发展和科技进步，公司的股权结构和代理关系也可能发生变化，这将导致公司财务行为和治理结构做出相应的变化，因此未来要求我们在理论研究上不但要能紧跟时代变迁，很好地解释现实出现的新现象和新变化，而且需要我们能准确把握和预测未来的发展变化。

第一，未来需要我们在现有研究基础上，就目前还存在的问题作更深入的研究，挖掘其背后本质的、还可能被遗漏的重要东西。比如，各种治理机制之间是互补关系还是替代关系，各种治理机制作为一个整体时将会对公司财务产生怎样的影响？既然已有研究发现董事会规模与公司表现负相关，那么为什么世界范围内的公司还普遍存在大董事会？为什么在许多方面已有研究得出的结论不一致，甚至相互矛盾？研究发现，管理者持股比例太高会造成管理者剥削外部股东，管理者持股比例太低，会造成管理者的道德风险，那么是否存在均衡的管理者持股比例？其均衡点如何确定？多数研究表明，产品市场竞争可以改善公司业绩，但是，产品市场竞争改善公司业绩的具体机制是什么？这些问题还没有一致的结论，而更多的问题现有研究还罕有涉及。

第二，未来在研究方法上，特别是实证研究方法上还有待进一步完善。比如，一种观点认为，董事会能够控制并监督管理层的薪酬激励政策，然而另一种观点认为CEO会对董事会施加影响，从而尽可能地增加自身的薪酬。那么，是强CEO造成了较弱的董事会，还是较弱的董事会纵容了CEO（姜国华等，2006）？目前，实证研究还没有将两者的关系区分开来，也没有给出一个令人满意的结论，其原因关键在于没有解决内生性问题。而如果实证研究不能很好地解决这些内生性问题，得出的结果就很难令人信服，其政策引导也变得不确定。

第三，在公司治理与公司财务的研究中，未来还需要我们多考虑环境与制度因素。比如，关于大股东与公司财务的研究，需要考虑我国国有上市公司特殊的委托代理关系。在我国，国有上市公司占有相当大的比例，就法理而言，国有上市公司的所有者为全体人民，但由于这一主体的缺位，政府或政府下属机构承担了“代理股东”的角色，造成国有上市公司具有复杂的多层代理关系：第一层级是从最初委托人（全体公民）到政府的由下至上的委托代理链；第二层级是由政府到企业经理层（最终代理人）的由上至下委托代理链，政府作为国有产权的中间代理人具有强剩余控制权和弱剩余索取权，这将导致国有产权契约激励相容约束弱化，引致国有产权的负外部性，因此，国有股东作为国有上市公司的大股东，未来在研究其与小股东的代理冲突、公司财务行为及公司治理问题时，不能简单地套用非国有上市公司或者西方国家的研究，而应该综合考虑国有上市公司的双层代理问题，这样才能得出符合我国国情的有价值的结论。

第四，行为公司治理研究是未来的研究方向之一。主流公司治理研究从个体完全理性假设出发，以委托代理理论为基础，试图通过设计有效的公司治理机制保证财务行为的有效性。然而，这些研究对诸如管理层追求非物质激励、过度自信、家族企业治理效率和控制权之争等许多问题无法做出合理的解释。自20世纪80年代以后，以Richard Thaler为首的经济学家从进化心理学获得启示，提出了个体既非完全理性也不是凡事皆从自利角度出发的观点后，行为公司财务得到了公司财务与公司治理界的普遍关注。行为公司财务与行为公司治理并不是对主流公司治理与公司财务的否定，而是对它们的进一步延伸与拓展。然而严格来说，这方面的研究还没有形成较完整的理论分析框架，因此，行为公司财务与行为公司治理是该领域未来研究的方向之一。

建议阅读文献

[1] 陈信元，陈冬华，时旭. 公司治理与现金股利：基于佛山照明的案例研究 [J]. 管理世界，2003 (8)：118～126

[2] 姜国华，徐信忠，赵龙凯. 公司治理和投资者保护研究综述 [J]. 管理世界，2006 (6)：161～170

[3] 林毅夫，蔡昉，李周. 充分信息与国有企业改革 [M]. 上海：上海三联书店、上海人民出版社，1997

[4] La Porta，L.，F. Lopez-de-Silanes，A. Shleifer. 刘佳译. 法律起源的经济后果（上）[J]. 管理世界，2010 (7)：156～166

[5] 吕长江，王克敏. 上市公司资本结构、股利分配及管理股权比例相互作用机制研究 [J]. 会计研究，2002 (3)：39～48

[6] 吕长江，周县华. 公司治理结构与股利分配动机——基于代理成本和利益侵占的分析 [J]. 南开管理评论，2005 (3)：9～17

[7] 李维安，童道驰，谢永珍等. 中国上市公司治理指数与治理绩效的实证分析 [J]. 管理世界，2004 (2)：63～74

[8] 沈艺峰，肖珉，黄娟娟. 中小投资者法律保护与公司权益资本成本 [J]. 经济研究，2005 (6)

[9] 王化成，李春玲，卢闯. 控股股东对上市公司现金股利政策影响的实证研究 [J]. 管理世界，2007 (1)：122～127

[10] 徐晓东，陈小悦. 第一大股东对公司治理、企业业绩的影响分析 [J]. 经济研究，2003 (2)

[11] 徐向艺，王俊，巩震. 高管人员报酬激励与公司治理绩效研究——一项基于深、沪 A 股上市公司的实证分析 [J]. 中国工业经济，2007 (2)

[12] 姚颐，刘志远. 投票权制度改进与中小投资者利益保护 [J]. 管理世界，2011 (3)：14～153

[13] 叶康涛，祝继高，陆正飞，张然. 独立董事的独立性：基于董事会投票的证据 [J]. 经济研究，2011 (1)：126～139

[14] 于东智，池国华. 董事会规模、稳定性与公司绩效：理论与经验分析 [J]. 经济研究，2004，4 (1)

[15] 周建波，孙菊生. 经营者股权激励的治理效应研究——来自中国上市公司的经验证据 [J]. 经济研究，2003 (5)：74～82

[16] Adams，R. B.，Ferreira，D. A theory of friendly boards [J]. *The Journal of Finance*，2007，62 (1)：217-250

[17] Agrawal，A.，Mandelker，G. N. Managerial incentives and corporate investment and financing decisions [J]. *The Journal of Finance*，1987，42 (4)：823-837

[18] Anderson，R. C.，Mansi，S. A.，Reeb，D. M. Board characteristics，accounting report integrity，and the cost of debt [J]. *Journal of Accounting and Economics*，2004，37 (3)：315-342

[19] Bertrand，M.，Mullainathan，S. Enjoying the quiet life? Corporate governance and managerial preferences [J]. *Journal of Political Economy*，2003，111 (5)：1043-1075

[20] Borokhovich，K.，R. Parrino，T. Trapani. Outside directors and CEO selection [J]. *Journal of Financial and Quantitative Analysis*，1996，31 (3)：337-355

[21] Coles，J. L.，Daniel，N. D.，Naveen，L. Boards：does one size fit all? [J]. *Journal of Financial Economics*，2008，87 (2)：329-356

[22] Core，J. E.，Holthausen，R. W.，Larcker，D. F. Corporate governance，chief executive officer compensation，and firm performance [J]. *Journal of Financial Economics*，1999，51 (3)：371-406

[23] Conyon，M. J.，Sadler，G. V. CEO compensation，option incentives，and information disclosure [J]. *Review of Financial Economics*，2001，10 (3)：251-277

[24] Core，J. E.，W. Guay and D. F. Larcker. Executive equity compensation and incentives：A survey [J]. *Economic Policy Review*，2003，9 (1)：27-50

[25] Datta，S.，Raman，K. Managerial stock ownership and the maturity structure of corporate debt [J]. *The Journal of Finance*，2005，60 (5)：2333-2350

[26] Denis，D.，and I.，Osobov. Why do firms pay dividends? international evidence on the determinants of dividend policy [J]. *Journal of Financial Economics*，2008，89 (1)：62-82

[27] Easterbrook，Frank. Two agency-cost explanations of eividends [J]. *American Eco-*

nomic Review, 1984, 74 (4): 650-659

[28] Edmans, Alex. Blockholder trading, market efficiency, and managerial myopia [J]. *Journal of Finance*, 2009, 64 (6): 2481-2513

[29] Franzoni, F. Underinvestment vs. overinvestment: evidence from price reaction to pension contributions [J]. *Journal of Financial Economics*, 2009, 92 (3): 491-518

[30] Fama, E. F., Jensen, M. C. Separation of ownership and control [J]. *Journal of Law and Economics*, 1983, 26 (2): 301-325

[31] Friedman, E., Johnson, S., Mitton, T. Propping and tunneling [J]. *Journal of Comparative Economics*, 2003, 31 (4): 732-750

[32] Ghosh, A., Moon, D., Tandon, K. CEO ownership and discretionary investments [J]. *Journal of Business Finance & Accounting*, 2007, 34 (5—6): 819-839

[33] Grossman, S., and O. Hart. Takeover bids, the free-rider problem and the theory of the corporation [J]. *Bell Journal of Economics*, 1980, 11: 42-64

[34] Grossman, S. J., and O. D. Hart. An analysis of the principal-agent problem [J]. *Econometrica*, 1983, 51: 7-45

[35] Grossman, S., O. Hart. The costs and benefits of ownership: A theory of vertical and lateral integration [J]. *Journal of Political Economy*, 1986, 94: 691-719

[36] Hart, O., Moore, J. Default and renegotiation: A dynamic model of debt [J]. *The Quarterly Journal of Economics*, 1998, 113 (1): 1-41

[37] Hermalin, B. E. and M. S. Weisbach. Boards of directors as an endogenously eetermined institution: A survey of the economic literature [J]. *Economic Policy Review*, 2003, 8: 7-26

[38] Hirshleifer, D. Managerial reputation and corporate investment decisions [J]. *Financial Management*, 1993 (22): 145-160

[39] Holderness, C. G. and D. P. Sheehan. The role of majority shareholders in publicly held corporations: An exploratory analysis [J]. *Journal of Financial Economics*, 1988, 20: 317-346

[40] Holderness, C. G. A survey of blockholders and corporate control [J]. *Economic Policy Review*, 2003, 9 (1): 51-64

[41] Holmstrom, B. Moral hazard and observability [J]. *Bell Journal of Economics*, 1979, 10: 74-91

[42] Jensen, M. C., Meckling, W. H. Theory of the firm: managerial behavior, agency costs and ownership structure [J]. *Journal of Financial Economics*, 1976, 3 (4): 305-360

[43] Jensen, M. C. Agency costs of free cash flow, corporate finance, and takeovers [J]. *The American Economics Review*, 1986, 76 (2): 323-329

[44] Jensen, M. C. and K. J. Murphy. Performance pay and top-management incentives [J]. *Journal of Political Economy*, 1990, 98: 225-264

[45] Johnson, S., Boone, P., Breach, A., et al. Corporate governance in the Asian financial crisis [J]. *Journal of Financial Economics*, 2000, 58 (1): 141-186

[46] Karuna, C. Industry product market competition and managerial incentives [J]. *Journal of Accounting and Economics*, 2007, 43 (2-3): 275-297

[47] Porta, R., Lopez-de-Silanes, F., Shleifer, A., et al. Legal determinants of external finance [J]. *The Journal of Finance*, 1997, 52 (3): 1131-1150

[48] La Porta, R., F. Lopez-de-Silanes, A. Shleifer, and R. W. Vishny. Law and finance [J]. *Journal of Political Economy*, 1998, 106: 1113-1155

[49] La Porta, R., F. Lopez-de-Silanes, A. Shleifer, and R. W. Vishny. Corporate ownership around the world [J]. *Journal of Finance*, 1999, 54: 471-517

[50] La Porta, Rafael, Florencio Lopez-de-Silanes, Andrei Shleifer, and Robert Vishny. Agency problems and dividend policies around the world [J]. *Journal of Finance*, 2000a, 55 (1): 1-33

[51] La Porta, R., Lopez-de-Silanes, F., Shleifer, A., et al. Investor protection and corporate governance [J]. *Journal of Financial Economics*, 2000, 58 (1): 3-27

[52] La Porta, R., F. Lopez-de-Silanes, A. Shleifer, and R. W. Vishny. Investor protection and corporate valuation [J]. *Journal of Finance*, 2002, 57: 1147-1170

[53] La Porta, Rafael, Florencio Lopez-de-Silanes, Christian Pop-Eleches, and Andrei Shleifer. Judicial checks and blances [J]. *Journal of Political Economy*, 2004, 112 (2): 445-470

[54] La Porta, Rafael, Florencio Lopez-de-Silanes, and Andrei Shleifer. What Works in Securities laws? [J]. *Journal of Finance*, 2006, 61 (1): 1-32

[55] Morck, R., A. Shleifer and R. W. Vishny. Management ownership and market valuation: An empirical analysis [J]. *Journal of Financial Economics*, 1988, 20: 293-315

[56] Metrick, A., Yasuda, A. The economics of private equity funds [J]. *Review of Financial Studies*, 2010, 23 (6): 2303-2341

[57] Narayanan, M. P. Form of compensation and managerial decision horizon [J]. *Journal of Financial & Quantitative Analysis*, 1996, 31 (4): 467-491

[58] Pawlina, G. and L. Renneboog. Is investment-cash flow sensitivity caused by agency costs or asymmetric information? Evidence from the UK [J]. *European Financial Management*, 2005, 11 (4): 483-513

[59] Richardson S. Over-investment of free cash flow [J]. *Review of Accounting Studies*, 2006, 11 (2-3): 159-189

[60] Rosenstein, S., Wyatt, J. G. Inside directors, board effectiveness, and shareholder wealth [J]. *Journal of Financial Economics*, 1997, 44 (2): 229-250

[61] Shivdasani A. Board composition, ownership structure, and hostile takeovers [J]. *Journal of Accounting and Economics*, 1993, 16 (1): 167-198

[62] Shivdasani, A., Yermack, D. CEO involvement in the selection of new board members: An empirical analysis [J]. *The Journal of Finance*, 1999, 54 (5): 1829-1853

[63] Shleifer, A., Vishny, R. W. A survey of corporate governance [J]. *The Journal of Finance*, 1997, 52 (2): 737-783

[64] Shleifer, A., Wolfenzon D. Investor protection and equity markets [J]. *Journal of Financial Economics*, 2002, 66 (1): 3-27

[65] Stulz, R. M. Managerial discretion and optimal financing policies [J]. *Journal of Fi-*

nancial Economics, 1990, 26 (1): 3-27

[66] Thomsen, S., T. Pedersen, H. K. Kvist. Blockholder ownership: effects on firm value in market and control based governance systems [J]. *Journal of Corporate Finance*, 2006, 12 (2): 246-269

[67] Yermack D. Higher market valuation of companies with a small board of directors [J]. *Journal of Financial Economics*, 1996, 40 (2): 185-211

刘志远（南开大学）

唐洋（天津商业大学）

专题4　企业估值理论与方法

一、问题提出

企业估值理论与方法一直是财务管理研究乃至金融领域的核心问题之一。既然主流财务管理理论认为企业的目标是实现价值最大化，如何评估企业的价值便成为基本问题之一。企业估值问题研究，简而言之就是对企业的经济价值进行估计和计量。企业估值问题的产生，源自于资源有效配置的要求。企业的价值其实是企业资源配置效率高低的一种表现，其他条件相同的情况下，企业价值越大，说明其使用和利用资源的效率越高，整合资源的能力越强，越能吸引资金和经济资源，进而决定着资源的流向。在经济全球化和金融全球化的今天，如何判断企业的效率并由此决定融资和投资的流向，是企业估值理论中所要解决的核心问题。

在此，我们以 Ohlson（1995）为分界点，采用二分法对企业估值理论与方法进行分析，将企业估值理论分为传统企业估值理论和现代企业估值理论与方法。前者主要有四类不同的理论与方法：（1）单项资产估值理论与方法（基于成本）；（2）乘数理论与方法（基于比较）；（3）现值理论与方法（基于收益）；（4）期权定价理论与方法（基于风险）。其中，前三种主要运用会计信息对企业进行估值，第四种则侧重于风险的评估。而现代企业估值理论与方法主要指的是以 Ohlson 的剩余收益模型为代表。虽然传统企业估值理论与方法在特定的信息环境下或特定领域一直沿用至今，但如果问有哪种理论与方法可以对一般的企业普遍适用，上面的四种方法都无法解决。就现代市场经济而言，一个企业的价值等于各个资产价值之和的单项资产估值理论就站不住脚，完全忽略了资产之间的协同效应产生的“1＋1＞2”的原理，更何况在经济全球化的今天，商誉给企业带来超额剩余价值的重要性日显重要。乘数理论需要找一个可比较的前提也充满了不确定性，在一个行业内很难找到一个令市场普遍接受的被配比行业。期权估值理论的理论基础虽然是现代的金融学原理，在解决不确定性方面是强项，但即使在资产风险参数可以相对容易获得的金融企业，姑且不论其极其复杂且晦涩难懂的资产风险参数的估计过程，单其有效性就令人怀疑，本次金融危机即是例证，因此，期权估值理论与方法的适用范围受到了极大的限制。现值估值理论与方法的理论基础扎实，简单易懂，最符合现代估值理论的特征，但最致命的弱点是无法解决不派发股利企业的价值估计问题。因此，迫切需要在扬弃这些理论的基础上，构建出适应现代市场经济全球化的新理论。

笔者认为，能够适应现代市场经济全球化的现代企业估值理论必须具备以下特点：（1）理论模型必须简单明了，容易理解；（2）市场经济全球化的特点是影响企业价值的不确定因素显著增强，因此，新理论应该能够面对不确定性对企业价值的影响；（3）应该能比较容易获得估值模型需要的估值信息，具体地，应该能充分利用企业的财务报告相关信息，因为相对于其他估值相关信息，财务报告信息是与企业价值最相关的信息之一，不仅包括了企业净资产、盈利、现金流相关信息，财务报告的附注中还包括了企业管理层影响企业价值的不确定性信息。更重要的是，上市公司的财务报告信息是按照较为统一的会计准则强制性披露要求免费披露（对投资者而言）的，信息的获得成本较低。所以能够适应现代市场经济全球化的企业估值理论应该是与会计信息直接相连的[①]，是基于会计信息的估值理论。正是在这种时代的呼唤下，以Ohlson会计信息估值理论为代表的现代企业估值理论应运而生，并成为现在的文献和研究主流。基于此，我们重点介绍现代企业估值理论与方法。

二、中外文献回顾

在Ohlson现代会计估值理论产生之前，其实存在着一些运用金融经济学主流理论进行企业估值的理论与方法，如将资本资产定价模型（CAPM）应用于企业估值等[②]，但正如Garman and Ohlson（1980）所说的那样，以往的投资估值模型存在着：（1）过于严格的假设；（2）以往估值模型的出发点是CAPM，其暗含着“市场有效的前提”；（3）无法真实有效地反映会计报表和股票价格之间的关系。[③]

Ohlson在正式开创现代会计估值理论[④]之前，花费了大量的时间和精力对当时

① 被誉为华尔街院长、证券分析之父的格雷厄姆（Graham）也认为，可以通过上市公司的收入、支出等财务数据寻找股票的内在价值，格雷厄姆的内在价值思想成为权益估值研究的基础（王海燕等，2010）。

② 其实严格而言，CAPM在财务上的运用更多的是在估计企业的风险或资金成本上。

③ 党建忠，褚俊红，陈金贤：《Feltham-Ohlson投资估值理论的特征与应用局限性分析》，载《人文杂志》，2003(5)：74～76页。

④ 其实Ohlson很早就开始研究会计估值问题，参见Ohlson（1977，1978a，1978b，1979，1980）。

的估值理论进行研究和梳理。在 Ohlson（1989，1990）的两篇主要梳理文献中，他做了如下总结：（1）现代金融估值理论的基本结论都是基于无套利的强约束条件下的演绎，在估值理论中完美市场假设①没有任何作用；（2）只有期望股利可以有效解决证券的现值资本化；（3）CAPM 模型只是在风险条件下的一个估值特例；（4）有关资本化现金流比资本化股利更好的论点需要更严格的假设来支撑；（5）现有理论缺乏一个在不确定性条件下有关"纯净"盈余的概念有不同的解读，必须有一个统一的"纯净"盈余的概念来统一现有估值理论。只有这样，才能使盈余和股利足以决定企业的价值。

正是在这两篇文献研究成果的基础上，Ohlson 在 1995 年提出了基于但又超越预期股利贴现模型②的会计估值理论。这就是著名的集清洁盈余关系、信息动态约束和剩余收益模型于一体的 Ohlson 会计估值理论。这时距离 Ohlson（1989）的估值理论回顾文章已经过去了 15 年，其严谨的治学态度令人赞叹。

（一）Ohlson 估值理论研究文献回顾

Ohlson 模型是在剩余收益模型的基础上发展起来的。与现值法直接关注各种收益折现的思想不同，剩余收益估值理论（residual income valuation，RIV）的主要思想是，企业的"经济利润"应该是净利润扣除股东要求的平均回报后的值，因为股东要求的平均回报代表了企业使用资金的"机会成本"，只有剩余部分才是真正的"经济利润"。剩余收益模型的优点是预测期数要求较短，预测精度有所提高，但传统的剩余收益模型一样存在问题。首先，如果流通股股数发生变化，RIV 模型的有效性会大打折扣；其次，如果企业计划引进新股东，RIV 模型采用的全股本的估值方法也会失效；再次，由于通用会计原则不会把某些投入资本以市场价格计入到财务报表中，所以清洁盈余关系在会计准则下不容易得到满足（Ohlson，2000）。还有，剩余收益无法解释由于股票回购或预期发行价大于市场价值的股东获利现象（Penman，2006）。为克服上述问题，Ohlson（2000）提出可用经过股利调整的期望每股收益替代 RIV 模型中的当期账面价值和期望剩余收益来改善传统的剩余收益模型。

Ohlson（1995）在新古典经济学的股利贴现模型和股利增长模型（Gordon and Shapiro，1956）的基础上首次清晰、严密地推导出了企业价值与会计信息的直接关系，即企业的价值等于当期净资产账面价值和未来预期剩余收益的现值之和。剩余收益等于当期净利润减去资本费用后的余额。Ohlson 的这个概念描述模型基于

① 在这样的市场里，没有交易成本，不限制卖空，个人投资者不能影响金融资产的价格。信息分析成本可以忽略不计（Garman and Ohlson，1980）。

② 基于会计估值的理论源自于 William（1938）提出的预期股利折现模型，该模型认为公司未来的价值是各种收益指标的未来折现值之和。

三个假设：(1) 投资者风险中性；(2) 异常收益在时间序列上是随机过程；(3) 清洁盈余关系 (clean surplus relation)，这是 Ohlson 理论最重要的假设。Ohlson 提出的这个概念描述模型是为了描述会计信息与股利之间满足股利减少当期账面价值但不影响当期盈余的关系。其本质是，由于所有影响股东权益的收入和损失都包含在会计盈利中，基于复式记账制度的基本特征，权益账面价值的变动（即存量价值的变动）必定与盈余（即流量价值）相等，当然这里的盈余必须是经过股利和资本变动调整后的盈余。清洁盈余关系的表达式为：$b_t=b_{t-1}+x_t-d_t$。企业价值的模型表达式为：

$$P_t = B_t + \sum_{\tau=1}^{\infty}(1+r)^{-\tau}E[\tilde{\chi}^a_{t+\tau}]$$

式中，r 为无风险利率；$E_t[\tilde{\chi}^a_{t+\tau}]$ 为第 $t+\tau$ 期的预期剩余收益。

Ohlson 模型的另一显著特征是引入了线性信息动态约束 (linear information dynamics，LID)。线性信息动态指的是那些表现出暂时的波动，并且独立于会计和非会计信息变量的线性随机过程。信息动态为运用当期的会计信息预测未来预期异常盈余提供了渠道。LID 的构造如下：

假设 $\{\tilde{\chi}_\tau\}_{\tau\geqslant 1}$ 满足随机过程，

$$\tilde{\chi}^a_{\tau+1}=\omega\chi^a_t+\nu_t+\tilde{\varepsilon}_{1t+1} \tag{ID1}$$

$$\tilde{\nu}_{t+1}=\gamma\nu_t+\tilde{\varepsilon}_{2t+1} \tag{ID2}$$

企业价值可以重新表达为：

$$P_t=B_t+\alpha_1\chi^a_t+\alpha_2\nu_t \tag{1}$$

式中，ν_t是除净资产和剩余收益之外的其他价值相关信息；P_t代表权益的市场价值，即股价；B_t代表权益的账面价值；χ^a_t表示 t 期剩余收益；ν_t代表与企业权益估值相关但又不可观测的“其他信息”变量①，其均值为 0；$\alpha_1=\omega/(R-\omega)$，$\alpha_2=R/(R-\omega)(R-\gamma)$；$\omega$，$\gamma$ 分别表示剩余收益与其他信息变量的持续性，并且满足 ω，$\gamma\in[0, 1)$，其中大于等于 0 是经济原因或经验观察的要求，小于 1 是时间序列达到平稳的要求；ε_{t+1}表示均值为 0 的随机误差项 ($i=1, 2$)；$R=1+r$，即 1 加上权益资本成本。

LID 的经济含义是，异常盈余遵循一阶自回归 AR(1) 过程；“其他信息”以滞后一期的速度开始进入盈余信息中；“其他信息”对盈余的影响是一个逐渐的、一阶自回归 AR(1) 的过程。

式 (ID1)、式 (ID2) 和式 (1) 合称为 Ohlson 模型。

---

① 也就是尚未影响账面价值 b_t 和盈余 x_t 的信息。

需要说明的是，剩余收益模型（RIV）和信息动态（information dynamics）是Ohlson模型的两大支柱，二者缺一不可。没有RIV模型，依靠信息动态形成的未来预期异常收益与当期会计信息的内在联系就成了失的之箭；信息动态原则允许企业的价值表达为当期会计数据的模型，会计信息就通过信息动态约束引入到RIV模型当中。没有信息动态约束，Ohlson模型就只能是期望股利贴现模型的另一种RIV的表现形式。

Feltham and Ohlson（1995）进一步将Ohlson模型具体化。Ohlson（1995）只是阐明了企业价值与会计盈余、账面价值的一般内在联系，对会计盈余和企业净资产中的不同组成成分如何影响企业价值并没有详细讨论。为此，Feltham-Ohlson把企业的活动划分为经营活动（operating activities）和财务活动（financial activities），将两者置于Ohlson（1995）模型中详细讨论。一方面，与企业财务活动相联系的资产或负债存在着一个相对完美的市场，因此其账面价值即等于它们的市场价值，它们产生的盈余（如利息收入）会计计量与市场计量也是一致的，财务资产或负债产生的异常盈余为零。另一方面，对于经营活动涉及的资产，比如应收账款、存货等，由于不存在相对完美的市场，无论是经营资产或负债还是它们产生的盈余，在会计准则中都采用谨慎性应计计量，与市场计量存在差别（Feltham-Ohlson把这个差别视为商誉，解释为企业预期异常收益的现值之和），此时，Ohlson模型就可以简化为对营运资产或负债及其产生的异常盈余估值。给定清洁盈余会计（clean surplus accounting）假设，Ohlson（1995）的模型就被改写为：

信息动态：

$$o\tilde{x}_{t+1}^{a}=\omega_{11}ox_{t}^{a}+\omega_{12}oa_{t}+\nu_{1t}+\tilde{\varepsilon}_{1t+1} \tag{ID3}$$

$$o\tilde{a}_{t+1}^{a}=\omega_{22}oa_{t}+\nu_{2t}+\tilde{\varepsilon}_{2t+1} \tag{ID4}$$

$$\tilde{\nu}_{1t+1}=\gamma_{1}\nu_{1t}+\tilde{\varepsilon}_{3t+1} \tag{ID5}$$

$$\tilde{\nu}_{2t+1}=\gamma_{2}\nu_{2t}+\tilde{\varepsilon}_{4t+1} \tag{ID6}$$

估值模型：

$$P_{t}=B_{t}+\alpha_{1}ox_{t}^{a}+\alpha_{2}oa_{t}+\beta_{1}\nu_{1t}+\beta_{2}\nu_{2t}+\varepsilon_{1t+1} \tag{2}$$

$$\alpha_{1}=\omega_{11}/(R-w_{11})\geqslant 0,\alpha_{2}=\omega_{12}/(R-w_{11})(R-w_{22})\geqslant 0$$

$$\beta_{1}=R/(R-w_{11})(R-\gamma_{1})>0,\beta_{2}=\alpha_{2}/(R-\gamma_{2})>0$$

式中，ox为经营活动产生的盈余；oa为经营性资产。$|\gamma_1|,|\gamma_2|<1$，$0\leqslant w_{11}$，$w_{22}<1$。其他变量同上。账面价值系数的经济含义：w_{11}代表谨慎性会计的特征参数；w_{12}代表账面价值的增长率。所以表面看来，FO（1995）与Ohlson（1995）的不同在于前者把企业的价值创造活动区分为财务活动和经营活动，本质上看是因为谨慎性和增长率的不同。式（ID3）～（ID6）和式（2）即称为FO（1995）模型。

FO（1995）与Ohlson（1995）的主要区别在于：（1）估值模型；（2）增加了

营运资产 oa；（2）信息动态原则中增加了账面价值的信息动态（ID4 和 ID6）；（3）资产账面价值对异常盈余的影响（ID3）。

FO（1995）模型的意义不仅在于揭示了企业价值与企业不同会计信息之间的关系，更有意义的是，揭示了会计计量模式是如何影响企业价值的。

Feltham and Ohlson（1996）假设会计政策虽然会影响投资者收到的企业净资产相关信息的表达形式，但不会影响企业的市场价值，会计政策不影响会计信息的价值相关性。根据现金流的变化特点，以非付现的企业会计折旧为例，将公司内部与现金流相关的活动划分为经营性现金净收入与现金性投资，将均值为零且不可预测的现金流变量纳入与估值相关的会计信息集中，由此构建了三维线性信息动态过程。Feltham and Ohlson（1996）的模型如下：

信息动态：

$$cr_{t+1}=\gamma cr_t+\kappa c_{it}+v_{1t}+\varepsilon_{1t+1} \tag{ID7}$$

$$ci_{t+1}=\omega c_{it}+\varepsilon_{2t+1} \tag{ID8}$$

估值模型：

$$V_t=oa_t+\alpha_1 ox_t+\alpha_2 oa_{t-1}+\alpha_3 ci_t+\beta_1 v_{1t}+\beta_2 v_{2t}+\beta_3\varepsilon_{1t} \tag{3}$$

式中，cr 为现金收入；γ 为当期现金收入的持续能力；ci 为现金投资；κ 为当期现金投资对下一期现金收入的影响因子；ω 为现金投资增长率。

$$\Phi=(R-\gamma)^{-1}$$

$$\alpha_1=\Phi\gamma,\alpha_2=\Phi R(\gamma-\delta_1),\alpha_3=(\Phi\kappa-1)R/(R-\omega)$$

$$\beta_1=\Phi(1-R\delta_2),\beta_2=\Phi R(\gamma-\delta_1),\beta_3=-\Phi R\delta_3$$

式中，δ_1，δ_2，δ_3 为折旧政策参数；其余同上。

Feltham and Ohlson（1996）估值理论与模型不但修正了 Ohlson 先前提出的剩余收益模型，对 Feltham and Ohlson（1995）提出的估值模型也进行了完善和总结，特别是给出了在不确定信息存在情况下的企业价值表达形式，使 Feltham-Ohlson 模型更加完整、清晰和明确。

Ohlson and Zhang（1998）将均值为零且不可预测的现金流量信息纳入到估值相关的会计信息中，由此构造零三维线性信息动态过程。

Ohlson（2001）讨论了 Ohlson（1995）理论模型的实证局限性，认为剩余收益模型只是简化了企业估值的分析流程，但模型中的"非会计信息"不可观察，不利于实证检验，通过推导得出了如果可以观察到下期的预期盈余，将对实证研究具有重大意义的结论。

有鉴于此，Ohlson and Juettner（2005）构建了一个异常收益模型来替代 RIV 模型，提出了用分析师对下期 EPS 的预测来代替 Ohlson（1995）和 FO（1996）模型中的非会计信息项 v，从而解决了其无法计量的问题，使得剩余收益模型可以被实证证伪。该模型由分析师对未来 $t+1$ 期和 $t+2$ 期每股收益的预测值替代非会计信息项 v，并且假设 $t+2$ 期以后 EPS 没有异常增长。

OJ（2005）模型如下：

$$信息动态：z_{t+1}=\gamma z_t, t=1,2,\cdots \tag{ID9}$$

$$估值模型：P_0=\frac{\chi_1}{r}+\frac{1}{r}\frac{z_1}{(R-\gamma)}=\frac{\chi_1}{r}\left[\frac{g_2-(\gamma-1)}{r-(\gamma-1)}\right] \tag{4}$$

$$g_2\equiv(\Delta x_2+r\cdot d_1)/x_1$$

Easton et al.（2002）还发展了以下预期增长率模型：

$$IVPFE=(EPS_{t+1}+r\times DPS_{t+1}+EPS_{t+2})/(1+r)^2-1 \tag{5}$$

式中，$IVPFE$ 为企业价值；EPS_{t+1} 为 IBES 分析师对 $t+1$ 年的预测值；EPS_{t+2} 为 IBES 分析师对 $t+2$ 年的预测值；DPS_{t+1} 为 $t+1$ 年的期望分配股利。

他们认为，尽管对 $t+2$ 年以后 EPS 的正常增长率的假设不符合实际情况，但实证结果表明，去掉这个假设的复杂模型的实证结果与持有假设的简单模型的实证结果相差不大。Gebhardt et al.（2001）也认为，虽然所有用到预期回报率的模型都存在着相当大的计量误差，但预测市盈率模型的预测效果几乎和复杂模型的效果一样好。

Ohlson（2009）对会计估值的相关理论研究结论（Ohlson，1991，1995，2005；Feltham and Ohlson，1995，1996；Ohlson et al.，2005；Ohlson et al.，2006；Peasnell，1982；Ryan，1986；Yee，2005，2006；Ozair，2003 等）进行了系统的梳理和整合，运用会计变量盈余、账面价值和股利这三个基本变量对这些文献的结果加以提炼，首次勾画出了由八个基本命题组成的会计估值理论的框架。这八个基本命题相互独立，又层层深入，相互联系，成为整体。

Ohlson（2009）认为，这八个基本命题不仅是理解会计估值理论的要素，而且可以给相关学者从整体上把握各种不同会计估值模型的内在逻辑勾稽，比较不同模型的关键特征，有助于预先判断对不同模型的实证或实践意义。该框架分为两大部分、八个基本结论，第一部分包括传统的高度简化模型：储蓄账户、永久盈余和经济盈余。以第一部分的简化模型作为基准，第二部分主要是统一了当价格不等于期望资本化的未来盈余时的各种模型，他认为形成两者不等的原因主要是因为存在着盈利增长，所以现有各种模型主要是解决增长率的估计问题。会计估值理论研究的核心是如何概念化、抽象化贴现因子与预期市盈率的内在联系。每个结论由一个核心概念支撑，分别是：（1）储蓄账户（the saving account）；（2）永久盈余（permanent earnings）；（3）经济盈余（economic earnings）；（4）商誉（goodwill）；（5）增长（grwoth）；（6）盈余（earnings）；（7）谨慎性（conservatism）；（8）信息动态（information dynamics）。

他首先构建了最简单的确定性条件下的储蓄账户分析框架，勾勒出会计估值理论的基本变量：账面价值、盈余和股利及其关系。其数学表达式为：

$$x_{t+1}=x_t+r[x_t-d_t]$$

式中，x_t为账户的t期盈余；r为储蓄账户存款的利息率；d_t为t期分配给储蓄账户所有者的股利。

如果t期的所有盈余都分配给所有者，即$x_t=d_t$，留存收益$[x_t-d_t]$为零，则$t+1$期的盈余x和t期的盈余是一样的。但如果只是将t期盈余的一部分分给所有者，即$d_t<x_t$，则$t+1$期的盈余会因为留存收益再投资而获得利息收入大于t期的盈余。注意到不管在$t+1$期期末如何分配股利，在$t+1$期期初（t期期末）投资在储蓄账户的金额即为$t+1$期盈余的资本化金额，即

$$p_t=x_{t+1}/r \tag{6}$$

同时在$t+1$期期初累计红利的价值应该等于投资在储蓄账户的金额与分配出去的股利之和，即

$$p_t+d_t=\frac{1+r}{r}x_t \tag{7}$$

式（6）即为基于未来盈余的估值模型，式（7）即为基于当期盈余的估值模型。式（7）可以另写为$p_t=\frac{1+r}{r}x_t-d_t$，即t期的股利分配与t期的估值无关，盈余可以充分解释价值。第一个命题的基本含义是给定股利贴现模型（PVD），在确定的条件下，储蓄账户有三种基本可以相互转换的表达形式：

$$p_t=\chi_{t+1}/r;\ p_t=\frac{1+r}{r}\chi_t-d_t;\ \chi_{t+1}=R\chi_t-rd_t$$

引入不确定性信息后，储蓄账户模型就扩展为永久盈余动态等式$\tilde{x}_{t+1}=x_t+r[x_t-d_t]+\tilde{\varepsilon}_{1r+1}$，其中，$x_t+r[x_t-d_t]$称为永久性盈余（Ryan，1986），$\tilde{\varepsilon}_{1r+1}$为随机扰动项，代表估值过程中影响盈余的不确定性信息，满足期望为零假设。假设有股利分配信息动态等式为$\tilde{d}_{t+1}=\theta_1x_t+\theta_2d_t+\tilde{\varepsilon}_{2r+1}$，$\tilde{\varepsilon}_{2r+1}$为随机扰动项，代表影响当期股利政策的不确定性信息，也满足期望为零假设。θ_1，θ_2代表股利政策参数，如果股利政策不变，则θ_1，θ_2恒定。根据PVED股利期望贴现模型，如果不存在超额增长，则有：$p_t=R/r-d_t$；$p_t=E_t[\tilde{x}_{t+1}]/r$。

由于不确定性的存在，永久性盈余不能完全解释企业的价值，Ohlson引入了经济盈余概念。所谓经济盈余，即要求企业的市场价值和账面价值一致：$p_t=b_t$，这时会计是完全盯市制公允价值会计。如果满足清洁盈余关系（即$x_t=\Delta p_t+d_t=\Delta b_t+d_t$），上述定义永久盈余信息动态等式就改写为$\tilde{b}_{t+1}+\tilde{d}_{t+1}=R(b_t+d_t)-Rd_t+\tilde{\varepsilon}_{1t+1}$，这就是经济盈余信息动态等式；而上述股利信息动态为$\tilde{d}_{t+1}=\theta_1(b_t+d_t)-$

$\theta_2 d_t+\tilde{\varepsilon}_{2t+1}$，这时如果不存在超额增长，则估值模型为 $p_t=b_t$ 或 $p_t=E[\tilde{b}_{t+1}+\tilde{d}_{t+1}-\tilde{b}_t]/r$。在清洁盈余关系的条件下，$x_t=\Delta p_t+d_t=\Delta b_t+d_t$，后者还可以表示为 $p_t=E[\tilde{x}_{t+1}]/r$。Ohlson（1995）的信息动态其实是由永久性盈余和经济盈余的加权平均加上“其他信息”构成的。这导致在估值模型中资本化盈余和账面价值都是无偏的，换句话说盈余和账面价值大体上等于价格。

可以看到，永久盈余和经济盈余的估值模型非常类似，两者都承认企业价值创造过程中的不确定信息对企业价值的影响。两者也有不同估值模型表达方式和信息动态的要求。但是，经济盈余模型强调的是盈余变化给企业价值变化带来的影响，而永久盈余模型强调的是企业的盈余水平对企业价值水平的决定作用。最重要的是经济盈余要求会计信息是完全盯市制公允价值会计，这时净资产账面价值信息即为估值所需的全部信息。

可以看出，永久盈余模型显然提供了更理想的盈余结构，但为什么盈余信息在经济盈余模型中丧失了定价作用呢？Ohlson（2009）用第 4 个结论回答了这个问题，认为主要是由于会计的历史成本计量模式对永久盈余计量误差，产生了未入账商誉，导致盈余信息未能全部在资产负债表中反映。同时通过对商誉的讨论，他认为，基于盈余的估值模型比基于净资产账面价值的模型更具有广泛适用性。而之所以存在对盈余的计量误差，是因为盈余的异常增长是由不确定性引起的。因此，Ohlson（2009）紧接着在第 5 个结论里重点讨论了如何联系异常增长盈余描述企业价值。

命题 5：假设 PVED，考虑到对于任何的 $\{y_t\}_0^\infty$，满足 $\lim\limits_{t\to\infty} y_t/(1+r)^t=0$ 和 $z_t\equiv y_t+d_t-(1+r)\ y_{t-1}$①，使得 $z_{t+1}=\gamma Z_1$，$t\geqslant 1$，$0<\gamma<(1+r)$，那么有：

$$p_0=y_0+\frac{Z_1}{1+r-\gamma}=y_0\,\frac{\left[\dfrac{y_t+d_1}{y_0}-\gamma\right]}{(1+r-\gamma)}$$

如果 $y=b$，则 $z_t=b_t+d_t-(1+r)b_{t-1}$ 即是异常账面价值增长率（ABG），$p_0=b_0\,\dfrac{\left[\dfrac{b_1+d_1}{b_0}-\gamma\right]}{(1+r-\gamma)}=b_0\,\dfrac{[roe_1-(\gamma-1)]}{(1+r-\gamma)}$ 即是 RIV 模型，其中 γ 为剩余收益的增长率。

令 $y_t=x_{t+1}/r$，$z_t=\chi_{t+1}/r+d_t-(1+r)\chi_{t+1}/r$ 即是异常盈余增长率，经过简单变换②，则得到 OJ（2005）模型：$p_0=\dfrac{x_1}{r}\left[\dfrac{g_2-(\gamma-1)}{r(1+r-\gamma)}\right]$，其中 $g_2=\dfrac{\Delta x_2+rd_1}{x_1}$ 是短

① 此结论可通过简单推导得出：将股利资本化即可得估值模型：$p_0=\sum\limits_{t=1}^{\infty}\frac{E[\tilde{d}_t]}{(1+r)t}$，考虑到数学恒等式 $0=y_0+\frac{[y_1-(1+r)\ y_0]}{(1+r)}+\frac{[y_2-(1+r)\ y_1]}{(1+r)^2}+\cdots$，简单变换即有：$p_0=y_0+\sum\limits_{t=1}^{\infty}\frac{z_t}{(1+r)^t}$，其中，$z_t\equiv y_t+d_t-(1+r)\ y_{t-1}$。

② $p_0=\dfrac{r_1}{r}\left[\dfrac{\dfrac{\Delta x_2+rd_1}{x_1}-\gamma-1}{1+r-\gamma}\right]=\dfrac{x_1}{r}+\left[\dfrac{x_2+rd_1-(1+r)\ x_1}{r(q+r-\gamma)}\right]=\dfrac{x_1}{r}\left[\dfrac{g_2-(\gamma-1)}{r(1+r-\gamma)}\right]$，其中 $g_2=\dfrac{\Delta x_2+rd_1}{x_1}$

期期望盈余增长率。Ohlson and Jeutner（2005）认为，在温和的股利政策下，γ 等于预期盈余的长期增长率，即 $\lim_{x\to\infty}(x_{t+1}/x_t)=\gamma$。

其余三个基本结论的经济含义为①：在预期股利贴现模型、动态信息假设、清洁盈余关系和 $t+1$ 期的异常盈余是 t 期的异常盈余的某个恒定比例这些假设条件都成立的前提下，市净率企业价值估值模型可以推导出 OJ（2005）模型，但反之不成立；谨慎性会计被表述为权益价格与被资本化了的未来盈余的差额。只要存在盈余异常增长和会计准则本身固有的谨慎性（如历史成本计量资产），以价格表示的企业价值与企业净资产的账面价值的差异就会永远存在。

Ohlson（2009）在讨论增长率和谨慎性会计时认为，剩余收益模型（RIV）引出了 MTB 估值模型（Penman，2006），而异常盈余增长率（AEG）引出了所谓的 OJ（2005）模型。两种模型殊途同归，都能解释未来市盈率（price-to-forward-earnings ratio），但它们分别运用了不同的解释变量。在 AEG 分析框架和 OJ 模型里，期望盈余的增长率解释了未来市盈率，而在 RIV 框架和 MTB 模型中，权益回报率（ROE）解释未来市盈率。所以我们可以在不改变数学形式的情况下得到两种截然不同的解释市盈率的方法。那么，是什么动态信息支持这种现象呢？我们可以从经济盈余的动态性和永久盈余的动态性得到两者之间的关系。在增长率被预期的情况下，公司的价格就是相对账面价值和资本化强制性盈余的一个溢价。换句话说，增长率和谨慎性会计是同一枚硬币的两面。

此外，Ohlson（2009）还单独对 Ohlson（1995）与 FO（1995）的模型局限在 8 个命题的分析框架内进行讨论。对于 Ohlson（1995），虽然首次从理论上阐述了企业价值是如何受会计和非会计信息动态影响的，但其关于无偏会计的定义排除了谨慎性会计，而且没有考虑来自于非留存收益因素导致的期望盈余的增长，这两个局限性使人怀疑 Ohlson（1995）模型的实证和实践意义。而 FO（1995）虽然确实允许谨慎性和增长率的存在，但它对“其他信息”同“营运的资产净额”不做区分，FO（1995）也没有清晰地指出谨慎性/增长率是否依赖于“其他信息”或“营运资产净额”或者是两者兼而有之。FO（1995）还忽略了经济盈余而不是永久性盈余作为动态分析的理论基础。FO（1995）会使人认为谨慎性和增长率可以清楚地自我表达，但 Ohlson（2009）显示，无论是以永久性盈余还是以经济盈余作为估值建模基准，增长率和谨慎性都呈现出以一种系统的方式互相融合在一起的本质。

Ohlson（2009）比以往 Ohlson 学派各种模型的研究更深入地分析了各种会计估值模型的更本质问题，它不仅系统概括了 Ohlson 侧重于异常盈余增长的研究成果，还把其他学者（如 Penman 的市净率估值模型，甚至 Fama and French 的三因

① 限于篇幅及写作目的，省去结论的推导过程。有兴趣的读者可参考 James A. Ohlson，2009，Accounting Data and Basic results，*Contemporary Accounting Research*，26（1）：250-254。

素资本资产定价模型）等侧重于异常净资产账面价值的增长率估值模型统一于一个分析框架之下，为理解和评判各种现代会计估值模型提供了一个较为完整的单一分析框架，使会计估值理论从原来百花齐放的松散联系状态向真正的统一系统理论迈出了结实的一步。

Jimmy Ye（2007）认为，股权价值的一个主要问题就是它主要依赖于许多主观假设，比如选用的折现方法、风险因素、风险溢价、预测区间和盈余增长率预测等。不同的假设通常会得出迥然不同的估值结果，而在有关估计隐性风险溢价的二元问题中，这些假设使估值具有相当高的不稳定性。他提出了一个现值关系的回归方法，该方法使得在股权估价和和风险溢价估计中所有假设都有一个最优的确定方法。这个方法使得现有的估值范式的优缺点变得一目了然。与之前的方法相比，优化的估值方法大幅降低了定价误差，同时提供了系统的方法以检验风险因素的作用并估计隐性风险溢价。

程小可等（2008，2010）将 Feltham and Ohlson（1995）估值模型推广到 AR（p），并给出了盈余反映系数的理论公式，认为扩展后估值模型能利用更丰富的历史信息。

（二）Ohlson 估值理论实证研究回顾

权益估计估值思想自诞生以来就得到会计学者的认可，但就估值模型而言，还是与人们的期望有些距离。自从 Ohlson（1995），Feltham & Ohlson（1995）推导出估值模型以来，剩余收益估值理论发展十分迅速，成为四大理论中成果最丰硕的理论。两篇里程碑式的论文把权益估值理论推向了制高点。国内外学者对其展开了大量的研究，中外实证研究主要从以下四个方面进行①：

1. Ohlson 模型的有效性检验

总的来说，实证检验 Ohlson 模型及 FO（1995，1996）模型在有效性方面有大力支持的，也有提出质疑的。

支持证据方面，Bernard（1995）采用四年的预测期检验了 Feltham and Ohlson 模型所得到的内在价值能解释股价的 68%～80%，而传统的方法只能解释股价的 29%，他进而指出 Feltham and Ohlson 模型提供了研究财务报告数据与公司价值关系的基础，并且提出了一个完善明确的模型结构，他们的研究使得这一领域的研究出现了质的飞跃，代表了资本市场研究应遵循而未遵循的基本方向，为未来进一步对公司股权价值的研究打下了坚实的基础，是对资本市场研究最重要的发展。

Dechow et al.（1999）发现，运用时间序列截面方法，从过去的会计数据中估

① 部分回顾文献参考程小可、卿小权：《剩余收益估值理论研究述评》，载《经济学动态》，2008（2）：100～105 页。

计异常盈余的持续能力和“其他信息”的持续能力来检验Ohlson模型的效果并不比简单的预期市盈率模型好。由此他们认为，Ohlson模型对企业价值估值是有用的，而预期市盈率模型则最适用于研究投资者如何设定当期价格。Frankel and Lee（1998）也得到类似的结论。

陆宇峰（1999）应用Feltham and Ohlson模型研究发现，中国上市公司的会计收益、净资产对股票价格具有一定的解释能力和增量解释能力。

陈信元等（2002）运用Ohlson（1995）剩余收益模型考察了上海证券市场1995—1997年度会计信息的价值相关性。研究结果表明，收益、净资产、剩余收益、流通股比例和规模都具有价值相关性，并且它们相互之间具有增量价值相关性，与Ohlson的模型预测一致，股票价格与收益、净资产和剩余收益呈正相关。

对Ohlson模型的有效性提出怀疑方面，Myers（1999）发现，Ohlson模型对内在价值的解释并不比股东权益的账面价值好。他认为，原因在于用过去数据估计LID参数并不可靠。

Kin Lo and Thomas Lys（2000）认为，2000年以前的许多有关Ohlson模型的实证研究，在检验时并没有考虑信息动态，只检验RIV而不检验信息动态，检验结果只不过是对RIV的验证，而不是针对Ohlson模型，且模型的R^2被严重高估了。

Dechow，Hutton and Sloan（1998）（简称DHS）发现，与分析师预测信息的简单估值模型相比，Ohlson模型对股价的解释能力只有微小的改善。进一步检验表明，导致这种结果的原因在于投资者一方面高估了分析师的盈余预报信息，另一方面却低估了本期盈余及净资产账面价值的信息含量。尽管如此，DHS还是支持Ohlson模型在实证上的启示意义。DHS检验开启了现代剩余收益模型研究的新局面，从此针对Ohlson模型的实证研究更加丰富起来，尤其是线性信息动态化假定和非会计信息变量v的度量问题更是引起研究者的巨大兴趣。

有学者指出，如果放松Ohlson模型的信息动态假设条件可能会得到较好的检验结果。Biddle et al.（2001）修改了Ohlson（1995）有关LID的假设条件，允许当期异常盈余决定下期资本投资，得到了非线性的LID。Bar-Yosef et al.（1996）运用Garman and Ohlson（1980）的多阶滞后信息动态模型，发现其对企业价值的预测结果好于股利贴现模型。Morel（1999）跟进了Bar-Yosef的研究，发现二阶滞后的信息动态模型Garman and Ohlson（1980）预测企业价值的结果好于Ohlson模型，但把二阶自回归运用到Ohlson模型中时，结果并不比一阶自回归好。上述研究的贡献在于研究者修正了LID，并且运用其估计参数形成了新的定价关系。局限性在于，由于存在滞后项，对于许多公司而言，没有足够的静态时间序列数据来估计可靠的LID参数。但实证结果表明，上述修改LID得到的模型的预测效果没有一个好于未修改的Ohlson（1995）或FO（1995，1996）模型。

Kojiota（2002）把 Ohlson 等人的假设扩展到高阶自回归过程，获得了包括 Ohlson 线性模型在内的 7 种形式，并对日本证券市场进行了检验。研究表明通过附加信息可以提高 Ohlson 模型的解释力，但却引起误差项序列相关性提高。同时发现在日本，剩余收益的自回归系数大约在 0.58～0.9 之间，具体各个模型的自回归系数均大于美国相关数据的处理结果。

Gunhee Lee（1999）用韩国公司的财务数据对 Ohlson 模型和 Feltham and Ohlson 模型进行实证分析，并进行了韩国与美国的比较。

Penman and Sougiannis（1998）比较了剩余收益模型、股利折现模型和现金流贴现模型的有效性，他们在应用模型时援引合理预期的观点，用事后的实现值代替预期值，并用股价作为公司内在价值的基准。发现利用剩余收益模型进行定价，较其他模型更为准确。Francis et al.（2000）用同样的方法比较了股利折现模型、现金流贴现模型和剩余收益模型这三种模型的定价准确性，研究结果显示，基于剩余收益指标的定价模型对价值解释的精确度较高，同时对于股票波动性的解释也强于其他模型。张景奇、孟卫东和陆静（2006）采用类似的方法证明了 Ohlson 模型在我国定价中的有效性。

Frank and Lee（1995，1996）研究发现，比起净利润、净资产或者两者的联合，剩余指标能够更显著地解释股价的波动。Jiang and Lee（2005）对 PVED 与 RIV 在解释股价波动的含义上进行了比较，他们将现金股利分为两类：狭义的现金股利与包含现金、股票回购及各期非现金分配物的广义股利，股利贴现模型也被划分为狭义与广义两种形式。结果发现，RIV 在 10%的水平上通过了两类数据的显著性检验。狭义股利贴现模型在两类数据检验中均遭到拒绝，广义股利贴现模型虽然能勉强通过检验，但无法解释股票市价的动态行为。

2. 外生变量对模型影响的实证研究

与估值模型直接相关的内在变量虽然对估值精度有重大影响，但外部因素同样是不可忽视的。有趣的是，中外学者关注的角度不同，国外学者主要关注通货膨胀、风险和会计制度等，而国内学者结合我国资本市场改革热点，主要关注股权分置改革对估值模型的影响等。

有关通货膨胀是否影响 Ohlson 模型的估值，学者们进行了激烈的讨论。Ritter et al.（2002）认为，Ohlson 模型剩余收益估值公式中的标准名义历史成本公式不能对公司权益进行正确定价，原因在于它不能恰当地处理通货膨胀问题。因为物价的持续上涨会导致资产的价值缩水。过去在使用和实证 Ohlson 模型时，都没有考虑通货膨胀的影响。实际上，由于通货膨胀的存在，剩余收益有可能不是均值回复的，因此，需要对会计数据进行通货膨胀调整来检验 Ohlson 模型。Gregory et al.（2005）利用英国的数据对 Ohlson 模型进行了检验。他们发现，进行通货膨胀调整后，剩余收益依然遵守 Ohlson 的线性信息动态化假定，回归系数介于［0，1］之间。但是，进行通货膨胀调整后，剩余收益模型对现在股价的解释能力不仅没有提高，解释误差反而有所扩大。

Ohlson（2005）对此进行了反驳，他强调，对会计数据进行通货膨胀调整是一个巨大的、系统的过程，其复杂性难以言表，如果为了研究方便，只进行简单的调整会引入大量的误差，调整的好处会被调整带来的误差所抵消。因此，最终的调整是否能够带来好处很难说。另外，通货膨胀调整提高了会计净资产，使得模型估计价值提高。这在 Gregory，Saleh and Tucker 的论文中得到证实，经过通胀调整后剩余收益模型普遍高估了股票价值。Ohlson 认为，理论上没有必要对通货膨胀进行调整，因为通货膨胀调整会同时调整估值模型中的分子和分母，结果会抵消，而且实际操作时会带来大量误差。

以上研究的共同局限是在注重会计盈余数字的盈利相关信息含量的同时忽略了其中的风险信息含量。为了强调风险因素在剩余收益估值理论中的作用，Baginski and Wahlen（2003）运用资本资产定价三因素模型，基于混合样本数据和分年度截面的检验结果表明：一方面，剩余收益的总变化量与价格差异不仅存在水平正相关关系，而且具有最强的增量相关关系；另一方面，基于三因子模型的检验结果表明，除了与股票回报的系统风险或剩余收益的总变化量显著相关外，剩余收益中的系统风险与股价并不具有强大的增量相关性。Ali et al.（2003）也考虑了市场风险因素，构造了短时窗口下包含风险的股票内含价值与市价的比率指标（V/P），运用 Franke et al.（1998）使用的剩余收益估值模型进行检验的结果表明，该指标与某些风险替代变量显著正相关。然而，在控制这些风险之后，该比率仍然显示出与未来股票回报之间具有正相关关系，这就意味着风险因子并不是导致股票内含价值变化的主要原因，而是解释市场错误定价的重要依据。

Graham et al.（2000）和 King et al.（1998）的研究都表明，净资产和会计利润对股票价格的综合解释力以及各自的增量解释力在各国存在差异，这种差异与各国会计政策对清洁盈余会计原则忠诚度的差异有关。

杨丹等（2008）提出了一个通用的修正方法，即每股非流通股的价格相当于每股流通股的一个百分比。然后用实际数据对这个百分比的表达式进行了估计，从而对股权分置条件下价格模型与回报率模型（包括 Ohlson 模型）进行了修正。利用1995—2005年的数据进行实证检验，结果显示，经过修正后的模型估计优于未修正的模型。模型拟合结果不逊于美国股票市场的拟合度（R^2 平均值为 35%，Core et al.，2003）。

宋光辉等（2008）运用 Ohlson（1995）剩余收益模型及其扩展模型，对中国股票市场股权分置改革前后的会计信息有用性进行检验后发现，股权分置改革前衡量基础资产的会计信息与股价有较强的相关性，而股权分置改革后衡量企业盈利性的会计信息与股价有较强的相关性；衡量企业成长性的会计信息在股权分置改革前后均与股价没有相关性；总体上会计信息在股权分置改革后与股价的相关性较股权分置改革前有较大提高。

3. Ohlson估值模型内在框架改良实证研究

Ohlson剩余估值模型提出后，相关实证研究表明，其并不是对所有情况的股价都有良好的解释能力。鉴于此，许多学者对模型本身产生怀疑，继而尝试对其进行改良，以求能更好地解释股价的变化。从内容上看，这类研究主要集中在估值变量的稳定性、模型参数的内在一致性以及其他信息的代理变量等问题上。

由Ohlson模型的内在逻辑关系可知，估值方程中的系数与线性信息动态过程的结构系数具有非线性的函数关系。Tangenes（2001）尝试在剩余收益估价模型中引入随机参数，通过随机参数来确定已获得信息与未获得信息之间的关系，从而利用信息动态模型预测公司价值。

Christensen（2002）突出了资本成本在剩余收益评估模型中的现实意义，指出分散投资策略对加权平均资本成本（WACC）的影响，以及管理层的选择对公司价值的影响。Kwon（2001）分析了在非对称信息下，账面价值、剩余收益与公司价值的关系。

赵志君（2003）利用Ohlson理论的基本框架，指出了传统线性信息模型的不足，提出了公司存续期有限和公司存续期无限但剩余收益存续期有限时内在价值（或内净率）的决定模型。实证发现：我国上市公司的股价大大高于其内在价值，其中ST类公司的股价与其内在价值偏离的更多。我国股市正在经历具有体制性、结构性特点的长期调整过程。

从总体上看，目前为止通过修正线性信息动态模型试图改善信息含量研究的努力并没有取得成功，每一种试图用可观测变量替代不可观测变量，试图解决其他信息表达难题的努力都导致缺省变量依旧存在。

4. 模型应用实证研究

Vali K.（2009）讨论了在面板数据中如何运用Ohlson（1995）模型，他比较了以上市期间作为权数，加入截距项的期间权数模型、固定效应和随机效应的面板数据，发现运用第一种数据预测异常回报效果最好，但他忽略了其他信息 V_t。McCrae and Nilsson（2001）也得到了类似结果。

逯东等（2010）以Ohlson模型考察2002—2007年A股亏损公司定价问题，发现政府向那些更容易通过非经常项目扭亏的公司提供了更多财政补贴，并且政府补贴与净利润为正的公司的权益价值显著负相关，与净利润为负的公司的权益价值不存在显著相关关系，上述现象在小公司样本更加明显。

王福胜、刘仕煜（2010）利用Ohlson模型以及包含公司治理整体水平信息的线性动态过程，采用经验数据构建2006年和2007年样本公司，检验了构建公司治理评价指标，证明所提出的公司治理评价指标的构建方法是合理可行的。

三、基本问题分析

（一）Ohlson 企业估值理论的内涵

Ohlson 估值理论是为了避免股利贴现模型的“股利谜局”（the dividends conundrum，Penman，2006）而提出来的，其目标是把当期会计实现与预期未来股利现值联系起来，在简单而优雅的线性动态信息的基础上建立一个十分简洁的股票价格与当期会计实现的模型。无论是哪种形式的 Ohlson 模型，都始于期望股利贴现模型，在清洁盈余关系假设下，最后导出信息动态过程下的剩余收益模型（RIV）。Ohlson 模型的基本观点是一个企业的市场价值等于其账面净值加上其预期的未来超常收益（剩余收入）的贴现值，而与现金流和股息无关。

理解 Ohlson 会计估值理论的理论构建逻辑对继续完善其估值模型是非常重要的。

首先，Ohlson 模型引入预期股利贴现模型（PVED）而不是股利贴现模型（PVD）是为了把不确定性引入模型当中。

其次，Ohlson 理论最重要的假设是清洁盈余关系，定义了股利、净资产账面价值和盈余之间的相互关系，即扣除股利后的本期盈余等于本期期末净资产和本期期初净资产之差，清洁盈余关系使得股利的分配只会减少本期权益的账面价值，而不会影响本期盈余。有了清洁盈余关系，就可以在预期股利贴现模型与剩余收益模型（RIV）之间建立一一对应关系，预期股利贴现模型转化为 RIV 就成为可能。RIV 和 PVED 解决估值的思路虽然是一致的，都是利用期望值进行估值，但如前所述，两者角度截然不同。前者从财富创造角度，企业的内在价值不仅取决于每股净资产账面价值，而且包括能代表盈利能力的未来异常收益；后者从财富分配角度，认为公司的价值取决于未来分配的股利。显然，前者更符合经济学定义，更重要的是，前者估值过程中需要的部分信息可从公开信息中得到，使其直接检验或应用成为可能。清洁盈余关系也表示企业的价值不等于期望现金流量，这奠定了应计会计盈余信息在 Ohlson 估值模型中的地位。

最后，信息动态的引入是 Ohlson 理论应用 RIV 的纽带。它连接了当前会计报表信息与未来非正常收益。信息动态把未来不可观测的预期信息转化为可被观察的当期变量。虽然以往所有基于 Feltham-Ohlson 模型的实证研究与过去基于股利贴现模型的研究非常相似，但是对于 Feltham-Ohlson 模型的研究都忽视了一个问题，即模型的信息动态因素。恰恰是这一因素的存在，将当前会计信息与未来异常收益连接起来。实证研究不但发现了非正常收益遵循一个均值回归过程，同时，平均回归比率系统地与企业通过会计和经济分析的特征相联系，这就证实了 Feltham-Ohlson 的信息动态约束假设。同时对模型的实证研究和检验结论也比现有的股利贴现模型所得到的结论有了一些提高。这个结果表明在预测未来的剩余收益时，信息动态学的预测超出了利用现有的剩余收益的预测。正如 Patricia M. Dechow et al.（1999）指出的那样，当信息动态因素是合理的经验描述时，简单的分析师资本化收益预测估值模型在解释长期股票价格是更加适当的[①]。

（二）对 Ohlson 模型的再思考

1. 清洁盈余关系假设与会计准则的矛盾性

会计信息和股息满足清洁盈余关系（CSR），即导致权益变化的净利润等于利润表中的净利润，是 Ohlson 模型最重要的假设前提。但在实际应用中，要满足 CSR，显然与现行大多数国家基于历史成本原则的会计准则矛盾。对会计政策来说，根据复式记账原理，就必须在会计上把所有引起股东权益的变化都计入利润表的利润中，这样的盈余在会计上称为综合盈余（comprehensive income），而我国尽管在 2007 年会计准则实现了与国际会计准则实质趋同，但仍然有由于市价上涨而带来企业持有的可供出售的金融资产的资产增长额不经过利润而直接计入到所有者权益中，换句话说，在 Ohlson 模型中这部分资产增值是不会通过盈余来影响估值的。所以要应用 Ohlson 模型进行企业估值，必须依据综合盈余的概念对现行的会计盈余数据进行调整，方可满足清洁盈余关系。

2. Ohlson 模型真的可以避开股利政策的影响吗？

相对于期望股利贴现估值模型（PVED），Ohlson 模型最突出的贡献在于可以通过清洁盈余关系将期望股利贴现模型巧妙地转化为盈余和账面价值模型，“股息谜局”解决了，问题变得可控，研究变得简洁而可行。那么 Ohlson 模型是如何“华丽转身”的呢？从 Ohlson（1995）的推导我们可以看出，Ohlson 是通过预先给定一个未经证明的极限条件 $\lim\limits_{\tau\to\infty}\frac{E_t\ (\tilde{b}_{t+\tau})}{(1+r)^{\tau}}=0$ 来实现这种转换的。王文辉等（2009）通过模拟三种股利政策考察这个极限的成立条件，得出结论：只有把当期的所有盈余全部分配完毕时，此极限条件才可能成立。而企业如果只是把异常盈余部分分配或者按照某一固定比例分红，均不能得出上述极限为零的结论。这表明 Ohlson 模型声称的股利政策无关论只是个特例，不存在普遍性。也就是说，Ohlson 模型其实是与股利政策有关的。

3. 异常盈余服从一阶自回归的收敛过程假设

这个假设对完全竞争市场下的企业是适用的，但对垄断型企业而言，由于垄断

① 党建忠，褚俊红，陈金贤：《Feltham-Ohlson 投资估值理论的特征与应用局限性分析》，载《人文杂志》，2003（5）：74～76 页。

企业可以凭借其垄断或寡头地位长期拥有超额利润，所以 Ohlson 是否适用于垄断型企业的价值评估还有待研究。

（三）Ohlson 估值理论与会计谨慎性

Ohlson 估值理论认为，异常收益之所以存在，是因为 GAAP 实行的是以历史成本原则为基础的资产计量模式，只要历史成本计量原则存在，企业的权益市场价格就会和企业的净资产账面价值永远不等（Ohlson（2009）最后一个命题以企业的市场价格和账面价值的差额的极限大于零来表示这种关系），这个差额即是商誉，也是盈余增长的存在原因。从会计上看这个差额就是谨慎性，差额越大，会计在资产计量上的谨慎性越强。因此，谨慎性和盈余或账面价值的增长是影响估值的原因。Ohlson 估值理论非常重视讨论谨慎性会计对企业价值的影响。从分析 FO（1995）可以得出以下谨慎性会计、账面价值和增长的密切联系：当谨慎性会计存在（ID3 中，$w_{12}>0$）且账面价值存在增长（$w_{22}>1$）时，这时账面价值的增长大于盈余的增长；当谨慎性会计存在（ID3 中，$w_{12}>0$）且账面价值存在增长时，某个时期期望价值的增长大于这个时期期望盈余的增长；如果谨慎性会计存在但不存在增长，那么企业的估值（价）将高于净资产的账面价值但低于资本化盈余。如果谨慎性会计和增长都存在，那么企业的估值（价）将既高于净资产的账面价值又高于资本化盈余；如果会计是谨慎的，那么应计盈余对企业价值的影响要大于现金盈余，并且应计盈余对企业未来盈余的影响要大于现金盈余对企业未来盈余的影响。

（四）贡献

尽管 Ohlson 模型的假设条件受到质疑，但不能否认它已经并且继续给企业估值理论做出的巨大贡献。

1. 理论贡献

Ohlson（1995）和 Feltham-Ohlson（1995，1996）的研究成果，为有关当期会计变量和股票价格或股票回报之间的内在联系的实证研究提供了一个评估实证模型的统一的、严密的分析框架（Dechow et al.，1999），是 Ball and Brown（1968）会计信息含量相关性研究的继承（G. Richardson and S. Tinaikar，2004）。Ball and Brown（1968）虽然被誉为实证会计的开篇之作，但仅仅是从经验会计的角度证明了股票回报与会计信息之间的实证联系，并没有也不可能有实证会计理论的支持，Ohlson 估值理论的出现为会计估值模型和会计信息含量实证研究提供了理论模型支持，因为会计信息含量实证研究所研究的是股票价格或股票回报与会计信息之间的相关关系。正是建立在简单的线性信息动态基础上，Ohlson 和 Feltham-Ohlson 模型为我们提供了十分简洁、优雅的股票价格或回报与会计变量的理论模型。更有意义的是，Ohlson 模型还为我们展现了如何处理相关但来自于非会计信息的缺省变量。

在 Ohlson 的研究发表之前，许多研究的模型设定缺乏理论支持，而且许多模型都可以表现为 Ohlson（1995）模型的特例。比如，Barth（1991）的价格与账面价值回归模型，对应着 Ohlson（1995）模型的 $w=0$ 和忽略其他信息 v；Dechow et al.（1999）的价格与账面价值、异常盈余与其他信息模型。除了为股票价格提供理论支持，Ohlson 的研究成果还为股票回报模型设定提供理论支持。在 Ohlson（1995）的理论支持下，Easton and Harris 推导出了股票回报与盈余水平、盈余增量的模型。在 Feltham and Ohlson（1996）的线性动态信息模型的基础上，Easton and Pae（2003）对 Easton and Harris（1991）的模型进行了修改，得到了股票回报与盈余水平、盈余增量、滞后一期股利、当期资本投资增量和滞后一期盈余资产增量的线性模型。实证比较证实，加入现金投资增量和滞后一期的营运资产增量的模型比不加入这两个变量的模型 R^2 从 10.2%显著改善到 11.5%。而在上述 Easton and Harris 系列研究成果出现之前，实证会计研究股票回报模型的自变量基本上是基于 Ball and Brown（1968）采用的当期盈余的未预期部分，而 Easton and Harris 的研究成果使得实证会计研究不需要测量当期未预期盈余变量。显然，如果没有 Ohlson（1995）和 Feltham and Ohlson（1995，1996）的理论支持，就没有 Easton 等人的理论突破。

Ohlson 估值理论还为会计信息的决策（估值）有用性提供了理论支持。一般金融分析师预测企业价值时，都会把会计的应计盈余排除在预测框架之外，而 Ohlson 模型从理论上解释了为什么进行企业内在价值评估时，不必将应计盈余排除在外。这已经导致了各财务报表分析教科书的重写。如果没有 Ohlson 的理论模型支持，就不可能取得这种突破。一个有趣但目前还没有得到解释的谜就是为什么通过预期市盈率（P/forward E）模型预测企业价值至少不比各种复杂的会计估值模型差（Ohlson and Juettner-Nauroth（2001）通过异常盈余增长模型验证了这个结论）。

Ohlson 估值理论还打破了传统研究关注股利的研究方法，转向重点讨论盈利和账面净资产预测等基本面分析（fundamental analysis），从而开创了会计实证研究的新方向。

2. 对实证研究的贡献

Ohlson 估值模型为我们直接利用会计基本信息来求解公司价值奠定了理论和模型基础，这也使得经验性的检验变得比较容易。Ohlson 估值模型不但将公司的价值与净资产账面价值和会计盈余联系在一起，而且解决了 MM 理论与 MM 估值模型在应用中到底如何认识“股利”的矛盾（陆宇峰，1999）。同时，它又给出了可用于经验性研究的股权价值回归模型。Feltham-Ohlson 估值模型中清洁会计盈余条件取代了以往投资估值模型所要求的“市场有效”作为分析的必要条件。

具体而言，实证贡献主要体现在三个方面：

首先，Ohlson（1995）使剩余收益模型在企业估值的研究中重新焕发出活力。Ohlson 及其后来者的系列研究使得剩余收益模型（RIV）变得更加容易实施和检验，特别是 20 世纪 80 年代分析师的预测数据获得变得大大容易以后。尽管 RIV 不是 Ohlson 建立的，但如果没有 Ohlson 引入信息动态对其进行发展，把模型研究的重点从价值分配（股利）转到价值创造（盈余），并且从理论上支持应计会计信息在企业估值中的积极作用，RIV 和会计信息就不会在企业估值研究和实践中受到人们广泛的重视。

其次，信息动态原则的创立为股利贴现模型转向可观察的会计数据提供了一种途径。Ohlson 估值模型理论巧妙地将股利贴现转化为会计盈余和净资产的账面价值，从而解决了股利贴现估值理论不能处理不发放股利情况下的估值问题。而且 Ohlson 模型支持 Modigliani and Miller 的股利无关论，而 Gordon-Shapiro 股利增长模型刚好相反。虽然如此，两者的基本结果都是一样的，即价格是账面价值与异常收益的乘数之和。

最后，模型为理解各种不同的估值方法提供了企业内在价值的标准。例如，它可以帮助我们理解在盈余与股票回报模型设定中，盈余的变动或盈余水平的设计是否恰当。有关 Ohlson 模型的预测研究文献中，另外一个贡献就是会计估值理论使得人们可以计量出企业的内在价值以便能识别价格/内含价值式的定价误差。预测学派已经成为金融领域一个相对重要的研究兴趣所在，这些金融领域的研究成果同样离不开 Ohlson（1995）和 Feltham-Ohlson（1995，1996）的理论支持。

总之，Ohlson，Feltham-Ohlson 等模型为已有企业估值研究文献提供了极其智慧的见解，帮助我们理解各种有限期限的会计估值模型的本质属性。未来，寻找企业持续价值更加合适的表达模型仍将是一个方兴未艾的研究方向。

（五）局限性

除了 Dechow et al.（1999）的研究，目前所有的会计估值研究都隐含着有效市场假设。换句话说，在应用层面，最好的估值模型就是定价误差最小的模型，因为价格永远是对的。有效市场假设还说明股票价格在短期内虽然会偏离基本面，但长期来看是趋向基本面的（Frankel and Lee，1998；Lee et al.，1999）。但根据行为金融学的观点，价格也有可能是非理性的。

此外，Ohlson 估值理论要求风险中性，这与现实生活中的通货膨胀现象背道而驰。

再者，Ohlson 模型假设会计是无偏会计，也就是市场价格就是其账面价值，与目前以公允价值为特征的会计准则全球趋同精神相一致，但本次金融危机的发生，无偏的公允价值会计在财务报表中的全面实施将是一个漫长的曲折过程（程小可等，2008）。会计盈余信息的信息质量制约着估值模型的有效性。

总之，Ohlson 等模型中以会计信息和“其他信息”作为企业价值模型的决定因素在实际运用中，受到一国的会计制度、股票发行制度、分析师预测的偏差等实际情况的影响。

（六）如何对 Ohlson 模型进行实证检验

必须是对信息动态过程和剩余收益模型的联合检验，重点在检验信息动态过程。如前所述，检验结果如果拒绝 Ohlson 模型其实是拒绝信息动态过程，而不是拒绝剩余收益模型。

四、未来研究方向

虽然有关企业估值问题的研究已近百年，并随着 Ohlson 剩余收益估值模型的诞生而达到鼎盛，但从已有文献的实证研究结果来看，所有的模型并不是万能的。理论研究者虽然提出了各种各样的假设，但实证结果总是不能完全证实模型的有效性。估值模型中非会计信息变量的度量问题还是剩余收益模型研究的一个悬案，模型对非会计信息部分未做明确定义和说明，故将模型中的非会计信息具体化就成为未来研究的突破口之一。

未来的方向仍应如我们研究 CAPM 或 MM 理论的方法一样，把假设条件一个个放松，加入税收、破产成本、代理成本、信息不对称等。另外，会计制度和股票发行制度的差异、盈余预测精度问题等都会影响权益估值模型对股价的解释效果。这些问题在已有文献中已经备受关注，学者们也想尽办法改进模型，以期能更好地解释股价，但在运用一国已有资本市场数据对剩余收益估值模型进行实证检验时，仍需做出进一步的分析，即使是同一国不同企业的数据，由于企业的性质不同，应计盈余的信息产生方法也不同。

再者，仍然有一些最基本的问题会影响企业估值，如企业的边界在哪？是企业股东或债权人价值最大化，还是相关利益者价值最大化？另外，创业板[①]和亏损公司的估值问题也是一个值得研究的方向。

联系到新兴市场，其市场中影响企业价值的因素有哪些？在经济和金融全球化的今天，具体到我国，特殊的股权结构、控制权与现金流量权分离、企业与政府的政治联系是否影响我国企业的价值？全球会计准则的趋同和公允价值运用是否会对

① 这方面已经引起了国内学者的注意，如周孝华、唐健陈、娅莉（2009）等。

企业的估值有影响？我们期待着我国会计学者继续努力，在充分吸收国际先进企业估值理论与方法的基础上，创建出具有中国特色的企业估值理论与方法。

建议阅读文献

[1] 陈信元，陈冬华，朱红军. 净资产、剩余收益与市场定价：会计信息的价值相关性[J]. 金融研究，2002，4（6）

[2] 陈彦斌，周业安. 行为资产定价理论综述[J]. 经济研究，2004（6）：117～127

[3] 程小可，卿小权，佟岩. 基于会计信息的权益估值研究：线性信息动态过程视野[J]. 会计研究，2008（2）：23～30

[4] 程小可，宋吉文. 基于向量AR（p）过程下的广义剩余收益估值研究[J]. 科学决策，2010（10）：13～21

[5] 程小可，卿小权. 剩余估值理论研究述评[J]. 经济学动态，2008（2）：100～105

[6] 党建忠，陈军，褚俊红. 基于Feltham-Ohlson模型的中国上市公司股票价格影响因素检验[J]. 统计研究，2004（3）：57～61

[7] 傅元略，曲晓辉，邱月华. 估值理论的发展及其面临的问题——第七届会计与财务问题国际研讨会"估值：前沿与挑战"观点综述[J]. 中国会计评论，2008，6（1）：119～124

[8] 刘力，陆正飞译. 财务报表分析与证券定价（第2版）[M]. 北京：中国财政经济出版社，2005

[9] 逯东，孟子平，杨丹. 政府补贴、成长性和亏损公司定价[J]. 南开管理评论，2010，13（2）：97～104

[10] 王海燕，李小燕，程小可. 基于剩余收益的权益估值理论研究述评[J]. 山西财经大学学报，2010（11）：199～202

[11] 王文辉，张维. 论股票定价的奥尔森模型成立条件[J]. 商业研究，2009（8）：26～29

[12] 杨丹，魏韫新，叶建明. 股权分置对中国资本市场实证研究的影响及模型修正[J]. 经济研究，2008（3）：73～86

[13] 张景奇，孟卫东，陆静. 股利贴现模型、自由现金流量贴现模型及剩余收益模型对股票价格与价值不同解释力的比较分析——来自中国证券市场的实证数据[J]. 经济评论，2006（6）：92～98

[14] 赵志君. 股票价格对内在价值的偏离度分析[J]. 经济研究，2003（10）：66～74

[15] Easton，P. Discussion of "accounting data and value：The basic results"[J]. *Contemporary Accounting Research*，2009，26（1）：261-272

[16] Christensen，P.，and G. Feltham. *Information in markets*. Amsterdam：Kluwer Academic Publishers，2003

[17] Easton，P. D.，Harris，T. S. Earnings as an explanatory variables for returns [J]. *Journal of Accounting Research*，1991，29（1）：19-36

[18] Feltham，G. A.，Ohlson，J. A. Residual earnings valuation with risk and stochastic in-

terest rates [J]. *The Accounting Review*, 1999, 74 (2): 165-183

[19] Feltham, G. A, Ohlson, J. A. Uncertainty resolution and the theory of depreciation measurement [J]. *Journal of Accounting Research*, 1996, 34 (2): 209-234

[20] Feltham, G. A, Ohlson, J. A. Valuation and clean surplus accounting for operating and financial activities [J]. *Contemporary Accounting Research*, 1995, 11 (2): 689-731

[21] Gordon, M. J. Dividends, earnings, and stock prices [J]. *The Review of Economics and Statistics*, 1959, 41 (2): 99-105

[22] Myers, J. N. Implementing residual income valuation with linear information dynamics [J]. *The Accounting Review*, 1999, 74 (1): 1-28

[23] Lo, K., Lys, T. The Ohlson model: contribution to valuation theory, limitations, and empirical applications [J]. *Journal of Accounting, Auditing & Finance*, 2000, 15 (3): 337-367

[24] Liu, J., Nissim, D., Thomas, J. Equity valuation using multiples [J]. *Journal of Accounting Research*, 2002, 40 (1): 135-172

[25] M. Deng, P. Easton and J. Yeo, *Another look at enterprise and equity valuation based on multiples* [J]. Working Paper, 2010

[26] Ohlson, J. A. The theory of value and earnings, and an introduction to the Ball-Brown analysis [J]. *Contemporary Accounting Research*, 1991, 8 (1): 1-19

[27] Ohlson, J. A. Earnings, book values, and dividends in equity valuation [J]. *Contemporary Accounting Research*, 1995, 11 (2): 661-687

[28] Ohlson, J. A. Discussion of "an Analysis of historical and future-oriented information in accounting-based security valuation models" [J]. *Contemporary Accounting Research*, 1999, 16 (2): 381-384

[29] Ohlson, J. A. On transitory earnings [J]. *Review of Accounting Studies*, 1999, 4 (3-4): 145-162

[30] Ohlson, J. A. Earnings, book values, and dividends in equity valuation: An empirical perspective [J]. *Contemporary Accounting Research*, 2001, 18 (1): 107-120

[31] Ohlson, J. A. On accounting-based valuation formulae [J]. *Review of Accounting Studies*, 2005, 10 (2-3): 323-347

[32] Gao, Z., Ohlson, J. A. Dividend policy irrelevancy and the construct of earnings [J]. *Journal of Business Finance & Accounting*, 2013

[33] Ohlson, J. A, Juettner-Nauroth, B. E. Expected EPS and EPS growth as determinants of value [J]. *Review of Accounting Studies*, 2005, 10 (2-3): 349-365

[34] Ohlson, J. A, Zhang, X. J. Accrual accounting and equity valuation [J]. *Journal of Accounting Research*, 1998, 36: 85-111

[35] Ohlson, J. A., and Z. Gao. 2006. *Earnings, earnings growth, and value* [M]. Boston: Now Publishers, 2006

[36] Ohlson, J. A. *Accounting earnings, book value, and dividends: The theory of the clean surplus equation* (part I). Working Paper, 1989

[37] Ohlson, J. A. A synthesis of security valuation theory and the role of dividends, cash flows, and earnings [J]. *Contemporary Accounting Research*, 1990, 6 (2): 648-676

[38] Ohlson, J. A. Accounting data and value: The basic results [J]. *Contemporary Accounting Research*, 2009, 26 (1): 231-259

[39] Ozair, M. *Growth in expected earnings and equity valuation*. Working paper, TelAviv University, 2003

[40] Peasnell, K. V. On capital budgeting and income measurement [J]. *Abacus*, 1981, 17 (1): 52-67

[41] Penman, S. H. *Financial statement analysis and security valuation* [M]. New York, NY: McGraw-Hill/Irwin, 2007

[42] Richardson, G. , Tinaikar, S. Accounting based valuation models: what have we learned? [J]. *Accounting & Finance*, 2004, 44 (2): 223-255

[43] Ryan, S. *Structural models of the price to earnings relation: Measurement errors in accounting earnings* [D]. Stanford University, 1986.

[44] Thomas, J. , and H. Zhang. *Another look at P/E ratios*. Working Paper, Yale School of Management, 2006.

[45] Yee, K. K. Aggregation, dividend irrelevancy, and earnings-value relations [J]. *Contemporary Accounting Research*, 2005, 22 (2): 453-480

[46] Yee, K. K. Capitalization of costs and expected earnings growth [J]. *European Accounting Review*, 2006, 15 (4): 565-583

赵德武（西南财经大学）
谭洪涛（西南财经大学）

专题5　资本结构理论前沿：融资优序理论和现金持有水平

一、问题提出及中外文献回顾

资本结构是企业最重要的财务决策，自然也是财务学术界关注的重点。Modigliani and Miller（1958）提出的著名的MM定理为现代资本结构理论奠定了讨论的基石和出发点。MM定理1指出，在资本市场完全竞争、没有税收的条件下，企业的价值不会因为其选择何种融资方式而受到影响；MM定理2则指出，在债务风险较低的情况下，企业可以通过增加负债，增加其股权收益率。MM定理给我们的启示是，从增加企业价值的角度看，企业无须进行融资方式决策，但是MM定理的假设十分严格，与现实经济情况相距甚远，实用性不强。Modigliani and Miller（1963）对MM定理进行了修正，指出在考虑公司所得税的情况下，负债越多，融资资本成本越低，则企业价值越高。

根据修正的MM定理，债务融资的税盾效应使得理论上债务融资优于权益融资，从而可将公司负债比例增加到最高使公司价值最大，但是现实世界中，企业却没有极力提高负债率。为解释这一现象，经济学家们提出了权衡理论，Robichek and Myers（1966）指出，虽然企业可以利用债务融资的税盾效应，通过增加负债来增加公司价值，但是随着杠杆化程度的增加，企业面临的财务风险也在增加，从而使得企业可能无法偿债而导致破产，因此，权衡理论认为，负债企业的市值是在无负债企业市值的基础上，加上负债的税盾效应现值，减去负债的破产成本现值。权衡理论意味着企业存在一个理论上的最优资本结构。

然而，在企业的实际融资活动中，我们很难观察到企业的最优资本结构。这是因为还存在其他一些因素影响资本结构的选择，其中一个重要原因是市场中存在信息不对称问题。

Ross（1977）指出，外部投资者通常将高负债水平看做发展前景良好企业发出的信号。由于信息不对称，经营者了解企业未来的收益预期，然而外部投资者却不了解，尽管高负债水平会增加企业破产风险，但在企业发展良好的情况下，这一问题相对来说并不特别严重。Leland and Pyle（1977）则认为，经营者持有的股权比例越高，表明企业的投资项目预期收益越高，于是企业价值越高。这是因为在信息不对称的情况下，经营者会以将自己资金投资项目的方式，向外部投资者发出企业的投资项目预期收益高的信号，以吸引潜在投资者。这就是所谓的信号传递理论，即企业有时需要通过资本结构决策向市场发出对自己有利的信号。

Myers and Majluf（1984）针对企业融资的优先顺序问题，提出了著名的融资优序理论（pecking order theory of financing）。该理论认为，企业在决定采用何种方式来为新投资项目融资时，优先考虑的是内部融资，接着是债务融资，最后才是权益融资。其理由是：由于存在信息不对称，内部人（如管理者）比外部的投资者拥有更多的信息，逆向选择问题会使得外部融资的成本较高，因此在公司面临资金短缺时，外部投资者会把发行股份看做有关企业价值高估的不利信号，导致企业股票价格下跌，企业为了减少这一价值破坏效应会优先采用内部资金和发行债务的融资方式，只有在不得已的情况下才会选择发行股份的方式。

融资优序理论是企业为了避免在信息不对称情况下产生逆向选择问题所做出的资本结构选择。信息不对称的存在还产生了另外一条研究路径，即道德风险下的代理成本，其代表人物是Jensen and Meckling。他们在其1976年的文章中首次探讨了企业资本结构与治理结构的关系问题，其出发点为代理成本理论。他们认为在企业的利益攸关者之间存在两类利益冲突：

一是股东与经营者之间的利益冲突。Jensen and Meckling（1976）认为该利益冲突的来源在于，经营者需要承担企业全部经营活动的成本，却不能获得全部经营活动的收益，这一权利和义务的不对等，使得经营者动力不足，从而导致企业经营活动的无效率。针对这一问题，有两种解决办法：一是提高经营者持股比例，增加他们悉心管理企业经营活动的动机；二是提高债务水平，减少可由经营者处置自由现金的幅度，因此可在一定程度上限制经营者为追求自身利益而损害股东利益的行为。Grossman and Hart（1982）也提出同样观点，债务带来的企业破产风险，会在一定程度上刺激经营者悉心管理企业经营活动，从而减少股东与经营者之间的利益冲突。

二是股东与债权人之间的利益冲突。Jensen and Meckling（1976）指出这种冲突的根源在于，当企业采用负债融资后，股东在做出投资决策时，会倾向于将通过债务融资筹集到的资金投向高风险、高收益的项目，之所以会出现这种倾向是因为，如果高风险项目取得成功，股东将获得几乎全部剩余收益；而如果失败，却由债权人来承担几乎全部的损失。于是，债权人在与企业签订借款合同时，会将这一因素考虑在内，要求增加借款利率或附加限制企业某些投资行为的条款，这在一定程度上提高了企业的债务融资成本，使权益融资的成本相对下降。

企业的资本结构不仅受资本成本和代理成本因素的影响，还会受资本市场等外部环境的影响。Ritter（1991），Baker et al.（2004）等对资本市场的有效性假设提出了质疑。他们认为，虽然企业经营者是理性的，股票市场及其投资者则不然，他们常常会对企业的价值做出错误评估并体现在股票价格上。正因为如此，企业的融资决策会随着权益融资和债务融资的相对成本变化而变化，即可能存在“融资机会之窗”。这一理论解释了美国市场观察到的以下现象：当股票市场表现低迷时，企业较少采用权益融资方式；企业发行股份和发行债券的行为波动性较大。然而，在金融危机和企业倒闭的极端危机下，债权融资的大门被关闭之时，企业将不得不采用高成本的权益融资。例如，近年在世界范围内频繁发生的债权转股权，发行高股息优先股以及在市场低迷时发行普通股等现象。

除上述因素外，处于支配地位的股东的风险偏好也是影响企业资本结构的因素之一，其他条件相同，风险承受能力较低的此类股东通常选择较低的负债率，而风险承受能力较高的股东则倾向于采用较高的负债率。影响资本结构的因素还包括行业特性、法制和金融环境等地区性因素，这些因素构成了研究资本结构理论问题时的控制变量。

由于影响资本结构选择的因素很多，所谓的最优资本结构只是一个理论上的概念，对资本结构的研究往往是研究资本结构的某个要素，以及这一要素与企业价值间的关系。在接下来的篇幅里，将利用我国数据，对融资优序理论和现金持有水平问题展开探讨。

二、基本问题分析一：融资优序理论在我国是否成立？

在我国，权益融资长期以来被视为低成本融资，股票市场被地方政府视为融资窗口。这一现象明显有悖于融资优序理论。在学术文献方面，黄少安、张岗（2001）指出，我国上市公司存在着股权融资偏好，具体表现为：大多数上市公司资产负债率较低，而且在资产负债率较低甚至为零的情况下，仍然倾向于采用发行股权而不是采用债务融资方式。他们试图从我国独特的制度背景、外部资本市场环境等方面来分析其原因，认为股权融资偏好的直接原因在于我国股权融资的成本较低。通过计算得出，我国银行借款和发行债券的最低单位成本均大于发行股份的最低单位成本，出于尽可能降低融资成本的考虑，我国上市公司偏好股权融资就不足为奇了。深层次原因在于我国的制度和政策：第一，监管机构对股票发行的审批制度，使得企业经营者不顾企业价值，而是竭力虚构出好的业绩，以迎合增发或配股的要求；第二，监管部门关于股利的相关规定存在缺陷，我国很多上市公司选择不分红，股权融资成本变为一种软约束；第三，我国上市公司习惯于通过考核税后利润指标衡量经营业绩，这一不合理的考核制度，使得上市公司往往忽视了对融资结构的优化；第四，由于国家所有制经济占主体，导致国有股权比例高，股权集中度高，容易出现内部人控制的局面。

张军、郑祖玄和赵涛（2005）则认为，我国上市公司并不存在股权融资偏好，也不具有最优资本结构，而是呈现出过度融资的倾向，他们认为黄少安、张岗（2001）的研究存在一定缺陷。张军、郑祖玄和赵涛（2005）在剔除新上市公司的资产负债率数据对于整个样本的影响之后，得到了我国上市公司真实资产负债率历年变化率情况，他们的发现与黄少安、张岗（2001）的结果恰恰相反，即我国上市公司的真实资产负债率呈逐年上升的趋势，且上市时间越早的公司资产负债率越高，因此并不存在股权融资偏好。他们还指出，我国上市公司存在过度融资行为，即使没有高质量的投资项目，仍然不断进行债务融资和股权融资。陈荣杰（2008）发现了类似的行为，以配股公司为研究对象，他发现企业在配股后负债率有持续上升趋势，存在明显的“圈钱”两部曲：先向股市圈钱，降低负债率，再向银行圈钱。

我国资本市场实践和学术文献似乎均在告诉我们融资优序理论在我国资本市场不成立，融资优序理论真的在我国不成立吗？与受高度管制的IPO不同，上市公司收购兼并是一个相对市场化程度较高的活动，为兼并收购而开展的融资活动是一个经营处于常态下的企业融资行为，与公司上市相比，此时的融资行为可能更能反映企业的融资偏好，因此，上市公司收购兼并的融资活动为我国融资优序理论的研究提供了很好的环境和切入点。

（一）假说的提出

Myersand Majluf（1984）从交易成本和信息不对称成本角度对公司不同融资方式的资本成本进行了分析，他们认为外部融资方式（权益融资和债务融资）的资本成本要高于内部融资方式（自有资金），其原因主要归于两个方面：一是外部融资方式具有交易成本；二是外部资金提供者（包括债权人和股东）与公司管理层之间的信息不对称会引起他们对公司管理层逆向选择和道德风险的担忧，从而股东和债权人会要求较高的投资报酬率导致相应融资资本成本增加，因此相比于外部融资方式，公司会优先选择内部融资方式。另外，他们还认为相对于债务融资，发行股票融资会向外界传递公司股价被高估的信号从而会引起股价下跌，这将导致发行股票的信息不对称成本增加使得权益融资资本成本要高于债务融资，因此，选择发行股票进行融资是公司的最后选择。可见，公司进行融资方式决策时会优先考虑自有资金，其次是债务融资，最后才考虑权益融资，这就是经典的融资优序理论。基于此，提出假说 H_1 和 H_2：

H_1：相对权益融资方式而言，现金充足的上市公司更倾向于采用自有资金方式为收购兼并进行融资。

公司现金充足性（cash _ suff）用收购兼并前一年度上市公司所持现金及现金等价物余额与收购兼并交易价格之比来衡量，该变量值越大，说明上市公司现金越充足。

H_2：相对权益融资方式而言，负债能力强的上市公司更倾向于通过负债方式为收购兼并进行融资。

负债能力用收购兼并前一年度的上市公司资产负债率（pre _ leverage）来衡量，该值越小，表示负债融资潜力越大。

虽然收购公司发行股票融资具有较强的负面信号而可能导致其股价下跌，但是在牛市行情中，其股价下跌幅度一定程度上会被股价随趋势上涨的幅度所抵消，从而使收购公司发行股票进行融资的资本成本降低。因此提出假说 H_3：

H_3：相对负债融资方式而言，牛市行情中的上市公司更倾向于通过发行股票为其收购兼并进行融资。

上市公司的股价表现用 car _ 20 作为变量来描述。car _ 20 表示收购兼并公告日前窗口期［－60，－20］内的上市公司股票累计超常收益（cumulative abnormal return，CAR）。

针对公司收购兼并行为，Hansen（1987）认为无论是绝对交易规模还是相对交易规模，当收购兼并涉及金额很大时，对目标公司的错误定价将对收购公司非常不利。因此，对于交易规模较大、支付方式为现金的收购兼并，上市公司期望能与更多权益投资者来分担这种风险，据此可得出假说 H_4：

H_4：对于交易规模较大的收购兼并，上市公司倾向于通过发行股票的方式为其进行融资。

收购兼并交易规模用相对交易价格（rel _ price）来衡量，其值为收购兼并交易价格与收购兼并前一年度末的收购公司总资产账面价值之比。

控制变量包括影响收购兼并融资方式选择的公司信息透明度（Bushman and Smith，2003）、上市公司控股股东持股比例（Harris and Raviv，1988）、公司成长性（Myers，1977）以及收购公司规模、风险等因素。相关变量定义见表 5—1。

表 5—1　　变量定义

变量名称	变量定义
cash _ suff	表示上市公司现金的充足性，用收购兼并前一年上市公司所持现金及现金等价物余额与收购兼并交易价格之比来衡量
pre _ leverage	表示上市公司负债能力强弱，用收购兼并前一年的上市公司资产负债率来衡量
car _ 20	用来描述收购兼并时的上市公司股价表现，其值为收购兼并公告日前窗口期［－60，－20］内的上市公司股票累计超常收益（CAR）

续前表

变量名称	变量定义
rel _ price	表示收购兼并交易规模，用相对交易价格来衡量，其值为收购兼并交易价格与收购兼并前一年度末的收购公司总资产账面价值之比
控制变量	
transparency	表示上市公司的信息透明度，用股价同步性（stock price synchronicity）来衡量，分析和计算详见文中叙述
first _ shareholder	表示股权分散程度，用上市公司第一大股东持股比例来衡量
salesgrowth _ median	表示上市公司增长机会和成长性，用上市公司收购兼并年度前三年主营业务收入增长率的中值来衡量
size	表示公司资产规模，为收购兼并前一年度末上市公司总资产账面价值的自然对数
age	表示公司风险程度，其值取上市公司成立年度至收购兼并年度的年份数

（二）研究设计

研究所采用的计量模型为 Multinomial Logit 模型。

1. Multinomial Logit 模型

2000 年诺贝尔经济学奖获得者 MacFaddden（1984）对于“离散选择”（discrete choice）问题，发展出了一套完整的理论和实证方法，Multinomial Logit 模型正是其中之一。

MacFaddden（1984）认为，在离散选择中，一个类别之所以被选择，必然是因为该类别能给做选择的经济主体带来最高的效用。他将每一个类别的效用分为两部分，一部分受做选择经济主体自身特征的影响；另一部分则用一个随机数来表示，用来涵盖所有其他无法观察的因素的影响，正是因为这一随机变数的存在，我们不能说某一经济主体会固定选择某一类别，而只能说某一经济主体会选择某一类别的概率有多高。

MacFaddden（1984）做出一系列巧妙的假设，使得各类别被经济主体选择的概率能够用简单的公式表示出来，从而能够用最大似然估计法将做选择经济主体的自身特征的影响估计出来。

与一般二元 Logit 模型不同之处在于，Multinomial Logit 模型的被解释变量可以取两个以上的结果，由于本文将并购融资方式分为三类，即被解释变量有两个以上的结果，因此采用 Multinomial Logit 模型正合适。

2. 收购兼并融资方式选择的 Multinomial Logit 模型构建

上市公司决定对目标公司是实施收购还是放弃收购，一个重要的决策依据是该收购兼并项目的 *NPV* 是否大于零或者 *NPV* 是否达到了决策层的预期基准，然而很多因素会影响收购兼并项目的 *NPV*，其中融资方式是个重要的影响因素，因此，上市公司在进行收购兼并项目决策时必然会考虑选择何种融资方式会使项目的 NPV 更高（Martynova and Renneboog，2009）。

用 fc，fd，fe 分别表示自有资金、债务和权益融资方式，用 $NPV_{fc}(x)$，$NPV_{fd}(x)$ 和 $NPV_{fe}(x)$ 分别表示上市公司选择自有资金、债务和权益融资方式时的收购兼并项目净现值，其中，x 为会影响收购兼并项目净现值大小的自身特征因素。面临同样的 x，上市公司会更倾向于选择能使项目净现值更高的融资方式，因此，如果上市公司面临的融资方式为 fc 和 fe，且满足 $NPV_{fc}(x)>PV_{fe}(x)$，则上市公司收购兼并时选择融资方式 fc 的概率更大，用 P_{fc} 表示。

根据 Multinomial Logit 模型思想，本文以权益融资方式为基准，构建以下模型对影响上市公司收购兼并融资方式决策的因素进行分析：

$$\ln(P_{fc}/P_{fe})=\alpha_0+\alpha_1\text{cash\_suff}+\alpha_2\text{pre\_leverage}+\alpha_3\text{car\_20}+\alpha_4\text{rel\_price}+\alpha_5\text{control}+\varepsilon$$

$$\ln(P_{fd}/P_{fe})=\beta_0+\beta_1\text{cash\_suff}+\beta_2\text{pre\_leverage}+\beta_3\text{car\_20}+\beta_4\text{rel\_price}+\beta_5\text{control}+\eta$$

模型系数 α 或 β 表示在以权益融资方式 fe 为基准的情况下，上市公司自身特征因素 x 影响上市公司选择自有资金融资方式 fc 或者债务融资方式 fd 的概率程度。若系数符号为正，则表明上市公司更倾向选择 fc 或 fd；若为负，则表明上市公司更倾向选择 fe。因此，模型表明了相对于权益融资方式而言，上市公司选取其他两种融资方式的概率以及因素 x 对这种概率的影响程度。

（三）样本选择及其基本特征分析

1. 样本选择

上市公司收购兼并事件基本数据、相关财务数据均来源于 Wind 金融数据库并加以手工整理，相关股价数据来源于锐思（RESSET）金融研究数据库，收购兼并融资方式数据通过手工查阅公司各类公告、财务报告获得。本文收购兼并样本的选取，以发生在 2002—2006 年期间绝对交易价格最大且收购股权比例大于 20%为基准，同时必须符合：(1) 收购兼并支付方式必须为现金支付；(2) 公司收购兼并必须最终得到监管层审核通过且付诸实施；(3) 不包括金融和保险类、ST 类上市公司；(4) 收购兼并如果先后有董事会公告和股东大会公告，则事件日定为第一次公告日；(5) 若上市公司进行多次收购兼并活动，仅保留绝对交易价格最大的一次。最后获得有效研究样本 232 个（其中沪市 146 个，深市 86 个）。

为方便研究，本文将融资方式为自有资金与借款（或发行债券）的组合归类为借款（或发行债券），将自有资金与发行股票的组合归类为发行股票，而融资方式为发行股票与借款（或发行债券）的组合由于其样本仅有一例而未予以考虑，因此本文将按照自有资金、借款（或发行债券）、发行股票三种融资方式进行研究。

2. 研究样本基本特征统计分析

研究样本基本特征的分布如表5—2所示。

表5—2显示，从2002年起规模较大的收购兼并事件发生起数呈逐年递增趋势，并于2004年达到最多为72起（其比例为31.03%），随后又呈递减趋势，此外，收购兼并主要集中在资本密集型行业，其中制造业和电力、煤气及水的生产和供应业分别以47.41%和9.49%的比例而居前两位。另外，上市公司收购兼并所选择的融资方式频率从高到低依次为自有资金、负债和权益（其占比分别为51%，28%和21%）。收购兼并最高、最低交易价格分别为1 971 234万元、5 000万元，平均交易价格、中值分别为35 533.28万元、13 657万元，约50%的交易价格分布在区间［10 000，50 000），100 000万元（含）以上的收购兼并事件为13起。同时，约61%的收购兼并事件其收购股权比例在51%（含）以上。

表5—2　　　　收购兼并研究样本基本特征分布

项目	数量	百分比（%）	项目	数量	百分比（%）
A. 年度分布			A. 年度分布		
2002	18	7.76	2005	55	23.71
2003	52	22.41	2006	35	15.09
2004	72	31.03	合计	232	100.00
B. 收购兼并融资方式			C. 收购股权比例		
自有资金	120	51.72	（20，51）	89	38.36
债务融资	64	27.59	［51，—）	143	61.64
权益融资	48	20.69	合计	232	100.00
合计	232	100.00			
D. 交易价格（万元）			D. 交易价格（万元）		
［5 000，10 000）	87	37.50	［50 000，100 000）	17	7.33
［10 000，50 000）	115	49.57	［100 000，—）	13	5.60
			合计	232	100.00
E. 行业分布			E. 行业分布		
农、林、牧、渔业	5	2.16	批发和零售贸易	16	6.90
采掘业	10	4.31	金融、保险业	0	0
制造业*	110	47.41	房地产业	17	7.33
电力、煤气及水的生产和供应业	22	9.49	社会服务业	7	3.02
建筑业	5	2.16	传播与文化产业	3	1.29
交通运输、仓储业	10	4.31	综合类	17	7.33
信息技术业	10	4.31	合计	232	100.00

*收购兼并样本在制造业各细分行业的分布比例为：食品、饮料8（7.27%）；纺织、服装、皮毛5（4.55%）；木材、家具1（0.91%）；造纸、印刷1（0.91%）；石油、化学、塑胶、塑料12（10.91%）；制造业—电子5（4.55%）；金属、非金属20（18.18%）；机械、设备、仪表36（32.73%）；医药、生物制品17（15.46%）；其他制造业5（4.55%）。

（四）实证结果

根据理论部分的分析，从资本成本角度考虑，影响上市公司收购兼并融资方式选择的因素包括上市公司的现金充足性（cash _ suff）、上市公司的负债能力（pre _ leverage）、融资前的公司股价表现和融资时机（car _ 20）以及上市公司收购兼并的交易规模（rel _ price）；控制因素为上市公司的信息透明度（transparency）、股权分散度（first _ shareholder）、成长性和增长机会（salesgrowth _ median），另外还考虑了公司资产规模（size）和公司承担风险的能力（age）。我们以融资方式选择为被解释变量（变量名为 fin，若融资方式为自有资金，则 fin=1；若融资方式为债务，则 fin=2；若融资方式为权益，则 fin=3。运用 SAS 软件时，过程步骤会将赋值最高的融资方式选为比较基准），以上述所述因素为解释变量和控制变量，运用如下 Multinomial Logit 模型：

$$\ln(P_{fc}/P_{fe})=\alpha_0+\alpha_1\text{cash\_suff}+\alpha_2\text{pre\_leverage}+\alpha_3\text{car\_20}+\alpha_4\text{rel\_price}+\alpha_5\text{control}+\varepsilon$$

$$\ln(P_{fd}/P_{fe})=\beta_0+\beta_1\text{cash\_suff}+\beta_2\text{pre\_leverage}+\beta_3\text{car\_2}+\beta_4\text{rel\_price}+\beta_5\text{control}+\eta$$

实证结果如表 5—3 所示。表 5—3 显示，自有资金融资方式相对于权益融资方式，cash _ suff 前的系数在 10%的水平上显著为负值。说明当现金充足时，上市公司更倾向于考虑用自有资金为其收购兼并进行融资，这与假设 H_1 是一致的。同时发现，债务融资相对于权益融资而言，pre _ leverage 前的系数在 10%的水平上显著为负值，说明对于资产负债率较低或负债能力较强的上市公司，有更大概率选择负债方式为其收购兼并进行融资，这与假设 H_2 是一致的。以上证据表明出于资本成本的考虑，相对于权益融资，现金充足的上市公司会优先考虑使用自有资金进行收购兼并，而负债能力强的上市公司会优先考虑债务融资，因此，上市公司收购兼并融资方式决策一定程度上符合融资优序理论。

另外，负债融资相对于权益融资而言，car _ 20 前的系数在 5%的水平上显著为负值−3.624 4，这显示上市公司在进行融资方式决策时，会考虑公司股价当前的市场表现，进而利用股价上升的有利时机发行股票进行融资，以此降低公司融资的资本成本，这与假设 H_3 一致。

表 5—3 第 2 列、第 5 列显示，rel _ price 前的系数分别在 1%和 5%的水平上显著为负，可见对于交易规模越大的收购兼并，由于自有资金、债务资金较难满足庞大的资金需求，再加上项目本身所蕴藏的巨大风险性，融资资本成本较高，上市公司更希望通过权益方式融资以解决资金之需，同时也使风险得到一定程度分担，这与假设 H_4 相吻合。

表 5—3　　上市公司收购兼并融资方式选择的影响因素分析（Multinomial Logit）

被解释变量	自有资金方式（以权益融资方式为基准）			债务方式（以权益融资方式为基准）		
	系数	卡方值 (Chi-Square)	p 值 (Pr>ChiSq)	系数	卡方值 (Chi-Square)	p 值 (Pr>ChiSq)
intercept	−0.020 4	0.00	0.996 6	−10.126 2**	4.04	0.044 4
cash _ suff	0.145 8*	3.69	0.054 8	0.086 4	1.24	0.265 7
pre _ leverage	−0.893 2	0.55	0.458 6	−2.386 2*	2.99	0.083 9
car _ 20	−0.932 8	0.53	0.468 4	−3.624 4**	5.59	0.018 1
rel _ price	−4.943 8***	9.31	0.002 3	−4.165 4**	5.24	0.022 1
transparency	−0.171 5	0.81	0.369 0	−0.026 4	0.01	0.903 6
first _ shareholder	−1.966 5	2.24	0.134 2	−3.243 8**	4.87	0.027 4
salesgrowth _ median	−1.996 8**	5.52	0.018 8	−0.858 1**	5.07	0.041 7
size	0.109 2	0.21	0.648 6	0.602 8**	5.72	0.016 8
age	0.087 0*	2.61	0.096 4	0.076 3	1.71	0.190 7

注：***，**，*分别表示在1%，5%和10%水平上显著。

（五）小结

基于经典融资理论，本部分的研究从资本成本角度研究了上市公司收购兼并选择不同融资方式时所应考虑的具体因素，发现我国上市公司出于资本成本的考虑，其收购兼并融资方式决策一定程度上符合融资优序理论，即在公司现金充足时会优先使用自有资金，而在具有较强负债空间时则会优先考虑债务融资（相对于权益融资）。同时为降低融资成本，上市公司还考虑了收购兼并交易规模和市场时机等因素。

三、基本问题分析二：有关现金持有水平的讨论

根据融资优序理论，内部人（如管理者）比外部投资者拥有更多的信息，逆向选择问题会使外部融资的成本较高。因此在公司面临资金短缺时，利益最大化的公司管理层首先会考虑自有现金，然后是债权融资，最后是股权融资；当企业现金充足时，应偿还债务，回购股票，因此不存在最优现金持有问题。权衡理论则认为，在破产风险下，企业在考虑持有现金的成本和收益之后，做出最优的现金持有决策。总而言之，现金持有研究是财务管理研究中一个基础而又重要的问题。是否存在最优的现金持有水平的争论从来就没有停止过。随着债权、股权融资偏好研究在

经验证据上的分歧逐渐拉大（Shyam-Sunder and Myers，1999；Frank and Goyal，2003），催生了大量讨论公司现金持有问题的研究。

有关现金持有的研究起源于学者们对于为什么要持有现金的疑问。Keynes（1936）提出了货币需求理论。他把人们的货币需求分为三类：交易动机、预防动机和投机动机。交易动机指为了满足日常交易需要引起的货币需求；预防动机指为了防止意外的货币需要而持有现金；投机动机指为了抓住未来的投机机会而保留现金。而且，在考虑了持有现金的边际成本和资金短缺的边际成本之后，企业应该有一个最佳的现金持有量。

更进一步，Baumol（1952）认为企业内部的现金通常会发生两类成本：一是每次筹措资金发生的经纪费用，这主要与发生的融资次数有关，而与融资额关系不大；二是现金的机会成本——利率。这种分析和库存管理的思路是一致的，同样也会得到一个最优的现金持有量水平。

Miller and Orr（1966）对 Baumol（1952）中现金的机会成本做了更一般化的分析。他们认为现金持有的成本主要是所损失的投资收益的机会成本。同时，他们还考虑了现金流和现金收支数量的波动，得出了适用性更加广泛的最佳现金持有模型。他们的结果还意味着现金的管理存在规模效益。

古典框架下对于公司现金的理解并未参考产权经济学的最新研究成果。随着 Coase（1937，1960），Alchian（1965），Demsetz（1964）等产权理论研究成果的发展，学术界开始认识到“产”和“权”实际上是互相分离的。上市公司所拥有的现金实际上是处于大股东控制之下的，是受大股东影响的。现代研究文献主要围绕公司经营和现金持有决策、管理层委托代理问题和现金持有决策，以及投资者保护和现金持有决策三个方面展开。

（一）公司经营和现金持有决策

现金持有决策是公司经营最基本的决策之一。“巧妇难为无米之炊”，公司行为的一举一动都涉及资金的使用。公司的产业特点、和资本市场的关系、宏观经济环境、公司的竞争环境等都影响着公司采取何种现金持有决策，以及市场是否认可公司当前的现金持有决策。

Myers and Rajan（1998）提出了“The Paradox of Liquidity”的问题。在他们的研究之前，普遍认为公司的资产流动性越大，其价值就短期清算的角度来看越高，因此一般会认为有较多流动性资产的公司比较容易获得外部融资。但 Myers and Rajan（1998）指出，更高的资产流动性降低了公司对于某些行为的承诺能力，从而在某些情况下更高的资产流动性降低了公司获得外部融资的能力。也就是说，为了更好地获得外部融资，公司可能需要持有较低水平的现金。

Kim et al.（1998）分析了当外部融资成本较高的情况下，公司如何决定投资于流动性资产水平的问题。在他们的分析模型中，公司最优的流动性水平由持有低回报水平的流动性资产的成本和减少外部融资成本所带来的收益共同决定，最优的流动性水平随着外部融资的成本、未来现金流的波动和未来投资机会的回报的增加而增加，随着公司其他资产的回报率增加而减少。他们以美国公司数据为样本进行了实证研究，实证结果支持了其理论模型。

Opler et al.（1999）研究了美国1971—1994年上市公司的现金持有决策。他们发现，增长机会越多，现金流波动性越高，公司所持有的现金水平也越高；越容易从资本市场获得资金的公司，比如大公司和信用评级较高的公司，所持有的现金水平越低。但他们也发现公司往往会积累比其模型预测更多的资金，他们也没有发现持有过多的现金对于公司的资本性支出、兼并收购支出和股利支付具有显著的短期影响。

Almeida et al.（2004）从公司流动性需求角度讨论了财务约束对于现金持有决策的影响。他们用公司从现金流中保存现金的倾向来衡量公司财务约束产生的影响。通过分析美国1971—2000年的制造业公司，他们发现，财务上受到约束的公司，它们的现金和现金流之间存在显著为正的相关关系，而财务上没有受到约束的公司，现金和现金流之间没有系统性的关系。他们的发现也在Denis et al.（2010）的研究中得到了证实。Faulkender and Wang（2006）分析了不同财务政策公司现金持有的价值。通过检验超额股票回报，他们发现现金的价值随着更多的现金持有水平而下降，资产负债率越高，现金的边际价值越低，同时，当公司越容易获得资金时，公司所持有现金的价值越低。

Baum et al.（2006）检验了宏观经济的波动对于公司持有流动性资产的影响。他们发现，当宏观经济形势十分不确定时，管理层难以准确评估公司层面的信息，因此所有管理层会做出相似的现金管理政策；而当宏观经济环境稳定之时，每个管理层将根据公司特质的信息调整公司所需要的流动性资产的比例，提高公司的流动性资产持有效率。

Haushalter et al.（2007）研究了当公司和竞争对手之间存在激烈的竞争时，公司的财务政策是如何制定的。他们发现，公司的投资机会和竞争对手的投资机会相互影响程度越大，公司使用衍生工具和持有现金越多。同时，他们认为竞争程度较高的情况下这种财务政策提供了战略上的收益。Fresard（2010）的研究显示公司相对竞争对手拥有较高的现金，可以带来未来的市场份额增长。Duchin（2010）发现公司会根据多元化战略的需求，合理选择自身现金持有水平。

Klasa et al.（2009）发现公司可能为了和工会更好地进行谈判，倾向于持有更少的现金，同时，存在工会的公司如果增加现金持有，则会增加发生罢工的概率。

我国学者对此方面的问题也进行了不少讨论。彭桃英、周伟（2006）的研究支持权衡理论更加适合解释我国企业的高额现金持有行为。杨兴全、孙杰（2007）研究了影响我国上市公司现金持有量的一般因素。周伟、谢诗蕾（2007）研究了制度环境、融资约束和高额现金持有之间的关系。祝继高、陆正飞（2009）发现我国企业的现金持有政策和货币政策联系紧密。

（二）管理层委托代理问题和公司现金持有决策

在西方发达资本市场上，一般来说管理层对于公司具有控制权力。管理层有动机让公司持有过多的现金（excess cash holdings），因为这样一方面可以降低公司的经营风险，保证管理层的享受，另一方面，持有较多的现金也可以保证他们在面临敌意收购时，有足够的资源确保自己的经理人地位不丧失。

Myers（1984）讨论了融资优序理论。内部人（管理者）比外部投资者拥有更多信息，逆向选择问题会使得外部融资成本较高。在公司面临资金短缺时，最大化个人利益的公司管理层首先会考虑自有现金，然后是债务融资，最后是股权融资。因此，一旦累积了一定量的现金，公司就开始还债。从他们的分析角度来说，现金仅仅是为了偿还债务而存在，这样，现金持有也就不存在是否最优的问题。

Easterbrook（1984）和Jensen（1986）都认为管理层控制的现金越多，公司的委托代理问题可能越严重，从而解释了为什么公司可能会持有比最大化股东价值更多的现金。Easterbrook（1984）通过分析公司股利政策发现，发放股利，减少管理层可自由支配的资金，可以减轻管理层的委托代理问题。Jensen（1986）也提出公司的自由现金流越大，管理层更有可能进行随意性的投资，从而导致投资效率低下，带来公司价值的损失。而较高的债务比率和发达的兼并收购市场，能够有效降低管理层可自由利用现金的数量，降低委托代理问题，提高公司价值。

Blanchard et al.（1993）以一个特别的视角研究了现金持有水平的变化对于管理层行为的影响。在他们的研究设计中，公司其他方面不变，但是由于外生原因（如公司赢得了诉讼）而获得了额外的现金。他们发现管理层并未用这些突然获得的资金进行任何创造价值的行为，从而支持了委托代理理论。

Harford（1999）从兼并收购的角度考察了公司的现金可能带来的委托代理问题。他发现，现金较多的公司更容易发起兼并收购，同时股票回报数据也显示，这些公司的兼并收购活动降低了公司的价值。而且现金较多的公司更容易发起多元化的兼并收购，它们的目标公司也更加不具有吸引力。和股票回报的证据一致的是，由现金较多公司发起的兼并收购，其后的公司经营业绩也较差。他们的研究发现从一个侧面反映了现金持有较多的公司可能存在委托代理问题。

Faleye（2004）提出了公司持有过多现金所引起的委托代理问题可能难以通过兼并收购进行解决。因为持有大量现金的管理层，可以利用手中的现金进行包括股票回购等方式在内的反收购行为。Faleye提出代理人竞争（proxy contest）可能是一个改善管理层持有过多现金所引起委托代理问题的方法。

按照前人的发现，公司实施保守的财务政策、持有高的现金水平往往被认为是为管理层的利益服务而不是为了股东的利益服务。但 Mikkelson and Partch（2003）在检验了 5 年内持续持有总资产 1/4 以上现金及现金等价物公司的经营业绩之后发现，在 5 年的研究期间，持有高额现金的公司的经营业绩和按照行业和规模配对的公司的经营业绩类似，甚至要好于配对公司。而在这些持有高额现金的公司中，衡量管理层激励问题的变量，如股权结构、董事会性质，都不能解释其经营业绩。他们还发现，持有高额现金和更大规模的投资相关，特别是研究和开发支出，并且伴随着更高的资产增长水平。因此，他们认为对于持续持有高额现金的公司而言，这些公司的财务政策是为了其投资需求而服务的，并没有妨碍公司的经营业绩。

Bates et al.（2009）研究了 1980—2006 年美国公司现金持有水平的变化，他们发现随着公司未来现金流风险不断增长，公司的现金持有水平不断升高，但没有发现委托代理问题影响了现金持有水平。

综合来看，对于管理层持有过多现金是否引发委托代理问题，以及委托代理问题该如何解决，国外理论界并没有十分一致的结论。

（三）投资者保护和现金持有决策

公司治理对于公司的影响自 20 世纪末开始就一直是资本市场研究的重点问题。Shleifer and Vishny（1986）指出，在一个股权高度分散的公司里，任何一个小股东都没有动机去监督管理层，而大股东的存在使得管理层被更好地监管了。由于监督管理层行为是有成本的，相应的，大股东的监管作用、大股东对于上市公司的影响，部分的动力可能就来自于攫取私人利益。Dyck and Zingales（2004）通过比较 39 个国家的数据发现，控制权的价值在有些国家中较高，在有些国家中较低。更高的私人利益和不发达的资本市场、更高的股权集中度以及更多的私有化有关。机构投资者能够有效地抑制公司控制人攫取私人利益。在我国这种新兴资本市场里，控制权的价值可能是很大的，大股东有很强的动机为自己攫取控制权私人利益。

大量跨国比较研究都讨论了公司治理、投资者保护等因素对于公司现金持有水平的影响。Dittmar et al.（2003）提出委托代理理论可以很大程度上解释公司现金持有水平。通过对 45 个国家 11 000 多家公司进行研究，他们发现，在股东权利保护较差的国家，公司持有现金水平是股东权利保护较好国家公司所持有现金的两倍。当投资者保护较弱时，一般被认为影响现金持有水平的因素（如投资机会、信息不对称）起到的影响较弱，这些结果在控制了资本市场的发展之后更强。同时，他们还发现当公司更容易获得资金时，公司持有更多的现金。他们认为实证结果支持了在投资者保护较差的国家，股东不能迫使管理者交出其手中过多的现金。

Dittmar and Mahrt-Smith（2007）通过比较公司治理不同的公司在现金使用和现金价值方面的不同，研究了公司治理对于公司价值的影响。他们发现，公司治理较差的公司，1 美元现金仅相当于 0.42～0.88 美元的价值；对治理较好的公司而言，所持有现金的价值几乎翻番。同时，他们还发现，治理差的公司会很快耗费现金，并带来公司业绩的显著下滑，而大量现金对于未来业绩的负面影响会被较好的公司治理所消除。Kalcheva and Lins（2007）也发现了类似的现象。他们对 31 个国家5 000 多家公司的管理者控制权数据进行研究发现，当制度环境对外部投资者保护较弱时，具有控制权的管理者持有的现金越多，公司价值越低，而管理者发放股利的公司其公司价值较高。当外部投资者被很好保护时，管理者所持有的现金水平和公司价值无关。

Harford et al.（2008）用反收购条款和内部人持股作为公司治理的变量，研究了公司治理和现金持有水平的关系。他们发现治理较弱的公司持有较少的现金，在回馈股东资金时，也更倾向于使用股票回购而不是发放股利，从而避免承诺未来股利支付。而过多的资金和较差的公司治理带来了资本性支出和并购的增多，导致公司较低的盈利性和市场价值。

Yun（2009）发现，当法律变革导致公司被兼并收购的风险下降时，公司的治理水平降低，使得公司相对于信贷额度（lines of credit）更倾向于持有现金。

与其他学者的出发点不同，Pinkowitz and Williamson（2001）研究了不同的资本市场中，由于银行力量不同而导致的公司现金持有水平的不同。他们发现日本公司相对于美国和德国公司持有更多的现金，并且日本公司的现金水平受到了银行垄断程度的影响。在银行力量强的时期，公司高额的现金持有水平说明债权人可能在攫取私利；而当银行力量较弱时，日本公司的现金水平就和美国公司十分接近。

辛宇、徐莉萍（2006a，2006b）发现我国上市公司也存在超额现金持有的现象。杨兴全、张照南（2008）研究了我国上市公司现金持有的市场价值，将我国上市公司的高额现金持有水平归因于委托代理问题。沈艺峰等（2008）发现，当控制权和现金流权分离时，国有终极控股股东对高现金持有量水平的偏好是控股股东侵占动机驱使的。罗琦、许俏晖（2009）发现，大股东持股比例越高，上市公司现金持有水平越高，民营企业持有现金要高于国有企业。罗琦、秦国楼（2009）和罗琦、王寅（2010）也都发现投资者保护与公司持有现金决策以及持有现金的价值高度相关。采用非参数估计方法，徐永新（2009）发现现金持有水平与大股东股权比例呈图 5—1 所示的近似倒 U 形的非线性关系。

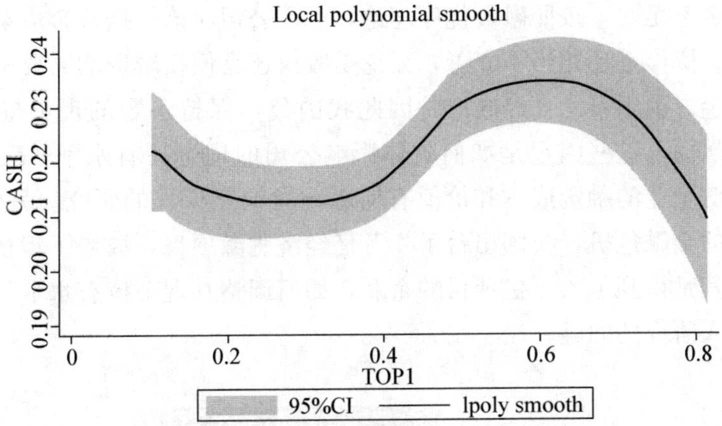

图5—1　大股东持股比例和上市公司现金持有水平的关系

四、未来研究方向

我们发现融资优序理论在我国资本市场上有一定的实用性，但同时大量研究也发现我国上市公司具有较高的现金持有水平，研究导致这一现象的原因对我国财务理论的完善与政策制定有着重要的意义，而近年发生的一系列重大事件为我们深入研究这一问题提供了丰富的机会。

股权分置改革对中国资本市场有着极其深远的影响。大股东通过向流通股股东支付对价，获得了手中股票流通的权利。与此同时，大股东也开始关注股票价格，开始和其他股东的利益趋同。但这次改革属于股东之间的利益转移，按照已有的关于现金持有水平的理论，股权分置改革应该对公司的现金持有决策不具有影响。然而，如果大股东将上市公司的现金作为自己可以利用资金的一部分，那么随着股权分置改革的完成，他可以通过减持股票和利用股权质押贷款获取现金。一旦大股东获得了其他来源的资金，应该会发现上市公司现金持有水平显著下降。因此，股权分置改革这一外生的变革为研究公司治理结构对上市公司现金持有水平的影响提供了很好的机会。

大股东利用上市公司持有现金满足自身的资金需求，其成本可能是十分高昂的，一个重要的成本是代理成本。产生代理成本的原因在于大股东对于上市公司管理层具体如何运用这些资金有时并不完全知情，由此会引发管理层和股东之间的委托代理问题。研究这种代理成本是否存在，有助于学术界和实务界更好地理解现金持有决策可能带来的经济后果。

影响我国上市公司现金持有水平的特殊因素除了大股东的流动性需求外，还有我国的金融体系，尤其是资本市场的开放程度。具体到我国，当上市公司发现持有的现金不足时，按照融资优序理论，上市公司应该根据资金成本来融资，但由于我国的融资体系还相当不完善，无论是股权还是债权融资均需要审批，公司在取得所需资金之前很可能已经破产，因此我国公司保持一定的现金持有水平是十分必要的。然而，这些因素是如何具体影响公司的现金持有水平、融资行为和资本结构的，对企业的融资成本和价值有何影响尚缺乏深入的研究。另外，为应对 2008 年爆发的金融危机，我国出台了 4 万亿经济刺激项目，放松了银根。金融危机中，企业尤其是得到了 4 万亿项目的企业，如何调整其现金持有水平与资本结构，也是值得深入研究的问题。

建议阅读文献

[1] 黄少安，张岗. 中国上市公司股权融资偏好分析 [J]. 经济研究，2001，11 (1)：77～83

[2] 罗琦，秦国楼. 投资者保护与公司现金持有 [J]. 金融研究，2009 (10)：162～178

[3] 罗琦，王寅. 投资者保护与控股股东资产偏好 [J]. 会计研究，2010 (2)：57～64

[4] 罗罗琦，许俏晖. 大股东控制影响公司现金持有量的实证分析 [J]. 统计研究，2009 (11)：93～99

[5] 彭桃英，周伟. 中国上市公司高额现金持有动因研究——代理理论抑或权衡理论 [J]. 会计研究，2006 (5)：42～49

[6] 沈艺峰，况学文，聂亚娟. 终极控股股东超额控制与现金持有量价值的实证研究 [J]. 南开管理评论，2008 (1)：15～23

[7] 徐永新. 大股东视角下的上市公司现金持有问题研究 [D]. 清华大学，2009

[8] 辛宇，徐莉萍. 公司治理机制与超额现金持有水平 [J]. 管理世界，2006 (5)：136～141

[9] 辛宇，徐莉萍. 上市公司现金持有水平的影响因素：财务特征、股权结构及治理环境 [J]. 中国会计评论，2006，4 (2)：307～320

[10] 杨兴全，孙杰. 企业现金持有量影响因素的实证研究——来自我国上市公司的经验证据 [J]. 南开管理评论，2007 (6)：47～54

[11] 杨兴全，张照南. 制度背景、股权性质与公司持有现金价值 [J]. 经济研究，2008 (12)：111～123

[12] 周伟，谢诗蕾. 中国上市公司持有高额现金的原因 [J]. 世界经济，2007 (3)：67～74

[13] 张军，郑祖玄，赵涛. 中国上市公司资本结构：股权融资偏好、最优资本结构，还是过度融资？[J]. 世界经济文汇，2005 (6)：45～61

[14] 祝继高，陆正飞. 货币政策、企业成长与现金持有水平变化 [J]. 管理世界，2009，3 (138)：152～158

[15] Alchian，A. Some economics of property rights [J]. *Economic Forces at Work*，1996：294-307

[16] Almeida，H.，Campello，M.，Weisbach，M. S. The cash flow sensitivity of cash [J]. *The Journal of Finance*，2004，59 (4)：1777-1804

[17] Baker，M.，Ruback，R.，Wurgler，J.，Behavioral corporate finance：A survey [J]. *Journal of Corporate Finance*，2004，25：103-132

[18] Bates，T. W.，Kahle，K. M.，Stulz，R. M. Why do US firms hold so much more cash than they used to? [J]. *The Journal of Finance*，2009，64 (5)：1985-2021

[19] Baum，C. F.，Caglayan，M.，Ozkan，N.，et al. The impact of macroeconomic uncertainty on non-financial firms' demand for liquidity [J]. *Review of Financial Economics*，2006，15 (4)：289-304

[20] Baumol，W. J. The transactions demand for cash：An inventory theoretic approach [J]. *The Quarterly Journal of Economics*，1952：545-556

[21] Blanchard，O. J.，Lopez-de-Silanes，F.，Shleifer，A. What do firms do with cash windfalls? [J]. *Journal of Financial Economics*，1994，36 (3)：337-360

[22] Bushman，R.，Smith，A. Transparency，financial accounting information，and corporate governance [J]. *Economic Policy Review*，2003，9 (1)：65-87

[23] Coase，R. H. The nature of the firm [J]. *Economica*，1937，4 (16)：386-405

[24] Coase，R. H. The problem of social cost [J]. *The Journal of Law and Economics*，1960，3：1-44

[25] Demsetz，H. The exchange and enforcement of property rights [J]. *Journal of Law and Economics*，1964，7：11-26

[26] Denis，D. J.，Sibilkov，V. Financial constraints，investment，and the value of cash holdings [J]. *Review of Financial Studies*，2010，23 (1)：247-269

[27] Dittmar，A.，Mahrt-Smith，J. Corporate governance and the value of cash holdings [J]. *Journal of Financial Economics*，2007，83 (3)：599-634

[28] Dittmar，A.，Mahrt-Smith，J.，Servaes，H. International corporate governance and corporate cash holdings [J]. *Journal of Financial and Quantitative Analysis*，2003，38 (1)：111-134

[29] Duchin，R. Cash holdings and corporate diversification [J]. *The Journal of Finance*，2010，65 (3)：955-992

[30] Dyck，A.，Zingales，L. Private benefits of control：An international comparison [J]. *The Journal of Finance*，2004，59 (2)：537-600

[31] Easterbrook，F. H. Two agency-cost explanations of dividends [J]. *The American Economic Review*，1984，74 (4)：650-659

[32] Faleye，O. Cash and corporate control [J]. *The Journal of Finance*，2004，59 (5)：2041-2060

[33] Faulkender，M.，Wang，R. Corporate financial policy and the value of cash [J]. *The Journal of Finance*，2006，61 (4)：1957-1990

[34] Frank，M. Z.，Goyal，V. K. Testing the pecking order theory of capital structure [J]. *Journal of Financial Economics*，2003，67 (2)：217-248

[35] Fresard, L. Financial strength and product market behavior: The real effects of corporate cash holdings [J]. *The Journal of Finance*, 2010, 65 (3): 1097-1122

[36] Grossman, S. J., Hart, O. D. Corporate financial structure and managerial incentives [M]. *The economics of information and uncertainty*. Chicago: University of Chicago Press, 1982: 107-140

[37] Hansen, R. G. A theory for the choice of exchange medium in mergers and acquisitions [J]. *Journal of Business*, 1987: 75-95

[38] Harford, J. Corporate cash reserves and acquisitions [J]. *The Journal of Finance*, 1999, 54 (6): 1969-1997

[39] Harford, J., Mansi, S. A., Maxwell, W. F. Corporate governance and firm cash holdings in the US [M]. *Corporate Governance*. Berlin: Springer Berlin Heidelberg, 2012: 107-138

[40] Harris, M., Raviv, A. Corporate control contests and capital structure [J]. *Journal of Financial Economics*, 1988, 20: 55-86

[41] Haushalter, D., Klasa, S., Maxwell, W. F. The influence of product market dynamics on a firm's cash holdings and hedging behavior [J]. *Journal of Financial Economics*, 2007, 84 (3): 797-825

[42] Jensen, M. C., Meckling, W. H. Theory of the firm: Managerial behavior, agency costs and ownership structure [J]. *Journal of Financial Economics*, 1976, 3 (4): 305-360

[43] Jensen, M. C. Agency costs of free cash flow, corporate finance, and takeovers [J]. *The American Economic Review*, 1986, 76 (2): 323-329

[44] Kalcheva, I., Lins, K. V. International evidence on cash holdings and expected managerial agency problems [J]. *Review of Financial Studies*, 2007, 20 (4): 1087-1112

[45] Keynes, J. M. The general theory of employment [J]. *The Quarterly Journal of Economics*, 1937, 51 (2): 209-223

[46] Kim, C. S., Mauer, D. C., Sherman, A. E. The determinants of corporate liquidity: Theory and evidence [J]. *Journal of Financial and Quantitative Analysis*, 1998, 33 (3): 335-359

[47] Klasa, S., Maxwell, W. F., Ortiz-Molina, H. The strategic use of corporate cash holdings in collective bargaining with labor unions [J]. *Journal of Financial Economics*, 2009, 92 (3): 421-442

[48] Brealey, R., Leland, H. E., Pyle, D. H. Informational asymmetries, financial structure, and financial intermediation [J]. *The Journal of Finance*, 1977, 32 (2): 371-387

[49] Martynova, M., Renneboog, L. What determines the financing decision in corporate takeovers: Cost of capital, agency problems, or the means of payment? [J]. *Journal of Corporate Finance*, 2009, 15 (3): 290-315

[50] Mikkelson, W. H., Partch, M. M. Do persistent large cash reserves hinder performance? [J]. *Journal of Financial and Quantitative Analysis*, 2003, 38 (2): 275-294

[51] Miller, M. H., Orr, D. A model of the demand for money by firms [J]. *The Quarterly Journal of Economics*, 1966, 80 (3): 413-435

[52] Modigliani, F., Miller, M. H. The cost of capital, corporation finance and the theory of investment [J]. *The American Economic Review*, 1958, 48 (3): 261-297

[53] Modigliani, F., Miller, M. H. Corporate income taxes and the cost of capital: A correction [J]. *The American Economic Review*, 1963, 53 (3): 433-443

[54] Myers, S. C. Determinants of corporate borrowing [J]. *Journal of Financial Economics*, 1977, 5 (2): 147-175

[55] Myers, S. C. The capital structure puzzle [J]. *The Journal of Finance*, 1984, 39 (3): 574-592

[56] Myers, S. C., Majluf, N. S. Corporate financing and investment decisions when firms have information that investors do not have [J]. *Journal of Financial Economics*, 1984, 13 (2): 187-221

[57] Myers, S. C., Rajan, R. G. The paradox of liquidity [J]. *The Quarterly Journal of Economics*, 1998, 113 (3): 733-771

[58] Opler, T., Pinkowitz, L., Stulz, R., et al. The determinants and implications of corporate cash holdings [J]. *Journal of Financial Economics*, 1999, 52 (1): 3-46

[59] Pinkowitz, L., Williamson, R. Bank power and cash holdings: Evidence from Japan [J]. *Review of Financial Studies*, 2001, 14 (4): 1059-1082

[60] Robichek, A., Myers, S., Problems in the theory of optimal capital structure [J]. *Journal of Finance and Quantitative Analysis*, 1966, 1 (1): 167-182

[61] Ross, S. A. The determination of financial structure: the incentive-signalling approach [J]. *The Bell Journal of Economics*, 1977: 23-40

[62] Ritter, J. R. The long-run performance of initial public offerings [J]. *The Journal of Finance*, 1991, 46 (1): 3-27

[63] Shleifer, A., Vishny, R. W. Large shareholders and corporate control [J]. *The Journal of Political Economy*, 1986, 94: 461-488

[64] Shyam-Sunder, L., C. Myers, S. Testing static tradeoff against pecking order models of capital structure [J]. *Journal of Financial Economics*, 1999, 51 (2): 219-244

[65] Yun, H. The choice of corporate liquidity and corporate governance [J]. *Review of Financial Studies*, 2009, 22 (4): 1447-1475

陈 晓（清华大学）

翟进步（中央财经大学）

徐永新（西南财经大学）

专题6　IPO中的财务问题

一、问题提出

首次公开发行股票（initial public offering，IPO）是金融市场的经典研究领域之一，其相关文献可谓汗牛充栋。本文的目的是在回顾现有研究文献的基础上，理清研究思路，并对未来的研究方向提出建议。

我国作为正处于转轨经济中的新兴市场国家，正经历着从内部市场制度到外部国际环境不断变化的复杂历史时期。这种不断变化的制度环境对资本市场的研究也提出了一些新的挑战。近年来，IPO中的财务问题逐渐凸显，除了传统的IPO三大谜团（IPO折价、新股长期弱势以及IPO热市现象）以外，与IPO有关的发行制度与定价机制、募集资金投向、盈余管理等问题也成为我国IPO问题研究的热点。

IPO过程按照实施阶段可以分为两个阶段，即公开发行股票阶段和上市阶段，公开发行股票为权益发行过程，而上市为权益市场化过程。为理清研究思路，本文将按照IPO的时间顺序分为IPO发行前、IPO发行、IPO上市后三个阶段分开讨论IPO中涉及的财务问题。

在IPO发行前的阶段，涉及的财务理论问题主要包括：(1) 公司为什么要进行IPO？(2) IPO公司的盈余质量如何？(3) 私募股权投资对IPO公司有何影响？

在IPO发行阶段，涉及的问题主要包括：(1) IPO发行监管制度与定价效率的关系？(2) IPO发行定价机制与定价效率的关系？(3) 承销商与IPO行为之间有何关系？

在IPO上市后，涉及的主要问题包括：(1) IPO折价问题？(2) IPO后长期市场业绩与财务表现？

二、中外文献回顾

(一) IPO发行前的财务问题

1. IPO的动机

为什么要进行公开发行股票？这是IPO首先面临的基本问题。通常来说，公司公开发行股票至少有三个动机：为投资活动进行融资；利用市场的错误定价进行财富转移（市场择时理论）；提升公司价值。这三种动机并不相互排斥，可以同时存在。

针对第一种动机，早期研究中最著名的是Pagano，Panetta and Zingales（1998）一文，他们利用20世纪80年代意大利的样本公司，发现IPO后公司的投资并没有增加，由此认为融资需求并不是IPO的主要动因，他们认为IPO的主要原因是公司希望利用市场的错误定价调整资本结构。但在最近的研究中，Kim and Weisbach（2008）使用1990—2003年38个国家17 226个IPO样本和13 142个SEO样本，他们认为，为投资活动融资是公开发行股票的主要目的。在IPO后的第一年，每1美元的边际融资额能够增加研究开发支出18.5美分，这一数字在IPO后的4年内达到78美分。同时，他们也发现了一些公开发行利用市场高估值的证据：在高市值账面价值比的发行公司保留现金的比例更高，在低市值账面价值比的公司用于投资上的支出更高。

对IPO动机的研究中，更多的学者倾向于从市场择时理论（market timing theory）的角度理解IPO的动机。按照市场择时理论，公司希望在市场会高估公司价值的时候发行股票，因此，在市场繁荣阶段，更多的公司会选择IPO，而在市场低迷期，IPO公司的数量会减少，这可以解释为什么出现热发行市场（hot issue market）问题。Ibbotson and Jaffe（1975）和Ibbotson，Sindelar and Ritter（1988，1994）的研究表明无论是发行数量还是IPO公司上市首日收益率都存在明显的热发行市场现象。王斌（2005）采用我国1993—2004年的A股市场数据，也发现中国IPO公司数量和IPO公司上市首日收益率存在明显的周期性现象。

能够提升公司价值是选择IPO的第三个理由，这种动机实际上是认为公司IPO可以通过增加内部人和公司的流动性、带来更多的监管（Holmstrom and Tirole，1993；Bolton and Thadden，1998）等路径提升公司价值。

2. IPO公司的盈余质量研究

IPO公司的盈余管理行为是IPO领域备受关注的话题之一。早期文献主要认为IPO公司存在显著的操纵利润的动机，IPO公司利用应计利润提高利润从而抬高发行价格。这种观点的代表有Teoh，Wong and Rao（1998）和Teoh，Welch and

Wong（1998）。Teoh，Wong and Rao（1998）以美国1980—1990年IPO公司为样本，报告了两方面的证据：一是发行当年可操纵应计利润显著大于零，随后发生反转，反映了企业为提高发行价格而采取临时推高利润的激进会计政策。二是由于可操纵应计利润的反转，发行当年的盈余水平无法维持，在发行后显著下跌，可操纵应计利润越高，发行后下跌幅度越大。在此基础上，Teoh，Welch and Wong（1998）使用年度报告数据，提供了发行前可操纵应计利润与发行后股票长期市场业绩显著负相关的证据，即发行前盈余管理提高了披露的盈余水平，误导投资者判断发行证券价值，发行后高估的价格回归价值，所以呈现出长期市场回报下降的趋势。

但这一观点在近年来受到越来越多的质疑。Ball and Shivakumar（2005，2008）提出了相反观点，他们认为发行上市的公司会面临市场和监管方面的考虑而有动机提高会计盈余质量。对IPO的投资者来说，由于信息不对称，他们需要更高的信息质量：内部和外部审计人员、董事会、分析师、评级机构、媒体等利益相关者会形成相应的市场机制，一旦公开上市，公司将面临更严格的监管检查和惩罚。Teoh，Welch and Wong（1998）的研究中由于对可操纵应计利润的估计偏差，所以结果并不可靠。

我国IPO公司盈余管理研究也存在类似对立的两种观点：一种认为IPO公司存在显著的盈余管理迹象，如张宗益、黄新建（2003）通过对1998—2000年中国上市公司首次公开发行股票中的盈余管理行为进行研究，发现在发行前一年、发行当年和发行后一年中国上市公司进行了盈余管理，刻画盈余管理程度的操纵性应计利润显著大于0，而在发行后其他年度没有发现盈余管理的证据。

与此相对应的另一种观点则更为谨慎。徐浩萍、陈超（2009）以2002—2005年IPO公司为样本，用可操纵应计利润衡量盈余质量，但并没有找到证据支持IPO公司在发行前普遍存在运用会计手段进行盈余管理，但规模较小、成长性较高并处于非保护性行业的企业盈余质量较差。

3. *私募股权投资*

风险投资对IPO公司的作用是近年来理论界和实务界都关注的问题之一。风险投资的引入不仅可以解决创业期企业的资金瓶颈问题，同时也可以带来公司治理和管理水平上的提升（Hellmann and Puri，2002）。风险投资对IPO过程的影响现有文献主要关注：（1）风险投资引入的“认证功能”；（2）风险投资对公司管理行为的影响；（3）风险投资引入对IPO定价的影响。

对于风险投资引入的“认证功能”，Mikekelson，William and Kathleen（1991）的研究表明，风险投资参与的企业比没有风险投资参与的企业，证券承销价格相对较高，因为风险投资（VC）的存在消除了上市公司和投资人之间信息不对称的现象。同时他们发现，风险投资参与的企业不仅更能吸引声誉好的审计师和承销商来参与证券发行工作，而且更能吸引机构投资者的关注，能比其他公司更早上市。寇祥河、潘岚、丁春乐（2009）对美国纳斯达克和纽交所的中资上市公司的发行市盈率和融资规模进行的统计检验表明，美国纳斯达克和纽交所市场支持VC具有认证功能的假设。我国中小企业板市场不支持VC具有认证功能的假设。

风险投资对公司管理行为的影响主要关注盈余管理行为。Hochberg（2004）以美国1983—1994年的IPO公司为样本，发现风险投资的公司在IPO时的盈余管理程度更低。Morsfield and Tan（2006）选择1983—2001年的美国IPO样本得出了同样的结论。Wongsunwai（2007）进一步扩展上述研究，通过分析是否风险投资的声誉会影响公司治理，他发现高质量的风险投资才能有效抑制IPO过程中的盈余管理行为。陈祥有（2010）以2004—2007年间在我国深交所中小企业板上市的199家IPO公司为样本，对风险投资与盈余管理之间的关系进行了研究，通过可操纵应计利润指标检验风险投资对盈余管理程度的影响，认为与没有风险投资背景的IPO公司相比，有风险投资背景的IPO公司上市前一年的盈余管理程度更低。

在风险投资对IPO决策过程的影响方面，Megginson and Weiss（1991）等证实了风险投资的参与可以节约企业上市成本、缩短上市时间等，同时，风险投资的参与降低了上市的抑价程度，这也获得Chahine Salim，Filatotchev Igor and Wright Mike（2007）对英法市场数据研究结果的支持。庄颖、陈亚民（2009）对2006—2007年上市公司进行上市前私募的定价方法进行研究，通过分析招股说明书中反映的公司私募方式及披露的定价数据，研究公司上市前私募的定价原理、定价依据和相关指标范围，为上市前私募定价理论提供了数据支持。

（二）发行与上市期间的财务问题

1. IPO发行监管制度与定价效率

我国的IPO发行监管制度经历了最初的审批制到目前核准制的转变，发行监管机制改革的本质问题是政府在资金市场进入门槛中发挥作用的不同。在不同的发行制度下，IPO的定价效率高低是目前文献关注的主要问题。

周孝华、赵炜科、刘星（2006）利用衡量IPO定价效率的相对效率标准，采用1995—1999年和2001—2005年沪深市场的IPO数据，对两种发行制度下的IPO定价效率进行了比较研究。结果表明：审批制下新股发行价只能反映发行公司的盈利能力、偿债能力和该股票在二级市场的供求状况，说明IPO定价效率有限；而核准制下新股发行价不仅反映了新股定价的上述影响因素，而且反映了发行公司的规模、未来的成长能力和该股票的发行方式，说明核准制下IPO定价效率提高，IPO定价趋于合理。

翟立宏、徐志高（2009）采用2001—2008年沪深股市的IPO数据，对通道制与保荐制下的IPO发行效率进行了比较研究。结果表明：通道制下只有公司的发行量、盈利性因素在IPO定价中得到体现，发行效率有限。而保荐制下包括公司规模、成长性、盈利性、偿债能力、经营效率在内的内部因素在定价中都得到了有效的体现，同时承销商声誉对公司的IPO定价效率具有显著影响。这说明通道制下IPO定价效率有限，保荐制下IPO定价效率更高，定价更趋于合理。

但是从目前文献来看，此类研究存在着一个共同的问题，即没有明确这种定价效率的变化是由于发行制度的变化引起的还是发行定价机制的变化引起的。由于我国发行制度改革的同时，发行定价机制也经历了多次变革，而发行定价机制对发行价格的影响更加直接，因此这种发行制度与IPO定价效率之间的因果关系还需要考虑控制定价机制以后的影响。

2. IPO发行定价机制与定价效率

我国IPO发行定价机制历经多次改革，从最初的市盈率定价到多次放松价格管制，逐渐向市场化定价机制过渡。2004年12月，中国证监会发布《关于首次公开发行股票试行询价制度若干问题的通知》，规定从2005年起，首次公开发行股票的公司及其保荐机构应通过向询价机构询价的方式确定股票发行价格。这标志着中国的定价机制进入询价制阶段。在定价机制的改革过程中，不同定价机制的经济后果以及对IPO定价效率的影响成为理论研究的主要关注点。

在对询价发行机制的开创性研究中，Benveniste and Spindt（1989）明确指出，累计投标询价从本质上讲是一种信息收集机制。在询价发行机制下，承销商可以收集到具有信息优势的机构投资者对IPO的需求和估价信息，并能由此制定出更为准确的发行价格。杨记军、赵昌文（2006）基于不同的定价机制和承销方式对上市公司的直接成本和间接成本进行了实证检验和理论分析，发现实行询价制度明显提高了上市公司发行的直接成本，即发行费用增加，但在间接成本方面，却显著降低了抑价水平，并且总的平均直接和间接成本也显著下降。与此前的定价制度相比，虽然现行的询价制度增加了上市公司直接发行费用，但由于抑价水平更大程度的降低，使得上市公司总的发行成本下降。但是，与此结论不同的是，邹斌、夏新平（2010）认为目前中国的新股询价定价并未实现降低新股上市首日收益的政策目标，但是机构投资者参与的询价定价提高了个股特质信息在新股股价中的资本化程度，新股询价定价机制的实施提高了中国新股发行市场基于个股特质信息对新股进行价值发现的定价效率。

3. 承销商与IPO行为之间的关系

针对承销商声誉在IPO过程中的作用问题，主要观点认为，承销商声誉有利于降低投资者与发行人之间的信息不对称，因此较高的承销商声誉可以降低公司的IPO折价（Carter and Manaster，1990）。郭泓、赵震宇（2006）实证研究了承销商声誉对在沪深两市上市的公司的IPO定价、初始回报和长期回报的影响，研究发现不管是在自由定价还是在管制市盈率的条件下，承销商声誉对IPO定价和初始回报都没有影响，但是承销商声誉对IPO公司的长期回报有显著影响，承销商声誉越高，IPO公司的长期回报也越高。徐春波、王静涛（2007）也得出了类似的结论。可见，承销商声誉在我国目前的资本市场上尚没有形成发行定价的信号作用。

（三）IPO后的财务问题

1. IPO折价

IPO折价（IPO underpricing）是指IPO发行的新股上市之后，二级市场上的首日交易价格高于股票发行价格的现象。相对于更高的二级市场交易价格，人们称一级市场的发行价格存在折价。

大量文献证明IPO折价现象几乎存在于所有国家的资本市场，针对这种现象，财务理论给出了许多解释。这些理论解释中，大致可以分为两类：一类从新股发行价过低的角度解释，如赢者诅咒假说、信号假说、承销商风险规避假说；另一类则从新股上市首日的过度反应角度解释，如投资泡沫假说。

从信息不对称的角度，Rock（1986）认为，市场中的投资者可以分为两类，即掌握信息的知情投资者和未掌握信息的非知情投资者，知情投资者对发行的股票只会给予合理的报价，并且会在股票报价过高的情况下退出，然而处于信息劣势的非知情投资者却对定价合理与否并无区别能力。如果定价过高，那么全部的新股都将由非知情投资者获得（即遭受所谓的赢者诅咒）。认识到这一点，非知情投资者将降低投资新股的热情，并只投资定价较低的新股。

Welch（1989）提出了信号理论，为了向投资者传递关于股票质量的信息，高质量的公司可以将IPO的价格定低，这种定价虽然会使发行公司在IPO时蒙受一定的损失，但将来公司按照较高的二级市场价格增发新股时，可以筹得更多的资金。而低质量的公司由于很可能无法通过未来的二级市场增发收回IPO低定价所付出的成本，因此很难模仿高质量公司的这种做法。这样，IPO的抑价就成为发行公司向投资者传递公司质量信息的一个信号。

承销商风险规避假说认为，担任新股发行的承销商比发行人拥有更多的新股发行市场信息，为了减少新股承销中的发行风险，投资银行会有意识地使新股定价偏低，以保证新股能被投资者充分认购，从而减少发行失败的可能性。特别地，实力和信誉不高的承销商在承销中定价偏低的程度较大，这样股票在上市后将上涨以恢复其实际价值。

投机泡沫假说认为二级市场对新股的估价是无效的，由于噪声交易者的参与，使新股估价存在过度反应，从而造成IPO折价现象。这种观点认为，造成IPO折价并非发行定价不合理，而是由于二级市场的定价虚高造成的，市场有效程度不同会造成不同市场的IPO折价程度有所不同。按照这种理论，我国市场的高IPO折价现象并非定价机制不合理，而是由于二级市场价格虚高引起的（曹凤岐、董秀良，2006）。

国内学者对IPO折价问题进行了大量的研究。一致的看法是我国IPO市场IPO折价现象仍然存在，且折价程度较发达市场更高（陈工孟、高宁，2000；陈超、陈文斌，2003；江洪波，2007；童艳、刘熠辉，2010）。折价现象的解释角度包括发行价格是否被低估、盈余管理、投资者情绪等方面。

从发行定价是否被低估的角度，陈超、陈文斌（2003）采用配比公司乘数的新方法对中国股票进行估值，探讨中国股票是否真的被低估。发现中国股市的A股和B股在IPO的时候都被低估了，A股被低估程度比B股要大。被低估程度越大的首日初始收益越高。童艳、刘熠辉（2010）应用随机前沿分析方法，以1996—2007年沪深上市的1 182只IPO样本，对我国新股发行市场的高折价进行了检验。实证结果表明，在中国的IPO定价中，总体上并不存在发行价格被压低的现象。中国异常高的IPO折价很大程度归因于二级市场的定价效率。

从盈余管理的角度，陈共荣、李琳（2006）发现首日价格变化与IPO前企业盈余管理水平之间有显著正相关关系，因此认为IPO抑价现象是由于一级市场的制度性缺陷，导致IPO定价比较依赖财务报告数据，而二级市场又对财务报告存在过度反应，加之投机市场的存在，使得股价都脱离了其真实价值，从而形成高抑价。陈胜蓝（2010）以中国资本市场核准制实施后首次公开发行股票的公司为样本，考察发行公司财务会计信息与IPO抑价之间的关系，检验结果表明，操纵性应计利润对IPO折价有显著的负向影响，这意味着中小投资者在一定程度上能识别发行公司对会计操纵权的使用，并给予其更高的折价。

从二级市场定价过高的角度，汪宜霞、夏新平（2007）通过构建数学模型分析IPO市场中的噪声交易者（狂热投资者和正向反馈交易者）对新股首日交易价格的影响。模型表明，持过度乐观预期的狂热投资者愿意为IPO支付较高的价格，来自狂热投资者的需求使新股上市首日交易价格高于发行价格，产生了IPO溢价。IPO溢价与投资者狂热程度和正向反馈交易风险成正比。江洪波（2007）发现，股市异常收益确实存在，上市时二级市场并非有效，二级市场的乐观情绪和新股投机成为决定抑价和整个价格行为的主要因素，而有效市场假说和非对称信息理论基本上不适合用来解释新股价格行为。张小成、孟卫东、周孝华（2008）运用行为金融理论和博弈论，研究了发行人和机构投资者的同质和异质预期对IPO抑价的影响，并进行抑价比较分析。当机构投资者与发行人对新股价值存在分歧时，分歧越大，IPO抑价越高。

从发行制度与发行折价的关系角度，田利辉（2010）认为，政府对市场的过度干预导致了发行市场的供给和需求出现扭曲，同时，已发行的股票不一定能够及时上市流通，除信息不对称风险外，新股的认购者还要承担我国特有的投资锁定风险和财富转移风险，因此他认为，我国以往的新股发行超额抑价现象是制度性抑价，是政府干预市场的结果。

2. IPO后长期市场业绩与财务表现

从20世纪90年代初开始，一些学者对IPO后公司股票的长期市场表现进行了大量研究，发现IPO上市后的新股市场表现呈现长期弱势现象，即上市后3～5年的收益率水平低于市场平均水平（Ritter，1991；Loughran and Ritter，1995）。

Ritter（1991）对美国股市IPO发行新股上市后的长期走势进行了考察，在研究中，Ritter选取了两组股票，一组为新股组合，选取从1975—1984年期间上市的1 526家首次公开发行的股票；另一组为已上市的股票组合，该组合为前一组合在规模、产业等方面相匹配的已上市股票。通过对两个样本组合进行为期三年的比较，Ritter发现新股样本组合在三年里的平均收益率为34.47%，而相对应的样本组合三年的平均收益率为61.86%，新股整体呈现出弱势表现。

Loughran and Ritter（1995）选取了更多的样本来验证美国股市IPO的长期弱势表现，他们选取从1970—1990年间在美国首次公开发行的4 753只股票构成新股组合，同时选取与每一只新股在资产、市值上相匹配的已上市股票为另一组合，分别考察了这两种组合在新股上市后3年及5年里的走势，发现新股组合3年和5年平均收益率分别为8.4%和15.7%，而相对应的另一组合则分别为35.5%和66.4%，新股整体表现显著偏差。

针对我国资本市场的IPO长期市场表现问题，大量学者进行了研究，但是由于选择的样本期间与市场基准指数不同，结论也有所不同。刘力、李文德（2001）分别使用BHAR，CAR等指标分析，发现我国新股至少在三年内表现好于市场。丁松良（2003）、蒋顺才（2005）也得到类似结论。杨丹（2004）的结论认为，IPO上市后7个月以内存在强势，之后却呈现弱势。童艳、刘熠辉（2010）通过对1996—2007年沪深A股发行并上市的1 182只股票为样本，通过选择不同基准指数，认为先前研究结论的不同主要是由于使用了不同的基准收益造成的，他们认为，采用上证综合指数会高估新股的市场表现，而采用流通市值加权方式编制的指数作为基准是最为合理的。因此得出结论，中国新股的长期弱效现象是强显著的。

除了长期市场表现，IPO后的财务业绩变化也是我国学者关注的问题。陈文斌、陈超（2007）发现A股公司的长期盈利能力在IPO之后显著下降。在对A股IPO募集资金使用情况进行长期的追踪与分析后，发现IPO募集资金投入不足和投向变更可能是造成A股IPO长期盈利能力下滑的重要原因。

三、基本问题分析

IPO公司的核心问题是发行主体的独立经营能力和持续经营能力，而二者的核心是公司核心竞争能力。核心竞争力影响的是IPO公司的价值，而IPO中的财务问题，包括盈余管理、股权安排和新股定价等主要影响的是价值如何分配。以IPO折价为例，实质是新股东和老股东之间的利益分配，发行价过低导致的高折价意味着老股东向新股东让渡更多的价值。因此，财务问题的本质是发行过程中利益相关者之间的利益分配。

结合我国IPO市场的现状，目前IPO中的财务问题主要有以下特点：

1. 我国IPO市场的发行规模变化情况（见表6—1）

表6—1　　IPO发行规模的变化情况

年份	IPO家数	融资额（亿元）	发行股数（亿股）	平均融资额/次（亿元）
1993	117	148	31.50	1.26
1994	106	150	34.40	1.42
1995	22	23.50	5.89	1.07
1996	187	222	39.70	1.19
1997	199	601	98.20	3.02
1998	104	401	72.70	3.86
1999	97	494	84.40	5.09
2000	136	827	113.00	6.08
2001	79	604	84.00	7.65
2002	71	499	117.00	7.03
2003	67	472	89.30	7.04
2004	100	361	52.10	3.61
2005	15	57.60	13.90	3.84
2006	66	1 340	243.00	20.30
2007	126	4 770	430.00	37.86
2008	77	1 030	121.00	13.38
2009	99	1 880	136.00	18.99
2010	349	4 910	355.00	14.07
2011	282	2 820	168.00	10.00

资料来源：锐思金融研究数据库。

从表6—1中的数据可见，1997年、2007年、2010年、2011年是IPO发行的高峰期。其中，2010年和2011年IPO数量分别达到349家和282家，2010年，IPO融资总额达到4 910亿元，已经超过同期美国IPO市场420亿美元的融资总额。从单笔IPO融资额看，2006年、2007年达到20.30亿元和37.86亿元，之后有所下降，主要是由于创业板市场的推出降低了单笔融资额。

近两年来IPO总数的急剧扩张与两年来的市场指数疲软形成鲜明对比，这与传统的IPO热市场理论存在相悖之处。按照传统的IPO热市场理论，IPO发行存在热市（hot market）现象，即在市场高涨期间，IPO发行量会更高，而在市场低迷阶段，发行量也会相应降低。考虑到我国IPO市场的特殊背景，这种有悖于热市场的现象可能与政府对IPO供给量的调控有关，而并非完全是企业根据市场情况的自主选择。观察我国IPO的发行历史，共有7次IPO暂停，分别发生在1994年7月21日至1994年12月7日、1995年1月19日至1995年6月9日、1995年7月5日至1996年1月3日、2004年9月9日至2005年2月3日、2005年5月25日至2006年6月2日、2008年9月16日至2009年7月15日。除了2005年5月的暂停与股权分置改革有关外，其他的暂停均与市场低迷有关。近两年来的IPO发行高涨，政策因素也起到了重要作用。一方面，创业板市场快速扩张使IPO发行市场急剧扩张，另一方面，通过IPO市场的大量发行，可以迅速将社会资金向投资渠道转移。

2. 从我国IPO市场的现状看，IPO折价现象非常突出

与发达国家的资本市场相比，我国的IPO折价程度更加突出。综合A股市场1993—2011年的IPO数据（见图6—1），平均折价率达到131%，远高于美国的18.8%（Ritter et al.，2002）和英国的13.9%（Loughran et al.，2000）。这种长期高折价发行对我国新兴资本市场的发展初期起到了一定的促进作用，有效保障了国有企业改制上市的快速发展，保证了新股发行的成功进行和资本市场初建期的快速发展。但随着资本市场的逐步壮大与成熟，各种弊端也显示出来：首先，高折价使投资人形成了对IPO认购无风险收益的普遍认同，从而降低了对发行人质量与信息披露的分析判断动力。其次，高折价也导致大量资金集中于发行市场，从而无法通过合理定价区分公司质量的高低。在高额的无风险收益的激励下，投资人并没有动力去进行大量的分析与调研，因此长期来看，不利于培养投资人在IPO过程中挖掘公司特质信息的能力。

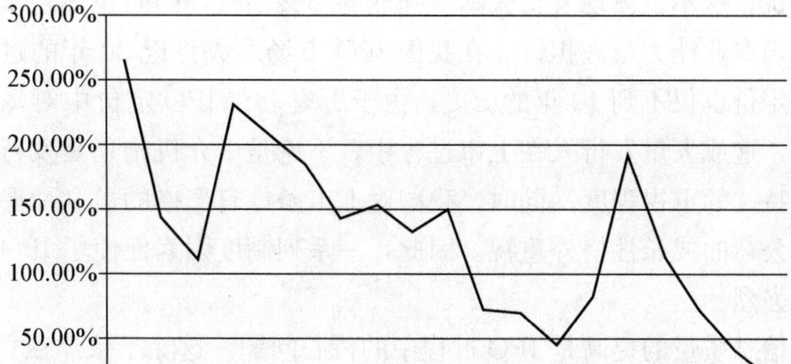

图6—1 1993—2011年IPO首日收益率

从IPO折价的变化趋势来看，折价率呈周期性变动，2005年之前呈现一定的下降趋势，但是2006年、2007年受市场高涨的影响，IPO折价率迅速提高，但是

2009年以来，IPO高折价现象有所缓解，平均折价率已经下降至2011年的21.08%，甚至部分公司出现了首日跌破发行价的现象。从长期来看，IPO折价率的降低将有利于促使投资者更理性地对发行人的投资价值作出判断。

3. IPO后的公司业绩走势

IPO后的长期业绩问题需要从两个角度考虑：一是IPO后公司持续盈利水平的变化；二是公司上市后的长期市场业绩。是否具有可持续的经营能力和盈利能力是公司IPO成功与否的核心问题。在公司IPO之前，投资人对发行公司持续盈利能力的判断主要从公司的商业模式、市场地位和核心竞争能力方面综合考虑。新颖的商业模式往往能够吸引投资人，但更重要的是商业模式背后企业的市场开拓与保持能力。从财务的角度，发行人在发行前的盈利能力是否出现较大的波动，以及发行人对客户和供应商的依赖程度都会影响投资人对公司持续经营能力的判断。

表6—2　　IPO前后的业绩变化

年度	ROE	ROA
$T-2$	23.89%	10.16%
$T-1$	23.85%	9.82%
T（IPO年度）	11.74%	6.79%
$T+1$	8.61%	5.09%
$T+2$	7.93%	4.43%
$T+3$	7.85%	5.08%

从表6—2可以看出，IPO后公司业绩存在明显的下滑迹象。净资产收益率和资产利润率均下滑超过50%，这种业绩的变脸体现了IPO市场总体的诚信水平令人担忧，这不仅体现发行人本身强烈的圈钱动机，同时也体现了保荐人、承销商的诚信与专业能力令人担忧。在我国IPO市场形成将近20年的过程中，真正脱离市盈率定价也仅不到10年的历史，由于历史上在IPO定价中对每股收益指标的严重锁定，造成大量发行人在上市过程中，不论是中介机构还是发行人，都对盈利性指标有特殊的重视程度。同时，我国对上市条件有严格的盈利性要求，尤其对创业板上市公司的成长性格外重视。因此，一系列制度因素促使了IPO中的盈余管理动机更加强烈。

信息质量的提高是IPO过程中的核心问题，这除了依靠独立审计和保荐制度以外，目前还需要建立对保荐机构的有效监督机制。在IPO过程中，外部审计和保荐人的利益往往相互关联，可谓一荣俱荣、一损俱损。外部审计与保荐人都有帮助拟发行人顺利通过发行核准的利益动机。二者一旦在IPO过程中形成利益联盟，保荐人对外部审计的监督作用就会形同虚设。在此过程中，媒体反而起到了对保荐人的监督作用。如在“胜景山河”的案例中，通过媒体的调查取证，对胜景山河的财务数据提出质疑，才促使已经通过发审会的胜景山河重新被证监会调查，要求保荐机构进一步核实。在IPO过程中的任何一个中介机构如何能够充分行使其职能，从注册会计师到保荐人，从地方证监局到证监会，层层过滤的结果却被并非专职审核的外部媒体挖掘出问题，这不能不让我们对现有的保荐制度提出质疑。在制度上对IPO市场中介机构角色的重新反思可能是抑制盈余管理行为的新路径。

对于IPO后的长期市场业绩，根据童艳、刘煟辉（2010）的研究，他们通过对1996—2007年沪深A股市场发行并上市的1 182只股票为样本，研究了新股IPO后持有期1～5年的长期市场表现。他们发现，以流通市值加权指数为基准，中国新股的长期表现呈现显著的弱势效应，且随着IPO时间的越长，弱势越严重。其产生原因，一方面与公司IPO后的财务绩效下滑有关，另一方面，股票上市首日的过度炒作也会导致上市后长期股价的回归，从而产生市场表现的长期弱势。

4. IPO股权的财富效应凸显

自2006年新股发行实行“新老划断”以后，IPO上市前的股份适用锁定期约束下的全流通制度，股权流动性得到了应有的制度保障。随着股权流通制度的全面改革，除了融资功能以外，资本市场的另一项重要功能——定价，已经成为社会投资者愈加关注的焦点问题。市场定价功能继融资功能之后开始逐渐成为企业IPO决策的重要目的之一。因此，上市过程中由原有资产市场价值的放大产生的IPO财富效应开始逐渐受到社会公众的关注。

IPO财富效应对IPO过程的相关决策都会产生重要影响，尤其是管理层股权的财富效应作用更为明显。随着近年来我国股票发行过程中管理层股权的逐步增加，特别是中小企业板和创业板市场推出以来，大量中小企业在上市过程中安排管理层投资入股，这种管理层股权安排与传统的股权激励不同，其激励效果主要来源于上市过程中的财富效应，因此这种股权安排具有管理层私利行为的特点。这在一定程度上将会对公司IPO过程中的相关决策和管理层减持行为、公司上市后治理结构的稳定性都可能产生影响，甚至这种股权安排在一定情况下可能成为管理层的一种利益输送渠道。

IPO财富效应的另一种影响是加剧了管理层离职套现的动机。在股价高涨时期，高额的财富效应会激励持股高管人员尽快离职套现，因此，可能导致公司上市后的管理层离职行为加剧。对此，延长管理层离职后的限售期是可以考虑的措施之一，但是，对于已经想离开公司的管理层从政策上不鼓励其离职并不会产生积极的效果。因此，提高管理层交易的透明度应该是缓解该问题更加切实有效的措施，可以考虑建立管理层减持的提前公告制度，防止管理层利用信息优势通过减持行为侵害社会公众投资者的利益。

5. 创业板市场发行市盈率普遍较高，超募现象严重

近年来，IPO市场的发行市盈率屡创新高，2010年平均发行市盈率达到58.76。尤其是2009年10月创业板市场推出以来，大批创业板公司发行市盈率普

遍较高，2010年平均发行市盈率达到70倍，超高的发行市盈率造成公司的实际募集资金量远远超过投资项目的资金需求量。面对大量的超募资金，上市公司如何有效利用超募资金，以及超募资金的使用对未来公司业绩的影响是当前理论界和实务界普遍关注的问题。

造成超募现象的原因，一方面来自于创业板设立之初的新股定价机制尚不健全，造成大批创业板公司的发行价定价过高；另一方面，造成这一现象的重要原因是我国目前尚不允许存量发行。对于创业板公司来说，股本通常小于4亿股，按照《证券法》的规定，最低发行股数为发行后总股本的25%。由于发行市盈率较高，有些企业不需要发行太多的股数，但由于制度限制了最低发行股数，从而造成募集资金过多，导致公司存在大量超募资金，而大部分企业的超募资金主要用于补充流动资金，其未来的使用效率还有待进一步观察。但是根据一般财务原理，流动资金的盈利能力要低于固定资产。因此，这种大量的超募资金对上市公司而言，可能会影响到公司的长期盈利能力。

因此，为避免超募资金引起的资金闲置，可以考虑从制度上引入存量发行制度，在不影响公司实际控制人的前提下允许一部分存量股份发行，从而更灵活地控制公司的募集资金。但在引入存量发行制度的同时，应该注意避免大股东利用IPO大量套现，因此，可以考虑限制大股东的存量发行额度，而鼓励持股期较长的风险投资人利用IPO进行套现离场。这既可以降低发行数量，降低超募的可能性，又可以保证流通股的规模，同时有利于风险投资人快速回收投资。

6. 以市场化为方向的新股发行定价机制持续改进

我国新股发行的市场定价机制自1999年开始逐步推进，之前的新股定价主要采用行政化定价方式，定价方法以市盈率倍数法为主，发行市盈率基本维持在13～16倍之间。自1999年《证券法》实施以后，市场化的定价方法开始逐步推行，中间经历过法人配售、网上竞价和二级市场投资者配售等多种形式。2005年证监会发布的《证券发行与承销管理办法》中，明确规定首次公开发行股票，应当通过向特定机构投资者询价的方式确定股票发行价格，明确了询价制作为我国的股票发行定价制度。

但与发达国家的资本市场相比，我国的询价制度与美式的累积投标询价机制仍存在一定差异。桑榕（2006）和童艳、刘熠辉（2010）比较了我国的询价制度与美国的累积投标询价机制的差异，并对我国的新股发行询价制度提出了若干建议。我国目前实施的询价制度与美国式的累计投标定价机制相比，主要区别在于：（1）我国目前实施的询价制中，承销商不拥有完全的股票分配权利。IPO发行的股份分为两个部分：一部分是针对机构投资者（即询价对象）的网下配售部分，一部分是针对社会公众投资者网上发行的部分。按照《证券发行与承销管理办法》的规定，IPO发行股票数量少于4亿股的，网下配售数量不超过本次发行总量的20%；公开发行股票数量在 4 亿股以上的，配售数量不超过向战略投资者配售后（IPO 发行股票数量在 4 亿股以上的，可以向战略投资者配售股票）剩余发行数量的 50%。这部分网下配售股份在存在超额认购的情况下，所有有效申购以申购数量（金额）为基础等比例分配（即同比例配售），承销商没有自由分配股票的权利，这与美国的累积投标机制不同，美国的累积投标机制对新股的发行由承销商根据市场情况自由分配。(2) 在新股的申购方式上，国内的新股申购要求在申购时全额缴纳申购资金，这使一级市场吸纳了大量的打新资金，影响了二级市场的资金稳定性。美国的累积投标机制下，机构投资者的认购可以不提前缴纳资金，在最终获得配售后再缴纳。

询价机制的改革中，一个突出问题是是否赋予承销商股票分配的权力。在目前 IPO 折价仍很突出的条件下，赋予承销商股票分配权可能导致严重的内部交易和腐败行为。而且在二级市场有效性无法保证的前提下，依靠股票分配权来获得更优的报价，实施效果在现有市场条件下恐怕仍存疑虑。

7. 募集资金使用效率需要持续关注

基于圈钱动机的 IPO 融资一直是上市公司备受诟病的重要原因。事实上，我国上市公司普遍存在变更募集资金投向的行为（刘少波、戴文慧，2004）。陈文斌、陈超（2007）在对 A 股 IPO 募集资金使用情况进行长期的追踪与分析后，发现 IPO 募集资金投入不足和投向变更可能是造成 A 股 IPO 长期盈利能力下滑的重要原因。投资人的资金被上市公司大比例改变用途，是对资本市场诚信原则的肆意破坏。资金一旦募集到位，就没有返还投资人的可能性，从而促使发行人发行后可以各种理由堂而皇之地变更资金用途，同时也促使公司在 IPO 前对募集资金投资项目缺乏认真调查分析的动力。

IPO 的募集资金原则上用于公司的主营业务，公司的募投项目可以用于扩产、新产品开发项目、销售渠道建设或收购，募投项目的规划要综合考虑国家的产业政策、公司所处行业的市场容量、目前的设备利用率以及公司的市场开拓能力。如果公司现有的设备利用率并不高或者项目规划规模过大，扩产项目将可能导致投资过度，造成资源浪费。

8. 股份锁定制度与限售期满的减持问题

目前我国 IPO 发行实行自愿锁定与强制锁定相结合的制度，对于公司的控股股东和实际控制人控制的股份，锁定期为三年，对其他股份，锁定期至少为一年。与我国锁定制度不同的是，美国证券交易委员会对 IPO 上市后的锁定期并没有固定限制。但是根据行业惯例，IPO 公司通常会被投资银行要求一定期间的限制股份销售，锁定期通常为 180 天。

对于股份锁定制度存在的理由，Brav and Gompers（2003）认为主要包括三个方面：(1) 锁定期可以为避免投资者的逆向选择提供一种信号作用；(2) 锁定期为避免道德风险提供一种约束；(3) 锁定期是投资银行从发行公司获取额外收益的一种方式。从我国目前的限售期政策来看，对实际控制人三年的限售期是为了保持上市后控制权的稳定性，其他投资人一年的限售期是为了防止发行前的股东在IPO后立刻大量套现引起的股价冲击。可见，维持股票上市后的稳定是限售期政策的主要导向。

限售期满后，上市前股东的股份减持即视为投资人正常的投资决策行为。由于其在IPO前股权投资成本较低，因此减持股份往往被认为是一种财富效应后的套现行为而被诟病。事实上，在充分披露信息的条件下，这种减持行为是能够被市场所预期的，因此，这种减持行为并非对公众投资者的一种利益侵占。但是，如果减持人利用信息优势，通过操纵减持前的信息披露行为获利，或者为减持而提前离职，那么这种行为就应视为对公众投资者的利益损害行为，对此监管机构应该给予充分重视。

9. 股份制改组

股份制改组的目的是通过设立股份有限公司为公开发行股份做好企业组织形式上的准备。按照改制过程中的资产剥离情况，又可以进一步分为整体改制、部分改制和合并改制。改制形式的选择，主要考虑保证上市主体经营的独立性和可持续的盈利能力。股份制公司成立的主要方式包括三类：第一类是以发起设立的方式设立股份有限公司。第二类是有限公司以整体变更的形式变更为股份公司，整体变更过程中对原有限公司的账面净资产按照一定的折股比例折算为股份公司的股本。整体变更过程中的账面资产不需要按照资产评估结果作账面调整，否则，无法连续计算持续经营年度。第三类是以公开募集设立的方式设立股份有限公司，这种方式是以原公司的投资人作为发起人，通过公开发行募集资金的方式设立股份有限公司，如兰花科创（600123）。从我国上市公司的实际情况看，目前第一类和第二类方式是我国企业股份制改组的主要形式。

股份制改组从形式上最终表现为完成股份公司成立并办理工商登记。其实质是通过股份制改组确定明晰的法人财产权，建立符合上市公司要求的规范的公司治理结构与运行架构。改组过程中主要遵循以下原则：（1）突出公司主营业务，形成核心竞争力和持续发展的能力；（2）按照《公司法》、《上市公司治理准则》的要求建立合理的治理结构、规范运作；（3）有效避免同业竞争，减少和规范关联交易。

四、未来研究方向

从国内外的研究现状看，大部分IPO的财务问题主要围绕IPO三大谜团展开，而短期内再发现新的IPO谜团仍很困难。因此，围绕IPO三个谜团的理论解释与实证分析仍将是未来IPO问题的主要研究阵地。但是，仍存在一些有待进一步深入的研究方向，找到未来IPO研究的突破口可以考虑从以下几个方面入手。

（一）IPO过程中的制度安排与利益分配格局

从长期来看，我国目前的IPO发行制度仍处于过渡调整期。在未来相当长的一段时期内，制度的调整仍将随着资本市场的发展变化而不断深化。结合我国特定的转轨时期制度背景，研究在不同制度安排条件下IPO中的利益分配问题，不仅有利于深入IPO理论研究，对指导我国的发行制度与政策制定也会具有借鉴意义。

目前IPO问题研究的目标变量往往集中在IPO折价、IPO公司盈余质量、IPO后市场与公司业绩三个方面，而对IPO中的利益分配格局尚缺少清晰、一致的研究框架。例如，针对股权分置改革后所面临的全流通市场，IPO带来的财富效应引起了极大的社会关注度，这种新的市场环境带来的新问题仍需要理论上的深入探析。面对IPO中的多个利益主体，创始人、管理层、中介机构、投资人、监管机构等相互的利益协调机制是进行制度安排的理论基础，而该方面的研究仍然是IPO中待解决的问题。

（二）IPO公司的业绩“变脸”问题

IPO公司的业绩变脸是指上市后的业绩较上市前业绩出现下降的现象。这种现象在我国IPO企业中颇为常见。例如，2007年7—12月深市中小板共首发63家公司，而2007年（即首发当年）期末就有9家公司净利润同比下滑，到2008年第一季度增加到12家，2008年半年报继续增加为15家，占比23.81%（徐文学、刘畅，2010）。客观地说，IPO上市后的业绩变化是市场环境、公司治理、募投项目运用、盈余管理等多因素共同作用的结果。作为市场上独立经营的主体，业绩变化本身是投资者必须面对的重要风险因素之一。但是，如果业绩变化成为一种常态，就需要考虑这种现象背后的制度因素以及改进措施了。

IPO公司的质量与可持续发展能力是资本市场健康稳定发展的重要前提，而IPO后的业绩逆转会在一定程度上降低投资人对市场的信心。因此，深入研究导致IPO公司业绩逆转的影响因素和预防机制，对提高上市公司质量，稳定投资者对资本市场的信心具有重要意义。

（三）超募资金的运用问题

针对创业板市场的大量超募资金问题，需要进一步跟踪调查超募资金的运用效率，研究超募资金产生的制度因素，以及其实际使用效果。这将有助于从制度角度避免资金闲置，优化市场的资源配置功能。

（四）IPO过程中的行为金融问题

随着行为金融的不断发展，IPO过程中的行为金融问题将受到越来越多的关注

（熊虎，2008；王斌，2005；张小成、孟卫东、周孝华，2008）。IPO中的各个利益主体包括发行人、中介机构与市场投资者的非理性因素在IPO异象中的作用，是IPO问题的重要研究方向。尤其对我国当前尚不完善的市场环境，对于IPO过程中的种种财务问题，从行为金融的角度也许可以找到新的突破。

建议阅读文献

[1] 曹凤岐，董秀良. 我国IPO定价合理性的实证分析 [J]. 财经研究，2006（6）：4～14

[2] 陈超，陈文斌. 中国股票首次公开发行真的被低估了吗？[J]. 中国会计评论，2003（1）

[3] 陈工孟，高宁. 中国股票一级市场发行抑价的程度与原因 [J]. 金融研究，2000，8（1）：12

[4] 陈共荣，李琳. IPO前盈余管理与抑价现象的实证研究 [J]. 系统工程，2006，24（9）：74～80

[5] 陈文斌，陈超. 新股上市后盈利能力下滑及募集资金使用分析 [J]. 管理科学学报，2007（4）：49～55

[6] 陈祥有. 风险投资与IPO公司盈余管理行为的实证研究 [J]. 财经问题研究，2010（1）：64～69

[7] 郭泓，赵震宇. 承销商声誉对IPO公司定价、初始和长期回报影响实证研究 [J]. 管理世界，2006（3）：122～128

[8] 江洪波. 基于非有效市场的A股IPO价格行为分析 [J]. 金融研究，2007（8A）：90～102

[9] 蒋顺才，蒋永明. 我国新股发行制度变迁与IPO高抑价的实证研究 [J]. 海南大学学报，2005（3）

[10] 刘少波，戴文慧. 我国上市公司募集资金投向变更研究 [J]. 经济研究，2004（5）：88～97

[11] 桑榕. 美式累计订单询价机制的运作及启示 [J]. 证券市场导报，2006（2）：12～17

[12] 童艳，刘煟辉. 中国IPO定价效率与发行定价机制研究. 北京：中国金融出版社，2010

[13] 汪宜霞，夏新平. 噪声交易者与IPO溢价 [J]. 管理科学，2007，20（3）：91～97

[14] 王斌. IPO，市场有效与行为金融 [D]. 复旦大学，2005

[15] 徐春波，王静涛. 投行声誉和IPO抑价：中国股票发行市场的实证分析 [J]. 云南财经大学学报，2007，23（4）：53～57

[16] 徐浩萍，陈超. 会计盈余质量、新股定价与长期绩效——来自中国IPO市场发行制度改革后的证据 [J]. 管理世界，2009（8）：25～38

[17] 徐文学，刘畅. 基于盈余管理视角的IPO公司"变脸"分析 [J]. 财会通讯：综合（下），2010（3）：124～126

[18] 杨记军，赵昌文. 定价机制、承销方式与发行成本：来自中国IPO市场的证据 [J].

金融研究，2006（5）：51～60

[19] 杨全文，薛清梅．IPO募资投向变更、经营业绩变化和市场反应［J］．会计研究，2009，4（201）：1

[20] 翟立宏，徐志高．我国股票发行通道制与保荐制下IPO定价效率的比较研究［J］．经济问题，2009（5）：109～113

[21] 张为国，翟春燕．上市公司变更募集资金投向动因研究［J］．会计研究，2005（7）：19～24

[22] 张小成，孟卫东，周孝华．询价下异质预期对IPO抑价的影响［J］．中国管理科学，2008，16（6）：168～175

[23] 张宗益，黄新建．我国上市公司首次公开发行股票中的盈余管理实证研究［J］．中国软科学，2003（10）：37～39

[24] 周孝华，赵炜科，刘星．我国股票发行审批制与核准制下IPO定价效率的比较研究［J］．管理世界，2006（11）：13～18

[25] 邹斌，夏新平．中国IPO股价的信息含量及其上市首日收益研究［J］．管理科学，2010（3）：10

[26] Aharony, J., Lee, C. W. J., Wong, T. J. Financial packaging of IPO firms in China [J]. *Journal of Accounting Research*, 2000, 38 (1): 103-126

[27] Alavi, A., Pham, P. K., Pham, T. M. Pre-IPO ownership structure and its impact on the IPO process [J]. *Journal of Banking & Finance*, 2008, 32 (11): 2361-2375

[28] Ball, R., Shivakumar, L. Earnings quality in UK private firms: comparative loss recognition timeliness [J]. *Journal of Accounting and Economics*, 2005, 39 (1): 83-128

[29] Ball, R., Shivakumar, L. Earnings quality at initial public offerings [J]. *Journal of Accounting and Economics*, 2008, 45 (2): 324-349

[30] Bolton, P., Thadden, V. Blocks, liquidity, and corporate control [J]. *The Journal of Finance*, 1998, 53 (1): 1-25.

[31] Carter, R., Manaster, S. Initial public offerings and underwriter reputation [J]. *The Journal of Finance*, 1990, 45 (4): 1045-1067

[32] Field, L. C., Sheehan, D. P. IPO underpricing and outside blockholdings [J]. *Journal of Corporate Finance*, 2004, 10 (2): 263-280

[33] Holmström, B., Tirole, J. Market liquidity and performance monitoring [J]. *Journal of Political Economy*, 1993: 678-709

[34] Ibbotson, R. G., Jaffe, J. F. "Hot issue" markets [J]. *The Journal of Finance*, 1975, 30 (4): 1027-1042

[35] Ibbotson, R. G., Sindelar, J. L., Ritter, J. R. Initial public offerings [J]. *Journal of Applied Corporate Finance*, 1988, 1 (2): 37-45

[36] Ibbotson, R. G., Sindelar, J. L., Ritter, J. R. The market's problems with the pricing of initial public offerings [J]. *Journal of Applied Corporate Finance*, 1994, 7 (1): 66-74

[37] Ritter, J. R., Welch, I. A review of IPO activity, pricing, and allocations [J]. *The Journal of Finance*, 2002, 57 (4): 1795-1828

[38] Kao, J. L., Wu, D., Yang, Z. Regulations, earnings management, and post-IPO performance: The Chinese evidence [J]. *Journal of Banking & Finance*, 2009, 33 (1): 63-76

[39] Kim, W., Weisbach, M. S. Motivations for public equity offers: An international perspective [J]. *Journal of Financial Economics*, 2008, 87 (2): 281-307

[40] Harjoto, M., Garen, J. Inside ownership beyond the IPO: the evolution of corporate ownership concentration [J]. *Journal of Corporate Finance*, 2005, 11 (4): 661-679

[41] Megginson, W. L., Weiss, K. A. Venture capitalist certification in initial public offerings [J]. *The Journal of Finance*, 1991, 46 (3): 879-903

[42] Pagano, M., Panetta, F. Why do companies go public? An empirical analysis [J]. *The Journal of Finance*, 1998, 53 (1): 27-64

[43] Aggarwal, R. K., Krigman, L., Womack, K. L. Strategic IPO underpricing, information momentum, and lockup expiration selling [J]. *Journal of Financial Economics*, 2002, 66 (1): 105-137

[44] Ritter, J. R., 1991, The long-run performance of initial public offerings, *The Journal of Finance*, 46, pp. 3-28

[45] Rock, K. Why new issues are underpriced [J]. *Journal of Financial Economics*, 1986, 15 (1): 187-212

[46] Certo, S. T., Daily, C. M., Cannella, A. A., et al. Giving money to get money: How CEO stock options and CEO equity enhance IPO valuations [J]. *Academy of Management Journal*, 2003, 46 (5): 643-653

[47] Teoh, S. H., Wong, T. J., Rao, G. R. Are accruals during initial public offerings opportunistic? [J]. *Review of Accounting Studies*, 1998, 3 (1-2): 175-208

[48] Teoh, S. H., Welch, I., Wong, T. J. Earnings management and the long-run market performance of initial public offerings [J]. *The Journal of Finance*, 1998, 53 (6): 1935-1974

[49] W. Megginson and K. Weiss. The certification role of venture capitalist in bringing new issues to the market [J]. *Journal of Finance*, 1991, 46: 879-903

[50] Welch, I. Seasoned offerings, imitation costs, and the underpricing of initial public offerings [J]. *The Journal of Finance*, 1989, 44 (2): 421-449

韩慧博（对外经济贸易大学）
汤谷良（对外经济贸易大学）

专题 7　企业再融资理论与政策

一、问题提出

自 1958 年 Modigliani and Miller 提出资本结构理论以来，融资决策一直是公司财务研究的重要话题。再融资主要是指企业上市后进行的股权再融资（seasoned equity offering，SEO）。在过去几十年中，*Journal of Finance*，*Journal of Financial Economics*，*Review of Financial Studies*，*Journal of Financial and Quantitative Analysis* 等国际权威学术期刊上发表了大量关于 SEO 问题的文章，这些文章主要探讨企业再融资的动机、形式和经济后果。

国内关于股权再融资的研究始于 20 世纪 90 年代中期。随着证券市场的发展，企业配股、增发等再融资行为逐渐成为学术界和实务界关注的焦点问题。根据中国证监会统计，截至 2012 年 12 月 31 日，共有境内上市公司（A，B 股）2 494 家，股票发行总股本 38 395.00 亿股，股票市价总值为 230 357.62 亿元。1998—2012 年，A 股上市公司通过配股募集资金 4 314.90 亿元，通过增发募集资金 15 844.04 亿元。股权融资为上市公司的发展做出了重要的贡献。然而，日益复杂和不确定的市场竞争环境增加了公司资产预期现金流入的不确定性。因此，如何根据宏观经济环境、行业状况和公司特征来做出理性的融资决策，实现上市公司可持续增长和股东价值最大化，已经成为我国上市公司管理层面临的重要问题。所以，对再融资理论和政策进行整理和讨论具有十分重要的理论意义和实际价值。具体体现为以下两点：

第一，随着证券市场的发展和上市公司数量的增加，再融资对于上市公司越来越重要。而且，再融资方式和金融工具的创新也使得融资决策问题更加复杂。因此，迫切需要相应的再融资理论来指导企业的再融资实践。

第二，转型经济时期的中国需要建立适合自身特点的上市公司再融资决策理论框架，而不能简单套用西方的财务理论和经验。由于企业的再融资决策是公司在特定的经济环境、金融市场、公司治理机制及文化背景下对资本结构进行选择的一种行为，因此，研究中国上市公司的再融资问题不能直接套用国外的某个理论，而应该基于中国上市公司所处的市场环境和文化背景。

在本章中，我们首先回顾再融资理论的中外文献，并就文献中提出的一些基本问题进行分析和讨论，最后对企业再融资领域的研究进行总结并提出未来可能的发展方向。

二、中外文献回顾

（一）再融资基本理论

1. *融资优序理论*

融资优序理论（pecking order theory）是由 Myers and Majluf（1984）提出的。它是从信息不对称的角度来分析公司融资行为的。该理论观点假定经理人员是保护现有股东利益的；资本市场不完善，经理人员比外部投资者拥有信息上的优势。因而，该理论观点认为，企业在融资时首先偏好内部融资，因为筹集这些资金不会传送任何可能降低股票价格的逆向信号；当企业需要外部资金时首先会发行债券，股票发行只是放在最后关头，这个优先次序的产生是因为债券的发行更不可能被投资者理解为是一种坏预兆。如果投资人比企业内部人关于企业资产价值有较少的相关信息，则企业的股东权益价值在市场上的定价可能是错误的。在股东权益被低估时经理不愿意发行股票为投资项目筹集资金，因为股价过低可能会使新投资者获取的收益大于新项目的净现值，在这种情况下，即使新项目净现值为正，该项目也会被拒绝。所以，经理只有在股票价格高估时才愿意发行股票；然而，在这种情况下自然不会有人愿意购买，因而股权融资被认为是不好的信息。这时如果企业能够运用对信息敏感性不强的资金来代替股票为投资项目融资是较好的选择，例如内部资金或无风险债务，这样投资不足就可以避免。因此企业更喜欢采取内部融资（保留利润）或无风险举债融资或非高风险债券融资，而不采取发行股票融资。

总结起来，融资优序理论的主要内容是：（1）相对于外部融资而言，公司更倾向于内部积累；（2）分红是具有刚性的，公司现金流的变化表现在对外部融资需求的变化；（3）若公司需要外部融资，在进行权益性融资前会首先考虑负债融资；（4）每个公司的负债率反映其对外部资金的累计需求。

2. 中国上市公司股权再融资影响因素

与国外文献发现的融资优序理论不同，许多学者指出中国上市公司存在强烈的股权融资偏好。阎达五、耿建新和刘文鹏（2001）研究发现符合配股条件的上市公司大都会推出配股方案；同时，上市公司存在粉饰收益率以达到配股资格的行为，但在1999年证监会降低配股的收益率要求后，利润操纵幅度有所下降。黄少安和张岗（2001）发现，1997年上市公司股权融资占全部融资的比重高达73%，但在1997年出台了对配股行为进行限制的政策后，股权融资比重急剧下降到仅占20%。自2000年以来，上市公司增发新股的家数呈上升趋势。

对此现象，高晓红（2000）将其归结为上市公司管理层普遍缺乏来自流通股股东的约束力，以及股权融资成本偏低。黄少安和张岗（2001）也将其归结为股权融资成本偏低。但陆正飞和叶康涛（2004）研究发现，虽然总体而言股权融资成本低于债权融资成本，但1999年和2000年只实施股权融资公司的平均股权成本与平均债权成本之间并没有显著差别（t检验不显著）。同时，从各个企业具体情况来看，在这三年间实施过股权再融资的上市公司中，有24.15%的公司其股权融资成本高于债权融资成本。因此，仅从融资成本角度似乎不能完全解释上市公司的股权再融资行为。

为此，不少研究试图从其他方面考察上市公司融资行为的影响因素。Gul（1999）发现，国有股比重与企业债务融资比重正相关，他对此的解释是国有企业容易获得银行贷款；同时，他发现企业成长性与债务融资成反比。郑江淮等（2001）也发现国有股比重越高的上市公司，债务融资比重较高，而股权融资比重相应较低。对此，他们的解释为：国有企业容易获得国有银行贷款；但另一方面，由于国有股比重较高的企业业绩较差，从而不容易获得配股资格，同时，二级市场对这些企业配股行为的反应也较为冷淡，因此，股权融资占这些企业融资比重较低，即产权性质是影响企业股权融资的重要因素。

李志文和宋衍蘅（2003a）采用大样本数据，考察了影响上市公司配股行为的有关因素。结果表明：当第二大股东和第三大股东对第一大股东的制约能力越强，则公司越不会进行配股，而大股东持股比例越高，则企业越有可能进行配股。李志文和宋衍蘅（2003b）以赛格集团下属的4家上市公司为例，分析了股权结构对企业筹资决策的影响。结果发现：在公司股权比较集中时，公司会利用各种可能机会筹集权益资金，形成大量的自由现金流，然后通过关联交易或其他手段将资金转出，表现为无条件圈钱动机。而在公司决策权较为分散时，这时不会有明显的大股东占用公司财产的迹象，但若公司未来的权益融资资格可能受到威胁时，则上市公司会利用现有融资机会筹集备用资金，表现为时机性圈钱动机。

李志文和宋衍蘅（2003a，2003b）认为大股东持股比例越高，越有可能进行配股圈钱，同时，第二大股东和第三大股东持股比例对大股东配股圈钱行为具有制约作用，但后者显然无法得到很好解释。因为配股行为对于其他非流通股股东来说，也是一件较为有利的事情，即使他们不能从中谋取隐性收益，但配股将导致企业每股净资产增加，从而提高非流通股的价格。因此，非流通股股东不存在阻碍大股东进行配股的动机。

朱武祥等（2002）通过采用两阶段模型，以燕京啤酒为例，分析了产品市场竞争与财务保守行为之间的关系。其结论为：产品市场竞争强度越大，企业经营风险也将加大，企业趋向于采取财务保守行为。但该文仅以啤酒行业为例，结论缺乏一般性；同时，如果啤酒行业竞争强度加大导致燕京啤酒财务结构趋于保守，那么我们可以预计同行业的青岛啤酒、华润啤酒也应该采取类似的融资行为模式，但遗憾的是，本文并没有给出竞争对手的财务结构变化情况，从而我们无从得出产品市场竞争强度是否会对企业的融资行为产生普遍影响。

陆正飞和叶康涛（2004）发现，企业资本规模和自由现金流越低，净资产收益率和控股股东持股比例越高，则企业越有可能选择股权融资。

陆正飞和高强（2003）采用问卷调查法，发现中国上市公司的融资行为既表现出与经典理论相符的一面，又表现出一些鲜明的特点，其中最为突出的特征是"股权融资偏好"，而导致该现象的原因既有资本市场制度背景（如发行企业债券的难度较大等）方面的原因，也有公司治理结构方面的原因。但该问卷调查主要针对上市公司董事会秘书进行，由于董事会秘书并非实际决策人，因此，在部分问题回答上有可能存在偏差。

现有研究虽然都注意到中国上市公司的股权融资偏好，但对此的解释却存在较大差异。不少研究试图从融资成本角度进行分析，但在这方面并没能达成一致结论。此外，也有不少研究试图从股权结构和公司治理等角度进行分析，这无疑是一个较为正确的方向，但现有研究缺乏较为完善的理论框架，从而对于结果的解释并不能令人非常信服。未来的研究方向，有必要在深入分析融资行为如何影响有关各方（大股东、小股东、流通股股东、债权人和管理层）的利益，以及上市公司控制权在有关各方之间如何分配的基础上，提出较为完善的理论框架，也许有助于我们更好地洞察上市公司的融资偏好决策。

（二）再融资与盈余管理

国外的研究普遍支持企业在再融资前会进行盈余管理。例如，Teoh et al.（1998）的研究表明在再融资前，上市公司会进行盈余管理调高盈余水平，以提高股票发行价格。Rangan（1998）的研究也支持上市公司在再融资前会进行盈余管理。

由于股权融资的管制，国内上市公司为配股和增发新股进行盈余管理的动机更加强烈。蒋义宏和魏刚（1998）对我国上市公司的盈余管理状况进行了研究。研究发现，证监会1996年1月24日颁布的新的配股政策对*ROE*的分布产生了重大影响。在新配股政策出台后，*ROE*位于10%左右的公司存在着盈余管理。孙铮和王跃堂（1999）的研究表明，上市公司确实存在盈余管理的倾向，而且上市公司的盈余管理行为同政府的监管政策尤其是配股政策不无关系；陈小悦等（2000）研究发现，为了达到证监会规定的配股标准，上市公司的管理当局采取了明显的“盈余操纵”措施，形成中国股票市场独特的“10%现象”。

靳明（2000）结合中国证监会1999年3月新出台的配股政策，对上市公司1993—1998年盈余管理情况进行了分析。与以往的研究结论相同，1995—1997年，上市公司的盈余管理行为表现为微利现象和“10%现象”。1999年3月配股政策修改为“最近三个完整的会计年度的*ROE*平均在10%以上，任何一年的*ROE*不得低于6%”，由于新的配股政策是在1999年3月出台的，一些公司没有充分的时间进行调整，因此“6%现象”并不是十分明显。但是他预期，“6%现象”会进一步明显，其程度将超过“10%现象”。陆宇建（2002）通过对中国A股上市公司1993—2000年*ROE*分布的研究指出，从中国配股政策的演变以及上市公司财务呈报行为的变化，证明中国上市公司存在较为严重的盈余管理现象，体现了“上有政策，下有对策”的动态博弈格局。在博弈过程中，政府占有“先发”优势，上市公司因此采取了“亦步亦趋”策略。陆宇建（2003）通过实证研究进一步验证了中国上市公司盈余管理行为随着配股政策的变化而变化，意味着中国上市公司的盈余管理政策是诱致型的。证监会虽然对配股政策进行了多次修订，但仍然是以“净资产收益率”作为主要门槛，上市公司为了获得配股资格而进行盈余管理的诱因也仍然存在。因此，为了消除诱发上市公司盈余管理的政策因素就必须深化上市公司监管的市场化改革。Yu et al.（2006）的研究也发现，A股上市公司为获得配股资格存在强烈的盈余管理动机，而且盈余管理行为会随着配股政策的变化而变化。

（三）再融资的经济后果研究

股权再融资的经济后果是指股权再融资后企业的经营业绩和市场业绩变化情况。目前关于再融资经济后果的研究有两种截然不同的观点：一种结论认为再融资以后企业业绩会显著下滑；另一种观点则认为企业业绩没有显著变化。表7—1总结了世界各国关于再融资经济后果的研究成果。表7—1的研究对象涵盖了美国、澳大利亚、日本、瑞士、法国、南非和中国等国家。综合国内外关于股权再融资经济后果的研究成果，我们发现研究结论的差异主要是由于选择的样本、地区、时间、采用不同的研究方法造成的。

表 7—1　　　　股权再融资公司长期业绩相关研究成果

研究国家	作者	研究结论
美国	Loughran and Ritter (1995)	对美国公司上市后增发新股的长期回报率进行了研究，发现公司增发新股后，在 5 年中的回报率是 7%，远远低于同期未发行股票的对照组 15%的长期回报率
	Spiess and Affleck-Graves (1995)	在控制了再融资规模、上市公司的年龄、市净率以后，发现增发新股公司的回报率依然低于未发行新股的对照组
	Teoh et al.（1998）	把样本四等分，发现股权再融资后第一年保守组（盈余管理程度最小的组）的投资收益下降较快，为 10%，以后则基本与市场投资收益相当；而激进组（盈余管理程度最大的组），在股权再融资后三年平均每年下降 13%，第四年下降 5.65%
澳大利亚	Soucik and Allen (1999)	结论与 Spiess and Affleck-Graves（1995）类似
日本	Kang et al.（1999）	对日本上市公司配股后的长期回报率进行了研究，发现这些公司并没有负的非正常回报率业绩，即日本的上市公司在配股后业绩没有恶化
瑞士	Dubois and Pierre (2000)	对瑞士上市公司配股的长期回报率业绩进行了研究，没有发现配股后长期回报率恶化。对此他们的解释是瑞士上市公司的配股和股票股利存在相互替代的关系，而股票股利传递了未来利好的信息
法国	Pierre（2005）	对法国上市公司增发新股和配股的长期回报率业绩进行了研究，发现长期持有 3 年，增发新股公司比对照组的回报率低 17.18%，而配股公司的回报率则比对照组低 44.43%
南非	Affleck-Graves and Page（1996）	南非上市公司配股后长期回报率业绩恶化
中国	黄新建（2003）	以 1999 年配股上市公司作为研究样本。在配股说明书公告后的 36 个月内，配股企业投资收益率高于市场平均收益率，并且在第 15 个月达到最高
	原红旗（2004）	以 1994—1999 年进行配股的 A 股上市公司作为研究样本。当采用行业和规模对照组作为业绩对比的基准时，公司配股后的长期回报率业绩和长期会计业绩均好于对照组，并没有恶化；而采用市场业绩作为对比的基准时，配股公司的业绩出现了长期恶化的趋势

资料来源：根据相关资料整理，其中主要部分来自原红旗（2004）。

对于企业再融资后业绩出现下滑的现象，学者们也给出了相应的解释。总结研究观点，学者们认为机会之窗、自由现金流假说、信息不对称理论和盈余管理理论是再融资后企业业绩下滑的主要解释。

1. 机会之窗

Loughran and Ritter（1997）认为，企业再融资后业绩下滑是因为公司经理人利用了“机会之窗”优势，在公司股票高估时发行股票获得超额收益，而公司股票被高估是暂时的，当投资者认识到公司股票的真实价值时，会引起股票价格的下降。Baker and Wurgler（2002）的研究证实择时原则在企业发行新股中发挥了重要的作用。Graham and Harvey（2001）对企业CFO的问卷调查也发现，股票是否被“低估”或“高估”是影响企业发行股票的重要因素。

2. 自由现金流假说

Jensen and Meckling（1986）指出，委托人和代理人的利益冲突会导致公司经理人不愿意将公司剩余现金归还给股东，而是将资金用于回报率更差的项目或者在职消费。因此，股票再融资导致负的市场回报是因为企业的自由现金流增加了经理人员进行低效率投资的可能性。Mclaughln et al.（1996）对1980—1991年美国上市公司的增发行为进行研究发现，企业自由现金流越多，再融资后业绩下滑越快。杜沔和王良成（2006）发现，自由现金流量假说能够很好地解释我国上市公司配股后的长期业绩下滑。原红旗（2004）、原红旗和李海建（2005）对中国配股资金使用效率进行了研究，发现配股资金使用效率的低下对企业再融资后的业绩产生了重要影响。

3. 信息不对称理论

信息不对称理论认为，管理者比外部投资者掌握了更多的企业信息，具有信息优势，管理者会选择企业价值高估的时候发行股票。Mclaughln et al.（1998）发现，信息不对称越严重的公司，SEO后业绩下滑越快。

4. 盈余管理理论

Teoh et al.（1998）对美国1976—1989年间增发新股的公司研究发现，增发前通过盈余管理来提高公司业绩的公司，增发后业绩都出现了显著的下滑。Rangan（1998）对美国1987—1990年间增发新股的公司进行研究发现，再融资公司的盈余管理与未来业绩的相关性明显强于非再融资公司。这说明投资者在企业再融资前并没有识别企业的盈余管理行为，由于盈余管理增加的盈利不可持续导致企业业绩下滑。

三、基本问题分析

（一）中国上市公司股权融资偏好解析

中国上市公司存在显著的股权融资偏好（黄少安、张岗，2001；阎达五等，

2001）。而西方的理论和实证研究都表明，企业优先偏好内部融资，其次是债务融资，最后才是股权融资，即所谓的融资优序理论（Myers，1984；Myers and Majluf，1984）。然而，为什么我国上市公司的融资选择偏好不符合该理论？对此，我国学者多将其归因于中国上市公司的股权融资成本偏低（黄少安、张岗，2001；高晓红，2000）。但是，事实果真如此吗？

1. 股权融资成本的测算

鉴于股权融资成本在研究上市公司股权融资偏好中的重要地位，我们将首先介绍股权融资成本测算方法，并比较股权融资成本是否真的低于债务融资成本。该部分的介绍主要参考陆正飞和叶康涛（2004）的研究成果。

以往的研究在计算股权融资成本时，一般以当年每股股利或当年每股收益除以股票市价作为股权融资成本，其不足是没有考虑企业股利和收益在未来年度的变化。为了克服该问题，Gordon-Shapiro 在其股权成本模型中增加了一个固定的股利增长率，然而，该模型仍存在一定缺陷，因为很少有公司能够做到使其股利增长率保持稳定不变，而且有关实证研究结果也并不支持该模型（Wippern，1966）。为了克服上述缺陷，Gebhardt et al.（2003）引入了剩余收益折现模型来计算股权融资成本，其研究结果显示，该模型在对股权成本的预测能力方面要优于传统的股权成本计算模型。为此，陆正飞和叶康涛（2004）也采用该模型来计算我国上市公司的股权融资成本。

剩余收益折现模型的含义是：企业面临的股权融资成本，即为使企业未来净现金流现值与当前股票价格相等的内含报酬率。从数学角度而言，剩余收益折现模型等价于我们熟悉的股利折现模型。根据股利折现模型，股票价格为其预期股利的现值，即

$$P_t = \sum_{i=1}^{\infty} \frac{E_t(D_{t+i})}{(1+r_e)^i}$$

式中，P_t 为股票现价；$E_t(D_{t+i})$ 是在第 t 期时所预测的第 $t+i$ 期股利。假定企业的收益和所有者权益账面价值采用“干净盈余”（clean surplus）会计方法①，则不难证明，上述等式可以改写为：

$$P_t = B_t + \sum_{i=1}^{\infty} \frac{E_t[NI_{t+i} - r_e B_{t+i-1}]}{(1+r_e)^i} = B_t + \sum_{i=1}^{\infty} \frac{E_t[(ROE_{t+i} - r_e)B_{t+i-1}]}{(1+r_e)^i}$$

式中，B_t 为第 t 期的所有者权益账面价值；$E_t[\cdot]$ 为根据第 t 期的信息所进行的预

① 干净盈余要求影响所有者权益账面价值的所有收益和损失都已包含在净收益数据中，即各期之间的所有者权益账面价值的变化等于净收益减去股利支付。

测；NI_{t+i}为第 $t+i$ 期的净收益；r_e为权益资本成本；ROE_{t+i}为第 $t+i$ 期的净资产收益率，注意：这里的ROE_{t+i}计算公式为NI_{t+i}/B_{t+i-1}。

上述等式以一种无穷期限的方式来预测企业价值，但在实际计算过程中，我们必须要确定有限的预测期，对于预测期之外的收益流，则以一个终值（terminal value）来反映。为此，我们采取如下公式来计算企业的权益资本成本：

$$P_t=B_t+\frac{FROE_{t+1}-r_e}{(1+r_e)}B_t+\frac{FROE_{t+2}-r_e}{(1+r_e)^2}B_{t+1}+\frac{FROE_{t+3}-r_e}{(1+r_e)^3}B_{t+2}+TV$$

式中，P_t为股票的增发或配股价格；若公司当年没有实施股权再融资，则以其上年度每股收益×当年配股市盈率中位数作为该公司（潜在的）股权再融资发行价格。

B_t为第 t 期的每股净资产，即企业再融资年份的期初每股净资产。由于企业在再融资之后，其每股净资产一般会大幅提高，因此，我们这里采用调整后的期初每股净资产，即 $B_t=B_{t+1}-(EPS_{t+1}-DPS_{t+1})$。其中，$B_{t+1}$为期末每股净资产，$EPS_{t+1}$为当期每股收益，$DPS_{t+1}$为当期每股股利。

r_e为权益资本成本（即我们所要求的数据）。

$FROE_{t+i}$为第 $t+i$ 期的预测净资产收益率。由于我国上市公司盈利预测信息缺失较为严重，因此，这里采用企业第 $t+i$ 期的实际ROE 作为替代，这里ROE 计算公式为 NI_{t+i}/B_{t+i-1}。

$B_{t+i}=B_{t+i-1}+EPS_{t+i}-DPS_{t+i}$。我们假定 $DPS_{t+i}=k\times EPS_{t+i}$，其中 k 为当期股利支付率。

TV 为终值，其计算公式为：

$$TV=\sum_{i=4}^{T-1}\frac{FROE_{t+i}-r_e}{[1+r_e]^i}B_{t+i-1}+\frac{FROE_{t+T}-r_e}{r_e(1+r_e)^{T-1}}B_{t+T-1}$$

我们假设预测区间为 12 期（即 $T=12$）①，并假设第 12 期之后的ROE 一直维持在行业平均ROE 水平上，即从长期来看，企业的收益水平将与行业平均水平趋同，这个假设与微观经济学中的厂商长期利润平均化的理论相符。同时，假设第 $t+4$ 期至第 $t+11$ 期的ROE 向行业平均ROE 直线回归。在计算行业平均ROE 时，我们采用上海和深圳证券交易所的分类方法，将所有上市公司分成 21 类行业。行业平均ROE 为 1991—2000 年间同行业所有公司的平均ROE。在计算时，舍弃了亏损年份的ROE，因为从长期来看，亏损公司最终要退出该行业，从而盈利年份的ROE 能够更好地反映行业长期均衡收益率，同时，也剔除了异常的年收益率

① Gebhardt et al.（2003）认为，该模型的预测区间应该不少于 12 期，为此，这里采用 $T=12$ 作为本文的预测区间。

数据。

利用上述这些假定，便可以计算出 r_e，即企业的股权融资成本①。

2. 研究发现与分析

陆正飞和叶康涛（2004）的测算结果发现，虽然我国上市公司的股权融资成本平均而言要低于债权融资成本，但一些实施了股权融资的公司，其股权融资成本要远高于债权融资成本，而另一些股权融资成本较低同时也具备股权再融资条件的企业却选择了债权融资，这说明融资成本未必是解释公司融资行为的唯一因素。

陆正飞和叶康涛（2004）进一步从破产风险、负债能力约束、代理成本和控制权等因素考察我国上市公司融资行为的影响因素时，发现企业资本规模和自由现金流越低，净资产收益率和控股股东持股比例越高，则企业越有可能选择股权融资方式，但他们未发现破产风险和成长性指标对企业融资决策有影响。同时，他们的研究还发现，上市公司股权融资概率和股权融资成本正相关，这也许反映了股权融资企业的业绩相对较高的事实。无论如何，陆正飞和叶康涛（2004）的研究结果并不支持“上市公司股权融资偏好行为完全缘于股权融资成本偏低”这一假说。上述研究发现具有如下政策含义：(1) 企业的实际融资行为是企业内部人在面临多种约束条件下谋求自身效用最大化的结果。因此，股权融资成本较高的企业反而选择股权融资，更有可能反映了我国上市公司内部人目标函数与社会最优目标函数之间的偏离。因此，有必要从影响企业内部人融资决策的决定因素出发，探讨如何通过改变对企业内部人的激励机制，使内部人的目标函数与社会最优目标函数尽可能保持一致。(2) 研究结果表明，资本规模、企业业绩、自由现金流以及控制权等因素对企业内部人的融资决策有影响，如果说前三个因素属于合理因素，那么第四个因素也许反映了我国上市公司内部人可以通过股权融资获得巨大隐性收益的事实。因此，如何有效限制企业内部人对上市公司的掠夺程度，也许是制止这些公司过于偏好股权融资的有效措施之一。(3) 破产风险和成长性与企业融资决策无关，表明债权人（在样本期间）还没有建立起有效的贷款风险管理体制，同时也未对借款企业的投资行为进行有效约束，即存在较严重的债权人缺位现象。因此，如何通过银行体制改革，完善银行等债权人的内部激励机制和贷款管理水平，也是促进上市公司融资行为进一步优化的必要外部条件。(4) 资本规模与企业股权融资概率负相关的结论，表明小企业更偏好股权融资。因此，如何有效拓宽小企业的其他融资渠道，也许有助于避免我国上市公司过于偏好股权融资。

我国上市公司表现出强烈的股权融资偏好，原因是多方面的：

首先，股权分置决定的二元股权结构，使得非流通股股东能够通过增加发行新

① 我们这里并不考虑股票的发行成本，由于股票发行成本一般为发行金额的1%～2%，因此，假设在不考虑股票发行成本时计算得到的股权融资成本为5%，则在考虑发行成本情况下，企业股权融资成本约为5.05%～5.1%。相比而言，对本文结论并不会造成太大影响。

的股票而获得利益。在股权分置改革完成之前，作为非流通股的法人股和国家股多为上市公司的大股东。但是，由于它们没有流通权，其在IPO时的定价就远低于流通股价格，如欲转让，也不能按市价而往往只能按以账面净值为基础确定的价格进行转让。因此，如何在不花钱的情况下增加公司股本的账面净值，从而提高非流通股的价值，就成了持有非流通股的大股东们的重要考虑。由于增发和配股时的定价一般按高于账面净资产、接近市价的价格溢价发行，所以，公司进行股权再融资，每股净资产的账面价值就会得以提高，非流通股股东就会从中受益。

其次，二级市场的积极反应也是上市公司偏好股权融资的一个重要原因。都志灵等（1999）研究表明，配股方案受股东欢迎的程度虽然不如送红股，但也受到市场一定程度的追捧。之所以这样，是因为投资者认为上市公司配股意味着有好的发展项目，从而也就意味着有未来利润的增加。所以，上市公司偏好股权融资，一个可能的原因便是为了迎合二级市场股票投资者的心理需要。

再次，我国上市公司高管层持股比例过低，也是导致公司偏好股权融资的一个可能原因。高管层持股比例过低，使得高管层激励机制不健全，即高管层的利益主要取决于短期业绩，而与未来的长期业绩几乎没有什么关系。在这种情况下，高管层更多地选择股权融资，至少有两个方面的好处：其一，降低负债水平，减少利息支出，增加账面利润总额。在薪酬与利润总额挂钩的公司里，高管层就能实现更多的短期利益；其二，通过增加股权融资，降低负债水平，可以降低公司的财务风险，减轻高管层的压力，特别是降低破产风险。这样，就能使高管层的“饭碗”更加稳固。

最后，债券市场不发达，债务融资渠道不通畅也是导致我国上市公司股权融资偏好的原因之一。我国企业债券的发行受到国家证券监管部门的严格管制，发行门槛很高。加之利率管制和缺乏健全的信用评级机制，大大提高了债务融资的代理成本。这就迫使许多上市公司转向股权融资。

此外，根据陆正飞和高强（2003）基于问卷调查的研究结果，在397个样本中，共有391家公司回答了融资偏好问题，其中289家公司（占被调查上市公司的73.91%）偏好股权融资。那么，究竟为什么偏好股权融资？在选择偏好股权融资的289家样本企业中，有258家企业回答了这一问题，结果见表7—2。从统计结果可以看到，上市公司偏好股权融资的首要原因是，相对于负债融资而言，股权融资的成本较低；其次是因为股权融资不必还本，分红也可灵活掌握；再次是为了储备更多的股权资本，以便将来股权融资困难时更多地筹集负债资金。

表7—2　　企业偏好股权融资的原因

	No. 1	No. 2	No. 3	No. 4	No. 5	重要性程度
感觉股权融资的成本较低（相对于负债融资而言）	5（153）	4（44）	3（6）	2（5）	1（0）	3.755 8
不必还本，分红也可灵活掌握，因而可降低企业财务风险	5（73）	4（114）	3（10）	2（7）	1（0）	3.352 7

续前表

	No. 1	No. 2	No. 3	No. 4	No. 5	重要性程度
股权融资比较容易实现（相对于负债融资而言）	5 (9)	4 (12)	3 (27)	2 (22)	1 (0)	0.845 0
储备更多的股权资本，以便将来股权融资困难时更多地筹集负债资金	5 (19)	4 (23)	3 (44)	2 (18)	1 (0)	1.376 0
其他原因（请注明）	5 (5)	4 (2)	3 (0)	2 (1)	1 (0)	0.135 7

说明：(1) 本题可多选。(2) 表中数字 5、4、3、2、1 表示优先权数，5 表示优先程度最大，1 表示优先程度最小。(3) 括号中的数字为回答问题的调查问卷份数。(4) 优先程度即优先程度权数的加权平均数，其计算公式为：$\sum$ 优先程度 ×（本项选择数 / 回答样本总数）。

资料来源：陆正飞，高强：《中国上市公司融资行为研究》，载《会计研究》，2013 (10)。

（二）股权再融资方式的选择：配股还是增发？

增发和配股是上市公司可以利用的两种不同的股权再融资方式。配股是针对原有股东进行的再融资，其基本特点是，只要所有股东都参与配股，配股行为就不会改变原有股东在上市公司中的持股比例。增发是面向所有潜在投资者的股权再融资行为，因此，增发完成后原股东在上市公司中的持股比例通常会改变。增发是比配股市场化程度更高的一种股权再融资行为。

根据管征等（2008）的统计，在美国 1930—1950 年，配股是股权再融资的主要方式，1960 年以后，增发成为美国上市公司主要的再融资方式。1982 年以后，配股方式在美国基本消失。上述现象在日本也存在，1976 年以前，超过 50%的日本上市公司采用配股方式进行股权再融资，但是到了 1997 年，仅有 6.3%的上市公司采用配股方式融资。在加拿大、欧洲和亚洲等国家，配股仍然是企业再融资的重要手段。

关于再融资方式的选择，目前有大量的研究进行了讨论，但并没有达成一致。第一种观点认为支持配股是再融资的主要方式。例如，Eckbo and Masulis（1992）指出，如果从发行成本的角度考虑，应该选择配股，而不是增发。Cronqvist and Nilsson（2002）从控制权的角度进行讨论发现，家族企业为了维护其控制权收益，更倾向于选择配股以免其控制权被稀释。

第二种观点支持增发是再融资的主要方式。此类研究更多是从管理者的角度出发进行讨论。例如，Smith（1977）认为增发可以帮助管理者从承销商处获得私人利益。Hansen and Pinkerton（1982）指出，由于公司原股东不希望行使配股权利，因此管理层会选择增发作为再融资方式。Booth and Chua（1996）发现配股的间接交易成本要高于增发，因此企业更有可能选择增发作为再融资方式。Brennan and Franks（1997）认为，与配股相比，增发能够改变公司的股本结构，而新股东能起到监管作用，从而改变公司治理结构。

第三种观点支持再融资方式要依据上市公司特征而定。例如，Heinkel and

Schwartz（1986）发现，不同价值的公司会选择不同的融资方式。低价值公司会选择增发，而高价值公司会选择配股。

与美国等国家类似，中国企业股权再融资方式也逐渐由配股转为增发。表7—3整理了1998—2008年中国A股上市公司配股和增发的融资额。由表7—3可知，在2002年之前，配股是上市公司主要的股权再融资方式，但是从2002年开始，上市公司增发的融资金额就超过配股融资金额，从2005年开始，上市公司进行增发的家数超过进行配股的家数，2008年上市公司配股融资金额仅为增发融资金额的7.07%。

表7—3　　1998—2008年股权再融资方式比较

年份	配股		增发	
	家数	募集资金（亿元）	家数	募集资金（亿元）
1998	160	344.76	7	30.46
1999	116	318.98	4	50.53
2000	161	509.53	18	170.46
2001	126	430.64	24	225.13
2002	22	56.61	27	162.64
2003	25	76.25	17	116.13
2004	23	104.77	11	159.73
2005	2	2.62	5	278.78
2006	2	4.32	57	1 030.26
2007	7	227.67	156	3 288.18
2008	9	151.57	129	2 142.44

资料来源：根据Wind数据库整理。

在股权分置改革之前，上市公司更多选择配股，较少选择增发的一个重要原因，就在于市场化程度较低的配股比较容易成功，而市场化程度较高的增发则风险较大。在股权分置情况下，大股东持有的主要是非流通股。大股东在提出配股计划之后，真正参与配股的多为流通股股东，而作为持有非流通股的大股东，往往放弃配股。之所以流通股股东不得不参与配股，其原因就在于，对于广大流通股股东来说，由于配股价低于市价，配股计划完成后，股价一般会有小幅度的下跌，位于配股价和配股前市价之间，为了弥补这一潜在的跌价损失，广大的流通股股东不得不进行配股。而与此同时，非流通股股东则往往放弃配股，对于非流通股股东来讲，其手中非流通股的持有成本通常远低于配股价格，参与配股反而会提高其平均持有成本。因此，在控制权不会成为问题的情况下，放弃配股就是一个理性的选择（唐国正，2006）。

自股权分置改革之后，增发尤其是定向增发成为中国资本市场主流的权益再融资方式。定向增发有两个特点：第一，面向公司主要股东和机构投资者；第二，定向增发的股票有一定的锁定期。但是，众多的研究表明，定向增发成为大股东从上市公司转移财富和侵害小股东利益的工具。例如，朱红军等（2008）以驰宏锌锗（股票代码：600497）的定向增发为例发现，定向增发成为大股东从上市公司向其进行利益输送的工具。张鸣和郭思永（2009）也认为，大股东的机会主义行为动机是影响上市公司进行定向增发的重要因素。

那么，到底哪种融资方式更有利于保护中小股东利益和提高市场效率呢？李康等（2003）从理论和实证两方面讨论了配股和增发对于非流通股股东、流通股股东等利益相关者的影响，他们发现配股比增发更有利于各方利益的均衡。管征等（2008）也得出了类似的结论，他们的研究支持配股方式有利于外部流通股股东和提高市场效率。

（三）再融资监管效率研究

长期以来关于政府管制一直存在争论：一种理论为公共利益理论（public interest theory），该理论认为缺乏管制的市场存在许多失灵的地方，而政府的管制能够解决这些市场失灵的问题，提高社会福利（Pigou，1938）；另一种理论为公共选择理论（public choice theory），该理论认为严格的管制提高了市场准入的门槛，阻碍了市场竞争，损害了消费者的社会福利（Stigler，1971）。而且，管制还容易被政治家和官僚所利用，成为他们寻租的手段（Shleifer and Vishny，1998；Djankov et al.，2002）。

中国证监会的配股发行监管是否有效呢？Chen and Yuan（2004）以1996—1998年申请配股的A股上市公司为研究对象发现，监管部门能够在一定程度上识别企业利用线下项目进行盈余管理的行为，而且监管部门的监管能力在逐渐提高。Haw et al.（2005）以1996—1998年净资产收益在（10%，11%）之间的A股上市公司为研究对象发现，相比配股申请未通过和未申请配股的公司，配股申请被批准的公司利用线下项目和操控应计进行盈余管理的程度更小。他们的研究结论表明，证券监管部门在配股审批过程中会考虑企业的盈余质量。这两篇论文的研究发现支持中国证监会的配股发行监管在一定程度上是有效的。

长期以来证监会关于再融资发行门槛的相关规定一直备受争议。许多研究指出，发行门槛中对盈利指标的要求诱导了上市公司进行盈余管理（陈小悦等，2000；阎达五等，2001）。还有的研究分析了门槛的设置是否真能筛选出“绩优”的公司。例如，吴文锋等（2005）以1998—2001年间实行配股和增发的上市公司为研究对象，发现门槛筛选的“绩优”公司在增发配股后的经营业绩普遍大幅度下滑，而且即使门槛不同的公司在发行后的长期业绩也无明显改善。因此，他们认为应该重新审视再发行门槛的合理性。王正位等（2006）则提出了相反的观点，他们认为门槛是否有效应该比较门槛设置前后的效果。王正位等（2006）对比分析了1994—2003年间不同的配股和增发门槛下，进行配股和增发的公司累积超额回报率和会计经营业绩表现，他们发现，设置门槛之后，再融资公司股票的平均累积超额收益率和会计经营业绩都有改善和提高，这表明以往的再融资门槛是必要的和有效的。Chen and Wang（2007）指出，政府基于会计利润设置的配股门槛，不但能减少配股过程中的逆向选择问题，还能限制股票供应以及发行新股对于现有股票的稀释作用。

总之，关于中国证监会监管效率的研究发现，证监会能够在一定程度上识别企业的盈余管理行为，而且证监会的监管政策具有一定的有效性。

四、未来研究方向

通过对发表在国内外重要期刊上的关于企业再融资理论与政策的代表性文献的分析和讨论，我们可以归纳出下面两个特点：

第一，关注企业再融资的全过程。已有的文献不仅分析了企业再融资的动机、形式和手段，更分析了企业再融资的经济后果。系统的研究有助于我们深入地认识企业再融资行为，也为完善再融资政策，提高监管效率提供了依据。

第二，关注制度环境对于企业再融资的影响。以往的研究主要关注企业的个体特征和微观经济活动对于财务行为的影响。但是，任何一个企业都是在一定的制度环境下开展经营活动，忽视制度环境的研究结论必然缺乏可靠性和稳定性。近年来涌现的关于再融资政策对于企业融资行为动机和经济后果影响的研究恰好弥补了这方面的不足。处于转型经济中的中国为我们的学术研究提供了很好的研究环境和素材。本章回顾的国内文献大多运用西方的财务理论，同时结合中国的制度背景来分析中国企业的再融资行为，可以说，这些文献较好地解释了中国企业的再融资行为。

从上述回顾情况来看，在过去短短十年的时间里，海内外学者关于中国企业再融资理论与政策的研究无疑取得了长足进展。这不仅体现在研究问题的广度上，研究深度也有了质的变化。

然而，我们也应清醒地认识到，现有研究仍存在不少缺陷，其中，最为重要的问题是，不少关于再融资的实证研究简单照搬西方的理论模型，而缺乏基于中国资本市场的理论模型创建。由于中国与西方的资本市场存在极大差异，这不仅给实证研究设计造成了困难，也降低了研究结果的有效性。

从未来研究方向来看，有必要在借鉴西方企业再融资理论的基础上，从中国资本市场现状出发，构建较为符合中国现实的理论模型，以更好解释中国资本市场上企业再融资的一些特有现象。中国迅速变化的资本市场和公司治理，也为学者更为深入地考察企业再融资领域一些基础性问题提供了绝佳的研究机会。我们深信，基于中国资本市场的企业再融资理论研究，不仅有助于促进中国资本市场的良性发展，而且也必将丰富和发展企业再融资理论文献。

建议阅读文献

[1] 陈小悦，肖星，过晓艳. 配股权与上市公司利润操纵 [J]. 经济研究，2000 (1)：30～36

[2] 都志灵，梁博. 分配方案对股票价格影响的实证研究：中国案例 [J]. 世界经济，1999，22 (10)：3～9

[3] 黄少安，张岗. 中国上市公司股权融资偏好分析 [J]. 经济研究，2001，11 (1)：77～83

[4] 管征，卞志村，范从来. 增发还是配股？上市公司股权再融资方式选择研究 [J]. 管理世界，2008 (1)：136～144

[5] 黄少安，张岗. 中国上市公司股权融资偏好分析 [J]. 经济研究，2001，11 (1)：77～83

[6] 黄新建. 中国上市公司股权融资中的盈余管理研究 [D]. 重庆大学，2003

[7] 蒋义宏，魏刚. ROE 是否已被操纵——关于上市公司净资产收益率的实证研究 [J]. 中国证券报，1998 (5)：28

[8] 靳明. 从 ROE 的实证分析看上市公司的业绩操纵行为 [J]. 中国工业经济，2000 (2)：64～69

[9] 李康，杨兴君，杨雄. 配股和增发的相关者利益分析和政策研究 [J]. 经济研究，2003 (3)：79～87

[10] 李志文，宋衍蘅. 股权结构会影响筹资决策吗？——来自中国赛格系公司的案例 [J]. 管理世界，2003 (6)：128～138

[11] 李志文，宋衍蘅. 影响中国上市公司配股决策的因素分析 [J]. 经济科学，2003 (3)：59～69

[12] 陆宇建. 上市公司基于配股权的盈余管理行为实证分析 [J]. 南京社会科学，2002 (3)：26～32

[13] 陆宇建. 上市公司盈余管理行为对配股政策反应的实证研究. 中国软科学，2003 (6)

[14] 陆正飞，高强. 中国上市公司融资行为研究——基于问卷调查的分析 [J]. 会计研究，2003 (10)：16～24

[15] 黄少安，张岗. 中国上市公司股权融资偏好分析 [J]. 经济研究，2001，11 (1)：77～83

[16] 孙铮，王跃堂. 资源配置与盈余操纵之实证研究 [J]. 财经研究，1999，4 (3)：6

[17] 唐国正. 股权二元结构下配股对股权价值的影响 [J]. 经济学，2006，5 (2)：329～360

[18] 王正位，赵冬青，朱武祥. 再融资门槛无效吗？ [J]. 管理世界，2006 (10)：108～113

［19］吴文锋，胡戈游，吴冲锋等．从长期业绩看设置再发行“门槛”的合理性［J］．2005（5）

［20］阎达五，耿建新，刘文鹏．我国上市公司配股融资行为的实证研究［J］．会计研究，2001，9（2）

［21］原红旗，李海建．配股资金使用与公司业绩［J］．中国会计评论，2005（1）：145～162

［22］原红旗．上市公司配股行为与经济后果研究［M］．北京：中国财政经济出版社，2004

［23］张鸣，郭思永．大股东控制下的定向增发和财富转移——来自中国上市公司的经验证据［J］．会计研究，2009（5）：78～86

［24］郑江淮，何旭强，王华．上市公司投资的融资约束：从股权结构角度的实证分析［J］．金融研究，2001，11（1）：8

［25］朱红军，何贤杰，陈信元．定向增发“盛宴”背后的利益输送：现象、理论根源与制度成因——基于驰宏锌锗的案例研究［J］．管理世界，2008（6）：136～147

［26］朱武祥，陈寒梅，吴迅．产品市场竞争与财务保守行为［J］．经济研究，2002（8）：28～36

［27］Affleck-Graves，J.，and M. Page. *The timing and subsequent performance of seasoned equity offerings：the case of rights issues*. Working Paper，1996

［28］Baker，M.，Wurgler，J. Market timing and capital structure［J］. *The Journal of Finance*，2002，57（1）：1-32

［29］Booth，J. R.，Chua，L. Ownership dispersion，costly information，and IPO underpricing［J］. *Journal of Financial Economics*，1996，41（2）：291-310

［30］Brennan，M. J.，Franks，J. Underpricing，ownership and control in initial public offerings of equity securities in the UK［J］. *Journal of Financial Economics*，1997，45（3）：391-413

［31］Chen，K. C. W.，Yuan，H. Earnings management and capital resource allocation：Evidence from China's accounting-based regulation of rights issues［J］. *The Accounting Review*，2004，79（3）：645-665

［32］Chen，K. C. W.，Wang，J. Accounting-based regulation in emerging markets：The case of China's seasoned-equity offerings［J］. *The International Journal of Accounting*，2007，42（3）：221-236

［33］Cronqvist，H.，Nilsson，M. The choice between rights offerings and private equity placements［J］. *Journal of Financial Economics*，2005，78（2）：375-407

［34］Djankov，S.，La Porta，R.，Lopez-de-Silanes，F.，et al. The regulation of entry［J］. *The Quarterly Journal of Economics*，2002，117（1）：1-37

［35］Dubois，M.，and P. Jeanneret. *The long-run performance of seasoned equity offerings with rights*. Working Paper，2000

［36］Eckbo，B. E.，Masulis，R. W. Adverse selection and the rights offer paradox［J］. *Journal of Financial Economics*，1992，32（3）：293-332

［37］Fama，E. F.，French，K. R. Financing decisions：who issues stock?［J］. *Journal of Financial Economics*，2005，76（3）：549-582

[38] Frank, M. Z., Goyal, V. K. Testing the pecking order theory of capital structure [J]. *Journal of Financial Economics*, 2003, 67 (2): 217-248

[39] Gebhardt, W. R., Lee, C., Swaminathan, B. Toward an implied cost of capital [J]. *Journal of Accounting Research*, 2001, 39 (1): 135-176

[40] Graham, J. R., Harvey, C. R. The theory and practice of corporate finance: Evidence from the field [J]. *Journal of Financial Economics*, 2001, 60 (2): 187-243

[41] Gul, F. A. Government share ownership, investment opportunity set and corporate policy choices in China [J]. *Pacific-Basin Finance Journal*, 1999, 7 (2): 157-172

[42] Hansen, R. S., Pinkerton, J. M. Direct equity financing: A resolution of a paradox [J]. *The Journal of Finance*, 1982, 37 (3): 651-665

[43] Haw, I., Qi, D., Wu, D., et al. Market Consequences of Earnings Management in Response to Security Regulations in China [J]. *Contemporary Accounting Research*, 2005, 22 (1): 95-140

[44] Heinkel, R., Schwartz, E. S. Rights versus underwritten offerings: An asymmetric information approach [J]. *The Journal of Finance*, 1986, 41 (1): 1-18

[45] Jensen, M. C., Meckling, W. H. Theory of the firm: Managerial behavior, agency costs and ownership structure [J]. *Journal of Financial Economics*, 1976, 3 (4): 305-360

[46] Kang, J. K., Kim, Y. C., Stulz, R. M. The underreaction hypothesis and the new issue puzzle: Evidence from Japan [J]. *Review of Financial Studies*, 1999, 12 (3): 519-534

[47] Loughran, T., Ritter, J. R. The operating performance of firms conducting seasoned equity offerings [J]. *The Journal of Finance*, 1997, 52 (5): 1823-1850

[48] Loughran, T., Ritter, J. R. The new issues puzzle [J]. *The Journal of Finance*, 1995, 50 (1): 23-51

[49] McLaughlin, R., Safieddine, A., Vasudevan, G. K. The information content of corporate offerings of seasoned securities: An empirical analysis [J]. *Financial Management*, 1998, 27: 31-45.

[50] McLaughlin, R., Safieddine, A., Vasudevan, G. K. The operating performance of seasoned equity issuers: Free cash flow and post-issue performance [J]. *Financial Management*, 1996, 25: 41-53

[51] Myers, S. C., Majluf, N. S. Corporate financing and investment decisions when firms have information that investors do not have [J]. *Journal of Financial Economics*, 1984, 13 (2): 187-221

[52] Myers, S. C. The capital structure puzzle [J]. *The Journal of Finance*, 1984, 39 (3): 574-592

[53] Jeanneret, P. Use of the proceeds and long-term performance of french SEO firms [J]. *European Financial Management*, 2005, 11 (1): 99-122

[54] Pigou, A. C. *The economics of welfare*, 4th edition, Macmillan and Co. 1938

[55] Rangan, S. Earnings management and the performance of seasoned equity offerings [J]. *Journal of Financial Economics*, 1998, 50 (1): 101-122

[56] Shleifer, A., Vishny, R. W. *The grabbing hand: Government pathologies and their*

cures [M]. Massachusetts: Harvard University Press, 2002

[57] Smith, Jr. C. W. Alternative methods for raising capital: Rights versus underwritten offerings [J]. *Journal of Financial Economics*, 1977, 5 (3): 273-307

[58] Soucik, V., Allen, D. *Long run underperformance of seasoned equity offerings: Fact or an illusion?* [J]. Working Paper, 1999

[59] Spiess, D. K., Affleck-Graves, J. Underperformance in long-run stock returns following seasoned equity offerings [J]. *Journal of Financial Economics*, 1995, 38 (3): 243-267

[60] Stigler, G. J. The theory of economic regulation [J]. *The Bell Journal of Economics and Management Science*, 1971: 3-21

[61] Teoh, S. H., Welch, I., Wong, T. J. Earnings management and the underperformance of seasoned equity offerings [J]. *Journal of Financial Economics*, 1998, 50 (1): 63-99

[62] Wippern, R. F. Financial structure and the value of the firm [J]. *The Journal of Finance*, 1966, 21 (4): 615-633

[63] Yu, Q., Du, B., Sun, Q. Earnings management at rights issues thresholds—Evidence from China [J]. *Journal of Banking & Finance*, 2006, 30 (12): 3453-3468

陆正飞（北京大学）

祝继高（对外经济贸易大学）

专题8　投资理论与政策

一、问题提出

投资决策是企业面临的最重要的财务决策之一。投资作为企业成长的主要动因和未来现金流量增长的重要基础，决定了企业的经营风险、盈利水平以及资本市场对其经营业绩和发展前景的评价。对于一国的经济增长而言，企业投资也至关重要。国外学者非常重视对企业投资的研究，已形成了较为完善的企业投资理论体系。相比较而言，我国学者对于投资的研究起步较晚，还有不少问题需要深入研究。

改革开放以来，我国企业投资呈高速增长态势。然而，高速增长的企业投资还存在诸多问题，如企业投资效率低下，受政府干预严重，投资决策程序和规范尚不健全等，其中企业投资效率低下可能是众多问题的最终体现。辛清泉等（2007）的研究显示，1999—2004年，中国上市公司的资本投资回报率仅为2.6%，远低于资本成本。到底哪些因素影响了中国企业的投资效率，每个因素所起的作用分别是多大呢？要对这些问题作出回答，必须对企业投资的相关理论和问题有一个比较全面的理解。因此，本章拟在回顾国内外现有企业投资研究文献的基础上，对企业投资的相关问题进行论述，最后对未来的研究趋势进行展望。

二、中外文献回顾

投资理论所要回答的最基本的问题是：是否投资、何时投资和投资多少，归纳起来就是，投资支出的决定因素是什么。不同学者从不同视角对此问题进行了研究，并形成不同流派的投资理论，主要有：(1) 新古典框架下的企业投资理论；(2) 基于委托代理的企业投资理论；(3) 基于信息不对称的企业投资理论；(4) 基于风险和收益的证券投资理论。

(一) 新古典框架下的企业投资理论

新古典框架下的企业投资理论大都在一系列严格假设下提出他们所认为的投资支出的最重要的影响因素，这些理论包括：(1) Modigliani and Miller (1958) 的投融资无关论；(2) Jorgenson (1963) 的新古典投资模型；(3) Tobin (1969) 的 Q 理论。

1. Modigliani and Miller 的投融资无关论

Modigliani and Miller (1958) 在经济个体理性、信息充分和完全市场竞争的新古典研究假设下，对资本结构选择与企业价值的关系、股东收益与财务杠杆之间的关系、企业投资决策与融资决策之间的关系进行了研究。经过严密的逻辑推演和数理分析后，Modigliani and Miller 得出结论：如果资本市场完全自由套利且充分竞争，个人融资成本与市场替代投资机会的收益率相同，那么在无交易成本和企业所得税的情况下，同一投资所需的融资资金，无论是采用发行股票还是发行债券均无差异。企业的股票市价不会因融资方式的不同而存在差异，企业当前的价值仍然等于投资项目未来现金流的现值。可见在资本市场完全竞争的假定下，企业融资方式选择及其组合的变化对投资的现金流不产生影响，企业投资活动与融资活动相互独立，融资方式与投资决策无关。

2. Jorgenson 的新古典投资模型

Jorgenson (1963) 将新古典生产函数引入投资函数，提出新古典投资模型。在一系列假设下，Jorgenson 认为，最优资本存量 (K^*) 是在给定资金使用者成本的条件下使利润达到最大化时被决定的。而所谓资金使用者成本是指企业为获得单位资本品而必须支付的费用，它依赖于资本品的价格及其增长率、筹资成本或者广义的利率、折旧率或者税率等投资决策的影响变量。Jorgenson 在决定了最优资本存量后，通过把投资看做填补 K^* 与实际资本存量 (K) 之间的差异而进行的经济活动，来解释实际的投资活动。他认为，在不存在不确定的条件下，当单位资本的边际收益等于资本的使用成本时，企业可实现利润最大化，此时企业应当投资。

Jorgenson 的新古典模型最先运用最优化理论来解释企业的投资活动这一点具有重要意义，尤其是投资环境，例如税收制度变化等的影响也通过资金的使用成本被引入到投资需求函数这一点，对实证分析也做出了引人注目的贡献（郭丽虹，2005）。

3. Tobin 的 Q 理论

Tobin (1969) 将 Q 值定义为企业资产的市场价值与其重置成本之比。通常情况下市场价值与重置成本是不相等的，因而Q值一般不为1。当Q值大于1时，市场价值高于重置成本，此时增加资本的成本将小于资本收益现值的市场评估，因而投资者有利可图，扩大投资；当Q值小于1时，市场价值低于重置成本，此时继续投资将无利可图，投资将会被抑制。Q理论认为企业的投资规模由其未来的投资机会决定。因此，在实证研究中，Q也常用来作为投资机会的替代变量。

显然，Q理论的一个前提条件是资本市场足够有效，股价能正确反映企业价值。

（二）基于委托代理的企业投资理论

在由一系列契约联结的企业中，存在着多重委托代理关系，如股东与经理，控股股东与其他股东，股东与债权人，并产生不同的代理冲突。这些不同类型的代理冲突会对企业的投资产生不同的影响。

1. 股东与经理代理冲突下的企业投资行为

在股东与经理之间的委托代理关系中，股东是委托人，经理是代理人。股东处于信息劣势，其利益取决于经理的付出，而经理拥有信息优势，其利益包括薪水、职位、声誉、职业安全等多方面。在经理人未拥有企业100%的剩余索取权时，经理增加其努力要承担全部成本却不能获得由其追加努力所创造的所有收益；而当经理人增加在职消费或偷懒时，他能享受全部的好处，却只承担了部分成本，因此经理人有偷懒和谋取私利的动机（Jensen and Meckling，1976）。经理人可以通过增加或减少投资以谋取包括建造个人帝国（Jensen，1986；Stein，2003）、提高个人职业声誉（Narayanan，1985；Bebchuk and Stole，1993）和享受安逸生活（Bertrand and Mullainathan，2003；Aggarwal and Samwick，2006）等在内的个人私利。

2. 大小股东代理冲突下的企业投资行为

股权集中在世界上许多国家的公司中均较为常见（如La Porta et al.，1999；Claessens et al.，2000）。尤其在我国，股权集中现象更为严重。股权高度集中带来的一个主要问题就是大小股东的代理冲突问题。由于大股东与中小股东间的权利不对等，监督的成本与收益不对等，使得大股东有侵占中小股东利益的条件和动机。当然，理论分析和经验证据也表明，大股东不仅可能“掏空”上市公司，也可能“支持”上市公司。

大股东可能通过控制上市公司的投资决策来实现“掏空”或“支持”的目的。Goergen and Renneboog（2001）的实证研究发现，工业类大股东的出现导致投资支出与现金流显著正相关。对此他们的解释是：在公司存在自由现金流时，大股东促使企业过度投资，投资形成的资产可以低价出售或租赁给大股东，或作为大股东贷款的抵押物。

3. 股东与债权人冲突下的企业投资行为

代理成本理论认为，股东与债权人利益的冲突对投资行为存在两大影响：过度投资和投资不足。Myers（1977）分析了负债对成长型企业的影响，提出了负债"悬挂"（debt overhang）作用假说。股东控制下的管理人员拥有关于企业未来投资机会的私有信息，这些投资机会通常在决定企业市场价值方面是重要的。如果企业未来的投资收益大部分流向已有的债权人手里，以至于股东不能获得足够的利益，股东可能不会投资。企业拥有的投资机会越多，股东和债权人冲突的可能性越大，结果造成"投资不足"。

Jensen（1986）提出的自由现金流量假说则认为，由于负债本金和利息的偿还将减少管理者可使用的自由现金流量，因此，负债能够抑制经理人为了谋取自身私有利益而导致的过度投资行为。Stulz（1990）的进一步研究指出在公司股权分散情况下，公司经理人为了从投资中获得私人利益会出现过度投资和投资不足问题，而负债融资能够减少经理人的过度投资和投资不足行为。Nini et al.（2009）通过考察大样本的银行与公众企业的私密信贷协议，研究了债权人与借款企业的利益冲突对企业投资政策的影响，发现32%的协议含有对企业资本支出的限制，这些限制条款导致企业投资下降。

（三）基于信息不对称的企业投资理论

在信息完全对称假设下，只要存在净现值为正的投资机会，企业总能以合理的成本筹措到投资所需的资金，因而总能实现当前资本成本条件下的最优投资水平。然而，研究表明，股权融资和债权融资中存在的信息不对称将使企业难以实现最优投资水平。

Myers and Majluf（1984）利用信息不对称理论分析了发行股票融资中的逆向选择问题，进一步讨论了逆向选择对企业投资行为的影响。他们的分析表明，在管理者与潜在的新股东之间存在信息不对称时，由于股票价值被低估的企业经理发行股票给原有股东所带来的损失可能远大于投资项目所能带给他们的收益，所以管理者从企业原有股东的利益出发，宁愿放弃净现值为正的项目也不愿意发行股票；而股票价格被高估的企业经理总是愿意发行股票。潜在的投资者也知道企业管理者的这一行为模式，因此他们将企业发行股票这一行为视为坏消息，而视不发行股票的决策为好消息。无论是股票价格被高估还是被低估的企业，一旦发行股票，投资者都将在原有价格的基础上向下打一折扣。因此，企业在选择项目投资的融资来源时，将优先考虑受信息不对称影响最小的内部资金，然后是负债，最后才是发行股票。这表明在信息不对称情况下，企业内部资金的多寡将影响企业的投资支出。因此，信息不对称使得内部资金不足的企业有可能出现投资不足现象。

在股权融资受限的情况下，如果企业可以毫无阻碍地筹措到金额不受限制的债务资金，则企业的投资也不会受到影响。但是，大量理论研究表明这种情况是不可能存在的。因为逆向选择问题不仅存在于股权融资方式下，同样存在于债务融资过程中①，原因是债务存在着违约的风险。

Stigliz and Weiss（1981）分析了借贷市场上的信息不对称是如何导致信贷配给的。在存在信贷配给情况下，企业即使愿意接受贷款方提出的贷款利率，也无法为风险高但仍具有投资价值的项目筹集到资金，从而导致投资不足现象的发生。

（四）基于风险和收益的证券投资理论

1．证券组合理论：Markowitz的研究

经济学家Markowitz（1952）在《财务杂志》上发表题为“资产组合的选择”的论文，奠定了投资财务理论发展的基石。这篇论文探讨了如何通过投资组合分散风险，以及如何权衡收益和风险，形成最佳的投资组合。

人们是否需要进行证券投资，投资于何种证券，只有在对证券的风险和报酬进行分析后才能做出决策。解决风险和报酬之间的关系是证券投资中的首要问题。通常，高报酬伴随着高风险，低报酬其风险也低，这是因为投资者一般都有规避风险的倾向。为了吸引投资者购买，风险大的资产往往以较低的价格出售或者提供较高的报酬率，这种额外的收益率实际上是对投资者承担风险的补偿。

组合资产的收益率是投资组合中单个资产预期收益率的加权平均，以它们各自在投资组合总体中所占的资金份额为权数。投资组合总体的风险，通常用其预期报酬的方差来表示。投资组合预期报酬的方差不仅取决于其中单个资产预期报酬的方差，同时也取决于反映各单个资产预期报酬之间相关程度的协方差。投资组合中包含的资产数目越大，后者的影响程度也越大。人们通常把组合中单个资产对组合风险的贡献称为非系统风险，协方差对组合风险的贡献称为组合的系统风险。一般来说，投资组合的非系统风险可以通过增大组合中资产的数目来消除，当这个数目足够大时，组合的总风险接近于其系统风险。

2．资本资产定价模型：William F. Sharpe的贡献

以William F. Sharpe（1964）为主要代表提出的资本资产定价模型（CAPM）是建立在一定假设条件之上，经过一系列推导得到的。资本资产定价模型为：

$$\begin{aligned} E_{Ri} &= R_f + (E_{RM} - R_f)\left(\frac{\sigma_{iM}}{\sigma_M^2}\right) \\ &= R_f + (E_{RM} - R_f)\beta_{i,M} \end{aligned}$$

由于市场投资组合与其本身的协方差 $\sigma_{MM} = \rho_{MM} \cdot \sigma_M \cdot \sigma_M$，故市场投资组合的 β

① 但Myers and Majluf（1984）认为，股权融资过程中的逆向选择问题更严重，那是因为与债券相比，股票的价值对经营者的私有信息更敏感。

系数 β_M 为 1。

任何一项投资的总风险均可分解为系统风险和非系统风险，若用方差 σ^2 表示总风险，则有 $\sigma_i^2=\beta_i^2\cdot\sigma_M^2+\sigma^2(\varepsilon)$，式中 $\beta_i^2\cdot\sigma_M^2$ 表示系统风险，$\sigma^2(\varepsilon)$ 是非系统风险。我们知道，对于非系统风险可通过投资组合来分散，故在有效投资组合中，$\sigma^2(\varepsilon)$通常不予考虑。那么某种证券或证券组合的市场风险（σ_i）就取决于其 β 系数和市场投资组合的风险 σ_M，显然，证券或证券组合 i 的市场风险取决于其 β 系数，可见，β 系数实际上反映系统风险的程度，用于衡量个别证券报酬率对于市场投资组合报酬率变动的敏感性。

CAPM 用单一因素衡量投资风险，受到一些学者的质疑。Fama（1991）认为资本资产定价模型没有完全衡量企业风险，要想有说服力，就必须提出新的资本资产定价模型衡量 CAPM 没有包括的风险。Fama and French（1992，1993）提出了三因素资产定价模型。这两篇文章通过实证方法，提出除市场风险外，规模因素和市场价值与账面价值之比也是影响收益率的两个风险因素。

3. 套利定价模型：Ross 的修正

CAPM 模型的杰出贡献在于它揭示了资本资产风险与报酬的均衡关系。然而，由于其过于苛刻且不切实际的种种假设，使 CAPM 模型在实际运用中存在一些局限性。

在现实经济社会中，影响资产或资产组合报酬水平的因素有很多，除了 CAPM 涉及的市场投资组合报酬率之外，比如国民生产总值（GNP）增长率、人均收入、通货膨胀率等都会对 E_{Ri} 产生影响。于是，在单因素分析基础上构建了 CAPM 模型，其中最有代表性的是由美国经济学家 Ross（1976）首先提出的套利定价理论（APT）。该理论认为证券的实际报酬并不只是笼统地受其 β 系数的影响，而是受经济中许多因素变动敏感性大小的影响。该理论的基本思想是在竞争的金融市场上套利行为将保证由风险和报酬决定的价格达到均衡。

所谓套利，是利用同一种实物或金融资产在时间或空间上存在的价格差异来赚取无风险利润的行为。根据套利定价理论，理性的投资者会通过调整投资结构来提高其投资组合的预期报酬率，即买入预期报酬率高的投资组合中的证券而卖空预期报酬率低的投资组合中的证券，这种套利行为导致前者价格上升而报酬下降，后者价格下跌而报酬上升，最终使各投资组合的报酬趋于均衡。

套利定价理论假定收益是由单个因素模型产生的，在单因素模型中，投资组合的预期报酬率用公式表示为：

$$E_{Ri}=R_f+\lambda_i\cdot b_i$$

式中，R_f 为无风险利率；λ_i 为因素 i 的价格（或被看成每单位因素敏感系数的预期收益溢价）；b_i 为资产对因素 i 的敏感系数。

考虑两个因素时，有

$$E_{Ri}=R_f+\lambda_i b_{i1}+\lambda_i b_{i2}$$

当市场十分完善时，尽管存在有各种证券搭配形成的不同的纯因素投资组合，如“纯因素 1 投资组合”、“纯因素 2 投资组合”等，这些纯因素投资组合是否具有相同的期望报酬率呢？回答是肯定的。否则，套利行为就会产生。

当证券或证券组合 i 为多因素模式时，其预期报酬率为：

$$E_{Ri}=R_f+\sum_{i=1}^{n}\lambda_i\cdot b_{ij}$$

这就是套利定价方程式，也称套利定价理论的基本公式，它说明一种资产（组合）的预期报酬率与若干因素有关，而且这种相关关系是线性的，其共同截距为无风险利率。式中，λ_i 为因素价格，即单位因素敏感系数的预期报酬溢价，它可以是正值、负值或零；b_{ij} 为资产 i 对因素 j 的敏感系数。

在套利定价模型中，如果只考虑市场资产组合这一因素，那么这一模型就很容易转换成 CAPM 模型。因此，CAPM 模型实际上是 APT 模型的一个特例。

4. 定价理论：不断推陈出新

尽管 CAPM 和 APT 在附加一定限制条件下也可以运用于跨时期资产定价，但从本质上看，这两个模型均属于单时期资产定价模型。Merton（1973）首次推导出跨时期资产定价模型（ICAPM）。该模型仍然是一个线性多因素模型，其中定价因子包括资产的期望收益率、资产收益率与投资者财富变化的协方差、资产收益率与其他变量的协方差。

基于消费的资产定价理论被认为是财务经济学最近 20 多年来最主要的进展之一。这一理论以消费和资产回报之间的简单关系体现了跨时期多因素资产定价模型的复杂思想，它的形成归功于 Rubinstein（1976），Lucas（1978），Breeden（1979），Grossman and Shiller（1981）以及 Hansen and Singleton（1983）等一系列经典论文。基于消费的资本资产定价模型的最大特点在于它以投资者的终极目标——消费效用最大化为基本依据，而不是主观假定某种中间目标，比如“投资组合收益的均值与方差”作为理论基础，因而在理论上更为合理。

Amihud and Mendelson（1986）被认为是最早对流动性和资产收益率之间的关系进行实证研究且影响最为深远的文献之一。在该文中，他们建立了一个简单的基于买卖价差的资产定价模型。模型假定不同的资产具有不同的买卖价差，不同的投资者具有不同的投资期限，因此得出的核心结论是：在均衡中具有较长期望期限的投资者将持有价差较大的资产；资产的市场收益率是相对价差的分段线性增函数。该文用实证数据证明了其结论。

三、基本问题分析

（一）企业直接投资决策

1. 现金流量及其估算

在长期投资决策中，通常先预测一个投资项目有各种投资支出和投资回报的方案，然后将它们进行对比分析，从中选出最优方案。这就需要对现金流量作出准确的估计。

现金流量是指投资项目从筹建、设计、正式投产使用直到报废为止整个期间内所发生的现金流入量和流出量的总称，包括现金流入量、现金流出量和净现金流量。

（1）现金流量与会计利润。

在对项目进行决策时，往往是预测项目带来的收益和为此而发生的支出，将两者进行比较后决定项目的取舍，从这一思路出发，评价项目时既可以用项目的预期利润，也可以用项目的预期现金流量。会计利润与现金流量二者既存在联系，也有差别。

会计利润的确定以权责发生制为基础，而现金流量的确定则以收付实现制为基础，因此，一个会计期间的会计利润通常与该期间的现金流量不一致，但从整个项目经营期来看，会计利润总额应该等于现金流量总额。

在实际工作中，人们往往使用现金流量而非会计利润来作为决策依据。原因有三：1）使用现金流量考虑了货币时间价值；2）会计利润在各年的分布受许多人为因素的影响，而现金流量的分布较少受这些人为因素的影响，可以保证评价结果较为客观；3）在投资决策分析中现金流量比盈亏状况更重要，有利润的时候现金流量状况不一定好，情况严重时甚至威胁到项目的生存。

（2）现金流量的确认。

在进行投资决策分析时往往需要估算项目的现金流量，通过比较项目的现金流入量和流出量来评价方案的经济效益。

通常现金流入量包括营业现金流入、投资项目终结时回收的流动资金、固定资产报废时的残值收入及报废前的变价收入。营业现金流入是项目建成投产后在某一期间通过销售产品或提供劳务而形成的现金流入的增加。长期项目除了在筹建阶段发生大量的固定资产投资支出外，通常还需要在投产后将一部分资金垫支在现金、应收账款和存货等流动资产上，这些流动资金到项目结束时便可收回，从而构成项目结束当年的一项现金流入。在项目终结时，有的固定资产可能完全失去效能，有的固定资产可能还能继续使用，那么报废的固定资产的残值收入和变卖仍可使用的固定资产的收入，也构成了现金流入量的一部分。

现金流出量通常包括建设期固定资产投资支出、建设期借款利息支出、垫支流动资金、生产经营活动的现金流出（材料采购、工资支出、销售费用、管理费用、税金等）等。

(3) 估算现金流量需考虑的因素。

有许多因素会影响现金流量估算的正确性，因此，投资者必须具体分析哪些是与投资决策相关的因素，应纳入考虑的范畴，哪些因素是与投资决策不相关的，不应计入投资项目的现金流量中。在估算现金流量时投资者需考虑的因素包括沉没成本、机会成本、投资方案对公司相关部门的影响、所得税和通货膨胀率等。

2. 项目投资决策方法

当投资项目现金流量确定后，人们就要采用决策方法来分析方案的可行性，即通常所说的资本预算。投资决策方法可以分为非折现的现金流量分析法和折现的现金流量分析法（DCF）。前者包括回收期法（PB）和会计收益率法（ARR），后者包括净现值法（NPV）、内含报酬率法（IRR）、获利指数（PI）等。

关于资本预算方法的优缺点及其在企业中的运用情况，国外学者作了很多调查和研究。Graham and Harvey（2001）调查了392位财务总监，结果发现：美国的大多数公司最常用的资本预算方法是NPV和IRR，其中，74.9%的财务总监总是或几乎总是使用NPV，75.7%的公司总是或几乎总是使用IRR；除NPV和IRR外，非贴现投资回收期法也是最常用的资本预算方法之一。这一调查结果很让人吃惊，因为几十年来美国的财务教材一直在数落投资回收期法的缺点，而一种通过考虑货币时间价值来消除投资回收期法缺点的贴现投资回收期法，却很少有公司使用。

最近的一篇文献（Hermes et al.，2007）比较了300家中国企业和250家荷兰企业的资本预算技术，结果发现：与中国企业CFO相比，荷兰企业CFO更多使用复杂的资本预算技术。

3. 风险和投资决策

以现金流量为基础的几种投资决策方法，虽然各有特点，但都依赖于确定的现金流量。而实际上，在作决策时面临着各种各样的风险，这些风险的存在使得决策的预期与决策的结果产生巨大的差异。

(1) 能够确定概率分布的决策分析方法。

比较有代表性的方法是风险调整贴现率法和肯定当量法。

风险调整贴现率法的基本思想是根据不同投资方案的风险程度，分别确定各个投资方案的贴现率，再根据净现值法的规则来选择方案，贴现率的确定是这一方法的关键所在。从理论上看，风险调整贴现率法根据投资项目的不同风险程度来确定不同的贴现率是有其科学道理的，但是在调整贴现率时，它把货币时间价值和风险价值混在一起，使投资项目的风险随着时间的推移而增加，这未必符合客观事实，有一些投资项目恰恰是初期风险大而中后期风险小，如旅馆、果园等。

肯定当量法是将有风险的净现金流量调整为无风险的净现金流量来确定净现值的一种方法。肯定当量法的关键在于确定肯定当量系数，这也是运用肯定当量法的难点，由于反映风险程度的变异系数与肯定当量系数之间并不存在公认一致的对应关系，所以肯定当量系数往往是根据投资者对风险的好恶程度由投资者主观判断而定。

（2）不能确定概率分布的决策分析方法。

比较有代表性的方法是敏感性分析、盈亏平衡分析和蒙特卡洛模拟法。敏感性分析是假定其他条件不变的情况下，当某变量发生变化时，投资方案的净现值随之变化的程度。盈亏平衡分析则是通过盈亏平衡点分析项目对市场需求变化适应能力的一种方法。它通过对一个投资项目的本—量—利之间的平衡关系进行分析计算，找出盈亏平衡点，就可以了解项目对市场需求变化的适应能力以及项目可承受的风险程度，掌握各种不确定因素的变化对项目收支平衡的影响，从而使决策者能够在投资决策中把握重点。蒙特卡洛模拟法是根据影响投资方案评价指标的各变量的概率分布，通过模拟实际投资情况，来计算净现值或内部收益率的期望值以及它们的离差，从而较为精确地反映投资项目风险的方法。

（二）企业非效率投资的判别与测度

在信息完全对称、不存在代理问题的完美资本市场中，企业投资完全由投资机会决定，可以实现最优投资水平。然而，信息不对称和代理问题都是现实世界的常态，因而，企业很难实现理想状态中的最优投资水平。到底哪些公司过度投资？哪些公司投资不足？其过度或不足的程度有多大？国内外学者对这些问题非常感兴趣，先后提出多个模型进行实证度量或判别。其中 Richardson（2006）的残差模型是近几年学者们在度量企业非效率投资时较常借鉴的模型之一（如辛清泉等，2007；Biddle et al.，2009；张功富、宋献中，2009）。

计量经济模型残差项的含义是被解释变量的实际值与模型回归后的拟合值之差，是模型中解释变量不能解释的部分。Richardson 将净投资分解为由企业成长机会、融资约束、行业及其他因素决定的预期投资和非预期投资两部分。后者则为实际投资与预期投资之间的差额，即投资模型的残差。正残差表示实际投资超过预期投资的部分，即过度投资，而负残差则为实际投资低于预期投资水平的部分，即为投资不足。预期投资为模型（1）估计的拟合值。

$$I_t = \beta_0 + \beta_1 V/P_{t-1} + \beta_2 Lev_{t-1} + \beta_3 Cash_{t-1} + \beta_4 Age_{t-1} + \beta_5 Size_{t-1} + \beta_6 AR_{t-1} + \beta_7 I_{t-1} + \sum Year + \sum Indus + \varepsilon \quad (1)$$

式中，I 为扣除维持性投资后的净投资；V/P 为投资机会变量，等于企业价值除以权益的市场价值；Lev，$Cash$，Age，$Size$，AR 分别为资产负债率、现金存量、企业成立年数、企业规模和个股收益率；I_{t-1}为滞后一期的因变量。

Richardson（2006）以1988—2002年间Compustat中的58 053个企业—年度观测值为样本的研究表明，投资 I 与 V/P，Lev，Age 负相关，而与 $Cash$，$Size$，AR 和 I_{t-1}正相关。

（二）企业投资支出的影响因素

哪些因素决定了企业的投资支出？这是企业投资理论和实务界都非常关心的问题。根据现有文献和实践经验总结，投资机会、融资约束、代理问题、公司治理、政府干预等是直接或间接影响企业投资支出的因素。

1. 投资机会

投资机会就是企业获得净现值大于零的项目的可能性。在完美资本市场条件下，投资机会是企业投资的唯一决定因素。只要有投资机会，企业就能筹措到相应的资金进行投资。因此，企业投资与投资机会之间应为正相关关系。国内外绝大多数的实证研究也都证明了这一点。

由于投资机会具有不可观测性，在实证研究中，学者们构造了多种代理指标来衡量，常用的有以下三种：Tobin's Q、权益的市场价值与账面价值比率、销售收入增长率、边际 Q。

（1）Tobin's Q。从理论上讲，能够完全反映投资机会的是边际 Q（新增一个单位资本预期能创造的现金流的现值与重置成本的比率）而不是平均 Q（现有资本的市场价值与其重置成本之比），但由于边际 Q 的不可观测性，现有文献中基本上都是以平均 Q（Tobin's Q）代替边际 Q。Tobin's Q，即资产的市场价值与账面价值之比，它可能是文献中使用最为广泛的衡量投资机会的代理指标。资产的账面价值衡量了公司当前资产的价值，而其市场价值则同时衡量了当前资产和潜在成长能力的价值，因而较高的 Q 值意味着，相对于其当前资产而言，公司拥有较多的投资机会。Hayashi（1982）指出，以平均 Q 代替边际 Q 必须具备以下条件：产品和要素市场完全竞争，各种资本具有同质性，生产函数和资本调整函数均为线性齐次函数，公司的目标是价值最大化。显然，这些条件在现实经济中往往难以满足。在进行投资—现金流敏感性研究时，若上述条件不满足但仍以平均 Q（Tobin's Q）代替边际 Q，则存在 Q 的衡量偏误问题。

（2）权益的市场价值与账面价值比率（MBE）。与Tobin's Q 相比，用MBE衡量投资机会的一个最主要的优点在于，其构造过程无须衡量债务的市场价值，也无须估算资产的重置成本。其缺点在于：第一，类似于Tobin's Q，MBE除了用于衡量投资机会外，往往还用于衡量经营绩效、成长能力等其他公司特征，使得其含义过于模糊；第二，MBE 会受到财务杠杆的影响；第三，在使用该变量时，权益价值为负的样本不得不丢弃，因为 MBE 为负对于衡量投资机会而言没有任何意义（连玉君，2009）。

（3）销售收入增长率（SG）。投资是销售收入增长的源动力，因此如果能预测企业在未来某一期间的销售收入增长率，则可据此推断企业未来的投资机会。假设企业各年的销售收入增长速度相对稳定，则可基于企业销售收入增长的历史数据来推断其未来增长情况。使用 SG 衡量投资机会的优点在于：无须公司股票价格，因而市场是否有效不会影响投资机会衡量的准确性。缺点是：第一，销售收入的增长不只受投资的影响，还受产品质量、售后服务、广告投入等多种因素的影响；第二，不适用于各年销售波动较大的公司。

（4）边际 Q。边际 Q 是真正能够完全反映投资机会的变量，它等于新增一个单位资本带来的所有未来边际利润的折现值。连玉君（2009）基于一组反映企业盈利能力的变量，利用向量自回归（VAR）系统构建了一个可以实际操作的边际 Q 的代理变量——基准 Q。由于在构造基准 Q 的过程中无须反映公司市场价值的信息，也并不需要满足 Hayashi（1982）设定的假设条件，因此，可以避免前述采用 Tobin's Q 衡量投资机会存在的缺陷，是一个投资机会的良好替代变量。其缺点是计算非常复杂，需要借助计算机编程才能完成。

2. 融资约束

所谓融资约束，是指企业缺乏满足 NPV 为正的项目投资所需的资金。企业用于投资的资金主要有两个来源：一是内部资金，二是外部融资。内部资金的直接来源是企业经营现金净流量，而后者的多少与企业的盈利状况密切相关。一般情况下，企业的盈利水平越高，经营现金净流量越多，内部资金越充裕，企业就越不可能出现因资金不足导致的投资不足。因此，内部资金不足是导致企业融资约束的主要原因。外部融资能力的强弱则是影响企业融资约束的重要原因。根据 Myers and Majluf（1984），信息不对称的存在使得企业外部融资成本高于内部资本成本，从而使得一些有利的投资机会因融资成本过高而被放弃，形成融资约束。

在实证研究过程中，研究者通常根据企业规模、成立时间、企业性质、是否隶属企业集团、银企关系、企业信用评级、股权集中度等确定企业是否遭受融资约束，一般将规模小、成立时间短、民营企业、独立企业、没有主办银行、信用评级低、无控股股东的企业视为融资约束企业，而将大型企业、老企业、国有企业、隶属企业集团的企业、银企关系好的企业、信用评级好的企业、股权集中的企业视为非融资约束企业。

自 FHP（1988）开创性地利用投资现金流敏感性衡量企业融资约束程度以后，投资现金流敏感性被许多学者用来判断样本公司是否存在融资约束。然而，也有一些学者（如 Kaplan and Zingales，1997）认为，投资现金流敏感性并不能衡量企业的融资约束。

3. 代理问题

在股权分散的公司中，经理与股东之间的代理冲突是公司的主要代理问题，而在存在控股股东的公司中，大小股东之间的代理冲突取代经理与股东之间的代理冲突成为公司的主要代理问题。

经理与股东之间的代理问题对企业投资决策影响的分析可围绕经理人的私人收益和私人成本两条线索展开。在股权分散的企业中，当拥有企业实际控制权的管理者持有企业的股份太少时，他们就会选择有利于自身而并非有利于所有者的投资决策（Jensen and Meckling，1976）。比如通过建造企业帝国、追求在职消费、建立壕沟防御或者偷懒卸责来实现自身收益最大化，从而损害股东的利益。当然，扩大投资也可能给经理人增加私人成本。比如，当企业启动新项目或对现有项目进行更新改造时，经理需要肩负更大的监督责任，并且经理也可能需要学习新的知识以提高自己对投资项目的管理能力，这样，经理先前所乐享的宁静生活可能由此打乱，不得不付出更多的工作时间和更多的精力以应付新增投资所带来的压力。因此，假如新增投资对于经理人来说投资的私人成本高昂，大于新增投资所带来的私人收益的话，经理人可能会放弃一些净现值大于0的投资项目，从而导致投资不足（柳建华，2010）。

在存在控股股东的公司中，公司投资有可能成为大股东侵占中小股东利益的“工具”。例如，在公司存在自由现金流时，大股东促使企业过度投资，投资形成的资产可以低价出售或租赁给大股东，或作为大股东贷款的抵押物，大股东因此获得收益。当然，大股东也并非是肆无忌惮地利用投资这一工具对公司进行“掏空”，也要考虑由此带来的成本。例如，过度投资将损害企业价值，导致中小股东用脚投票，公司股价下跌，从而使大股东自身的财富受损。

在实证研究文献中，通常用管理费用率、总资产周转率来衡量经理人与股东之间代理成本的大小，用大股东资金占用来衡量大小股东之间代理成本的大小。显然这些指标只能度量代理成本的一部分，并非全部。根据前面的分析可知，过度投资和在职消费等均为经理人与股东代理冲突的表现形式之一，因此，二者可能是此消彼长的关系。大股东资金占用与过度投资也可能是负相关关系，因为大股东对公司的资金占用，会减少公司可用于投资的资金，从而导致企业投资的减少。

4. 公司治理机制

（1）董事会规模。

董事会是公司治理的核心，代表全体股东利益行使对经理层的监督和决策建议职能，在企业投资决策上的表现分别是：对经理层提议的过度投资项目不予批准；为公司提出有价值的投资方案。但这两项职能的发挥好坏取决于董事会的配置是否合理，董事会规模就是其中之一。国外的研究大多认为，随着董事会人数的增加，董事之间的合作成本上升，董事会成员之间“搭便车”问题严重，导致董事会对经理的监督能力下降，因而董事会规模与企业价值之间负相关。这二者之间的相关关系是需要一个中介来实现的，投资就是其中之一。规模大的董事会不利于其监督职能的发挥，而重大投资决策又是公司董事会最主要的议题之一。① 因此，规模大的董事会不利于抑制经理层的过度投资。

(2) 独立董事。

独立董事是指独立于公司管理层、不存在与公司有任何可能严重影响其做出独立判断的交易和关系的非全日制工作的董事。独立董事的主要作用表现在两方面：首先，他们能为公司提供建议，对董事会的决策提供参考意见，能够为公司提供知识、信息，从而提升公司价值；其次，由于独立董事不像兼任经营班子工作的内部董事那样担心受打击报复，并且受到“声誉”机制的制约，应该可以更加大胆、有效地对经理人实施监督。因此，独立董事的比例越大，董事会的独立性越强，从而对经理人的监督能力越强。

我国自2001年正式引入独立董事制度以来，独立董事比例在2003年就已经基本上达到了规定的1/3的比例。独立董事的独立性也逐渐得到增强，越来越多的独立董事在面对不合理的提案时会提出不同甚至是拒绝的意见（唐清泉、罗党论，2006），不仅可以在一定程度上减少内部人控制问题，而且可以有效地抑制大股东的利益侵占（叶康涛等，2007），因此，可以预期，较大比例的独立董事有利于抑制经理层的过度投资。

(3) 经理层激励。

董事会与经理签订状态依存的激励契约，将经理人薪酬与公司业绩联系起来或让经理人拥有一定比例的股权，以协调经理利益和股东利益，使得经理的私人利益外部化，从而促使经理放弃净现值为负的投资项目，抑制经理的过度投资冲动。

我国经理层激励制度的建设起步较晚，直到20世纪末我国上市公司仍然很少建立薪酬激励机制，此后才开始探索我国企业经理层薪酬激励模式。数据显示，虽然1999—2006年，我国上市公司总经理的持股比例逐年上升，但依然有2/3以上的总经理未持有公司股份。在这有效的名义报酬激励基本处于“空缺”的环境中，经理层的才能和努力难以从货币和股权薪酬中得到补偿，因此他们有可能寻求薪酬以外的补偿，如接受净现值为负但私人利益丰厚的投资项目，即从事过度投资（辛清泉等，2007）。

5. 政府干预

为了克服市场失灵，解决自然性垄断、公共物品和外部性问题，政府应该对经济进行干预和调控。关于政府干预企业经营活动的作用，则存在“帮助之手”

① 上证所研究中心（2004）的调查表明，重大投资决策占董事会所有议题的比重最高，为18.18%。

(helping hand）和“掠夺之手”（grabbing hand）两种假说。前者认为，企业作为市场经济中独立的个体，其活动具有一定的盲目性和逐利性，政府的主动干预可以矫正企业的错误行为，从而起到扶持企业发展的作用。后者则认为，政治家们的目标可能并不是社会福利最大化，而是追求自己的私利，运用他们的权力来维护自己的地位，将资源配置给自己的政治支持者，打击政敌，中饱私囊，以牺牲公共福利为代价。由于政府对于其所辖企业同时具有政治利益和经济利益的索求，可能通过政治干预的掠夺之手和监督经理及优惠待遇的帮助之手来追求其效用的最大化，因此政府这只“看得见的手”既可能是“帮助之手”，也可能是“掠夺之手”（Shleifer and Vishny，1994）。

与西方发达国家的政府相比，中国地方政府有更强的动机对企业的经营活动，尤其是企业投资行为进行干预。这是因为：首先，地方政府承担着促进经济发展、增加财政收入、改善社会福利及维持社会稳定的现实任务。就短期而言，企业新增投资无论是否有效益，均可以有效增加地方 GDP、财政收入（主要是流转税收入）和就业，进而促进地方经济发展，维持社会稳定，从而有利于地方政府实现其政治目标。其次，地方政府官员有其个人利益，还有其政治晋升诉求。由于中央政府考核其政绩的重要指标之一就是 GDP 和财政收入（周黎安，2004；Li and Zhou，2005），为在激烈的晋升博弈中胜出，地方政府官员有强烈的动机干预所辖企业扩大投资来增加地方 GDP 和财政收入。

同时，与西方发达国家的政府相比，中国地方政府有较强的能力干预企业的投资行为。首先，各级政府是国有企业的所有者，对一些大型国有企业拥有绝对的控制权，可以大股东的身份直接控制企业的重大决策，当然包括投资决策。其次，在2004 年国务院关于投资体制改革的决定实施之前，我国的投资项目管理是以立项审批为核心，任何投资项目，不分资金来源，不分项目性质，一律按投资规模大小分别由各级政府及有关部门先批准立项后方可实施。企业投资项目的审批制为政府干预企业投资提供了便利的条件，政府部门可以从政府利益的角度支持或阻挠企业投资。2004 年的投资体制改革可以在很大程度上削弱政府干预企业投资的能力，但由于其他政府改革配套措施没有跟上，又缺乏将政策落到实处的具体手段①，加之地方政府对资本、土地等重要资源还拥有相当程度的控制权，企业的投资决策过程仍然会受到地方政府很大的影响（田伟，2007）。最后，即便是非国有企业，政府依然有能力干预它们的投资活动，因为政府可以利用行政权力直接或间接创造投资项目产品的市场需求，缓和市场竞争带来的经营风险，或利用行政权力直接为企业提供资金补贴或融资便利，降低企业融资的财务风险及资金成本。

---

① 高辉清：《我国投经济体制改革全面进入深水区》，中评网，http://www.china-review.com/sao.asp?id=2173，2004-02-27。

由于扩大投资无论对地方政府的政治目标还是对地方政府官员的个人私利都是有利的，因此，对于拥有自由现金流量的企业，地方政府干预会加剧其过度投资，而对于拥有投资机会但又缺乏资金的企业，地方政府会通过干预银行贷款、提供财政补贴、提供优惠土地等措施缓解融资约束企业的资金紧张，帮助企业扩大投资。

四、未来研究方向

从西方财务管理发展史来看，财务管理实践和理论研究在经历了“以筹资为重心的管理阶段”、“以内部控制为重心的管理阶段”后即进入“以投资为重心的管理阶段”。在我国改革开放之初到资本市场建立后的较长一段时期内，企业财务管理研究以筹资为主。近几年，在政府部门的推动下，内部控制成为研究的主流。改革开放以来，我国经济增长模式为投资驱动型，因此投资研究一直是财务管理研究的重点。我们预期，未来我国企业投资理论与政策研究将呈现以下三个特点：不断挖掘新的研究视角，引入新的研究方法，研究对象逐渐扩展至非上市公司。

（一）几个可能的研究视角

企业投资的影响因素研究将继续成为研究主题，但需要不断挖掘新的研究视角。未来一段时间内，以下几个视角可能成为企业投资理论与政策研究的新方向：

1. 宏观经济周期性波动对企业投资的影响研究

2008年美国次贷危机引发全球性金融危机后，学者们开始关注金融危机对企业投资的影响，如Duchin et al.（2010）、张功富（2010）分别研究了美国次贷危机、全球金融危机对美国企业和中国企业投资的影响。新中国成立以后，从1953年起开始大规模的工业化建设到现在，经济增长率（GDP增长率）的波动共经历了10个周期，这表明经济周期性波动也将成为中国经济发展的规律。不同经济周期下企业如何进行投资是很值得研究的主题。

2. 经济政策调整对企业投资的影响研究

制度规则只有通过作用于微观组织行为形成传导机制，最终影响宏观经济绩效（Rajan，Zingales，1998），尤其是在像中国这样的制度转型国家，将外部制度规则纳入对企业行为及其经济绩效的考察具有重要意义。政府调控经济已成为各国政府解决市场失灵的重要手段。尤其是在国际金融危机爆发后，世界各国政府都使出浑身解数，出台了各种各样应对金融危机的政策。这些政策（主要是财政政策和货币政策）是否对企业投资行为产生影响？效果如何？其影响机制是什么？

3. 政府、大股东、经理层对企业投资的影响力研究

现有文献分别研究了经理层、大股东、政府干预对企业投资的影响，但缺乏有关这三者对企业投资影响力的比较研究，即政府、大股东、经理层，谁决定了企业的投资支出？在不同类型的企业或不同行业中，这三者的作用是否存在显著差异？

4. 内部控制对企业投资的影响研究

Kang et al.（2010）评估了2002年《萨班斯—奥克斯利法案》对公司投资的影响，发现2002年以后美国企业经理显著提高了投资项目决策时所用的折现率，但是英国企业的这一比率保持不变。2008年和2010年，我国财政部等五部委联合相继发布了《企业内部控制基本规范》、《企业内部控制配套指引》，这套被称为中国版《萨班斯—奥克斯利法案》的内部控制规范是否将对企业投资行为产生影响呢？

（二）企业投资研究中的新方法

当前我国学者在开展企业投资研究时采用的研究方法多为实证研究和规范研究，很少采用实验研究、案例研究等方法。

1. 实验研究法

实验研究方法主要是利用实验室条件设计出合理的实验方案，随机确定被试角色，运用实际现金支付等方式测度公司当事人的行为向量及其结果，可以发现具体的行为路径，从而能够为实际政策的制定和决策者提供有用的信息。实证研究发展到今天，研究者已经不仅仅满足于寻找两个变量之间的相关关系了，而是希望揭示其影响路径。实验研究方法很适合研究变量之间的因果关系。在国外，实验研究已经较多地运用于会计、财务、审计等领域的研究。在我国，近年来已经出现了财务方面的实验研究，但还比较少，主要集中在恶性增资方面（如刘志远、刘超，2005）。其实，实验研究可以运用于经理人激励机制影响企业投资行为、经营者投资短视行为、经理人投资决策过程中的情绪因素影响、行为投资理论在我国企业中的运用等研究中。

2. 案例研究法

我国学者已在公司治理等领域较多地使用了案例研究方法，但在企业投资理论与政策领域较少运用。现行的投资研究大多是利用公开的数据，对投资决策的结果进行研究，而缺乏对项目投资决策及建设过程的全程跟踪研究，如投资可行性分析、决策方法的选用、董事会关于某项目投资决策的表决过程与结果、项目投资建设过程、建成投产后的运营过程及效果等内容。显然要获得这些信息，就需要深入企业实际开展案例研究。

（三）非上市企业的投资行为研究

出于数据可获得性的考虑，现有研究大多以上市公司为样本，极少有文献研究非上市企业的投资行为。中国有各类企业1 000多万家，截至2011年年末，我国上市公司总数仅2 506家，占全部企业的比例非常小。与上市公司相比，非上市企业治理结构更不完善，面临的监管更少，规模相对更小，因此以上市公司为样本的研究结论并不一定适合于非上市企业。有必要通过与国家统计局联合、问卷调查、实地调研等多种方式，获取非上市企业的数据，开展企业投资的研究。

建议阅读文献

[1] 连玉君. 中国上市公司投资效率研究［M］. 北京：经济管理出版社，2009

[2] 刘志远，刘超. 基于实验研究的恶性增资行为解释：自辩理论还是前景理论？［J］. 中国会计评论，2004，2（2）：249～258

[3] 柳建华. 企业投资、代理问题与绩效［M］. 投资者保护与会计研究丛书. 北京：经济科学出版社，2010

[4] 上海证券交易所研究中心. 中国公司治理报告（2004）：董事会独立性与有效性［M］. 上海：复旦大学出版社，2004

[5] 唐清泉，罗党论. 设立独立董事的效果分析——来自中国上市公司独立董事的问卷调查［J］. 中国工业经济，2006（1）：120～127

[6] 田伟. 考虑地方政府因素的企业决策模型［J］. 管理世界，2007（5）

[7] 辛清泉，林斌，王彦超. 政府控制、经理薪酬与资本投资［J］. 经济研究，2007（8）：110～122

[8] 辛清泉，林斌，杨德明. 中国资本投资回报率的估算和影响因素分析——1999—2004年上市公司的经验［J］. 经济学，2007，6（4）：1143～1164

[9] 叶康涛，陆正飞，张志华. 独立董事能否抑制大股东的"掏空"？［J］. 经济研究，2007（4）：101～111

[10] 张功富，宋献中. 我国上市公司投资：过度还是不足？——基于沪深工业类上市公司非效率投资的实证度量［J］. 会计研究，2009（5）：69～77

[11] 张功富. 金融危机冲击、现金储备与企业投资——来自中国上市公司的经验证据［J］. 经济经纬，2010（3）：78～82

[12] 周黎安. 晋升博弈中政府官员的激励与合作［J］. 经济研究，2004（6）：33～40

[13] Aggarwal, R. K., Samwick, A. A. Empire-builders and shirkers: Investment, firm performance, and managerial incentives［J］. *Journal of Corporate Finance*, 2006, 12（3）: 489-515

[14] Amihud, Y., Mendelson, H. Asset pricing and the bid-ask spread［J］. *Journal of Financial Economics*, 1986, 17（2）: 223-249

[15] Bebchuk, L. A., Stole, L. A. Do short-term objectives lead to under-or overinvestment in long-term projects?［J］. *The Journal of Finance*, 1993, 48（2）: 719-730

[16] Bertrand Marianne, Sendhil Mullainathan. Enjoying the quiet life? corporate governance and managerial preferences [J]. *The Journal of Political Economy*, 2003, 111 (5): 1043-1075

[17] Biddle Gary C., Gilles Hilary, Rodrigo S. Verdi. How does financial reporting quality relate to investment efficiency? [J]. *Journal of Accounting and Economics*, 2009, 48 (2-3): 112-131

[18] Breeden Douglas, T. An intertemporal asset pricing model with stochastic consumption and investment opportunities [J]. *Journal of Financial Economics*, 1979, 7 (3): 265-296

[19] Claessens Stijn, Simeon Djankov, Larry H. P. Lang. The separation of ownership and control in east asian corporations [J]. *Journal of Financial Economics*, 2000, 58 (1-2): 81-112

[20] Duchin Ran, Oguzhan Ozbas, Berk A. Sensoy. Costly external finance, corporate investment, and the subprime mortgage credit crisis [J]. *Journal of Financial Economics*, in Press, Accepted Manuscript, 2010

[21] Fama Eugene, F. Efficient capital markets: Ii [J]. *The Journal of Finance*, 1991, 46 (5): 1575-1617

[22] Fama, E. F., French, K. R. The cross-section of expected stock returns [J]. *The Journal of Finance*, 1992, 47 (2): 427-465

[23] Fama Eugene, F., Kenneth R. French. Common risk factors in the returns on stock and bonds [J]. *Journal of Financial Economics*, 1993, 33 (1): 3-56

[24] Goergen Marc, Luc Renneboog. Investment policy, internal financing and ownership concentration in the Uk [J]. *Journal of Corporate Finance*, 2001, 7 (3): 257-284

[25] Graham John R., Campbell R. Harvey. The theory and practice of corporate finance: Evidence from the field [J]. *Journal of Financial Economics*, 2001, 60 (2-3): 187-243

[26] Grossman Sanford, J., Robert J. Shiller. The determinants of the variability of stock market prices [J]. *American Economic Review*, 1981, 71 (2): 222-27

[27] Hansen Lars Peter, Kenneth J. Singleton. Stochastic consumption, risk aversion, and the temporal behavior of asset returns [J]. *Journal of Political Economy*, 1983, 91 (2): 249-65

[28] Hayashi Fumio. Tobin's marginal Q and average Q: A neoclassical interpretation [J]. *Econometrica*, 1982, 50 (1): 213-224

[29] Hermes Niels, Peter Smid, Lu Yao. Capital budgeting practices: A comparative study of the netherlands and China [J]. *International Business Review*, 2007, 16 (5): 630-654

[30] Jensen Michael C. Agency costs of free cash flow, corporate finance, and takeovers [J]. *The American Economic Review*, 1986, 76 (2): 323-329

[31] Jensen Michael, C., William H. Meckling. Theory of the firm: managerial behavior, agency costs and ownership structure [J]. *Journal of Financial Economics*, 1976 (3): 303-360

[32] Jorgenson Dale, W. Capital theory and investment behavior [J]. *The American Economic Review*, 1963, 53 (2): 247

[33] Kang Qiang, Qiao Liu, Rong Qi. The Sarbanes-Oxley Act and corporate investment: A

structural assessment [J]. *Journal of Financial Economics*, 2010, 96 (2): 291-305

[34] Kaplan Steven, N., Luigi Zingales. Do financing constraints explain why investment is correlated with cash flow? [J]. *Quarterly Journal of Economics*, 1997, 112: 169-215

[35] La Porta Rafael, Florencio Lopez-De-Silanes, Andrei Shleifer. Corporate ownership around the world [J]. *The Journal of Finance*, 1999, 54 (2): 471-517.

[36] Li, H., Zhou, L. A. Political turnover and economic performance: the incentive role of personnel control in China [J]. *Journal of Public Economics*, 2005, 89 (9): 1743-1762

[37] Lucas Robert, E., Jr. Asset prices in an exchange economy [J]. *Econometrica*, 1978, 46 (6): 1429-45

[38] Markowitz, H. Portfolio selection [J]. *The Journal of Finance*, 1952, 7 (1): 77-91

[39] Merton Robert, C. An intertemporal capital asset pricing model [J]. *Econometrica*, 1973, 41 (5): 867-87

[40] Modigliani, F., Miller, M. H. The cost of capital, corporation finance and the theory of investment [J]. *The American Economic Review*, 1958, 48 (3): 261-297

[41] Myers, S. C. Determinants of corporate borrowing [J]. *Journal of Financial Economics*, 1977, 5 (2): 147-175

[42] Myers, S. C., Majluf, N. S. Corporate financing and investment decisions when firms have information that investors do not have [J]. *Journal of Financial Economics*, 1984, 13 (2): 187-221

[43] Narayanan, M. P. Managerial incentives for short-term results [J]. *The Journal of Finance*, 1985, 40 (5): 1469-1484

[44] Nini, G., Smith, D. C., Sufi, A. Creditor control rights and firm investment policy [J]. *Journal of Financial Economics*, 2009, 92 (3): 400-420

[45] Rajan Raghuran, G., Luigi Zingales. Financial dependence and growth [J]. *American Economic Review*, 1998, 88 (3): 559-586

[46] Richardson, S. Over-investment of free cash flow [J]. *Review of Accounting Studies*, 2006, 11 (2-3): 159-189

[47] Ross, S. A. The arbitrage theory of capital asset pricing [J]. *Journal of Economic Theory*, 1976, 13 (3): 341-360

[48] Rubinstein Mark. The valuation of uncertain income streams and the pricing of options [J]. *Bell Journal of Economics*, 1976, 7 (2): 407-425

[49] Sharpe William, F. Capital asset prices: A theory of market equilibrium under conditions of risk [J]. *The Journal of Finance*, 1964, 19 (3): 425-442

[50] Shleifer Andrei, Robert W. Vishny. Politicians and firms [J]. *Quarterly Journal of Economics*, 1994, 109 (4): 995-1025

[51] Stein Jeremy, C. Agency, information, and corporate investment, in *Handbook of Economics and Finance*, G. Constantinides and M. Harris, Editors. 2003, Amsterdam: North-Holland. p. 101-141

[52] Stiglitz Joseph, E., Andrew Weiss. Credit rationing in markets with imperfect informa-

tion [J]. *The American Economic Review*, 1981, 71 (3): 393

[53] Stulz, R. M. Managerial discretion and optimal financing policies [J]. *Journal of Financial Economics*, 1990, 26 (1): 3-27

[54] Tobin, J. A general equilibrium approach to monetary theory [J]. *Journal of Money, Credit and Banking*, 1969, 1 (1): 15-29

宋献中（暨南大学）
张功富（郑州航空工业管理学院）

专题9　公司股利理论与政策

一、问题提出

股利政策是上市公司期末如何分配其可支配收益的决策。实际上，无论是一般类型的企业还是上市公司期末都要进行可支配收益的分配，而且都是在投资者和企业内部之间进行分配，两者所不同的是如何向投资者分配收益。一般类型的企业主要依据事前的规定或约定向投资者分配收益，且分配的结果不会影响企业未来的筹资行为；上市公司则不然，在决定向股东分配股利之前，需要综合考虑各种因素，公司是否分配、如何分配、分配多少直接影响公司未来的筹资能力和经营业绩。一定量的内部留存收益是保证公司长期发展的重要资金来源，而股利则为股东提供了当期收入，股东对股利的不同偏好直接影响公司股票的价格，从而影响公司未来的发展，因此，如何将公司实现的收益在股东和企业内部留存之间进行合理的分配——制定合理的股利政策，是上市公司管理者每期都要面临的棘手问题，也是尚未解决的财务理论难题之一。

从1990—2007年，我国上市公司共支付了5 621次约3 948亿元股利，其中，国有上市公司支付了4 551次共3 564亿股利，分别占支付总次数的80.96%和全部股利的90.27%，52.9%的国有上市公司支付了股利，股利总额占国有上市公司全部利润的44.1%。在时间序列上，1997、2001、2005年各自前后不同的时间段股利体现了截然不同的分配集中支付或不支付的聚类特征。如何解读上述现象？为什么公司支付股利？为什么52.9%的国有上市公司支付了证券市场90.27%的股利？监管部门的规章和市场机制如何影响公司股利支付的聚类行为？国有企业股利分配的机制和对证券市场发展的效应如何？民营企业的股利分配是否与国有企业不同？至今尚无一致的结论。

本文试图在总结国内外股利文献的基础上，提出需要研究的基本问题和未来的研究方向。

二、中外文献回顾

（一）完善的资本市场——股利无关论

1958年提出资本结构与公司价值无关论的 Merton Miller 和 Franco Modigliani 1961年又提出了著名的股利政策与公司价值无关论（亦称 MM 定理）。他们在一系列假设条件下证明，在完善的资本市场中，公司价值由公司的资产获利能力和管理水平所决定，而与公司股利政策无关。MM 的研究是在一系列严密的假设条件下进行的，具体包括下面八个假设，这八个假设分三组定义为“完善的资本市场”（假设（1）～（4））、“理性行为”（假设（5）～（6））和“充分确定性”（假设（7）～（8））。

（1）任何一个证券买卖者皆不能影响市场价格；

（2）所有的交易者都有平等、无成本地享有同类信息集（information set）的权利；

（3）买卖证券没有交易成本；

（4）股利与资本利得皆不存在所得税；

（5）投资者有财富增加的偏好；

（6）投资者对于通过股利增加财富或通过资本利得增加财富无偏好；

（7）每个投资者对每个公司的未来投资项目和收益都有信心；

（8）所有公司都发行一种证券——普通股。

基于上述假设，MM 详细解释了股票定价的基本原理，即“在任一给定资本市场间隔期内，每股价格与每股报酬率（股利加资本利得）总是一致的”。因而，股票的必要投资报酬率 $\rho(t)$ 可表示成如下形式：

$$\rho(t)=\left[\frac{d_j(t)+p_j(t+1)-p_j(t)}{p_j(t)}\right] \tag{9—1}$$

式中，$p_j(t)$ 表示公司 j 在 t 期期初股票的价格；$d_j(t)$ 表示公司 j 在 t 期间的每股股利。

式（9—1）经过整理可表示成如下形式：

$$p_j(t)=\left[\frac{d_j(t)+p_j(t+1)}{1+\rho(t)}\right] \tag{9—2}$$

根据式（9—2），公司 j 在 t 期期初股票的价格是该公司当期股利（$d_j(t)$）与下

期期初股票价格（$p_j(t+1)$）之和以必要投资回报率为贴现率的现值。同理有

$$p_j(t+1)=\left[\frac{d_j(t+1)+p_j(t+2)}{1+\rho(t+1)}\right] \tag{9—3}$$

如此下去，最终公司股票的价值将与未来公司每期支付的股利的现值之和相等，这个结果显然与公司各期不发放股利而将其作为投资投入公司所获收益等于公司价值的结果是一致的，据此，MM 得出股利政策与公司价值无关的结论。

但是，当现金股利是当期投资者的唯一价值来源（即投资者不以未来资本利得为投资目的）时，MM 是如何解释股利政策无关论的呢？类似于对资本结构无关论的解释，MM 认为，公司的价值一直由公司当期的经营收益取得，并且当公司继续实施投资政策时，就会一直产生收益创造价值。只要公司接受所有净现值为正值的投资项目，且资本市场无交易成本，公司就可以按其意愿任意发放股利数量，股利支付后，公司还必须为运行的投资项目重新发行新股筹措资金。在 MM 看来，一个公司可以选择将其全部收益作为项目投资或将其全部作为股利发放给股东。由于不存在所得税差异，也不存在交易成本，公司可以发售新股为其投资项目筹资。因此，不论公司做出何种选择都会为公司创造相等的市场价值。

式（9—1）～式（9—3）以公司单位股票价值反映公司价值，事实上，在 t 期公司的价值 $V(t)$ 应为股票 t 期期初流通在外股票数量与股票价值之积 $n(t)p(t)$，公司在 t 期支付的股利之和 $D(t)=n(t)d(t)$，这样，公司总价值与公司股利之间的关系为：

$$V(t)=n(t)p(t)=\left[\frac{D(t)+n(t)p(t+1)}{1+\rho(t)}\right] \tag{9—4}$$

若以 $m(t+1)$ 表示在 t 时期内除权后以价值 $p(t+1)$ 出售的新股数量，则有 $n(t+1)=m(t+1)+n(t)$，则式（9—4）可转化为：

$$\begin{aligned}V(t)&=\left[\frac{D(t)+(n(t+1)-m(t+1))p(t+1)}{1+\rho(t)}\right]\\&=\left[\frac{D(t)+V(t+1)-m(t+1)p(t+1)}{1+\rho(t)}\right]\end{aligned} \tag{9—5}$$

式中，$m(t+1)p(t+1)$ 为公司新增资部分。由于公司投资资金来源于公司新增融资和留存收益，因此，当公司在 t 时期的总收益为 $X(t)$ 时，就有 $I(t)=m(t+1)p(t+1)+X(t)-D(t)$，则有：$m(t+1)p(t+1)=I(t)-X(t)+D(t)$，将其代入式（9—5），有

$$\begin{aligned}V(t)&=\left[\frac{D(t)+V(t+1)-I(t)+X(t)-D(t)}{1+\rho(t)}\right]\\&=\left[\frac{X(t)-I(t)+V(t+1)}{1+\rho(t)}\right]\end{aligned} \tag{9—6}$$

根据 MM 的假设条件，四个变量 $X(t)$，$I(t)$，$V(t+1)$ 和 $\rho(t)$ 皆与 $D(t)$ 无关，即公司的总价值与公司的股利政策无关。

(二) 不完善的资本市场——股利相关论

MM 的股利政策无关论在一系列严格假设条件下是成立的。然而，在现实经济中，MM 的假设是不成立的，为此，我们将通过逐步放松 MM 的假定，研究股利政策是否影响公司价值。如果影响，那么，如何制定最优股利政策？文献主要从所得税、交易成本、信息不对称及公司所有权结构等方面进行股利政策的研究。

1. 股利顾客效应理论（个人所得税对股利政策的影响）

如果在 MM 中仅考虑所得税对股利的影响，那么，公司将留存所有收益不发放股利，投资者将仅以股票增值的方式获得投资回报。由于股利支付受到所得税制约，因此，当所得税仅对股利收入有影响时，所有需纳税的投资者更偏好资本利得而不是股利收入。

如果对资本利得同样按 40%缴纳所得税，似乎投资者对相同的应税资本利得不存在选择偏好，然而这种情况只有当每期不论股票是否出售都对股票增值部分征税时才能实现。事实上，资本利得税几乎是不变的，而且只有当资本利得实现时（股票出售）才缴纳。另外，如果投资者通过继承遗产得到股票，那么这种资本利得可以完全免税。因此，即使对股利和资本利得课以相等的税率，对于投资者而言，与现金股利相比，资本利得仍享有大量的所得税收益。

研究者对所得税影响的实证分析主要采取了两种基本的方法。一种方法是运用资本资产定价模型检验投资者是否对高股利支付股票比低股利支付股票有更高的税前投资回报需求，结果是投资者对现金股利缴纳的所得税率高于资本利得应缴纳的所得税率，许多实证研究证明了股利收益与股票投资回报之间的正相关关系，但是，对于这种正相关是由所得税还是其他因素引致的没有达成一致意见。进一步，所得税对股利政策影响的支持者很难解释为什么理智的公司管理者明知现金股利会导致较高的税前必要投资回报率仍支付现金股利。

研究所得税对股利政策影响的另一种方法是研究股票除息日（ex-dividend day，又称为除权日）公司股票价格的平均变化情况。在除息日之前，持有公司股票的投资者享有下期股利支付的权利，因此，一个持有即将除息股票的投资者面临两种选择，或者现在以较高的含息（cum-dividend，又称为含权）价格卖出股票获得资本利得回报，或者在股票除息时，以较低的价格卖出股票，并以现金股利的形式获得收益回报。如果除息前预期股票价格落价高于预期股利支付的总量，那么，多数纳税投资者宁愿在除息日之前以高价卖出股票享有较高的税后资本利得回报。Elton and Gruber（1970）研究了股票除权日前后股票价格变动和股利关系的情况。他们发现，在 1966 年 4 月至 1977 年 3 月间，美国公司的股票在除息日前后的平均落价率为77.7%（当除息日前后股票的落价等于日后的股利时，股票落价率为1），而且，平均股利收益率与落价率之间存在正相关关系。Elton and Gruber（1970）根据除息日前后股票的落价程度推断出投资者的税负情况，如果一个投资者的边际所得税率低，那么，该投资者就偏好落价率高的股票，以期未来获得股利收益。据此，他们证实了股利顾客效应理论。

Kalay（1982）认为，根据除息日前后股票的落价程度推断出投资者的税负情况是不合适的。因为交易成本的存在，使股票的落价率大打折扣，仅仅依据边际所得税率差异，解释股票的落价率是不全面的。

鉴于股票交易过程中交易成本的重要影响，将上述除息日股票价格变化情况的研究成果作为股利与资本利得所得税差异对股利政策影响的确定性论据似乎不完全合理。因为对于免税交易者（其股利所得税低于资本利得税）而言，如果股票除息前的落价低于股利的金额，那么，他们就会马上在除息前买入股票从而赚得可观的无风险收益。例如，若在除息日之前买入承诺每股股利为1元的股票，然后在除息日以每股0.65元的损失卖出，只要该投资者支付的每股股票交易成本小于0.35元，那么此种"股利套利"（dividend arbitrage）是有利可图的，而且，每股名义股利越高，投资者获利越大。关于除息日股票价格研究的另一缺陷是，除息日前股票落价没有随着现代金融市场中免税投资者的兴起而回升。因为目前在纽约股票交易所，享有低交易成本的机构投资者的交易量几乎达到平均股票交易量的90%。

总之，即使所得税差异对股利政策的影响可以通过一系列实证研究予以证实，但这种影响又被交易成本和其他因素所交融，使得单纯依靠所得税不能对现实经济中的股利支付现象给予合理的解释。

2. 股利政策的代理成本理论

代理成本理论是从研究受公司股利政策影响最大的三类不同利益群体的动机开始的。一般地，具有不同利益动机的公司股票持有者（股东）、债券持有者及公司管理者既受公司股利政策影响，又从不同方面对公司的股利政策施加影响，而且，这三类不同群体之间的利益冲突构成了利用代理成本研究股利政策的主要思路。

首先是股东与债券持有者之间的利益冲突对公司股利政策的影响。Myers（1977），Jensen and Meckling（1976）指出，在假定公司管理者全心全意为股东利益服务的条件下，股东可以使公司通过设计公司的经营和融资结构剥夺债券持有者的利益以增加其自身的利益。股东可以指使公司管理者通过减少投资增加负债的形式来增发股利，这种行为如果未被债券持有者预先考虑到，那么债券的市场价格将下降，股票价格则上升。

为验证上述命题，Handjinicolaou and Kalay（1984）运用实证方法分析了股利变化对债券价格、股票价格的影响。他们对比了代理假设（股利增加（下降）时，股票价格应上升（下降），债券价格应下降（上升））与信号假设（股利的增加（减少)，传递公司的好（坏）消息)。结果，债券和股票的价格没有按预期股利变化方向变化，Handjinicolaou and Kalay（1984）发现，债券价格在股利降低宣布日下降得最快，而在股利升高宣布日债券价格上升并不明显。实证结果没有支持代理假设，却与股利信息假设一致。就像Myers（1977），Jensen and Meckling（1976）所指出的那样，股东与债券持有者通常会预先达成关于股利支付限制的协议。实际上，大部分债券契约都包含了有关股利支付限度的条款。

另一类影响公司股利政策的利益冲突发生在公司管理者与股东之间。由于公司管理者不是公司的剩余索取者，管理者和股东的利益相偏离。股权结构分散的管理者就会按有利于管理者自身而不利于股东的利益对公司的资源进行配置，如在做出投资决策时，管理者将选择风险低、预期收益也低的项目，而且，对于现金流量较多的公司，管理者可以采取过度投资行为从中获取个人利益。Easterbrook（1984）和Jensen（1986）指出，股东可以通过降低管理者控制的现金流量来增加管理者任意分配资源的难度，而且管理者所能控制的现金流量越少，他们就越难采取不利于股东利益的行为。降低管理者控制现金流量的方式之一就是增加股利支付水平。Grossman and Hart（1982）指出，由于债务承诺比股利承诺更难以违约，降低管理者控制现金流量的另一种方式是增加公司的负债水平。

在稳定成熟的成长速度接近于零的产业中，公司拥有的现金流量越充足，由闲置现金流量所产生的问题越显著。Lang and Litzenberger（1989）利用这一特点检验了上文闲置现金流量假设。按照闲置现金流量假设，公司股利的增加，对于存在过度投资机会的公司股票价格上升的影响程度应大于不存在过度投资机会的公司。实证结果是，在股利增加宣布日，存在过度投资机会公司的股票价格的上涨速度大于不存在过度投资机会公司的股票价格的上涨速度；当公司宣布股利削减时，存在过度投资机会公司的股票价格的下跌速度亦最明显。显然，这与闲置现金流量假设相一致。

Yoon and Starks（1993）对闲置现金流量假设作了一个长时期检验，发现股利增加对于存在与不存在过度投资机会的公司的影响是一样的，对于价值最大化的公司，市场对其股票削减的反应与闲置现金流量假设不一致。

LLSV（2000）认为股利可以降低“内部人”与“外部人”之间的代理问题。法律保护越强，外部人可以迫使企业交出现金，股利发放水平越高，支持“股利发放是法律保护的结果”的观点。

我国特殊的“股权分置”、“一股独大”等独特制度背景导致我国上市公司大股东与中小股东之间，在投资成本、权利、投资目标与信息等方面存在重大差异，从而使得现金股利的作用通常不如代理成本理论所论述的可以降低股东与经理人之间的代理成本，解决“自由现金流问题”，也不如信号传递理论所说的向市场传递公司价值提升的好消息。现金股利在我国上市公司及资本市场上所起的作用与我国特有的制度环境相关，更多的是体现在控股股东与中小股东的利益冲突上。股利政策由于行使成本较其他方式，如关联交易等较低，看似更为“合法”，受到的约束较少，所以更易被公司控股股东用来套取上市公司资金。

按照理性经济人假设，控股股东倾向于制定现金股利政策以最大化自身利益。但是由于不同公司的控股股东的利益追求并不一样，所以控股股东表现出不同的分配行为。就我国目前上市公司的股利分配状况而言，多数公司的现金股利政策极不稳定，在不分配现象严重的同时，恶意派现也时有发生。

吕长江等（2002）认为，根据代理成本理论，管理者股权的比例、公司外部债务和外部股权的组合比例以及公司股利分配份额是影响公司代理成本的重要因素，资本结构与公司价值相关是由于外部负债可以降低公司外部权益持有者——债权人和股东之间的利益冲突，管理者持股比例与股利分配相关是由于他们可以降低公司管理者和外部股东之间的利益冲突。在该文中，作者将资本结构、股利分配和管理者持股比例一起作为存在双向因果关系的系统内生变量，采用结构方程模型，运用三阶段最小二乘法进行估计。结果发现，我国上市公司的资本结构政策、股利分配政策及管理者持股比例三者之间确实存在显著的相互作用关系。

李增泉等（2004）基于股利分配的代理理论，从投资者保护的角度对我国上市公司的所有权安排与现金股利政策的关系进行了实证分析。该文中，不像以往文献以国有股或法人股作为所有权性质的衡量变量，而是选择以投资者的性质为基础并考虑股东之间的管理关系。结果表明，当所有权安排有利于保护中小投资者的利益时，上市公司倾向于派发更多的现金股利。并且，只有当所有权安排不利于保护投资者利益时，市场才会对是否派现的股利政策表现出显著不同的反应。

邓建平等（2005）通过建模及实证研究对我国上市公司家族控制与股利决策进行了研究。文章发现，我国家族控制公司对于股利决策的使用并不是为了解决经理滥用自由现金流的风险，而是和控制性家族自身利益最大化有关。持有不同的现金流量权和控制权结构的控制性家族会制定不同的利益分配方案。当控制性家族持有高现金流量权时，其倾向于通过共享利益（股利）实现投资回报，甚至是通过非理性分红的方式套现。而当控制性家族的控制权与现金流量权分离程度较高时，其通过非公平性关联交易获取私人利益的激励较强，公司更愿意将现金留存于企业内部并通过拥有的多数控制权来操控这部分现金资源，所以公司倾向于不分配或分配较低比例的股利，同时也不愿意通过非理性分红从上市公司套现。

廖理等（2005）从股利政策的代理理论出发运用事件研究方法分析我国上市公司的股利政策。通过考察2000—2002年股利增加大于10%的315家公司，结果发现，对于股利增加的宣告事件，过度投资公司的市场欢迎程度要显著大于非过度投资的公司。

吕长江等（2005）通过事件研究和回归方法分析发现，在我国降低代理成本假说和利益侵占假说都不同程度地发挥作用。集团控股公司适合降低代理成本假说，政府控制公司更适合利益侵占假说。

控股股东通过股利分红和直接资金占用是其获取控制权利益的重要途径，两者具有很强的互补关系。邓建平等（2007）分析了 1997—2000 年我国国有企业股票首次公开发行后三年的数据，发现公司上市前的股份制改造模式对于控股股东获取利益的方式产生重要的影响，非完整改造公司直接占用上市公司资金的程度较高，从而分配较低水平的股利，完整改造公司不存在占用上市公司资金的行为，所以其分配的股利水平较高。不同改制模式的公司中，控股股东的股权与股利支付水平的关系也存在不同，完整改造公司的控股股东持股比例与股利支付水平的相关关系强于非完整改造公司。

魏明海等（2007）实证检验了我国国有上市公司现金股利政策与企业过度投资之间的关系及内外部公司治理因素对这种关系的影响。研究发现，在外部融资市场不发达的情况下，支付现金股利减少了企业内部可自由支配的现金流，从而制约了国有上市公司内部人利用内部可自由支配的现金从事过度投资的行为。

周县华等（2008）以我国股权分置改革为制度背景，从股利代理理论出发研究驰宏锌锗的股利分配行为。研究发现，在有大量资金需求的情况下，控股股东依然要求驰宏锌锗高现金股利派现，而市场对其股利分配方案存在消极反应。研究进一步表明，股权分置改革并不能从根本上解决股权集中和投资者法律保护较弱并存的局面。股权集中使得控股股东天然拥有对中小股东进行利益侵占的动机和需求，而较弱的投资者法律保护却不能提高控股股东的侵占成本。

张文龙等（2009）利用我国民营上市公司数据对现金股利的控制和掠夺效应进行分析，主要考察股权分置改革前后公司现金股利支付的差异。研究发现，股权分置改革后公司明显发放较少的现金股利，并且公司控股股东现金流权、控制权和现金流权分离程度与现金股利支付意愿和水平的回归系数明显小于股权分置改革前。结果表明，股权分置制度下非流通股股东和流通股股东的利益冲突导致了一种特殊的代理成本，高额的现金股利是控股股东的掠夺手段。

蒋东生（2009）从股利代理成本理论和股利信号传递效应理论来研究宇通客车的股利政策问题。研究发现，宇通客车高额股利分配政策的背后隐藏的是内部人掠夺中小股东及上市公司的行为，这种掠夺行为分为两个阶段：第一阶段，内部人通过变相的 MBO，以较低的成本在法律上“合法地”控制了上市公司；第二阶段，通过高额股利派发，将中小股东及上市公司的利益转移到自己的腰包。而这种行为是由我国的特殊制度背景和法律环境决定的。

在我国特有的制度背景下，股利政策究竟是降低代理成本的途径，还是代理成本的结果，尚需从理论的角度进一步研究。

3. 股利政策的信号传递模型

鉴于资本市场的不完善，在公司管理者与投资者之间存在着信息不对称现象，因此，现金股利可以作为从公司内部管理者传递给外部投资者的可信任信号，这样公司股利政策就有传递新信息的功能。当公司开始支付股利（股利启动）时，就向公司投资者传递了公司管理者对公司有充足的收益为投资项目融资并能为股东支付现金股利的信息。因为投资者和管理者都深知股利支付政策一旦启动，以后就很难逆转，这就意味着公司管理者对公司将来有充足的收益支持新项目投资和已运行的股利政策有足够的自信。同样道理，公司提高股利支付水平意味着公司管理者对公司将来能够保持较高的收益水平支持较高的股利充满信心，即股利增加表明公司正常盈利能力的“永久”增长。反之，这种推理模式对股利削减亦十分有效，所有投资者都认为股利削减传递了非常坏的信息，因为只有当公司的财务状况恶化且管理者没有其他选择时，才会削减股利。

有许多实证分析文献支持股利支付的信息传递作用。首先，John Lintner（1956）明确指出，公司管理者应十分谨慎地制定股利政策，并且要保持将未来长时期需支付的股利金额视为公司固定费用（目标股利支付率）的观念。Lintner（1956）认为，与制定一个合理的股利支付率相比，公司管理者更注重已制定的每股股利的变化。Fama and Babiak（1968）认为，事实上，尽管公司管理者依据公司盈利水平制定目标股利支付率，但他们一般是制定一个具有部分调整功能的股利政策，以根据公司盈利水平的变化调整股利实际支付水平，除非公司盈利水平已连续提高几个季度，否则公司管理者不会轻易调整已达到高度均衡的每股股利。这种股利制定战略使公司管理者对事实上已连续增长的盈利能够支持提高的股利支付水平信心十足。Aharony and Swary（1980）给出了股票市场受股利变化影响的具体结果。他们认为，股利的提高会导致股票价格平均上升 0.35 个百分点；股利下调被视为一种灾难，在股利宣布日股票价格平均将下降 1.13～1.16 个百分点，在宣布股利下调前两个星期，股票价格累计下降 4.62～5.39 个百分点。这些结果被后来的实证研究所证明，而且有些实证研究表明，股利的启动（或增加）将引致股票价格上升 1.5～3.5 个百分点。至此，我们可以得出如下结论：市场对股利变化的反应与不对称市场中股利的信息传递假设是一致的。

股利信号模型的关键问题是为什么公司采用股利而不采用股票购回或其他成本较低的方式将公司的前景信息传递给股东。

Ross（1977）证明，公司股利的增加能向市场传递一种无法模仿的明确的信号，说明公司的前景已经改善。但为使股利信号发挥作用，必须满足以下四个条件：

（1）管理者必须有正确的激励机制向市场发出真实信号，即使信息是不完善的；

（2）成功企业的信号不能轻易被微利企业所模仿；

（3）信号必须与可观察的事件密切相关（如今天的高股利必须与未来的较高现金流量相关）；

(4) 不存在发布同样信息成本更低的方法。

为说明 Ross 的信号均衡模型如何满足这些条件，假设一个单期模型，公司期末支付管理者的补偿金 M，取决于公司价值的市场现价估计 V_0 和公司的期末价值 V_1，则管理者的补偿金可以表示如下：

$$M=(1+r)U_0V_0+U_1\begin{cases}V_1, & V_1\geqslant D\\ V_1-L, & V_1<D\end{cases} \tag{9—7}$$

式中，U_0，U_1 表示期初、期末给管理者的那部分公司价值比例；r 表示一期利率；D 表示债券面值；L 表示如果公司破产（$V_1<D$），管理者需支付的罚款。

式（9—7）中的第一项是公司现行价值中属于管理者部分的期末价值；第二项是在公司期末，管理者应享有的价值。若公司破产（$V_1<D$），管理者将遭受人力资本损失 L。

假设有两家规模相同、债务 D 相同但收益前景不同的公司，而且对于两公司的前景信息，管理者清楚但市场不清楚。拥有较高未来现金流量的成功企业期末有充足的现金流量偿还债务（$V_1>D$）；微利企业当期不能支付高股利，期末也不会破产。假设微利企业在破产前所能支付的最大股利是 div^*，如果企业当期支付的股利大于 div^*，市场认为企业将是成功的，反之亦然。

为了说明管理者有向市场提出真实信息的可能性，假定成功企业的期末价值是 V_{1a}，微利企业的期末价值是 V_{1b}。成功企业的管理者补偿金 M 的大小，将取决于他们向市场发出股利信号的类型。如果他们披露实情，$div>div^*$，市场将为公司设定价值：

$$V_0=\frac{V_{1a}}{1+r}$$

如果他们谎报实情，$div<div^*$，市场将为公司设定价值：

$$V_0=\frac{V_{1b}}{1+r}\left(<\frac{V_{1a}}{1+r}\right)$$

对于成功企业，我们可以通过下面的公式计算管理者的补偿金：

$$M_a=\begin{cases}U_0(1+r)\dfrac{V_{1a}}{1+r}+U_1V_{1a}, & div\geqslant div^*\text{（披露实情）}\\ U_0(1+r)\dfrac{V_{1b}}{1+r}+U_1V_{1b}, & div<div^*\text{（谎报实情）}\end{cases}$$

显然，为赚取最大补偿金 M，成功企业的管理者有积极性支付高股利（$div>div^*$），为此，他们将披露真实的股利信息。对于微利企业的管理者是否愿意披露实情，也需要分析管理者补偿金的计算公式：

$$M_b=\begin{cases}U_0(1+r)\dfrac{V_{1a}}{1+r}+U_1(V_{1b}-L), & div\geqslant div^*\text{（谎报实情）}\\ U_0(1+r)\dfrac{V_{1b}}{1+r}+U_1V_{1b}, & div<div^*\text{（披露实情）}\end{cases}$$

为使微利企业的管理者有积极性披露实情，披露实情的收益必须大于谎报实情的收益，即 $U_0V_{1b}+U_1V_{1b}>U_0V_{1a}+U_1(V_{1b}-L)$，整理得：$U_1L>U_0(V_{1a}-V_{1b})$。这一条件说明，如果企业破产，管理者需支付的罚款大于因谎报实情产生并由管理者应享价值 U_0 加权的边际利得（$V_{1a}-V_{1b}$），那么，管理者将披露实情。因为市场为企业设定了较高价值，谎报实情的微利企业的管理者能够通过支付高股利获利。但是，当企业由于现金流量短缺而破产时，管理者的人力资本价值将减少 V_1L，使得管理者最终承担损失。股利信号传递模型表明，公司管理者可能选择真实的财务支出如股利发放（或债务清偿）作为向公众明确传递有关公司未来业绩信息的一种方法。这种信息无法被微利企业所模仿，因为微利企业没有足够的现金流量来传递这些信息，而且管理者也没有谎报实情的机会。

Bhattacharya（1979）考察了公司管理者按照股东利益工作的两期模型。在第一期期初，管理者投资项目，管理者掌握预期项目获利能力的信息，而股东不掌握这些信息。在当期，管理者承诺一个既定水平的股利支付政策。第一期期末，投资项目产生的收益用于支付在期初承诺的股利水平。该模型的一个重要假设是，如果第一期期末投资项目产生的收益不足以支付股利，那么，公司必须求助于外部融资发行新股并产生交易成本。股利一旦通过发行新股被支付，就产生一批在第二期期末享有公司收益的新股东。假设第一期与第二期公司获得收益相互独立并服从同一概率分布，那么，在第一期期末新股东愿意支付的股票价格就取决于他们对投资项目获利能力的信赖程度。在第一期期初，管理者通过承诺在期末支付股利，发出公司投资项目预期盈利的信号，如果投资项目的确是一个高盈利项目，那么，公司有能力在期末支付承诺的股利水平，不必求助于外部融资。对于一个拥有微利或不盈利投资项目的公司，没有必要效仿盈利公司承诺高股利政策，因为模仿信号的代价昂贵，为支付现金股利，必须从外部融资并负担高昂的交易成本。因此，在两期模型中，公司股利政策的抉择取决于由承诺高股利引致的交易成本与新股东愿意支付的价格之间的比较。一般而言，微利公司承诺的股利越高，发生的交易成本越大，额外的交易成本很难由发行新股所承担。尤其当现金股利需付税时，结果更为明显。虽然 Bhattacharya（1979）的模型可以解释现实经济中企业采取的股利政策，如成功企业与微利企业间股利水平的差异，但其模型与 Ross 模型一样，没有解释为什么企业仅以股利传递企业未来前景，而且模型中“公司承诺的股利支付水平”亦不明确。鉴于 Ross（1977），Bhattacharya（1979）模型的不足，引致了股利信号传递理论的进一步发展。

Miller and Rock（1985）也考察了两期模型。在第一期期初，公司投资项目，股东不掌握项目获利能力的信息。第一期期末，公司管理者利用投资项目产生的收益支付股利并进行新的投资，股东仍不了解公司的获利情况和新项目投资的信息，有些股东在第一期期末就会出售其手中的部分股票。第二期，公司的投资仍产生收益。Miller and Rock（1985）的模型的重要假设是公司各期收益相互影响，这意味着公司有积极性使股东相信在第一期期末公司有充足的收益支付股利，这使得第一期期末卖出股票的股东获得高收益。因为信息不对称使得股东不了解公司的获利和投资情况，微利企业管理者可能产生机会主义动机和行为，他们可以通过削减投资，提高股利支付水平，以不现实的高盈利姿态取悦市场。这样，成功企业必须支付足够高的股利使微利企业难以通过削减投资达到其目的。Miller and Rock（1985）指出，长期遵循理性预期的投资者在形成关于企业未来行为的预期时会从过去的经验中学习，企业虽然在短时期内可以"愚弄"市场，但不可能长期"欺骗"市场。投资者在根据股利信号推断企业当期盈利水平时已考虑了企业管理者以牺牲投资机会为代价支付股利的动机。同样，企业管理者在制定股利政策时，也考虑了市场的这种反应，市场根据股利信息对企业价值作出正确判断的机制形成了股利信号传递均衡。

在 Miller and Rock（1985），John and Williams（1985）的基础上，John and Williams（1987）利用股利、投资和股票购回建立了单期模型，Williams（1988）利用前面三要素建立了多期模型。Williams（1988）认为，在有效的信息传递均衡状态下，公司应选择股利支付政策，并宁愿利用发行新股筹措资金投资于风险较高的项目，以使投资项目净现值最大。Constantinides and Grundy（1989）关注股利信息传递中投资决策与股票购回及筹资决策相互作用关系的研究，他们认为在投资固定的条件下，发行可转换债券可以作为传递公司信息的信号，普通债券则不能；当投资是最优选择而不是固定的条件下，发行普通债券能作为传递公司信息的信号，可转换债券则不能。

尽管股利信息传递模型得以充分发展，但该模型仍难以解释股利平稳性和公司为什么不采取股票回购而采取股利支付传递信息这两个基本问题。对于现实经济中公司股利的平稳性问题，Kumar（1988）通过建立一种简单的信息传递模型给出了合理的解释。Kumar（1988）认为，公司管理者比外部投资者更清楚企业的生产能力，管理者通过股利支付水平向市场传递企业的生产能力信息，股东根据股利信号决定其投资额，公司管理者和股东按其投资比例拥有公司股票，企业的生产函数具有资本的边际生产递减倾向。由于管理者的资财是固定的，股东增加投资使其产出增加的同时，亦相对降低了管理者的股权比例。当资本的边际产量增大时，管理者赚取的收益随着投资金额的增加而增加，但最终随着管理者股权比例的下降抵消其收益而达到平衡点。如果管理者和股东具有相同的风险厌恶程度，他们会在投资的最优水平上达成一致；但是，当管理者的风险厌恶程度高于股东的风险厌恶程度时，管理者需要高产出补偿风险，即管理者对投资规模的偏好小于股东。因此，为接近他们所希望的投资规模，管理者有积极性支付与低于企业实际生产能力相对应的股利水平，完整意义的信号传递均衡不再存在。

Brennan and Thakor（1990）的模型解释了为什么公司宁愿负税选择股利支付政策而不选择股票回购政策。Kumar（1988）的模型则解释了为什么公司长期采取平稳的股利支付政策。上述两类股利信号模型是至今为止解释现实经济中股利政策特点的较理想的模型。

尽管如此，股利的信息传递机制也有其不足，这种信息传递机制很难解释为什么美国、英国、加拿大等国公司的股利支付率高于其他发达国家公司的股利支付率，因为英美等国公司的盈利水平并不比其他发达国家公司的盈利水平高。或许亚洲某些国家的投资机会多能解释亚洲国家公司的股利支付率低于英美公司，但是利用投资机会差异却不能解释为什么德国、法国等欧洲大陆的公司或日本的公司的股利支付率低于英美国家的公司。进一步，股利的信息传递机制难以解释，即使在美国，在几乎所有大公司大量发放股利的同时，私人或股权集中的公司却几乎不发放股利。

从信号传递理论也能够很好地理解股权结构对股利政策的影响。对于股权分散的公司来说，经营者与股东之间的信息不对称程度更高，这就需要将股利作为信号传递媒介向市场传递信息。

陈浪南等（2000）采用事件研究方法分组考察股利政策的市场反应以分析我国股利政策的信号传递作用。文章发现，我国现金股利不具有信号传递效应，而送股、配股具有明显的信号传递效应。

俞乔等（2001）实证检验我国上市公司年度红利公告对股价及交易量的影响。结果发现，不论是首次分红还是一般的年度分红，现金股利所引起的股价异常收益显著小于股票股利和混合股利。此外，现金股利作为首次分红支付方式不受市场欢迎，其异常收益显著为负值。而从市场异常交易量角度来看，红利公告对市场交易量的影响方向与市场价格的波动方向一致，但红利对市场价格的影响更为持续和显著。在配出了除息除权日的溢出效应、大宗交易所引起的股价偏差及红利公告期间风险要素增加的影响后，结果稳健。

何涛等（2002）通过回归分析发现，现金股利信息在事件窗口内对股票的超常回报没有显著影响，现金股利的增加与减少并不会对投资者的投资决策产生显著的影响，也不会对股东的财富产生显著的影响，并不导致公司价值的提高。

陈信元等（2003）研究佛山照明的现金股利是否向市场传递了信号并探寻在信号理论不成立的情况下佛山照明发放股利的真正原因。近几年，国内学者对现金股利的市场反应做过许多大样本研究，实证研究结论在细节上不完全一致，但总体上一些结论是相似的，即市场对现金股利要么没有反应，要么将其当作坏消息来反应

（张水泉、韩德宗，1997；陈晓、陈小悦、倪凡，1998；魏刚，1998；陈浪南、姚正春，2000；何涛、陈晓，2002）。而本文作者通过对发放现金股利时的市场反应运用累积超常收益率的方法研究后发现，市场将该消息解读为坏消息，因此佛山照明持续发放高额现金股利是无法提高公司价值、降低筹资成本的。而真正原因在于国有控股大股东利用分红来达到高额套现的目的。

刘星等（2004）运用均值差异检验、多元线性回归等分析方法研究我国上市公司经理管理防御下的股利政策。他们发现，公司经理存在以支付适当股利为自己牟私利的行为，而比较“弱类型”与“强类型”经理的股利支付行为发现，“强类型”经理更易支付股利，这与经理管理防御假说不一致。而上市公司投资机会、国有股比例和总经理所持股份数是影响经理决定支付股利的主要因素。公司投资机会越少，国有股比例越高，总经理所持股份数越多，经理决定分配现金股利越多。

陆正飞等（2010）利用我国“双重披露制”下合并报表净利润与母公司报表净利润的差异信息重新定义了“激进股利政策”。研究发现，一股独大和内部人控制是激进股利政策的主要原因，董事会成员在股利政策选择时也存在自利性行为。受股利信号作用和信息不对称的影响，“合并—母公司净利润差异”与公司采取激进股利政策之间的表现呈 U 形关系。公司采取激进股利政策可能会导致其债务成本增加。另外，激进的股利政策不受市场欢迎，累积超额回报显著为负。

李常青等（2010）将中国证监会关于上市公司再融资资格与股利分配水平相挂钩的政策法规界定为“半强制分红政策”，并以 2008 年 10 月 9 日中国证监会颁布的《关于修改上市公司现金分红若干规定的决定》（以下简称《决定》）作为研究背景，考察中国特殊的半强制分红政策的市场反应。研究发现，《决定》颁布期间资本市场整体呈倒 U 形走势，显示投资者对于半强制分红政策呈现出“预期——失望”的反应过程。而计划再融资、高成长低自由现金流、高竞争低自由现金流的上市公司市场反应显著较差，显示半强制分红政策对有再融资需求或潜在再融资需求的成长型和竞争行业上市公司带来了一定的负面影响。

关于股利信号传递效应的市场反应研究大多根据上市公司年报披露进行事件研究。吕长江等（2010）根据上市公司发布的股利变更公告，研究上市公司股利发放的市场反应。文章研究各种股利发放变动与公司现金流、盈余之间的关系以对上市公司股利政策的信号传递效应进行检验。研究发现，市场对有关股票股利变动的信息反应较敏感，调高股票股利，市场反应为正，调低股票股利，市场反应为负；市场对调高和调低现金股利的反应没有显著差异。公司在发股利变更为不发股利的情况下，取消现金股利与取消股票股利的市场反应没有显著差异；公司在不发股利变更为发股利的情况下，市场对发股票股利的反应显著好于对发现金股利的反应。对于现金红利增加或减少的公司，无论是净利润、主营业务利润，还是现金流净额、经营活动现金流，都没有显著差异，现金股利并没有信号传递效应；对于股票股利增加或减少的公司，当期净利润有显著差异，主营业务利润和未来盈余都没有显著差异，也就是说，股票股利发放只是传递了关于公司当期净利润的信息，并没有传递关于公司未来盈余的信息。

4. 股利迎合理论

"股利迎合理论"（dividend catering theory）试图从投资者需求的角度来研究企业管理者发放股利的动机。早在1978年，Long（1978）就有了将迎合的思想应用于研究股利政策的动机，他发现美国Citizens Utilities公司同时发放现金股利和股票股利，两者对投资者来说在价值上是相等的，然而投资者在发放现金股利的股票上支付的价格要比在发放股票股利的股票上高。这表明投资者将现金股利作为公司股票的一个显著特征，区别对待发放现金股利和不发放现金股利的股票。这反过来又引起了公司管理者为迎合投资者而发放现金股利的动机。

2003年哈佛商学院的Malcolm Baker和纽约大学斯特恩商学院的Jeffrey Wurgler提出了股利迎合理论。该理论认为公司发放现金股利的决策取决于投资者的需求，当投资者愿意花较高的价格购买那些发放现金股利的股票时，经理就会迎合这种需求而发放现金股利；相反，当投资者愿意花较高的价格购买那些不发放现金股利的股票时，经理就会迎合投资者的需求而不发放现金股利。

市场上存在着这样的投资者，以是否发放股利对公司进行分类，支付现金股利的公司和不支付现金股利的公司被视为两类。投资者对这两类公司的兴趣及股利政策偏好时常变化，对股票价格产生影响。公司管理者通常迎合投资者偏好制定股利政策，迎合的最终目的在于获得股票溢价。即当投资者倾向于风险回避，他们可能偏好发放股利的股票，因为可能认为这类公司风险小（一鸟在手理论），于是对支付现金股利的股票给予溢价，管理者就支付现金股利；当投资者偏好股票股利，对发放股票股利的股票给予溢价时，管理者就改为股票股利。如果公司管理者对最大化公司短期价值有兴趣，也许股票价格与公司管理者补贴收入相关，管理者更有可能取悦投资者，抓住股票溢价机会改变股利政策。

Baker and Wurgler（2003）还发现了一些实证支持。他们用市值与账面价值比的对数作为投资者对公司的投资信念，发放公司与不发放公司此值之差，作为投资者对两类公司信念的相对变化，在这样的时间序列中，如果此值大，说明在接下来的一年里，从没有发放股利的公司在明年将有一部分发放，新上市的公司也将选择发放股利。

2004年Baker and Wurgler（2004）正式提出了股利迎合理论，并建立了股利迎合理论静态模型加以解释。他们假定股利迎合理论要满足三个基本要素：

（1）基于心理和制度的原因，一些投资者对支付股利的股票有盲目的变化的需求。

股利迎合理论的第一个假设是：投资者有时喜欢发放股利的股票，有时又喜欢不发放股利的股票。为了体现这一假设，我们假定投资者以是否发放股利对股票进行分类，在实际投资中，在投资者心里经常对股票进行归类。如小公司股票、价值股、成长股、高风险债券等。通过归类使投资者对市场上发行的各种证券有了总体的把握，更容易根据自己的需要投资不同类的股票。假定投资者以是否发放股利作为分类依据是有原因和意义的。发放股利是成熟股票的一个体现；经济评价机构也以是否发放股利为标准来归类公司；许多公司通过连续发放小比率股利来吸引投资者的注意。

（2）有限套利的存在使得投资者的需要能够影响当前的股票价格。

在有效市场条件下，对以是否发放股利分类的两类股票的不一致需求不会影响股票的价值。套利理论更保证了这一点的实现。如果两个本质完全相同的股票因股利政策不同而在不同市场上价格不一样，套利者可以将便宜公司股票完全买下，然后在价格相对高的市场上卖出，那么就可将利润一直锁定到未来净现金收入流量为零时。套利者间的相互竞争，保证了能消除市场对公司股票的错误定价，使股利政策与公司价值无关。

实际中，进行套利是有成本和风险的。最基本的是基本面风险，关于某只股票基本价值的一些坏消息，引起股价进一步下跌导致损失，而且替代性证券很少是完美的，虽然理论上这种风险是可以消除的，但由于替代的不完美性使得消除所有的基本面风险成为不可能。如果套利是有限的，且对两种证券的需求是变化的，那么这两种证券的价格有可能由于需求的变化而改变。Barberis，Shleifer and Wurgler曾发现，按股票指数分类的证券与对其需求变化有相关性。如果投资者按股利对股票进行分类投资，那么不同的需求按上述逻辑也应该与其价格有相关性。

（3）理性的管理者能够权衡当前股票被错误定价所带来的短期收益与长期运行成本之间的利弊，从而迎合投资者的需要制定现金股利政策。

我们假设公司发放或不发放股利是管理者理性地对投资者需求的满足。当投资者对公司股票价格给予很大溢价时，说明投资者需要股利，公司将发放股利；反之公司将不发放股利。

公司利用股利满足投资者对股票的现时偏好，但区别于股东价值最大化原则。在不完全市场上，管理者不得不决定是实现短期价值最大化，还是实现长期价值最大化。短期价值与投资者需求有关，长期价值与公司投资策略有关。满足理论是实现短期价值最大化。

管理者是否愿意为了实现短期利润而满足投资者对股利的需求呢？他们考虑的一个因素是：实现短期价值最大化与长期最大化间有没有冲突，若没有，他们将透过股利策略实现短期价值最大化。另一因素是，自身能从中获利多少？最后一个因素是，管理者的视野或管理者所关注的投资者的视野。短视的管理者更易通过满足短期投资者需求，实现短期的价值最大化。

股利迎合理论的核心是管理者给予投资者最想要的结果，即当投资者对支付股利的公司偏好时，管理者就会制定支付现金股利的政策迎合投资者的需要。

Baker and Wurgler（2004）验证了股利支付倾向的波动性与迎合动机之间的联系。他们认为投资者往往对支付股利的公司的股票有较强需求，从而导致这类股票形成所谓的股票溢价。通过对美国市场1963—2000年的数据进行检验，Baker and Wurgler（2004）发现股票溢价与公司的股利支付倾向呈正向变动。股利迎合理论还从供给方面考虑股利政策。从供给方面来看，Baker and Wurgler（2004）验证了当投资者愿意为股票支付“股票溢价”时，支付股利的公司的管理者倾向于支付现金股利。

黄娟娟等（2007）从上市公司股权结构特征的角度讨论股利迎合理论。文章认为，股利迎合理论忽略了上市公司的股权结构特征，在投资者保护较弱的市场中，对于股权相对集中的上市公司来说，大股东存在利用股利侵占中小股东的动机，作为股利供给方的上市公司所制定的股利政策往往只迎合了大股东的股利需要。研究发现，我国上市公司的股利支付与流通股股东的偏好是相背离的。公司的股权越集中，不但支付股利的可能性变大，支付现金股利的可能性也越大，并且可能支付的金额也越多。

还有国内文献从其他方面解释上市公司的股利行为。

刘淑莲等（2003）从现金流角度分析上市公司派现能力和投资机会对现金分红决策的影响。研究发现，我国上市公司现金分红一般不超过会计收益或账面利润，但相当一部分公司的现金分红超过其股权自由现金流量，其分红的现金来源于配股融资，而现金分红与投资收益率和投资机会有关。

袁天荣等（2004）将超越公司现金能力水平的派现定义为超能力派现。研究发现，超能力派现与资产规模、净资产收益率、上市年限显著负相关，与公司的股权集中度正相关。公司治理结构的优化有利于制约上市公司的超能力派现行为，不同行业超能力派现的影响因素存在一定差异。

孙茂竹等（2006）运用博弈论的基本原理，分别从管理者与股东、公司内部利益方（管理者与股东）与外部债权人方面的利益冲突入手，建立博弈模型，发现在不完全信息市场假设下，管理者制定较低的股利支付政策，股东与债权人继续维持各自的股权或债权是符合各主体利益的明智决策。

娄芳等（2010）认为在新准则下，公允价值变动损益引起的盈余变化是暂时性的，而Lintner（1956）等研究表明，只有当公司认为未来的收益是持续性增加或减少时才会调整股利政策。所以，他们认为在新准则下公司不会因为暂时性收益的变化而去调整股利政策，也就是说，新准则下现金股利决策会降低对会计收益的依赖。而对利润的不同组成部分来说，新准则下公允价值变动损益、投资收益和经营性收益在上市公司现金股利决策中的重要性依次降低。

三、基本问题分析

关于股利政策的研究，最基本的问题是我国上市公司股利政策的支付动机和影响因素，即公司基于何种考虑来支付股利？是基于对股东的回报还是限于政策的约束？是代理成本的降低还是利益输送？股利支付以及相应的支付效果是否得到资本市场的认可？这些都需要结合我国特有的制度背景以及监管政策的变化来具体分析。

自股权分置改革以来，伴随着大小股东持股成本的逐步一致，大小股东间的利益冲突是否发生了变化？这种变化如何通过公司治理结构和市场机制的完善进一步影响股利支付需要具体深入地分析，尤其是2006年以来，国内外金融市场发生了剧烈的变化，极大地影响了公司和投资者的偏好，股利政策作为连接公司利益与投资者利益的纽带，表现出不同的分布特点，需要我们结合已有的理论进行深入分析。

四、未来研究方向

尽管国内外文献围绕公司的股利政策，从不同的理论角度对其进行解释和分析，但是公司究竟为何支付股利？影响公司股利分配的因素有哪些？股利分配的经济后果如何？至今尚无定论。

基于我国的制度背景，财政部、证监会、交易所等监管部门对不同时期的股利政策进行了规范和监管，这些规范是否实现了其对应的监管目标？例如基于保护投资者利益的视角，监管部门要求上市公司必须支付一定比例的红利给投资者，是否真正保护了投资者的利益？是否为控股股东提供了侵占小股东利益的渠道？这需要对上述股利政策相关理论成立的前提条件进行分析，并结合我国特有的制度特点来完善股利理论。

回顾国内文献，大部分文献是在用中国的数据来验证国外股利政策理论或假说，做了很多模拟工作，或者基于我国的制度和公司变量给出了不同的解释，但是对于股利政策的许多基本问题尚未给出科学的阐释，如股利信号假说的验证，首先需要回答的是我国上市公司是否需要通过股利向外界传递公司盈利的信号？公司的利益相关者是否关注公司股利的信号效应，理论与实证设计是否一致？从早期发现的股利信号效应到近期信号传递效应的不显现（吕长江等，2010），是理论问题还是研究设计问题？

具体而言，与国外不同，我国上市公司的股利通常是与年报同时披露，有时与公司其他信息同时披露，很难独立分析股利的信号效应。问题的关键还在于谁决定公司的股利分配。与国外股权分散的公司治理不同，我国上市公司的高管是否具备对股利分配的确定权尚需结合公司治理制度来分析，国有企业还存在国资委、财政部的分红规定限制，公司股权结构的集中程度、控股股东的影响等公司治理因素都会对公司的股利政策施加影响，只有解决了公司股利分配的动机，才具备进一步分析股利代理成本理论和股利迎合理论的基础。

对于上述股利政策理论的构建和检验一直是文献关注的主题，问题是每一个股利政策理论或假说都存在适用的背景和前提条件，如股利迎合理论的前提条件是存在投资者可以影响公司股利制定的市场机制，即管理者需要迎合投资者的偏好，而在我国，一方面存在国有企业与民营企业性质之分，股利支付的动机不完全一致；另一方面，公司股权相对集中，公司会迎合投资者而支付股利吗？这都是需要研究的问题。

总之，尽管人们对股利政策的理论和实证研究已逾半个世纪，但至今尚未有一个令人满意的股利政策理论，只是人们将各种有关的股利政策理论综合起来，才能在某种程度上解释现实经济中股利政策的特点。为此，还需要人们结合实际，进一步研究股利政策的理论问题，最终解开“股利之谜”。

建议阅读文献

[1] 陈浪南，姚正春. 我国股利政策信号传递作用的实证研究 [J]. 金融研究，2000 (10)：69～77

[2] 陈晓，陈小悦. 我国上市公司首次股利信号传递效应的实证研究 [J]. 经济科学，1998 (5)：33～43

[3] 陈信元，陈冬华，时旭. 公司治理与现金股利：基于佛山照明的案例研究 [J]. 管理世界，2003 (8)：118～126

[4] 邓建平，曾勇. 上市公司家族控制与股利决策研究 [J]. 管理世界，2005 (7)：139～147

[5] 邓建平，曾勇，何佳. 利益获取：股利共享还是资金独占？[J]. 经济研究，2007 (4)：112～123

[6] 黄娟娟，沈艺峰. 上市公司的股利政策究竟迎合了谁的需要——来自中国上市公司的经验数据. 会计研究，2007 (8)

[7] 何涛，陈晓. 现金股利能否提高企业的市场价值——1997—1999 年上市公司会计年度报告期间的实证分析 [J]. 金融研究，2002 (8)：26～38

[8] 蒋东生. 内部人控制与公司的股利政策——基于宇通客车的案例分析 [J]. 管理世界，2009 (4)：177～179

[9] 蓝发钦. 中国上市公司股利分配特征的现代经济学诠释 [J]. 管理世界，2001 (3)：

154～158

［10］李常青，魏志华，吴世农．半强制分红政策的市场反应研究［J］．经济研究，2010（3）：144～155

［11］李增泉，孙铮，任强．所有权安排与现金股利政策——来自我国上市公司的经验证据［J］．中国会计与财务研究，2004，6（4）：48～93

［12］廖理，方芳．股利政策代理理论的实证检验［J］．南开管理评论，2005，8（5）：55～62

［13］刘淑莲，胡燕鸿．中国上市公司现金分红实证分析［J］．会计研究，2003（4）：29～35

［14］刘星，魏锋，戴玉光．经理管理防御下的公司股利政策研究［J］．中国会计评论，2004，2（2）：363～376

［15］娄芳，李玉博，原红旗．新会计准则对现金股利和会计盈余关系影响的研究［J］．管理世界，2010（1）：122～132

［16］陆正飞，王春飞，王鹏．激进股利政策的影响因素及其经济后果［J］．金融研究，2010（6）：162～174

［17］吕长江，王克敏．上市公司股利政策的实证分析［J］．经济研究，1999，12（12）：31～39

［18］吕长江，王克敏．上市公司资本结构、股利分配及管理股权比例相互作用机制研究［J］．会计研究，2002（3）：39～48

［19］吕长江，许静静．基于股利变更公告的股利信号效应研究［J］．南开管理评论．2010，13（2）：90～96

［20］吕长江，周县华．公司治理结构与股利分配动机——基于代理成本和利益侵占的分析［J］．南开管理评论，2005，8（3）：9～17

［21］孙茂竹，王艳茹，张祥风．从博弈看上市公司股利政策的决定［J］．会计研究，2006（8）：60～66

［22］王化成，李春玲，卢闯．控股股东对上市公司现金股利政策影响的实证研究［J］．管理世界，2007（1）：122～127

［23］魏明海，柳建华．国企分红、治理因素与过度投资［J］．管理世界，2007（4）：88～95

［24］魏刚．股利的信息含量——来自中国的经验证据［J］．中国会计与财务研究，1999（2）：120～163

［25］伍利娜，高强，彭燕．中国上市公司“异常高派现”影响因素研究［J］．经济科学，2003，1（3）：1～42

［26］俞乔，程滢．我国公司红利政策与股市波动［J］．经济研究，2001（4）：32～40

［27］袁天荣，苏红亮．上市公司超能力派现的实证研究［J］．会计研究，2004（10）：63～70

［28］张文龙，李峰，郭泽光．现金股利——控制还是掠夺？［J］．管理世界，2009（3）：176～177

［29］周县华，吕长江．股权分置改革、高股利分配与投资者利益保护——基于驰宏锌锗的

案例研究［J］. 会计研究，2008（8）：59～68

［30］Aharony，J.，Swary，I. Quarterly dividend and earnings announcements and stockholders' returns：An empirical analysis［J］. *The Journal of Finance*，1980，35（1）：1-12

［31］Asquith，P.，Mullins，Jr. D. W. The impact of initiating dividend payments on shareholders' wealth［J］. *Journal of Business*，1983：77-96

［32］Baker，M.，Wurgler，J. 2004，A Catering Theory of Dividends［J］. *Journal of Finance*，59（3）：1125-1165

［33］Bar-Yosef，S.，Kolodny，R. Dividend policy and capital market theory［J］. *The Review of Economics and Statistics*，1976，58（2）：181-190

［34］Bhattacharya，S. Imperfect information，dividend policy，and "the bird in the hand" fallacy［J］. *The Bell Journal of Economics*，1979：259-270

［35］Black，F. The dividend puzzle［J］. *Streetwise：The Best of The Journal of Portfolio Management*，1998：10：5-8

［36］Edwards，J. Does dividend policy matter?［J］. *Fiscal Studies*，1984，5（1）：1-17

［37］Casey，K. M.，Anderson，D. C.，Mesak，H. I.，et al. Examining the impact of the 1986 Tax Reform Act on corporate dividend policy：A new methodology［J］. *Financial Review*，1999，34（3）：33-46

［38］Crockett，J.，Friend，I. Divided Policy in Perspective：Can Theory Explain Behavior?［J］. *The Review of Economics and Statistics*，1988：603-613

［39］Easterbrook，F. H. Two agency-cost explanations of dividends［J］. *The American Economic Review*，1984，74（4）：650-659

［40］Faccio，M.，Lang，L. H. P.，Young，L. Dividends and expropriation［J］. *American Economic Review*，2001：54-78

［41］Gonedes，N. J. Corporate signaling，external accounting，and capital market equilibrium：Evidence on dividends，income，and extraordinary items［J］. *Journal of Accounting Research*，1978，16（1）：26-79

［42］Gordon M J. Dividends，earnings，and stock prices［J］. *The Review of Economics and Statistics*，1959，41（2）：99-105

［43］Gordon，M. J. *The investment，financing，and valuation of the corporation*［M］. New York：Greenwood Press，1982

［44］Gul，F. A. Government share ownership，investment opportunity set and corporate policy choices in China［J］. *Pacific-Basin Finance Journal*，1999，7（2）：157-172

［45］Healy，P. M.，Palepu，K. G. Earnings information conveyed by dividend initiations and omissions［J］. *Journal of Financial Economics*，1988，21（2）：149-175

［46］Jensen，M. C. Agency costs of free cash flow，corporate finance，and takeovers［J］. *The American Economic Review*，1986，76（2）：323-329

［47］John，K.，Williams J. Dividends，dilution，and taxes：A signalling equilibrium［J］. *The Journal of Finance*，1985，40（4）：1053-1070

［48］Lopez de Silanes，F.，Vishny，R.，Shleifer，A. Agency problems and dividend policies around the world [J]. *Journal of finance*, 2000, 60 (1): 1-33

[49] Lee, C. J. and X. Xiao. *Cash dividends and large shareholder expropriation in China*. Working Paper, Tsinghua University, 2002

[50] Lewellen, W. G., Stanley, K. L., Lease, R. C., et al. Some direct evidence on the dividend clientele phenomenon [J]. *The Journal of Finance*, 1978, 33 (5): 1385-1399

[51] Lintner, J. Distribution of incomes of corporations among dividends, retained earnings, and taxes [J]. *The American Economic Review*, 1956, 46 (2): 97-113

[52] Miller, M. H., Modigliani, F. Dividend policy, growth, and the valuation of shares [J]. *The Journal of Business*, 1961, 34 (4): 411-433

[53] Miller, M. H., Rock, K. Dividend policy under asymmetric information [J]. *The Journal of Finance*, 1985, 40 (4): 1031-1051

[54] Riley, J. G. Informational equilibrium [J]. *Econometrica: Journal of the Econometric Society*, 1979: 331-359

[55] Rozeff, M. Growth, beta and agency costs as determinants of dividend payout ratios [J]. *Journal of Financial Research*, 1982, 5 (3): 249-259

[56] Shefrin, H. M., Statman, M. Explaining investor preference for cash dividends [J]. *Journal of Financial Economics*, 1984, 13 (2): 253-282

[57] Su, D. Corporate finance and state enterprise reform in China [J]. *China Economic Review*, 2005, 16 (2): 118-148

[58] Watts, R. The information content of dividends [J]. *The Journal of Business*, 1973, 46 (2): 191-211

[59] Williams, John B. 1938. *The theory of investment value* [M]. Reprint by Amsterdam, The Netherlands: North Holland Publishing Company, 1964

吕长江（复旦大学）

专题10 财务战略与管理

一、问题的提出

20世纪50年代以来，以原子能技术、航天技术、电子计算机应用为代表的第三次科技革命使人类由工业社会迈入信息社会，即所谓的后工业时代，社会需求由“量”转向“质”，生产工艺和技术的快速革新，大大加剧了市场竞争。与此同时，资源短缺（如石油危机等）问题也时有发生。所有这些都决定了企业发展日益受到外部环境变化的影响。随着企业组织规模的日益扩大和市场竞争的不断加剧，企业因融资结构等重大财务安排不当而导致财务危机的诸多教训越发清楚地告诉我们，财务管理并非仅限于“策略”和“战术”层面，也有着事关企业全局和长远发展的内容（阎达五、陆正飞，2000）。面对新环境、新经济、新技术的挑战，传统的财务管理已无法适应环境变化对企业管理的客观要求，从战略的角度对企业财务问题进行研究已经成为现代企业管理的一种趋势和潮流。

财务战略理念的产生是现代企业管理实践发展的迫切要求，无论是在学术界还是在企业实践中都备受关注和瞩目。虽然国内外有关财务战略理论与实务的研究已经取得了一定的成绩，但是与具有相对完善理论体系的战略管理相比，截至目前，“财务战略”还没有上升到一门学科的高度来加以系统地研究与开发，特别是财务战略基础性理论研究缺位较多，争议也较大，如“财务战略本质范畴问题”、“财务战略管理边界问题”、“财务战略理论结构问题”、“财务战略管理目标问题”、“战略管理与财务战略关系问题”、“如何将财务战略与企业战略目标和经营战略相匹配”等基本理论的各种观点仍是众说纷纭，缺乏完整的理论框架支撑。基于此，本章将紧扣社会、经济、政治环境的变化，以财务战略与管理思想产生的历史脉络为逻辑线索，对国内外财务战略与管理的经典文献进行系统梳理，实现对财务战略管理本身发展内在逻辑的透视，找出贯穿于财务战略管理研究的主线，在此基础上对财务战略与管理的一些基本理论问题进行探讨，并指出未来可能的研究方向。

二、中外文献回顾

（一）财务战略思想产生萌芽——适应企业战略发展的需要

20世纪60年代以来，有关财务战略的研究伴随着对企业战略的研究开始。随着企业组织规模的日益扩大和市场竞争的不断加剧，以及西方现代企业制度的建立，企业生产经营的内外部环境面临着剧烈的变化和挑战。资源的稀缺性尤其是资金的有限问题时有发生，企业对现金流状况的关注日益提升。从一个长期的过程来讲，一个企业如果没有足够的现金满足企业发展或生产经营的需要，即便有利可图，也可能会因财务状况尤其是现金状况陷于困境而发生危机。在这样的背景下，企业唯有切切实实根据环境及其可能变化谋划未来的发展方向及相应的实现途径，方能求得长期稳定的发展。因此，战略管理理论的方法和要素逐渐被引入财务管理领域，从而推动财务战略及其管理理论思想萌芽产生。但是，这一时期学术界对财务战略的定义还比较模糊，对财务战略管理的定位仅停留在企业生产经营过程的附属职能上，财务战略的相对独立性并没有受到足够的重视。

企业战略管理的思想是伴随着社会经济的发展而产生的。第二次世界大战以后，世界经济形势发生了重大变化，资本主义经济危机不断发生，第三世界民族经济迅速发展和壮大，加之严重的通货膨胀和石油危机，市场竞争更加激烈，西方企业经营困难重重，资金运用日趋复杂。面对这种形势，西方国家的企业管理出现了一种新的趋势，那就是加强所谓的“战略管理”。企业的战略管理和经营管理逐渐分开，由较高层次的管理人员从事企业的战略规划和战略决策，而由较低层次的管理人员负责日常的经营活动。美国管理学家钱德勒（A. D. Chandler）于1962年出版了《战略与结构》一书，揭开了企业战略问题研究的序幕。钱德勒在这部论著中给企业战略下了明确的定义。他认为企业战略影响和决定着企业的基本、长期目标与目的，制约着企业达到既定目标所遵循的路线途径，并为实现这些目标和途径对企业已有资源进行最优化配置。

美国学者安索夫（H. I. Ansoff）于1965年出版的《企业战略论》一书是最早阐述战略管理的理论著作，标志着企业战略管理理论的诞生。随后，不同学者从不同角度对战略管理理论进行了研究，战略管理理论得到了蓬勃发展并不断得以完善和深化。但理论界对财务战略的研究远远滞后于对战略管理的研究，“无论在理论上还是在实务上，战略管理与财务资源管理之间并没有形成足够紧密的联系”（H. I. Ansoff，1976）。

20 世纪 80 年代以后，世界经济格局进一步发生深刻变化，不仅以西欧、日本为代表的发达国家在国际市场上与美国展开了激烈的争夺，而且新兴的发展中国家经济实力也日益增强，形成了与欧美抗衡的经济力量。在这种高度竞争、复杂多变的经营环境下，企业经营者如果仅仅依靠以往的经验已经无法面对新的环境和形势，企业对此做出的必然反应是把战略管理作为管理的中心问题。此时，财务管理当然不能无视战略管理的要求。同时，企业财务管理研究的对象从单纯的筹资转向筹资、投资、股利分配等三大对企业资金流动产生影响的具体内容。财务管理在理论成熟的基础上，又融合了多门学科的知识内容，使得财务管理在企业管理中扮演着越来越重要的角色，企业财务战略管理思想才因此得到了新的发展。麦肯锡公司（McKinsey and Company，1997）指出，“过去十年以来，思想与活动都曾水火不相融的两大支系——公司财务与公司战略，经剧烈冲突后融为一体，战略与财务之间的联系日趋紧密和明显”。

1983 年，英国学者 Simmonds 首次提出了“战略管理会计”的概念。他指出战略管理会计就是“提供与分析企业及其主要对手的财务数据，以构建企业战略”。他认为要保持竞争地位就有必要通过管理会计系统，分析各个企业所处市场位置的现状以及变化的因素，这些因素包括竞争对手的成本、决定其成本的结构、可利用的资源、市场占有率等。但是 20 世纪 80 年代的财务战略研究对于财务战略的本质、概念等并没有形成统一的认识，只是在谈及财务或相关问题的时候简单予以涉及。美国战略管理专家 W. H. Newman（1985）在谈到战略管理问题时认为“现金流量应该成为制定关于资本来源和运用战略所关注的重点”。W. O. Cleverley（1989）也同样认为“战略计划如果在资金上不可行，是无效的战略，同时如果该财务计划不能反映管理者制定的战略决策，它就没有任何价值”。显然，这一时期西方学术界对财务战略的定义还比较模糊，但是已经认识到了财务战略的一些特征。

（二）企业战略中的财务：财务战略附属于企业职能战略

20 世纪 90 年代以来，与国际竞争的激烈、技术创新的加剧以及顾客需求的变化等多种激变因素相适应，基于资源和能力的战略管理理论逐渐发展和完善起来。虽然众多学者对战略管理的定义各不相同，但对企业战略的层次与战略管理过程都保持一致的观点，即企业战略包含公司战略、经营战略与职能战略三个层次。财务战略正是首先在战略管理的职能战略中被提出，并随后在战略管理的战略实施阶段被加以研究。因为“财务战略”一词的产生源自“企业战略”一词的广泛运用，所以把财务战略视为企业战略的支持手段即“企业战略中的财务”，是较为自然的逻辑。它强调企业战略既定，而财务战略的主要目的与功能在于解决企业战略实施所导致的资金需求，即支持企业战略的实现。

随着企业自身发展和外部环境的变化，企业财务战略研究的对象得到了发展充实，对财务战略基本理论问题的认识也得到了进一步的深入。正如 Tom Copeland et al.（1990）指出的，“经过了过去的 20 多年时间，公司财务和战略这两方面的思维和行为逐渐融合到了一起，从而形成了对公司财务战略的研究，这对公司管理和发展都产生了深远的影响”。随着现代企业经营环境的重大变化和战略管理的广泛推行，财务管理在企业管理中的地位也提升到了战略高度，战略思想在财务管理实务中得到日益具体和高效的贯彻实施。同时，如何促进财务管理与战略的有机结合也受到了学术界和实务界的高度关注。

自迈克尔·波特（Michael E. Porter，1985）在《企业与竞争战略》一书中大量运用经济学术语，为战略文献与财务文献搭建了连接的桥梁后，有关财务战略管理的著作和论文相继问世。财务战略管理研究的先行者 David Allen（1991）在其《财务战略管理》一书中强调了会计战略与财务战略的区别，认为战略财务管理是“管理者为寻求实现其战略目标而设计的一套战略管理系统，从而保证企业财务状况长期、稳定、健康发展”。John Ellis（1993）在 *Corporate Strategy and Financial Analysis* 一书中将财务战略分析作为全书的一个重要部分，从会计角度对利润、现金流量及竞争力等进行了分析。J. A. Pearce II and R. B. Robbins（1998）在其《战略管理学》一书中提出了“财务策略”（finance tactics）的概念，并指出企业财务策略包括资金筹集、资金分配（投资）以及分红与营运资金管理三大方面。从这些言论中可以看出，上述学者对财务战略的定义还比较模糊，但是已经显露出财务战略的本质所在。

作为战略管理研究的先行者，David Allen（1997）认为，财务战略是一种长期的以企业现值最大化为目标，以确定合理投资水平、协调相互影响的经营战略、制定预算为内容的综合决策。Janette Rutterford（1998）认为财务战略是为了对股东实现不依赖于产品和市场决策的价值增值而对企业制定适当的投资决策、筹资决策和风险管理决策的总和。在国外对于财务战略的专著中，英国学者 Ruth Bender and Keith Ward（2003）合著的《公司财务战略》可以看做一本具有代表性的著作，这本书对财务战略进行了专门的论述，将其定义为“企业为了能够更好地适应其总体竞争战略而募集所需资本，并使这些资本在组织内有效地运用和管理，是企业战略重要的组成部分”。Lisa AKeister（2004）研究了中国转轨时期企业财务战略中资本结构的变化。作者分析了原有国有企业在 1980—1989 年的资本结构数据，指出在经济转轨时期，企业地域上的接近增强了借款的相似性，而且企业更多地模仿大型盈利企业的借款行为。两个企业地理上越接近，越有可能从相同的渠道获得资金。

相对于国外研究来说，国内对于财务战略的研究起步较晚，直到 20 世纪 90 年代才开始涉及，且研究方法以规范研究和案例研究为主。普遍的观点认为最早对财务战略进行系统论述的是刘志远 1997 年出版的《企业财务战略》一书，在该书中，刘志远将财务战略定义为“为谋求企业资金均衡有效的流动和实现企业战略，为增强企业财务竞争优势，在分析企业内外部因素对资金流动影响的基础上，对企业资金流动进行全局性、长期性和创造性的谋划，并确保其执行的过程”。刘志远（1997）围绕资金活动，从投资、资金投放和筹措等几个方面论述了有关战略的生成、设计与实施。魏明海（2001）认为，财务战略是指在企业战略统筹下，以价值分析为基础，以促使企业资金长期均衡有效地流转和配置为衡量标准，以维持企业长期盈利能力为目的的战略性思维方式和决策活动。张瑞君、朱以明和夏坤（2007）认为，财务战略管理是战略管理的重要组成部分，它要根据企业总体战略和各业务单元战略从财务视角制定相关的财务制度、财务流程、控制机制和评价体系，并通过财务战略的有效执行实现财务战略管理的目标。

但正如陆正飞（1999）曾指出的那样，在我国企业管理的理论研究和实践中，财务管理并未得到应有的重视，财务实践活动也往往局限于日常事务的管控，故财务理论研究也集中于内部财务管理，很少涉及战略层面。只有将财务管理与企业管理总体相联系，从企业整体发展出发来研究财务管理，才能使财务做到真正为企业的长期稳定发展服务，这也是财务战略的真正目标。他认为适度负债、规模扩大、资金运营与资金积累是当时中国企业发展财务战略的三大核心问题，故他着重研究了企业资金结构、企业规模选择和资金积累战略，并就不同类型企业发展过程中的财务战略进行了具体论述。

除财务管理在我国局限于内部、日常事务以外，传统的财务管理理论在研究方法和范围上的局限，也促使财务战略理论的产生和发展。传统财务管理更接近于经济学而非管理学的研究方法，因此其与从企业管理角度发展起来的企业战略理念之间会产生不可避免的冲突与矛盾，故不能有效地支持整体战略。基于这样的想法，刘志远和周宝源（2000）提出了财务战略管理的基本思想，并针对各项主要财务行为，从财务战略的制定、实施与控制的整个过程出发，重点论述了筹资战略管理、投资战略管理和股利分配战略管理的基本方法与内容。

综上，将财务战略视为企业战略之支持战略的观点有两大特点：（1）像定义企业战略一样定义财务战略，强调战略管理的一些特征，比如，以环境分析或价值分析为基础，具有长期性与全局性，目的是维持竞争优势或长期盈利能力，重点在战略制定环节等；（2）认为财务战略是从属于企业战略的一个重要子战略，重点在于谋划资金流动的长期有效均衡。但这种观点存在以下两大困境亟待解决：一是财务战略与业务单元战略进而总体战略之间三级关系的衔接问题；二是财务战略与一般财务决策的区分问题（曹玉珊，2010）。

（三）财务中的企业战略——财务战略的相对独立性

财务中的企业战略是指在财务管理行为中融入战略管理思想。这种含义往往通过强调财务战略的“相对独立性”来解释。Tony Ground（1998）指出，财务战略是通过将战略思想与财务计划、财务分析以及财务控制活动相整合而得出的战略决策。作者从战略与价值关系的角度对企业财务战略管理问题进行了论述，将战略管理会计、战略成本管理都纳入财务战略管理的体系中。ACCA（2002）指出，财务战略是指主要涉及财务性质的战略决策，因此是属于财务管理范畴的战略，涉及公司战略、竞争战略和经营战略三个层面，其出发点是认定或制定目标。如果企业能够正确制定并有效地执行财务战略，就能有效增加股东价值，但是如果财务战略执行不当，整个经营就会一团糟（Ruth Bender and Keith Ward，2003）。

在国内，阎达五和陆正飞（2000）从两个角度考察了财务战略相对独立的存在意义：从企业战略角度看，财务管理进而财务战略因为货币的独立存在、资金的有限性、企业对现金流状况的关注、现代企业制度的建立等四个方面的原因而具有相对独立的内容；从财务管理的角度看，企业财务活动的任何领域都同时存在着“战略性”（即带有全局性和长期性的特征）的方面和“策略及战术性”的方面，据此可以列出一些主要的具备“战略性”的财务管理活动即财务战略。强调财务战略的“相对独立性”的典型定义如：财务战略是对企业总体的长期发展有重大影响的财务活动的指导思想和原则（陆正飞，1999）。这种概念基本按照财务学概念的范式来定义财务战略，没有非常鲜明的企业战略一词的痕迹，而又有机地糅合了企业战略的基本特征，即全局性和长期性。

在理论和实现工具的发展方面，Sandberg et al.（1987）认为财务战略研究的核心是融资决策中的财务杠杆使用度上，也就是选择公司的债务和资本总额的目标比率。W. H. Newman（1985）认为在制定关于资本运用和来源的战略时，最需要关注的是现金流量。David Allen（1988）指出，财务战略，首先也是最重要的，是一个模型。在这一模型结构中，财务的规则能够运用到战略标准的管理当中，是为了寻求计划现金流量按资本成本折现的净现值（NPV）最大化。Rahul Koehhar（1997）发现由于不同的融资工具对企业治理成本的影响，提出代表公司专有性特征的战略资产主要通过权益融资获得，而较低专用性资产则通过债务融资，并且给出了不同资产专用性程度下企业净收益与资本结构之间的关系。Henderson and Venkatraman（1992）通过系统研究并结合北美企业关于 IT 对战略管理活动影响的实例分析，提出了著名的 BP-ISP 战略匹配模型（strategy alignment model，SAM）。

国内学者中，魏明海（2001）首先从周期角度对财务战略进行研究，考察周期性因素对财务战略的影响，这与国际上许多大型企业当时的实践密不可分。他认为，根据商业周期等因素的变化，调整企业财务战略，特别是筹资投资和资产重组的战略，对降低财务风险、增强财务稳定性、实现可持续发展并提高企业的综合收益水平具有重要意义，因此应当从理论和时间两个方面弄清企业财务战略与各周期性因素之间的关系。他以公司治理结构为平台和制度基础，讨论了资本市场选择与融资渠道战略分析、资本结构和举债经营管理、公司信用政策、投资战略、战略性重组、成本战略和公司股利政策等方面的问题。

财务战略与财务控制理论的结合则是财务战略在财务管理、战略管理之外的又一种探索。这一阶段的显著特点是重视实际财务管理技术方法的运用，力求采用新的管理技术方法以实现财务战略决策的最优化。价值分析、本量利分析、变动成本法、边际分析法、作业管理、标准成本控制等被广泛引入企业财务战略决策和管理理论研究中。Kaplan（1996）研究的平衡计分卡（balanced score card，BSC）从整合性财务战略的视角出发，提出了将愿景、战略分解成为财务、客户、内部过程、员工学习与创新的评价衡量机制，并利用特定的信息化平台支撑以保障企业战略有效执行。Babita Mehra（2002）从价值创造的角度研究了成本控制与成本分析的创新方法，提出了需要进行长期结果（长期指标）与短期价值（投入动因）之间关系的分析。

在国内，魏明海（2001）从风险管理的视角出发，提出战略财务的内部控制机制，以保障财务战略得到有效执行。胡国柳、卢闯和黄鹤（2004）则在《企业财务战略与财务控制》一书中明确提出财务战略的制定、执行和评价的过程实质就是企业实施财务控制的过程。财务战略为财务控制提供目标，而预算管理提供的控制标准使财务控制合理保障了财务战略的成功实施。通过比较实际结果与控制标准来对战略进行合理评价，并以不断反馈的信息调整战略的制定和实施。财务控制和财务战略是一个不可分割、紧密联系的整体。因此有效地把握了财务战略与财务控制之间的关系，对于企业的长期健康发展极其重要。基于这样一种想法，胡国柳、卢闯和黄鹤（2004）对财务战略的讨论不再局限于传统的按内容上的分类，而是紧贴上述过程的重要环节，从企业组织结构、全面预算管理、业绩评价与激励机制体系等方面对财务战略的要点进行论述。然而，这种在财务战略中有关控制思想的强调，在汪家常和韩伟伟（2002）以平衡计分卡为基础所提出的战略预算管理体系中已经涉及。他们首次从战略的角度重新审视全面预算管理，认为战略预算管理有别于全面预算管理的亮点就在于通过财务预算指标和非财务预算指标、市场化评价和内部化评价的结合，对预算过程和结果同时进行评价，通过预算编制、执行、评价的周而复始的循环，来实现对整个企业经营活动的最终控制。而张纯（2005）则着重研究了以预算为实施落脚点，以财务战略计划目标实现为核心的财务预测机制，这种动态的企业财务预测机制功能的发挥，有效推进了企业财务战略目标的实现并通过与市场的对接使企业的绩效得以充分体现。

此外，财务战略研究所涉及的范围愈加广泛，不再局限于传统的投资战略、融资战略及收益分配战略，如 Ruth Bender and Keith Ward（2003）提出应根据产品生命周期将公司划分为引入期、成长期、成熟期和衰退期，强调经营风险和财务风险的反向搭配战略。焦跃华和袁天荣（2001），殷俊明、王平心和吴清华（2005）分别从成本发生的源头和产品寿命周期成本分析方法两个角度，重点研究了成本战略管理的方法、体系及框架；陈萍和潘晓梅（2010）则从创新视角出发，将公司治理结果、财务流程再造、业绩计量和评价、战略成本管理等问题全部纳入财务战略的研究框架中，丰富了企业财务战略管理的内涵。

然而，强调财务战略的相对独立性可能由于单方面突出财务战略在企业战略中的地位而间接挑战企业战略的强势地位。因此，站在学科定位或企业组织的角度，相对独立的财务战略概念难以广泛流行，难以避免解释乏力与操作性欠缺等方面的问题。

（四）共生财务战略：财务战略与企业战略的耦合

由上文分析可知，自20世纪60年代财务战略思想提出之后，学者们围绕“财务战略”这一概念进行了诸多的探讨和争论，各种观点可谓“百花齐放”、“百家争鸣”，但迄今尚未得到一个统一、公认的财务战略概念。事实上，财务战略概念之争的实质是“战略”与“财务”的概念结合方式，即“企业战略中的财务”还是“财务中的企业战略”。然而，上述两种观点都存在一定的偏颇：前者重战略轻财务，而后者重财务轻战略。因此，近年来试图探讨一种成本较低的概念结合方式，即财务战略与企业战略的共生相辅性这种研究思想应运而生。

共生是指不同种属按某种物质联系而生活在一起，或从一般意义上说，共生是指共生单元之间在一定的共生环境中，按照某种形式形成的关系（Anton de Bary，1879）。目前，共生思想已经引起人类学家、社会学家、经济学家、管理学家甚至政治学家的关注。越来越多的研究表明，共生不仅是一种生物现象，而且也是一种普遍的社会现象。共生方法开始广泛应用于农业、经济和管理等各个社会领域。法国著名经济学家梯若尔（Tirole，2007）指出，传统的财务战略多数以股东财富最大化为目标，然而，这种观点未免忽略了再分配的因素，甚至脱离企业实际。随着经济的发展和各种社会问题的不断凸显，企业需要对股东之外的更多利益相关者负责，利益相关者与企业财务决策、财务政策和财务行为之间存在着相互影响的关系。因此，企业财务资源的配置不能只考虑某一利益相关者的诉求，而必须兼顾各种利益相关者的需求。

企业财务战略是企业长期利益的诉求，不仅仅为了解决眼前问题或短期利益，财务战略一经制定，将会在未来较长时期内对企业投资、筹资和现金流产生重大和深远的影响。因此，在共生观视角下，如何对传统财务战略理论作修正，自然成为共生理论引导企业实践的重要内容之一。企业应该基于共生理论，寻找企业财务战略与社会责任战略对接和耦合的路径（徐光华、沈弋，2011）。

21世纪以来，市场经济的浪潮席卷全球。尤其是近年来所发生的包括全球金融危机在内的一系列事件，使人们对以经济利益为核心驱动的市场经济是否仍能作为主流经济模式提出了强烈的质疑，全球性的资源消耗和环境危机已经危及到企业的可持续发展，现行的企业财务战略和管理模式亟待变革。共生理论视角下新的企业运作规范受到越来越多的关注，人们也开始从社会效益方面对企业绩效进行新的评估。主流的公司财务理论是社会责任外生型的，其理论渊源是新古典范式的主流经济学。超越新古典范式，从嵌入性立场重新审视企业，则现代企业在性质上是一系列经济契约与社会契约的集合体。现代公司财务关系的实质是全部利益相关者基于共同决策的价值创造和价值分配。当企业社会责任演化为企业总体战略不可或缺的一部分时，必须与企业财务战略及其业务流程相融合。显然，财务战略作为企业战略体系中的桥梁和纽带，如何更好地适应企业社会责任的变革，无疑是研究中亟待解决的重要问题。

1. 财务战略与企业社会责任战略的耦合

McWilliams and Siegel（2001）提出了一种在企业理论下分析企业社会责任的模型。在模型中，他们假设企业社会责任的产出将通过产业和市场来实现，即假设企业社会责任的产出将取决于研发费用、广告密度、产品多样化程度、政府购买比例、消费者收入、劳动力密集程度以及企业在产业生命周期中所处的阶段。两位学者得出的结论是，企业社会责任能够在某种程度上同时满足企业利润最大化和利益相关者利益最大化的要求。理想的企业社会责任水平可以通过成本效益分析来完成。其中，企业社会责任实施的成本是由企业管理者决定的，企业管理者需要从长远的角度合理规划并将其纳入财务战略的考虑范围。John Peloza（2003）构建了一种评估企业社会责任影响的模型，包括促进方面和阻碍方面。该文融合了传统意义上两种截然不同的方法：一种观点认为企业社会责任是符合企业经济目标要求的，另一种观点则认为企业社会责任是对经济利益的背离。将这两种观点融合之后，作者通过分析发现，企业社会责任在一定程度上可以为管理者带来至关重要的核心竞争优势，并且可以通过提高财务绩效防御意外事件，而这种潜在的保障价值在传统评估企业绩效与社会责任的关系时通常被忽略。McWilliams，Siegel and Wright（2006）总结了不同视角下的企业社会责任观，从中发展出了体现企业社会责任要求的战略发展框架。在该框架下，提出了未来企业社会责任在理论上和实证上的发展方向。

李心合（2009）指出，现代企业在性质上是一系列经济契约与社会契约的集合体，从制度视角研究公司财务问题，公司社会责任是规避不了的话题，尽管主流的公司财务理论是社会责任外生型的，但制度内生的公司财务理论是需要嵌入社会责任的。对这些问题的讨论和研究，将会极大地创新现有的企业理论，扩展现有的公司财务理论，并使公司财务理论更逼近现实世界的公司财务活动。张兆国、刘晓霞和张庆（2009）指出，面对企业社会责任的强烈挑战，企业财务战略管理作为企业各种利益关系的焦点必须发生相应的变革，从股东至上财务战略管理模式转变为利益相关者合作财务战略管理模式。尹开国和李庚秦（2009）首先通过对德清源等三家企业的案例分析，研究了全面社会责任导向下财务战略变革的重要意义。尹开国（2009）指出，企业社会责任与财务战略目标具有内在契合性。在融资方面，应建立利益相关者风险均衡的融资结构和广义财务资源融资机制；在投资方面，应坚持稳健的投资策略，建立投资项目的社会责任评价体系，加强无形资产投资；在财务分配方面，应建立利益相关者公平分配机制、有利于中小投资者利益保护的股利分配决策机制以及竞争性公益慈善战略。徐光华和沈弋（2011）则引入了企业共生理论，解析和诠释了共生观视角下的财务战略和企业社会责任战略，以及如何通过两者的对接和耦合，实现企业与各共生体和共生单元的利益共生与共赢，由此寻找企业共生财务战略的实现路径。

2. 财务战略与可持续发展战略的耦合

面对日益激烈的竞争和有限的资源，可持续发展这一宏观概念被逐步引入企业管理的微观层面。盲目的增长已经不是管理层所追求的目标，科学可持续才是企业长久可持续发展的不竭动力。学者们也开始从可持续发展的角度对财务战略进行新的讨论。企业本质上是一个管理性生产组织，企业的成长取决于能否更为有效地利用现有资源。企业拥有的资源状况是决定企业能力的基础。因此，稀缺的管理资源是企业规模和范围最重要的限制因素（Barney，1991）。吴应宇（2004）提出广义的财务战略是指企业财务决策者从战略出发，以获得和维持可持续发展为目的，充分预测、分析、估量影响长期发展的内外部复杂因素，在与变化的环境相匹配的基础上实现财务和非财务资源的配比发展，获得最佳运用。他通过财务分析、评价等手段，探讨企业财务资源、非财务资源的量化方法及与经营效率之间的均衡模型；并利用拓扑结构理论、层次分析法、案例推理技术等分析方法，建立了一种运用于多属性评价对象系统的企业可持续竞争能力评价模型，为企业可持续发展提供较为完善的辅助决策支持系统。而姚文韵（2011）则首先论证了财务战略决策与企业价值的可持续增长显著相关，并在此基础上，构建了财务战略决策的模型和集成化财务战略模式，制定出适合企业不同生命周期的投资、筹资和分配财务战略，认为这种动态的财务战略能够适应企业发展的全过程。

三、基本问题分析

（一）财务战略研究演进的基本脉络——与环境发展相匹配

企业在不断发展，内外部环境也在变化。作为研究“环境—战略—结构”相互关系的开山鼻祖，美国著名管理学家钱德勒（A. D. Chandler）在 1962 年出版的

《战略与结构》一书中提出，企业战略应当适应环境变化，满足市场需求，而组织结构又必须适应企业战略要求，随着战略的发展变化而变化。战略管理区别于一般战术管理的根本特征之一就在于它对环境的重视，财务战略当然也不例外。财务战略关注企业内外部环境的发展变化，正是企业内外部环境不确定性的加剧才导致财务战略管理的产生，环境的发展与变化也深刻地影响着财务战略管理的发展和变化，财务战略的理论研究与管理实践应是动态的、发展的和适应环境变化的。由于企业竞争环境是不断变化的，为保证企业战略的稳定性，就需要根据企业战略竞争环境分析，及时调整财务战略，使财务战略能够在不同时期、不同环境下，始终保持对企业各种竞争战略的直接支持，并借助于竞争战略搭起的企业战略与财务战略的桥梁，使财务战略能够在企业总目标指导下进行正确的决策、选择、实施、控制、计量和评价。

从财务战略研究的相关文献回顾可以看出，与环境变化发展相适应是企业财务战略研究发展的基本脉络。随着企业自身发展和外部环境的变化，企业财务战略研究的对象得到了发展和充实，对于财务战略的认识也进一步深入。如企业财务战略发展研究经历了"为适应企业战略发展的需要产生了财务战略思想萌芽——财务战略附属于企业职能战略——财务战略具有相对独立性——财务战略与企业战略的耦合与共生"这一发展与演进过程，这也是适应环境变化发展现实需要的生动体现。

传统观点认为，战略是指重大的、带全局性和决定性的谋划，而财务管理作为现代企业的一种职能管理，只是企业管理的一个侧面，不具有全局性特征，因而无战略成分可言。然而，随着企业组织规模的日益扩大和市场竞争的不断加剧，企业因融资结构等重大财务安排不当而导致财务危机的诸多教训越发清楚地向企业管理者和理论研究者表明，财务管理并非仅限于策略和战术层面，也有着事关企业全局和长远发展的内容。因此，20 世纪 60 年代企业财务战略思想萌芽应运而生。

然而，早期的理论研究者认为因为"财务战略"一词的产生源自"企业战略"一词的广泛运用，所以把财务战略视为企业战略的支持手段即"企业战略中的财务"，是较为自然的逻辑。它强调企业战略既定，而财务战略的主要目的与功能在于解决企业战略实施所导致的资金需求，即支持企业战略的实现。随着现代市场经济的建立与不断发展完善，财务战略不再只是企业生产经营过程中的附属职能，而是有其自身的相对独立性。因此，这一时期理论研究的焦点主要围绕企业财务战略究竟是"企业战略中的财务"还是"财务中的企业战略"这一基本问题展开讨论。

20 世纪 90 年代以来所发生的一系列事件，尤其是环境污染事件、企业社会责任运动以及近年来爆发的全球金融危机，市场经济作为主流的经济发展模式遇到了前所未有的挑战和质疑。企业社会责任理论、可持续发展理论、共生理论、竞合战略理论等都在传统的竞争理论框架之外提出了新的企业运作规范（徐光华、沈弋，2011）。因此，在新环境下企业如何确立新的价值观，企业如何在现实基础上寻找科学合理的改良路径，如何完成财务战略新旧理论之间的柔性过渡，是摆在研究者面前亟待解决的问题。因此，基于企业共生理论的平台，以解析和诠释共生观视角的财务战略和企业社会责任战略、可持续发展战略等，以及几大战略相互依附而又相互独立的属性，实现企业财务战略与企业社会责任战略进行对接和耦合，使企业与各共生体和共生单元达到利益共生与共赢，由此寻找企业共生财务战略的实现路径，是近年来企业财务战略研究的热点问题。

（二）财务战略发展的动力与源泉——建立核心竞争力

美国管理学家迈克尔·波特在其著名的《竞争战略》（1980）和《竞争优势》（1985）中指出，企业战略的核心竞争是获取竞争优势。企业要想在激烈的国际市场竞争中长久立足和发展，其战略必须要能够适应市场竞争环境的要求。历史经验启示我们，企业要想在日益激烈的市场竞争中发展壮大，不仅要有与环境相匹配的发展战略，更重要的是要创建持续核心竞争优势的能力。在经济生活中，任何企业都拥有一定的经济资源和财务资源，然而，这些资源只是企业发展的必需之物，如何支配和驾驭这些资源，如何将这些资源转换成企业核心能力，如何将这些资源变为企业的竞争优势，如何利用这些资源为实现企业总体发展战略服务，是每个企业真正关心和考虑的问题，它不仅需要不断提高企业经济资源的使用效率与效果，更需要科学的财务战略管理来创造、培育、维持、创新和发展。

竞争战略思想的主要精华是深思熟虑地选择一整套独特的竞争活动。核心竞争力作为企业独具特色并能带来综合优势的能力，是获取长期竞争优势的源泉。核心竞争力是竞争战略理论的延伸与发展，是竞争战略管理思想在财务战略中的重要体现。核心竞争力影响和推动企业财务战略，一方面它在目标、内涵与职能等方面为财务战略的发展提供空间；另一方面它又为财务战略的丰富和完善提供了各种动力和源泉，促进财务战略范式的变迁。（1）核心竞争力使企业财务战略目标发生了变化。核心竞争力要求财务战略以创造价值为己任。创造价值是企业生存与发展的前提，这是一种战略性与长远性相结合、长期利益和短期利益兼顾的理财目标。（2）核心竞争力改变了企业经营绩效的评价模式。传统的企业经营绩效的评价指标是以财务指标为核心，然而，仅以财务指标来评价企业的经营绩效是不全面的，难以体现企业核心竞争力发展的需要。按照著名战略管理学家迈克尔·波特在《竞争战略》一书中指出的评价核心竞争力至少应满足三个方面：一是是否使企业具有独特的竞争优势而难以被竞争对手模仿；二是应能使顾客感受到产品的有形与无形的价值；三是是否表现为一种不断拓展的价值能力（Michael E. Porter，1980）。因此，核心竞争力指标需要从财务与非财务两个方面，遵循整体性、科学性、实用性和可比性的原则进行设计。

从财务战略理论研究发展的基本规律来看，早期财务战略理论的研究主要是围绕低成本战略和差异化战略展开的。自 20 世纪 50 年代第三次科技革命以来，科学技术和生产力得到了极大的提升，企业之间的竞争更加激烈，而这种激烈的竞争越来越表现为产品价格的竞争，即在生产效率相差不大的情况下，如果一个企业能够达到并保持全面的成本领先，那么在确定该企业产品价格时，只要使其等于或接近于行业的平均价格水平，就会成为所在行业的佼佼者。当成本领先的企业其价格低于或等于其竞争厂商时，它的成本地位就会转化为高收益，并为企业带来竞争优势。因此，运用战略管理的理论与方法，对财务战略决策的选择、实施与控制、计量与评价等活动进行全局性、长期性、创造性的谋划过程，帮助从长远考虑提高企业的核心竞争力，改变传统的“闭门造车”式的理财方式，使企业在成本战略上抢占先机，并不断为企业创造价值，为企业健康、持续发展奠定良好的物质基础，是这一时期财务战略研究的主题。

20 世纪 90 年代以后，随着市场竞争激烈程度的日益加剧，以及技术与产业日渐的成熟，企业成本降低的空间日渐狭小。随着竞争对手标杆（benchmarking）管理的实施，企业之间在技术水平与管理水平方面的差距将逐渐缩小，企业成本优势的维持日渐困难。特别是当竞争对手在规模经济上比自己强大时，要慎重采用成本领先战略，因为采用更低的成本，可能会导致竞相降价，形成恶性竞争，还可能影响其他竞争优势的提高。同时，这一时期随着社会责任理论、利益相关者理论的盛行和发展，以及环境保护、员工权益维护、投资者关系管理的需要，企业日益认识到实施差异化的财务战略将有助于建立企业的核心竞争优势。差异化战略是指为使企业的产品与竞争对手的产品有明显区别，形成与众不同的特点而采取的战略。产品的特色可以表现在产品设计、生产技术、产品性能、服务、销售网络、商标形象等方面。当企业进行价格竞争，但不能达到扩大销售的目的时实施差异化战略就可以培养顾客的品牌忠诚性，降低对价格的敏感性。差异化战略的核心是使企业产品与其他企业的产品具有更加突出的优越性。例如，这一时期探讨财务战略与企业社会责任战略、财务战略与企业可持续发展战略的耦合与共生发展，正是这一思想的贯彻与实践的具体体现。

（三）财务战略研究的困境——财务与战略的有效整合、协调

财务战略的建立是从了解企业战略开始的，企业战略的具体形式是多种多样的，财务战略作为企业战略的重要实现工具之一，既服务于企业战略，同时也具有相对独立性，因而不能将二者等同。从财务的角度来看，我们主要关心的不是这些具体的企业战略形式，而是与这些企业战略形式相配合的财务战略具有什么样的基本特征。遗憾的是，尽管目前国外对财务战略的阐述各式各样，但没有形成完整的学科系统，从研究的角度来看，大多数研究只是将财务战略定位于战略管理的职能战略，对于将企业财务战略作为专题加以研究还鲜有人尝试，将不同类型企业与财

务战略融合研究更是少之又少。同时，对于财务战略已有的理论研究只是偏重于某个单一视角或某个领域，并没有形成一个体系，缺乏系统化研究，在研究方法上大多采用管理学中单一的方法进行，使得财务战略无法很好地用于指导实践。

目前国内财务战略的理论研究还存在以下几点不足：(1) 将财务战略管理直接等同于企业战略管理。财务战略理论研究严重滞后于实务发展，“财务战略”还没有上升到学科的高度来加以系统地研究与开发，特别是财务战略基础性理论研究缺位较多，成果不多，诸如“战略财务管理者的行为机制问题”、“财务战略的制度基础问题”、“财务战略利益相关者问题”、“财务战略文化管理问题”、“财务战略选择——道德困境问题”等。从事财务战略理论研究的学术界和实务界没有形成一股合力，致使很多经理还停留在经验管理和主观确定战略阶段，对财务战略与公司整体竞争合作战略的关系还体会不深。(2) 财务战略理论研究的方法论缺乏突破与创新。目前财务战略理论的研究主要采用的是“理论导向型”思路，即按照企业战略理论体系分类的要求，沿着企业战略理论发展的逻辑，分析企业财务战略面临的问题。这种规范研究思路往往使得财务战略难以形成一个相对独立的理论体系，战略管理中的“财务”个性无法从感性逾越到理性，同时对于同一战略问题由于不同角度的分析可能会得到不同的答案，导致企业财务战略理论的研究在某种程度上类似于“盲人摸象”。所以在此基础上发展起来的财务管理理论和从企业管理角度发展起来的企业战略理论之间难以协调，使之不能完全有效地支持企业的整体战略。(3) 财务战略的实施方法和策略研究严重缺乏。这种情况使得财务战略难以真正付诸实践，达不到有效管理的目的。企业如何将财务战略与其战略目标和经营战略相配合，即在一定环境下，企业如何制定与选择其财务战略（包括财务战略的类型与选择模式），以支持、服务企业战略，包括提供企业经营、发展战略实施所需的资金以及控制经营战略实施中的风险，最终协助实现企业战略目标。(4) 缺乏对企业无形战略资源的研究。企业的资源包括财务和非财务的资源，目前的研究将关注的焦点放在企业有形资源上，缺乏对无形资源的重视。而这些无形资源，特别是人的主观能动性，对于财务战略的实施起着举足轻重的作用。(5) 财务战略的评价指标主要以利润抑或企业价值指标为主，没有真正导入企业战略发展目标中的可持续发展指标等，难以满足战略评价的需求。

四、未来研究方向

（一）后金融危机时代企业财务战略研究

2008 年起源于美国的次贷危机迅速演变为全球性的金融危机，并不断向实体经济扩散。在金融危机环境下，市场竞争进一步加剧，那些以低价格取胜但科技含量偏低的企业将被淘汰，有效的竞争战略的选择成为当务之急，相应的财务战略的配合也随之提上日程，成为企业财务领域必须面对的问题。同时，后金融危机时代将呈现以下特征：国际贸易可能出现一定程度的萎缩；经济增长方式有待调整；产业结构升级进一步加快。企业必须清醒地认识到，随着全球经济一体化程度的提高，经济活动的不确定性不断增强，常规的政策选择已经不足以应对超常规的经济波动。为了减少各种经济因素的不确定性，最大限度地降低系统风险对企业经济活动的影响，逆向政策选择作为一种战略安排被企业运用，将逆周期政策的思想引入财务管理，与财务战略有机结合在一起，形成了逆势增长的财务战略。它对于企业利用环境因素、化危为机意义较大。具体来说，后金融危机时代企业财务战略研究应重点探讨以下两个方面：首先，由全球性的宏观经济环境变化带来的系统风险，对于微观企业来说在短期内是不可控制、不可分散的，因此，企业在进行财务战略的选择时首先要考虑安全稳健的风险控制战略。其次，在金融危机中由于产品价格下降、销量减少，导致企业现金流短缺、会计利润下降而陷入财务困境，资产价值和企业价值普遍被低估，同时，资本市场上投资者的抛售加剧了资产的贬值，使资产市值严重低于其内在价值，从而为企业并购套利提供机会，也为逆势增长的财务战略的选择创造了条件，因此，如何合理地运用逆势增长的财务并购战略意义重大。

（二）嵌入社会责任的企业财务战略研究

全球性的资源消耗和环境危机已经危及到企业的可持续发展，现行的企业财务战略和管理模式亟待变革。主流的公司财务理论是社会责任外生型的，其理论渊源是新古典范式的主流经济学。超越新古典范式，从嵌入性立场重新审视企业，则现代企业在性质上是一系列经济契约与社会契约的集合体。现代公司财务关系的实质是全部利益相关者基于共同决策的价值创造和价值分配。当企业社会责任演化为企业总体战略不可或缺的一部分时，必须与企业财务战略及其业务流程相融合。因此，企业承担社会责任与企业实现财务战略具有内在的契合性，企业在承担社会责任过程中实现财务目标，在实现财务战略过程中承担社会责任。因此，在共生观视角下，企业财务战略应融入社会责任理念，在企业制定筹资、投资及财务分配战略时充分考虑社会责任因素，对社会责任实行事前管理，发展一个合理的可持续增长模型，并关注基于该模型来制定财务战略的操作性问题，实现企业与共生圈和共生单元达到共生与共赢将是未来财务战略研究的重要方向之一。

（三）网络信息化时代企业财务战略研究

对日益激烈的市场竞争，企业导入了诸如计算机集成制造系统（CIMS）、企业资源规划系统（ERP）、虚拟经营（VE）、敏捷制造（AM）等各种新的经营方式。

这些经营方式的共同思路是，调整目前企业的业务类别，将经营资源集中于企业的核心业务（核心作业）。基于这种思路，在企业的经营活动中出现了所谓的“网络式企业间分工经营组织”。无疑，这种企业间跨职能分工经营的组织，需要有高效的战略财务信息予以支持。这里的问题是，现有的财务战略系统能否适应这种网络业务组织，以及固有的财务战略系统又将对网络业务组织产生怎样的影响。即财务战略系统将如何构建，才能既满足网络业务组织对战略财务信息的需求，又能够有效地实施财务战略控制的职能，可能是未来重要的研究课题。

（四）企业财务战略学科体系的构建研究

探索中国不完全市场经济和转型经济下财务战略理论的框架，首先要解决好财务战略理论学科构建的基础性问题，这也是现代理财面向未来所具有的综合化发展趋势的客观要求。因此，如何将客观存在的财务战略管理思想与方法上升为一门学科理论，是今后财务战略所要进一步研究的重要课题。鉴于目前财务战略的概念尚存争议，企业目标与财务目标的发展对于财务战略概念发展的重大影响，以及财务战略的制定是财务战略管理的核心阶段，专门的财务战略管理学科应定为一门交叉性的边缘学科，因此在构建这门学科时需要做好以下几点：(1) 财务战略与企业战略的关系。因为业务战略与财务战略的共生相辅性，所以财务战略不可避免地涉及企业战略的主要内容。但是，我们应该把财务战略作为介于财务管理学与企业战略之间的边缘学科来看待。因此，财务战略应次要阐述业务战略的内容，而在主要阐述财务战略内容的同时，重点阐述财务战略与业务战略的配合问题。(2) 财务战略与管理会计的关系。财务战略管理作为一种价值管理工具，离不开与现代会计尤其是管理会计的结合。因此，在构建财务战略学科时应将会计尤其是管理会计的内容，如平衡计分卡和经济附加值战略、业绩评价战略融入到自身的内涵中。财务战略理论框架整体上要与管理会计理论保持对称和协调的关系。(3) 财务战略与财务管理的关系。财务管理学内容基本是按财务管理循环来安排的。财务战略的内容应集中在财务管理循环中的财务规划或预测环节，当然也应该包括财务分析环节，类似于企业战略制定中的战略分析阶段，主要是企业财务可持续增长潜力及其约束因素的分析。

建议阅读文献

[1] 曹玉珊. 企业财务战略：“企业战略中的财务”还是“财务中的企业战略”? [J]. 江西社会科学，2010 (9)：87～91

[2] 曹玉珊. 可持续增长速度导向的企业财务战略选择问题研究 [M]. 北京：经济科学出版社，2008

[3] 蒋卫平. 企业财务战略管理：一个企业能力理论视角 [J]. 财经理论与实践，2011，32

(6)：67～70

［4］刘志远．企业财务战略［M］．大连：东北财经大学出版社，1997

［5］焦跃华，袁天荣．论战略成本管理的基本思想与方法［J］．会计研究，2001（2）

［6］胡国柳等．企业财务战略与财务控制［M］．北京：清华大学出版社，2004

［7］李心合．嵌入社会责任与扩展公司财务理论［J］．会计研究，2009（1）：31～39

［8］李彦．基于价值链的企业财务战略研究［D］．西南财经大学，2007

［9］陆正飞．企业发展的财务战略［M］．大连：东北财经大学出版社，1999

［10］迈克尔·波特著，陈小悦译．竞争战略［M］．北京：华夏出版社，2003

［11］魏明海等．财务战略：着重周期性因素影响的分析［M］．北京：中国财政经济出版社，2001

［12］王满，于悦．财务战略管理学科体系的构建［J］．会计研究，2008（1）：8

［13］王满．基于竞争力的财务战略管理研究［D］．东北财经大学，2006

［14］汪家常，韩伟伟．战略预算管理问题研究［J］．管理世界，2002（5）：137～138

［15］吴应宇，袁陵．基于因子分析的上市公司财务危机预警研究的修正［J］．东南大学学报（哲学社会科学版），2004，6（6）

［16］徐光华，沈弋．企业共生财务战略及其实现路径［J］．会计研究，2011（2）：52～58

［17］徐鸣雷．基于企业价值的财务战略管理研究［D］．大连理工大学，2004

［18］阎达五，陆正飞．论财务战略的相对独立性——兼论财务战略及财务战略管理的基本特征［J］．会计研究，2000（9）：2～6

［19］尹开国．企业社会责任视角下财务战略选择研究［J］．武汉大学学报：哲学社会科学版，2009，62（6）：805～809

［20］姚文韵．公司财务战略：基于企业价值可持续增长视角［M］．南京：南京大学出版社，2011

［21］张纯．现代企业财务战略下的预测机制研究——战略、预测、绩效的互动［J］．会计研究，2005（8）：13

［22］殷俊明，王平心，吴清华．成本控制战略之演进逻辑：基于产品寿命周期的视角［J］．会计研究，2005（3）：53～58

［23］张兆国，刘晓霞，张庆．企业社会责任与财务管理变革［J］．会计研究，2009（3）：54～59

［24］张瑞君，朱以明，夏坤．集团财务战略执行力：纵向价值链的优化与信息集成策略——以中国电子信息产业集团为例［J］．管理世界，2007（4）：130～137

［25］ACCA，刘伟华译．财务战略［M］．北京：中信出版社，2002

［26］梯若尔．公司金融理论［M］．王永钦等译．北京：中国人民大学出版社，2007

［27］卢斯·班德、凯斯·沃德著．公司财务战略［M］．北京：人民邮电出版社，2003

［28］McWilliams，A.，Siegel，D. Corporate social responsibility：A theory of the firm perspective［J］．*Academy of Management Review*，2001，26（1）：117-127

［29］McWilliams，A.，Siegel，D. S.，Wright，P. M. Corporate social responsibility：Strategic implications［J］．*Journal of Management Studies*，2006，43（1）：1-18

［30］Allen，D. *Introduction to strategic financial management*：*the key to long term profit-*

ability，Kogan，1997

［31］Allen，D. Strategic financial management in practice. *London*：*Financial Times Business Information*，1991

［32］Barney J. Firm resources and sustained competitive advantage［J］. *Journal of Management*，1991，17（1）：99-120

［33］BabitaMehra. Mar. Strategic financial management delhi. *Finance India*，2002，16（1）：326-328

［34］Henderson，J. C.，Venkatraman，N. *Strategic alignment*：*a model for organizational transformation through information technology*［M］. New York：Oxford University Press，1992.

［35］Keister，L. A. Capital structure in transition：The transformation of financial strategies in China's emerging economy［J］. *Organization Science*，2004，15（2）：145-158

［36］Michael E. Porter. *Competitive Strategy*［M］. New York：The FreePress，1980

［37］Michael E. Porter. *Competitive Advantage*［M］. New York：The FreePress，1985

［38］John Ellis and David Williams. *Corporate Strategy and Financial Analysis*［M］. Britain：Pitman Publishing，1993

［39］Peloza，J. Using corporate social responsibility as insurance for financial performance［J］. *California Management Review*，2006，48（2）：52

［40］Kaplan，R. S.，Norton，D. P. Using the balanced scorecard as a strategic management system［J］. *Harvard Business Review*，1996，74（1）：75-85

［41］Pearce，J. A.，Robbins，D. K.，Robinson，R. B. The impact of grand strategy and planning formality on financial performance［J］. *Strategic Management Journal*，1987，8（2）：125-134

［42］Kochhar，R. Strategic assets，capital structure，and firm performance［J］. *Journal of Financial and Strategic Decisions*，1997，10（3）：23-36

［43］Kaplan，R. S.，Norton，D. P. *The balanced scorecard*［M］. Boston：Harvard Business School Press，1996

［44］Rutterford，J. *Financial strategy*：*adding stakeholder value*. Wiley in association with The Open University Business School，1998

［45］Simmonds，K. Strategic management Accounting［J］. *Handbook of Management Accounting*（*Gower Aldershot*），1983，25-48

［46］Tony Ground. *Exploring Strategic Financial Management*［M］. New York：Prentice Hall Europe，1998

［47］Tom Copeland，Tim Koller，Jack Murrin. *Valuation*：*Measuring and Managing the Value of Companies*（*3rd Edition*）［M］. 北京：电子工业出版社，2002

［48］W. H. Newmna，*Strategy——A Multilevel Integrative Approach*，South Western Publishing，1985

杨雄胜（南京大学）

专题 11 企业内部控制

一、问题提出

内部控制是由企业董事会、管理层和员工实施的，旨在为实现企业的经营、财务报告和合规目标提供合理保证的过程。内部控制的概念提炼和实务发展在很大程度上应该归功于注册会计师职业界。由于内部控制融入到企业管理活动之中，并且与企业经营的效率和效果、财务报告的可靠性、对适用法律法规的遵循等目标直接相关，因此日益引起理论界和实务界的重视。

安然事件的爆发引起全球资本市场对内部控制的极大重视，美国 2002 年颁布的《萨班斯—奥克斯利法案》（简称 SOX 法案）中的 302 和 404 条款，对财务报告内部控制的自我评价和审计等方面提出了强制性的要求。美国的这种做法迅速被其他国家和地区所效仿，在全球掀起了加强内部控制立法和监管的浪潮。强制披露制度的推行，为开展与内部控制相关的学术研究提供了新的契机，在很大程度上解决了无法获取企业内部控制数据资料的问题，也为基于资本市场研究相关问题拓展了空间。

我国近年来加强了内部控制方面的制度建设。2006 年，上海证券交易所和深圳证券交易所分别发布了内部控制指引，倡导上市公司披露内部控制自我评价报告和会计师事务所的审核评价意见。财政部等五部委分别于 2008 年和 2010 年联合发布了《企业内部控制基本规范》和《企业内部控制配套指引》，要求上市公司对本公司内部控制的有效性进行自我评价，披露年度自我评价报告，可聘请会计师事务所对内部控制的有效性进行审计，标志着我国内部控制规范体系的建立。该规范体系自 2011 年 1 月起首先在境内外同时上市的公司实施，自 2012 年扩大到上海证券交易所、深圳证券交易所主板上市公司实施。此前，我国上市公司内部控制信息披露尚处于自愿阶段，已有一些学者对上市公司自愿披露内部控制信息的行为动因和经济后果进行理论探讨和经验研究。

二、中外文献回顾

考虑到研究背景、监管环境和制度建设的迥然差异，我们对国内外文献采用分别回顾和评析的方式进行梳理。在对国外文献回顾方面，我们以 SOX 法案颁布实施（SOX 法案于 2002 年颁布，302 条款自 2003 年开始实施，404 条款从 2004 年开始逐步实施）为分界点，将回顾的视角重点集中于 SOX 法案实施以后关于内部控制相关问题的实证研究。在对国内回顾方面，则按研究主题展开。

（一）国外文献回顾

1. *SOX 法案实施以前经验研究简述*

SOX 法案实施以前的相关研究重点关注审计实务中的内部控制，也初步探讨了内部控制的信息披露问题，研究方法以实验研究和调查研究为主。

Kinney（1975）指出，内部控制是审计实务中符合性测试的核心内容，其对审计的效率和效果都会产生重要影响。通过建立决策理论框架，可以对审计测试进行有效的经济整合，以解决审计证据难以获取的问题。Kaplan（1985）发现，环境信息和内部控制有效性会显著影响审计计划，Gqumnitz（1982）和 Cohen et al.（1989）进一步证实，审计师对内部控制评价的明确性和一致性会对审计工作时数产生影响。Mayper et al.（1989）认为充分了解内部控制结构有助于制定审计计划并确定所要执行测试程序的性质、时间和范围，他们还发现审计师对内部控制缺陷的重要性判断存在差异。在审计师评价内部控制方面，Ferris（1984）运用实验研究发现，可感知的符合性错误的定性特征确实影响审计师内部控制评价及关于实质性测试的决策。在内部控制评价方法上，Nichols（1987）通过建立判别模型，用来帮助审计师对企业内部控制做出初步判断。Emby and Finley（1997）通过实验模拟发现，运用纠偏技术（debiasing technique）可以影响审计师内部控制评价偏误，进而做出正确测试决策。此外，Ham（1984）还对当时普遍支持的内部控制中性假设进行了经验论证，内部控制系统中性是指内部控制的强度独立于交易规模和账户余额，但其经验结果并不支持中性假说，因此认为对审计师职业准则的修订是有必要的。

在内部控制信息披露方面，科恩委员会（1978）、反舞弊委员会（1987）和反舞弊委员会的发起组织委员会（COSO）先后提出管理层应提供内部控制评价报告，并为该报告建立了框架。McMullen et al.（1996）发现自愿披露管理层内部控制报告的公司具有接受过 SEC 监管行动或发生前期盈余重述的特征，且财务报告有问题的公司规模越小，越不可能披露管理层内部控制报告。在内部控制社会认同方面，Hermanson（2000）通过对九大财务报表使用群体进行实地调查发现，财务报表使用者普遍认为内部控制是重要的。支持者认为自愿性的管理层内部控制报告会提高内部控制质量并为制定决策提供额外信息，他们也赞同强制性的管理层内部控制报告会提高内部控制质量，但不认为它们对制定决策有价值。Wallace（1981）还批判性地分析了市政部门的内部控制报告，认为目前的披露没有回答风险敞口、成本与效益、报告格式多样化等问题，且市政部门的经验表明内部控制披露将影响管理层对成本效益的评价及审计师说服管理层执行内部控制的能力。Cox and Wichmann（1993）通过调查研究分析了美国各州及当地政府部门的内部控制情况。可见，不仅对企业，内部控制对非营利组织也同等重要。当然，也不乏旨在介绍企业内部控制成功经验的案例研究（Armour，2000）。

2. 内部控制及其信息披露的影响因素

(1) 内部控制信息披露的影响因素。

以往的理论和经验研究已经证实，自愿性信息披露能够缓解信息不对称，降低代理成本。公司披露动机有两个维度：机会主义（opportunism）和形式主义（ritualism）。Bronson（2006）发现，由于管理层和公司有责任保证信息披露的真实性，而内部控制报告往往含有内部控制有效性的陈述，披露内部控制报告增加了管理层和公司的法律责任，但仍有公司自愿披露内部控制报告，是因为披露能减少财务报告使用者对公司财务报告质量的不确定性，自愿性披露该报告可以向外部使用者发送信号，使本公司的内部控制质量与其他公司区别开来。

Ashbaugh-Skaife et al.（2007）利用 SOX 302 条款下的内部控制缺陷披露来研究企业披露控制失效和管理层发现、报告控制问题的动机。研究发现，相对于未披露的企业而言，披露内部控制缺陷的公司经营业务更为复杂，近期发生过组织结构变动，暴露出会计风险，审计师辞职概率较高且内部控制可用资源较少。Deumes and Knechel（2008）发现内部控制披露程度与管理层和大股东持股负相关，并与财务杠杆正相关。这可能是管理层权衡内部控制披露成本与收益的结果。Hermanson and Ye（2009）研究发现，自愿性内部控制缺陷早期预警与内部控制缺陷严重程度和数量、以前盈余重述、审计师独立性和努力程度、CFO 变更、机构投资者数量和审计委员会会议次数正相关，与未来权益融资活动和 CEO/董事长二职合一负相关。研究结果强调了以前研究证实的管理层动机对披露行为的影响及加强审计和监管的好处。Owusu-Ansah and Gouranga Ganguli（2010）检验了公司治理特征是否系统地影响管理层自愿披露内部控制报告，研究发现，自愿报告内部控制系统的公司更可能有较小的内部人持股，审计委员会开会频率高，由独立非执行董事管理，且倾向于规模小和独立董事没有在其他公司任职。然而，没有发现自愿性内部控制报告与 CEO/董事长二职合一、审计师类型、机构持股有显著的统计关系。Rothenberg（2009）运用代理理论和信息经济学理论，采用分析式研究方法，探讨了内部控制问题对企业披露政策的影响，解释了有内部控制问题的企业可能选择少披露或不披露的原因。根据信号传递理论，那些以前年度受 SEC 执法监管和发生财务重述、聘用声誉高的审计师以及机构持股比例高的企业有更强的发现和报告内部控制问题的动机。

（2）内部控制缺陷的影响因素。

对内部控制缺陷的影响因素分析，现有研究主要从公司特征的四个方面展开：第一，公司业务的复杂性和组织结构的变动；第二，公司治理水平和内部控制监督力量；第三，内部控制建设的资源投入；第四，会计计量和编报的复杂性。Krishnan（2005）发现审计委员会的独立性越高，拥有财会专长的委员越多，公司存在内部控制缺陷的概率越小。Ge and McVay（2005）研究了 SOX 302 条款下内部控制缺陷的影响因素，认为内部控制缺陷通常与业务复杂程度（如分部和外币）、会计控制资源投入不足、收入确认政策不完善、缺乏职务分离、期末报告程序和会计政策有缺陷、账户确认不恰当等正相关，与企业规模（市值）和企业盈利能力（ROA）负相关。Ashbaugh-Skaife et al.（2007）和 Doyle et al.（2007a）检验了 SOX 302 和 404 条款下内部控制缺陷的影响因素，分别为公司特征与内部控制缺陷的关系提供了证据，研究发现，规模小、年限短、财务较弱、业务复杂、成长快速或经历重组的企业更可能披露内部控制缺陷。Leone（2007）认为二者的研究证实了与组织复杂程度和组织变更相关的控制风险因素、内部控制系统相关投入与内部控制披露相关。Zhang et al.（2007）针对 SOX 404 条款，研究了审计委员会和内部控制缺陷披露的关系。如果企业审计委员会财务专家越多，企业发生内部控制缺陷的可能性越小。Hoitash et al.（2009）从审计委员会专家的自传中获得有关数据，实证检验依照 SOX 302 和 404 条款披露的内部控制重大缺陷与公司治理之间的关系。研究发现，审计委员会拥有会计和监管经验的成员越多，董事会越强大，依据 404 条款披露内部控制的重大缺陷越少，而在 302 条款报告中则没有发现这种关系。总之，董事会和审计委员会特征与内部控制质量有关。Lin（2011）还研究了内部审计职能部门在披露 404 条款内部控制重大缺陷中发挥的作用。

（3）审计师特征与内部控制缺陷。

Zhang et al.（2007）发现外部审计师越独立，企业被确认内部控制缺陷的可能性越大。此外，近期发生审计师变更的企业更可能有内部控制缺陷。Bedard and Graham（2011）研究了 SOX 404 条款下确认的内部控制缺陷的检查和严重程度分类。研究发现，审计师通过控制性测试检查出未矫正内部控制缺陷中的 3/4，与现有由公开可获取数据推断控制缺陷检查的有效性研究不同，其强调了 404 条款下审计师测试在提高财务报告质量方面的价值。当企业已经发生错报时，审计师评价内部控制缺陷程度越高；在不存在错报时，严重程度视客户和内部控制缺陷的特征而定，而客户却通常低估内部控制缺陷的严重程度。

在内部控制审计中，内部控制缺陷的后果和评价的主观性促使管理层试图游说审计师降低控制问题严重程度的评价，Wolfe et al.（2009）运用模拟管理层游说审计师的实验，观察管理层分别采取让步和否认两种游说策略是否会影响审计师对于信息技术控制偏差和人为控制偏差两种内部控制问题的评价。研究发现，对于信息技术控制偏差，管理层更多采取让步策略将会降低审计师对缺陷严重程度的评价。对于人为控制偏差，管理层采取两种策略都不会对审计师评价产生影响。该结果为审计师判断的系统有偏提供了证据，表明管理层围绕控制问题展开游说的普遍存在，且有时会奏效。Naiker and Sharma（2009）研究发现，与外部审计师有关联和无关联的前审计合伙人任职于审计委员会与内部控制缺陷有显著的负相关关系，表明他们可能提供更加有效的内部控制和财务报告监管。Bierstaker（2009）通过组织 395 名有经验的审计师参与实验，检验了客户编制的内部控制文件和经营过程流程图如何影响审计师发现内部控制缺陷。结果表明当审计师为一个重大经营过程评价客户内部控制的有效性时，应该给他们提供一份经营过程的流程图，且应该在他们阅读客户内部控制文件之前完成对内部控制设计的评价。McEnroe（2009）构建四个案例分别向 CFO 和 CPA 分发问卷，研究 CFO 和 CPA 对在四种独立情况下是否应该报告内部控制重大缺陷的认识，在其中的两个案例中，CPA 评价比 CFO 评价更为谨慎。

（4）内部控制缺陷矫正措施的影响因素。

管理层通常有自利动机。当内部控制缺陷被发现时，管理层可能不愿意投入时间和资源去矫正这些缺陷。那么，有哪些因素会影响内部控制缺陷的矫正呢？在 SOX 颁布实施后，一些学者开始关注依照 302 和 404 条款披露的内部控制缺陷的矫正问题。Goh（2009）选取 SOX 302 条款下 2003 年 7 月至 2004 年 12 月间至少披露一项重大缺陷的 208 家企业作为样本。研究结果表明，审计委员会财务专家的比例与内部控制缺陷矫正的及时性正相关，但这一结果只对非会计的财务专家成立。企业审计委员会规模越大，董事会越独立，内部控制缺陷矫正越及时。这表明审计委员会和董事会在监管内部控制缺陷矫正方面发挥着重要作用。此外，回归结果还发现，委派新任和有经验的 CFO、重大缺陷的严重程度、企业的盈利能力和企业经营业务的复杂程度也是内部控制缺陷矫正及时性的影响因素。Johnstone et al.（2010）研究发现依照 404 条款披露的内部控制缺陷矫正通常与审计委员会、董事会和高管等治理机制的改善有关。Li et al.（2010）试图检验 CFO 的职业能力、离职率和资质提升与内部控制缺陷矫正之间的相互关系，研究表明内部控制缺陷矫正更可能发生在聘任新的更有资质的 CFO 之后。总之，这些结论有力地验证了公司治理机制的有效性将会影响企业内部控制缺陷矫正的及时性。

3. 内部控制质量对盈余质量的影响

内部控制的有效性仍然饱受争议，这引发了学者对于内部控制是否能提高财务信息质量的广泛探讨。盈余质量是被广泛公认的财务报表信息质量的衡量标准。以会计指标为基础的盈余质量度量方法主要包括操纵性应计、会计盈余的持续性、稳健性、可预测性和平滑性等统计特征。下述研究从这些方面说明了内部控制与盈余质量间的关系。

Doyle et al.（2007b）分别检验了 SOX 302 和 404 条款内部控制缺陷与应计质量间的关系，研究发现内部控制缺陷会导致有意盈余管理和无意会计差错引发的低质量的会计应计。Ashbaugh-Skaife et al.（2008）研究了内部控制缺陷及其矫正对应计质量的影响。研究发现，与未披露内部控制缺陷的公司相比，报告内部控制缺陷的公司应计质量更低。在连续年份内收到不同内部控制审计意见的公司呈现出应计质量变动与内部控制质量变动相一致的趋势。横截面和跨期变动测试为内部控制质量影响应计质量提供了强有力的证据。Chan et al.（2008）和 Nagy（2010）检验了 SOX 404 条款下报告重大内部控制缺陷的公司是否比其他公司有更多的盈余管理。Epps and Guthrie（2010）发现披露内部控制缺陷的公司使用操纵性应计进行更大的盈余管理。Feng et al.（2009）发现披露内部控制重大缺陷的公司管理层盈余预测的偏误显著更大。内部控制质量越高，管理层盈余预测越准确。Altamuro and Beatty（2010）发现，美国联邦存款保险公司改进法案（FDICIA）中的强制内部控制条款提高了受约束公司贷款损失准备金的有效性、盈余持续性和现金流量的可预见性。LaFond and You（2010）进一步解释了 Altamuro and Beatty（2010）的研究发现，并提供了新的证据。

条件稳健性，即盈余对“坏消息”比对“好消息”的反应更加及时。Iliev（2010）认为 SOX 404 条款导致了稳健的报告盈余。Goh and Li（2011）以披露内部控制重大缺陷的企业为样本，发现内部控制质量与稳健性之间的正相关关系，即内部控制质量越差，稳健性越低，进而产生较低的盈余质量。

4. 内部控制信息披露的经济后果

（1）内部控制信息披露的市场反应。

市场反应是考察经济后果的一个重要视角。Zhang（2007）通过研究相关立法事件的市场反应检验了 SOX 法案的经济后果。以非美国交易的国外公司同期股票收益来估计美国公司的正常收益，研究发现美国公司围绕关键的 SOX 事件经历了统计上显著的负向累计超额收益。进一步检验表明延迟遵守 404 条款能节约非加速申报企业的成本。Beneish et al.（2008）分析了 302 条款下 330 家上市公司在内部控制自我评价报告中披露缺陷和 404 条款下 383 家上市公司在内部控制鉴证报告中披露缺陷的市场反应，研究发现市场对前者有显著的负向反应，三日短窗口的非正常收益为－1.8%，且非正常权益资本增加了 68 个基点，随后更长窗口的非正常收益检验表明这种负向市场反应具有一定的长期效应。Kima and Park（2009）考察了302条款下内部控制缺陷披露市场反应的截面差异。研究发现，当企业披露内部控制缺陷时，其非正常股票收益是与市场不确定变动负相关的。这种不确定性降低对于非重大缺陷的自愿性披露公司影响更大。Rose et al.（2010）运用实验模拟和调查研究的方法，检验了投资者是否调整其对投资风险的评估以回应重大内部控制缺陷的披露、缺陷蔓延和披露详细程度。研究发现，投资者会调整其投资风险评估以回应重大缺陷披露。

（2）内部控制信息披露的价值相关性。

Hammersley et al.（2008）控制时间窗口内其他重大公告后，检验了302条款下管理层内部控制缺陷披露和这些缺陷特征的股价反应。研究发现，缺陷特征（严重程度、管理层对内部控制有效性的结论、可审计性和披露的模糊性）是有信息含量的，且内部控制缺陷的信息含量依赖于内部控制缺陷的严重程度。在子样本的时间窗内，内部控制缺陷和重大缺陷披露有负向价格反应。SOX要求审计师对内部控制系统的有效性发表意见，表明新的内部控制意见应该向投资者提供价值相关信息。Lopez（2009）研究发现，负面内部控制审计意见比单独财务报告审计意见能向投资者提供增量价值相关信息。尤其是与无保留意见相比，负面内部控制审计意见与投资者评价更高的财务报表错报风险、更高的信息不对称、更低的财务报表透明度、更多的风险溢价、更高的资本成本、较低的盈余持续性和可预测性显著相关。

（3）内部控制信息披露与资本成本。

既有的理论和经验研究表明，依靠外部融资的企业更可能采取高水平的披露决策，并且披露水平越高，融资成本越低，信息披露水平和质量的提高有助于降低公司的资本成本。投资者和债权人的信心是企业融资成功的关键，同时也决定了融资成本的高低。目前，国外研究大多集中于内部控制缺陷和问题的披露（即负面信息披露）对资本成本是否存在负面影响，但研究结论并不完全一致。

1）权益资本成本。

内部控制质量影响权益资本成本有两条作用路径（Feng et al.，2009）：一是，高质量内部控制会提高财务报告质量，进而影响投资者面临的信息风险，从而降低公司的权益资本成本（Lambert et al.，2007）；二是，高质量内部控制影响公司内部人的真实决策（如管理层侵占和大股东掏空行为），从而增加归属于广大股东的现金流，降低公司的经营风险，进而降低上市公司的权益资本成本（Gao，2010）。Ogneva et al.（2007）以在2004年11月至2006年2月内向SEC首次提交SOX 404条款报告的3 802家公司作为样本，实证检验内部控制质量与权益融资成本的关系，发现存在内部控制缺陷的公司，其权益融资成本要高于其他公司。然而，在控制公司特征与分析师预测偏差后，存在内部控制缺陷的公司，其权益融资成本与其他公司并无明显区别。Ashbaugh-Skaife et al.（2009）使用SOX颁布前未经审计的信息披露和SOX 404条款审计意见来评价内部控制质量变动如何影响企业风险和权益成本。研究发现，内部控制缺陷公司有更高的特有风险、系统风险和权益成本。跨期变动分析表明审计师证实的内部控制缺陷变动会引起权益成本50～150个基点的显著变动。

2）债务资本成本。

Schneider and Church（2008）调查收集了111名信贷员提供的数据，发现他们对企业信誉评价受内部控制审计报告的影响。研究表明，负面的内部控制审计意见能够降低财务报告标准无保留意见的保证，且对信贷方的判断产生负面影响，进而会增加企业债务融资成本。

2011年权威学术期刊集中发表的三篇实证文章足以说明这一话题已经成为研究热点。Dhaliwal D. et al.（2011）检验了首次执行404条款的内部控制重大缺陷披露与企业债务成本变动间的关系，研究发现，平均来说，如果企业披露了重大缺陷，将会增加其公开交易债务（公司债）的信用利差。同时，他们还检验了信用评级机构或银行监管对此的影响。

Kim et al.（2011）将遵循SOX 404条款披露内部控制缺陷的借款公司作为研究样本，比较了有无内部控制缺陷公司间债务契约的不同特征。研究发现，在控制了其他已知的债务契约条款的影响因素后，内部控制缺陷公司的贷款利差要比没有内部控制缺陷的公司高28个基点。公司有企业层面的内部控制缺陷要支付更高的贷款利率。债权人会强加给有内部控制缺陷的公司更严格的非价格条款。通过对企业内部的分析发现，银行在公司披露了内部控制问题后会增加贷款利率，而当公司对以前报告的内部控制缺陷矫正后会降低贷款利率。

Costello and Wittenberg-Moerman（2011）用SOX内部控制报告来度量财务报告质量，研究发现，当公司披露内部控制重大缺陷时，债权人会减少使用财务契约和财务比率为基础的绩效定价条款，取而代之采用证券价格保护和信用评级为基础的绩效定价条款。同时发现，因内部控制缺陷而改变债务契约设计显著异于财务重述，后者更强调对管理人员行为的严密监管。

（二）我国内部控制文献回顾

1. 内部控制制度设计与建设

国内学者主要采用案例研究和调查问卷等实证方法对企业内部控制缺陷及框架体系设计等相关问题进行大量研究。

相比国外发达国家，我国企业内部控制规范建设起步较晚，企业内部控制中存在诸多问题，诸如内部控制环境状况不容乐观（丁瑞玲、王允平，2005），风险控制形同虚设且监督严重缺位（金彧昉、李若山等，2005）以及缺乏信息披露制度

（程新生等，2009）等。鉴于此，我国应充分借鉴美国 COSO 框架来制定和完善我国企业的内部控制框架，并探索解决上述问题的途径与思路，建议企业应加强内部审计与监督，重视内部控制的关键点。

针对我国企业内部控制框架的具体设计与规范体系所包含的内容，学者们也进行了大量的案例研究。吴水澎等（2000）运用 COSO 报告的标准与评价方法，从控制环境、风险评估、控制活动、信息与沟通、监督等五个方面对郑州亚细亚集团内部控制失败案例进行系统分析，认为权威部门应制定内部控制的标准体系，对企业内部控制审计作出强制性安排。朱婧晔（2001）以百时美施贵宝有限公司为案例，介绍了该公司建立的完善而严密的内部控制制度，用以保证会计信息的可信度和生产经营活动的正常秩序。这对我国企业如何确立内部控制目标、内部控制原则，如何设计内部控制流程及认识内部控制的局限性，有着重大的借鉴意义。张先治和张晓东（2004）以投资者需求为视角，通过调查问卷发现，投资者对上市公司内部控制有着较强的需求，对内部管理控制和内部会计控制需求呈现出层次性，并指出我国内部控制未来的发展方向是建立以管理控制为主导的内部控制系统。吴轶伦和任浩（2008）从内部控制理论的发展入手，重点介绍了宝钢在内部控制体系建设方面的实践，分析阐明内部控制和风险管理的关系，提出内部控制体系与风险管理和公司治理系统整合的设想。

2. 内部控制有效性（质量）评价

企业董事会等权力机构和注册会计师及其他内部控制信息使用者如何评价内部控制的有效性？这也引起了理论界和实务界许多学者和专家的广泛探讨。多数文献集中于运用案例和分析式研究方法。

（1）董事会等权力机构和注册会计师视角。

企业董事会等权力机构和注册会计师能够接触到企业内部控制设计和运行的第一手资料，他们应根据企业内部控制实际状况构建合理的内部控制评价体系，采取客观和适当的方法对企业内部控制的有效性进行评价。

王立勇（2004）运用可靠性理论和数理统计方法来构建内部控制系统评价的数学分析模型，利用该模型可计算内部控制程序和内部控制系统可靠度，从而判断内部控制的效果，为内部控制系统改进提供支持。戴彦（2006）和于增彪等（2007）分别进行案例研究，探讨构建企业内部控制评价体系，为企业提供了内部控制评价的一个操作性示例。陈汉文和张宜霞（2008）认为，评价企业内部控制的方法总体上可以分为详细评价法和风险基础法两种。两种方法比较而言，风险基础法具有更高的成本效益和效率。骆良彬和王河流（2008）借助系统工程的层析分析法和模糊综合评判模型来评价内部控制的有效性。韩传模、汪士果（2009）也使用类似方法对内部控制有效性进行评价。杨洁（2011）则论证了运用 PDCA 循环理论综合评价内部控制有效性的可行性。

(2) 其他内部控制信息使用者视角。

无法直接评价内部控制设计和运行的内部控制信息使用者，主要借助企业公开披露内部控制评价报告（自评报告）、内部控制审计报告（鉴证报告）和其他信息进行评价。

程晓陵和王怀明（2009）用企业的财务指标（主营业务资产收益率）、财务报表审计以及司法机关、证监会和证券交易所对企业处罚信息等来评价内部控制的有效性。林钟高和王书珍（2007）以COSO报告规定的内部控制五大要素为基础构建了中国上市公司内部控制指数（ICI），并依据指数高低来评价内部控制质量的高低。张国清（2008）把内部控制质量分成四类，高低依次是：提供正面自我评价意见或报告并获得外部审计师或保荐人的无保留核实意见；提供正面自我评价意见或报告并获得独立董事或监事会的赞同意见；提供正面自我评价意见或报告但未获得内部控制的任何独立意见；不提供自我评价意见或报告。张敏、朱小平（2010）和单华军（2010）等采用内部控制自我评价报告中披露的问题作为衡量内部控制质量高低的标准。当上市公司披露了至少一个内部控制问题时，不论它是重大缺陷、重要缺陷还是一般缺陷都认为内部控制质量较低，如果没有披露任何内部控制问题则认为是高质量的内部控制。张国清（2010）又以无保留内部控制审计意见代表高质量内部控制；而方红星、金玉娜（2011）也认为由于深交所已要求公开披露内部控制自我评价报告，上交所也已要求入选公司披露内部控制自我评价报告，自我评价报告不再具有信号功能，因此，将自愿披露内部控制鉴证报告作为公司具有高质量内部控制的标志。此外，2011年8月，深圳迪博企业风险管理技术有限公司发布了《中国上市公司内部控制指数》，该指数系根据2010年财政部全国重点会计科研课题“中国上市公司内部控制指数研究”的研究成果编制而成，即一旦上市公司建立或从事了与某一指标相关的制度或行为，即赋予1分，最后对分值进行加总，即可得该评价指标。该评价指标值越大，内部控制质量越高，但指数设立的科学性和应用前景还有待时间的检验。可见，如何科学、有效地评价内部控制质量仍然是学术界和实务界关注和争论的焦点。

3. 内部控制有效性的影响因素

程晓陵和王怀明（2008）以2006年末以前我国上市公司为样本，检验了公司治理结构对内部控制有效性的影响。研究发现，年终股东大会出席率、管理层的诚信和道德价值观念与公司内部控制有效性显著正相关；管理者的风险偏好与内部控制有效性呈显著的U形关系；董事会和监事会两会会议频率和第一大股东的控制力对内部控制有效性没有显著影响。张颖和郑洪涛（2010）使用调查研究方法发现，我国企业内部控制有效性的整体水平比较低。企业的发展阶段、资产规模、财务状况、管理的集权化程度、企业文化以及管理层的诚信和道德价值观是影响合规目标、报告目标和经营目标内部控制有效性的共同因素。

4. 内部控制质量对控制目标实现的影响

(1) 对企业价值的影响。

林钟高和王书珍（2007）通过实证分析发现，企业内部控制水平的提高确实能促进企业价值的提高。查剑秋等（2009）依据内部控制理论和企业战略管理理论，通过调查问卷，检验了良好的内部控制能够保证企业价值的实现。张川等（2009）也认为企业内部控制制度的有效执行和实施对提高房地产企业的业绩有显著作用。

(2) 对盈余质量的影响。

方春生和王立彦等（2008）通过调查 2005 年中国石化公司全面实施内部控制制度后财务报告可靠性和内部控制制度之间的关系，认为相比实施内部控制制度前，财务报告可靠性（盈余质量）有显著的提高。张国清（2008）认为高质量的内部控制并未伴随高质量的盈余，而公司的一些内在特征和治理因素确实会系统地影响内部控制和盈余质量。张龙平等（2010）通过实证分析沪市 A 股公司 2006—2008 年内部控制鉴证的经验证据，发现执行内部控制鉴证公司的会计盈余质量要好于未执行内部控制鉴证的公司，说明内部控制鉴证的实施效果已初步显现。方红星和金玉娜（2011）发现高质量内部控制能够抑制公司的会计选择盈余管理和真实活动盈余管理，披露内部控制鉴证报告的公司具有更低的盈余管理程度，获得合理保证的内部控制鉴证报告的公司盈余管理程度更低。他们在技术上处理了自选择偏误问题，指出这可能是已有研究在该问题上结论不一致的原因之一。

(3) 对代理成本的影响。

杨德明等（2009a；2009b）发现，内部控制质量的提高有助于抑制大股东资金占用，降低经理人与股东之间的代理成本。内部控制与审计质量之间存在一定的替代效应，即对于高审计质量样本，内部控制降低代理成本的作用将有所减弱，对于低审计质量样本，内部控制降低代理成本的作用将有所增加。杨玉凤等（2010）通过构建内部控制信息披露指数，研究了内部控制信息披露指数与代理成本之间的相关性问题，研究表明：内部控制信息披露对显性代理成本（管理费用率）没有抑制作用，对隐性代理成本（总资产周转率）有明显抑制作用，对显性代理成本和隐性代理成本具有综合抑制作用。

(4) 对审计延迟及审计定价的影响。

张敏和朱小平（2010）发现，企业内部控制问题（低质量的内部控制）与审计定价是显著正相关关系，披露更多内部控制缺陷将导致更高的审计定价。张国清（2010）发现，如果公司披露了无保留内部控制审计意见，CPA 的审计效率就更高，审计延迟就更短，也即实施内部控制审计是有回报的。但首次进行内部控制审计不会使审计延迟比前一年度更长，可能的原因是，首次实施内部控制审计需要更多的审计工作，而公司实施内部控制审计本身可能就意味着更高质量的内部控制。杨德明和胡婷（2010）发现：内部控制与独立的外部审计之间存在一定的替代效应，内部控制质量的提高往往伴随着审计监督功能的弱化。随着内部控制质量的提高（降低），审计师识别盈余管理的能力显著下降（提高）。尤其是在审计收费偏低的情况下，一旦审计师观察到上市公司内部控制质量较高时，其压缩实质性程序节约审计成本的动机会更强。

（5）对法律诉讼和违规的影响。

单华军（2010）以2007—2008年深市A股上市公司违规行为作为研究对象，结合我国证券市场违规的体制性成因，检验内部控制缺陷与公司违规之间的相关性，结果表明，内部控制缺陷越多的上市公司受到诉讼和违规处罚的可能性就越大，相对于地方政府来说，中央政府控制的公司在面临监管部门违规惩戒时可以享受特别宽赦的优惠待遇。

（6）对管理人员舞弊的影响。

周继军和张旺峰（2011）发现，企业的内部控制质量与管理人员的舞弊概率显著负相关；其次，通过在模型中引入相关公司治理变量，还发现合理的公司治理机制不仅能够直接降低管理人员舞弊行为的概率，而且作为内部控制的环境因素，可以有效地提高企业内部控制的整体质量，使其更好地发挥抑制管理人员舞弊行为的作用。

（7）对过度投资及财务危机的影响。

李万福等（2010）以上市公司2007年和2008年的内部控制信息披露评价指数来评估内部控制信息披露水平，研究发现内部控制披露水平的提高有助于抑制企业过度投资，能减少企业因过度投资带来的负面影响，降低企业陷入财务危机的可能性。

5. *内部控制缺陷及其披露影响因素*

（1）内部控制及其披露存在的问题。

李明辉等（2003）对我国2001年上市公司年报中的内部控制信息披露状况进行分析并发现，上市公司内部控制信息很大程度上流于形式，没有实质性内容，上市公司自愿性信息披露的动机也不够强。但也在一定程度上反映了内部控制信息披露与财务报告质量、公司质量之间存在一定的关联。陈关亭和张少华（2003）通过调查发现，社会公众对内部控制信息及其作用知之甚少，应当强制要求所有上市公司在年报中披露内部控制报告，并要求注册会计师对该报告发表审核意见。杨有红和汪薇（2006）分析了2006年沪市公司内部控制信息披露，发现内部控制信息自愿性披露动机不足，公司的内部控制自我评价和会计师事务所的核实评价缺少统一的标准。杨雄胜等（2007）认为上市公司自身对内部控制的重视程度普遍较低，具体表现在过度集中于“规定位置”披露，且披露的内容过于简单和形式化，信息含量较低，上市公司在内部控制信息披露上的差异并未在资本市场上得以体现。杨有红和陈凌云（2009）认为，内部控制自我评价能够提高内部控制有效性，但上市公司披露内部控制自我评价报告的公司数量很少、比例很低。此外，还有一部分学者针对金融上市公司的内部控制自评报告进行了相关研究，并指出现有的缺陷和问题。袁敏（2008）针对上市公司 2007 年度年报中披露的内部控制鉴证（审计）报告情况进行分析，发现实务中存在意见名称不一致、意见表述方式有差别、审核依据不统一等诸多问题。在此基础上笔者提出应明确内部控制审计业务的性质，尽快推出内部控制规范应用指南和内部控制审计准则等相关建议。

（2）内部控制缺陷披露的影响因素。

田高良等（2010）以 2008 年深市披露内部控制自我评价报告的公司为研究样本，研究发现，存在内部控制缺陷的公司一般经营更加复杂，存在的会计风险更高，内部控制建设相对更不完善；经历审计师变更和财务报告重述的公司更可能披露内部控制缺陷；另外，聘请的审计师质量越高，披露内部控制缺陷的可能性越小，这与国外的研究并不一致。刘亚莉等（2011）通过分析沪深 A 股上市公司 2007—2008 年的年度报告及相关公告发现，报告内部控制缺陷公司的公司治理特征非常显著，在当年才成立审计委员会以及董事长与总经理二职合一的公司报告内部控制缺陷的可能性更大。在外部审计方面，报告内部控制缺陷的公司，会计师事务所变更频繁，而事务所规模和审计意见类型与内部控制缺陷并不相关；此外，报告内部控制缺陷的公司重述报告的比例更高，公司行业分布更广泛，ST 的比例更大。

6. 自愿披露正面内控信息的动因

蔡吉甫（2005）发现，我国上市公司内部控制信息披露受到公司盈利能力、财务报告质量以及财务状况是否异常的显著影响，即经营业绩好、财务报告质量高的上市公司倾向于披露内部控制信息；而财务状况存在异常的上市公司披露内部控制信息的动力则明显不足。方红星等（2009）发现，上市公司是否自愿披露内部控制信息与上市公司是否在海外交叉上市、是否聘请“四大”进行外部审计、资产总规模、资产净利率、独立董事人数占董事总人数的百分比显著正相关，与外部审计意见类型显著负相关，与上市公司的监事会规模、是否设立审计委员会以及样本年度正相关。林斌和饶静（2009）以 2007 年沪深两市主板 A 股上市公司为研究对象。研究发现，内部控制资源充裕、快速成长、设置了内审部门的上市公司、有再融资计划的上市公司更愿意披露内部控制鉴证报告；而上市年限长、财务状况差、组织变革程度高及发生违规的公司更不愿意披露鉴证报告。

7. 内部控制信息披露的经济后果

（1）内部控制信息披露的价值相关性。

吴益兵（2009）研究表明，在没有经过独立审计的情况下，企业内部控制信息披露无法提高企业会计信息的价值相关性，投资者并不认为这种披露是可靠的，自愿性内部控制信息披露并不能降低资本成本；经过独立审计的情况下，投资者认可内部控制信息的披露，会对披露内部控制信息的企业给予定价，内部控制信息披露能够提高企业会计信息的价值相关性，降低企业的资本成本。其初步得出了内部控制鉴证信息能够降低企业资本成本的结论，但仅仅使用一年的数据为样本，而且权益资本成本求解中存在对公式理解的某些偏差，故结论尚难令人信服。

（2）内部控制信息披露的市场反应。

黄寿昌等（2010）以2006—2007年上交所的上市公司作为研究样本，研究了内部控制自评报告自愿披露的市场效应。研究表明：自愿披露内部控制自评报告的上市公司有着更活跃的股票交易及更低的股票价格波动，意味着“内部控制自评报告自愿披露”这个信号，具有明显的实际经济后果，但也可能存在着一定的机会主义倾向。邱冬阳等（2010）选取2006—2008年深圳中小板市场IPO公司内部控制信息披露状况及其对应的超额收益率，实证研究了市场对IPO期间的内部控制信息披露的反应。结果表明：内部控制信息是否完整披露没有明显的正向市场反应，对于明确的内部控制是否整改的信息披露，市场做出了正向的反应，但这个反应主要集中体现在IPO公司上市首日的开盘价上，其随后的市场正向反应趋于消失。张川等（2009）研究发现，企业内部控制制度的有效执行和实施对提高房地产企业的公司业绩有显著作用，而审计师对内部控制的评价相比企业对内部控制的自评，既有替代作用，也有互补作用。黄新建和刘星（2010）以2006—2008年在沪市上市的A股制造业公司作为研究对象，采用上市公司在年报中是否提供内部控制自我评价报告作为上市公司内部控制信息透明度的衡量指标，检验了内部控制信息透明度对公司绩效的影响。结果表明：提高上市公司内部控制的信息透明度，对提高上市公司的经营绩效有显著的正面效应。

三、基本问题分析

基于资本市场的内部控制研究主要涉及以下基本问题：

（一）研究对象的界定

纵观中外文献，内部控制相关研究的研究对象，可以大致归为两类，一是内部控制；二是内部控制信息披露行为。无论从成因还是后果的角度看，二者的机理都存在显著的不同。

直接针对内部控制的研究，一般立足于两个不同的角度：一是内部控制质量（或称有效性）；二是内部控制缺陷。其实，后者可以理解为前者的反向度量。动因研究一般着眼于影响内部控制的因素，导致内部控制缺陷的因素等；后果研究一般着眼于控制目标的实现情况，如经营效率和效果、财务报告（会计信息）质量、合规等，至于市场反应类的后果研究，一般都必须满足一个前提条件，即内部控制质量能够被市场所知悉。

针对内部控制信息披露行为的研究，包括自愿性披露、披露程度、缺陷披露、披露内容等多个角度。动因研究一般立足于代理理论、信息不对称和信号传递等理论解释，后果研究则侧重于信息披露的市场反应。

（二）内部控制质量的度量

内部控制质量的度量是内部控制相关研究中的一个重点和难点问题。早期的研究多基于内部控制的构成要素，采用公司披露的信息进行评分赋值的方式来度量内部控制质量。这种做法主观性太强，严重依赖于可获取的信息资料。进入规则倡导下的内部控制信息披露阶段之后，部分学者基于自愿性信息披露的相关经济学解释，以披露程度度量内部控制质量。这种做法虽有合理之处，但毕竟不是直接度量，而且自愿披露的动机芜杂，难免鱼目混珠。

方红星和金玉娜（2011）提出了一套可感知的内部控制质量度量方法，该方法结合披露程度和控制目标实现情况对内部控制质量进行度量，在目前的制度背景下较为合理、可行。由于外部人可获取公司信息的有限性和评价成本的局限，感知公司内部控制质量主要使用公开可获得的内部控制信息和明确的判别标准。外部人可获得的公司公开披露有关内部控制的信息主要包括两大类：披露内部控制情况的专项信息和可体现内部控制质量的其他信息。披露内部控制情况的专项信息包括自愿性内部控制鉴证报告和内部控制自我评价报告；可体现内部控制质量的信息包括：财务报告、财报审计报告、有关部门披露的上市公司违规信息等。按照这种思路，可以对内部控制质量进行定序度量，从高到低依次为：披露正面意见的内部控制鉴证报告和自我评价报告的公司，仅披露正面意见的自我评价报告的公司，未披露内部控制信息的公司，披露了内部控制缺陷的公司以及控制目标未实现的公司。其中控制目标未实现的公司包括严重亏损（经营目标未实现，还可按行业平均水平调整）、财务报表被出具非标准审计意见（财务报告可靠性目标未实现）、受到监管机构和执法机关处罚（合规目标未实现）的公司，控制目标未实现意味着内部控制存在重大缺陷。当然，这样的做法适用于自愿披露的制度背景，由于深圳证券交易所和上海证券交易所关于内部控制信息披露的要求存在差别，针对两市公司运用上述度量体系时，需加以区别。此外，如果研究的着眼点不是全方位内部控制，而是侧重于某一控制目标（如财务报告内部控制）或业务领域（如投资）的内部控制，也需要做相应调整。

随着2011年我国内部控制规范体系开始针对上市公司逐步强制推行，可以预期未来披露内部控制鉴证报告和自我评价报告将成为常态，上述度量方法可能不再适用。但是，披露非标准内部控制审计意见、自我评价报告中披露内部控制缺陷等情况还应会出现，因此结合披露内容和目标实现情况的思路仍然不失为较好的度量方法。

（三）对内部控制作用的合理期望

一些现有文献中，有过分夸大内部控制作用的倾向。例如，一些文献试图检验内部控制在治理管理层机会主义、大股东利益侵占等方面的作用。解决这些问题的合理机制是公司治理，而内部控制在这些问题上可能无能为力。当然，包括内部控制信息在内或受其影响的信息披露（透明度）可能有助于缓解这类代理问题，但是如果不是基于信息披露和透明度的角度，而是基于内部控制本身发挥治理作用的角度，就超出了内部控制的合理边界。

内部控制的直接目的是合理保证控制目标（经营、财务报告、合规）的实现。控制的机能来自公司内部，控制的手段主要包括职责分工、业务流程、规章制度等。而且，内部控制还存在固有局限，一旦出现管理层凌驾、串通舞弊等情形，内部控制将会失效。因此，对内部控制作用的合理预期应该是与具体运营相关的目标，有关经济后果、市场反应的研究也应基于这些目标。

（四）研究方法的多元化运用

针对内部控制主题的相关研究，国内外学者所运用的研究方法也经历了从单纯理论体系构建阶段的规范研究、审计具体实务阶段的实验研究，再到法规制度颁布后实际应用阶段的大样本实证经验检验的变迁。我们在文献回顾中着重关注了内部控制相关问题研究中所运用的实证研究方法，主要包括：案例研究、实验研究、文档研究、事件研究等。研究方法选取和运用应针对不同的研究主题和研究目标进行。同时，我们也不能忽视这些方法在运用过程中可能存在的一些问题，诸如，自选择偏误问题、内生性问题以及时间窗口内噪音的消除问题等。此外，也可以考虑综合运用多种研究方法从多角度考察同一问题的不同市场反应和经济后果。

四、未来研究方向

基于资本市场的内部控制研究，主要研究方向包括：

（一）非强制披露制度下的研究

(1) 自愿性内部控制信息披露的决定因素研究。就目前来讲，包括两市公司自愿披露内部控制鉴证（审计）报告的决定因素研究、部分沪市公司自愿披露内部控制自我评价报告的决定因素研究等。

（2）自愿披露内部控制缺陷的决定因素研究。这类研究样本较少，可有针对性地展开案例研究。

（3）内部控制信息披露的描述与分析。针对公司内部控制信息披露的描述，以及利用披露信息，针对内部控制的相关内容（如机构设置、参照标准、涵盖范围等）进行描述和相应的分析。

（4）内部控制质量对控制目标实现的影响。可具体针对经营目标（如财务业绩、运营状况、非效率投资等）、财务报告目标（如盈余质量、盈余持续性、盈余稳健性等）、合规目标（如违规行为、处罚等）展开相关研究。

（5）内部控制及其信息披露的经济后果研究。例如，自愿性正面披露的信息含量和价值相关性，内部控制缺陷披露的信息含量和价值相关性，披露程度的价值相关性，内部控制质量对资本成本（包括权益资本成本和债务资本成本）的影响等。

（6）内部控制与审计的交叉研究。例如，内部控制质量与审计收费，内部控制质量与审计意见类型，审计师声誉与内部控制鉴证行为等。

（二）强制披露制度下的研究

强制披露制度推行以后，单纯立足自愿性内部控制信息披露的研究机会将不复存在，但其他研究话题仍可进一步展开。此外，可以针对强制披露制度和自愿披露制度开展相关的比较研究，也可以针对强制披露制度的实施效果展开相关研究。而且，随着披露制度的逐步完善，运用内容分析法，利用信息披露内容进行更加深入、细致的研究也将成为可能。

建议阅读文献

[1] 方红星，金玉娜. 高质量内部控制能抑制盈余管理吗？——基于自愿性内部控制鉴证报告的经验研究［J］. 会计研究，2011（8）：53～60

[2] 方红星，孙翯，金韵韵. 公司特征，外部审计与内部控制信息的自愿披露——基于沪市上市公司2003—2005年年报的经验研究［J］. 会计研究，2009（10）：44～52

[3] 李万福，林斌，杨德明等. 内控信息披露、企业过度投资与财务危机［J］. 中国会计与财务研究，2010（4）：76～142

[4] 林斌，饶静. 上市公司为什么自愿披露内部控制鉴证报告？——基于信号传递理论的实证研究［J］. 会计研究，2009（2）：45～52，93～94

[5] 邱冬阳，陈林，孟卫东. 内部控制信息披露与IPO抑价——深圳中小板市场的实证研究［J］. 会计研究，2010（10）：34～39，95

[6] 田高良，齐保垒，李留闯. 基于财务报告的内部控制缺陷披露影响因素研究［J］. 南开管理评论，2010（4）：134～141.

[7] 吴益兵. 内部控制审计、价值相关性与资本成本［J］. 经济管理，2009（9）：64～69

[8] 杨德明，林斌，王彦超. 内部控制、审计质量与大股东资金占用 [J]. 审计研究，2009 (5)：74～81

[9] 杨德明，胡婷. 内部控制、盈余管理与审计意见 [J]. 审计研究，2010 (5)：90～97

[10] 杨有红，陈凌云. 2007 年沪市公司内部控制自我评价研究——数据分析与政策建议 [J]. 会计研究，2009 (6)：58～64，97

[11] 杨有红，汪薇. 2006 年沪市公司内部控制信息披露研究 [J]. 会计研究，2008 (3)：35～42

[12] 杨玉凤，王火欣，曹琼. 内部控制信息披露质量与代理成本相关性研究——基于沪市 2007 年上市公司的经验数据 [J]. 审计研究，2010 (1)：82～88，46

[13] 张川，沈红波，高新梓. 内部控制的有效性、审计师评价与企业绩效 [J]. 审计研究，2009 (6)：79～86

[14] 张国清. 内部控制与盈余质量——基于 2007 年 A 股公司的经验证据 [J]. 经济管理，2008 (23)：112～119

[15] 张国清. 自愿性内部控制审计的经济后果：基于审计延迟的经验研究 [J]. 经济管理，2010 (6)：105～112

[16] 张龙平，王军只，张军. 内部控制鉴证对会计盈余质量的影响研究——基于沪市 A 股公司的经验证据 [J]. 审计研究，2010 (2)：83～90

[17] Altamuro，J.，Beatty，A. How does internal control regulation affect financial reporting? [J]. *Journal of Accounting and Economics*，2010，49 (1)：58-74

[18] Ashbaugh-Skaife，H.，Collins，D. W.，Kinney，Jr. W. R. The discovery and reporting of internal control deficiencies prior to SOX-mandated audits [J]. *Journal of Accounting and Economics*，2007，44 (1)：166-192

[19] Ashbaugh-Skaife，H.，Collins，D. W，Kinney，Jr. W. R.，et al. The effect of SOX internal control deficiencies and their remediation on accrual quality [J]. *The Accounting Review*，2008，83 (1)：217-250

[20] Ashbaugh-Skaife，H.，Collins，D. W.，Laford，R. The effect of SOX internal control deficiencies on firm risk and cost of equity [J]. *Journal of Accounting Research*，2009，47 (1)：1-43

[21] BBedard，J. C.，Graham，L. Detection and severity classifications of Sarbanes-Oxley Section 404 internal control deficiencies [J]. *The Accounting Review*，2011，86 (3)：825-855

[22] Beneish，M. D.，Billings，M. B.，Hodder，L. D. Internal control weaknesses and information uncertainty [J]. *The Accounting Review*，2008，83 (3)：665-703

[23] Costello，A. M. The impact of financial reporting quality on debt contracting：Evidence from internal control weakness reports [J]. *Journal of Accounting Research*，2011，49 (1)：97-136

[24] Dhaliwal，D.，Hogan，C.，Trezevant，R.，et al. Internal control disclosures，monitoring，and the cost of debt [J]. *The Accounting Review*，2011，86 (4)：1131-1156

[25] Doyle，J. T.，Ge，W.，McVay，S. Accruals quality and internal control over financial reporting [J]. *The Accounting Review*，2007，82 (5)：1141-1170

[26] Doyle, J., Ge, W., McVay, S. Determinants of weaknesses in internal control over financial reporting [J]. *Journal of Accounting and Economics*, 2007, 44 (1): 193-223

[27] Feng, M., Li, C., McVay, S. Internal control and management guidance [J]. *Journal of Accounting and Economics*, 2009, 48 (2): 190-209

[28] Goh, B. W. Audit Committees, Boards of Directors, and Remediation of Material Weaknesses in Internal Control [J]. *Contemporary Accounting Research*, 2009, 26 (2): 549-579

[29] Goh, B. W., Li, D. Internal controls and conditional conservatism [J]. *The Accounting Review*, 2011, 86 (3): 975-1005

[30] Hammersley, J. S., Myers, L. A., Shakespeare, C. Market reactions to the disclosure of internal control weaknesses and to the characteristics of those weaknesses under Section 302 of the Sarbanes Oxley Act of 2002 [J]. *Review of Accounting Studies*, 2008, 13 (1): 141-165

[31] Kim, J. B., Song, B. Y., Zhang L. Internal control weakness and bank loan contracting: Evidence from SOX Section 404 disclosures [J]. *The Accounting Review*, 2011, 86 (4): 1157-1188

[32] Krishnan, J. Audit committee quality and internal control: An empirical analysis [J]. *The Accounting Review*, 2005, 80 (2): 649-675

[33] Ogneva, M., Subramanyam, K. R., Raghunandan, K. Internal control weakness and cost of equity: evidence from SOX Section 404 disclosures [J]. *The Accounting Review*, 2007, 82 (5): 1255-1297

方红星（东北财经大学）

施继坤（东北财经大学，东北石油大学）

专题 12 全面预算管理

一、问题提出

（一）预算发展简史

1. 国外预算管理发展

预算最初应用于政府部门，19 世纪末期美国企业首先将预算应用于广告费用的分配上。随着工业生产的急速发展，预算逐渐由政府部门拓展到企业领域，通用汽车公司和杜邦化学公司率先将预算引入企业管理，以计划、协调和控制企业的经济活动。随后，越来越多的企业开始尝试进行预算管理，1922 年 Mckinsey 出版的《预算控制》一书，标志着企业预算管理理论开始形成。英国、日本和德国的企业也不断效仿，采用预算制度进行企业管理。20 年代末期出现的弹性预算和差异分析，到 30 年代已经发展成为一种控制成本、节约费用的手段而被普遍采用。在 20 世纪 50 年代之前，预算技术并没有很大变化，只是预算的观念更加深入人心。

20 世纪 50 年代，泰罗制导致预算管理模式出现越来越多的负面作用。为了解决出现的问题，Argyris 提出了“预算参与”（budget participation）的概念，预算观念实现了由“控制观”向“参与观”的转变。与预算参与相关的一个概念是“预算考核”（budget emphasis），是指将预算的完成程度与质量作为业绩评价的标准，即强调预算目标的实现。预算参与和预算考核可以增加预算的激励作用。但 Low and Shaw（1968），Schilff and Lewin（1968）等人研究发现，随着预算参与程度的提高，给下级提供了制造预算松弛（budgetary slack）的机会，即预算参与个体会在参与过程中对自己负责的项目隐藏一些真实信息，以增加弹性空间。在关于预算的后续研究中，预算松弛是一个恒久不息的研究课题。

20世纪70年代，随着管理控制概念的提出，Hopwood（1972）和Otley（1978）对预算执行结果的业绩评价方式进行了细致的分析，后续关于预算的研究也集中于努力使管理会计信息质量与预算管理的需要相吻合。70年代，预算技术方法有了较大的发展，包括零基预算（zero-base budget）和滚动预算（rolling budget）。

进入80年代后，面对日本经济的快速发展，美国管理会计界开始反思，在业绩评价和战略管理方面提出"平衡计分卡（BSC)"，并进一步提出了"改良预算"，在BSC平衡计分卡的基础上，将财务、客户、内部流程和学习与成长四个层面的指标与企业战略衔接，然后再从其中的财务指标出发推导预算所需的各种数据。换个角度来看，平衡计分卡中的财务指标就是预算或者根据预算定制的指标，而它又有所不同——其与战略相衔接，形成了一套"自上而下"的预算编制方法，能够以自身的系统性带动整个企业的业绩指标和管理控制的系统性。

90年代初期，国际先进制造协会（Consortium for Advanced Manufacturing-International，CAM-I）美国分支机构提出以作业为基础的预算，即作业预算（activity based budgeting，ABB)，主张将完整的ABC模型与详细的财务模型结合，以流程再造和改进为基础，通过优化流程引入战略，然后在优化流程的基础上编制相应的作业预算，再将战略引入到预算之中。CAM-I欧洲分支机构则提出超越预算（beyond budgeting，BB)，首先解决预算中的业绩评价问题，建议用事后的相对业绩评价和主观业绩评价代替预算考核；进一步通过分权的方式，向下级员工授权，主张在"标杆"（benchmarking）的基础上衔接企业战略与业绩评价指标体系，其中涉及标杆法、平衡计分卡、流程再造及战略理念的应用等若干内容。

2. *国内预算管理发展*

国内企业的预算管理活动开始较晚，与杜邦或通用相近意义上的企业预算，直到20世纪90年代才出现。在1978年之前，我国处于计划经济时期，我国企业主要仿效苏联的做法，采用生产技术财务综合计划进行企业管理，实际上是一种特殊的全面预算。1978年党的十一届三中全会以后，我国向市场经济转变，预算管理的实践经验包括两项内容：一是既适合工厂制企业，又适合公司制企业基层单位的责任成本预算制度；二是适合集团公司的全面预算管理制度。

从20世纪80年代开始，我国国有企业实施责任成本预算制度，并一度成为我国企业管理的主要手段，也涌现出诸如邯钢等一大批成功的典型企业。

1994年我国《公司法》实施，标志着公司制企业成为经济的主导。为了保证公司运行的稳定和效益，国内企业在引进国外经验的基础上探索出有特色的全面预算管理制度。2000年9月国家经贸委发布《国有大中型企业建立全面预算管理制度》；2001年4月财政部发布《企业国有资本与财务管理暂行办法》，要求企业应当实行财务预算管理制度；2002年4月财政部发布《关于企业实行财务预算管理的指导意见》，进一步提出了企业应实行包括财务预算在内的全面预算管理。伴随着我国集团公司的形成和发展，我国企业全面预算管理制度逐步发展完善起来，出现了诸如中国石油、中国中化、宝钢集团等众多的成功案例。

全面预算管理也是国内学术界的研究热点。王斌（1999）提出应按照生命周期选择预算管理模式；于增彪等（2004）提出中国式预算管理系统的框架，可看做卡普兰预算模式的本土化；李国忠（2005）提出折中型的预算管理可以解决预算中出现的问题；王斌和高晨（2004），高晨和汤谷良（2007）等认为，应该将全面预算管理、平衡计分卡、经济增加值等各种管理会计工具进行整合，以有效地弥补各自的不足。

（二）基本问题提出

预算通常被认为是非常普遍的管理控制工具，在实践中的应用极为广泛。但在实践中，传统预算被普遍认为存在诸多缺点和局限。Hope and Fraser（2002）在《超越预算》一书中指出：预算程序太局促也太昂贵；预算无法适应新的竞争环境且不能满足公司负责人和分部经理的需要；预算过程中的“数字游戏”已经到了难以忍受的地步。Jensen（2003）认为预算过程是付钱让人说谎，分部负责人和预算管理人员相互博弈，互相隐瞒真实信息，并在公司内部导致短期化行为。可见，预算的副作用是一个不容忽视的问题。Comshare（2000）的调查显示，在154位企业财务主管中的130人表示在组织编制预算中遇到问题共332次，平均每人2.6次。

Neely et al.（2001）的报告中总结了在预算管理实践中遇到的12个问题：

（1）预算整合很耗时；

（2）预算降低了服务热情并且经常是进步的障碍；

（3）预算很少注重战略并且经常自相矛盾；

（4）预算几乎不增加价值，特别是考虑到编制预算的时间；

（5）预算更关注成本降低而不是价值创造；

（6）预算加强了垂直命令控制；

（7）预算并没有反映组织正在磨合的网络组织架构；

（8）预算助长了博弈和机能失调行为；

（9）预算开发和更新的频率过低，大约每年一次；

（10）预算基于没有根据的猜测和假设；

（11）预算加强了部门壁垒而不是提倡知识分享；

（12）预算使人们觉得自身价值被低估。

以上12个问题可以归结为三大类：

1. 预算中的编制问题

预算的编制涉及三个层面，即预算时滞、预算参与和预算目标值。所谓预算时滞，是指预算执行时，管理者面对的实际环境和预算编制时对环境的预期不一致而导致的预算失效。通常管理者在预算编制时会对未来进行他认为的合理预期，而实际执行时组织面对的外部环境可能已经发生了显著变化，管理者的预期也随之改变，导致目标值很难合理确定。从以往管理会计的研究文献来看，对于预算参与和预算目标值，因为其中问题众多而被广为关注，例如，人们对预算的参与对预算编制有何影响？如何确定合理的预算目标值？什么难度水平的预算目标能对人产生最有效的激励？人们如何影响或者操纵预算？又如按照需求理论与激励理论，征询下属预算意见，让下属涉及预算编制过程，下属可能会产生更强烈的工作动机和更好的业绩表现。大量的预算文献研究预算编制过程，在这个过程中企业成员最有可能实现对预算目标的直接干预，其途径是参与预算机制。

2. 预算中的组织问题

预算本身建立在一种垂直化的组织架构上，层级分明，而这种层级分明很可能使得上下级的行动目标并不一致，即战略不能由上而下地落实。这种不能落实在实务中的一个直接表现就是增量预算法在预算编制中的广泛应用。而由于组织的层级进而导致上下级之间的信息不对称，管理层对一线信息掌握不足，预算编制者更多的在考虑成本控制而不是价值创造，这在很多时候会导致资源配置的扭曲。另外预算的编制使得各部门之间泾渭分明，各部门会更多考虑自身利益而不是组织的整体利益，不利于各部门之间的协同一致和相互学习。

3. 预算中的参与者问题

在预算管理中，人的因素通常被认为是至关重要的。例如，管理者考虑到委托人会根据预算对自己进行考核，会为了自身的利益而在编制预算时低估收益，高估成本，产生预算松弛现象。而这种现象的影响程度，是否对组织有害在学术界依然没有定论：一种观点认为预算松弛有利于减轻经理人完成预算的压力，有助于经理人完成组织既定战略；另一种观点则认为预算松弛是组织管理控制系统的机能失调行为，预算松弛会降低员工努力和企业总体业绩水平，使预算作为业绩评价标准本身失去其应有的客观性，并使企业资源配置出现扭曲。而如果预算的编制者允许一线经理人参与预算的编制，这种参与又会影响预算编制结果。按照委托代理理论，当上下级信息不对称时，上级缺乏做出预算决策的信息，不得不向掌握私有信息的下属寻求建议和提案（Magee，1980；Christensen，1982；Baiman and Evans，1983；Penno，1984；Kirby et al.，1991）；按照权变理论，当受到环境不确定性影响和技术限制时，上级也需要向下属征求预算意见（Birnberg et al.，1990）。

虽然对预算的效果存在争议，但预算作为一种管理控制的手段，其运用颇为普遍（Scapens and Roberts，1993；南京大学会计学系课题组，2001）。预算甚至被认为是唯一能够将所有组织管理活动领域覆盖的管理过程（Otley，1999）。2007年6月，国务院国有资产监督管理委员会颁布了《中央企业财务预算管理暂行办法》，要求企业建立预算管理制度，推进全面预算管理。预算管理成为企业高层决策和管理的核心内容，国有大中型企业基本上都实行了预算管理。但是没有一个十全十美的管理控制工具，预算也不例外，所以对预算的改进成为一个值得关注的问题。

二、中外文献回顾

（一）预算编制问题

预算是组织管理控制活动的基石（Hansen et al.，2003），而预算编制作为整个全面预算管理的起点，其作用尤为重要。预算的编制问题涉及预算的三个方面，分别是：（1）预算时滞；（2）预算参与；（3）预算目标值。

1. 预算时滞

Berry and Otley（1980）提出，预算管理控制系统的有效性取决于两个条件：一是在合理的未来一段时间里预算能有高度的运营稳定性；二是经理人一定要有对未来的合理预期，使得预算能够成为合理的绩效评价工具。Waterhouse and Tiessen（1978），Otley（1980），Fisher（2000），Wallender（1999），Samuelson（2000）和Chenhall（2003）均认为预算时滞是传统预算制度本身的固有问题，因为在制定预算目标时预算编制者根据的是自身对未来环境的预期，而实际的环境复杂多变，如果依然执行预算会出现不匹配的问题。Bescos et al.（2003）在对法国企业的实证研究中也证明环境的不确定性是管理者对预算不满意的主要驱动因素。

2. 预算参与

预算参与提出了关于如何进行资源分配，如何在预算中沟通信息等基本问题，人们对预算参与的关注集中在业绩与原因上，但是这些研究没有得到一致结论。Hoopwood（1976）通过观察认为“关于‘参与’的观点各不相同且意义含混，似乎‘参与’对任何人意味着任何事”。Brownell（1981）建立了预算参与研究的框架，具体阐述了预算文献的两个部分，第一个部分是预算参与的原因（前提），即什么情况下产生预算参与的需求；第二个部分是预算参与的效果（后果）。Brownell（1981）指出在此之前，对预算参与效果的研究多于有关预算参与原因的研究，因为研究者最初讨论预算参与的动机是观察并检验预算参与是否能够产生积极的后果，例如提升雇员道德水平，产生更强的激励，增加对组织的认同和满意度等。事实上，在Brownell（1981）之后，关注参与效果的研究仍然多于预算参与原因的研究，但是前者的大量文献得不到一致结论。预算参与的效果变量主要有满意度、业绩表现、预算态度、动机、工作压力、松弛、工作涉及度等，多数研究结论表明预算参与对这些变量的作用是显著的。有关预算参与原因的研究主要有四类：

第一类研究基于权变理论（Birnberg et al.，1990），这种研究发现组织内部的变量（如环境不确定和技术等）是预算参与的原因；第二类研究基于 Locke（1990）的工作，主要是个人层面的参与及参与后果（如动机、认同、业绩、满意度）。Locke（1986）认为“参与决策”这一行为的优势是产生工作动力和认知理解；第三类研究是基于日本管理文献，许多日本企业基于参与行为进行决策，目的是获得较为准确的成本信息，从而利用这些信息进行更有效的资源分配以改进企业业绩；第四类研究基于代理理论，分析上级和下属的信息区别或者信息不对称如何影响组织预算参与的需求，代理理论的观点认为上级采用预算参与方式，更利于了解本地环境以便采取改进措施，如资源配置等决策以及设计下属最佳激励合同。

Shields and Young（1993）对有关预算参与原因以及效果的研究进行了总结，他们提出导致预算参与研究出现不一致结论的原因是过程模型不完整，如果把预算参与原因和效果联系起来研究，可能会更好地理解有关结论。因此，他们发展了信息不对称模型，以上下级之间信息不对称为前提条件，把信息不对称与预算参与、预算激励、企业业绩联系起来，通过实证分析，三个方面的假说得到了支持——信息不对称对预算参与的效应，预算参与对预算激励的效应，预算激励对业绩的效应，而第四个假说信息不对称对预算激励只得到部分支持，在实证分析的基础上，他们提出预算参与可能存在其他三种前提：（1）对改进个人态度与行为、提高业绩的期望；（2）特殊的文化氛围；（3）提供组织学习的机制。预算参与研究存在不同的视角，其中最主要的三个视角是经济学、心理学、社会学，在不同的视角下，预算参与的原因与效果分析具有相应的结论。在经济学模型中，下属参与预算是因为他能提供有用的私有信息，以便上级用来形成预算，因此，预算参与被认为能改善企业业绩，使上级分配资源更加有效，这种解释认为当组织业绩更多地依赖正确的决策，以及当作出正确决策依赖下属拥有（上级没有）的信息时，预算参与能改善组织业绩（Baiman and Evans，1983）。经济学研究认为仅当存在经济价值时，个人选择参与行为。代理理论模型的理性假设是个人能判断参与行为带来的经济价值，并执行最佳实践。在心理学视角下，当下属认为如果他们通过介入预算编制过程能对预算目标产生影响，他们就会参与其中（Milani，1975）。因此，即使下属没有私有信息，但是这种介入及影响也能发生，此时，预算参与通过提供上级与下属之间交流与协调的机会来改善业绩（Kren，1988；Locke，1986）。预算参与编制过程也能在激励合同之外通过建立信任和公平的程序激励员工付出努力（Organ，1988；Podsakoff，2000）。

3. 预算目标值

预算难度即预算目标难易水平（也就是完成预算目标的难易程度）。在预算编制过程中，最终确定的预算目标难度大致可以划分为很难完成、容易完成、处于两者之间。Briers and Hirst（1990）研究了预算目标难度和预算反馈结合起来对业绩产生的影响，并认为只有将预算目标难度与预算反馈结合起来，困难的预算目标才能对下属的业绩表现产生积极的激励作用。Stede（2001）在归纳以往研究的基础上，提出衡量预算松紧度的几个属性：对完成预算目标的强调程度；对中期预算偏离的容忍程度；预算相关沟通程度等。制定不同难度水平的预算目标反映上级的不同动机，根据以往的研究发现：如果预算目标确定在较难实现的水平，对于利润中心管理者来说，其原因主要有提高在组织内获得资源的竞争能力；管理能力的信号；侥幸机会；增加个人挑战。对于高层管理者来说，其原因有：公司对短期利润的需求；传达给利润中心的管理者，公司需要短期利润；对利润中心的业绩不满意。王斌（2001）认为，预算目标是企业目标或战略意图的体现。按照现代企业制度的要求，任何预算目标的确定，从根本上说都是公司股东、董事会、经营者等利益相互协调的过程。

（二）预算与组织

基于预算，组织可以制定战略和计划，控制成本，进行业绩评价，协调销售和生产，强化内部沟通，并在公司内部进行有效的资源配置（Kenis，1979；Kachelmeier，1994）。对预算与组织关系的研究主要表现在两方面，一是预算与战略的关系；二是预算与业绩考核的关系或者说绩效预算。

1. 预算与战略

到20世纪八九十年代，企业面临的环境发生了很大的改变，20世纪后期经济活动的全球化和信息技术的发展，引发了更激烈的竞争和更大范围的买方市场的形成。如果利用得当，预算能为组织中各层次相互清楚了解提供基础，能帮助高级管理层对多个事业和业务单元保持控制。如果利用不当，固定的年度计划和预算将阻碍企业对外部环境做出及时的反应。管理学领域对发展战略和核心竞争力的关注同样波及预算管理研究。为了应对“预算管理导致短期行为，阻碍战略性发展”之类的指责，在预算管理的主题下，国内外均出现了越来越多的涉及“战略”和“长期发展”的研究。

Merchant（1985）指出预算的年度财务表现造成组织在业务和战略决策之间的不协调，强调非财务目标也会导致全年计划周期不匹配。其中国外学者重点研究了面对快速变化的外部环境如何发挥预算作用。Segelod（1998）分析了瑞典公司的资本预算体系，同时与英美公司进行比较，试图探明在过去30年里企业资本预算体系的变化方式及变化原因，以便更好地理解现代资本预算体系的运行和演进机理。Aberbethy and Brownell（1999）则运用澳大利亚63家公立医院CEO的调查资料来检验战略变化、预算使用模式和业绩之间的关系，从中观察了会计师是如何在构建和实施战略变化过程中发挥作用的。结果表明，交互式预算模式有可能减轻战略变化对业绩的影响。Anderson and Lanen（1999）运用印度的案例来说明经济转型、战略和管理会计实务演变之间的关系。通过分析 1991 年印度经济改革前后 14 家印度当地公司的资料，发现印度开展经济改革以来，战略目标被更广泛理解，构建战略的关键信息来源也随着改革而有所变化，公司各层面的管理者都更主动地介入并理解战略计划。虽然预算管理在经济改革前也存在，但是管理者认为，现在他们的预算比以前更现实、更有意义。有更多的公司使用标准的预算程序，更多员工参与编制和调整预算的所有阶段；预算的准确性也在提高。同时，他们还发现，特定的管理会计活动在采用不同战略的公司中是有差别的。Stede（2000）运用调查 153 个经营单位主要管理者的问卷资料，来检验他们所采用的预算控制类型以及所鼓励的行为可能受到的环境变量影响，如竞争性（进取者）战略和业务单元过去的业绩。无论是案例分析、问卷调研还是实验研究，都有大量的证据证明预算在战略实施、组织计划、目标设定、资源配置、运营控制、沟通、跨部门跨组织合作、员工激励、薪酬决策等多个方面发挥着积极和正面的作用（Stephen and Van der Stede，2003；Sprinkle，2008）。

而在我国，预算与战略的研究主要集中在将预算与平衡计分卡（BSC）或者作业成本等工具联系起来的效用等方面，主要成果有：

王斌（1999）认为预算管理是市场经济条件下计划管理的表现形式。现代企业管理已打破传统职能管理的界限，将企业视为一个整体，在战略目标指导下从事企业内部的综合协调管理，它强调企业计划、组织、控制、协调等职能的一体化。因为只有这样，才能让所有职能部门的子目标与企业整体目标趋同，才能使多层委托代理关系下的累加代理成本最小。

潘飞和郭秀娟（2004）提出平衡计分卡将战略分解的四个部分可以作为作业最终在作业预算中得以体现，使作业预算成为连接平衡计分卡和优化企业价值及成本管理的重要桥梁。以战略为导向的全面预算管理就是将企业的战略规划转化成预算的制定目标，最后落实到企业的长期经营活动中去。上海财经大学“上海宝钢集团第一钢铁有限公司全面预算管理模式”课题组也提出从战略的角度对全面预算管理模式进行设计，认为传统全面预算管理体系侧重于对财务目标的预算和控制，在激烈竞争的市场经济环境下，这种预算体系难以实现企业长期的战略愿景，虽有滚动预算等预算方法的弥补，也无法从根本上克服全面预算体系的不足。从战略的角度重新审视全面预算管理，构筑完善的战略预算管理体系，将有助于长远竞争优势的获得和保持。王斌和高晨（2004）提出了以战略为核心和导向的预算管理框架。他们试图将预算管理、作业成本法、经济增加值、平衡计分卡等管理会计工具进行整合，从而发挥管理会计的综合作用。汤谷良和杜菲（2004）指出预算目标应该从持续增长、投资回报和风险控制三个角度对关键绩效指标值（KPI）加以设置，以适应战略规划多元化的特点，并提出预算目标应能够准确反映企业的战略目标，从而提高企业的竞争优势和核心竞争力，构建以企业战略为出发点的预算目标的体系模型。汤谷良（2004）从战略角度考虑，预算目标不可能是单一目标，否则无法协调资本预算、经营预算、财务预算三者之间的关系，战略是多元化的，要求预算目标是多元化体系，从持续增长、投资回报和风险控制等三个纬度设置关键绩效指标值作为预算目标。李春瑜（2005）提出将关键绩效指标体系、平衡计分卡与预算这三大绩效管理工具整合统一在战略支持过程中，实现企业的战略规划。李国忠（2005）研究了企业集团类型和预算控制模式的匹配，认为战略规划型企业集团对应集权预算模式，财务控制型企业集团对应分权预算模式，战略控制型企业集团对应折中预算模式。宋良荣（2007）针对战略导向的全面预算管理的预警内容进行论述，从预警指标的选择、指标权重的确定、警戒值的设置、预警计分模型的构建等方面对平衡计分卡导向的全面预算管理的预警功能进行设计。魏春奇（2007）通过结合新的制度准则，对预算的内涵及战略进行分析，提出了构建战略导向的企业集团全面预算管理制度的思路。朱朝晖和宋洁（2009）探讨了平衡计分卡在全面预算中的作用，并在此基础上对以平衡计分卡为战略导向的全面预算流程进行了研究。张友棠（2009）论述了如何将企业战略规划转变为绩效考评蓝图，然后对企业的财务预算进行编制，从而将绩效管理的关键性指标与预算管理指标体系相衔接，并增加非财务指标作为绩效考评依据，将战略导向下的财务预算与绩效管理有效集成。

2. 预算与绩效考核

国外的许多学者主张确定明确的业绩标准（Drucher，1954；Johnson，1998），预算考核就是预算在业绩评价中的作用问题。对这个问题的研究始于20世纪50年代（Argyris，1950），60年代得以继续（Hofstede，1968）。Hopwood 70年代在美国一个钢铁企业以成本中心为对象，研究了会计预算数据在业绩评价中的作用，是这方面的开创性研究。他的结论是，当上司以预算制约成本中心管理者时，成本中心管理者有较高的工作紧张度，与上司及同事关系较差，而且更倾向于利用假数字，更可能做出失职的决策。大量文献证明，绩效考核过度关注预算指标完成情况会带来诸多反面效应，如数据操纵（Hopwood，1972）、短期化行为（Merchant，1990）、员工抵触情绪（Argyris，1952）等。

Schiff and Lewin（1970）认为预算是一种典型的组织业绩参考标准，并且由于下级经常参与这一标准的制定，经理人就会努力使标准成为他们自认为能够实现的预算。Brizius（1994）认为，绩效预算是根据达到的可计量结果来进行资源分配的过程。Miller（1992）强调，绩效预算重视功能、行为和计划，而不是计划单一的品种项目。Ittner，Larker and Rajan（1997）研究CEO年度报酬方案中财务业绩和非财务业绩的相对重要性。他们以委托代理理论为基础，得出如下结论：采用发展型战略的企业，其非财务业绩权重要大于采用质量战略的企业；非财务业绩权重大，外部噪音与非财务业绩权重正相关；未发现CEO影响与非财务业绩权重相关。David Emsley（2000）采用访谈、调查表和实证研究等方法，通过对下级经理人员向上级经理人员报告预算差异的过程和下级经理人员可获得的用于解释这种差异的信息进行研究，发现下级经理人员可获得的用于解释差异的信息的完全程度影响下级经理人员对预算差异的理解以及向上级经理人员解释差异的能力；反过来，也影响下级经理人员的工作压力水平，特别是在基于预算的绩效评价情况下。Reid（2002）认为，由于财务数据本身的特点使预算成为业绩评价的主要标准，但是在财务数据之外还有许多因素需要评价，预算参与有助于解决这个问题，所以具有激励效果。Joice（2005），Dong Sung（2005），Caiden（1998），Schimidtlein（1999）和 Curristine（2007）等从不同角度分析了绩效预算所面临的制度难题。这些制度约束条件基本上涵盖了政治、预算文化和观念、传统预算制度、考评技术和方法等多个方面，从而使人们对绩效预算所面临的困境有了更清晰的认识，也为绩效预算未来的改革提供了线索。Curristine（2007）还对实践中的绩效评价对预算的影响过程进行了分析。

预算管理的控制实质上也是企业内部控制的重要组成部分，国内学者对预算控制的研究大部分都是从预算控制系统的内部构建开始，结合预算编制即事前控制、预算执行即事中控制和预算评价即事后反馈来建立全过程的预算控制系统。而预算业绩考核评价和反馈问题近几年在国内才开始受到关注，学者们一般都是从探讨如何建立有效预算考核指标入手。李明辉（2002）总结了全面预算管理对于企业集团的重要意义，如有助于集团对成员企业的控制和集团战略目标的实现，协调成员企业之间的利益关系，评价成员企业的经营业绩，提高经营效率，防范集团风险等。王化成等（2003）通过案例研究发现国内企业预算执行的差异分析和业绩考核的周期过长，全面预算管理与业绩评价和激励结合较少等问题。于增彪等（2004）以亚新科为例研究了全面预算管理与绩效管理的系统，认为预算管理与绩效考核的集成系统的实质就是奖惩制度，并指出绩效考核目标的设置要通过预算管理与企业战略相结合。程明（2005）认为企业预算目标的选择应根据“信息量”理论，选择经理人可控的并能够反映经理人行为敏感度和准确度的指标。何敏军等（2007）分析了项目是经费实施绩效预算的必要性和使用条件，提供了全面预算与绩效考核结合的思路。张芬等（2009）提出运用平衡计分卡重新设置预算考核指标体系，使其更具有战略性、综合性和环境适应性。新绩效预算的兴起，使得人们开始重视预算的绩效评价功能，进一步将绩效与预算挂钩，将其运用到企业组织中。

（三）预算松弛问题

预算松弛的概念最早见于 Cyert and March（1963）和 Williamson（1964）的文章。Williamson（1964）研究认为，经理人员出于自利的目的，会尽力在预算编制过程中制造松弛的预算。Schiff and Lewin（1968）观察到管理者具有创造松弛的需求，会在制定预算中低估收益、高估成本而建立松弛。Young（1985）从业绩评价的角度解释了“预算松弛”，当员工有机会选择业绩评价标准时，员工低估其产能的部分就是预算松弛。Merchant（1985）定义预算松弛为某项预算的预算额度超过实际需要额度的部分，该定义只适用于诸如“管理费用”等费用性预算项目。

Lukka（1988）认为，“预算松弛”是与“预算计划真实”相悖的一种预算现象。Waller（1988）研究认为，预算松弛就是完成某项任务时必须要用好多的资源。Dunk and Nouri（1998）关于预算松弛的定义较为经典，也为大多数学者所接受，他们认为预算松弛是在完成某项预算任务时，预算参与个体有意低估收入或产能，高估成本费用或资源。Dunk（1993）研究认为，预算松弛就是预算数据很容易实现的行为。

学术界对预算松弛现象有两种不同的观点：松弛有害论和松弛有益论。

持“有害论”的学者多从经济学角度进行分析，他们认为，预算松弛是管理控制中的机能失调行为，预算松弛的存在会造成企业内部资源的浪费，降低经营效率，企业内部成本也会大大增加。许多企业根据预算目标的完成程度对员工进行业绩报酬激励，对于倾向于制造预算松弛的员工而言，越是提出虚假的预算目标，越容易完成预算任务并受到奖励；而对于诚实报告自己真实能力的人，付出的努力要更多，却不一定能够得到报酬和奖励。诺贝尔奖获得者Jensen（2001）把这种不正常的现象戏称为“为撒谎者买单”，他认为不诚实的行为习惯会直接破坏组织内部的诚信基础，威胁企业长远发展。

持“有益论”的学者多为组织管理学家，他们认为预算松弛有存在的内在需要。Bourageois（1981）研究认为预算松弛能够为企业提供资源保障，可以在面对风险的时候，帮助缓解员工心理上的紧张情绪，可以从容应对风险。Merchant（1985）同样认为，适当的预算松弛可缓解风险所产生的压力，为员工提供一定的应对不可预见未来的空间和自由度。Lukka（1988）则认为，当完成任务所需的资源在事前难以确定而风险又较高时，预算松弛可以作为一道屏障，并满足不时之需。

预算松弛有很多影响因素，如信息不对称、激励方案、任务不确定性、个体风险偏好和企业战略等。Young（1985）研究指出，在下属参与预算制定时，拥有内部信息的下属比没有内部信息的下属会制造更多的预算松弛。郑石桥和王建军（2008）运用实验研究的方法，发现信息不对称和报酬方案都会对预算松弛产生影响，并且信息不对称下产生的预算松弛大于信息对称情况下产生的预算松弛。Lukka（1988）认为，预算参与使得下属有机会扭曲真实能力，制造预算松弛，低程度的预算参与不会产生预算松弛。林峰国（2004）研究认为，预算参与为中下层管理人员提供了表达意见的机会，但是这个过程容易导致预算松弛。Macintosh（1981）的研究结果表明，当任务变动性大时，出现意外事件的可能性就会很高，完成任务的步骤和方式也就会多样化。Brownell and Dunk（1991）认为，对于难度低、变动大的任务，虽然完成任务的先后顺序不可预见，但可以把每种情况事先进行分析，逐个降低难度，因此，单独的任务变动并不影响预算松弛。Schiff and Lewin（1968）认为预算是主要的业绩参考标准，并且当下级参与预算制定时，经常会努力改变标准，使预算标准能够容易实现。这也就意味着，在依靠预算指标进行业绩评价的情况下，预算松弛的出现不可避免。祝红月（2003）、袁立和韩红梅（2007）等研究认为，以预算标准进行业绩评价刺激了预算松弛的产生。Baiman（1982），Demski and Feltham（1978），Holmstrom（1979），Christensen（1982）等人则从风险分摊和激励平衡的角度，证实了预算下级可以通过预算松弛降低自己的风险分摊，并发现不同风险偏好的预算下级通过预算松弛规避风险的程度明显不同。对于组织战略对预算松弛的影响的研究，Van der Stede（2001）的研究表明，多元化战略与业务单元预算松弛正相关；与成本领先战略和防御型战略相比，差异化战略和进攻型战略下有更多的预算松弛。

三、基本问题分析

正如前文所说，预算被认为是传统的管理控制工具，而且被认为是少有的能够将整个组织行为覆盖的管理控制工具。在预算中，绩效被具体化为利润，而利润又包含了产出指标（收入）和投入指标（成本）的控制，而预算试图保持两者的平衡。预算过程通常基于一个给定的产出量然后决定投入量。为了编制预算，就需要企业对未来的预测和对自身战略的确定。目标值设定一直是预算编制的重要内容，不论是目标值确定的过程（如预算参与）还是目标值结果（如目标值难度），都是预算研究的重要内容。另外，预算的反馈机制（feedback loops）同样是预算研究的重要问题。同样更主要的问题是，预算管理是管理控制系统不可分割的一部分，其机能发挥是与管理控制系统紧密联系的。我们可以将上文论述的预算问题分门别类地归入管理控制系统之中。首先，我们先简单介绍管理控制系统。

（一）管理控制系统

一般认为管理控制系统始于 Robert Anthony（1965）提出的管理控制体系框架（MCS），他把管理控制系统定义为："经理人为达成组织目标取得并有效利用资源的过程。"但这种观点导致了 MCS 和战略规划的脱节（Langfield-Smith，2007；Otley，1999），而且它导致 MCS 更多地把注意力放在形式上的控制（主要指财务指标）上。近年来又有学者给出了管理控制体系的新定义（Malmi and Brown，2008），如 Simons（1995）把管理控制系统定义为高级经理人履行既定战略的手段，Chenhall（2003）则认为管理控制系统是系统应用管理会计和其他诸如个人和文化方面的控制手段来达成目标的方法。另外还有一种广义的观点认为管理控制系统包括了整个战略过程，即既包括战略制定（Mintzberg，1978），也包括战略执行（Merchant and Otley，2007）。

Otley（1999）提出了绩效管理框架，包括五部分：组织目标的设定、战略的形成和执行以及同时进行的基于战略的绩效评价、目标值设定、激励系统、绩效管理所需的信息流。在此基础上，很多学者进行了研究（Ferreira，2002；Tuomela，2005；Stringer，2007）。Otley 的框架被认为有如下优点：它将管理控制系统细化成五大部分，它的一般性使其他框架可以融入这个框架中，它的应用较为直接有效，便于数据处理和案例分析。同时 Otley 的框架也有弱点：它并没有体现企业的愿景和使命，也没有具体体现企业组织结构中哪些机制使得经理人和员工了解组织目标（Simons，1995）；框架并没有解释组织是如何使用会计和控制信息的（Hopwood，1972；Otley，1978；Simons，1995）；框架更多从静态观点考虑管理控制系统；框架没有显示绩效管理的各部分相互作用的机制（Malmi and Granulund，2005；Stringer，2007）。

鉴于以上原因，Ferreira and Otley（2009）提出了新的绩效管理系统（PMS），如图 12—1 所示。

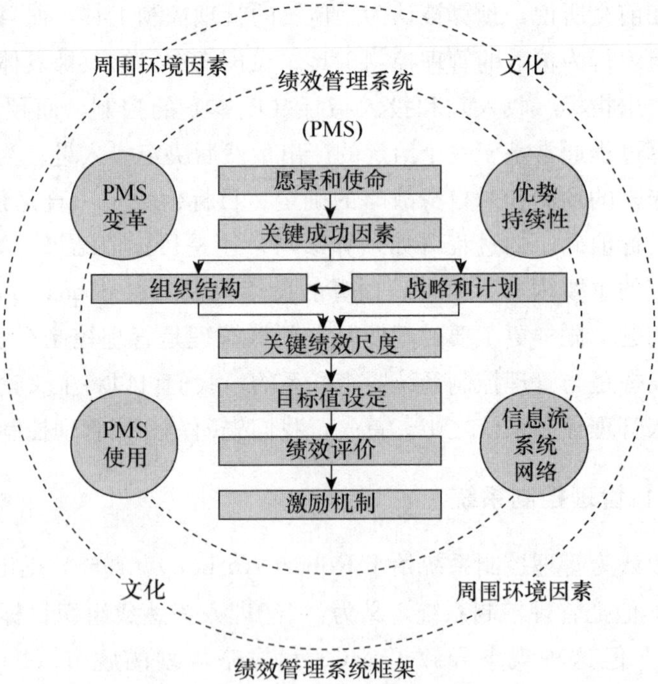

图 12—1　绩效管理系统框架

我们根据上文论述，分别将预算的战略等内容对应 PMS 的战略和计划环节，预算参与、预算目标值等内容对应 PMS 的目标值设定环节，预算考核、预算松弛等内容对应 PMS 的绩效评价环节，然后在管理控制系统的整体框架下进行进一步分析和阐述。

（二）战略和计划环节

管理控制系统的起点是企业的战略和计划，而以往的研究也早已证实用来衡量绩效表现的战略计划的存在对于控制是十分必要的。组织时常要设定复杂而又有竞争性的目标，这些一般来说都是高管人员为了满足股东的期望。Otely（2009）认为必须满足多重目标的必然结果就使绩效成为一个多维的概念，没有一种单一的指标能够满足绩效考核的要求。Johnson（2005）认为组织追求的广阔定位和总体方向一般能够从企业所声明的愿景和使命中体现出来。使命描述了“组织的价值是实现股东期望这一目的”，愿景则描绘了“理想的未来状态：该组织的愿望”。因此，相比于组织明确表明的目标，它们的愿景和使命更值得观察，但是只有组织对愿景和使命进行了交流沟通和实际行动时，它们才会变得如此重要。愿景是设定组织方向过程的一部分，而使命宣言则旨在“识别要求以吸引和保持股东、员工和客户并用一种社会可以接受的方式去实现它”。Collins and Porras（1998）认为愿景和使命是企业信仰系统的一部分，它们体现了企业的核心价值观和宗旨。而愿景和使命的陈述也引导着企业面对环境的变化不断对企业的战略做出调整。Johnson（2005）认为战略是企业为了追求长期实现企业目标所选择的方向。关于战略的文献也认为组织需要发展自己的优势来匹配自己的关键成功要素以获得其为自己设定的结果。Govindarajan（1993）发现战略、环境和内部结构之间的匹配能够促进更好的绩效表现。Otely（1999）认为不同的战略和计划需要变化来控制配置以确保高效的绩效控制系统。Merchant and Van der Stede（2007）认为缺少方向也是实践中观察到的一个重要的控制问题，而不能很好地将组织战略和计划向组织成员传达也会导致组织成员不知道自己的工作是如何为整体战略做贡献的。而预算管理作为一种常用的管理控制手段，在现代管理控制系统中的主要功能之一便是计划功能，即通过预算来优化资源配置，实现组织的战略目标。所以在管理控制系统中，预算管理是实现企业战略的重要管理工具。

预算管理与战略之间存在着必然联系和内在逻辑。组织的战略对于企业预算管理的控制有着重要的影响。预算目标必须体现组织的战略目标，可以说公司战略决定了预算目标，预算目标是对公司战略和未来一定时期发展方向的数据说明、描述和实施保证。没有战略参与的预算不仅不能体现其应有的作用，更有可能阻碍企业的发展和战略的实施。在没有企业战略的环境下进行预算管理，会重视短期活动，忽视长期目标，使短期的预算指标与长期的发展战略不相适应，无助于企业战略的实现，预算管理的各方面效果得不到实现。

预算管理的实施和控制对于组织的战略同样有着重要的影响。预算管理系统使组织战略的实施和实现有了保障与支持系统。战略明确了组织未来的具体目标，预算管理则细化了公司的整体战略发展目标和年度经营计划，通过预算管理体系下定量化的指标，组织战略的方向才能得以体现。同时，预算管理沟通了组织战略与经营活动关系，使企业的战略意图能够转变为具体的行动方案并在经营活动中得以体现，企业战略和组织资源的分配得以协同。一般来说，企业战略体现了企业长期经营的方针和目标，应该体现在年度预算和业绩合同中。而预算管理作为重要的管理控制系统，体现了行动的安排和资源的分配，目的之一便是使日常的经营活动和企业的战略部署得以沟通，形成具有良好循环的预算系统。愿景、使命、战略和计划是管理控制系统的起点，利用预算管理有效地将组织的愿景使命和战略转化为切实可行的行动和资源分配计划并进行有效的控制，是组织管理控制系统其他环节得以顺利进行的必要保证。

（三）目标值设定环节

目标值设定是管理控制系统的关键因素之一，按照 Ferreira and Otley（2009）的框架模型，目标值设定的过程与经营活动的成果具有同样的重要性。国内外学者对如何设定目标值以及如何根据目标值进行激励进行了深入的研究，关于目标值设定的研究仍将是未来研究的重点方向。

外在激励（如奖励、工作反馈、监督的压力）都是通过目标来影响动机的。目标可以引导员工的活动指向与目标有关的行为，使人们根据难度的大小来调整努力的程度，从而影响行为的持续性。目标设定理论的相关研究认为，目标本身就具有激励作用，能把人的需要转变为动机，使人们的行动朝着一定的方向努力，并将自己的行为结果与既定的目标相对照，及时进行调整和修正，从而实现目标。这种使需要转化为动机，再由动机支配行动以达成目标的过程就是目标激励。目标激励的效果受目标本身的性质和外围一些变量的影响，内部因素如目标的难度、清晰度、目标值类型等；外部因素如任务不确定性、竞争、时限等。

我们通过研究发现①，相对于激进的目标水平，适度水平的目标值能使员工生产更多的产品，实现员工和企业的双赢。这是因为在激烈的竞争和全球化的背景下，管理者不愿做出妥协，很难达成一致的协议。设定具体化的目标能够产生高于一般化目标情况下的任务绩效，具体化的目标是指为任务执行者制定一个可以用数字衡量的任务目标，而一般化目标则是不能用数字衡量的任务目标。

目标的形式对目标激励作用的发挥也具有重要的影响。除了传统绝对的目标值之外，采用相对目标，如对比行业标杆、区域标杆等，比传统目标设定具有更大的激励作用。在目标设定的研究中，随着平衡计分卡的应用和推广，一系列非财务目

---

① 刘俊勇、雷传杰：《目标值难度、薪酬合同与任务绩效——基于实验的证据》，2010，工作论文。

标也成为管理控制系统的内容，与财务目标一起发挥着激励的功能。

目标激励作用的发挥，是需要通过一定机制的，即下属参与目标的制定并且了解所制定目标的含义，这就是一种预算的参与过程。随着预算参与程度的提高，也给下级提供了制造预算松弛的机会，即预算参与个体会在参与过程中对自己负责的项目隐藏一些真实信息，以增加弹性空间。为了解决由于预算参与导致的负面影响，抛弃传统意义的目标，采纳超越预算意义的目标，便显得十分有效。在超越预算下，改“预算考核”为“灵活的业绩评价方式”，以事后的相对业绩评价和主观业绩评价代替传统的“预算强调”，并加大组织的分权，这是消除预算松弛动机的一种有效方法。

在管理控制系统的框架下，有效地设定目标并保证目标激励作用的发挥，是保证管控系统有效运行的必要条件和基础。在目标设定时，要关注目标的难度和清晰度，确定一个契合企业实际情况的目标值，也可以借鉴超越预算的标杆目标作为管理控制系统中的目标水平。

（四）绩效评价环节

绩效评价部分是整个管理控制系统的一个关键连接部分，起着至关重要的控制作用。Otely（2009）认为，企业内的一切活动将在绩效评价部分受到最大的影响。企业管理人员会将此部分传递的信号作为自己的行为准绳。同时，Ferreira（2009）也认为，绩效评价与反馈将直接决定组织业务现状、进展和组织战略。因此，包括正式和非正式的绩效评价活动都会被认为是重要的管理控制活动。基于以上认识，Gibbe（2004）认为，在绩效评价环节，是下属们的看法比任何实际情况都更重要的场合。并且，研究表明此时信息对当事人之间起着非常重要的作用。值得注意的是，绩效评价这个问题并不专属个人业绩评估，尽管他们很可能是最容易观察到的。实际上，绩效评价也包含了评价团体、个人、部门。从更广的意义上说，也是在评价整个组织的战略执行、运营情况和预算情况。Banker（2004）认为，绩效评价是要与预先设定的标准联系在一起的。并且，绩效评价环节受企业绩效衡量模式、评价指标、发展战略等方面的影响。从上面的论述中可以清晰地发现，绩效评价作为管理控制系统至关重要的一环，直接受到评价标准的影响，并且绩效评价又作用于企业的管理与运营。而预算管理作为一种常用的管理控制手段，在现代管理控制系统中主要发挥了两个方面的功能：一是激励功能，即以预算作为绩效评价的标准，以预算作为计算报酬的主要依据；二是计划功能，即通过预算来优化资源配置，实现组织的战略目标。所以，我们可以将预算理解为绩效评价环节的标准，其直接影响着管理控制系统的机能发挥。综上可以看出，预算管理与绩效评价是互相影响、互相作用的。

全面预算管理与绩效评价环节联系最为紧密的部分即为预算考核——专门研究

预算在绩效评价中的作用。到目前为止，已经有大量的研究关注于预算强调问题。目前泾渭分明的观点有两种：其一，有的学者认为绩效考核过度关注预算指标完成情况会带来诸多负面效应，诸如企业经营行为的短期化，对预算数据的人为操纵、预算松弛行为等；其二，有的学者却认为绩效根据预算来考核，可以根据达到的“可计量结果”来进行资源分配，这样能使企业资源得到更加优化的配置。虽然对预算管理和绩效评价的关系有着不同的观点，但是在相同的前提下，例如预算参与、信息对称以及合理的激励契约等，预算管理与绩效考核的集成系统是有着实际意义的。所以实现整合绩效评价与预算，达到期望的分配效率，资源配置的决策过程应使用结果导向的项目效益测评，并且应该设置更加合理的目标值与激励方案。若没有做好预算管理与绩效评价体系的结合，则会产生明显的管理控制系统机能失调，即预算松弛行为。从本质上说，预算松弛行为的产生在于以预算为基础的评价机制。以往的研究发现，预算一方面由预算执行者参与制定，然后又成为业绩考核标准，降低预算目标可以增加自己的业绩，也就能够取得较高的激励性报酬，经济利益的诱惑导致产生预算松弛。因此，要从本源上抑制预算松弛倾向，关键是建立合理的预算与绩效评价的结合。

四、未来研究方向

由于预算在实践中出现了诸多问题，CAM-I 开展了两个方向的改良实践：一种是以美国企业为代表的作业成本预算（activity-based budgeting，ABB)，即应用作业成本法的思想对企业的流程进行控制，它更关注预算对企业运营规划的支持；另一种则是欧洲式的超越预算（beyond budgeting，BB)，即采用激进的分权化方法放弃预算，总部对一线经理人和员工不作具体的控制，仅通过建立不基于预算而基于标杆（benchmark）的评价体系进行激励。尽管 ABB 侧重于对流程的控制而 BB 侧重于绩效评价，两者的共同观点是传统预算无法适应当今快速变化的外部环境。

（一）作业成本预算观点

顾名思义，作业成本预算就是基于企业自身的业务流程（作业）而编制的预算，而不是传统意义上基于产品市场、责任中心或部门。ABB 的核心思路就是将作业成本法和产能管理（capacity management）的思想应用于企业的预算编制。ABB 的支持者认为传统预算出现问题的原因就是预算的财务目标和实际企业业务流程脱节造成的不匹配和无效率，于是作业成本预算被改进为“在运营层面上可行”的预算方式。

作业成本预算的基本流程如图 12—2 所示。

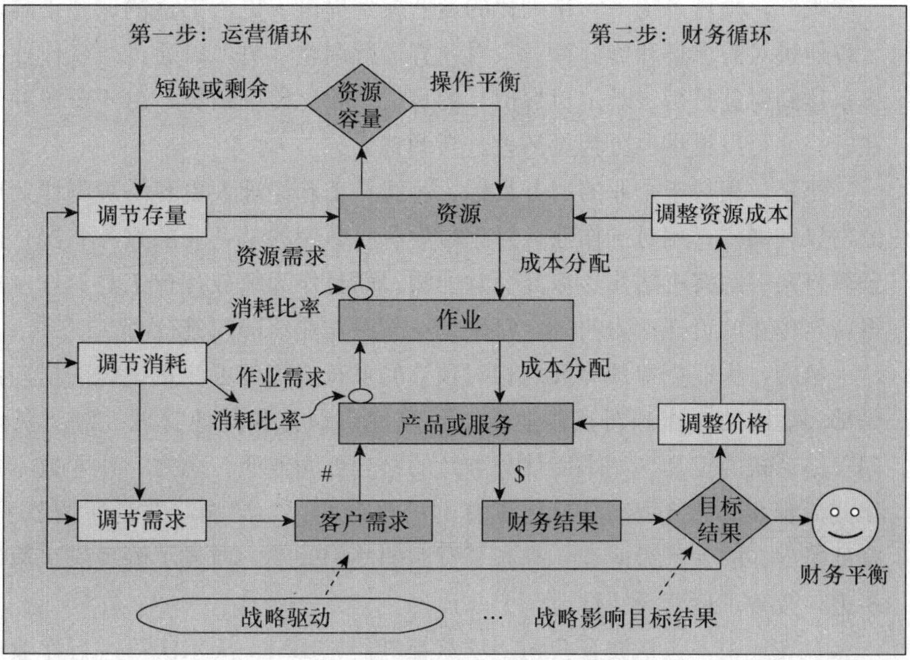

图 12—2　作业成本预算基本流程

作业成本预算主要过程分成两部分：

第一步：运营循环（operational loop）：运用作业成本法的思想将客户对产品和服务的需求运用作业消耗率转化为作业需求，然后用资源消耗率将作业需求转化为资源需求。从理论上来说，一旦作业和资源消耗需求已知，则 ABB 预算编制的中心转移到了对资源需求和资源存量的平衡上。如果初始计划导致运营循环的不平衡，组织可以通过对产品需求、资源消耗率、作业消耗率、资源存量进行调整，相比于传统预算只根据需求和资源的调整，作业成本预算的环节更多，也更为精细。

第二步，财务循环（financial loop）。财务循环是根据第一步运营循环而制定的财务计划。财务循环的平衡点即为企业既定目标值。如果企业已经通过运营循环确定了需求、作业和资源，企业将通过财务循环确定资源成本，并追溯至作业直至产品层面。财务目标可被分解为产品、作业和资源等方面的目标。如果财务循环没有达到平衡，ABB 允许企业在五个方面进行调整以达到目标值：作业消耗率和资源消耗率、资源存量、资源成本、产品/服务需求量、产品/服务价格。和传统作业相比，作业成本预算可以调整的手段和途径更为丰富。

作业成本预算的支持者们列出了 ABB 的几个潜在的优势（Hansen and Torok，2003）。第一，通过对运营层面上需求的调整，作业成本预算避免了不可行计划产生的不必要费用。更为重要的是，作业成本预算观点创造了一个明确作业与资源的预算模式。它将传统预算中没有包括的成本动因包含其中，而且突出了组织需要集中精力解决的问题——不平衡、无效率和瓶颈的来源。

第二，预算系统中为精细化的运营模型提供了更为丰富的调整工具。企业不仅可以通过对需求量和资源存量来对预算进行调整，更可以通过改变作业和资源消耗率来达到财务平衡（既定目标值）的目的。相比传统预算，由于资源存量分析的存在，企业可以更早也更为灵活地进行调整。

第三，相对于企业的财务目标，一线员工和经理人更容易理解作业成本预算中的信息；同样，相对于作业，管理层更容易掌握的是企业的财务状况，而作业成本预算将两者的有机结合让彼此受益匪浅。而且作为绩效评价工具，作业成本预算使得特定作业的责任更为明确，特别是在某些作业跨部门进行时。

第四，作业成本预算观点相对预算的垂直式管理更注重组织的横向沟通，特别是部门之间的协作。而且作业成本预算使得预算和其他管理控制工具，特别是原因—结果式的工具（如平衡计分卡）的结合更为方便。总之，作业成本预算观点将作业流程和财务流程结合使得预算的可执行性大为增强，并且使调节手段更丰富，降低了潜在的上下级博弈，提高了资源的使用效率，增强了管理层决策能力和评价能力，改善了运营灵活性。

在实践中，包括波音公司、埃默森电器、IBM、沃尔沃等进行作业成本预算的公司对于作业成本预算的上述优点还只是停留在概念上的认同，尚未形成可靠的实证分析结果，这也可以形成一个今后的研究方向。而作业成本预算的一个潜在限制因素在于作业成本信息是否能够取得。

（二）超越预算观点

与在美国不同的是，CAM-I 在欧洲进行了超越预算实践。所谓超越预算，即管理层对一线员工和经理人的评价不再使用事前编制的预算来进行评价，而采用事后相对业绩合同（relative performance contracts with hindsight）来进行评价。这样做的初衷是为了避免所谓的“年度绩效评估陷阱”（annual performance trap），即经理人在基于预算的固定绩效合同评价中所表现的机能失调（dysfunctional）行为。这些行为包括以下几种具体行为（Hope and Fraser 2003）：

（1）总是争取最低的目标、最高的奖励。

（2）不管付出什么代价，总是争取奖金。

（3）永远不要把客户需求放置在销售目标之上。

（4）永远不要和其他团队分享信息。

（5）总要求比实际需要更多的资源。

（6）总是要花光预算。

（7）一定要学会为自己开脱。

（8）不要提供精确的销售预测。

（9）总是达到数字要求，但不要超过。

（10）永远不要冒险。

超越预算观点支持者认为，通过事后相对业绩合同可以有效解决上述问题。相对业绩合同是指在制定预算目标值时不采用传统的具体数字而是用标杆业绩（benchmarked performance）来进行评价，这些标杆可以是内生的也可以是外生的。一般认为这些标杆在制定时和绝对数字相比难以讨价还价，而且可以很好地对冲市场的非系统风险。这些特征可以提高绩效评价的有效性和准确程度，同时降低了在传统预算中因为博弈行为产生的种种问题。

这种相对业绩合同的事后性是指，和传统预算目标值是在每个期间前设定不同，超越预算的目标值设定是在预算执行过程中的目标值，比如在预算期间的市场占有率。所谓的“事后”是站在评价的时间点而言的。

在评价指标的具体设定中，超越预算的实践者建议更多评价团队绩效而不是个人绩效，建议的目的是提倡团队意识而不是传统预算中常见的自利和短视行为。另外，超越预算的实践者鼓励多采用和战略一致的非财务指标进行评价。这种思想是基于财务指标和非财务指标的结合更有助于明确企业战略导向，类似于 Kaplan and Norton（1992）提出的平衡计分卡。然而，正如 Hope and Fraser（2003）指出在很多企业实践中平衡计分卡因为固定绩效合同的存在已经和传统预算的处境相类似了。所以，超越预算的实践者不仅建议采用财务指标和非财务指标相结合的方式，更重要的是在指标设定上避免实行固定绩效合同。

需要特别指出的是，超越预算并不是财务人员不再编制预算，而是说在绩效评价时不再以固定预算作为评价手段。超越预算的支持者认为如果预算不再是绩效评价手段，预算的编制过程不再有上下级之间的博弈，会摆脱之前陷入的年度绩效评估陷阱而变得更加准确，因为预算变得更加客观、独立和灵活。

尽管超越预算观点提出了一个解决问题的设想，但超越预算的支持者认为这仅仅是第一步，他们的最终目标是从根本上的分权（Wallander，2003），即管理层不再对一线员工和经理人进行具体约束，而仅仅根据组织战略进行绩效的评价，一线经理人在具体事务中拥有决策权。超越预算的支持者们认为预算问题的根源在于上对下的垂直控制，“外行管内行”，具体有三点：

第一，传统的预算控制无法使员工完成“挑战式”的任务，他们的挑战仅仅来自预算目标值；

第二，预算控制无法使员工真正为客户服务，他们只是在为目标值服务；

第三，预算控制很可能导致某些有能力的员工无法得到足够的资源而导致无效率。

而分权化会有效解决这些问题，在分权化的视角下，不仅战略影响组织的管理控制行为和员工行为，员工的行为也可能反作用于战略。Simons（1995）的控制杠杆理论中对这方面就有所提及。

（三）预算信息化

企业信息化是一项全面工程，传统 ERP 系统强调企业数据的集成和管理，全面预算管理强调对目标的管理，预算管理的信息化也就非常必要。预算编制方式经历了手工、电子表格和专门的预算管理软件三个阶段。采用专门的预算管理软件进行预算管理，预算工作的自动化程度明显提高，劳动量明显减轻，提高了全面预算管理的应用效果。但是，由于专门的全面预算管理软件脱离了业务预算过程，新形成的信息仍然是孤立的，无法实现共享，全面预算管理合理配置资源的内涵不能得到充分体现；再有，它以会计为基础，本质上仍不能做到事前、事中控制，还只是事后控制，全面预算管理的核心控制地位也不能得到充分体现。

推进企业预算管理信息化，并发挥预算的全面管理功能，构建的全面预算管理信息系统不仅要包括编制系统（业务预算、资本预算、财务预算等），还要包括控制系统（申请、审批的过程控制）和基于预算的分析与考核系统。只有将编制、控制、分析与考核结合起来，全面预算管理才能发挥应有的作用。

（四）总结

作业成本预算观点和超越预算观点的共同之处是在快速变化的大背景下传统预算的有效性已经显著下降。从两组实践的观察来看，作业成本预算提出了一个以作业为基础、更为精细化的模型以改进规划，但并未提出一个明确的绩效评价机制；而超越预算提出了以评价机制取代控制机制的解决方案，最终目的是达到企业的分权化。所以，作业成本预算实际上可以应用在超越预算框架下，比如可以为超越预算框架下的组织编制企业财务和流程计划；而超越预算观点也可以与作业成本预算结合，比如在制定目标值时引入相对业绩值。而作为未来企业管理的重要工具的信息系统，其与预算结合的相关研究，因为与实践的结合较为紧密，也将成为未来的研究方向之一。

建议阅读文献

[1] 陈工孟，邓德强，周齐武．我国预算会计改革可行性的问卷调查研究 [J]．会计研究，2005 (5)：59～65

[2] 程新生，李春荠，朱琳红等．参与式预算行为实验研究 [J]．会计研究，2008 (5)：53～60

[3] 邓传洲，刘峻勇，赵春光．基于预算的考核、预算氛围和预算副效应 [J]．会计研究，2008 (4)：69～71

[4] 冯巧根．超越预算的实务发展动向与评价 [J]．会计研究，2005 (12)：15～19

[5] 高晨，汤谷良. 交互预算：应对战略不确定性、契合管理控制的新机制 [J]. 会计研究，2010 (9)：51～59

[6] 贡华章，于增彪等. 我国企业预算管理的引进与发展——纪念我国改革开放 30 周年. 会计研究，2008 (9)：17～25

[7] 何红渠，程惠. 预算松弛的危害、原因及对策. 财会月刊，2006 (5)：20～22

[8] 潘飞，程明. 预算松弛的影响因素与经济后果——来自我国上市公司的经验证据 [J]. 财经研究，2007 (6)：55～66

[9] 汤谷良，杜菲. 试论企业增长、盈利、风险三维平衡战略管理 [J]. 会计研究，2004 (11)：31～37

[10] 王斌. 企业预算管理及其模式. 会计研究，1999 (11)：11～14

[11] 王丽萍，郭岚，张勇. 高校新绩效预算管理的组合评价方法研究 [J]. 会计研究，2008 (2)：68～75

[12] 于增彪，梁文涛. 现代公司预算编制起点问题的探讨——兼论公司财务报告的改进 [J]. 会计研究，2002 (3)：18～24

[13] 于增彪，袁光华，刘桂英等. 关于集团公司预算管理系统的框架研究 [J]. 会计研究，2004，8 (3)：3

[14] 张朝宓，卓毅，董伟等. 预算松弛行为的实验研究 [J]. 管理科学学报，2004 (3)：81

[15] 郑石桥，王建军. 信息不对称和报酬方案对预算松弛的影响研究 [J]. 会计研究，2008 (5)：61～68

[16] 祝红月. 浅析企业预算松弛 [J]. 经济工作导刊，2003，13 (7)：37～38

[17] Ferreira，A.，Otley，D. The design and use of performance management systems：An extended framework for analysis [J]. *Management Accounting Research*，2009，20 (4)：263-282

[18] Hansen，A. Nonfinancial performance measures，externalities and target setting：A comparative case study of resolutions through planning [J]. *Management Accounting Research*，2010，21 (1)：17-39

[19] Argyris，C. *The Impact of Budgets on People* [M]. Ithaca：School of Business and PublicAdministration，Cornell University，1952

[20] Baiman，S.，Evans，J. H. Pre-decision information and participative management control systems [J]. *Journal of Accounting Research*，1983，21 (2)：371-395

[21] Bescos，P. L.，E. Cauvin，P. Langevin and C. Mendoza. Criticisms of budgeting：A contingent approach [J]. *Proceedings of the 26th European Accounting Association Conference*，Seville，Spain，2003，4：2-4

[22] Brownell，P. Participation in budgeting，locus of control and organizational effectiveness [J]. *Accounting Review*，1981，10：844-860.

[23] Brownell，P.，and K. Merchant. *Technology*，*budget system design and performance*. Working Paper，Macquarie University，1987

[24] Birnberg，J. G.，Snodgrass，C. Culture and control：a field study [J]. *Accounting*，

Organizations and Society, 1988, 13 (5): 447-464

[25] Cammann, C. Effects of the use of control system [J]. *Accounting, Organizations and Society*, 1976, 14: 26-38

[26] Chenhall, R. H., Brownell, P. The effect of participative budgeting on job satisfaction and performance: Role ambiguity as an intervening variable [J]. *Accounting, Organizations and Society*, 1988, 13 (3): 225-233

[27] Christensen, J. The determination of performance standards and participation [J]. *Journal of Accounting Research*, 1982, 20 (2): 589-603

[28] Chow, C. W., Cooper, J. C., Waller, W. S. Participative budgeting: Effects of a truth-inducing pay scheme and information asymmetry on slack and performance [J]. *Accounting Review*, 1988: 111-122

[29] Comshare. *Survey of Top Financial Executives. Planning and Budgeting Today*, Availableat http://www.comshare.com, 2000

[30] Cyert, R. M., March, J. H. *A Behavioral Theory of the Firm* [J]. University of Illinois at Urbana-Champaign's Academy for Entrepreneurial Leadership Historical Research Reference in Entrepreneurship, 1963, 7: 163-170

[31] Emsley, D. Variance analysis and performance: two empirical studies [J]. *Accounting, Organizations and Society*, 2000, 25 (1): 1-12

[32] Segelod, E. Capital budgeting in a fast-changing world [J]. *Long Range Planning*, 1998, 31 (4): 529-541

[33] Fisher, J. G., Frederickson, J. R., Peffer, S. A. Budgeting: An experimental investigation of the effects of negotiation [J]. *The Accounting Review*, 2000, 75 (1): 93-114

[34] Govindarajan, V., Gupta, A. K. Linking control systems to business unit strategy: impact on performance [J]. *Accounting, Organizations and Society*, 1985, 10 (1): 51-66

[35] Hansen, S. C., Otley, D. T., Van der Stede, W. A. Practice developments in budgeting: an overview and research perspective [J]. *Journal of Management Accounting Research*, 2003, 15 (1): 95-116

[36] Haywood, R. J. Unions. *Public Utilities Fortnightly*, 1996, June: 46

[37] Hofstede, G. H. *The Game of Budget Control* [M]. London: Tavistock, 1968

[38] Hölmstrom, B. Moral hazard and observability [J]. *The Bell Journal of Economics*, 1979, 10: 74-91

[39] Hopwood, A. G. *An accounting-system and managerial behavior* [M]. London: Saxon House, 1973

[40] Hopwood, A. G. An empirical study of the role of accounting data in performance evaluation [J]. *Journal of Accounting Research*, Supplement, 1972,: 156-182

[41] Hope, J., Fraser, R. C. *Beyond budgeting: how managers can break free from the annual performance trap* [M]. Cambridge: Harvard Business Press, 2003

[42] Jensen, M. C. Paying people to lie: the truth about the budgeting process [J]. *European Financial Management*, 2003, 9 (3): 379-406

[43] Kren, L., Liao, W. M. The role of accounting information in the control of organizations: a review of the evidence [J]. *Journal of Accounting Literature*, 1988, 7 (1): 280-309

[44] Libby, T. The influence of voice and explanation on performance in a participative budgeting setting [J]. *Accounting, Organizations and Society*, 1999, 24 (2): 125-137

[45] Locke, E. A., Schweiger, D. M., Latham, G. P. Participation in decision making: When should it be used? [J]. *Organizational Dynamics*, 1987, 14 (3): 65-79

[46] Magee, R. P. Equilibria in budget participation [J]. *Journal of Accounting Research*, 1980, 18 (2): 551-573

[47] Hirst, M. K., Yetton, P. W. The effects of budget goals and task interdependence on the level of and variance in performance: a research note [J]. *Accounting, Organizations and Society*, 1999, 24 (3): 205-216

[48] Merchant, K. A. Budgeting and the propensity to create budgetary slack [J]. *Accounting, Organizations and Society*, 1985, 10 (2): 201-210

[49] Neely, A., M. R. Sutcliffand H. R. Heyns. Driving Value Through Strategic Planning and Budgeting [J]. *Management Accounting Research*, 2001, 10: 14-18

[50] Onsi, M. Factor analysis of behavioral variables affecting budgetary slack [J]. *The Accounting Review*, 1973, 48 (3): 535-548

[51] PaulJ. Stonich. Zeor-BasePlanning and Budgeting [J]. *Illinois Dow Jones-Irwin*, 1997, 1, 100-102

[52] Penno, M. Asymmetry of pre-decision information and managerial accounting [J]. *Journal of Accounting Research*, 1984, 22 (1): 177-191

[53] Schiff, M., Lewin, A. Y. Where traditional budgeting fails [J]. *Financial Executive*, 1968, 36 (5): 51-62

[54] Hansen, S. C., Otley, D. T., Van der Stede, W. A. Practice developments in budgeting: an overview and research perspective [J]. *Journal of Management Accounting Research*, 2003, 15 (1): 95-116

[55] Curristine T. *Performance budgeting in OECD countries* [M]. Paris: OECD Publishing, 2007

[56] Van der Stede, W. A. The effect of corporate diversification and business unit strategy on the presence of slack in business unit budgets [J]. *Accounting, Auditing & Accountability Journal*, 2001, 14 (1): 30-52

[57] Waller, W. S. Slack in participative budgeting: The joint effect of a truth-inducing pay scheme and risk preferences [J]. *Accounting, Organizations and Society*, 1988, 13 (1): 87-98

[58] Young, S. M. Participative budgeting: The effects of risk aversion and asymmetric information on budgetary slack [J]. *Journal of Accounting Research*, 1985, 23 (2): 829-842

刘俊勇（中央财经大学）

专题13　企业集团财务研究：两个不同视角

企业集团财务是一个交叉性且具理论与实践价值的研究议题。它将引起理论界与实务界的高度重视。

一、问题提出

（一）企业集团：不同语境下的模糊概念

理论上讲，企业集团是“市场”与“单一组织”间的一种混合组织形式（hybrid）。因各国企业集团形成、发展历史不同，企业集团也存在不同语境下的各种定义。

1. 英美体系下的企业集团（多元化联合企业，conglomerate）

在英美等国制度体系中，企业集团其实是指从事不同业务的企业联合体，它由总部（company 或 corporation）及下属事业部（divisions）、附属企业构成，各事业部分别从事不同的业务。从多元化的联合企业架构看，它具有“一家公司控制多家从事不同产业的下属公司”的特征（Morck，Wolfenzon and Yeung，2005）。具体为：(1) 联合企业多为整体上市的公众公司（属于单一企业组织）。(2) 公司股权高度分散。其中，一些联合企业由家族创设发起，但公众化后家族对其控制力日益减弱，不存在控股股东（controlling shareholder）。(3) 联合企业大多存在多元化战略取向，各下属事业部业务相对独立，经营及业务关联度低。因此，联合企业事实上是对“一家母公司＋多个事业部及其各类下属企业”的总称。GE 公司即为美国式联合大企业的代表。

2. 日本的企业集团（企业联合体，keiretsu 或 horizontal groups）

根据日本学者的研究，日本企业集团是通过高层管理者兼职或者某种程度上的股票交叉持有，从而能够确认企业之间联结关系的企业集合体（今井贤一、小宫隆太郎，1995）。这一集合体的作用在于形成企业间的“磁场”和辐射力，来提升企业集合体的整体竞争力。日本企业集合体大体有以下三种类型：（1）财阀型企业集团（如三菱集团）；（2）独立型企业集团（如丰田、日立、松下）；（3）分离型企业集团（如前川制作所）。历史地看，日本企业集团的前身是家族控制的从事纵向一体化的生产型组织（称为 zaibatsu）。第二次世界大战后，传统的由家族控制的企业集团解散、重组，演变为现代意义的企业集团（即 keiretsu）。

归纳起来，日本企业集团具有以下基本特点：（1）交叉持股（interlocking shareholdings）现象普遍，并由此形成企业群体，keiretsu 的本意即指由这种持股关系而形成的“企业群体或企业系”。在这层意义上，日本企业集团是一种横向结构型集团（horizontal groups）。（2）大多拥有附属银行（affiliated bank）等金融机构，且银行在企业集团中扮演着重要角色（持股并提供贷款等），尤其是对于横向的多元化企业集团（kigyō shūdan）。（3）以产业链为核心，进行纵向一体化运作的企业集团较多，强调成员企业间的业务关联性。在日本，从事产品生产的纵向企业集团称为 seisan keiretsu，从事流通业的纵向企业集团称为 ryūtsū keiretsu。（4）集团中核心企业股权分散，并不是维系企业集团存在的核心，“磁场”的作用、吸引力才是决定集团形成的关键，由此，日本企业集团在本质上是一种紧密式的“企业联盟”，职业经理人成为维系集团运转的核心。

3. 韩国企业集团（家族控制的家族财团，chaebol）

韩国企业集团大体由家族拥有并运营，如三星集团、LG 集团等，因此企业集团也称为企业家族（business family）。韩国企业集团源于 20 世纪 60 年代（主要由于出口贸易的拉动），在政府、银行、外国银行贷款的大力扶持下，很多家族企业在 20 世纪 80 年代后期纷纷发展起来，发展起来的企业集团，陆续消除了对政府的过度依赖（即取得财务上的独立），并在 20 世纪 90 年代取得快速发展。因企业集团过度依赖金融企业，因此 1997 年及其后的亚洲金融危机重创了韩国企业集团（以大宇集团倒闭为标志）。

韩国企业集团有以下几个特征：（1）集团母公司股权高度集中，集团由发起人家族控制。（2）纵向控股关系明显，形成了事实上的金字塔结构：家族及其成员拥有并控制着集团母公司，集团母公司拥有并控制着下属子公司，而子公司进一步控制更下一级的孙公司等，从而形成一个金字塔式的纵向控股结构。（3）集团涉及产业相对集中，关注核心业务（core businesses），且在经营权上由过去的家族控制向职业经理人控制过渡。

4. 中国企业集团（business groups）

中国企业集团发展有着独特的历史背景，它始于党的十一届三中全会后中央决定组建“企业性公司”，以及由此产生的一系列由各部委、各地方政府以“横向联合”为名而组建的行政性公司，通过多年改制实践，最终形成目前的央企、地方国资委控股的大型企业集团，以及各类民营控股的大型企业集团，且在中国国民经济中发挥着日益重要的作用。

中国企业集团具有以下特点：(1) 存在控股股东，即国有或民营控股股东。其中，“国有控股”主体主要指各级国资委及其他各类受托主体，如中央企业由国家国资委控股，地方国有企业则由地方国资委控股，民营企业则由个人或家族控制。(2) 纵向金字塔式结构（pyramidal structure）。和大多数新兴经济体相类似，中国企业集团（无论是国有或国有控股，还是其他非国有控股）也大体采用纵向控股权结构，即集团总部作为母公司控制下属A公司，A公司控制B公司，B公司控制C公司，从而纵向形成“母公司—子公司—孙公司”等系列化的控股结构。(3) 除少数整体上市的大型企业集团外，企业集团的核心企业——母公司，大多为非上市公司，而集团下属的部分企业却为上市公司，从而形成“集团公司—股份公司”这样一种母子控股架构与组织格局。(4) 企业集团形成路径特殊。西方企业集团主要是母公司通过不断投资、并购和控股子公司而形成的，而中国国有控股的企业集团，则产生于对原国有企业中各种经济联合体（如行业企业联合体等）的产权梳理、股份制改造（改制），即某一行业或区域事先存在许多“子公司”，顺应“子公司”国有产权梳理与产权责任落实、战略转型、行业管理等需要，在政府主导下，将这些联合体内的“子公司”进行重组或股份制改造，从而将这些“子公司”股权归口划转给联合体的管理总部（即“母公司”）。因此，相比于“子公司”，大量的“母公司”属于新设公司，它被授权承担某一行业、某一部门或某一区域的国有资本出资者角色。“先有子公司、后有母公司”是中国国有企业集团产生的基本特征。

(二) 企业集团财务研究的视角及研究议题

在西方尤其是英美等国，其实并不存在企业集团财务研究之类的研究主题。究其原因可能有：(1) 西方尤其是英美等国的企业集团，大多属于整体上市的公众公司，因此，对企业集团的研究其实就是对上市公司的研究；(2) 英美等国的企业集团研究多关注其与有限责任制度（limited liabilities）相关的法律、税务及会计问题，它显著有别于新兴市场国家（如东亚等）企业集团所面临的独特研究议题，如企业集团金字塔结构与资源配置问题，如Tarun Khanna，Yishay Yafeh (2007) 的经典讨论和研究议题——新兴市场的企业集团：是典范还是寄生虫？

归纳已有研究，我们发现企业集团财务研究大体有以下两个基本视角：

1. 财务经济学视角

这类研究是企业集团财务研究的核心与主流，它大多涉及资本市场、股权结构、集团治理、集团效率与业绩等众多议题。这一视角下的研究大多属于解释性、证实性的研究。从研究内容看，主要涉及的子议题包括：(1) 如何解释企业集团的形成、发展？(2) 对于金字塔结构集团，财务研究需要厘清的基本概念有哪些？(3) 新兴经济体为什么普遍存在金字塔式结构？(4) 集团控股股东性质与集团运行效率间是否存在关联？(5) 企业集团内部资本市场及其效率研究？等等。

2. 组织管理学视角

与财务经济学的研究视角不同，组织管理学角度的集团财务研究，则属于构建性研究，它具有强烈的“问题—解决”（problems-solving）导向，所关注（不一定是研究）的核心问题大多是“所需解决的实际问题”，且这些议题大多与管理控制系统（MCS）相关。这些问题主要包括：(1) 企业集团战略与组织结构之间到底存在何种关系？这种关系是如何影响集团财务管理职责及其组织设计的？(2) 企业集团战略与财务战略之间存在何种关系？如何从融资、投资、股权政策、内部财务资源管理上，体现企业集团财务管理的特点、管理优势？(3) 为强化企业集团战略目标的实现，如何确立有效的财务管控模式？(4) 在不同财务管控模式中，可用于控制的财务管控工具有哪些？如何有效、综合地使用这些管理控制工具？可见，组织管理学视角的集团财务，其涉及的关键词是战略、职责、财务管控等。

二、基本问题分析：基于财务经济学视角

(一) 企业集团是如何产生的

企业集团存在与发展的解释性理论有很多，但主流理论有以下几种：

1. 市场与组织：交易成本理论

交易成本理论发端于 Coase（1937）的企业理论，并被 Williamson（1975）等系统化。所谓交易成本是指把货物和服务从一个经营单位转移到另一个单位所发生的成本。它包括：由于交易双方因对交易品价格、质量、性能等的不确定性，而需要花时间去收集相关信息所生成的成本（信息收集成本），为规范交易而订立合同所发生的成本（签约成本），为保证交易顺利进行而产生的监督成本（实施成本）以及对解决事后交易纠纷等所花费的法律成本（诉讼成本）等。交易成本理论认为，“市场”与“组织”是两种不同但可相互替代或互补的交易机制。

(1) 市场交易机制与市场失灵。市场机制是一种最为普遍的交易机制，当人们需要某种产品时，可以直接通过市场买卖来取得，它具有价格合理、交易方便等特点，但市场交易也存在严重不足（市场失灵），主要表现为交易成本高，由于缺乏半成品市场而无法完成交易等。

(2) 组织内交易与组织失灵。与市场交易机制相对应，组织则被视为内部化的一种交易机制。在这里，组织所生产的半成品通过上一道工序（或上游）自动转移到下一道工序（或下游），从而使在市场上无法交易或交易成本很高的交易行为在企业内部得以完成，且成本相对较低。但与市场交易机制相比，组织内交易机制也同样存在内部组织失灵等问题，具体体现为组织内交易成本提高并伴随组织的低效率，在这里，组织内的交易成本包括管理、指挥、协调企业内部交易活动所发生的各项管理成本和效率损失。

可见，交易成本理论设计了这样一种分析框架，即企业是从效率角度出发内生性地决定了其边界：企业是在对市场失灵和组织失灵各自所产生的交易成本进行比较后来确定其边界的。当企业规模扩大时，“企业内部组织追加交易的成本可能会上升”，因此，“在边际上，在企业内部组织交易的成本或者等于在另一个企业中的组织成本，或者等于由价格机制‘组织’这笔交易所包含的成本”，这两类成本间的均衡是通过企业家“不断进行试验”来维持的（Coase，1937）。从这一角度出发，企业集团是克服市场失灵和内部组织失灵的制度性办法（今井，1976）。在新制度经济学（Williamson，1985）看来，企业集团是属于市场与组织之间的一种混合组织形式（hybrid），“当（企业内部）管理上的协调（成本）比市场机制的协调能带来更大的生产力、较低的成本与较高的利润时，现代企业就会取代传统小公司”（Chandler，1977）。交易成本理论是解释企业集团产生与发展的核心理论之一，该理论可以解释为什么一些企业集团倾向于纵向一体化，另一些企业集团则侧重于横向一体化或规模化经营等一系列问题（Williamson，1985；Grossman and Hart，1994 etc.）。

这一理论在以下方面受到了严峻的挑战：第一，交易成本概念难以界定并有效计量，从而很难被理论所证实（或者说经验证据不足）；第二，静态均衡的缺陷。该理论是建立在对市场与组织这两种机制交易成本的静态均衡、比较之上，因此这一理论通常被认为只适于静态描述（事后性的说明），而不能对未来组织发展提供动态的（尤其是交易模式不断变化，如网络性组织）的预测和判断。

2. 集团的多元化策略：资产组合与风险分散理论

解释企业集团产生与发展的另一种经验理论是资产组合观下的风险分散理论。风险分散理论源于市场有效假设（EMH）下的证券组织理论。沿用这一理论思路，企业管理者认为，从事单一业务领域的企业，因受规模、行业等各种因素限制而无法避免市场风险，因此，只有将企业资产投资于不同业务领域（才能形成资产组合），并通过不同业务领域的风险抵消效应，保证企业整体业绩的相对平稳。由此，企业或大型企业集团存在着为自动平衡或抵消其经营风险而纷纷从事多元化投资的冲动：这种多元化冲动“成就”了大型企业集团，而大型企业集团又反过来强化了这种多元化的投资冲动。这一理论在 20 世纪 70 年代后非常流行，一度成为解释在现实经济生活中为什么存在多元化企业集团的主流理论，并被当时的企业家们纷纷冒名为“战略管理”，以为战略管理就是多元化投资战略。

这一理论的潜台词是：由于资本市场（主要指股票市场）功能不完善，因此业务多元化是企业经营者“替”股东进行风险分散的一种机制。我们需要反过来问的是：如果资本市场功能有效，股东是完全可以通过证券市场上较低的交易成本完成其自身的投资组合并分散风险的，那么，在这种情形下，股东是否还希望企业经营者“替”他们进行多元化投资？这一设问引发了以下需进一步证实的研究议题（Rahuran Rajan，Henri Servace and Luigi Zinales，2000 等）：（1）相比于资本市场发达的国家，新兴国家（或资本市场功能不发达国家）的企业集团是否存在多元化投资的趋势？同时，从风险补偿角度看，是否存在由于企业集团对市场机制的替代及风险分散效应，从而使新兴国家企业集团在股权交易市场上有多元化溢价现象（diversification premium）？根据这一研究路径，相关的主要研究有 Stijn Claesssen et al.（2003），Keonbeom Lee et al.（2001）等。（2）在资本市场发达的国家，相比于从事非多元化的企业集团，多元化集团对股东价值增值目标的实现是不是有害无利？即企业集团的多元化策略，其成本大于收益，从而将产生多元化折价（diversification discount）问题？根据这一路径，相关研究包括 Larry Fauver，Joel Houston and Andy Naranjo（2003）。

3. *政府作用与角色缺失理论*

针对东亚与南亚经济体，大部分研究都表明，企业集团与政府之间存在非常强的关联关系。一方面，企业集团是在政府的保护下成长起来的（如韩国财团的初建始于政府在信贷分配、外汇及其他资源等方面的扶持）；另一方面，发展壮大后企业集团的游说能力又进一步危及政权对经济的影响力，使得政府不得不取消对企业集团的保护（Clifford，1994；Chang，2003；Morck，Wolfenzon and Yeung，2005 等）。

因此，理论上认为，对于新兴加转型经济体，企业集团在市场、组织、政府三者关系间可能在很大程度上充当了非官方的“中间人”角色。或者说，对于转型经济体中由于各种资源、利益保护制度等的缺失，企业集团在很大程度中扮演“替代缺失”的角色。在这里，缺失的不仅仅包括各种资源（以财务资源为主），还包括制度资源（如市场交易规则、证券市场、法律制度、股东及权益保护制度等各方面）。

这一解释在中国尤为适用。（1）在中国，由于国家所有权缺位，因此，国家需要通过集团母公司来充当国家出资者的角色。（2）通过企业集团这一形式，并透过其内部“母公司—子公司—孙公司”等纵向控股关系及由此形成的内部责任体系，以强化国有产权的财务责任（如对集团的考核过去经常用国有资本保值增值率，而现在则用 EVA 指标），力避国有产权保护不力之不足。（3）随着企业集团的不断发展，企业集团（尤其是经理人）在经济活动中的自我经济设防（economic entrenchment）行为与能力也日益强化。一方面，通过强化集团控股股东的产权责任，保护控股股东及其他中小股东的权益，但另一方面也增强了其“有意通过其政治影响力而限制市场进入和阻碍竞争”之意图（Morck，Wolfenzon and Yeung，2005），它意味着企业集团的发展壮大并不利于转型经济体市场化进程的推进（相关议题可以设定为：区域市场化程度与企业集团发展间是否具有负相关性?)。(4) 外部资本市场的替代角色。在转型经济中，由于信息不对称性及资本市场功能不健全，通过企业集团的内部资本市场（ICM）及其功能发挥，可以弥补外部资本市场资源不足及其集团融资能力（尤其是信贷能力）受限等问题。(5) 内部监督角色。由于集团母公司的组织权威性，更由于集团内部信息的对称性（相对于外部投资者所面临的不对称信息环境），在国家法律体系、监管体系不健全等情况下，通过集团总部的监控体系，一方面为集团母公司提供监督的组织激励，另一方面也相应提高监控效率、降低监控成本等。

4. 产业经济学理论

产业经济学的解释性理论主要涉及规模经济理论、垄断理论、范围经济理论等。(1) 规模经济理论。规模经济是指在技术水平不变的情况下，产出倍数高于要素投入倍数，当产量达到一定规模后，单位产品的成本逐渐降低，出现要素收益递增的现象。既然扩大企业规模是企业提高规模效益的有效手段，那么大型企业集团的出现和发展就是实现这种手段的一个有效途径，企业集团内部企业的分工与协作则是提高规模效益的最主要方式，通过企业之间的专业化分工与协作提高了企业劳动生产率，降低成本，从而实现了规模经济效益。(2) 垄断理论。垄断理论源于企业规模经济原理及企业对垄断利润的追求。由于企业可以通过提高产量来降低成本，从而意味着大企业在成本上比小企业更具优势。而当大企业取得其垄断地位并对市场具有控制力的时候，垄断利润因而产生。另外，通过大企业的垄断地位，并不断为进入市场的新企业提高准入门槛，从而有可能进一步强化大企业在市场上的垄断优势。垄断理论在很大程度上解释了产业集中与企业集团产生与发展这一趋势。(3) 范围经济理论。范围经济是企业从事多产品生产所带来的成本节约现象，比如，当两个或多个产品生产线联合在一个企业中生产，比把它们独立分散在只生产一种产品的不同企业中更节约。正因为范围经济的存在，对企业集团而言，母公司的先进技术、管理方式、经营信息等都可看做一种“公共资源”，子公司增加对这些技术、管理和信息等的共享使用并不减少母公司对这些生产要素的使用；相反，对这些公共资源的共享激励着企业的横向或纵向联合，并最终促进了企业集团的形成与发展。

由于不同国家有不同的发展环境，因此，在逻辑上并不存在解释企业集团生存与发展的统一的认知理论。有关这一议题，仍然是企业集团未来研究的一大问题。

（二）金字塔式企业集团：核心概念

新兴经济体的企业集团大体具有金字塔式的结构特征。现实中，人们发现金字塔结构是一种普遍的经济现象（Morck，Wolfenzon and Yeung，2005），也就是说，经济生活中公司普遍存在控股股东，且控股股东利用金字塔等控制着多家公司，从而形成大型企业集团。中国也不例外。

有关金字塔结构的财务研究，构建了企业集团财务研究的主体与核心（La Porta et al.，1999；Claessens，Djankov and Lang，2000；Faccio，Lang，2002；Barca and Becht，2001；Khanna，2000，等等）。

为便于分析金字塔结构，首先引入金字塔结构的简要范例（见图 13—1）。

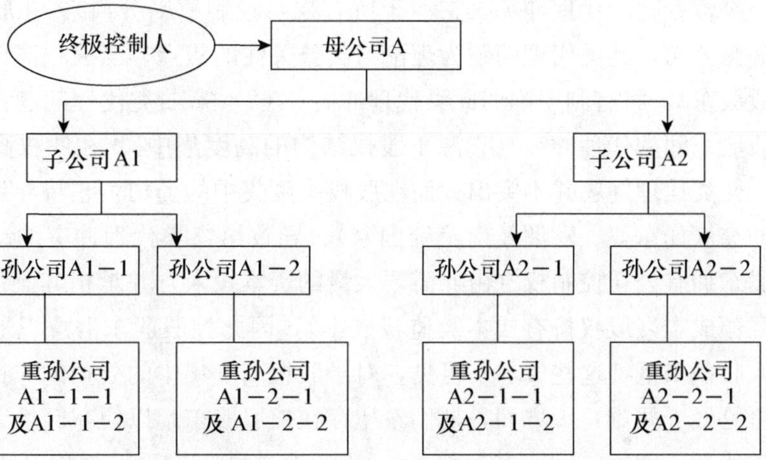

图 13—1　企业集团的金字塔结构：纵向的多级法人联合体

从图 13—1 可以看出，简化后金字塔结构由 1 家母公司（A）——2 家子公司（分别为是 A1/A2）——4 家孙公司（分别为 A1－1/A1－2/A2－1/A2－2）及 8 家重孙公司（分别为 A1－1－1/A1－1－2/A1－2－1/A1－2－2/A2－1－1/A2－1－2/A2－2－1/A2－2－2）组成。

为研究需要，首先应厘清以下核心概念：

1. *控股股东*（controlling shareholder）*及控制权私人收益*（private benefits of control）

La Porta et al.（1999）在对世界上 27 个富裕国家各自最大的 20 家公开上市公司的最终控制权结构进行调查和分析的基础上发现，如果总股份的 10%被当作股权集中，则西方国家只有 24%的上市公司股权结构是分散的，其他公司的股权结构都存在控股大股东的现象。

那么，什么是控股股东？一般而言，控股股东系拥有公司超过一半以上股权或占公司发行在外股票最大比例的单一股东。控股股东拥有对被投资企业的控制权

(controlling rights)。在这里，控制权不仅是一个财务概念，更是一个法律概念。根据中国相关法律与会计规则，当投资方直接或通过子公司间接拥有被投资方有表决权资本总额的50%以上时，即认为投资方对被投资企业有控制能力，从而成为其控股股东；或者投资方虽未取得被投资企业50%以上有表决权的资本，但具备下述条件之一者，也表明对被投资企业具有实质控制权，从而也视其为控股股东：(1) 通过与其他投资者的协议，投资企业拥有被投资企业50%以上的表决权；(2) 根据章程规定或协议，投资企业有权控制被投资企业的财务和经营政策（如派出董事长、总经理或财务负责人等）；(3) 有权任免被投资企业董事会等类似权力机构的多数成员；(4) 在董事会或类似机构会议上有半数以上的投票权。

控股股东总是与两类不同的代理问题交织在一起。(1) 第一类代理问题，即股东—经营者间的代理冲突（它源于所有权与控制权的分离）。在股权高度分散的英美等国公司，此类代理问题为理论与实务关注的焦点。当股权高度集中时（即存在控股股东），将有利于削弱此类代理冲突。(2) 第二类代理问题，即控股股东—非控股股东间的代理冲突（它源于股权结构的高度集中）。在股权高度分散的英美等国，此类代理问题并不突出；而在股权高度集中的公司，它将导致股东间的严重利益冲突（如东亚、欧洲及南美等国家）。导致第二类代理冲突的动机可能在于：控股股东拥有公司控制权（由此需要大量的资本投入）并承担其监督功能，从而将产生巨额成本（股权持有成本及监督成本），因此控股股东潜意识地想通过控制权的私人收益来抵补这些成本。可见，对于股权高度集中的公司的非控股股东而言，他们总是处于两难：一方面，他们希望存在控股股东，以便减轻经营者代理问题（第一类代理，即 managerial agency problem）；另一方面，他们又不得不承担因控股股东私人收益带来的代理成本（第二类代理）。如何均衡这两类成本，将成为非控股股东利益保护及公司治理的核心。

在这里，控股权私人收益（private benefits of control）总是与控股股东（也包括不处控股地位的其他大股东）相伴生的。一般而言，控制权私人收益有三种主要的取得形式（Ronald J. Gilson and Jeffrey N. Gordon，2003；Ronald J. Gilson，2006)：(1) 未按应得比例而私分取得公司收益；(2) 侵害少数股东的权益；(3) 出售部分控制权而取得溢价收入。

2. 终极控制人（ultimate owner）及其属性

从金字塔结构中可以看出，母公司的控股股东即为终极控制人。在西方公司的逻辑中，终极控制人都可最终追溯到个人或家族（Mara Faccio，Larry H. P. Lang，2002)。与其他国家略有不同的是，中国公司的终极控制人按其性质大体分为两类：一是政府控制，如中国国有企业集团及其下属公司的终极控制人大多可追溯到各级国资委及其授权的代理机构；二是民营控制，民营企业集团及其下属公司的终极控制人，大多可追溯到个人或家族（这与其他东亚国家及欧洲大陆国家的情形大体相同）。终极控制人性质将对公司决策、管理等产生直接、重大的影响。

3. 投票权（voting rights）与现金流量权（cashflow rights）

控股股东的控制权首先体现在公司董事会的席位安排上，但终极来看，它将体现在股东大会（或股东会）的投票权上（在公司中，股东大会是公司最高权力机构）。投票权恪守“一股一票”规则（one share-one vote rule）；控股股东对被投资企业的投资需要通过收益分红方式来取得，因此，它直接体现为收取红利的权利，在理论上称其为现金流权。注意，从财务角度，现金流权系指控股股东享有被投资企业净利润“应享份额的权利”，这种权利可以全部行使（如净利益的100%用于分红），也可以部分甚至不行使，但不论行使与否，应享份额在理论上是不变的。

在金字塔结构中，投票权与现金流权之间的差异视控股链条的长短而定。比如，位于塔尖的母公司（一般为企业集团总部，国有集团则100%为国有所有或控制，民营集团则由家族控制）拥有下属A公司50%的股权，而A作为控股股东拥有B公司40%的股权，B公司作为控股股东拥有C公司30%的股权。这样一种纵向结构，形成了“母公司—A公司（子）—B公司（孙公司）—C公司（重孙公司）”这样一种四级控股链条。按照Claessens et al.（2000）的定义，母公司作为终极控制人对C公司的控制力将体现在这一控制链条中的最薄弱环节上（30%），因此，其投票权可量化为30%；而在现金流权上，母公司从C公司得到的分红收益权利将量化为50%×40%×30%=6%，此为控股链条上终级控制人对C公司的现金流权。

4. 两权分离度（disparity）及掏空（tunneling）

投票权与现金流权的差异在理论上被定义为两权分离度，即两权分离度=投票权−现金流权（在上例中，即30%−6%=24%）。如果考虑交叉持股、双层股票制度、一致行动人等复杂情形，上述控股模式及相应的两权分离度测量将十分复杂。研究表明，在金字塔结构中，终极控制人或控股股东通常拥有下属公司较低的现金流量权和较大的控制权，却是不争的事实（如Khanna，Yafeh，2007）

为什么要测度两权分离度？它主要在于阐述这样一个事实，即在金字塔结构下，随着控股链条的拉长，控股股东（或终极控制人）对所控链条下公司的两权分离度越大，则控股股东的第二类代理问题可能更为严重，即表现为控股股东未按应得份额分享其收益，而是在收益分享之前对中小股东利益进行主动“掏空”（Johnson et al.，2000）。

（三）新兴经济体为什么采用金字塔式集团结构

金字塔结构以控制股东的存在为前提。作为一种企业集团的发展模式，盛行于东亚、西欧、南美各国，有其自然使然的因素（如文化因素使其相信家族，而不相信家族外的其他股东），但更重要的是一种经济理性。从经济理性角度，如果假定：(1) 任何一级公司都存在一个控股股东，且控股股东对其控股公司的控股比例保持在50%的水平；(2) 除控股股东外的其他股东均为中小股东；(3) 母公司（A）的控股股东（即图13—1的“终极控制人”）所拥有的资产额为100个金额单位（以下简化为概念化的“元”），则从控股股东角度，金字塔式的集团结构具有以下经济好处。

1. 资本放大效应

所谓资本放大效应，是指控股股东通过少数资本控制大额资产的效应。这种效应通过下述机理体现：(1) 母公司（A）的控股股东（终极控制人，即国有或家族拥有）拥有100元原始投资，加上其他各非控股股东的100元投入（下同），投资形成母公司。此时，母公司的股权总额为200元。(2) 母公司（A）以其总资产（假定A公司为无杠杆公司，即全权益公司（all-equity firm），A公司总资产等于股东权益总额200元，下同），全部用于对外投资的两家子公司（A1和A2）。在这里，我们假定母公司（A）的对外投资额不受公司法或其他相关法律中对外投资比例的限制（下同）。因此，将其一半总资产分别投资于A1和A2两家子公司的情况下，将形成两家股权总额分别是200元的子公司。(3) A1，A2又以同样的方式再投资于孙公司，从而衍生出四家孙公司（各家的股权总额为200元）。(4) 四家孙公司又同样投资，形成八家股权总额各为200元的重孙公司，等等。

在这一纵向（四级）的投资控股链条中，终级控制人（母公司A的控股股东）所控制的公司数将达到15家（含母公司本身），企业集团合并资产总额将达到3 000元（15×200）。终极控制人100元的原始投资所撬动的合并总资产将达到3 000元，放大的倍数为30倍（15×200/100）。这就是纵向金字塔结构中的“资本放大效应”。

与纵向结构相比，假定母公司的终极控制人将其原始股权100元，只横向平均地投资两家公司（C和D），C和D不再进行纵向投资，在无杠杆状态下，C，D两家公司的最大资产规模各为100元，终极控制人的资本放大效应仅为2倍。

可见，资本放大效应是企业集团采用金字塔结构的核心原因。通过多层控制（拉长控股链条），企业集团不断吸收外部投资者（其他各类非控股股东）的投资，从而不断以倍数放大其投资规模与资产规模。

2. 集团债务融资、杠杆效应与集团信贷规模

资本放大效应将因集团融资的杠杆化而进一步倍增。

在上例中，假定控股链条中各级公司并没有进行债务融资，即在全权益融资假定下，终极控制人100元的原始投资通过四级控制，将其总资产规模放大到3 000元。但在放宽全权益融资假设情况下，这一倍数将进一步放大。

假定企业集团内部的所有公司均借款融资，且各公司资产负债率维持在50%的水平。这将意味着：(1) 母公司（A公司）在拥有200元股权总额的同时，融资借入200元，因此A公司的总资产为400元（其中债务总额200元，股权200元，债务率50%）。(2) A公司以资产总额（共400元）的各一半，投资于A1，A2两家子公司。在允许债务融资的情况下，这两家子公司合并后总资产规模将达800元（即各家公司的资产负债结构为：总资产400元＝债务融资200元＋控股股东的股权投资100元＋非控股股东的股权投资100元）。注意，我们在此假定各公司间不存在内部抵销项目（下同）。(3) 依此类推，四家孙公司的资产总规模将在1 600元，重孙公司（共八家）的合并资产规模将达到3 200元。

如此合并后发现，整个企业集团的资产规模为6 000元（400＋800＋1 600＋3 200）。其中，债务融资总额为3 000元，权益总额3 000元（企业集团合并的资产负债率仍为50%）。

显然，与无杠杆化相比，企业集团通过杠杆融资（50%债务率），使其合并总资产规模扩大了一倍（6 000元与3 000元相比的倍数）。

同样，与金字塔结构相比，如果企业集团采用横向投资并形成C，D两家子公司，在50%负债率的控制下，整个集团的合并资产规模只有1 200元，其中债务融资总额为600元。

无疑，银行等债权人在金字塔结构的资本放大效应中扮演着重要角色。在这里，需要研究的问题可能涉及：(1) 与独立公司或横向的企业集团相比，银行等债权人是否更乐意为金字塔集团提供债务融资？(2) 在新兴国家（如中国），银行是否因不同的终极控制人性质（如国有或民营）而在贷款决策中存在“信贷歧视”？对于第一个问题，国外相关研究表明，金字塔集团通常能够优先获得银行信贷资本，原因主要是：第一，集团资产规模庞大，担保能力增强，银行信贷规模可能会随之放大；第二，与独立企业相比，银行很难以还款记录来判断集团成员的信誉（集团内部的信用担保使得外部银行很难判断，其还款是出自于借款人还是出自于集团其他成员企业），因此银行更有可能清算独立企业的债务，而对集团成员企业“手下留情”(Se-Jik Kim，2004)；第三，集团公司通过统一授信制度、内部资本市场机制等，增加了银行贷款的安全性，从而不仅不影响其信贷总规模，而且还大大降低银行信贷成本（利率优惠等）。对于第二个问题，理论界还存在很多争议，其争议焦点是：与国有企业集团相比，民营企业集团的银行贷款是否真的受限制（歧视）或者面临严重的融资约束？其债务融资到底是主动的（不想借）还是被动的（真的借不来）？

3. 现金流权、集团效益与控股股东收益

如前所述，在金字塔结构及杠杆融资（50%的债务率）情况下，企业集团终极控制人用100元的原始资本投入，控制着6 000元的资产规模。从现金流权角度，如果不考虑控股链条中各公司的所得税率差异，则企业集团全部收益来自于最低一级的重孙公司（母公司、子公司、孙公司等均系投资性企业，没有生产性资产，同时假定没有发生任何管理费用、交易费用），则重孙公司收益体现在集团母公司的“归属母公司收益”的应享份额为50%×50%×50%=12.5%，且8家重孙公司的收益份额将全部体现为企业集团合并后的完整收益（即12.5%×8=100%）。

上述表明，金字塔式控股结构在收益份额上并不具有放大效应。由此带来的问题是：金字塔结构下，母公司并不能取得收益份额上放大功能，为什么还会采用这一结构？可能的解释理由是：

（1）收益总量增加，但收益率不变。尽管在收益份额（现金流权）上不具放大效应，但企业集团所控制的公司越多，总资产规模越高，则其收益规模也可能越大。由此引发的实证问题是：与独立运作的公司相比，受金字塔控制下公司的业绩表现如何：是好、无差异还是不好？

（2）掏空行为概率增大。控股链条越长，非控股股东的信息不对称程度越高，因此控股股东掏空机会越多，掏空行为也越不容易被发现。问题可能进一步演变为：是否企业集团中的控股股东都存在掏空动机？或者说，控股股东是因为预设其掏空目的而构建金字塔结构的吗？这是一个值得研究的问题，尤其是在中国。进一步的问题还包括：掏空行为与控股股东的性质是否真的关联？在中国，与民营企业相比，国有股东的掏空动机、掏空程度是强还是弱？掏空行为与中国企业集团的生存环境（如产品市场、信贷环境、制度环境等）、市场化进程是否真的存在关联？关于这些议题的讨论已大量存在，但到目前为止，仍没有得出相对一致的结论。这些问题仍将成为企业集团财务理论研究的热点、难点。

4. *西方对金字塔结构盛行的理论解释*

西方财务理论对金字塔结构给出了很多理论解释，其主要观点在 Morck, Wolfenzon and Yeung（2005）的回顾性文献中进行了总结。归纳起来主要有：

（1）利用有限责任这一制度优势。也就是说，由于金字塔结构下的下属公司均为法律上的独立公司，因此，公司的有限责任属性使得当某家公司出现财务困境（或发生破产倒闭）时，不至于影响企业集团中的其他公司。而与此相比，如果企业集团采用的是超大规模的单一式联合企业（如英美等国的大企业），一旦出现财务危机，将会导致整个大企业的直接破产（安然公司即为例证）。可见，有限责任作为一种法律规则，不但限制了控股股东的权益“止损上限”，而且避免了企业集团内多级化企业主体间财务危机的“交叉感染”。

（2）管理者的提升空间。金字塔结构为企业集团内部各级管理者的提升提供了空间。正是这样一种空间优势及其管理者对提升的预期，激发了集团内部各级管理者的管理热情。当然，对于民营集团来说，构成金字塔塔尖的管理者，大多由家族把控，因此，企业集团内部的管理者提升空间可能是封顶的。

（3）有利于集团的内部监控。对于由家族控制的企业集团，家族成员及其管理者对集团内部运作拥有较高的信息透明度（对于外部股东来说，情况正好相反），这样一种内部结构优势，使得企业集团及其控股股东能对集团内部下属单位实施有效的监督。

（4）企业集团内部的救助及互保属性。企业集团总部作为资源配置中心，有能力对出现财务危机的子公司等，通过内部救济与风险互保方式帮助问题公司渡过难关，提升集团整体运作效率。

（5）集团外部融资及其风险互保。金字塔结构既有利于保证集团控股股东对集团运营的控制，同时也能拓展其外部融资空间。“如果资本家只盯着自己或自己家族的钱，那么他的运营空间就会缩小。如果他涉足股权融资市场则可能面临控制权丧失风险。”面对这一两难处境，最好的方式是金字塔结构：一方面保证控股股东对集团的股权控制，同时拓宽企业集团外部融资渠道。

（6）资本放大功能及其经济设防效应。资本放大功能是指企业集团的控股股东能以较少的资本投入控制无限的资产规模（如前面例子中所称的倍数关系）。这一功能的直接结果是放大个人财富从而控制更多的企业资产（Almeida and Wolfenzon，2006）；不仅于此，其后续效应可能更有意义，那就是集团控股股东借集团规模而增强对国家、地区经济等的影响力，从而具有经济设防功能，而经济设防功能往往与一国经济所处的外部环境（如市场、法律规则、融资规模等）的不完善高度相关。已有研究表明，对于公司治理欠佳、法律体系不健全的国家（如东南亚），利用企业集团进行经济设防，可能是不得已而为之的一种理性行为。此动机可归类于前述的企业集团产生中的“角色替代”理论。

（四）企业集团控股股东与集团运行低效率间是否存在关联

到目前为止，理论界就集团控股股东（国有或家族）与集团运行效率展开了广泛的讨论。所利用的理论框架主要是委托代理理论（Jensen and Meckling，1976；Johnson et al.，2000），且问题焦点均集中于控股股东。如 Khanna and Yafeh（2007）的研究所表明，集团化对公司绩效的影响存在两种不同的效应：第一，企业集团替代外部市场（因外部市场不完备性）所带来的正效应；第二，集团公司中控股股东与中小股东的代理矛盾及效应。这两种效应相互交错。

1. 两权分离度、控股股东及集团投资低效率

纵向控股结构使得控股链条越长，两权分离度越大。在这种情形下：（1）控股股东对下属公司投资不多，却享有投资所产生的全部个人收益（包括声誉等），因此，可能产生控股股东与下属企业其他股东的利益冲突，并最终导致投资不足、投资低效率。Shleifer and Vishny（1997）的研究也表明，控股股东与外部中小投资者之间的代理问题，可能导致集团成员公司的资源配置不合理或者投资无效率等。

(2) 由于担心控股股东对公司利益"盘剥"，因此集团下属公司的其他非控股股东在投入资本时，会因掏空风险而提高其报酬预期，从而提高权益资本的融资成本。资本成本提升有可能产生投资不足，同时还可能降低投资的实际收益（Wolfenzon，2002）。

2. 经理人类型、经济设防与投资低效率

在企业集团内部，控股股东把持公司且可能聘任外部经理人。当外部经理人不持有公司股份的情况下，其个人价值与其经营业绩高度相关，出于职业声誉考虑，他们大多会在控股股东的监督之下好好工作（否则将会被迫离开公司）。但与外部经理人不同，持有公司股份的其他高级经理（大多为控股股东及其代理人），由于不存在因公司业绩不良而被迫离开公司的担心（他们是大股东，公司控制权锁定在自己手里），在这种情况下，有可能会助长控股股东及其代理人的不负责任动机，从而可能导致集团资源配置的扭曲及投资低效率（Stulz，1988）；类似的极端情形是家族企业的利他主义（altruism）、代理成本及其投资低效率问题。利他是与自利相对的概念，利他主义及家族共同控制，将家族企业主与家族成员利益捆绑在一起，从而有利于减少签订、执行契约和监督契约执行等的代理成本，但同时，利他主义的家族企业管理制度也可能带来其他高额成本，如家族企业经理人对家族成员的过分慷慨从而引发家族成员搭便车、推卸投资失败责任等（Schulze et al.，2003），最终有可能不利于企业成长和投资效率提高。

3. 控股股东与利益掏空

利益掏空是指在金字塔结构中，控股股东通过各种手段将利益由一家公司向另一家公司（主要是金字塔中的塔尖企业及终极控制人）转移（Johnson et al.，2000），其形式多种多样。最常见的方式是关联交易中转移定价（transfer pricing）机制的不恰当应用，以及集团总部对下属公司征收的各种费用（如无形资产付费、管理费等）。利益掏空损害了非控股股东权益，同时也将对控股股东的长期收益产生负面影响，并最终有损集团价值。

（五）内部资本市场（ICM）与企业集团效率

企业集团投资需求可借助于外部资本市场（股权或债务市场），也可以借助于企业集团内部所形成的资本市场。在这里，内部资本市场是外部资本市场的对称，且内部资本市场中的"资本"（capital）在本质上属于"资金"（fund，其使用期限相对较短）。企业集团的内部资本市场，可能是有形的（通过某种内部资金集中管理的形式，如内部银行或财务公司），也可能是无形的（如总部及各分部间因交易等方式所形成的内部资金往来等）。

内部资本市场主要通过集团内部的资金融通、调配，并借集团内部竞价争夺方式，使得资金流向那些需要投资且预期效益较高的项目或分部中去。在内部资本市场运作过程中，集团总部通常发挥着信息收集处理、资本汇聚、利率调整、监督激励等作用。或者说，集团内部资本市场是集团总部组织权威的直接产物，通过总部的组织、计划、控制、指挥、协调等组织权威，一方面在其可控制范围内优化配置集团整体财务资源，另一方面间接降低集团对外部资本市场的需求与依赖，从而降低因信息不对称、代理人矛盾而产生的集团与外部资本市场的交易成本（此为外部资本市场失灵）。Khanna and Palepu（2000）研究表明，金融市场不发达是许多新兴经济体的典型特征，内部资本市场在某种程度上弥补了其外部融资体系的缺位，从而缓解企业普遍存在的融资约束问题。从这一角度出发，理论和实务界普遍认为，集团内部资本市场在本质上是企业集团对外部资本市场的一种制度弥补或替代。

1. 内部资本市场的财务特性

内部资本市场运作体现了集团财务的集中、优化配置资源等特性，具体为：

（1）内部竞价式的资源优化配置，潜在提高集团资源产出效率。即当公司总部拥有多个相关业务单位或多个竞争项目时，通过总部资源配置规则进行竞价式配置，使得内部财务资源流向效率最高的项目或分部。在这里，资本竞价多发生于多元化集团，因此，多元化战略与内部资本市场具有某种相关性（Stulz，1990），即越是多元化，内部资本市场的规模与发挥的作用可能越明确；同时，总部资源配置规则是集团财务事先确定的项目价值判断标准或规则，它不仅体现在项目应达到集团总部预设的最低报酬率（此为资本竞价基础。通过资本竞价过程，以测定项目在集团资产组合中与其他项目相比所具备的相对优势），而且要体现出项目应当符合集团战略，与其他项目存在财务协同效应（此为项目的价值溢出效应）等。

（2）内部资本市场与集团融资约束。随着企业集团规模的不断扩大，内部资本市场在解决集团融资约束方面的优势也日益显现。国内学者针对集团发展所面临的融资约束问题，对内部资本市场展开了研究。邵军、刘志远（2006）的研究表明，企业集团内部资本市场具有放松融资约束的功能；周业安、韩梅（2003）则通过案例研究后认为，集团总部通过内外两个市场互补结合的方式，为投资机会创造了融资条件。

（3）信息优势、总部激励与内部监督。与外部资本市场的投资者相比，在内部资本市场中，集团总部往往拥有更强的信息优势（信息透明度高）、更高的监督激励（即能从监督中取得收益；相反，外部投资者由于只能根据事先订立的合约获取投资收益，而不能从提供监督中得到收益，监督激励往往不足），从而有利于对内部资本使用实施有效的监控（Stein，1997等）。

2. 内部资本市场与企业集团低效率

到目前为止，理论（包括实证）上并没有得出内部资本市场与企业集团效率是否相关的一致结论；相反，一些有关内部资本市场劣势的理论分析和实证证据倒不少。

(1) 集团总部管理层代理问题、多元化和过度投资。由于集团总部有灵活调配资源的权利，在控股股东难以对总部管理层实施有效监督的情况下，有可能导致总部管理层为谋取个人私利、管理层自负自大、管理层的经济设防动机等，而进行多元化投资、过度投资，并最终降低集团效率。万良勇、魏明海（2006）以三九集团和三九医药为例，分析企业集团内部资本市场的运作形式、困境以及实现内部资本市场优化资本配置功能的条件，指出非相关多元化加剧了内部资本市场中的信息不对称，同时多层代理问题也影响我国企业集团内部资本市场的有效性。

(2) 集团内部代理与管理激励不足问题。企业集团内部事实上存在集团经理人与下属公司经理人之间的上下级代理关系，这种代理关系将产生集团内部的代理冲突，即集团总部利用其组织权威性来集中分部资源并投资于高收益项目（其结果是增加集团整体收益），但潜在削弱了各下属公司经理人的管理动力，或者说，下属公司经理人视总部为瞻（形成下层管理者的管理惰性、对上级的过分依赖等），且为提高其在集团内部声誉、地位，而将更多时间、精力放在集团内外公关和寻租行为上，最终扭曲资源配置，降低资源整体效率。

(3) 跨部门低效补贴与集团效率。Scharfstein and Stein（2000）的研究表明，下属公司管理者寻租行为的存在，可能会导致内部资本市场的"集体主义"，即业绩差的分部从业绩好的分部获得资助，从而降低集团整体价值。另外一些研究也表明，多元化集团通过内部资本市场将资金投向收益相对较差的项目或部门，从而形成集团内部的跨部门补贴，并最终损害集团整体价值。杨棉之（2006）基于案例研究后认为，内部资本市场可能成为集团内部利益输送的通道，但没有发现企业进行明显的跨部门交叉补贴证据。

(4) 利益掏空与集团价值。如前所述，控股股东具有潜在动机进行利益掏空，而集团内部资本市场为控股股东通过关联交易、资金非正常往来等侵占非控股股东利益提供了可能（Khanna，2000），掏空行为不仅损害了非控股股东的权益，从长远看也影响集团的整体价值。

(5) 内部资本市场与集团整体风险。有限责任这一制度安排，为金字塔结构下的下属企业提供了风险防火墙，但内部资本市场又打通集团内部各企业间的这一防火墙：某一企业的财务风险又可能通过内部资本市场扩散到集团内其他成员单位身上，最终有可能使集团陷入财务困境。最典型的风险扩散路径是通过集团财务公司。财务公司因风险管理不当而产生的各种风险（包括战略风险、市场风险、信用风险、财务风险、操作风险等），都极有可能直接殃及集团内部各实业公司的财务风险，并最终引发集团整体风险。

3. 内部资本市场效率测度

有关内部资本市场与企业集团效率的研究，有赖于对内部资本市场效率的有效测度上。所谓资本市场效率，是指通过资本市场实现财务资源优化配置功能的程度，包括：（1）资本市场以最低的交易成本向资本需求方提供资本的能力；（2）资本市场通过内部规则（如监管规则、破产制度）等以使资本需求方能提供最高的产出能力。

以此为标准，企业集团的内部资本市场效率测度，可能需要从两方面着手：（1）资本供应效率。即内部资本市场的资本供给规模（融资总量）及效率（资本成本降低率）。（2）资本产出效率。即在内部资本市场规则下，各企业融资项目的边际产出率（如融资项目收益率、内部融资对集团整体财务收益的边际贡献率等）。如果以上述两方面标准来评判，不难发现，已有的关于内部资本市场效率的测度模型，如 Peyer and Shivdasani（2001）的投资 Q 敏感性模型、Maksimovic and Philips（2002）及 Shcoar（2002）等的现金流敏感性模型，都或多或少存在一些问题。

三、基本问题分析：基于组织管理学视角

与财务经济学的研究视角不同，组织管理学视角的集团财务研究，大多属于问题解决（problems-solving）式。它所关注的核心问题大多是所需解决的实际问题，且这些议题大多与管理控制体系建立相关：（1）如何根据不同类型的企业集团，合理定位其财务管理职责体系？（2）如何合理设计纵向的股权结构以最大化母公司股东价值？（3）如何制定合理的集团财务战略（如融资战略、投资战略等）？（4）如何选择合理的财务管控模式？如何权变地利用各种管理控制工具，实施有效的集团财务管控？（5）除正式财务管理控制工具外，其他非正式管理控制（如文化、信任体系等）是如何发挥其作用的？

（一）企业集团类型与财务管理职责定位

1. 企业集团的组织结构

从组织结构角度，企业集团大体可分为三种结构类型，即 U 型结构（unitary structure）、H 型结构（holding structure）和 M 型结构（multidivisional structure）。其中，“总公司—分公司”型组织即为 U 型结构，“母公司—子公司”型组织即为 H 型结构，而“母公司—事业部—工厂”型组织即为 M 型结构。且大量研究表明（Chandler，1962；Williamson，1975；Hoskisson，Hill，Kim，1993），M 型结构是最具竞争力的结构。表 13—1 是对三种不同结构的简要比较。

表 13—1　　U型、M型及H型组织的优劣比较

组织结构 / 优劣分析	U型	M型（事业部制）	H型（母子公司）
优点	1. 总部管理所有业务 2. 简化控制机制 3. 明确责任分工 4. 职能部门垂直管理	1. 产品或业务领域明确 2. 便于衡量各分部绩效 3. 利于集团总部关注战略 4. 总部强化集中服务	1. 总部管理费用较低 2. 可弥补亏损子公司损失 3. 总部风险分散 4. 总部可自由运营子公司 5. 便于实施分权管理
不足	1. 总部管理层负担重 2. 容易忽视战略问题 3. 难以处理多元化业务 4. 职能部门协作比较困难	1. 各分部间存在利益冲突 2. 管理成本、协调成本高 3. 分部规模可能太大而不利于控制	1. 不能有效利用总部资源和技能帮助各成员企业 2. 业务缺乏协同性 3. 难以集中控制

企业组织已日趋网络化，它构成产业链、价值链上的一环，并突出战略联盟在企业集团运营中的作用（Contractor and Lorange，1988；Porter and Fuller，1986；Hitt et al.，2000，等等）。

集团组织结构是一个动态、不断演化的进程。根据 Chandler（1962）的观点，"战略决定结构，结构追随战略"，也就是说，影响集团组织结构的最主要因素是公司环境与公司战略，公司战略应当采用与之匹配的组织结构。在这里，公司战略是公司经营的根本指导原则和长远发展计划，组织结构则是组织战略与决策的执行载体，适宜的组织结构将有利于战略决策的高效执行。

除公司战略外，影响企业集团组织结构选择的因素还包括税务、投资风险、法律法规、业务特点、融资平台、管理传统、企业家风格等。例如，集团总部要在外地（如跨国经营）设立分支机构，组织形式采取H型的母子公司体制还是U型的总分公司体制，需要考虑纳税因素。相对母子公司的各自独立纳税，总分公司体制则采用合并纳税，因此集团总部需要从整体税负角度来选择其组织结构。同样，从规避投资风险来看，设立子公司则可将总部的责任有限化（出资人以出资额为限承担对子公司的责任），从而有利于降低集团总部风险。

2. 企业集团财务管理的特点

与单一企业组织相比，企业集团财务控制在目标、战略导向、管理模式及管理方法论等方面，都有其特殊性（王斌，2009）。

（1）集团整体价值最大化的目标导向。企业集团财务管理以集团整体价值最大化为其管理目标。整体价值最大化强调企业集团作为一个整体的协同价值及其财务表现，它并不完全等于集团下属各成员单位自身价值最大化。

（2）理财主体多级化。企业财务管理基于集团中母公司—子公司—孙公司等组织架构，因此其理财主体也呈现集团总部—下属成员企业等多级化特征。总部与下属成员企业处于不同的管理层次，由此，各级主体的财务管理权限、决策范围、信

息结构等不尽相同，从而产生集团总部财务、下属成员单位财务等不同的管理职责。

（3）财务管理战略化。与单一企业组织相比，集团财务管理更加体现其战略性。以项目投资的财务评价为例，在单一企业中，项目投资的财务可行性取决于该项目对单一企业的价值增值或贡献（体现为净现值大于零）；而在企业集团中，子公司的项目投资评价不仅要考虑其单一项目的价值贡献，更要考虑项目对其他成员单位的价值溢出，即符合集团整体投资战略和投资意图。同样，集团财务资源的集中配置、集团融资、集团担保、企业股利政策、集团财产的统一保险等，都是集团财务管理战略化的具体体现。

（4）财务管理的集中化倾向。企业集团健康发展离不开有效的财务管控。为保证总部与下属成员单位之间利益目标的一致性，需要强调集团总部财务对下属成员单位的集中化管理。在这里，需要明确财务管理集中化并不等于财务管理集权化，前者主要针对财务资源（人、财、物、信息等资源），如企业财务信息集中、企业集团资金集中、企业集团管理人员集中、财务管理模式集中等；后者针对决策权力结构，具体表现为重大财务决策权力、财务责任的“上收”与“下放”等，如集权制、分权制及授权制。

（5）集团财务的管理关系超越法律关系。为更好地发挥集团财务资源优势，集团财务管理并不完全以法律关系为基础。也就是说，集团总部对其下属公司的管理并不完全以控股链条及法律关系为依据，而是视下属公司对集团战略的重要程度（如总部直接对某三级企业实行直辖式管理）。管理关系超越法律关系，有助于提升集团内部资源整合力度、集团总部对下属成员单位的财务控制力度，从而保障集团战略的有效实施；同时也应看到，超越也可能引发集团治理与集团管理的矛盾，从而增加集团财务管理的复杂性。

3. 企业集团总部财务管理的职责定位及结构

一般而言，集团总部财务管理大体定位于：（1）战略决策与财务规划。即根据集团战略制定集团财务战略、财务规划。（2）资本运营和产权管理。即总部直接通过投资、并购、资产重组、融资（如上市、配股、出售股权、发行债券、授信贷款等）等，调整集团存量资产、产业结构，并追求集团可持续增长；同时，以出资者身份行使对被投资企业的产权管理（如管理权、收益权、转让权等）。（3）财务控制和管理功能。财务控制是指总部利用有效的财务管控工具（如预算管理、财务管理分析与财务预警、财务业绩评价等），对下属公司进行管理控制、服务指导。

与总部管理职责定位相对应，集团财务管理的机构设计大体为：（1）产权及收益管理部，主要负责集团产权管理，包括收益与分红管理、股权转让与交易、新设公司决策与产权登记等；（2）投资规划与管理部，主要负责集团投资战略与投资规划、具体项目投资与并购投资等可行性分析与判断等；（3）预算与管理控制部，主要负责集团预算、财务管理分析与财务业绩考核等；（4）资金管理部，主要负责集团融资战略与规划、授信管理与担保、资金集中管理与财务公司运作等；（5）会计管理部，主要负责集团会计政策、合并会计报表、成本核算与管理、税务筹划、会计信息系统的运行与维护、集团总部自身的会计核算与会计报表等；（6）风险管理部，主要负责集团内部控制、财务预警与风险管理等（具体见图13—2）。

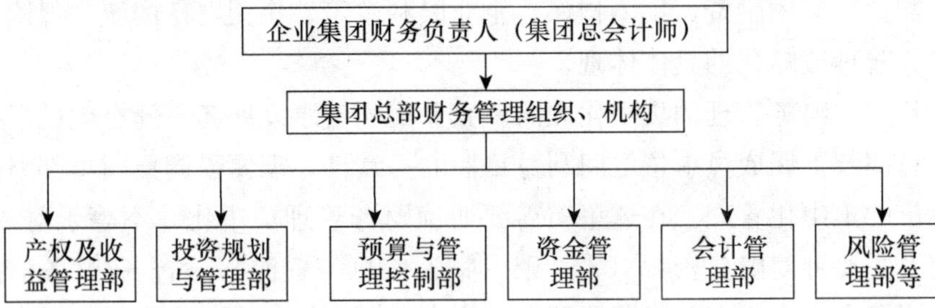

图13—2　企业集团总部财务管理组织

所有这些部门或机构都属于集团财务管理的范畴，并最终对集团财务负责人（总会计师）负责。不难看出，上述部门或机构已大大超出现实中集团财务部的职责范畴，或者说，现实中的企业集团财务部在功能上只相当于会计管理部。

（二）企业集团股权设计

企业集团股权结构，尤其是纵向结构，有时是需要设计的。经济学与管理学的最大差异就在于，经济学强调证实或解释某种现象，而管理学则强调目标实现，并以此归纳、总结、推广那些有利于预期目标实现的“好”现象，或者力图避免那些不利于目标实现的“不好”现象。研究表明，集团股权结构设计所涉及的目标是如何通过合理的股权结构设计，以减轻归属于母公司股东收益与少数股东收益的“收益倒置”现象（王斌等，2005），并最终实现集团母公司股东价值最大化。其设计的关键点或遵循的原则是：

1. 战略导向：注重行业成长性、业务关联度与集团整体业绩间的动态关系

企业集团成长依赖于不同行业、不同企业之间的成长性协调。战略导向的设计原则要求：

（1）针对不同行业，要注重企业集团内部不同行业的成长性—现金流—股权结构调整的互动关系，以协调集团整体发展。具体来说，企业集团所属各行业、企业所处的生命周期可能不同，有些行业处于初创期，而有的则步入高速成长期，有些则到了成熟与收获期，处于不同生命周期的企业在集团成长中担负的角色与使命也不同。初创期企业可能代表集团的未来，需要通过控股以谋求集团的未来发展，因

而在财务上需要更多的资本投入与支持；相反，成熟期产业可能是集团需要做出转型或取舍的，它所带来的大量现金流正是维持集团成长所必需的，因此，出售股权或者继续持有股权，要视集团整体战略及集团整体现金流的充裕程度（资本可得性）而定。不同生命周期的产业，在财务与现金流上的互动与互补关系，直接影响着企业集团总部对下属公司股权结构的总体安排。在这一点上，企业集团可以看成是一个通过股权结构调整而不断调整的投资组合，它所谋求的是组合价值的最大化，具体化为各行业间业务及财务上的互补性从而使组合风险最小、组合现金流的可持续性、组合内各项资产收益的稳健实现等。香港李嘉诚系集团，在这一战略的应用上表现得十分突出（郎咸平，2002）。

（2）针对同一行业的不同企业，要围绕同一产业内部—业务关联—企业整体业绩—股权结构调整这一主线来展开管理，以求得集团的可持续发展。其中，业务关联度是企业集团战略的重要组成部分，有些业务虽然属于关联业务但可采用外包作业，集团无须控股，而有些业务则对集团整体收益能力及核心竞争力至关重要，因此需要加大控股及控制力度。可见，企业集团发展过程也可以看成是集团股权不断调整、设计以适应集团战略的过程。

2. 扁平化组织与金字塔层级

扁平化组织（flat organization）是组织结构发展的一种趋势，其核心目的在于缩短管理链条，明确组织责任，降低组织成本，强化组织沟通。传统管理学意义上的纵向管理结构（vertically structured）是由一系列管理链条构成的，总部管理者负责重大决策的制定，并对下属中低层经理人进行逐级授权，从而形成责任规约的责任中心体系（管理会计在很大程度上即是对这一责任体系的描述、控制）；与此相反，横向或扁平化组织结构则强调减少中间管理层，取而代之的是总部高层一线管理层、员工的直接对话和控制，从而提高管理效率。扁平化组织产生的根本原因来自于通过这种结构，提高公司对顾客需求的快速反应能力，提高对顾客服务的质量。

企业集团作为超大型组织，其内部财务学意义上的纵向控股结构与其内部管理学意义上的纵向管理结构并不完全相同或对等。至少，管理学意义上的组织扁平化要求企业集团：

（1）结构扁平化，如取消中间管理层，削减管理层级。

（2）管理服务的集中化，如集团总部为下属公司提供强大的职能服务与管理支持（如法律、财务与资金、人力、研发、生产规划、预算协调等），总部设立共享服务中心（share-service centers），下属公司则借此减少此类活动的管理成本，以强化集中统一与管理协调。

（3）调整产权关系，降低金字塔下的控股层级。管理意义上的组织扁平化与股权意义的纵向控股结构之间并不存在必然联系，也就是说，集团公司直接掌控的下属公司未必都是其子公司（孙公司或层级更低的其他核心企业也可能是集团总部直接管理），或者相反，拥有控股权的上级公司也可能被下级公司所托管（如一些央企中，股份公司对只有法律意义而没有太多管理意义的集团公司进行托管）。可见，控股关系与管理关系是可分离的。在企业集团管理实践中，要想真正落实组织扁平化，往往无法回避集团下属公司的法律地位及其权责关系问题，也就是说，下属公司不管属于哪一控股层级，在法律上都以独立法律主体而存在；且下属公司层级越低，它与集团总部的产权关系也越模糊，总部越级而直辖下属公司的法律风险也越大，所受到的制度、法律环境抵触也越强烈，集团化管理合力也可能越脆弱。因此，基于法律—控股权—管理三者的关系，要真正实现集团管理扁平化，其根本点在于落实总部与下属核心企业在控股关系上的扁平化——缩短集团总部与下属核心企业间的控股链条，实现控股关系与管理关系在扁平化问题上的统一。缩短控股链条的直接后果可能有：第一，直接促进集团内部管理关系的扁平化，减少信息不对称性和代理成本，强化集团管控力度；第二，保证对收益能力较强的下属公司的收益在集团总部的完整实现，解决归属于母公司权益（收益）与少数股东权益（收益）的倒置问题；第三，提高集团公司对下属公司的资源配置效率和管理灵活性。

3. 集团股权结构的清晰化

企业集团股权结构的清晰化包括两层含义：一是下属公司控股主体的清晰化；二是控股链条的清晰化。

关于第一层含义，它主要涉及多元投资主体中各主体的身份确认问题。股东身份有两类，即关联身份股东和非关联身份股东。关联身份股东是指股东之间存在某种关联关系（如股权关系、合同契约关系等），从而形成法律意义上的“一致行动人”。例如，集团公司（A）与其下属某子公司（A1）联合其他投资人（B）等出资成立另一家新公司C，从C的角度，其股东名单中的A和A1在身份确认上就属于关联股东。关于第二层含义，它涉及控股链条清晰化问题。之所以提出这一问题，是因为现实中大量存在母公司与子公司（甚至孙公司）之间交叉持股、反向持股（被控股公司持有控股公司的股份）等现象，从而增添了在法律地位认定、内部管理、税务安排、合并报表及财务信息披露等各方面的管理难度。比如，对于上例中具有关联身份股东的C公司而言，它可能面临的问题是，谁将对C公司行使控制权（是A或是A1）？回答这一问题需要弄清谁是C的大股东：如果A占C的大股，则C为A的子公司；如果A1占C的大股，C则当属A的孙公司。由此需要分析的问题是：C公司成立的战略意图是什么？为什么要采用这种母子公司共同持股的结构？其具体问题包括：这种控股结构是暂时性的还是长期性的？如果属于暂时性的，是否意味着A需要从A1手中购回股权，或者A1需要从A手中赎回股权？母子公司间（A和A1间）的股权买卖、关联交易的益处何在？它对集团公司的股东权益收益影响有多大？如果属于长期性的，C公司在成立之初为什么不直接吸收其他外部投资者，从而避免母子共同投资可能带来的管理关系和制度安排上的不顺畅，同时充分吸收集团外部资源，如财务资源、市场资源？

在中国，投资主体的身份确认和控股链条清晰化，不单纯属于传统意义上的产权关系不清、出资不到位等过去所经历的历史问题，而是涉及集团未来整体发展的现实问题，它应体现集团发展的战略意图。

（三）企业集团财务战略

企业集团战略可分为集团整体战略、经营单位战略和职能战略三个层次。其中，集团整体战略又称公司级战略，其核心是明确集团产业发展方向及战略目标；经营单位战略又称经营战略或竞争战略，其核心是确定并落实竞争策略（如低成本战略、差异化战略）；职能战略则是为实现企业集团整体战略目标，从职能部门（如财务、生产、营销、人事、研发等）进行战略规划，以实现公司战略目标。

1. 企业集团财务战略体系

企业集团财务战略是指为实现企业集团整体战略、目标而就财务方面（包括投资、融资、集团资金运作等）所作的总体部署和安排。在企业集团战略管理中，财务战略既体现为企业集团财务理念与管理风格——财务文化，也体现为集团总部的财务政策与财务规划。

（1）集团财务理念。财务理念应当体现为集团进行重大财务决策时所据以评判的共同价值观或财务标准，类似于社会发展所依赖的平等、自由等人权观一样，财务理念是从企业发展与财务管理实践中抽象出来的共同价值观，它可抽象为可持续发展的增长理念、协同效应最大化的价值理念、用数据说话的管理理念等。

（2）财务政策与财务规划。主要包括：第一，财务业务的政策与规划，如集团业绩目标及增长规划、产业发展与投资规划、资本结构政策与融资规划、集团股利政策、资金集中管理政策与规划等；第二，财务管控的政策与规划，如预算、财务预警与财务报告、业绩评价指标设计与评价等管理控制体制的构建与运行；第三，财务权限的政策与规划，如财务决策权的划分（集中、分散及授权体系等）；第四，财务人员的政策与规划，如总会计师队伍建设、财务总监委派制与转换制、财务人员职业规划与人才培养计划等。

上述各个方面并不是相互独立的，而是相互交融的，它们共同构成集团财务战略的体系（见图13—3）。

可见，集团财务战略是一个广义的概念。

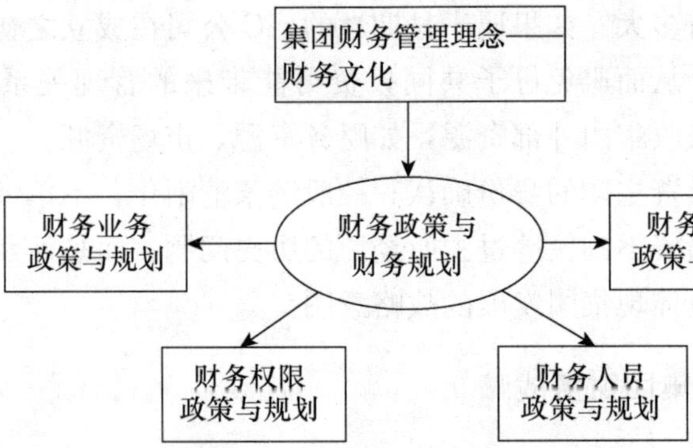

图 13—3　企业集团财务战略体系

但在管理实践中，多数人所讨论的集团财务战略，主要是针对财务业务这一战略维度，并将其集中于集团投资战略、集团融资战略两大核心领域。

2. 企业集团投资战略

投资是拉动集团业务及规模增长的引擎，它决定着企业集团扩张速度的快慢。集团投资战略有两层含义：（1）从导向层面，它是对企业集团投资方向、集团增长速度等所进行的规划与统筹；（2）从操作层面，它是对企业集团投资规模、投资项目财务决策标准、集团资本支出预算及项目排序、项目新建或外部并购等一系列决策行为所进行的总体安排与部署。相对于操作层面的集团投资战略，导向层面的投资战略更体现集团战略管理的本质。

从投资方向及集团增长速度角度，企业集团投资战略大体分为扩张型投资战略、收缩型投资战略、稳固发展型投资战略三种类型。在这里，需要特别提及收缩型投资战略的动因。经常的情形是，收缩战略比扩张战略更难以制定并有效实施，它源于人们对已有产业的留恋，集团总部难以做出“壮士断臂之举”。收缩型投资战略以资产剥离、股份回购和子公司出售等为主要形式，收缩动因大体可归纳为表13—2。

表 13—2　　集团公司出售资产或子公司的动因

出售资产或子公司动因分类	具体解释
所有权动因	集团公司希望分散其投资风险，出售子公司股权
战略管理动因	在现有业务格局下，企业集团前景不容乐观，从而需要调整集团产业或产品结构等
	集团总部需要一笔额外资本，从而出售子公司股权
	不再适合作为企业集团核心业务，或者与集团战略、产业布局冲突，从而出售子公司
	出售子公司以降低收购者对集团公司进行敌意收购的吸引力
其他动因	子公司的股票或资产被高估

收缩战略涉及收缩方式选择问题。从国外企业集团管理经验看，主要有同行转

让（trade sales）、分立（spin-offs）、管理层收购（MBO）等具体形式。

3. 企业集团融资战略

企业集团融资战略包括集团财务风险导向和融资策略两个方面，前者是对集团财务稳健与激进的动态取舍，后者指集团融资的具体规划与安排，如规划集团融资体系，设定集团资本结构，明确财务风险的控制标准（如资产负债率上限等），确认集团融资平台建设与融资主体（如集团总部统一融资还是下属单位分散融资），等等。

（1）规划集团融资体系。在确定集团融资战略时，需要首先明确可供集团融资的渠道及可行的融资方式（见图 13—4）。

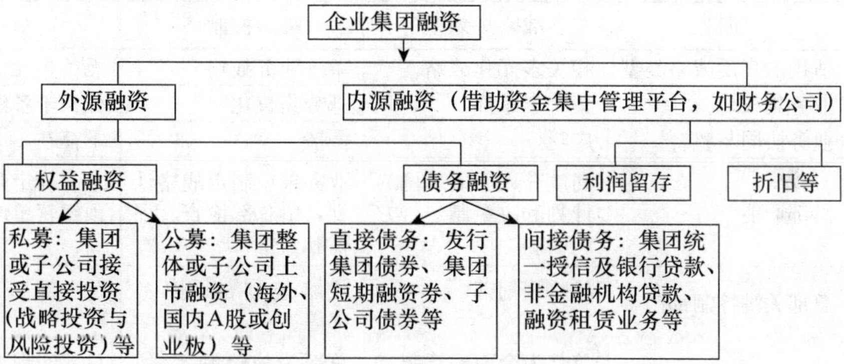

图 13—4　集团融资体系

（2）设定集团资本结构、财务风险控制标准：集团可容忍的最高负债水平。明确集团融资可容忍的负债水平与负债规模，可以避免因过度杠杆化所导致的集团偿债风险。企业集团资本结构政策最终体现在资产负债率指标上，即设定集团总部资产负债率水平（它应是一个合理的区间，如目标负债率设定为 60%～70%）。

（3）集团融资平台与融资主体。集团融资可以搭建由总部集中统一的单一融资平台，在这一平台上，企业集团重要融资业务，尤其是股权融资、对外借款、对外担保等，均集中于集团总部进行统一安排或部署，下属成员单位只有执行权而没有决策权。如集团统一对外授信、统一对外担保、统一发行公司债券或短期融资券等，下属成员单位是在总部统一融资部署下具体履行相关融资业务或手续，如借款合同的实际签订、债券发行程序的履行等。与此相反，集团融资也可构建由下属公司自行决策、执行的分散融资平台。在分散融资平台下，集团总部将融资决策权、执行权下放给各下属成员单位，集团总部只负责资产负债率等“红线”的控制与监测，鼓励集团各下属公司形成总部—子公司—孙公司等多级融资平台及其融资体系。

从集团财务资源整合和内部资本市场的配置功能、集团统一对外谈判能力及资本成本、集团信贷约束、集团财务风险管控等方面，企业集团融资管理已日益趋向于融资平台单一化、财务资源的集中化等。

（四）集团财务管控模式与工具整合应用

集团财务战略要落到实处，则应构建与财务战略相适应的财务管控模式。根据 Goold and Campbell（1987）的研究，企业集团管控有战略规划型、战略控制型和财务控制型三种基本模式。表 13—3 对这三种管理控制模式进行了比较。相关研究表明，上述三种管理模式中，最集权、组织与管理成本最昂贵的模式是战略规划型，而最分权、组织与管理成本最低的是财务控制型。

表 13—3　　三种不同的集团管理控制模式比较

项目	战略规划型	战略控制型	财务控制型
适用的集团战略类型	相关多元化战略	单一业务战略	无关多元化战略
业务集权化	集中于总部	部分集权化	分权于各经营单位
业务协同与整合	广泛	一般	不存在
总部职能	高度介入下属单位的计划和决策制定，方向明确	业务单位制定战略计划，由总部检查、评估和监督	总部确定业绩指标，不干预经营单位战略决策
总部关键控制部门	战略规划部	战略规划部、财务部等	财务部
总部控制力度及预算控制特点	总部为全面预算制定者；预算自上而下；控制力强	总部为战略制定者；注重经营单位财务目标与总部战略目标对接；预算自下而上，不注重细节控制	总部实现结果控制，注重总部投资、财务运作技巧的能力培养
下属经营单位战略管理的职责	负责总部计划的全面实施	有责任制定战略，报总部审批后实施	独立完成其战略管理
业绩评价特点	严格预算考核，同时强调主观标准（如战略执行情况等）	强调主客观评价的融合，突出财务业绩评价	强调财务业绩的市场化评价
总部实施激励的依据	视各经营单位业绩表现，以及对集团总部的边际贡献（价值溢出）	视各经营单位业绩目标实现情况，并参考其他因素或标准	完全视经营单位业绩表现

企业集团战略管理不仅涉及管控模式选择，还涉及具体管控方法、手段或机制。这些管控方法、手段或机制也称为管理工具。从管理实践上看，有效的管控工具主要包括预算管理与 ERP 系统、财务管理分析与管理报告、业绩评价与薪酬计划等。

西方理论界有关这一主题的研究，主要体现在战略管理、管理会计等领域，限于篇幅和管理边界，本专题不对此议题展开讨论。

四、未来研究方向

企业集团财务是有待进一步开拓的交叉性研究领域，要全面梳理这一体系为时尚早，也无可能。在中国，有关这一议题的研究始于 20 世纪 90 年代末（如王斌等《企业集团财务》、《企业集团组建与运行中的财务会计问题》等专著及相关研究论文）。令人遗憾的是，到目前为止，除实务界对此议题关注较高外（源于我国集团公司的发展壮大），理论界对此兴趣及关注度则较低。中国会计学会与北京工商大学曾于 2004 年 7 月 24—25 日在北京召开“大型国有企业集团财务管理热点与难点问题”专题研讨会，并出版了论文集《企业集团财务管理专题》一书（中国会计学会编，中国财政经济出版社，2005），但事过多年，这一主题的研究并未达到人们预期的结果。

从学术研究角度，无论是国外还是国内研究，有关财务经济学视角的企业集团财务研究（尤其是金字塔结构的企业集团），其所涉及的议题较多较杂；相对而言，从组织管理学视角所进行的学术研究则要少很多，国外不多，国内则更少（即使有，也远未达到学界所谓的共认学术标准）。

从未来研究看，除二、三部分所涉及的相关研究议题外，有关企业集团财务研究的未来方向可能还包括：

（一）制度环境、市场化导向与中国企业集团角色研究

中国企业集团在国民经济运行过程中发挥着越来越大的作用，但鉴于企业集团的国有控制地位、资源垄断属性（尤其指中央企业和地方国有控股集团）、经济上的强势地位与政治影响力等，人们越来越关注中国企业集团在未来中国经济改革进程中所扮演的角色：企业集团的做大做强与中国经济的市场化取向是否背道而驰？大型企业集团发展壮大是否有助于（或有损于）提升中国的市场效率与市场活力？如何从财务角度对中国企业集团在国民经济中的作用进行全方位评价？从纯粹财务绩效角度，国有与民营控股这两类集团公司，其表现是否存在差异？如何解释其间的差异？如何从产业升级、经济结构调整、社会责任、国家意志与战略意图等角度，来看待中国企业集团在中国市场化进程中所发挥的作用？等等。

（二）中国企业集团制度属性、集团财务理论研究基础与研究导向

中国企业集团有其自身的制度属性，表现在：（1）存在控股股东及股权高度集中；（2）控股股东及实际控制人的积极主义（activism）；（3）金字塔式的纵向控股偏好；（4）企业集团经理人的“体制人”（而非市场经理人）及其多层行为目标与

行为导向（如个人经济利益、政治前途等）；（5）央企“集团—股份并存”二元结构及其“兄弟间”利益输送动机等（王斌，《财务与会计》（理财版），2011，第（5）~（12）期系列论文）。所有这些都揭示一点，即在中国企业集团财务研究中，应当将中国特有的制度因素作为分析研究的出发点，从制度因素入手去分析、修正并发展出一套具有中国元素的集团财务理论、模型，而不是置制度差异于不顾，以西方理论为唯一正确的参照物，对于能证实西方理论模型的则打上“理论正确”的标签（为西方理论模型提供中国式的经验证据），对于不能证实的理论则直接打上“期待改进”的惯性印记。

（三）中国企业集团金字塔现象及其财务解释

在企业集团发展中经常提到的问题是：为什么转型经济体中的企业集团大多采用金字塔式的控股结构？西方理论大多以代理理论为基础，从利益输送（大股东与中小股东间的利益冲突）、经理人经济设防（股东与经理人之间的代理冲突）、公司自身的经济设防（公司与国家间的冲突）等角度来解释，以 LLSV 为代表的法经济学家则以转型经济体中法律规则制定及其执法过程的不完善等，来讨论企业集团通过金字塔做大的原因——大股东通过做大来寻求自我保护。有关这方面的文献可谓汗牛充栋，但联系中国企业集团的实践，代理理论、法经济学等虽能提供部分解释，但是人们更需拓宽视角。（1）中国企业集团通过金字塔做大企业的真正动机是什么？中国企业集团（尤其是集团总部经理人）是否也存在着类似于地方政府的 GDP 情结？（2）中国企业集团作为一个纵向控股的超大企业群，在做大过程中，是否会受到各级地方政府的激励与影响（如地方政府的招商引资）？以及这种影响有多大？（3）中国金融体系，尤其是银行信贷市场对金字塔式集团持何态度？中国商业银行对集团信贷是否比单一企业信贷更倾心、迷恋。（4）从集团总部的经理人经济设防角度，金字塔式纵向控股所可能产生的风险与失控成本，是否真的远低于因规模无法做大而带来的个人职业风险？（5）为什么中国企业集团在纵向控股投资时，偏向于绝对控股（而非相对控股甚至是参股）？等等。

（四）母子体制、集团治理与有限责任制度

企业集团母子体系构建中，经常议及的话题是母公司作为控股股东对子公司、公司股东对公司债权人等的利益侵害。减轻大股东对中小股东、股东对债权人等的利益侵害，需要构建集团治理这一治理机制。但：（1）什么是企业集团治理？它要解决的核心问题有哪些？这些问题在理论上并没有太多的讨论。（2）股东对债权人的利益侵害（尤其是金字塔式结构及其高杠杆倾向等）的根本点在于如何真正解释有限责任制度——有限责任制度可以说是股东在利用公司制这一组织形式时所得到法律特许的最大制度优势，但它以潜在伤害债权人为代价。因此，在西方有关公司

治理的研究中，一个重要的研究力量来自于法律。有限责任降低了股东的风险，它以转移风险给债权人为代价（Jensen and Meckling，1976），有限责任还通过大股东的信息优势，将部分风险转移给了那些不享有控制权的中小股东（Myers，1977）。如果将有限责任这一法律制度放在集团语境下，人们会发现企业集团的金字塔结构其实是在充分放大有限责任制度对企业集团的财富效应，它所引起的对债权人权益保护问题，比大股东对中小股东的利益保护问题要深远得多（Janet Dine，2000；Blumberg，Philip I. and Strasser Kurt A.，1992）。以企业集团为例，如果母公司滥用公司法人独立地位和股东有限责任制度，逃避债务，损害子公司债权人利益，则应当对公司债务承担连带责任，这就是法学上的揭开公司面纱（piercing the corporate veil）、公司人格否认（disregard of corporate personality）。而在中国国有控股集团的股份制改造、不良资产剥离过程中，由于国有控股地位，从而使债权人（商业银行及其他中小债权人等）没有能力与机会来主张其契约权利，在这种情形下，有限责任制度有可能被控股股东滥用，假改制之名而行逃债之实，使债权人权益受损。上述法理在一定条件下可以用于解释：为什么在金融体系及金融监管不健全的中国，企业集团存在金字塔式控股结构及杠杆化趋势。

（五）企业集团战略、组织结构与财务控制

有关组织管理学上的集团财务研究，大体依据战略管理的基本思路展开，包括战略确定、组织结构安排、管理控制等一系列核心程序。具体到我国企业集团财务管理，其可以研究的子课题可能涉及更多的内容，比如：（1）如何从战略管理角度，来评判中国企业集团的整体上市？（2）如何确定集团战略下财务战略？（3）什么是集团事业部制，如何从管理控制上强化对事业部、子公司的管理责任？（4）如何强化企业集团总部的财务管控能力？等等。有关这方面的研究，大多散落于管理控制这一议题之中，但目前无论是从研究的规范性还是研究的深度上都有待强化。

建议阅读文献

[1] 今井贤一，小宫隆太郎主编，陈晋译．现代日本企业制度［M］．北京：经济科学出版社，1995

[2] 今井贤一著，金洪云译．内部组织的经济学［M］．上海：三联书店，1976

[3] 李增泉，辛显刚，于旭辉．金融发展、债务融资约束与金字塔结构——来自民营企业集团的证据［J］．管理世界，2008（1）：123～135

[4] 李焰，陈才东，黄磊．集团化运作、融资约束与财务风险——基于上海复星集团案例研究［J］．管理世界，2007（12）：117～135

[5] 卢峰，姚洋．金融压抑下的法治、金融发展和经济增长［J］．中国社会科学，2004（1）：42～55

[6] 邵军，刘志远. 企业集团内部资本配置的经济后果——来自中国企业集团的证据［J］. 会计研究，2008（4）：007

[7] 王斌. 企业集团组建与运行中的财务与会计问题研究［M］（财政部重点课题）. 北京：经济科学出版社，2002

[8] 王斌，张延波. 企业集团财务［M］. 高等教育出版社（北京）、上海社会科学出版社（上海），2000

[9] 王斌. 企业集团股权结构设计研究［J］. 会计研究，2005（4）

[10] 王斌. 企业集团财务管理［M］. 北京：中央广播电视大学出版社，2009

[11] 王琨，陈晓. 控股股东所有权结构与关联方担保［J］. 中国会计评论，2007，5（1）：43～54

[12] 肖星，王琨. 企业集团特征与成员企业价值［J］. 中国会计评论，2006，4（1）：1～14

[13] 辛清泉，郑国坚，杨德明. 企业集团、政府控制与投资效率［J］. 金融研究，2007（10）：123～142

[14] 邵军，刘志远. “系族企业”内部资本市场有效率吗？——基于鸿仪系的案例研究［J］. 管理世界，2007（6）：114～121

[15] 周业安，韩梅. 上市公司内部资本市场研究——以华联超市借壳上市为例分析［J］. 管理世界，2003（11）：118～125

[16] 杨棉之. 内部资本市场、公司绩效与控制权私有收益——以华通天香集团为例分析［J］. 会计研究，2006（12）：61～96

[17] 万良勇，魏明海. 我国企业集团内部资本市场的困境与功能实现问题——以三九集团和三九医药为例［J］. 当代财经，2006（2）：78～81

[18] 中国会计学会编. 企业集团财务管理专题［M］. 北京：中国财政经济出版社，2005

[19] Almeida，H. V.，Wolfenzon，D. A theory of pyramidal ownership and family business groups［J］. *The Journal of Finance*，2006，61（6）：2637-2680

[20] Almeida，H.，Wolfenzon，D. Should business groups be dismantled? The equilibrium costs of efficient internal capital markets［J］. *Journal of Financial Economics*，2006，79（1）：99-144

[21] Andersson，T.，Svensson，R. Entry modes for direct investment determined by the composition of firm-specific skills［J］. *The Scandinavian Journal of Economics*，1994，96（4）：551-560

[22] Baek，J.，Kang，J.，Lee，I. Business groups and tunneling：Evidence from private securities offerings by Korean Chaebols［J］. *The Journal of Finance*，2006，61（5）：2415-2449

[23] Campbell，T.，and P. Keys. Corporate governance in South Korea：The chaebol experience"［J］. *Journal of Corporate Finance*，2002，8（4）：373-391

[24] Chang，S. J.，Choi，U. Strategy，structure and performance of Korean business groups：A transactions cost approach［J］. *The Journal of Industrial Economics*，1988：141-158

[25] Chandler，A. D. *Strategy and structure*［M］. Cambridge，Mass.：M. I. T. Press，1962

[26] Chandler, A. D. *The visible hand: the managerial revolution in American business* [M]. Cambridge, Mass.: Harvard University Press, 1977

[27] Chang, S. J. *Financial crisis and transformation of Korean business groups: the rise and fall of chaebols* [M]. Cambridge, Mass.: Cambridge University Press, 2003

[28] Chen, G., Firth, M., Xu, L. Does the type of ownership control matter? Evidence from China's listed companies [J]. *Journal of Banking & Finance*, 2009, 33 (1): 171-181

[29] Claessens, S., Djankov, J. Fan, & Lang, L. H. P. On expropriation of minority shareholders: evidence from East Asia [J]. *Policy Research Working Paper* 2088, The World Bank, 2000

[30] Claessens, S., Djankov, S., Fan, J. P. H., et al. When does corporate diversification matter to productivity and performance? Evidence from East Asia [J]. *Pacific-Basin Finance Journal*, 2003, 11 (3): 365-392

[31] Coase, R. H. The nature of the firm [J]. *Economica*, 1937, 4 (16): 386-405

[32] Contractor, F. J., Lorange, P. Why should firms cooperate? The strategy and economics basis for cooperative ventures [J]. *Cooperative Strategies in International Business*, 1988: 3-30

[33] Fauver, L., Houston, J., Naranjo, A. Capital market development, international integration, legal systems, and the value of corporate diversification: A cross-country analysis [J]. *Journal of Financial and Quantitative Analysis*, 2003, 38 (1): 135-158

[34] Friedman, E., Johnson, S., Mitton, T. Propping and tunneling [J]. *Journal of Comparative Economics*, 2003, 31 (4): 732-750

[35] Gilson, R. J. & Gordon, J. N. Controlling controlling shareholders [J]. *University of Pennsylvania Law Review*, 2003, 152 (2), 785-843

[36] Gilson, R. J. Controlling shareholders and corporate governance: Complicating the comparative taxonomy [J]. *Harvard Law Review*, 2006: 1641-1679

[37] Goold, M. & Campbell, A. *Strategies and Styles* [M]. London: Blackwell, 1987

[38] H. Hent Baker, Ronald Anderson (Editors). *Corporate Governance: A Synthesis of Theory, Research, and Practice* [M]. John Wiley & Sons, Ins, 2010

[39] Hoskisson, R. E., Hill, C. W. L., Kim, H. The multidivisional structure: organizational fossil or source of value? [J]. *Journal of Management*, 1993, 19 (2): 269-298

[40] Janet Dine. *The governance of Corporate Groups* [M]. Cambridge: Cambridge University Press, 2000

[41] Jensen, M. C. and Meckling, W. H. Theory of the firm: executive behavior, agency costs and ownership structure, *Journal of Financial Economics*, 1976, 3 (4), 305-360

[42] Jensen, M. C., Meckling, W. H. Theory of the firm: Managerial behavior, agency costs and ownership structure [J]. *Journal of Financial Economics*, 1976, 3 (4): 305-360

[43] Jensen, M. C. Agency costs of free cash flow, corporate finance, and takeovers [J]. *The American Economic Review*, 1986, 76 (2): 323-329

[44] Johnson, S., La Porta, R., Lopez-de-Silanes, F. &Shleifer, A.. Tunneling [J].

The American Economic Review, 2000, 90 (2), 22-27

[45] Khanna, T. Business groups and social welfare in emerging markets: Existing evidence and unanswered questions [J]. *European Economic Review*, 2000, 44 (4): 748-761

[46] Khanna, T., Yafeh, Y. Business groups in emerging markets: Paragons or parasites? [J]. *Journal of Economic Literature*, 2007: 331-372

[47] Khanna, T., Palepu, K. The future of business groups in emerging markets: Long-run evidence from Chile [J]. *Academy of Management Journal*, 2000, 43 (3): 268-285

[48] Kim, S. J. Bailout and conglomeration [J]. *Journal of Financial Economics*, 2004, 71 (2): 315-347

[49] Faccio, M., Lang, L. H. P. The ultimate ownership of Western European corporations [J]. *Journal of Financial Economics*, 2002, 65 (3): 365-395

[50] Morck, R., Wolfenzon, D. & Yeung, B.. Corporate governance, economic entrenchmentand growth [J]. *Journal of Economic Literature*, 2005, 43 (3): 655-720

[51] Morck, R., Shleifer, A. & Vishny, R. W. Do managerial objectives drive bad acquisitions? [J]. *Journal of Finance*, 1990, 45 (1): 31-48

[52] Rajan, R., Servaes, H. & Zingales, L. The cost of diversity: the diversification discount and inefficient investment [J]. *Journal of Finance*, 2000, 55 (1): 35-80

[53] Riyanto, Y. E., Toolsema, L. A. Tunneling and propping: A justification for pyramidal ownership [J]. *Journal of Banking & Finance*, 2008, 32 (10): 2178-2187

[54] Scharfstein, D. S., Stein, J. C. The dark side of internal capital markets: Divisional rent-seeking and inefficient investment [J]. *The Journal of Finance*, 2000, 55 (6): 2537-2564

[55] Slangen, A. H. L., Hennart, J. F. Do multinationals really prefer to enter culturally distant countries through greenfields rather than through acquisitions? The role of parent experience and subsidiary autonomy [J]. *Journal of International Business Studies*, 2008, 39 (3): 472-490

[56] Stulz, R. M. Managerial control of voting rights: Financing policies and the market for corporate control [J]. *Journal of Financial Economics*, 1988, 20: 25-54

[57] Williamson, O. E. *Markets and hierarchies* [M]. Englewood Cliffs, New Jersey: Prentice-Hall, 1975

[58] Shleifer, A., Wolfenzon, D. Investor protection and equity markets [J]. *Journal of Financial Economics*, 2002, 66 (1): 3-27

王　斌（北京工商大学）

专题 14　内部资本市场

一、问题提出

内部资本市场（internal capital market）是相对于外部资本市场而言的，与外部资本市场通过价格机制配置资源不同，在企业的内部资本市场中，企业或企业集团的最高决策层根据内部各分部的资金需求，凭借其经营控制权进行内部的资本调配。

内部资本市场是西方公司财务学的重要研究对象。西方关于内部资本市场的研究是随着企业多元化战略的兴起以及企业并购重组的日益频繁而逐渐活跃起来的。从现有文献来看，Alchian（1969）较早对企业内部资本配置行为进行了研究。他在文章中指出"通用电气公司内部的投资资金市场竞争激烈，能快速地使市场出清，并且内部的借贷双方都比外部资本市场更容易获取信息。事实上，我认为通用电气公司的财富增长更多的是来自于资源交易与配置的内部市场的优势，也即来自于更多更廉价的信息的优势"。此后，学者们围绕内部资本市场的功能与效率、内部资本市场的边界与最优规模、内部资本市场与外部融资的关系、内部资本市场对宏观经济的影响等问题展开了大量理论与实证研究。

近十多年来，我国大量国有和民营企业走集团化、多元化的发展道路，企业集团已经成为一种非常普遍且重要的组织形态。企业集团内部资本配置行为非常普遍，已对企业集团发展乃至宏观经济产生重要影响。同时，我国资本市场中绝大多数上市公司都存在控股母公司，上市公司与控股母公司及其成员企业之间构筑的内部资本市场深刻影响着上市公司治理及资本配置效率。因此，我国企业内部资本市场的功能与效率成为亟待学术界研究的问题。我国学术界自 20 世纪 90 年代末期开始引入内部资本市场概念与理论，近年来出现了一系列较为成熟的研究成果，为深入理解我国企业内部资本市场运作提供了重要的理论参考。

二、中外文献回顾

（一）内部资本市场研究背景与起因

内部资本市场理论的提出与发展源于解释特定经济现象与改善企业资本配置效率的理论需求。英美发达国家与新兴市场国家间迥异的市场化程度、法制水平和企业组织结构决定了这两种市场环境下的内部资本市场研究所依托的背景存在重大差异，企图解释的现象及研究目的也因此各不相同。

1. 英美等发达国家的研究背景与起因

关于英美等发达国家内部资本市场的研究是随着企业多元化战略的兴起以及企业并购重组的日益频繁而逐渐活跃起来的。自20世纪20年代以来，美国企业就大力进行多元化兼并扩张，并且发明了事业部制（m-form），为多元化战略的执行找到了适当的组织形式。到了60年代，美国的多元化和事业部制进一步扩展，促成了多角化集团（conglomerate），即非相关多元化企业集团的兴起。对于多元化经营的成功，研究者给出了多种解释，而内部资本市场的相对效率性是其中主要的解释因素之一。在美国近100年来先后发生的五次兼并浪潮中，大公司及大集团始终是资产重组与企业兼并的重要主体，在其中发挥主导作用。企业的重组、兼并直接导致内部资本市场的变迁，企业的兼并收购将外部资本市场转化为内部资本市场，而剥离出售则将内部资本市场的边界收缩。以往研究较多从产出角度对重组效率进行解释，而内部资本市场理论的提出则为企业的兼并重组提供了新的视角（Gertner et al.，2002）。而且随着企业的规模扩张及集团化加剧，内部资本市场的运作在企业投融资过程中的重要性也日趋凸显，不同组织形式下的内部资本市场运行效率差异引起人们的普遍关注，内部资本市场本身的运行方式及经济、法律环境也成为一个重要问题（Triantis，2004）。

2. 新兴市场国家的研究背景与起因

关于新兴市场国家内部资本市场的研究直接起因于集团组织形式的普遍存在、外部资本市场的相对落后以及剥夺型公司治理问题。由于企业集团在新兴市场国家的普遍性及其对宏观经济的重要影响，企业集团受到众多学科研究者的青睐，其中经济学界普遍认为由于内部市场相对于外部市场的信息与激励优势，可以节约市场交易成本，从而使集团企业的绩效高于非集团企业绩效（Khanna，Palepu，2000）。而且更为重要的是，大部分转型经济国家在经济发展过程中面临的一个突出问题便是由市场制度的不健全导致的市场功能不足，企业要从外部市场获得资金、技术和管理人才的难度很大。集团内部市场在这些国家发挥着重要的外部市场替代功能，尤其是内部资本市场的作用更为明显（Khanna and Palepu，2000）。

但 1997 年亚洲金融危机之后形势发生了逆转，企业集团这种组织形式一度成为众矢之的，一些新兴市场国家的企业集团被分拆，企业内部资本市场运作出现了一定的弱化趋势。众多学者开始批判性地探讨集团内部资本市场的负面效应。一方面，随着东亚国家很多公司的治理结构和经营过程被曝光，剥夺型公司治理成为热门话题，人们倾向于认为集团内部形成的资本市场和要素市场为控股股东通过关联交易这种较为隐秘的方式掏空上市公司提供了可能，学者们对此进行了实证检验（Khanna，2000）。另一方面，还有学者注意到企业集团内部资本市场的负外部效应，即虽然内部资本市场可以提高企业集团内部资本配置效率，但同时削弱了其他非集团企业的外部融资能力及竞争能力（Almeida and Wolfenzon，2006）。此外，还有学者专门研究了内部资本市场运作的弱化趋势及其成因（Lee et al.，2009）。

（二）国外内部资本市场研究回顾

1. 内部资本市场的效率

作为一种资源配置机制，内部资本市场的效率问题一直是西方学者关注的核心问题。现有文献分别采用理论分析和实证检验两种方法对之展开研究。

西方学者从信息不对称及剩余控制权等角度对内部资本市场效率问题进行了理论分析。最早期文献可以追溯至 Alchian（1969），该文指出，通用电气公司内部的借贷双方都比外部资本市场更容易获取信息，通用电气公司的财富增长更多来自资源交易与配置的内部市场的优势。Gertner et al.（1994）认为内部资本市场与外部资本市场的区别在于内部资本市场中的企业决策者拥有对企业资产的剩余控制权。剩余控制权的存在为最高管理者提供了更强的激励去进行监管，同时也使得最高管理者可以更方便地将一些经营不善的项目资源重新进行配置。在实证研究方面，Matsusaka（1993）分析了 1968 年、1971 年和 1974 年三年的兼并公告效应，发现多元化收购者获得了正的非正常报酬，证明在缺乏发达外部资本市场的情况下，企业实施兼并的目的在于形成一个有效的内部资本市场。Hubbard and Palia（1999）实证研究发现，当资金充裕的企业并购资金短缺的企业时，收购企业获得了最高的兼并收益，证实了内部资本市场可以提高资本配置效率。

然而，美国在 20 世纪 80 年代开始出现“归核化”（refocusing）浪潮，而且自 90 年代开始学术界一致认为多元化战略通常有损公司价值。学者们开始反思并研究内部资本市场失效的原因。Shin and Stulz（1998）理论研究表明，内部资本市场运行时容易出现配置规则的“刚性”问题，即决策者总是按照分部资产规模或销售量的一定比例进行资本配置而无视具体投资项目的收益。Scharfstein and Stein（2000）理论研究表明，部门经理寻租行为的存在可能会导致内部资本市场的“集体主义”①，即弱部门从强部门处获得资本资助，而无视效率高低。在实证研究方面，Lamont（1997）研究发现，在1986年石油价格剧跌时期，多元化石油公司在其非石油分部投资获利性并未降低的情况下，仍然减少了对这些非石油分部的投资，说明在内部资本市场中存在低效资助问题。Scharfstein（1998）证明非相关多元化集团的分部的投资与托宾 Q 值间的敏感度比集中型企业要低。相对来说，对高成长性分部投资不足，对低成长性分部投资过多，而且这一现象在管理者拥有很少股权时更为严重。

2. 内部资本市场的边界与最优规模

少量文献对内部资本市场的边界问题进行了探讨。Stein（1997）较早从经济学的角度对内部资本市场的最优规模及范围问题进行探讨，指出内部资本市场最优规模的确定取决于两方面的权衡：随着内部资本市场的扩大，一方面资本运作更趋灵活，有利于各分部克服资金瓶颈；另一方面则因管辖范围的扩大，管理效率可能随之降低。Triantis（2004）把内部资本市场视为一种提供了投资灵活性的实物期权，决定该实物期权价值的三个因素也相应地决定着内部资本市场的最优边界。此外，法律管制与企业契约也是影响边界确定的重要因素。

3. 内部资本市场与外部融资

内部资本市场与外部融资之间的关系可以分为替代效应与互补效应两类。替代效应是指由于内部资本市场能够便于满足集团内部各单位的融资需求，因此是对外部融资的一种有效替代。Desai et al.（2004）研究了跨国公司的内部资本市场与资本结构问题，发现在信贷市场不发达的国家，跨国公司的内部资本市场能有效地替代外部融资。互补效应是指由于内部资本市场有利于集团内部的调剂余缺，增强流动性及抗风险能力，从而能提高外部融资能力。Peyer and Shivdasani（2001）研究发现，由于内部资本市场可以降低外部融资的交易成本，拥有有效内部资本市场的多元化企业比独立企业拥有更强的外部融资倾向，并且拥有有效内部资本市场的公司越多地使用外部资金将带来更多超额价值。

4. 内部资本市场与宏观经济

以往关于内部资本市场的研究主要是侧重其微观效应的考察，但 Khanna（2000）指出，由于集团的透明度较差并且在经济中占据优势地位，它们对自身内部市场的依赖将不利于外部市场的成长，进而导致非集团的中小企业难以获得各种资源，集团在受益于内部市场的同时却带来了巨大的社会成本，认为后续研究应关注集团及其内部市场的宏观效应。Almeida and Wolfenzon（2006）研究发现，由于新兴市场国家外部资本市场相对欠发达，企业集团内部资本市场虽然可以使集团内

① 原文为“社会主义”（socialism），此处译为“集体主义”。

各单位的资金需求得到更有效的满足，但其相对强大的整体外部融资能力却可能进一步削弱其他非集团企业的对外融资能力，进而导致全社会的整体资源配置效率降低。

（三）我国内部资本市场研究回顾

1. 内部资本市场的功能

自从内部资本市场理论被引入我国，内部资本市场的功能就成为学界关注的首要问题。[①] 周业安、韩梅（2003）通过华联超市借壳上市案例分析了我国现阶段内部资本市场的功能问题，发现华联超市通过主动构造内部资本市场有效缓解了股权融资约束，进而提出内部资本市场可以作为一种金融战略用于弥补欠发达的外部资本市场。万良勇、魏明海（2006）和杨棉之（2006）分别通过对三九集团和华通天香集团的案例分析发现，原本基于提高资本配置而存在的内部资本市场部分地被异化为利益输送的渠道。冯丽霞（2006）和冯丽霞、肖一婷（2008）研究了内部资本市场的价值创造问题，指出内部资本市场的本质是租金的创造与分配，内部资本市场存在的根本原因和动力是对租金的追求。

2. 内部资本市场的效率

与西方相类似，内部资本市场效率问题是我国学者重点关注的对象。学者们分别采用理论分析、案例研究与实证研究等多种方法对内部资本市场效率问题展开研究。在实证研究方面，万良勇（2005）实证研究了内部资本市场对缓解融资约束的作用，发现由于我国上市公司面对的集团内部资本市场功能已经发生异化，地方政府及民营企业控制的集团内部资本市场非但没有缓解反而加剧了上市公司的融资约束。邵军、刘志远（2008）研究表明，控制权与现金流权分离程度大和规模大的成员企业，内部资本配置活动对价值的损害较为显著。杨棉之等（2010）以系族企业为对象，研究发现无论是国有还是民营企业集团，普遍存在着活跃的内部资本市场，但是企业集团内部资本市场的配置效率普遍不高，并且民营企业集团的内部资本市场配置效率要显著低于国有企业集团。

在理论研究方面，邵军、刘志远（2006a）模型说明企业集团内部资本市场具有放松融资约束的功能，总部能够从外部资本市场筹集到比单个成员企业简单相加更多的资源，并在集团内部进行有效的配置。卢建新（2007）通过构造一个多分部企业内部跨期资本配置模型，考察了内部资本市场的管理激励对配置效率的影响。

在案例研究方面，邵军、刘志远（2007）研究发现，鸿仪系通过内部资本市场，频繁地进行内部资本配置，在配置内部资本时，效率的原则服从于最终控制人的"战略"需要，鸿仪系内部资本配置是无效率的。王峰娟、邹存良（2009）采用

---

① 从现有文献看，孔刘柳（1998）较早将西方的内部资本市场理论引入国内。

多案例研究方法，分析了多元化程度对内部资本市场配置效率的影响，发现多元化程度对内部资本配置效率有直接影响，从专业化到多元化发展的初期，内部资本配置效率会得到提高；超过一定程度后，多元化上升会降低内部资本市场效率。

3. *内部资本市场的边界与最优规模*

尽管国外此类研究相对较少，但该问题在我国具有更为特殊的意义。基于我国特殊的公司治理环境，如何科学地界定内部资本市场的边界直接影响关联企业间资金调配行为的合法性和合理性，还影响着内部资本市场功能的有效发挥。魏明海、万良勇（2006）较早对我国内部资本市场的边界问题进行了研究，重点讨论了我国企业内部资本市场运作的主体与方式、边界确定合理性的双重视角以及影响边界确定的法规及契约因素。邵军、刘志远（2006b）利用理论模型研究表明企业集团的内部资本市场规模并不是越大越好。代理成本会随着内部资本市场规模的扩大而相应增加，企业集团必须不断调整内部资本市场规模，以达到公司内部市场与外部市场之间的平衡。

4. *内部资本市场与外部融资*

邹薇、钱雪松（2005）研究发现，外部资本市场和企业内部资本市场不是孤立运作的，它们之间存在一定的联系，尤其是在外部资本市场不完善的情况下，外部资本市场对于企业内部资本市场的运作和企业管理人员的行为更具有显著影响。万良勇（2008）对内部资本市场与外部融资的关系进行了较为系统的研究，发现当前我国内部资本市场的机会主义特征是导致上市公司过度股权融资与债权融资的原因之一，并致使上市公司中小股东及债权人利益遭受损失。万良勇、魏明海（2009）研究了内部资本市场与银行债务融资的关系，发现替代效应与互补效应同时存在。

三、基本问题分析

（一）内部资本市场研究的理论基础

1. *交易治理观*

内部资本市场的交易治理观源自交易成本经济学，是将内部资本市场视为一种区别于外部资本市场的交易治理机制。交易成本经济学认为企业是一种治理结构，是区别于市场的一种交易治理形式（Williamson，1985）。在交易治理观下，内部资本市场的产生源自节约交易成本的需要。交易治理观出现和发展的背景是西方发达国家M型组织结构的诞生以及美国前后五次兼并重组浪潮。Williamson（1985）对M型组织的内部资本市场治理交易的特征有一段形象的描述，“M型企业这一概念专指那种实行事业部制的企业，这种企业的总经理办公室管的是定期对各事业部进行审计，对其作出积极评价，并积极介入企业内部资源的配置过程。因此现金流量的分配也要根据各事业部之间对投资的竞争而定，而不是取之于谁就再用之于谁。如果把企业集团看做一个微型资本市场，那就要假定它会按照这种方式来运作”。如果不存在发达的第三方实施机制或者专门从事市场监督和信息传播的金融中介机构处于欠发达状态，要扩大市场范围，就必须发展出替代性的交易治理机制，多角化的实业集团就是外部市场治理机制的替代物（青木昌彦，2001）。

既然交易治理观将内部资本市场视为一种替代性的交易治理机制，那么内部资本市场的效率将取决于信息分布状态和交易费用大小。交易治理观主要关注内部资本市场具有的交易治理效率优势的来源以及不同状态下内外部资本市场的效率差异问题。

2. 公司治理观

内部资本市场的公司治理观是从公司治理的视角研究内部资本市场的形成及其经济后果。公司治理主要是解决两类问题：一是股东与经营者的代理冲突；二是大股东与小股东间的代理冲突。就第一类代理冲突而言，尽管 M 型组织及内部资本市场可以更好地对分部经理进行监控，但是公司层管理者的机会主义行为却不能很好地由内部资本市场机制解决。自由现金流代理成本的存在将使内部资本市场失效（Lundstrum，2003）。公司治理观的最大贡献是研究了第二类代理问题对内部资本市场形成及经济后果的影响。而这直接根源于东亚金融危机后人们对企业集团剥夺型公司治理问题的关注。许多国家的企业集团都是由终极控制人通过金字塔结构实现控制。由于金字塔结构下控制权与现金流量权的分离，终极控制人倾向于采用合法与非法的手段侵占小股东利益。

在公司治理观下，内部资本市场的形成不再是由于节约交易成本的需要。在缺少投资者保护的国家，组建企业集团的目的在于控股股东可以利用集团的金字塔结构侵占外部投资者的利益（Wolfenzon，1999）。大股东代理问题造成的负面效应使得集团内部资本市场的功能与效率成为一个实证性命题。后续关于新兴市场企业集团以及内部资本市场的研究很多都是基于公司治理观展开的。

（二）我国企业内部资本市场的功能定位

国外研究表明，由于内部资本市场具有相对于外部资本市场的信息与监督优势，内部资本市场的核心功能在于提高资本的配置效率。对处于经济转型期的中国而言，内部资本市场运作不仅具备一般意义上提高资本配置效率的功能，同时还具有一些其他功能。

1. 功能之一：融资渠道替代功能

内部资本市场的重要性取决于外部资本市场的发达程度，外部资本市场越落后，则内部资本市场越重要（Islam and Mozumdar，2002）。我国外部资本市场尚处在发展阶段，存在诸多制度性缺陷。由于我国国有商业银行的公司治理缺陷以及信贷资源配置的结构性失衡，大量资本闲置在银行账户上，无法投入到生产领域，尤其是民营企业获取信贷资金难度较大。与此同时，尽管近年来企业直接融资规模有所扩大，但所占比例仍然偏低，难以有效满足各类企业的融资需求。① 当相对欠发达的外部资本市场无法有效满足企业高速发展的资金需求时，内部资本市场可以作为重要的替代性融资渠道。

我国企业内部资本市场作为现阶段企业的替代融资渠道功能已经初步显现。例如，财务公司是内部资本市场运作的重要载体，越来越多的企业集团申请设立财务公司。截至2009年末，我国共设立具有法人资格的企业集团财务公司91家。② 我国资本市场上不断涌现出“系族”上市公司，2005年前后被称为“系”的企业集团已多达40余个，涉及200多家上市公司（朱武祥等，2005）。“造系运动”的主要动因之一就是通过控制多级法人组织构建内部资本市场，以满足“系族”公司整体的融资需求。而实质上的内部资本市场运作远不止这些，国内数千家企业集团正通过各种关联交易形式进行着内部资本市场运作。

2. 功能之二：产业整合催化功能

我国企业内部资本市场的另一重要功能是有利于加速产业整合。Stein（1997）研究表明内部资本市场中剩余控制权的存在使得决策者可以通过“挑选优胜者”（winner picking）将内部资源配置给最有利可图的项目。我国目前企业均面临产业及产品结构的整合问题。以优化资源配置、调整产业结构、盘活国有资产为目的的兼并重组行为异常活跃。由于内部资本市场具有相对信息优势，集团通过内部资本市场进行产业、产品结构重整的交易成本及信息成本远低于通过外部资本市场来运作。尤其是由于以往政府的“拉郎配”等行政干预行为造成企业内部产业结构混乱，更是迫切需要企业利用内部资本市场运作重新配置已有资源，对非优势、非核心业务进行剥离，将内部的剩余资金投入到核心的优势产业上。

3. 功能之三：公司治理改进功能

众所周知，我国公司治理的现状不容乐观。正如外部资本市场在优化资本配置的同时也起到了公司治理的作用，内部资本市场同样具有优化公司治理及内部控制的功能，而且在一定环境下是对外部资本市场治理功能的有效替代。如果某个企业作为一个独立公司存在，当信息不对称严重时，外部资本市场中的投资者通常难以对企业经营者进行控制。但如果其处于一个内部资本市场中（即企业集团的成员企业），高层经营者出于自利目的将利用其信息优势、内部审计、绩效考核等多种内

---

① 数据显示，2010年上半年，国内非金融机构部门以贷款、股票、国债和企业债融资的比重为78.5：6.5：5.3：9.7。金术：《2010年上半年金融市场分析》，载《中国金融》，2010（15）。

② 银监会2010年发布的《中国银行业监督管理委员会2009年报》。

控工具对下属公司进行更有效的监控。另外，在我国各种企业组织形式中，只有上市公司是比较符合现代意义的企业组织形式，虽然其公司治理状况也广受质疑，但至少代表了良好的发展方向。上市公司通过兼并非上市公司（尤其是国有企业）构建出的内部资本市场一方面可以硬化被兼并企业的预算约束，另一方面也可以使上市公司的组织优势渗透到非上市企业，强化对其经营者的监督与激励。

（三）内部资本市场效率及其测度方法

1\. *内部资本市场效率优势源泉*

（1）内部资本市场具有信息优势。

信息在资本配置过程中的重要性不言而喻，信息不对称程度越低则交易摩擦程度越小，资本配置越有效率。企业决策者通常比外部金融机构和投资者更熟悉企业经营业务，尤其是当企业有些项目信息不便向外部人透露时（专属信息），内部资本市场相对于外部资本市场的信息优势更为明显。外部资本市场与企业间的信息不对称越严重，企业对外融资将面临更多的折价，内部资本市场具有的相对信息优势将有利于降低资本成本。

（2）内部资本市场中的决策者拥有剩余控制权。

根据科斯等的新制度经济学理论，市场与企业是两类不同的资源配置制度。外部资本市场依靠资金价格调节资本配置，而企业内部资本市场存在于企业或企业集团内部，属于一种科层式组织设计，高层决策者依靠剩余控制权调配内部资源。剩余控制权的存在一方面为企业高层决策者提供了更强的监管激励，同时也使得高层决策者可以更便捷、更迅速地将一些经营不善的项目资源重新进行配置，也即决策者可以通过“挑选优胜者”（winner-picking）行为提升企业内部资源的配置效率（Gertner，Scharfstein and Stein，1994；Stein，1997）。

（3）内部资本市场可以提高资本供给的可靠性。

内部资本市场可视为为企业提供了让投资决策更具灵活性的实物期权（Triantis，2004）。有不少投资项目具有时效性，错过了投资时间往往就无法创造价值。外部融资成功与否取决于诸多因素，并且存在信息不对称，因此外部资本具有更大不确定性，而内部资本市场则能更好地保证资本及时地提供给优质的投资项目。

（4）内部资本市场具有治理及控制功能。

正如外部资本市场在优化资本配置的同时间接地起到了公司治理的作用一样，内部资本市场也具有优化企业治理及内部控制的功能，而且在一定环境下是对外部资本市场治理功能的有效替代（Williamson，1975）。如果内部资本市场中的分部是一个单独的公司，当信息不对称严重时，处于外部资本市场中的投资者很可能难以对经理进行控制；但是当其处于一个内部资本市场中时，高层决策者出于自利目的，能利用其信息优势、内部审计、绩效考核等多种内控工具更好地对其进行监控。

2. 影响内部资本市场效率的负面因素

(1) 代理问题是导致内部资本市场低效的首要因素。

来自大股东、总部经理和分部经理三个层次的代理问题都将严重影响内部资本市场的效率性。首先，大股东的利益侵占动机将使内部资本市场沦为其用于掠夺下属公司投资机会、经济利益的重要渠道，内部资本市场非但不能优化资源配置，反而使中小股东蒙受损失。其次，尽管M型组织及内部资本市场可以更好地对分部经理进行监控，但是总部经理的机会主义行为却不能很好地由内部资本市场机制解决。自由现金流代理成本的存在将使内部资本市场失效（Lundstrum，2003）。最后，如果激励模式强调的是整体绩效而不是每个分部的绩效，那么很有可能会出现“搭便车”现象，即每个分部经理都不努力，等着其他分部为总部做贡献；但如果激励模式建立在分部绩效的基础之上，分部经理则会尽可能高估当期业绩，占用更多资金。这些都将有损内部资本市场的效率。

(2) 配置规则的刚性导致资源低效配置。

由于大型企业内部的官僚化及公司政治因素，现实中的高层决策者在配置内部资源时常常倾向于按照分部资产规模或销售量的一定比例进行内部资本配置，而并非理论上预期的完全视具体投资项目收益而定。这种刚性的内部资源配置规则将直接影响投资效率。Bhide（1990）研究证实，多元化企业内部官僚化的资源配置规则所具有的内在偏见和黏性将导致资源的错误配置。

(3) 集中管理将削弱分部经理的投资积极性。

从组织行为学的角度来讲，高层决策者过多参与及干涉下级管辖范围内的经营决策往往会导致一定的“挤出效应”，即分部经理进行有效决策的激励会随着干涉的增强而减弱，从而在一定程度上影响投资决策的有效性。

3. 内部资本市场效率的实证测度

内部资本市场效率一直是研究者关注的核心问题之一。从理论上讲，内部资本市场的效率性体现在能否在企业内部将资本配置给最有价值的分部或项目，以使得各个分部或项目的边际收益趋于相等。然而这种理论上的效率定义太过抽象，很难通过客观数据进行计算及验证。财务学家开始寻找其他一些替代方法对内部资本市场效率进行实证测度。截至目前实证测度方法大致可分为两类：间接研究法和直接研究法。

间接研究法早于直接研究法，该方法通常通过比较多元化企业和专业化企业的市场价值以间接推断内部资本市场是否具有效率性，其中一个核心假设是多元化企业存在内部资本市场运作，而专业化企业不存在，在控制了其他影响企业价值的因素后，两类企业价值的差异便是内部资本市场带来的价值增量。在分部数据较难获取时，该方法可以作为一种可接受的粗略的测度方法，但其缺点也较为明显。首先影响价值的因素太多，人们难以对所有影响价值的因素进行控制，因此存在很大的噪音；其次多元化企业与专业化企业界定较为粗糙，而且专业化企业不存在内部资本市场的假定也显得过于武断。

随着企业分部信息数据库的日渐完善，越来越多的学者开始尝试对内部资本市场效率进行更为直接的测度，相继出现了四种较为典型的直接测度方法。

第一种是投资现金流敏感性法（Shin and Stulz，1998）。该方法的主要思路是：如果内部资本市场是有效的，那么企业内部占优的投资机会将优先得到资助；分部投资主要受投资机会影响，对自身现金流及其他分部的现金流不敏感。该方法把企业内各分部投资分别与本分部的投资机会、本分部的现金流、其他分部的现金流进行回归检验，以判定内部资本市场的效率。该方法的最大贡献在于首次利用分部数据对内部资本市场效率进行测度。

第二种方法是相对价值增量法（relative value added），其计算方法如式（14—1）所示（Rajan et al.，2000）。

$$RVA=\sum_{j=1}^{n}\frac{BA_j}{BA}(q_j-\overline{q})\left\{\frac{I_j}{BA_j}-\frac{I_j^{ss}}{BA_j^{ss}}-\sum_{j=1}^{n}\tilde{\omega}_j\left(\frac{I_j}{BA_j}-\frac{I_j^{ss}}{BA_j^{ss}}\right)\right\}\quad(14—1)$$

式中，BA_j是第j个分部的资产账面价值；BA是企业资产账面价值；I_j是企业第j个分部的资本支出；$\frac{I_j^{ss}}{BA_j^{ss}}$是与多元化企业的$j$分部属同一行业的单分部企业的资产加权平均资本支出与资产的比值；ω_j是第j个分部的资产占企业资产的比值；q_j是与多元化企业的第j个分部属同一行业的单分部企业的资产加权 Tobin's Q；$\overline{q}$是企业分部q的资产平均加权值，$(q_j-\overline{q})$用于鉴别企业中投资机会高于平均水平的分部。若企业内部资本市场有效率，则意味着企业把资本配置给超出平均投资机会的分部，此时RVA应为正。

第三种方法是q敏感性法（q-sensitivity），其计算方法如式（14—2）所示（Peyer and Shivdasani，2001）。

$$QS=\sum_{j=1}^{n}\frac{\text{Sales}_j}{\text{Firm Sales}}\times(q_j-\overline{q})\times\left[\left(\frac{\text{Capex}}{\text{Sales}}\right)_j-\left(\frac{\text{Firm Capex}}{\text{Firm Sales}}\right)\right]\quad(14—2)$$

式中，Sales_j是第j个分部的销售收入；Firm Sales 是企业的销售收入；Capex 是分部的资本支出；Firm Capex 是企业的资本支出；其余变量含义与式（14—1）相同。$(q_j-\overline{q})$用于鉴别企业中投资机会高于平均水平的分部，$\left[\left(\frac{\text{Capex}}{\text{Sales}}\right)_j-\left(\frac{\text{Firm Capex}}{\text{Firm Sales}}\right)\right]$反映资金的流向，两表达式计算结果符号一致（$QS$大于零），表示资金对高$q$的分部投资较多，对低$q$分部的投资较少，内部资本市场有效；反之，若两表达式计算结果符号相反，则表明资金流向低q分部，内部资本市场错误配置了资源。

第四种方法是现金流敏感性法（cash flow-sensitivity），其计算方法如式

(14—3) 所示 (Maksimovic and Phillips, 2002)。

$$QS=\sum_{j=1}^{n}\frac{\text{Sales}_j}{\text{Firm Sales}}\times(cf_j-\widehat{cf})\times\left[\left(\frac{\text{Capex}}{\text{Sales}}\right)_j-\left(\frac{\text{Firm Capex}}{\text{Firm Sales}}\right)\right] \tag{14—3}$$

该计算公式与式 (14—2) 类似，只是把式 (14—2) 中的 (q_j-q) 替换成 $(cf_j-\widehat{cf})$，其中 cf_j 是第 j 个分部的现金流与销售收入的比值；$\widehat{cf}$ 是企业的加权平均现金流与销售收入的比值。该方法用销售现金流回报率作为投资机会的判断标准，而不是 Tobin's Q，这一方面有利于克服 Tobin's Q 的局限性，但另一方面由于销售现金流回报率衡量的是当期的资本支出后果，但资本支出的效果通常需要较长时期来反映，因此可能导致结果有偏误。

(四) 我国企业内部资本市场运作的潜在风险

虽然在我国外部市场不成熟的环境下，内部资本市场理应发挥重要功能，但是由于我国公司治理、政府治理及其他制度环境存在重大缺陷，内部资本市场在具体运作过程中极易发生功能异化，存在诸多的潜在风险。

1. 风险之一：对中小股东的利益侵占

对中小股东的利益侵占是内部资本市场的最大潜在危害之一。[①] 在美国之外的许多国家（包括中国）普遍存在金字塔型的企业组织结构，控股股东的控制权与现金流量索取权相分离。在这种组织结构下，控股股东具有潜在动机将利益从其拥有现金流量索取权较小的部门转移至索取权较高的部门，也即我们通常所说的利益输送（tunneling）(Johnson et al., 2000)。集团内部形成的资本市场和要素市场为控股股东通过关联交易这种较为隐秘的方式掏空上市公司提供了可能（Khanna, 2000）。在我国资本市场上利益输送的案例屡见不鲜。许多公司由于大股东机会主义的内部资本市场运作陷入了严重的财务危机，最为典型的有三九医药（000999）、ST 重实（000736）、湘火炬（000549）等。

2. 风险之二：过度投资与多元化

内部资本市场的另一个潜在陷阱是增加了过度投资的可能。由于内部资本市场有利于实现资金的自由调配以及整体上融资能力的增强，因此企业投资更容易得到充足的资金支持。[②] 这对于存在过度投资倾向的企业显然起到了推波助澜的作用。过度投资与过度多元化是我国目前最为常见的企业病症之一。这主要是由于目前我

① 当然这主要是针对上市公司而言，如果内部资本市场中的成员企业都是全资子公司，则不会存在这一问题。

② 有两种情况可能导致过度投资问题：一种是由于经营者与股东间存在的利益不一致，经营者希望通过过度投资构建自己的企业帝国（empire building）；另一种是决策者由于过于急切地希望扩大规模或涉足其他高利润行业而导致过度投资或过度多元化。

国市场上产业结构调整的速度较快以及不同行业间利润相差悬殊，资本逐利的本质往往诱使经营者尚未来得及制定一个完善的发展战略便仓促上马，当然也有部分是由于一些民营企业家急功近利的心理造成的。例如，曾经风光一时的德隆集团通过高度控制金融机构的方式构筑起一个巨大的内部资本市场，利用内部资金往来（包括合法与非法的方式）支持高速扩张的非相关多元化战略。在东窗事发之前，德隆集团涉及的行业包括金融、建材、食品、汽车等诸多毫不相关的产业。虽然表面上资产规模迅速增大，但是其收入和利润的增长是一种资金推动型的低效增长。内部资本市场的运作并非提高了企业效率，反而加速了其死亡，成为德隆“神话”破灭的重要原因之一。

3. 风险之三：风险扩散效应

企业经营存在风险是在所难免的，但是在有限责任的法人制度下，独立企业的风险通常不会或很少波及其他企业。然而内部资本市场的存在使得集团内部单个成员企业的经营与财务风险很容易扩散至整个企业集团，导致整个集团陷入危机，企业法人制度的天然风险屏障荡然无存。目前宏观经济学研究只关注了银行、证券市场及其他金融市场在商业周期上的传导作用，而事实上内部资本市场同样可能成为经济波动在产业部门间传导的渠道。Lamont（1997）研究表明在 1986 年石油价格下跌时期，石油公司明显减少了下属非石油分部的项目投资，石油行业的危机通过内部资本市场的传导致使其他行业受到影响。在金字塔型组织结构盛行的环境下，单个控股企业可以通过多级法人架构控制巨大的经济资源，单个成员企业的经营风险对社会的危害被无限放大。尤其是现今出现的实业资本与金融资本相互交融的产融结合集团逐渐盛行，实业资本的经营风险很容易通过内部资本市场传导至金融部门，引发一定的金融风险，或者反过来，金融部门的困境也可能将实业资本拖入泥沼。

4. 风险之四：低效率补贴

Scharfstein and Stein（2000）研究表明，分部经理的寻租行为可能会导致内部资本市场中的低效补贴现象。成员企业如果存在对这种低效补贴的预期将导致预算软约束问题。我国的市场制度环境则更为特殊，地方政府出于减少失业、维护社会稳定等公共治理目标具有对亏损低效的国有企业进行救助的动机。大量国有企业先利用上市公司的融资优势和关联担保等手段融得大量资金，再通过资金拆借、关联收购等内部资本市场运作完成对其他非上市国有企业的补助。在国有银行的市场化改革逐渐硬化国有企业预算约束的同时，国有企业集团内部资本市场中的低效补贴却再次将国有企业往预算软约束的泥潭里推，而上市公司的中小股东和国有银行成为最大的利益牺牲者。

（五）内部资本市场运作的法律规制

法律规制的目的在于弥补自由市场机制的不完善导致的市场失灵。对内部资本市场进行规制的目的也在于减少自发的内部资本市场运作的负面效应，防止对中小股东及债权人的权益侵害。现实中并不存在专门针对内部资本市场运作的法规，而是散见于一系列相关法律之中，从我国法律规范体系来看，主要包括以下几个方面：

1.《公司法》与《证券法》

前文分析表明，内部资本市场失效的一个重要症结就是控股股东对中小投资者的利益侵害。我国《公司法》、《证券法》相继修订并实施以后，在中小投资者保护方面取得了很大的进展。比如《公司法》第十六条规定公司对公司股东或实际控制人提供担保必须经由股东会或股东大会表决，并且关联人不得参与表决；第二十条规定公司股东不得滥用股东权利损害公司或者其他股东的利益，不得滥用公司法人独立地位和股东有限责任损害公司债权人的利益，否则将负有赔偿责任，等等。除此之外，修订后的两部法律对股东的信息权、表决权、诉讼权等进行了重新界定，比如股东有权了解公司的相关信息；股东可以自行召集和主持股东会；股东可以提出议案，对董事、监事、高级管理人员进行质询；可以依照公司章程的规定或者股东大会的决议，实行累积投票制；股东可以代表公司起诉公司董事、监事、高级管理人员以及其他侵害公司合法权益的人；股东也可以直接起诉相关责任人，等等。这两部法律为遏制内部资本市场的机会主义运作提供了最基本的法律依据。

2. 关联交易的禁止性法规

2003 年 8 月，中国证监会与国资委联合发布了《关于规范上市公司与关联方资金往来及上市公司对外担保若干问题的通知》，提出了纠正与防范利益侵占行为的具体措施（俗称“56 号文”）。2005 年 10 月 19 日国务院批转的证监会《关于提高上市公司质量的意见》，进一步要求严禁侵占上市公司资金。对已经侵占的资金，控股股东或实际控制人要针对不同情况，采取现金清偿、红利抵债、以股抵债、以资抵债等方式，加快偿还速度，务必在 2006 年底前偿还完毕。这类规则实际上是对集团母公司与下属上市公司间的部分内部资本市场的运作方式进行了禁止性的规定，使其运作空间受到极大的限制。这些规则出台的直接目的是维护中小投资者的合法权益，但同时不可避免地将一些本来具有效率性的正当的内部资本配置行为也一并禁止了。基于此，理论界及实务界对该类禁止性规则存在一定的争议。

3. 关联交易的信息披露规则

这主要包括由财政部颁布的会计准则与制度以及证监会和两个证券交易所发布的信息披露规范中涉及关联交易的规定，比如财政部颁布的《企业会计准则第 36 号——关联方披露》。这些法规并不直接对内部资本市场的运作进行禁止性的规定，而是借助提高公司的透明度对其进行间接的管制。这对于降低内部资本市场运行过程中的机会主义行为具有积极意义。但正是由于其属于非禁止性规则，因此其监管效力非常有限，并且虽然我国关联交易信息披露准则形式上已经比较完备，但是具体执行过程和效果仍存在诸多问题。

4. 财务公司的监管法规

财务公司是内部资本市场运作的重要载体之一。我国财政部于 1991 年颁布了《企业集团财务公司财务管理试行办法》，规定了财务公司是办理集团内部成员单位金融业务的非银行金融机构。2004 年银监会发布了《企业集团财务公司管理办法》，对设立条件及从业范围等进行了大幅修订，允许财务公司办理对成员单位的贷款、融资租赁以及内部的咨询、代理服务等 11 项业务。该办法规定的较高的进入门槛以及对吸收公众存款业务的禁止性规定有利于降低经营风险及金融风险。随着整体上信息披露水平的提高以及风险监控能力的增强，财务公司的进入门槛有望进一步降低，同时业务范围也有待进一步拓展。

(六)"系族"公司内部资本市场的机会主义特征

国内不少研究直接或间接地证明我国"系族"公司所处的内部资本市场部分具有机会主义特征，即大股东利用集团内部资本市场掠夺上市公司利益。我国"系族"公司内部资本市场的机会主义特征源于非常复杂的公司治理、政府治理及金融市场环境等因素。

1. 公司治理因素：所有权集中与金字塔型组织结构

大股东控制以及金字塔型组织结构导致的代理问题是我国上市公司内部资本市场具有机会主义特征的重要原因。大股东作为自利人本身只关注自身利益，在行使控制权以达到自身福利最大化目标时，大股东也在以有效或无效的方式从其他利益相关者那里重新分配财富（Shleifer and Vishny，1997）。Khanna（2000）明确指出集团的内部资本市场为控股股东通过关联交易这种较为隐秘的方式掏空上市公司提供了可能。我国上市公司普遍存在大股东控制与金字塔型组织结构，再加上较弱的投资者保护环境，这些因素成为导致机会主义集团内部资本市场的重要激励与条件。

2. 政府治理因素：金融资源争夺与集团扩张战略

1994 年分税制后带来了财政的某种联邦化趋势，地方政府从一个毫无法律人格地位也不被承认享有独立利益的"车间"开始向一个由中央控股的、拥有合法独立地位和利益的，并可以与中央及其他地区进行合理利益博弈的"子公司"演变。证券市场设立之后，不少地方政府将资本市场的融资功能视为一条获取金融资源的捷径。政府的"掠夺之手"通过集团内部资本市场伸向了上市公司，实质上是伸向了上市公司的中小股东与债权人，这构成了上市公司内部资本市场机会主义属性的重要政治背景。

此外，我国企业集团的扩张在很大程度上是政府治理的结果。站在宏观角度考虑，政府发展企业集团的思路具有一定的合理性。问题的关键在于如果不充分尊重市场规律，在政府干预下盲目扩张企业集团规模，则可能带来意想不到的恶果。集团化过程中出现的低效率使得原本就缺乏活力的国有企业陷入新一轮困境中。为了维持这么庞大的集团规模，大量的资金需求仅仅靠银行信贷已经无法解决，上市公司理所当然地成为了新的“取款机”。

3. 金融市场因素：隐形补贴与金融抑制

理论上，内部资本市场可以是落后的金融市场的替代物（Khanna，2000），然而在我国企业集团内部资本市场的机会主义特征很大程度上源自外部金融市场的制度性缺陷。

一方面，机会主义内部资本市场某种程度上充当了国有企业的替代性补贴来源。随着国有银行市场化的推进，信贷制度也逐渐发生变化。国有企业从国有金融部门获取金融补贴的难度逐渐增大。在这种背景下，地方政府与国有企业都在寻求替代的给养机。不少学者认同，我国的股票市场是作为国有企业改革的一项措施而建立起来的（林毅夫，2004）。

另一方面，机会主义内部资本市场某种程度上充当了民营企业应对金融抑制环境、间接获取稀缺金融资源的渠道。中国的信贷市场存在信贷配给现象，由于政治以及维护体制内增长的原因，国有企业成为配给的主要对象，民营企业在获取信贷资金方面受到较大约束。同时，在中国证券市场发展史上，上市资格一度是国有企业的特殊权利，民营企业无从问津。通过构建复杂的集团内部资本市场成为很多民营企业应对外部融资瓶颈的替代性策略。

四、未来研究方向

综合现有文献，关于英美等西方发达国家的研究更多地从交易治理观出发探讨了内部资本市场的功能与效率，而关于新兴市场国家的研究则更多从公司治理角度研究了内部资本市场的功能与效率。我国学者基于当前的治理环境，更多地从公司治理视角研究了内部资本市场的功能异化问题，同时也有少量基于交易治理观的研究成果。随着我国治理环境的逐步改善，在已有公司治理观基础上发展交易治理观研究的重要性日益凸显。依笔者愚见，未来我国内部资本市场研究可从以下几个方面着手：

1. 发展基于国情的交易治理研究

我国目前企业集团组织形式的普遍性决定了内部资本市场的交易治理效率将是一个具有重大现实意义的话题。中国企业集团的多元化进程、内部控制状况及信息透明度均不同于西方，这些因素将如何影响内部资本市场的交易治理效率？企业集团应如何优化集团财务管控模式（包括决策权配置、资本预算、内部控制、资金集中管理等机制设计）以提高内部资本市场交易治理效率？这些问题亟待深入研究。

2. 内部资本市场与企业集团发展研究

放眼世界，当前各国的企业发展均呈现出明显的集团化趋势。企业集团发展不仅关乎微观企业的战略与绩效，而且与一国的宏观经济运行密切相关。战略管理学者虽然长期关注企业集团化发展战略问题，但对于内部资本市场在企业集团发展战略中的功能与作用却缺少深入研究。而财务学者在研究内部资本市场时更多的是将企业集团视为事先给定的状态，较少从企业动态发展和战略管理的角度进行分析。基于动态视角的内部资本市场与企业集团发展的交叉性研究将有广阔前景。

3. 内部资本市场特定运行机制研究

内部资本市场的一些特殊的运作形式具有重要的研究价值。比如，随着金融业混业经营的发展，金融控股集团逐步兴起，如何在充分利用金融控股集团内部资本市场优势的同时，又能有效防范内部资本市场可能导致的风险传染与扩散成为比较迫切的现实需求。此外，国外财务公司的规模、功能和效率都超过国内同业，财务公司的经营和监管都将是内部资本市场研究的重要话题。

4. 进一步深化公司治理观研究

目前公司治理观研究已有一定成果，尤其是少量基于中国独特背景的案例研究具有较高的学术价值。但在实证研究方面，无论是选题还是方法上都存在一定的复制国外研究的痕迹。未来的实证研究应当充分借鉴已有案例研究的成果，构建基于中国制度背景的研究假设和检验模型。要更深入地探讨不同公司治理因素对内部资本市场功能与效率的影响，比如，国有企业的内部人控制问题、内部治理机制（包括董事会、高管激励等）、控制权市场、机构投资者的影响等，而不再是局限于大股东利益侵占问题。

5. 内部资本市场管制研究

从政策制定角度看，目前基于保护投资者权益的初衷，我国上市公司的内部资本市场边界受到较多的法规及政策管制，这一方面可能有利于实现公平目标，但同时却可能带来效率损失。如何从法律、公司治理、经营管理的角度去界定内部资本市场的合理边界成为一个有待经济学界和法学界共同探索的问题。

6. 内部资本市场的宏观效应分析

目前国内还基本上没有关于内部资本市场宏观效应的理论和实证研究，而这类研究对于内部资本市场及企业集团相关政策的制定具有重要的参考意义。对宏观效应的分析应当综合考虑公司治理与交易治理因素。

建议阅读文献

[1] 冯丽霞. 内部资本市场：组织载体、交易与租金 [J]. 会计研究，2006 (8)：37～43

[2] 卢建新. 内部资本市场配置效率研究 [M]. 北京：北京大学出版社，2008

[3] 邵军，刘志远. "系族企业"内部资本市场有效率吗？——基于鸿仪系的案例研究 [J]. 管理世界，2007 (6)：114～121

[4] 万良勇. 内部资本市场、外部融资与投资者保护——基于中国上市公司的实证研究 [M]. 北京：经济科学出版社，2008

[5] 王峰娟，谢志华. 内部资本市场效率实证测度模型的改进与验证 [J]. 会计研究，2010 (8)：42～48.

[6] 王峰娟，邹存良. 多元化程度与内部资本市场效率——基于分部数据的多案例研究 [J]. 管理世界，2009 (4)：153～161.

[7] 王化成，蒋艳霞，王珊珊等. 基于中国背景的内部资本市场研究：理论框架与研究建议 [J]. 会计研究，2011 (7)：28～37

[8] 魏明海，万良勇. 我国企业内部资本市场的边界确定 [J]. 中山大学学报（社会科学版），2006 (1)：92～97

[9] 杨棉之，孙健，卢闯. 企业集团内部资本市场的存在性与效率性 [J]. 会计研究，2010 (4)：50～56

[10] 许奇挺. 内部资本市场有效性研究——基于中国民营上市公司的实证研究. 北京：经济科学出版社，2008

[11] 叶康涛，曾雪云. 内部资本市场的经济后果：基于集团产业战略的视角 [J]. 会计研究，2011 (6)：12

[12] 周业安，韩梅. 上市公司内部资本市场研究——以华联超市借壳上市为例分析 [J]. 管理世界，2003 (11)：118～125

[13] 邹薇，钱雪松. 融资成本、寻租行为和企业内部资本配置 [J]. 经济研究，2005 (5)：64～74

[14] Almeida, H., Wolfenzon, D. Should business groups be dismantled? The equilibrium costs of efficient internal capital markets [J]. *Journal of Financial Economics*, 2006, 79 (1): 99-144

[15] Dewaelheyns, N., Van Hulle, C. Internal capital markets and capital structure: bank versus internal debt [J]. *European Financial Management*, 2010, 16 (3): 345-373

[16] Doukas, J. A., Kan, O. B. Investment decisions and internal capital markets: Evidence from acquisitions [J]. *Journal of Banking & Finance*, 2008, 32 (8): 1484-1498

[17] Holod, D., Peek, J. Capital constraints, asymmetric information, and internal capital markets in banking: New evidence [J]. *Journal of Money, Credit and Banking*, 2010, 42 (5): 879-906

[18] Islam, S. S., Mozumdar, A. Financial market development and the importance of inter-

nal cash: Evidence from international data [J]. *Journal of Banking & Finance*, 2007, 31 (3): 641-658

[19] Khanna, T., Palepu, K. Is group affiliation profitable in emerging markets? An analysis of diversified Indian business groups [J]. *The Journal of Finance*, 2000, 55 (2): 867-891

[20] Kolasinski, A. C. Subsidiary debt, capital structure and internal capital markets [J]. *Journal of Financial Economics*, 2009, 94 (2): 327-343

[21] Lee, S., Park, K., Shin, H. H. Disappearing internal capital markets: Evidence from diversified business groups in Korea [J]. *Journal of Banking & Finance*, 2009, 33 (2): 326-334

[22] Maksimovic, V., Phillips, G. Do conglomerate firms allocate resources inefficiently across industries? Theory and evidence [J]. *The Journal of Finance*, 2002, 57 (2): 721-767

[23] Ozbas, O., Scharfstein, D. S. Evidence on the dark side of internal capital markets [J]. *Review of Financial Studies*, 2010, 23 (2): 581-599

[24] Peyer, U. C., Shivdasani, A. Leverage and internal capital markets: evidence from leveraged recapitalizations [J]. *Journal of Financial Economics*, 2001, 59 (3): 477-515

[25] Rajan, R., Servaes, H., Zingales, L. The cost of diversity: The diversification discount and inefficient investment [J]. *The Journal of Finance*, 2000, 55 (1): 35-80

[26] Mathews, R. D., Robinson, D. T. Market structure, internal capital markets, and the boundaries of the firm [J]. *The Journal of Finance*, 2008, 63 (6): 2703-2736

[27] Scharfstein, D. S., Stein, J. C. The dark side of internal capital markets: Divisional rent-seeking and inefficient investment [J]. *The Journal of Finance*, 2000, 55 (6): 2537-2564

[28] Shin, H. H., Stulz, R. M. Are internal capital markets efficient? [J]. *The Quarterly Journal of Economics*, 1998, 113 (2): 531-552

[29] Stein, J. C. Internal capital markets and the competition for corporate resources [J]. *The Journal of Finance*, 1997, 52 (1): 111-133

[30] Triantis, G. Organizations as internal capital markets: The legal boundaries of firms, collateral, and trusts in commercial and charitable enterprises [J]. *Harvard Law Review*, 2003, 117: 1102

万良勇（华南理工大学）

魏明海（中山大学）

专题15　业绩评价与激励

一、问题提出

信息的不对称性和契约的不完备性，引发了委托代理问题。现代企业存在着许多复杂的委托代理关系，而解决委托代理问题的关键在于如何建立一种激励机制，使代理人的行为有利于委托人的利益。同时，与激励机制密不可分的是业绩评价体系。业绩评价与激励问题贯穿企业的内部组织与结构，包括所有者对经营者的业绩评价与激励、不同层级经营者之间的业绩评价与激励、经营者对员工的业绩评价与激励以及部门之间的业绩评价与激励等问题。针对这些问题，国内外学者的研究取得了广泛的成果，对指导现代企业制度下业绩评价与激励的实践做出了重大贡献。本专题仅就现代企业两权分离背景下的经营者业绩评价与激励进行讨论，首先归纳经营者业绩评价与激励理论所研究的基本问题，然后回顾发展成果，进一步分析这些问题，解读现有经营者业绩评价与激励研究中的优势和局限，最后提出该领域在未来可能值得深入研究的方向。

企业所有权和经营权的分离导致了所有者和经营者之间的委托代理问题，使经营者业绩评价与激励成为公司治理中一个历久弥新的话题。1923年Veblem发现了所有权和经营权相分离的趋势，Berle and Means（1932）进一步进行了证实，并正式提出了“所有权与控制权分离”的著名命题，突破了传统企业理论中所有者利润最大化的假设，从激励视角对新古典厂商理论提出了挑战。两权分离使企业所有者成为“外部人”，而企业经营者则成为“内部人”。在二者之间的委托代理关系中，存在两种不对称信息：一是作为代理人（受托人）的经营者，他们本身所具有的素质、能力和知识，委托人（所有者）不可能完全清楚；二是代理人在签约后如何经营、管理企业，是否为委托人（所有者）谋求企业价值最大化而努力工作，是否

“偷懒”或者损害所有者的利益，委托人（所有者）不能完全控制或者验证。所以，对企业拥有所有权的“外部人”（投资者）不具有企业经营活动的完全信息；而不具有或不完全具有所有权的企业经营者，因为是“内部人”而具有信息优势。由两权分离形成的委托代理合约，是一种信息不对称的不完全合约，作为委托人的企业所有者始终处于信息弱势的一方。同时，随着工业化的逐渐完成，在人类社会对生产效率的追求中，物的因素逐渐退居次要地位，人、技术和知识逐渐成为社会生产发展和社会财富增长的最重要因素，“资本雇佣劳动”的传统工业和前工业生产模式不断向“劳动雇佣资本”的全新模式转变，不仅高科技产业如此，在传统的第一、第二产业中这种转变也越来越明显。在这一背景下，如何妥善解决对经营者的激励问题，是现代公司制企业成败的关键因素。

我们能够从“理性经济人”假设出发，引申出经营者业绩评价与激励理论所研究的基本问题。所有者和经营者作为各自独立的经济人，在他们所签订的委托代理合约中，当然都会谋求各自利益的最大化，二者的目标函数并不总是一致的。作为“内部人”、具有信息优势一方的企业经营者，由于机会主义倾向的存在，就会利用自身所拥有的信息优势，通过损害所有者（股东）的利益来满足自身的效用，从而产生“道德风险”和“逆向选择”。所以，正确评价经营者的工作（业绩）并制定适当的补偿契约（激励）是非常重要的，正如 Jensen and Meckling（1976）和 Jensen and Murphy（1990）认为的那样，与业绩相关的激励是协调经营者行为与股东目标的一个重要机制。那么，所有者如何客观地判断经营者的努力程度并评价他们的经营业绩？基于业绩评价，如何对经营者进行有效的激励？我们总结国内外学者对于经营者业绩评价与激励的研究，发现大致围绕两个基本问题展开：一是如何保证对经营者业绩评价的客观性；二是如何提高对经营者激励的有效性，促使经营者尽职尽责地努力工作，谋求所有者或者企业价值最大化（或者相关者利益最大化）。这两个研究问题互相联系，密不可分。

第一是经营者业绩评价的客观性，主要是评价指标的选择和评价标准问题。

业绩评价指标的选择和评价标准问题决定了经营者业绩评价的客观程度，是推动经营者业绩评价理论和方法不断发展的主线。20 世纪初，科学管理之父泰勒对工作效率进行了系统研究，此后其他工程师和会计师建立了产品的标准成本，企业业绩评价进入全面财务指标评价的历史阶段。杜邦体系、沃尔评分法以及以成本中心、利润中心和投资中心为核心的业绩考核和评价方法在实践中得到了广泛运用。这些早期的业绩评价体系为经营者业绩评价奠定了理论和方法基础。进入 20 世纪 80 年代，价值基础管理和股东价值分析这些观念更加深入人心（John Mayfield，1997）。经济增加值指标从利润中扣除了包括股本成本在内的所有资本成本，确定了股东财富的净增加。随后修正的经济增加值指标进一步提高了 EVA 指标衡量企业新增价值的准确性和客观性。最近 20 多年来，实务界和理论界逐渐致力于将财务指标、非财务指标与战略联系起来，对战略业绩评价的研究迅速升温。业绩金字塔模型、斯堪地亚导航仪、平衡计分卡和业绩三棱镜等，都在业绩评价指标体系的客观性方面做出了重要贡献，但都无法摆脱绝对评价指标共有的局限。为此，Holmstorm（1982）建立了相对业绩评价（RPE）理论，相对业绩比较信息能改进委托代理关系中的激励效率（Meyer，1997）。与此同时，与企业经营战略相关的财务和非财务业绩评价，即战略业绩评价系统得到了众多企业的应用（Micheli and Manzoni，2010；Franco-Santos et al.，2012；Bisbe and Malagueno，2012）。

我们将围绕经营者业绩评价指标的选择和评价标准问题，从业绩指标的单一性和综合性、业绩评价的绝对性和相对性两个方面进行分析。

第二是经营者激励的有效性，主要是激励契约的设计问题。

Fama and Jensen（1983）认为在企业中有两种重要的契约：一种是规范剩余索取权的契约；另一种是设计决策过程的契约。Borgen（2004）进一步认为，前者尤其关注的是义务、权利和剩余索取权的风险，这类与投资相关的激励问题主要来源于产权理论，即所有者拥有剩余收益的索取权；后者更直接地与决策机制相关，这类决策相关问题来源于委托代理问题，需要用代理理论进行解释。然而，如何科学地设计经营者的报酬契约，一直处于不断争论、不断发展的过程，特别是在不同的制度文化背景下，对这一问题的讨论更呈现出细节上的多样化特征。

为了提高经营者激励的有效性，经营者激励的报酬契约应该如何设计？从现实经济世界的角度看，这是一个值得商榷的问题。对此，我们将从经营者激励理论与现实之间的模拟偏差、隐性激励契约的经济后果问题等方面对报酬契约的设计进行分析。

二、中外文献回顾

（一）经营者业绩评价

激励机制中的一个基础环节是业绩评价，因为业绩评价是激励机制的前提，是执行报酬契约的依据，对经营者的奖惩必须基于对经营者业绩的评价。经营者业绩评价的研究和进展大大丰富和拓展了激励理论。经营者业绩评价虽然是随着经营者激励问题的产生而产生的，但是，追溯企业业绩评价的发展历史可以发现，业绩评价的出现远早于经营者激励问题的提出。

从19世纪初至19世纪末，纺织业、铁路业、钢铁业和商业的经营者根据各自行业的经营特点，先后建立了相应的业绩计量指标，用于激励和评价企业内部的经营效率。20世纪初，对工作效率的系统研究和产品标准成本的建立推动了业绩评价的发展。这一时期的业绩评价，呈现出三个显著特点：一是业绩评价中实物性的统计指标和价值性的财务指标共用；二是业绩考核以成本指标为主，直接目标是追求最低成本；三是业绩考核的目的是追求效率和最大利润，业绩考核并不是直接为经营者激励服务的。进入 20 世纪，企业业绩评价进入全面财务指标评价的历史阶段。1903 年，杜邦火药公司开始采用投资报酬率法来评价公司业绩，即“杜邦体系”。1928 年，Alexander Wall 提出了著名的“沃尔评分法”，采用多个财务指标计算企业综合得分的方法，对企业的经营业绩进行评价。沃尔评分法的思想一直沿用至今。在 20 世纪 50 年代前后，责任中心业绩考核不断得到发展和完善，以成本会计、预算制度和差异分析为手段，成本中心、利润中心和投资中心作为三种类型的责任中心在企业普遍建立起来，以三种责任中心为核心的业绩考核和评价方法在实践中得到了广泛运用。总体而言，早期的企业业绩评价，主要围绕企业内部生产效率展开，经营者业绩评价并不是这一时期企业业绩评价的中心（或者至少没有得到突出强调）。这与资本的相对稀缺性和企业中资本雇佣劳动、经营者仍然处于相对弱势地位的现状，以及企业理论的发展，是密切相关的。

20 世纪 80 年代以后，探索新的用于衡量经营者业绩的评价方法，成为理论研究和企业实践中的一个热点。同时，两权分离、委托代理关系的凸显和“强经营者、弱所有者”的现状，使如何保护股东利益、如何促使经营者为股东创造价值，重新成为新的焦点问题。在这一背景下，1991 年斯特恩·斯图尔特（Stern Stewart）公司提出了经济增加值（economic value-added，EVA）指标。经济增加值是扣除了包括股本成本在内的所有资本成本后的利润，即股东财富的净增加。EVA 概念的提出，可以有效克服经营者的投机和人为舞弊行为；以此为基础的经营者激励，可以保证激励的准确性和有效性。实证检验的结果也发现，EVA 指标与企业市场价值之间的相关程度，要显著高于会计指标。由于 EVA 指标在衡量经营业绩方面的显著优越性，因此自其产生以来就迅速得到了广泛使用。但是，计算 EVA 指标中使用的要素成本是以要素的账面价值为基础，无法反映要素的市场价值，因此对要素成本的扣除不够准确。鉴于此缺陷，Jeffrey et al.（1997）提出了修正的经济增加值指标（refined economic value-added，REVA），进一步提高了 EVA 指标衡量企业新增价值的准确性和客观性。

在 EVA 等财务指标体系迅速发展并开始广泛应用的同时，实务界和理论界逐渐致力于将财务指标、非财务指标与战略联系起来，对战略业绩评价的研究迅速升温。1990 年，McNair，Lynch and Cross 提出了一个把企业总体战略与财务、非财务信息相互结合起来的业绩金字塔模型。受业绩金字塔模型的启发，瑞典的斯堪地亚（Skandia）公司从 1991 年开始，开发出被称为“斯堪地亚导航仪”（Skandia navigator）的智力资本评价工具，为企业管理当局量化与评价智力资本、理解企业智力资本如何转化为经济效益提供了指南。受“斯堪地亚导航仪”的启发，Kaplan and Norton（1992）提出了平衡计分卡（balanced score card）评价方法。此后，

Kaplan and Norton（1993，1996，2001，2003）解决了平衡计分卡的实际运用问题，进一步将平衡计分卡提升为企业战略管理和战略业绩评价的工具，使平衡计分卡风靡一时，在世界范围内产生了广泛影响。但是，Andy Neely 等人认为平衡计分卡、EVA 等方法虽然都创造了价值，但都是局部的或者是点上的解决办法。为此，Andy Neely 等人于 2002 年以利益相关者价值概念为基础，提出了一种新颖的业绩计量和管理框架——业绩三棱镜。当代业绩评价包括了与企业经营战略相关的财务和非财务业绩评价（Franco-Santos et al.，2012）。Bisbe and Malagueno（2012）认为战略业绩评价体系与之前的业绩评价体系不同，它是长期战略与经营目标的综合，并从多个角度进行业绩评价。总之近十年实业界的绩效评价体系发生了重大的转变，战略业绩评价系统得到了众多企业的应用（Micheli and Manzoni，2010）。

在绝对业绩评价不断发展的过程中，产生了相对业绩评价（RPE）理论。Holmstorm（1982）发现，由于按照绝对评价指标体系给予经营者的补偿很难消除其受到共同冲击的影响，因此他建立了相对业绩评价（RPE）理论，认为当行业中企业数量众多时，以本行业平均业绩作为标准来设计激励机制，行业中的系统风险和共同风险便可以过滤掉，从而消除对经营者所附加风险的根源。Meyer（1997）在通过详细的模型分析后指出，相对业绩比较信息能改进委托代理关系中的激励效率。Gerald Garvey et al.（2003），Gong et al.（2011）和周宏等（2008，2010）对相对业绩评价进行了进一步的理论研究与实证检验。

（二）经营者激励的报酬契约

激励目标的实现不仅要依靠业绩评价，还需要依赖报酬契约。报酬契约是激励主体根据业绩评价的结果对激励客体的固定收入与风险收入、短期收入与长期收入按激励与约束相对称的原则形成的一整套报酬制度，目的是促进激励客体做出有利于激励主体的行为或决策。报酬契约也经历了漫长的理论发展和实践探索。

经营者激励问题提出以后，沿着不同的假设前提和路径产生了不同的理论。其中一个重要的假设是理性经济人假设，它假定人是完全理性、完全自利的，并且具有权衡利弊、签订契约的能力，它的人性假设具有概括性和抽象性。经营者激励中的理性经济人假设主要从经济人利益冲突与效用最大化角度对经营者进行激励，是沿着制度设计的道路，先对人性做一个基本假设，再从假设出发，设计出一个完善的激励机制激发人的积极性，遏制人的自利性，以达到个人目标与组织目标相一致，实现个人与组织的激励相容。Taylor（1911）的科学管理理论中的激励理论（又称为经济人模型），就是传统的管理激励模型，认为所有者的主要责任就是监督，对工人（或经理人）偷懒的行为给予惩罚，而对努力行为给予奖励。随后，以Coase（1937）提出的交易费用理论为基础，又产生了各种以理性经济人假设为基础的不同的经营者激励理论。

经营者激励的另一个重要假设是“社会人”或者“自然人（真实人）”的“人性”假设，它主要从社会学、心理学的视角重点研究一般人性，其逻辑思路是以人的内在本性为基点，在多元化人性的观察基础上，通过施加外界影响满足人的内在需要来实现对经营者的激励，提高企业的经营效率。Mayo（1932）提出了人类关系模型，认为经营者激励工作的内容大大扩展，不再仅仅是监督，而是要提高工人的认同度，与个人公开沟通，鼓励个人参与，适度授权，实施群体激励以及利用非正式组织的激励功效，等等。同时，许多学者基于人性假设从心理学视角来研究激励理论，主要有内容型激励理论、过程激励理论、行为改造理论与综合激励理论。内容型激励理论是从研究人的心理需要而形成的激励理论。它着重对激励诱因与激励因素的具体内容进行研究，其代表性理论有 Maslow（1954）的需求层次理论、Alderfer（1972）的 EGR 理论（即生存、关系和成长理论）、McClelland（1961）的成就需要理论以及 Herzberg（1957）的“激励—保健”双因素理论。过程激励理论着重研究人的行为动机形成和行为目的选择的心理过程。这类理论最具代表性的是 Vroom（1964）的期望效价理论、Adams（1963）的公平激励理论、Locke（1960）的目标设置理论。行为改造理论是指人的行为是作用于一定环境的，企业外部环境对人的行为有着重要的影响，激励的目的是改造和修正人的行为方式。这类理论包括 Fritz Heider（1958）以人本主义为基础的归因理论，Skinner（1957）等人以行为主义为基础的强化理论和挫折理论等。综合激励理论主要是把内外激励因素都考虑进去，系统地描述激励全过程，以期对人的行为作出更为全面的解释，克服单个激励理论的片面性。Robert House 在双因素理论和期望理论的基础上提出了激励力量理论；Baron（1986）提出了 VIE 理论；Porter and Lawler（1968）建立了期望理论模型。

随着激励理论的日益成熟，越来越多的企业将其应用到实际的经营者激励中，学者们对经营者报酬契约中激励的强度、方式和分类等方面也进行了深入的探索与研究。一些学者认为，出于对企业业绩最大化的考虑，委托人必然要以某种形式激励代理人努力工作，而这种激励的方式和强度，又往往和公司的治理结构紧密相关。Ross（1973）最初提出了基于公司经理的委托代理问题，确立了委托人在代理人参与约束与激励相容约束下最大化其效用的基本框架。之后，大量学者的研究完善了基于业绩的补偿机制。Holmstrom and Milgrom（1987）给出了一个简单的模型，指出在指数效用函数误差服从正态分布的假设下，最优合同中补偿与信号的关系是线性的，换句话说，企业经营者的报酬应当与企业业绩呈现出某种程度的线性关系。这一模型由于贴近现实而具有强大的解释力，成为经营者薪酬设计理论的基石，也为代理理论的实证检验提供了便利条件。

20 世纪 90 年代初开始，基于代理理论的实证检验开始大量出现。实证研究的核心是契约的有效性问题，即激励契约的薪酬—业绩敏感性。做出开创性贡献的是 Jensen and Murphy（1990），他们发现高管报酬业绩敏感性偏低，表明高管报酬对其努力的激励偏低（Rosen，1992），即使是具有极低的风险规避度的经营者，其表现也与此结果一致（Haubrich，1994）。此外，也有实证结果表现出二者之间具有更高的敏感度，此类研究如 Hall and Liebman（1998），Kato and Long（2005），Giorgio and Arman（2008）。

以上薪酬确定模式是基于传统的代理理论，被称为最优契约模式。当面临过高的激励强度，或者薪酬与绩效弱相关或不相关，单纯的激励契约已经难以解释企业及经理人的行为，许多学者开始转向公司控制系统内部来寻求答案。Mueller and Yun（1997）比较了两类模型，一类是经营者作为代理人，由股东作为委托人根据其努力程度提供报酬，另一类是经营者决定其报酬的模型，他们以投资回报率代表经营者的努力程度，后一模型更好地解释了为什么一些经营者的收入比最优契约模式所预期的要高。Bebchuk，Fried and Walker（2002）与 Bebchuk and Fried（2003）认为经营者对自身报酬的制定有着相当的影响力，Bebchuk（2006）认为这些影响力可能来自较弱的董事会、市场监管、分散的股权结构、对股票及股票期权的相机处理。这一理论被称做管理权力模式，对经营者薪酬，尤其是对偏高的薪酬结构，具有相当强的解释力。

最优契约论和管理权力论都将激励分为两大类：显性激励和隐性激励。显性激励是指在委托契约中注明的由股东会授予经营者的报酬激励，企业经营业绩的增减通常会同向影响经营者显性激励的增减，而隐性激励是内生于公司经营者的自我驱动力。不同于物质类的显性激励，这种无形的激励模式可以显著地影响经营者的行为模式和工作积极性，因此被称为隐性激励。隐性激励常表现为晋升和声誉，组织内不同层级待遇的差别可以激励经营者努力工作，以增加其被提升的可能性，尤其在层级较多的大企业，这种激励方式相当普遍（Grossman and Hart，1988；张维迎，1999；权小锋、吴世农和文芳，2010）。Fama（1980）认为，即使没有显性激励的合同，经营者也会有积极性努力工作，因为这样做可以改进自己在经理市场上的声誉，从而提高自己的未来收入。但是，随着职业生涯逐渐接近尾声，声誉的未来贴现减少，声誉机制的影响力也就随之下降，经营者可能不再考虑自身声誉问题，而发生逆向选择和道德风险（Holmstrom，1982）。

三、基本问题分析

从前文的文献回顾可知，如何客观地评价经营者的业绩，以及如何有效地对经营者进行激励，是学者们关注的两个焦点。围绕这两个焦点，我们在本节讨论两个基本问题：一个是经营者业绩评价指标的选择和评价标准问题，这一问题紧密关系到如何客观地评价经营者的业绩；另一个是经营者激励契约的设计问题，这一问题紧密关系到经营者激励的有效性。

（一）经营者业绩评价的客观性：评价指标的选择和评价标准问题

作为激励机制的一个基础性环节，委托人通过业绩评价体系的设计和选择来制定激励制度，引导经营者的经营管理行为和努力方向，并且根据绩效评价的结果向经营者兑现契约性报酬，这又进一步强化了对经营者的激励效果，所以，业绩评价为如何激励经营者提供了最基本的依据。经营者业绩评价是否客观，对于经营者的激励效果具有决定性的影响，而经营者业绩评价的客观性程度取决于业绩评价指标的选择和评价标准。关于这一问题，我们从业绩评价指标选择的单一性和综合性、业绩评价标准的绝对性和相对性两个方面进行分析。

1. 经营者业绩评价指标选择的单一性和综合性问题

经营者业绩评价指标选择的单一性和综合性问题，是指业绩评价指标的选择是单一的还是多项的，是财务的还是财务与非财务的结合，属于经营者业绩评价指标的选择问题。

长期以来，国内外学者已有的研究文献中关于经营者业绩的评价指标，一方面大多数直接使用了单一指标的绩效形式，另一方面主要采用财务指标而较少涉及非财务指标。例如，采用表示市场价值的企业市值、股价波动等指标，或者采用表示盈利水平的每股收益、净资产收益率等指标，这些都是单一形式的财务指标。实际上，财务业绩常常用来评价管理层业绩，其初衷主要是因为其易于观察，并且财务业绩与管理层的努力之间有着高度的相关性（Watts and Zimmerman，1986），而并非出于对经营者业绩准确评价的目的。从业绩评价的发展成果来看，基于财务基础的业绩评价方法主要有杜邦分析法、沃尔评分法、责任中心业绩指标和 EVA 指标等，这些方法和指标的局限性主要在于：只重视财务结果而忽略了市场价值创造的过程，主要关注短期绩效而将长期绩效置于次要地位。

例如，一家处于成长期的企业，其经营者的业绩可能主要体现在市场份额的不断扩大，规模经济的不断形成，这些往往是关系企业长期发展利益的主要的市场价值创造过程，但是这些业绩并不能依靠单一形式的财务指标来反映，因此不能全面考察经营者的业绩。目前备受推崇的 EVA 指标虽然是一种扣除了包括股本成本在内的所有资本成本后的利润，即股东财富的净增加，但是，计算 EVA 指标中使用的要素成本以要素的账面价值为基础，无法反映要素的市场价值，因此对要素成本的扣除不够准确，对市场价值创造的过程无法清晰地予以反映，尽管修正的经济增加值指标（REVA）进一步提高了 EVA 指标衡量企业新增价值的准确性和客观性，但是依然不能摆脱单一关注财务结果和短期绩效的局限；并且，无论 EVA 指标多么优越，归根结底仍然是基于财务指标进行的财务评价，非财务业绩指标的运用不够，而且只能局限于经营业绩的事后评价（被动的结果评价）。遗憾的是，目前学者们在财务学的各类实证研究中仍然主要采用单一的财务指标作为经营者业绩的表征变量。实际上，即使直接将财务业绩指标作为经营者业绩评价指标，也进一步产生了另一个问题，即选择什么财务指标来评价经营者业绩的问题。由于财务业绩评价指标选择的差异，即使在样本完全相同的实证研究中，也可能有着截然相反的研究结论。

值得庆幸的是，由于财务业绩指标固有的局限性，理论界和实务界开始致力于将财务指标、非财务指标与企业战略联系起来，将经营者业绩评价从单一形式的财务业绩评价推进到战略业绩评价，这是一个重大的进步。平衡计分卡和业绩三棱镜等战略业绩评价体系被世界各大公司广泛采用（Micheli and Manzoni，2010）。战略业绩评价包括了与企业经营策略相关的财务和非财务业绩评价（Franco-Santos et al.，2012），能够推动企业战略的实施并提高企业的综合业绩。战略业绩评价体系与之前的其他业绩评价体系不同，它是长期战略与经营目标的综合，并从多个角度进行业绩评价（Bisbe and Malagueno，2012）。

但是，新的问题又出现了。虽然战略业绩评价体系提高了经营者业绩评价的综合性，进而有利于更加客观和真实地反映经营者的努力程度和结果，但是，在提高业绩评价客观性的同时也增加了大量人为的定性评价成分，在一定程度上增加了业绩评价的主观性，从而抵消了一部分增量的客观性和真实性。例如，由于一些非财务指标很难或者不可能科学量化，不得不采用大量的人为判断的方法（如专家评分法）对这些非财务指标进行赋值、取值和定性。所以，现有的研究和实务中，财务指标和非财务指标的结合往往意味着客观的定量与主观的定性相结合。在综合性指标体系中，如何尽可能地降低主观性评价对客观性指标造成的不利影响，是越来越值得我们深入思考的问题。

2. 经营者业绩评价标准的绝对性和相对性问题

经营者业绩评价的绝对性和相对性问题关系到业绩评价的标准，并最终影响激励效果。这是因为，若要评价经营者的业绩，就必须设置业绩指标的标准值，即业绩评价标准，并以经营者业绩指标的实际水平与其标准值进行比较，判断经营者业绩的优劣。

以杜邦体系、EVA 指标、平衡计分卡和业绩三棱镜为代表的绝对业绩评价指标，一直被大量的学者在学术研究中采用，也被世界上众多的企业沿用至今，在评价经营者业绩方面发挥了重要的作用。但是，不同的企业在运用这些绝对指标时，由于采用的评价标准无法统一，导致了评价结果的差异。例如，采用同一指标或指标体系，将经营者业绩指标值的实际水平与其标准值进行比较时，不同的企业所做出的经营者业绩优劣的判断并不完全一致。我们发现，这些绝对指标或指标体系对于共同冲击带来的影响考虑得并不充分，这是它们在评价标准方面的最大局限。实际上，经营者的产出信号不仅受到自身努力的影响，同时也受到其他经营者努力的影响；或者，当经营者受到金融危机等共同因素或系统性风险的冲击时，其他经营者的产出也可能包含有关该经营者努力水平的有价值的信息。但是，绝对业绩评价指标并不能充分反映或包含以上必要的信息，因此所确立的评价标准和得出的评价结果也就不能完全保证经营者业绩评价的客观性。

如何解决绝对业绩评价指标带来的问题？一种解决方案是采用相对业绩评价指标。由于公司是一个开放的系统，会受许多不能直接与管理层业绩相关的外在因素影响，因此，只使用公司的绝对业绩指标来衡量管理层的业绩将会有所偏差（Chen，2012）。循着这一逻辑，相对业绩评价可能会更好地消除这种偏差。Holmstorm（1982）开创了相对业绩评价（RPE）理论。相对业绩评价是在委托代理框架下基于多代理人情形的一种特殊的激励机制，其基本含义是，当经营者的产出信号不仅受其自身努力的影响，同时也受其他经营者努力的影响时，或者当经营者受到宏观环境下共同因素的冲击时，其他经营者的产出中也可能含有该经营者努力水平的有价值的信息，因此，给予经营者的报酬应该不仅仅基于经营者的绝对业绩，还要考虑相对业绩，这样，就可以部分地消除经营者受到共同冲击的影响，更精确地推断经营者的努力程度，更客观地评价经营者的业绩。

例如，按照相对业绩评价的基本思想，当行业中企业数量众多时，以本行业中其他企业的平均业绩作为标准来设计激励机制，行业中的系统风险和共同风险便可以过滤掉，从而消除对经营者所附加风险的根源，提高激励效果。因此，相对业绩评价比绝对业绩评价更能够确定客观的业绩评价标准，促进激励效果。学者们的研究也表明，相对业绩的比较信息能够改进委托代理关系中的激励效率（Meyer，1997；Garvey et al.，2003；Gong et al.，2011）。

虽然相对业绩评价方法可以克服绝对业绩评价存在的问题，但是也产生了一个新问题，即实证检验与理论假说之间的矛盾所导致的“相对业绩评价之谜”（Abowd and Kaplan，1999）。在相关文献中，国内外学者大多以行业或市场平均业绩作为相对业绩评价的标准，但是实证结果几乎都发现行业平均业绩与经营者薪酬之间不存在显著的负相关关系（Antle and Smith，1986；Janakiraman et al.，1992；肖继辉，2004），这与 Holmstorm（1982）的理论假说相背离。相对业绩评价之谜的存在严重阻碍了学者们进一步研究相对业绩评价的信心和动力，这是一个必须突破的问题。值得我们反思的是，“相对业绩评价之谜”是否由业绩指标的单一性造成？

在这一问题上，周宏（2008，2010）给出了一个较好的解决方案，即采用因子分析的方式构建了企业绩效指标体系，探索了相对业绩评价的绩效形式，基于绩效指标体系计算出综合绩效评价指数，从而为相对业绩评价的验证提供了新视角，为解释“相对业绩评价之谜”做出了重要贡献。

但是当我们循着这种思路，再将其与前文“经营者业绩评价指标的单一性和综合性问题”结合起来，进一步思考后就会发现，目前相对业绩评价的绩效形式仍然局限于财务指标或财务指标体系，尚未充分考虑包括财务和非财务指标在内的综合性指标体系（如战略业绩评价体系）。

（二）经营者激励的有效性：激励契约的设计问题

如前所述，在企业中有两种重要的契约：一种是规范剩余索取权的契约；另一种是设计决策过程的契约（Fama and Jensen，1983）。Borgen（2004）认为激励问题有许多形式，并且它们共同的核心问题是假定代理人不能为他的选择和行为承担所有的影响及后果。这些激励问题有些是与投资相关（investment-related）的，有些是与决策相关（decision-related）的。前者尤其关注的是义务、权利和剩余索取权的风险，例如作为投资者的义务和责任，这类与投资相关的激励问题主要源于产权理论，即产权理论为所有者提供了剩余收益的索取权；而后者更直接地与决策机制相关，这类决策相关的激励问题来源于委托代理问题，需要用代理理论进行解释。越来越多的学者将产权理论和代理理论作为理论框架用于研究激励问题（Vitaliano，1983；Porter and Scully，1987；Cook and Iliopoulos，2000；Nilsson，2001）。因此，在这里，我们基于产权理论和代理理论，围绕经营者激励的有效性，分析激励契约的设计及其经济后果问题。

1. 产权理论与委托代理理论对经营者激励问题的阐释

产权理论是新制度经济学的重要分支之一。产权理论认为，企业所有权是剩余索取权与剩余控制权的统一，效益最大化要求剩余索取权与剩余控制权相对应。为了减少和规避企业团队内部的机会主义动机与行为，一种办法是通过市场机制来解决，另一种办法就是让部分员工专门从事监督其他员工的工作，并授予他改变个别员工的资格以及分配员工报酬的权力。这就必须给监督者一定的激励，即在产权上重新安排，赋予监督者剩余索取权，以提高其监督的积极性，防止监督者自己产生偷懒行为（Alchian and Demsetz，1972）。从人力资本的角度看，经营者是其人力资本的完全所有者，不可避免地存在“道德风险”和“逆向选择”，所以，需要对人力资本所有者给予恰当的激励和监督。在这种情况下，只有将经营者人力资本进行产权化，才能充分发挥这种稀缺资源的作用；而经营者人力资本产权化的内在要求是享有企业的剩余索取权。所以，在经营者激励方面，一个具有专用人力资本的经营者所获取的报酬中应该包括对企业剩余索取权的享有，这是对企业人才最有效的激励，能够实现激励相容（Schultz，1960；Mincer，1974；Becker，1975，1986）。超产权论（beyond property-right argument）比产权论更加强调外部环境的竞争对企业绩效的作用，更具理论的内在逻辑性与实证解释的说服力，进一步发展和丰富了产权论的基本观点。超产权论认为，利润激励与经营者努力投入未必存在必然的正向关系，利润激励只有在市场竞争的前提条件下，才能发挥其刺激经营者增加努力与投入的作用（Tittenbrun，1996；Martin and Parker，1997）。

在新制度经济学中引入信息不对称假设，就形成了委托代理理论。为了消除委托代理关系中信息不对称所导致的“道德风险”和“逆向选择”问题，就必须进行激励和约束安排，对这些问题的解决形成了现代企业激励理论的核心。委托代理理论的研究者特别关注决策制定过程的无效性，低效经营战略的执行和过高的影响成本都是和决策问题密切相关的。在标准的委托代理理论模型中，“代理人”拥有私有信息，而“委托人”不拥有私有信息。委托代理理论要解决的问题是如何设计一个对代理人进行激励的最优契约，使代理人（经营者）从自己的利益出发来选择对委托人（股东）最有利的行动。但是，委托人（股东）不能直接观测到代理人（经营者）的行动，而只能通过可观测到的一些变量来反映代理人（经营者）行动的不完全信息，以此为依据来奖励或惩罚代理人（经营者），达到激励代理人（经营者）选择对委托人（股东）最有利的行动。因此，标准的委托代理理论模型是为委托人如何实现期望效用最大化而设计的，委托人的效用是支付给代理人的报酬、代理人的产出绩效、代理人的最佳投入水平、外生变量以及委托人的监督成本的函数。在这一函数中，委托人可控的因素主要包括支付给代理人的报酬和委托人的监督成本，其余的因素均由代理人控制。所以，在标准的委托代理关系中，委托人运用其可控的支付给代理人的报酬和监督成本来激励和监督代理人，使代理人付出最佳水平的投入，即激励相容约束；此外，还必须使代理人所得到的报酬大于其不从事此项代理活动或为其他委托人代理所获得的报酬（保留效用），即参与约束。可见，委托人为了减少损失及最大化自身利益，需要通过契约的形式来激励、监督代理人，在委托人和代理人之间达成一种均衡——在该均衡状态下能够尽量减少因双方的目标冲突所带来的损失，更好地满足双方的利益。

2. *激励契约理论与实践的模拟偏差问题*

产权理论和委托代理理论对激励问题的阐释是十分成功的，但是，它们所给出的最优激励契约是否能够全面地模拟现实世界？这是个重要的问题。我们以 Holmstrom and Milgrom（1991）以及后继研究者们所构建的模拟现实的激励契约为例，分析激励契约理论与实践的模拟偏差问题。在该契约模型中，当客观信号不准确时，主观信号的激励强度系数就会大一些；相反，当主观信号不准确时，客观信号的激励强度系数就会大一些，即相对越精确的观测信号能够在激励中赋予更大的权重。可是，正如张巍（2006）指出的那样，该契约模型过分地关注激励与保险的权衡，忽略了现实世界中其他因素的影响，造成了激励契约理论与现实之间的模拟偏差。

问题之一是，激励契约模型中的效用函数忽略了现实中的财富效应。现实世界中的效用函数是绝对风险规避递减而相对风险规避递增的，即随着经营者收入的增加，愿意承担的风险水平是递增的，但其相对于自身财富的份额则是递减的，因此，对于具有不同初始财富水平的经营者（代理人），对其实际激励强度也应该是不同的。这一问题削弱了理论激励契约对现实世界的指导意义。

问题之二是，没有考虑现实中经营者努力程度对于业绩方差的影响，即经营者的期望效用随着努力程度的增加而增加，但与风险因素无关。而在现实世界中，由于经营者面临着更大的不确定性，其业绩与努力程度并非线性关系。经营者的努力可能使企业变好，但波动性可能增大，导致的结果可能是努力带来的业绩水平低于不努力的业绩水平。特别是在经济环境不确定的条件下，这一问题直接影响了经营者激励效果的有效性。

3. 隐性激励契约的经济后果问题

在两权分离的现代公司中，高管薪酬激励理论包括最优契约理论（Jensen and Meckling，1976）和管理层权力理论（Bebchuk and Fried，2002，2004）。经营者的激励契约由显性契约和隐性契约两部分构成（Chen，Li and Liang，2010），作为最优契约与管理层权力相结合的产物，高管薪酬进一步划分为货币薪酬和控制权薪酬两部分，前者指高管获得的工资、奖金、津贴与股票、期权和保障基金等收入；后者是与控制权相联系的非货币形态的薪酬，它包括在职消费、权力和自我实现带来的满足感、通过资源的使用和转移得到的好处等（Grossman and Hart，1988；张维迎，1999；权小锋、吴世农和文芳，2010；杨蓉，2011；Luo，Zhang and Zhu，2011）。

现实世界里长期以来一直存在着由经营者隐性激励契约所致的控制权薪酬。虽然经营者的控制权薪酬难以度量，但是对它的研究却方兴未艾。企业内部的商业决策功能分为决策控制和决策管理两部分，其实施者分别为股东和经理人（Fama and Jensen，1983），然而，由于经理人的信息优势，双方博弈的结果是股东保留剩余索取权和一部分剩余控制权，而把另一部分剩余控制权转让给经理人。经理人由于拥有了决策管理权和一部分剩余控制权而成为企业实际上的控制者，通过剩余控制权的行使来影响激励契约特别是隐性契约的安排，获得控制权薪酬。实际上，由于薪酬契约的替代性（陈冬华、梁上坤和蒋德权，2010），特别是在薪酬管制的背景下，经营者往往通过职位权力获得在职消费等控制权薪酬，由控制权回报所决定的自我隐性激励机制会产生管理层过度的自利行为（徐宁、谭安杰，2003），尤其是垄断行业管理层薪酬中不合理部分的比重高于竞争行业（岳希明、李实和史泰丽，2010）。

于是，问题出现了，即经营者的控制权薪酬带来了怎样的经济后果？以在职消费为例，我们发现，国内外学者关于在职消费与企业价值的关系尚未形成统一的定论。在效率观看来，作为提高声望的一种“地位商品”（Hirsch，1976），公司为经营者提供在职消费的初衷在于提高其管理效率，或者强化其地位与权威（Rajan and Wulf，2006），从而有助于提高管理效率，节约组织内部的交易成本，提高公司的组织效率；我国国企在职消费已成为企业高管的首要激励因素，在特定条件下，高管拥有在职消费有利于企业经营目标的实现（黄群慧，2000）；在信息不对称的条件下，在职消费作为一种激励具有独立于货币薪酬存在的价值（陈冬华、陈信元和万华林，2005；Chen，Li and Liang，2010）。然而，这并非意味着在职消费可以无限度地获取，因为在代理观看来，尽管在职消费是高管依据职权所能享有的特殊待遇，但是在职消费并不是提升公司业绩所必需的报酬；相反，在职消费具有负面的经济后果，是经营者和外部股东代理冲突的一种，会降低企业价值（Jensen and Meckling，1976），因为从性质上来看，在职消费由于它的私人收益属性，意味着它的财务成本超过了其带来的效率增量（Hart，2001）。在中国，薪酬管制导致在职消费和腐败的滋生，薪酬管制的存在与高管腐败发生的概率正相关，在职消费作为企业代理成本的增加最终影响企业的绩效（陈信元、陈冬华、万华林和梁上坤，2009；刘银国、张劲松和朱龙，2009）。就国企而言，国有最终控制公司高管人员的在职消费程度与公司业绩负相关（罗宏、黄文华，2008；周仁俊、杨战兵和李礼，2010）。

对这一问题进一步分析，我们发现经营者控制权薪酬“是”与“非”的争论导致了一系列无法解释的悖论。悖论之一是高管努力获取控制权薪酬的行为与其他利益相关者法律保护之间的悖论。一方面，按照经济人假设，企业高管作为自利的经济人，其谋求控制权薪酬最大化的行为是合情合理的；另一方面，国家和企业基于契约理论制定法规来保护其他利益相关者的利益，这又是天经地义的。如果代理观对高管控制权薪酬的定性是正确的，那么就等于在一定程度上否定了高管所拥有的任何控制权薪酬，也就等于部分否定了高管在正常经营管理中拥有的对企业价值有积极贡献的决策权，以及与之对应的生产性努力成本；如果效率观对高管控制权薪酬的定性是正确的，那么就等于在一定程度上否定了现有保护其他利益相关者利益的法规。悖论之二是高管获取和维持控制权的努力成本应该得到补偿与不应该得到补偿之间的悖论。如果高管控制权薪酬属于代理成本之一，那么高管为了获取和维持控制权所付出的努力成本就不应该得到补偿，即使得到补偿也是不合理的；如果高管拥有控制权薪酬有利于提高企业价值，那么高管为了获取和维持控制权所付出的生产性努力成本就应该得到补偿，而且这种补偿也是合理的。悖论之三是高管控制权薪酬的获取具有可持续性与不具有可持续获得性之间的悖论。按照代理观，高管控制权薪酬的获取不具有可持续性，因为这种机会主义行为必将使企业衰落并损害高管的长期利益；按照效率观，高管控制权薪酬由于对企业业绩有正面作用，因此是可持续的，然而这使得相关者利益保护的法规变成了一纸空文。

（三）小结

在本节中，我们分析了经营者业绩评价与激励的两个基本问题，也是相当重要的问题。在经营者业绩评价指标的选择和评价标准问题中，我们紧紧围绕如何客观地评价经营者的业绩来展开讨论，重点分析了业绩指标选择的单一性和综合性、业绩评价标准的绝对性和相对性两个方面；在经营者激励契约的设计问题中，我们紧紧围绕经营者激励的有效性，讨论了激励契约理论与实践的模拟偏差问题以及隐性激励契约的经济后果问题。对这些基本问题的分析为进一步的研究提供了一个大致的框架。

限于篇幅，本章只分析了几个主要的问题，有关财务研究方法问题在本书中有专门章节讨论，同时读者可以将其与经营者业绩评价和激励相关的研究论文相结合，了解本专题的方法论问题。

四、未来研究方向

如何保证经营者业绩评价的客观性，以及如何促进经营者激励的有效性，仍然是值得进一步探索和研究的问题。鉴于目前的研究现状和研究不足，建议未来从以下四个方面入手。

（一）业绩评价指标的综合性与客观性并重

在基本问题分析中，我们讨论到经营者业绩评价指标的综合性时，虽然财务指标和非财务指标的结合能够提高经营者业绩评价的全面性，从而增强了客观性，但从评价方法上来看，综合性也往往意味着客观的定量方法与主观的定性方法相结合，这反而削弱了原本作为目标的客观性。

所以，未来需要研究的重要问题是，在综合性指标体系中，如何降低主观性评价对客观性造成的不利影响，如何做到经营者业绩评价指标的综合性与客观性并重？如果这一问题解决不好，我们将很难对那些采用综合性指标进行业绩评价的研究结果抱有足够的信心。

（二）业绩评价指标的综合性与评价标准的相对性相结合

关于如何客观地评价经营者的业绩，虽然业绩指标选择的单一性和综合性、业绩评价标准的绝对性和相对性是基于不同角度的两个方面，但是，将二者相结合来考虑如何促进经营者业绩评价的客观性，不失为一个很好的研究方向。

例如，在现有的研究中，一方面无论是单一的财务指标还是综合性的战略业绩指标体系，大多采用了绝对业绩评价的绩效形式，而与之对应的相对业绩评价的绩效形式比较罕见；另一方面，目前相对业绩评价的绩效形式虽然在指标的设计形式上接近了综合性，但是，仍然没有完全跳出财务指标体系的束缚，即没有充分考虑财务和非财务指标之间相融合的综合性。

所以，在有关经营者业绩评价的研究中，如何既考虑业绩评价的相对性，又考虑业绩指标的综合性（财务与非财务的结合），这是一个相当复杂却又值得进一步探索的方向。

当然，这并不意味着在研究经营者业绩评价时，只采用相对业绩评价而抛弃绝对业绩评价；相反，应该将绝对业绩评价和相对业绩评价相结合。这是因为每个企业都有不同于其他企业的特质，绝对业绩评价比相对业绩评价更能够反映这种特质。这与企业面临的两种风险即企业特有风险和系统性风险紧密相关。绝对业绩评价更关注经营者在面临企业特有风险时所做出的贡献，而相对业绩评价则更关注经营者在不可抗的系统性风险中做出的真实努力。所以在未来的研究方向中，将绝对业绩评价和相对业绩评价相结合，有助于提升经营者业绩评价的客观性。

（三）如何基于实践对激励契约理论进行纠偏

正如我们在基本问题分析中所讨论的那样，激励契约模型中的效用函数往往忽略了现实世界中的财富效应，也没有充分考虑现实中经营者努力程度对于业绩波动的影响，这种理论与现实的偏差一定程度上造成了经营者激励的失效。因此，如何基于实践对激励契约理论进行纠偏，成为摆在学者面前的主要问题，也是未来要研究的主要方向之一。

一种可能的研究途径是采用证据理论，考虑将不同经营者的差异化初始财富水平以及由此带来的有限责任变量嵌入模型，同时，充分考虑企业业绩与经营者努力程度的非线性关系，将风险因素嵌入期望效用函数，从而对已有的模拟现实的激励契约模型进行修正。当然，这不是一件容易的事情，因为修正后的激励契约模型必须能够经受住实证证据的检验。

（四）如何科学地解释隐性激励契约导致的悖论

在分析激励契约设计的有效性问题时，我们讨论了隐性激励契约的经济后果。我们发现，有关经营者控制权薪酬“是”与“非”的争论导致了三个无法解释的悖论。如何解释这些悖论，实现理论与现实的科学对接，是未来需要深入研究的重要问题。

实际上，为了使企业适应多变的客观环境，赋予经营者一定的控制权（经营控制权）是必要的。但是，在企业正常的经营和管理过程中，经营者努力的程度及其可获得的薪酬必须依据可观测的企业业绩为标准来衡量，这可能导致其付出的人力资源成本（生产性努力成本和分配性努力成本）面临不同程度的风险：在不确定信息环境中，即使经营者付出了足够的生产性努力成本，也未必能够因取得良好业绩而得到货币薪酬的完全补偿；同理，由于存在着系统性风险，企业业绩不佳也并不意味着经营者的生产性努力程度不够。所以，经营者的生产性努力成本与货币薪酬无法完全配比，通过赋予经营者一定的控制权薪酬来补偿那些未得到货币薪酬补偿的生产性努力成本是合理的；但是由于缺乏显性激励契约的约束，这种补偿往往通过经营者经营控制权的实施而实现，于是产生了控制权薪酬泛滥的隐患。

因此，就隐性激励契约的经济后果而言，经营者对控制权薪酬的获取是否合理？我们既不能否定一部分控制权薪酬所带来的正向激励效果，也不能否定另一部分控制权薪酬所带来的负面效应。但是，从什么角度以及如何界定合理的控制权薪酬和不合理的控制权薪酬，这是未来研究的一个难点。

建议阅读文献

[1] 陈冬华，梁上坤，蒋德权. 不同市场化进程下高管激励契约的成本与选择：货币薪酬与在职消费 [J]. 会计研究，2010 (11)：56～64

[2] 陈信元，陈冬华，万华林等. 地区差异、薪酬管制与高管腐败 [J]. 管理世界，2009 (11)：130～143

[3] 池国华，迟旭升. 我国上市公司经营业绩评价系统研究 [J]. 会计研究，2003 (8)：45～47

[4] 丁保利，王胜海，刘西友. 股票期权激励机制在我国的发展方向探析 [J]. 会计研究，2012，6：76～80

[5] 高晨. 主观业绩评价研究：述评与启示 [J]. 会计研究，2008 (4)：84～88

[6] 胡亚权，周宏. 高管薪酬、公司成长性水平与相对业绩评价——来自中国上市公司的经验证据 [J]. 会计研究，2012 (5)：22～28

[7] 卢锐，魏明海，黎文靖等. 管理层权力、在职消费与产权效率 [J]. 南开管理评论，2008，11 (5)：85～92

[8] 吕长江，严明珠，郑慧莲等. 为什么上市公司选择股权激励计划？ [J]. 会计研究，2011 (1)：68～75

[9] 罗宏，黄文华. 国企分红、在职消费与公司业绩 [J]. 管理世界，2008，9 (3)：7～10

[10] 权小锋，吴世农，文芳. 管理层权力、私有收益与薪酬操纵——来自中国国有上市企业的实证证据 [J]. 经济研究，2010 (11)：73～87

[11] 王化成，刘俊勇. 企业业绩评价模式研究 [J]. 管理世界，2004 (4)：82～91

[12] 吴育辉，吴世农. 高管薪酬：激励还是自利？[J]. 会计研究，2010 (11)：40～48

[13] 夏纪军，张晏. 控制权与激励的冲突——兼对股权激励有效性的实证分析 [J]. 经济研究，2008 (3)：87～98

[14] 谢德仁. 经理人激励的业绩基础选择：理论分析与经验证据 [J]. 会计研究，2004

(7)：55～60

[15] 徐宁，谭安杰．控制权收益及其资本化趋势 [J]．会计研究，2003 (9)：39～42

[16] 燕志雄，费方域．企业融资中的控制权安排与企业家的激励 [J]．经济研究，2007 (2)：111～123

[17] 杨蓉．垄断行业企业高管薪酬问题研究：基于在职消费的视角 [J]．复旦学报（社会科学版），2011 (5)：133～140

[18] 岳希明，李实，史泰丽．垄断行业高收入问题探讨 [J]．中国社会科学，2010 (3)：77～93

[19] 张巍．激励为什么失效——理论、实践及启示 [J]．管理科学，2006，19 (4)：22～28

[20] 甄朝党，张肖虎，杨桂红．薪酬合约的激励有效性研究：一个理论综述 [J]．中国工业经济，2005 (10)：66～72

[21] 支晓强，戴璐．组织间业绩评价的理论发展与平衡计分卡的改进：基于战略联盟情景 [J]．会计研究，2012 (4)：79～86

[22] 周宏，刘玉红，张巍．激励强度、公司治理与经营绩效——基于中国上市公司的检验 [J]．管理世界，2010 (4)：172～173

[23] 周宏，王海妹，张巍．相对绩效评价的绩效形式研究 [J]．会计研究，2008 (6)：72～76

[24] 周宏，张巍．中国上市公司经理人薪酬的比较效应——基于相对业绩评价的实证研究 [J]．会计研究，2010 (7)：50～56

[25] 周仁俊，高开娟．大股东控制权对股权激励效果的影响 [J]．会计研究，2012 (5)：50～58

[26] 周仁俊，喻天舒，杨战兵．公司治理、激励机制与业绩评价 [J]．会计研究，2005 (11)：26～31

[27] 周守华，王海妹，张巍，周宏．激励强度、公司治理与企业业绩研究综述 [J]．会计研究，2008 (10)：60～65

[28] 周守华，张巍，周宏．逆向选择下信息系统的选择标准 [J]．南开管理评论，2009，12 (5)：77～81

[29] Baker，G. P.，Jensen，M. C.，Murphy，K. J. Compensation and incentives：Practice vs. theory [J]. *The Journal of Finance*，1988，43 (3)：593-616

[30] Bebchuk，L. A.，Fried，J. M.，Walker，D. I. Managerial power and rent extraction in the design of executive compensation [J]. *University of Chicago Law Review*，2002，69：751-846

[31] Bisbe，J.，Malagueño，R. Using strategic performance measurement systems for strategy formulation：Does it work in dynamic environments? [J]. *Management Accounting Research*，2012，23 (4)：296-311

[32] Burney，L. L.，Henle，C. A.，Widener，S. K. A path model examining the relations among strategic performance measurement system characteristics，organizational justice，and extra- and in-role performance [J]. *Accounting，Organizations and Society*，2009，34 (3)：305-321

[33] Cardinaels, E. , van Veen-Dirks, P. M. G. Financial versus non-financial information: The impact of information organization and presentation in a Balanced Scorecard [J]. *Accounting, Organizations and Society*, 2010, 35 (6): 565-578

[34] Cruz, I. , Scapens, R. W. , Major, M. The localisation of a global management control system [J]. *Accounting, Organizations and Society*, 2011, 36 (7): 412-427

[35] Fama, E. F. , Jensen, M. C. Separation of ownership and control [J]. *Journal of Law and Economics*, 1983, 26 (2): 301-325

[36] Franco-Santos, M. , Lucianetti, L. , Bourne, M. Contemporary performance measurement systems: a review of their consequences and a framework for research [J]. *Management Accounting Research*, 2012, 23 (2): 79-119

[37] Garvey, G. , Milbourn, T. Incentive compensation when executives can hedge the market: Evidence of relative performance evaluation in the cross section [J]. *The Journal of Finance*, 2003, 58 (4): 1557-1582

[38] Gong, G. , Li, L. Y. , Shin, J. Y. Relative performance evaluation and related peer groups in executive compensation contracts [J]. *The Accounting Review*, 2011, 86 (3): 1007-1043

[39] Goodale, J. C. , Kuratko, D. F. , Hornsby, J. S. , et al. Operations management and corporate entrepreneurship: The moderating effect of operations control on the antecedents of corporate entrepreneurial activity in relation to innovation performance [J]. *Journal of Operations Management*, 2011, 29 (1): 116-127

[40] Grafton, J. , Lillis, A. M. , Widener, S. K. The role of performance measurement and evaluation in building organizational capabilities and performance [J]. *Accounting, Organizations and Society*, 2010, 35 (7): 689-706

[41] Grossman, S. J. , Hart, O. D. One share-one vote and the market for corporate control [J]. *Journal of Financial Economics*, 1988, 20 (1-2): 175-202

[42] Hall, M. Do Comprehensive Performance Measurement Systems Help or Hinder Managers'Mental Model Development? [J]. *Management Accounting Research*, 2011, 22 (2): 68-83

[43] Hart, O. Financial Contracting [J]. *Journal of Economic Literatrue*, 2001, 39 (4): 1079-1100

[44] James, M. The Optimal Structure of Incentives and Authority within an Organization [J]. *Bell Journal of Economics*, 1976, 7 (1): 105-131.

[45] Jensen, M. C. , Meckling, W. H. Theory of the firm: managerial behavior, agency cost s and ownership structure [J]. *Journal of Financial Economics*, 1976, 3 (4): 305-360.

[46] Jensen, M. C. , Murphy, K. J. Performance Pay and Top-Management Incentives [J]. *Journal of Political Economy*, 1990, 98 (2): 225-264

[47] Kaplan, R. S. , Norton, D. P. *Strategy Maps: Converting Intangible Assets into Tangible Outcomes* [M]. Allston: Harvard Business School Press, 2004

[48] Lee, C. L. , Yang, H. J. Organization structure, competition and performance measure-

ment systems and their joint effects on performance [J]. *Management Accounting Research*, 2011, 22 (2): 84-104

[49] Luo, W., Zhang, Y., Zhu, N. Bank Ownership and Executive Perquisites: New Evidence from an Emerging Market [J]. *Journal of Corporate Finance*, 2011, 17 (2): 352-370

[50] Rajan, R. G., Julie Wulf. Are Perks Purely Managerial Excess [J]. *Journal of Financial Economics*, 2006, 79 (1): 1-33

[51] Tayler, W. B. The balanced scorecard as a strategy evaluation tool: the effects of implementation involvement and a causal-chain focus [J]. *The Accounting Review*, 2010, 85 (3): 1095-1117

[52] Wiersma, E. For Which Purposes do Managers Use Balanced Scorecards? An Empirical Study [J]. *Management Accounting Research*, 2009, 20 (4): 239-251

[53] Yermack, D. Flights of fancy: Corporate jets, CEO perquisites, and inferior shareholder returns [J]. *Journal of Financial Economics*, 2006, 80 (1): 211-242

周守华（财政部中国会计学会）

专题16　并购重组中的财务问题

一、引　言

近年来，各行业、各领域企业通过合并和股权、资产收购等多种形式积极进行整合，兼并重组步伐加快（国发［2010］27号），特别是2007年由美国次贷危机引发的全球金融危机，正在为新一轮全球范围内的并购浪潮拉开序幕。中国经过30多年改革和发展，正在成为这一轮全球并购中迅速崛起的并购新力量。因此，对并购重组领域的国内外近期研究的理论与文献进行回顾，以便把握最新研究进展，应对新一轮并购浪潮。

我们回顾按着并购活动的进程——并购动机、并购过程和并购经济后果及影响因素三个领域展开，同时就我国资本市场近年来推出的一系列旨在完善市场基本制度和恢复市场功能的改革措施对并购市场产生的影响进行分析，提出未来可能的研究方向。

二、中外文献回顾

（一）企业并购动机系统

并购活动是复杂而神秘的。一直以来，理论界和实务界都关心这样一个问题：企业进行并购究竟是出于何种考虑，纷繁复杂的并购活动背后企业真实的并购动机究竟是什么？长期以来学者们对并购的动机进行了大量的探讨。

1. 资本市场驱动

股票市场驱动并购活动指的是，股票市场对公司价值的错误估计是企业进行并购活动的动机之一。这一现象很早就被理论界和学术界所注意，很多学者也研究了股票市场对于公司财务决策的影响，认为股票市场对公司的众多决策产生影响。对于并购活动，Shleifer and Vishny（2003）基于美国企业并购活动的历史，综合以前学者的研究成果，首次明确提出并购交易的主要驱动力是收购方股票的市场价值的观点。他们不再假定市场是有效的，而是认为股票市场会错误估计收购方、目标企业和他们整合后的企业价值。但企业的管理者是完全理性的，他们知道市场是非效率的，可以通过并购决策来利用这一点。Ang and Cheng（2003）在 Shleifer and Vishny（2003）提出的股票市场驱动并购的理论基础上，运用美国国内市场1984—2001 年所有公开信息的并购交易，选择普通股来度量并剔除收购方或目标方账面价值为负的情况，选定 9 334 个样本进行经验研究。研究发现，收购方价值平均都被市场所高估，市场对收购方价值的高估大大高于目标方，成功的收购方较不成功的收购方，其价值被更多的高估。研究还发现，在控制其他潜在的影响公司并购决策的因素后，企业成为收购方的可能性随着其股票被高估的程度而显著增加，股票被高估的企业在并购活动中更倾向于运用股票支付的方式。该项研究为股票市场驱动并购活动的理论提供了证据，进一步证明市场驱动（即股票被高估）也是企业并购的动机之一。Savor and Liu（2009）的一项实证研究支持了 Shleifer and Vishny（2003）的观点，认为股票市场高估会趋动并购。Rhodes-kroph Viswanathan（2004）认为不论公司内在价值被高估还是低估，公司价值都是驱动并购浪潮的内在因素。Harford（2005）实证发现经济、管制和技术冲击是行业并购浪潮的驱动力。然而，冲击是否导致并购浪潮还取决于资金流动性是否充足。即便没有行业冲击因素，宏观层面资金流动性充足时同样会引发并购浪潮。

2. 管理层自大驱动

Roll（1986）开创性地提出了管理者“自以为是”（hubris）假说，分析了过度自信的管理者对企业并购行为的影响。过度自信的管理者往往会高估并购收益，而且相信外部投资者会低估其公司，只要资金允许，过度自信的管理者就会发动并购。Heaton（2002）提出了一个基于管理者过度自信的投资异化模型，该模型将管理者过度自信、自由现金流结合起来，研究结果表明，在不同的自由现金流下，管理者过度自信会分别导致过度投资和投资不足。Malmendier and Tate（2003，2005，2008）进一步进行了实证研究，研究管理者过度自信与企业投资、管理者过度自信与企业并购，分别发现管理者越过度自信，投资和现金流之间的敏感性越高；管理者越过度自信，越容易实施并购。Doukas and Petmezas（2006）和 Brown and Sarma（2006）也研究了管理者过度自信与企业并购的关系，总体而言，都发现管理者越过度自信，越容易实施并购，特别是多元化并购；同时，过度自信管理者所发起的并购带来的回报要低于非过度自信管理者。傅强等（2008）研究发现管理者过度自信程度与并购呈正相关关系，管理者过度自信是并购的主要动因之一。

奚宾（2010）的研究结果显示，国有股比重对管理者过度自信有负的显著影响，随着国有股比重下降，管理者过度自信程度提高；管理者过度自信进行的并购活动不仅没有为股东创造财富，反而降低了公司价值。姜付秀、陆正飞等（2009）研究结果表明管理者过度自信和企业的总投资水平、内部扩张之间存在显著的正相关关系，当企业拥有充裕的现金流时，正相关程度更大。但管理者过度自信与企业外部扩张（并购）之间的关系并不显著。

3. 追求协同效应

追求协同效应是企业进行并购最常见的动机，被理论界和实务界所广泛认可。这不仅由于企业并购所带来的诸如营运成本的降低、管理费用下降等效应往往比较直观，还在于企业并购所产生的协同效应可以运用经济学的理论和方法进行很好的解释。新古典经济学理论假定存在规模经济，并且在并购之前，企业的经营活动达不到实现规模经济的潜在要求，包括横向降低成本费用的生产规模经济、纵向降低交易费用的规模经济和特定管理职能方面的规模经济。通过并购可以对企业规模进行扩充和调整，达到最佳规模经济或范围经济，这是企业并购动机最经典的经济学答案。

（二）并购过程研究

1. 融资工具与支付方式选择

关于并购支付方式的选择，早期学者主要基于信息不对称理论和竞标威胁进行了大量研究（Hansen，1987；Stulz，1988；Fishman，1989）。Stulz（1988）主要从公司控制权角度考察并购企业支付方式的选择。他指出公司并购财务决策受到管理层维持公司控制权愿望和获取私人收益的影响。当管理层财富受到其所持股份限制时，对于成长性公司而言，通常采用债务融资工具获取资金用于支付目标企业，以便保持管理层持股状况和投票权不受影响。Amihud，Lev and Travlos（1990）和Ghosh，Ruland（1998）对Stulz（1988）提出的支付方式选择决定受管理层持股状况影响理论进行了实证检验。结果表明，管理层持股情况下，出于控制权考虑，对于采用股票作为支付方式产生消极影响。Martin（1996）对交易特征（并购公司的机构投资者持股、现金持有量、财务杠杆、利润比交易价值和商业周期等指标）进行控制，实证结果显示，管理层持股量大，会采用股权融资；管理层持股量处于中间范围，会减少股权融资。

上述早期研究都是基于美国市场数据，但各国公司治理规则、公司法、证券监管和市场环境不同，影响支付方式选择的因素是否也不同？Mara Faccio and Ronald W. Masulis（2005）以欧洲1997—2000年并购交易为样本，主要考察并购公司在控制权和财务结构之间权衡对支付方式选择的影响。作者发现，当并购控股股东投票权力处于20%～60%的中等水平范围内，为保持控制权，有强烈动机选择现金支付方式。此外，当大股东投票控制权受到威胁时（特别是当目标公司股权高度集中时），并购公司更偏好采用现金支付方式。总体上，与 Martin（1996）结果相比，作者发现在欧洲公司股权集中度更高，对并购公司支付方式选择具有更重要的影响。从法律角度而言，与普通法系相比的欧洲大陆法系环境下，作者发现支付方式与并购公司控制权之间函数关系不同于普通法系国家：在大陆法系的欧洲，两者呈线性关系，即控制权越大，公司越有可能采用现金支付方式；在英国—爱尔兰样本公司中，作者发现两者呈立方关系。

2. 并购估值与接管溢价

接管溢价高低是并购企业与目标企业之间博弈的结果。因此，并购企业特征（如是否上市、公司规模大小等）、目标企业管理层与股东之间的代理问题都会影响接管溢价。

上市公司与非上市公司之间存在很多差别，Jensen（1989）认为很多上市公司的代理成本问题比非上市公司代理成本问题严重；上市公司需要按证监会要求公布并购相关信息，这些信息为竞争者带来益处，一旦竞争失败，有可能面临由并购方变为被并购方的危险。Leonce L. Bargeron et al.（2008）研究了 1980—2005 年采用现金支付方式的 1 667 起并购交易，其中 453 起并购方为非上市公司，1 214 起并购方为上市公司。在并购公司为上市公司情况下，目标公司股东获得高于并购公司为非上市公司的 63%的接管溢价。并购公司是否上市，导致目标股东溢价之间的差别在上市公司股权结构分散情况下更大。既然在上市公司收购情况下，目标公司会获得更高的溢价，那为什么还有目标公司被非上市公司收购获得一个低的溢价呢？作者对此问题并没有给出一个很好的答案。

目标公司管理层与股东之间存在代理问题，管理层可能为了私人收益接受一个低的溢价，损害股东利益。20 世纪 80 年代末，美国控制权市场中没有反接管措施，在目标公司 CEO 反对接管的情况下，股东面对很高的接管溢价会帮助敌意竞标方击败 CEO，使公司被接管。Song and Walkling（1993）实证表明，目标公司 CEO 越强势，股东处于越弱势情况，接管溢价越高，股东越有动机更替现任 CEO。20 世纪 90 年代末，有效的反接管措施广泛应用，使得敌意接管成功概率很小，投标者将说服对象转向目标公司 CEO。投标者通过向目标公司 CEO 提供私人收益（继续留人或提高退休金等），以一个低的接管价格征得其同意。Thomas Moeller（2005）使用 1990 年善意接管环境下 388 个并购样本，实证发现目标公司 CEO 同投标者之间谈判的焦点变为其私人收益，而非为股东获得一个高的接管溢价。这或许在一定程度上可以解释为什么目标公司以低的接管溢价出售给非上市公司。

3. 反接管措施效果

目标公司管理层在面对敌意接管时，会采取一定的反接管措施阻击接管的发生。投标企业为了完成并购交易，可能会提高接管溢价，这对股东是件好事；当然，管理层阻挠接管可能是为了不顾损害股东价值而追求自身的私人收益。管理层为抵制敌意接管常常采用各种各样的反接管措施，常见的有修改公司章程、回购与停滞协议、排他式自我收购、金保护伞、皇冠宝石和毒丸计划等。

美国上市公司股权分散，公司若没有反接管措施，股东可能为了不菲的溢价通过一项敌意收购。但公司出于防止被接管而设立的反接管措施，是否起到了设想的效果？学者对公司设立反接管措施及其作用进行了大量研究。

传统观点认为IPO公司应该设有反接管措施，但实际上很少有。Frank Easterbook and Daniel Fichel（1991）发现公司IPO时很容易被接管，由于IPO时没有毒丸计划、金保护伞、绝对多数制等反接管措施，很多措施是后来新设的。对于这种情况有两个前提条件，一是反接管措施使得管理层免受控制权市场惩罚而降低公司价值；二是IPO时公司管理层与外部股东之间代理冲突问题很小。但也有学者认为反接管措施对于IPO公司是至关重要的，Brennan and Frank（1997）研究认为内部人具有机会主义倾向，为在IPO后仍然维持控制权私人收益，IPO时会采取一些措施。Zingales（1995）则认为IPO是公司最终出售的第一步，反接管措施可以提高接管溢价。Laura Casares Field and Jonathan M. Karpoff（2002）对上述观点进行实证研究，结果表明很多公司上市时都设有反接管措施条款。当管理层薪酬高，持有股份少，外部股东监督弱的情况下，管理层更倾向于设置反接管措施。反接管措施与随后被接管可能性呈反向关系，然而，对接管溢价并没有产生影响，结果不支持Zingales（1995）。

公司控制权市场作为公司治理的一种机制，促使管理者实现股东价值最大化（Mitchell and Lehn，1990）。公司反接管条款之间的差异，使得不同公司管理者面临不同的控制权市场惩罚。那些反接管条款越多的公司管理层，可以更好避免控制权市场惩罚，因此，管理层可能会有更多的自利行为。Ronald W. Masulis et al.（2007）实证发现并购企业反接管条款越多，并购公告日其股票超额回报率越低。这说明管理层在不受控制权市场惩罚时，更喜欢沉溺于通过损害股东价值的并购建立帝国。

综上所述可以看出，反接管措施是一把双刃剑，一方面可以降低公司被收购的可能性，另一方面也降低了控制权市场惩罚作用，增加了代理成本。因此，反接管措施并非越多越好，应该权衡成功抵制被收购带来的收益与增加的代理成本。

4. 机构投资者行为研究

大股东可以有效监督上市公司管理者，缓解代理成本问题（Shleifer and Vishny，1986；Grossman and Hart，1980）。然而，经验证据在大股东监督是否能够增加公司价值这一问题上并没有取得一致看法。Karpoff（2001）和Romano（2001）认为机构股东积极主义对于公司业绩没有任何影响。最近的研究认为对冲基金可以承担对管理层监督的任务。Brav et al.（2008）支持机构股东积极主义可以改进公司业绩。并购作为企业发展过程中一项重要的投资决定，对股东价值将会产生影响，机构股东在并购过程中是否会积极参与?

许多研究发现并购公司股东平均获得一个负的超额回报，目标公司股东平均获得正的超额回报（Jensen and Ruback，1983；Jarrell，Brickley and Netter，1988；Morck，Shleifer and Vishny，1990；Andrade，Mitchell and Stafford，2001；Moeller，Schlingemann and Stulz，2004，2005）。一项对美国机构投资者持股状况的描述统计发现，机构投资者持有并购企业的股份占 43.1%，持有目标公司股份占 29.5%，在并购表决中，97.7%的机构投资者支持并购，只有 1.7%的机构投资者反对并购，0.9%的机构投资者不表示意见或弃权（Gregor Matvos and Michael Ostrovsky，2008）。并购企业机构投资者为什么不阻止损害自身价值的并购事件，反而投票赞成并购？Matvos and Ostrovsky（2008）研究发现很多并购企业的机构投资者，同时在目标公司中也持有股份，这些交叉持股者（cross-ownership）在（−5，+5）事件窗口内投资组合平均收益率为 2.29%，也就是说并购企业的机构投资者在公告日的损失可以由在目标公司中所获得的收益弥补。因此，交叉持股的机构投资者支持企业发动并购。

并购事件会受管理层和股东之间代理成本问题的影响。股东只有积极监督管理层才有可能缓解代理问题。Gaspar et al.（2005）从持股周期长短考虑了机构投资者在并购中的监督行为。作者预期机构投资者持股周期影响其对管理层监督的程度。持股周期短的投资者没有动机花费资源去监督管理层，因为他们无法获得监督带来的长期收益。管理层在弱的监督环境下，会选择牺牲股东利益来攫取自身利益。持股周期长的投资者有强烈动机对管理层进行监督。作者实证发现机构投资者持股周期影响接管的结果。目标公司的短期机构投资者增加了公司被接管的可能性；投标公司的短期机构投资者对于管理层损害股东价值的并购没有起到监督作用。持股周期长的机构投资者阻止管理层支付过高的对价和损害股东价值的并购。

（三）企业并购经济后果及影响因素

20 世纪全球经历了 5 次企业并购的浪潮，并购已经成为现代企业尤其是大型企业和高科技成长性企业快速扩张和整合的重要手段之一。企业并购之后的业绩如何呢？学者从不同角度进行了大量研究。按照绩效所属主体的不同，大致分为三类：一是关于并购公司绩效研究；二是关于目标公司绩效研究；三是其他外部利益相关者绩效研究；四是影响因素研究。

1. 并购公司绩效

实证研究争论的焦点集中在并购方股东能否从并购活动中获利，主要有正收益、微弱正收益和负收益三种结论。Jensen and Ruback（1983）在对证据的概括中认为，在成功的要约收购中竞价企业的超常收益率为正的 4%；他们还估计在兼并活动中竞价企业的超常收益率为零。Jarrell et al.（1988）对几十年中收购企业股东的收益率资料进行考察后发现，在60年代他们得到的结果与Jensen and Ruback（1983）对要约收购的研究结果相同，Bradley et al.（1988）在对要约收购的研究中发现收购方的股东只能获得约1%的微弱正收益。Loderer and Martin（1992）则对1966—1986年在纽约证券交易所和美国证券交易所发生的并购案进行广泛取样后发现，在并购后三年内存在负的非正常收益，但五年内不存在这种情况。Agrawal and Jaffe（2001）在研究美国937起兼并交易和227起要约收购交易后，发现收购企业的股东在兼并完成后5年时损失了财富的10%。Sarab Moeller（2005）研究了1998—2001年的并购活动，发现并购方股东在并购宣告时，每一美元并购支出损失12美分，累计损失240美元。张宗新、季雷（2003）采用事件研究法，考察了1999—2001年共216个控制权发生转移的公司样本，认为在实施并购后，收购公司流通股股东财富受到了损失。李善民、陈玉罡（2002）以1999—2001年上市公司并购活动为样本，采用事件研究法考察并购事件的市场反应。研究结果表明，收购公司股东在事件区间可以获得超常收益，但目标公司股东并未能获得显著的超常收益；不同类型的并购有不同的财富效应；国家股比重最大和法人股比重最大的收购公司其股东能获得显著的财富增加，而股权种类结构对目标公司股东财富的影响不显著。

2. 目标公司绩效

就目标方股东收益而言，学者得出了一个相似的结论：目标公司股东总是并购活动的绝对赢家，不同的仅是收益的多少而已。Jensen and Ruback（1983）在总结了13篇研究文献的研究成果后指出，成功的兼并会给目标公司股东带来约20%的异常收益，而成功的收购给目标公司的股东带来的收益则达到30%。Jarrell et al.（1988）概括了从1962年到1985年12月间663起成功的要约收购的研究结果。他们发现在成功的收购活动中，目标企业所获得溢价的平均值在60年代为19%，在70年代为35%，在1980—1985年间为30%。Bradley et al.（1988）也得到了类似的结果：1963年7月至1968年6月间，目标企业的收益率为19%；1968年7月至1980年12月间，收益率为35%，且从1981年1月至1984年12月间的收益率为35%。他们的研究覆盖了1963—1984年间完成的236起成功的要约收购。Schwert（1996）研究了1975—1991年间1 814个并购事件后得出事件窗口内目标公司股东的累积平均超常收益为35%，其中1985—1991年，所有要约收购的未加权年平均收益率为36.8%。洪锡熙、沈艺峰（2001）对申华被收购案例进行了研究，考察了收购对目标公司流通股股东产生的影响。实证结果表明，被收购公司流通股股东没有从并购过程中获取超额的收益。陈信元、陈冬华（2000）考察了清华同方合并吸收鲁颖电子的市场反应。结果表明，并购双方股东都获得了一定的超额收益，作者认为这是由于此次并购活动产生了协同效应。余光、杨荣（2000）以1993—1995

年上市公司的一些并购事件为样本，研究了并购双方在并购公告［－10，10］，［－5，5］，［－1，1］事件窗口内的累积超额收益。结果表明，目标公司价值上升，而并购企业价值则基本上没有变化。张新（2003）以 1993—2002 年中国 A 股上市公司发生的全部共 1 216 起并购重组事件为研究样本。实证结果表明，并购重组为目标公司创造了价值，目标公司股票溢价高达 29.05％，超过了国际平均水平。对收购公司股东却产生了负面影响，收购公司股东股票溢价为 16.76％。

3. 其他利益相关者绩效

除上述并购方和目标方的绩效外，还有部分文献研究了机构投资者收益、债权人收益、管理层收益和目标公司竞争对手的收益。

已有文献中大量的文献研究了并购方和目标方股东的收益，而研究并购中债权人收益的文献还不多。理论上债权人应该获得正的财富效应，研究表明并购中债券持有人通过联合保险（coinsurance）获得财富效应（Levy and Sarnat，1970；Lewellen，1971；Higgins and Schall，1975）。Shastri（1990）认为并购方具有不同的风险水平，因此，他认为并购方债权人可能从联合保险效应（coinsurance effects）中获益，也可能从剥夺效应（expropriation effects）中受损，这取决于目标方和并购方的特点。关于并购方债权人是否获得财富效应的研究结论是混合的。Eger（1983）和 Maquieira，Megginson and Nail（1998）等认为并购方债权人获得了显著为正的财富效应。Dennis and MeConnell（1986）认为并购方债权人获得了显著为负的财富效应。Kim and MeConnell（1977）和 Asquith and Kim（1982）等认为财富效应不显著。但是，研究结果一致认为目标方债权人获得了不显著的超额收益。最新一项研究得出了不同的研究结论，Billett，King and Mauer（2004）认为在考虑债券等级的基础上，并购方获得了显著的负回报，目标方获得了显著的正回报，且当目标方的债券评级低于并购方的债券评级时，目标方获得更高的回报。

关于管理层收益和并购绩效的研究成果各异。Denis et al.（1997）和 Datta et al.（2001）研究了 CEO 报酬和并购交易前所有权结构，研究表明增加内部人持股和 CEO 报酬会提高并购后长期业绩。Sudip Datta（2001）研究发现高级管理层薪酬对并购绩效有影响（包括短期市场反应和长期业绩），高管持股越多，其发动的并购越有利于公司长远发展。Jarrad Harford and Kaili（2007）研究发现并购后公司业绩变差，但 CEO 薪酬并没有降低，并购后如果绩效变好，CEO 的薪酬会增加。Yaniv Grinstein and Paul Hribar（2004）研究发现 CEO 的报酬和他们的努力正相关，但是和并购业绩无关。

关于目标公司竞争对手的收益情况的研究，大量文献（从 Eckbo，1983，1985 到 Mitchell and Mulherin，1996）研究发现目标公司的竞争对手获得了显著正的超额回报，其原因是横向并购消除了竞争对手，减少了剩余公司之间的冲突。然而，Eckbo（1983，1985，1992），Stillman（1983）和 Eckbo and Wier（1985）却反对冲突假说，从而导致对于竞争者获得正回报的解释变得不清晰了。Moon H. Song and Ralph A. Walkling（2000）认为目标公司的竞争对手获得了正的超额回报，原因是并购增加了其成为目标公司的可能性，即并购概率假说（acquisition probability hypothesis）。

4. 企业并购绩效影响因素

（1）并购支付方式与并购绩效。

从公司财务理论可知，并购支付方式包括现金和证券两种。不同的支付方式会对并购双方的股东收益产生影响，从实证检验结果来看，Gordon and Yagil（1981）和 Travlos（1987）经研究发现，采用现金并购比股票并购可以产生更多的超常收益。Pranks，Hards and Mayer（1987）和 Linn and Switzer（2001）从目标企业角度也证实了现金并购的超常收益相对较高。但是，Louis（2002）发现，在采用现金并购时，收购方的长期超常收益为零，无显著差异，而股票并购收益则显著为负。Sudarsanam et al.（2003）证实了三种支付方式下，现金收购方获得少量、大部分的正收益，而股票收购方获得大量负收益，在并购后期，不管收购方的财务状况如何，现金收购比股票收购能给股东带来更多的收益。Rosa，Supriadi and Woodliff（2004）研究结果显示对私营目标公司收购时股票支付方式和超常收益无关；但多数以现金为支付方式的，对私营目标公司的收购都产生了正的收益。即鉴于对私营目标公司收购时竞争不激烈，收购方通过现金支付来获得较高的收益。

从国外的研究文献可以看出，支付方式对并购绩效的影响可分为三种情况：第一，现金支付给股东带来的超常收益高于股票支付（Myers et al.，1984；Longhram et al.，1997；Andrade et al.，2001；Sudarsanam et al.，2003）；第二，支付方式对并购后的超常收益没有显著影响（Franks et al.，1991；Dube et al.，2002）；第三，股票支付下收购方的超常收益高于现金支付下的超常收益（Saeyoung Chang，1998）。由此看来，现有的实证检验结果大体上支持了理论研究，但是，在收购方获取超常收益的程度这一问题上，仍然存在上述分歧。Shleifer and Vishny（2001）认为，这主要是由于研究支付方式对并购绩效影响的背景条件不同所造成的。在股市强有效条件下，支付方式理论与实证研究结果应该是一致的；而在股市无效条件下，收购方和目标企业的市值偏离其真实价值，并购双方根据各自股票价值的高低决定采取哪一种支付方式。因此，支付方式本身并不对双方的收益产生影响，而影响双方收益的主要是各自股票市值偏离真实价值的程度及方向。

（2）并购行业的相关程度与并购绩效。

Singh（1984）根据并购双方的战略匹配性（strategic fit）把并购分为相关并购和非相关并购。最早利用股票事件研究法对相关并购与非相关并购进行比较。检验结果表明，对于收购方而言，相关并购所创造的价值比不相关并购要高，但是对目标企业的影响仍然不明确。后来，许多学者利用这些不同行业相关性的衡量标准得出了三种不同的结论：1）相关并购优于非相关并购。例如，Healy，Palepu and Ruback（1992）以行业交叉水平为检验标准，发现行业交叉水平高相对于行业交叉水平低的并购有更加出色的业绩表现。John and Ofek（1995）和 Desai and Jain（1999）等的研究表明，通过剥离非核心资产来增加企业集中度的长期绩效显著为正，这些结论与理论推断基本一致。2）相关并购与非相关并购在长期绩效和股东创造价值方面无显著差异。Ghosh（2001）和 Linn and Switzer（2001）以企业集中度为标准，发现企业集中度与长期经营绩效之间不存在正相关关系。3）非相关并购比相关并购创造的价值更高。Agrawal，Jaffe and Mandelker（1992）以混合与非混合为检验标准，发现混合型（多样化）并购的长期股价水平要高于非混合型（集中型）并购。此外，John，Lang and Netter（1992）和 Lang and Stulz（1994）等检验了并购的短期股价反应，也得出了非常不一致的结论。Megginson，Morgane and Nail（2002）认为，导致上述检验结果不同的根本原因，在于样本、时间跨度、控制变量和研究方法存在差异。因此，Megginson et al. 提出用赫芬指数来测量并购行业相关性程度的变化，并对 1977—1996 年间发生的 204 起战略并购样本进行了实证检验。他们发现，并购前后企业集中度变化的大小与长期并购绩效显著正相关，在并购后 3 年内，集中度每减少 10%，会导致股东财富减少 9%，经营绩效降低 1%，而且企业价值缩水 4%，经营现金流减少 1.2%。

并购行业的相关性程度或战略匹配性虽然重要，但还不足以解释并购绩效不同的原因，况且非相关并购后的企业多样化经营能否提高企业价值仍然是一个值得争议的问题。

（3）收购方的初始持股额与并购绩效。

在并购消息宣布以前，只有收购方拥有是否并购的内幕消息。因此，收购方在投标之前会通过二级市场买入目标企业的股票，在目标企业建立“立足股份”（toehold），使股价逐步上涨到要约价格水平，这样收购方可获得更多的收益，改善绩效水平。Kyle（1985）和 Shleifer and Vishny（1986）的研究都表明，随着收购方持有目标企业初始股权的增加，并购成功的概率将上升，收购方的期望利润也会上升。但是，Bradley et al.（1988）反驳了这一点。他们认为，大多数收购方在并购时并不拥有目标企业的股份，即使收购方拥有国有企业的股份，收购方从这些股份上能够获得的潜在利润比起并购成本来说也是非常小的。其主要原因是：（1）要想在二级市场上大规模秘密买入目标公司的股票是不可能的，其数量受法律限制；（2）股票市场上存在许多发掘价值被低估股票的投资者。当市场交易很清淡时，收购方大批买入股票会暴露其私有信息，从而使股票价格迅速上涨到要约价格水平，因而难以获得足够的利润。Jennings et al.（1993）的实证发现，美国收购方的平均初始持股量都很低（只有 3%），而且只有 15%的收购方持有目标企业的初始股份。但在多个竞价者的子样本中，收购方的平均初始持股比例有所提高，达到 18%

左右。Hay et al.（2001）也指出，在竞争性并购初期，收购方很容易以各种名义秘密购买股票，在目标公司建立立足点。然而，在管制盛行的今天，当利益相关者一旦持有的股票超过一定比例时，就必须按要求进行充分的信息披露，因而要想以此获得利润并非易事。Bris（2002）研究显示在某些情形下，并购溢价和并购前持股数量负相关，股票的流动性和初始持股量是正相关的。

（4）盈余管理与并购绩效。

国外学者都对换股合并前的盈余管理进行了研究。Erickson and Wang（1999）首次研究了在换股合并中，并购方的盈余管理问题。研究以 1985—1990 年期间 55 家完成并购的美国公司为样本，研究发现并购方操纵了总应计项目，并购宣告前（特别是并购宣告前一季度）存在调增的盈余管理。Heron and Lie（2002）得出的结论与 Erickson and Wang（1999）不一样。他们研究 1985—1997 年的 859 起并购事件，其中只有 427 起股票支付的并购。不同研究结果的原因可能是样本差异或者估计未预期应计项目的方法。Louis（2004）研究了 1992—2000 年期间发生并购的 83 个美国并购样本，发现在换股合并中，操纵性营运资本应计项目显著为正。Rahman Bakar（2002）分析了 1991—2000 期间 125 家马来西亚换股并购公司，发现并购前一年并购方存在调增盈余管理的行为。Antonia Botsari and Geoff Meeks（2008）发现并购方在并购宣告前操纵了营运资本应计项目，早在并购前一年就已经存在盈余管理，研究还发现了并购完成后存在转回盈余管理的证据。国内相关实证研究并不多见，黄新建（2007）以中国 2003 年发生并购行为的上市公司为研究样本，运用改进的 DeAngelo 模型、修正的 Jones 模型，以操纵性应计利润存在的大小程度对上市公司在并购前后年度是否存在盈余管理进行了实证分析。结果表明，上市公司在并购前一年，存在明显的调减操纵性应计利润的盈余管理行为；在并购当年，虽然存在调增操纵性应计利润的盈余管理，效果却不显著。罗声明（2007）以 1999—2001 年中国上市公司为样本，研究发现收购后期业绩下滑的收购公司在并购前一年、当年及次年存在调增收益的盈余管理行为，即公司并购前期的盈余管理机会主义行为是导致收购公司并购后经营业绩下滑的主要原因。

（5）不同类型的企业与并购绩效关系。

大量研究显示并购方和目标方企业类型不同（如是上市公司还是非上市公司、企业成长阶段不同、规模大小不同等）也是影响并购绩效的重要因素。

Mulherin Boone（2000）研究了并购方和目标方的股东财富，发现财富效应和目标公司规模直接相关。Fuller et al.（2002）研究了目标方和并购方不同特征对并购方股东绩效的影响。研究发现同一个并购方选择不同类型的目标企业、采用不同的支付手段和所获得回报的差异与目标公司的特点有关系。研究结果表明并购方股东收购非上市公司或附属子公司比并购上市公司获利更多。如果采用股票收购目标公司，目标公司规模越大，收购的回报越高。Travlo（1987）发现股票并购上市公司获得更少的回报。Chang（1998）和 Fuller et al.（2002）发现股票并购非上市公司不比现金并购非上市公司收益低，并购方和并购交易的特点与并购上市公司的宣告日报酬相关。Moellera，Schlingemannb and Stulz（2004）研究了 1980—2001 年 12 023 起并购事件，发现并购方股东宣告日的平均超额收益为 1.1%，即每 100 美元并购支出获得 5.61 美元的收益，但是并购方股东平均损失2 520 万美元，这一偏差表明规模效益的存在。研究还发现，不论被并购方是上市公司还是非上市公司，小规模公司的并购方都能获得更高的利润。Lang，Larry，Stulz and Walking（1989）通过检验发现：在并购宣告期，成长型并购企业会比成熟型并购企业实现更多的超常收益，这是由市场参与者的过度预期所造成的。Anderson et al.（1993）首次利用市净率对 1966—1987 年发生的 670 个样本进行了长期绩效研究，也得到了同样的结论。研究表明并购绩效与企业所处的成长阶段没有显著的相关性，并购能否创造价值不仅取决于过去的业绩，更多地取决于并购的预期收益。可见，并购公司与目标公司所属的企业类型、成长阶段和规模确实对并购绩效存在影响，但是，具体的影响规律有待进一步探索。

三、基本问题分析

控制权市场作为公司一种外部重要治理机制，既可以起到监督、惩戒作用，也可以促进资源重新配置。而公司控制权市场的形成，需要良好的产权界定和发达的资本市场两个必要条件。具体而言，并购往往与产权密切联系，在产权模糊、不清晰的条件下，导致公司所有者缺位，不利于市场化的产权交易。已有研究表明，国企并购过程中政府干预行为广泛存在，政府“拉郎配”的并购行为并非基于市场化原则进行，不利于并购价值创造。企业产权不清晰，得不到有效保护，是导致经济体中大量非市场化并购交易存在的重要原因。市场化的并购前提是企业产权界定清晰，并购双方地位平等，通过双方协商谈判，以公允的价格签订并购协议。推动中国控制权市场健康发展，首先要构建产权清晰的现代企业制度，这不能仅停留在纸面文件上，真正需要的是保护企业产权的相关法律法规能够得到有效执行。

产权是进行交易的前提，而完成交易需要相应的资金支持。早期政府干预的并购活动中，很多交易是无偿划拨，收购企业是否具备融资能力并不重要。但是，在市场化的并购活动中，目标公司为了维护股东利益，尽可能以更高价格出售，而不可能无偿放弃公司控制权。因此，并购融资能力成为企业完成并购交易所必须具备的能力之一。由于并购交易所涉及金额往往巨大，单凭企业留存利润不足以完成，需通过外部融资渠道筹集资金。而已有研究表明，中国上市公司普遍存在融资约束问题，这直接制约了大规模战略性并购活动的发生。尽管《上市公司证券发行管理办法》和《上市公司重大资产重组管理办法》等相关规定陆续颁布，为股份支付扫清了障碍，但实际的并购活动中，股份支付的交易中大部分是集团公司实现整体上市的手段，采用股份支付的市场化并购交易还是很少。中国金融压抑导致上市公司并购融资渠道不畅，严重抑制了并购融资工具产品的创新，使得并购融资工具单一，难以满足控制权市场发展需要，进而制约了中国控制权市场的发展。

产权与融资能力是企业发生并购的必要条件，而并购的发生还需要相应的驱动力和诱发因素。以公司价值最大化的并购驱动力可以从交易费用和市场势力两个方面进行阐述，在面临高的交易成本状况下，企业有动机采用并购手段实现交易内部化，降低相关交易成本，同时还可以实现协同效应。并购也是企业增加市场势力的重要方式，通过并购同行业企业，减少竞争者数量，扩大自身规模，增强对市场的控制力，进而可以获得垄断租金。除了驱动力会引发企业发生并购外，一些有利的诱发因素，如放松管制、技术冲击和经济周期等往往也会引发企业进行并购。总之，并购活动的发生既需要企业并购意愿，也需要良好的产权保护和相应的并购能力。当这些要素都具备的时候，中国公司控制权市场才能被激活，才可能朝着健康、高效率的方面发展。

四、未来研究方向

近几年为了推进资本市场改革和稳定发展，中国资本市场进行了一系列改革，完善各项基础性制度建设。2005 年启动了股权分置改革，消除 A 股市场股份转让的制度性差异，股票市场进入全流通时代。在全流通之后，上市公司融资功能的潜力将有效释放，股票将作为并购时的主要支付方式走上历史舞台。在市场非效率而管理者理性时，股票市场高估会驱动公司发动并购（Shleifer and Vishny，2003)。我国发生的并购浪潮驱动力是什么，是股票市场高估驱动并购，还是行业冲击或政府主导？随着我国股票市场全流通和并购支付方式的多元化，为探索我国并购浪潮驱动力提供了现实条件。

2006 年 9 月中国证监会发布的《证券发行与承销管理办法》强化了市场约束，提高了发行效率，使得满足上市条件的公司能够 IPO。2006 年重新启动 IPO 后，有大量公司选择了公开发行股票。我国公司为什么热衷于 IPO，传统理论认为公司 IPO 的动机是：IPO 可以使公司股份流动，获得流动性溢价；内部持股人通过出售股票变现；获得新的融资渠道；分散创始人经营风险等。但 Brau and Fawcett (2006) 通过调查公司 CEO 和 CFO 发现并购是 IPO 一个主要的动机。Ugur

Celikyurt et al.（2010）研究发现新上市的公司并购活动非常活跃。并购在新上市公司成长过程中扮演着重要的角色，公司选择 IPO 的一个重要动机就是发动并购。我国股票发行制度改革后出现大量公司申请上市，公司选择 IPO 的动因除了传统理论解释，是否也存在新的动机——并购。关于 IPO 的并购动机研究在我国还没有涉及，研究这一课题对于投资者申购新股有着重要意义。

到 2006 年底，我国合格境外机构投资者（QFII）和合格境内机构投资者（QDII）机制相继建立。与散户相比，机构投资者不仅资金雄厚，专业知识也占据优势，贝恩资本在国美控制权之争中起到关键作用。因此，机构投资者在缓解公司股东与管理层之间代理问题上可以有所作为。并购作为企业一项重要的投资方式，会对公司价值产生重要影响，机构投资者在并购公告日前后是否获得了正的超额收益，持股周期长的机构投资者长期收益如何，机构投资者是否积极参与并购投票表决？研究机构投资者在公司并购中扮演的角色，有助于完善我国公司治理机制，提升公司价值。

建议阅读文献

［1］陈信元，叶鹏飞，陈冬华．机会主义资产重组与刚性管制［J］．经济研究，2003，5（2）

［2］冯福根，吴林江．我国上市公司并购绩效的实证研究［J］．经济研究，2001（1）

［3］姜付秀，张敏，陆正飞等．管理者过度自信、企业扩张与财务困境［J］．经济研究，2009（1）：131～143

［4］李增泉，余谦，王晓坤．掏空、支持与并购重组［J］．经济研究，2005（1）：5

［5］李善民，周小春．公司特征、行业特征和并购战略类型的实证研究［J］．管理世界，2007（3）：130～137

［6］李善民，朱滔，陈玉罡等．收购公司与目标公司配对组合绩效的实证分析［J］．经济研究，2004（6）：96～103

［7］李善民，朱滔．多元化并购能给股东创造价值吗［J］．管理世界，2006（3）：129～131

［8］李善民，陈玉罡．上市公司兼并与收购的财富效应［J］．经济研究，2002（11）：27～35

［9］李善民，李珩．中国上市公司资产重组绩效研究［J］．管理世界，2003（11）：126～134

［10］李善民，王彩萍，曾昭灶等．中国上市公司资产重组长期绩效研究［J］．管理世界，2004（9）：131～136

［11］李善民，郑击磊．（2007）．股东—利益相关者博弈对并购方股东财富效应的影响．金融研究，2007（8）：141～153

［12］李哲，何佳．支持、重组与 ST 公司的“摘帽”之路［J］．南开管理评论，2006（6）：12

［13］威斯通，苏姗．兼并、重组与公司控制［M］．北京：经济科学出版社，1998

［14］吴超鹏，吴世农，郑方镳．管理者行为与连续并购绩效的理论与实证研究［J］．管理世界，2008（7）：126～133

［15］张秋生．并购学——一个基本理论框架［M］．北京：中国经济出版社，2010

［16］张新．并购重组是否创造价值［J］．经济研究，2003（6）：20～29

［17］张宗新，季雷．公司购并利益相关者的利益均衡吗？——基于公司购并动因的风险溢价套利分析［J］．经济研究，2003（6）：30～37

［18］赵勇，朱武祥．上市公司兼并收购可预测性［J］．经济研究，2000（4）：19～25

［19］周小春，李善民．并购价值创造的影响因素研究［J］．管理世界，2008（5）：134～143

［20］Almazan，A.，De Motta，A.，Titman，S.，et al. Financial structure，acquisition opportunities，and firm locations［J］．*The Journal of Finance*，2010，65（2）：529-563

［21］Billett，M. T.，King，T. H. D.，Mauer，D. C. Bondholder wealth effects in mergers and acquisitions：New evidence from the 1980s and 1990s［J］．*The Journal of Finance*，2004，59（1）：107-135

［22］Burch，T. R. Locking out rival bidders：the use of lockup options in corporate mergers［J］．*Journal of Financial Economics*，2001，60（1）：103-141

［23］Bhattacharyya，S.，Nain，A. Horizontal acquisitions and buying power：A product market analysis［J］．*Journal of Financial Economics*，2011，99（1）：97-115

［24］Baker，M.，Savaşoglu，S. Limited arbitrage in mergers and acquisitions［J］．*Journal of Financial Economics*，2002，64（1）：91-115

［25］Bae，K. H.，Kang，J. K.，Kim，J. M. Tunneling or value added? Evidence from mergers by Korean business groups［J］．*The Journal of Finance*，2002，57（6）：2695-2740

［26］Dong，M.，Hirshleifer，D.，Richardson，S.，et al. Does investor misvaluation drive the takeover market?［J］．*The Journal of Finance*，2006，61（2）：725-762

［27］Fee，C. E.，Thomas，S. Sources of gains in horizontal mergers：evidence from customer，supplier，and rival firms［J］．*Journal of Financial Economics*，2004，74（3）：423-460

［28］Faccio，M.，Masulis，R. W. The choice of payment method in European mergers and acquisitions［J］．*The Journal of Finance*，2005，60（3）：1345-1388

［29］Fuller，K，Netter，J.，Stegemoller，M. What do returns to acquiring firms tell us? Evidence from firms that make many acquisitions［J］．*The Journal of Finance*，2002，57（4）：1763-1793

［30］Field，L. C.，Karpoff，J. M. Takeover defenses of IPO firms［J］．*The Journal of Finance*，2002，57（5）：1857-1889

［31］Grinstein，Y.，Hribar，P. CEO compensation and incentives：Evidence from M&A bonuses［J］．*Journal of Financial Economics*，2004，73（1）：119-143

［32］Gorton，G.，Kahl，M.，Rosen，R. J. Eat or be eaten：A theory of mergers and firm size［J］．*The Journal of Finance*，2009，64（3）：1291-1344

［33］Greenwood，R.，Schor，M. Investor activism and takeovers［J］．*Journal of Financial*

Economics, 2009, 92 (3): 362-375

[34] Harford, J. What drives merger waves? [J]. *Journal of Financial Economics*, 2005, 77 (3): 529-560

[35] Harford, J., Klasa, S., Walcott, N. Do firms have leverage targets? Evidence from acquisitions [J]. *Journal of Financial Economics*, 2009, 93 (1): 1-14

[36] Harford, J., Jenter, D., Li, K. Institutional cross-holdings and their effect on acquisition decisions [J]. *Journal of Financial Economics*, 2011, 99 (1): 27-39

[37] Bates, T. W., Lemmon, M. L. Breaking up is hard to do? An analysis of termination fee provisions and merger outcomes [J]. *Journal of Financial Economics*, 2003, 69 (3): 469-504

[38] Harford, J., Li, K. Decoupling CEO wealth and firm performance: The case of acquiring CEOs [J]. *The Journal of Finance*, 2007, 62 (2): 917-949

[39] Cai, J., Vijh, A. M. Incentive effects of stock and option holdings of target and acquirer CEOs [J]. *The Journal of Finance*, 2007, 62 (4): 1891-1933

[40] Rhodes-Kropf, M., Robinson, D. T., Viswanathan, S. Valuation waves and merger activity: The empirical evidence [J]. *Journal of Financial Economics*, 2005, 77 (3): 561-603

[41] Lambrecht, B. M. The timing and terms of mergers motivated by economies of scale [J]. *Journal of Financial Economics*, 2004, 72 (1): 41-62

[42] Louis, H. Earnings management and the market performance of acquiring firms [J]. *Journal of Financial Economics*, 2004, 74 (1): 121-148

[43] Moeller, S. B., Schlingemann, F. P., Stulz, R. M. Firm size and the gains from acquisitions [J]. *Journal of Financial Economics*, 2004, 73 (2): 201-228

[44] Masulis, R. W., Wang, C., Xie, F. Corporate governance and acquirer returns [J]. *The Journal of Finance*, 2007, 62 (4): 1851-1889

[45] Matvos, G., Ostrovsky, M. Cross-ownership, returns, and voting in mergers [J]. *Journal of Financial Economics*, 2008, 89 (3): 391-403

[46] Malmendier, U., Tate, G. Who makes acquisitions? CEO overconfidence and the market's reaction [J]. *Journal of Financial Economics*, 2008, 89 (1): 20-43

[47] Savor, P. G., Lu, Q. Do stock mergers create value for acquirers? [J]. *The Journal of Finance*, 2009, 64 (3): 1061-1097

[48] Rossi, S., Volpin, P. F. Cross-country determinants of mergers and acquisitions [J]. *Journal of Financial Economics*, 2004, 74 (2): 277-304

[49] Rhodes-Kropf, M., Viswanathan, S. Market valuation and merger waves [J]. *The Journal of Finance*, 2004, 59 (6): 2685-2718

[50] Rauh, J. D. Own company stock in defined contribution pension plans: A takeover defense? [J]. *Journal of Financial Economics*, 2006, 81 (2): 379-410

[51] Rhodes-Kropf, Robinson, D. T. The market for mergers and the boundaries of the firm [J]. *The Journal of Finance*, 2008, 63 (3): 1169-1211

[52] Song, M. H., Walkling, R. A. Abnormal returns to rivals of acquisition targets: A test

of theacquisition probability hypothesis' [J]. *Journal of Financial Economics*, 2000, 55 (2): 143-171

[53] Datta, S., Iskandar-Datta, M., Raman, K. Executive compensation and corporate acquisition decisions [J]. *The Journal of Finance*, 2001, 56 (6): 2299-2336

[54] Shleifer, A., Vishny, R. W. Stock market driven acquisitions [J]. *Journal of financial Economics*, 2003, 70 (3): 295-311

[55] Harford, J. Takeover bids and target directors' incentives: The impact of a bid on directors'wealth and board seats [J]. *Journal of Financial Economics*, 2003, 69 (1), 51-83

[56] Luo, Y. Do insiders learn from outsiders? Evidence from mergers and acquisitions [J]. *The Journal of Finance*, 2005, 60 (4): 1951-1982

张秋生（北京交通大学）

专题 17 财务预警系统

一、问题的提出

随着国际经济一体化步伐的加快，我国社会主义市场经济体系的逐步建立和完善，企业所处的竞争环境更加激烈，内外部环境更加复杂，不确定因素增加，企业的各种交易风险包括经营风险和财务风险也随之增加，多数企业往往面临的是生存问题，然后才是发展问题。如何适应环境的变化，提高抗风险能力，成为摆在企业管理者面前一个既现实又严峻的问题，传统的管理理论和方法遇到了挑战。要想在竞争中立于不败之地，使企业健康有序地发展，必须不断进行管理创新。而有效地规避、防范和控制风险就成了企业发展的当务之急。在这种形势下，预警管理作为一种解决上述问题的创新理论，其重要性日益凸显，企业信息化水平的提高也为建立企业预警体系奠定了技术基础。企业是一个复杂的系统，企业预警系统的建立可能要涉及生产、供应、销售、人力资源、战略、财务管理、后勤管理等子系统，这些子系统之间既相互独立又相互联系，所以要建立企业预警系统需要考虑的因素相当复杂。国内外的大量实例表明，陷入经营危机的企业几乎无一例外都是以出现财务危机为征兆，因此财务管理作为企业经营管理的一个重要组成部分，自然也要求建立相应的财务预警系统。

二、中外文献回顾

（一）国外关于财务预警的研究

1. 单变量静态模型

Fitzpatrick（1932）最早进行了单变量破产预测研究。他以 19 家公司作为样本，发现判别能力最高的是净利润/股东权益和股东权益/负债两个比率。

Beaver（1966）使用5个财务比率对158家公司进行一元判定预测，发现债务保障率（现金流量/总负债）财务预测的效果最好。

2. 多变量静态模型

国外有关多变量静态模型主要有 Z 分数模型、F 分数模型、多元逻辑（logit）模型、多元概率比（probit）回归模型、人工神经网络（ANN）模型、联合预测模型等，关于这些模型，本专题在第三部分再做详细论述。

3. 国外动态预警研究

国外动态预警研究主要有 Baumol（1952），Tobin（1958），Beranek（1963），Miller and Orr（1966），Eppeb and Fama（1971），Stone（1972）的存量现金管理模型，Friedman（1959），Nadiri（1969），Coates（1976）的产品现金管理模型和Meltzer（1963），Whalen（1965），Alessi（1966）的财富现金管理模型。他们分别选取不同的持有现金的动因进行研究，存量现金管理模型假定现金持有量依赖于交易量；产品现金管理模型假定现金持有量依赖于产品产量；财富现金管理模型将财富作为持有现金的动因。

动态预警模型的研究思路很接近，都是通过时间序列回归或者动态管理角度得出破产公司和非破产公司的现金管理特征变量，并据此构建预警模型。这些特征变量反映了公司对外界因素变化的灵敏度，并且都在统计上有比较显著的结果。

（二）国内关于财务预警的研究

陈静（1999）进行单变量分析发现，资产负债率、流动比率、总资产收益率、净资产收益率这几项指标具有较强的预测能力。顾晓安（2000）运用功效系数法（评分法的一种）构建了企业的财务预警系统，其中包含8个评价指标。张爱民等（2001）采用多元统计分析中的主成分分析法对企业财务预警进行了研究，得到了不错的分析结果。吴世农、卢贤义（2001）分别使用Fisher线性判定分析、多元线性回归模型和Logit回归分析三种方法建立预测模型，发现Logit模型的误判率最低，在前一年仅为6.47%；净资产收益率这一指标具有较强的预测力。杨保安等（2001）将神经网络模型运用到银行财务预警的分析中，最后的测试结果与实际情况基本一致。张艳（2001，2003）运用贝叶斯判别、交互验证和逐步判别分析等方法逐层推进，构造预测模型，发现公司离被ST的时间越近，预测的精度越高；“主营业务利润/总资产”这一指标具有异乎寻常的前瞻预测能力。杨淑娥、黄礼（2005）以BP人工神经网络工具建立财务危机预警模型，其预测的准确率比采用主成分分析法建立的模型更高。张鸣、程涛（2005）以Logit回归方法构建财务指标预警模型，在此基础上加入现金管理特征变量和现金管理结果变量，构建综合预警模型，发现在前一年的预警中，财务指标模型预警效果比较好，而在前两年、前三年，综合预警模型的效果比较好。黄克敏、姬美光（2006）发现在公司 ST 之初，财务因素的影响不如公司治理及其他非财务因素的影响显著，其认为在财务指标之外加入对外担保、公司治理等非财务指标，可以提高预测准确率。

三、基本问题分析

（一）公司财务预警系统概述

财务失败是指企业因财务运作不善而导致财务危机爆发的一系列动态结果。所谓财务预警是以企业的财务会计信息（财务报表、经营计划及其他相关会计资料）为基础，通过设置并观察一些敏感性财务指标的变化，对企业或集团可能或将面临的财务危机实现预测预报和实时监控的财务分析系统。它可以根据企业经营和财务目标分析资金流动运行规律，及时捕捉资金管理过程中的堵塞、浪费、过度滞留等影响财务收益的重大管理失误和管理波动信号，并对企业的资金使用效果进行分析评价，及时发出警报，采取相应措施，建立免疫机制，不断提高企业抵抗财务风险的能力，使企业的财务管理活动始终处于安全、可靠的运行状态，从而实现企业的财务目标。一个有效的财务预警系统可以预知财务危机的征兆，并能及时发现导致公司财务状况恶化的原因，在危机到来之前向企业经营者发出警告，使经营者能迅速采取预防和控制措施，避免潜在的风险演变成损失，将危机消灭在萌芽状态，防患于未然，从根本上阻止危机的发生。

（二）财务预警系统的构建

建立企业预警系统的目的很明确，就是为了监测、掌握企业的经营信息、财务信息等，以便及时发现问题，并寻求解决方案和防范措施，保持企业持续健康的发展。要实现这个目标，设立企业预警系统涉及不同模式的选择和指标选择、各指标权重确定等。

1. 定性模式

（1）标准化调查法，又称风险分析调查法。即通过专业人员、调查公司、协会等对企业可能遇到的问题进行详细的调查分析，并形成报告文件供企业管理者参考。该方法的优点是它们所提出的问题对所有企业都有意义，普遍适用，缺点是无法提供特定问题的一些个性特征。

（2）四阶段症状分析法。一般而言企业财务运营情况不佳，甚至出现危机有特定的症状。企业财务运营病症可分为四个阶段，根据阶段特征，采取相应的措施。各阶段病症如表 17—1 所示。

表 17—1

财务危机潜伏期	财务危机发作	财务危机恶化期	财务危机实现期
①盲目扩张 ②无效市场营销 ③疏于风险管理 ④缺乏有效的管理制度 ⑤无视环境的重大变化	①自有资本不足 ②过分依赖外部资金、利息负担重 ③缺乏会计的预警作用 ④债务拖延偿付	①经营者无心经营业务，专心于财务周转 ②资金周转困难 ③债务到期违约不支付	①负债超过资产，丧失偿付能力 ②宣布倒闭

（3）三个月资金周转表分析法。这是进行短期财务预警的重要方法之一，企业制定三个月资金周转表分析其经营状况。这种方法的判断标准：第一，如果企业制定不出三个月的资金周转表，这本身就已经是个问题；第二，倘若已经制好了表，就要查明转入下一个月的结转额是否占总收入的20%以上，付款票据的支付额是否在销售额的60%以下（批发商）或40%以下（制造业）。该方法的实质是企业面临变幻无穷的理财环境，所以要经常准备好安全度较高的资金周转表，假如连这都办不到，就说明企业已经处于紧张状态了。

（4）流程图分析。这是一种动态分析方法，分析企业的动态流程图，找出关键点，防范风险。

（5）管理评分法。对企业的经营缺陷、错误和征兆对比打分，加权处理，得到一个总分数。以总分数的高低判断企业的财务状况。从一定意义上说，这种方法具备了定量分析中多元线性函数的思想。

2. 定量模式

（1）单变量模式。

单变量模式是指运用单一变量，用个别财务比率来预测财务危机的方法。Fitzpatrick（1932）最早进行了单变量破产预测研究。他以19家公司作为样本，发现判别能力最高的是净利润/股东权益和股东权益/负债两个比率。Beaver（1966）则最早运用统计方法来研究公司失败问题。他仅仅狭义地界定财务失败为破产，以及“债券拖欠不履行、银行超支、不能支付优先股股利等”。他首先以单变量分析法发展出财务危机预测模型，使用5个财务比率对158家公司进行一元判定预测。他分别将这5个财务比率作为变量对79家经营未失败公司和79家经营失败公司进行一元判定预测，发现债务保障率（现金流量/总负债）财务预测的效果最好，资产收益率（净利润/总资产）次之，资产负债率（总负债/总资产）再次。跟踪考察企业时，应对这些比率的变化趋势予以特别关注。一般来说，陷入财务危机的企业，这几个比率的特征是：低于行业平均水平；不断下降；具有长期趋势而非偶然。在失败前5年可达70%以上的预测能力，失败前1年更可达87%的正确区别率。日本经营咨询诊断专家田边升一提出了利息及票据贴现费用判别分析法，即以利息及票据贴现费用大小，以企业贷款利息、票据贴现费用占其销售额的百分比来判断企业正常与否。

单变量分析法虽然简单，但因不同财务比率的预测方向与能力经常有相当大的差距，有时会产生对于同一公司使用不同比率预测出不同结果的现象，因此招致了许多批评。其中，现金流量来自现金流量表的三种现金流量之和，除现金外还充分考虑了资产的变现能力，同时结合企业销售和利润的实现及生产经营状况综合分析。这个比率用总负债作为基数，是考虑到长期负债与流动负债的转化关系，但是总负债只考虑了负债规模，而没有考虑企业的债务结构，因此对一些因短期偿债能力不足而出现危机的企业存在很大的误判性。总资产这一指标没有结合资产的构成要素，因为不同的资产项目在企业盈利过程中所发挥的作用是不同的。这不利于预测企业资产的获利能力是否具有良好的增长态势。它只重视某个指标的分析能力，若企业管理人员知道了这个指标，就会尽可能粉饰这个指标，掩盖企业的财务危机。另外，尽管对较长时期进行的单变量比率分析可能说明企业正处于困境或未来可能处境艰难，但这不能具体证明企业可能破产及何时会破产。而且，它还会受到企业外部经济环境（如通货膨胀或紧缩）的影响。这些局限性的存在，使得单变量分析方法逐渐被多变量方法所取代。

（2）多变量模式。

1）企业安全率模式。

企业安全率由两个因素构成：经营安全率与资金安全率。此法可以了解企业财务结构现状，并寻求企业财务状态改善方向。

①经营安全率＝安全边际率＝安全销售额/现有或预计销售额

②资金安全率＝资产变现率－资产负债率

＝(资产变现金额－负债账面金额)/资产账面金额

判断标准是：若①、②均大于 0，说明企业经营状况良好，可采用扩张策略；若②为正，而①为负，表明企业财务状况良好，但营销能力不足，应加强营销管理，增加利润创造能力；若①为正，而②为负，表明企业财务状况已露出险兆，应积极创造自有资金，开源节流，改善财务结构；若①、②都小于 0，表明企业经营已陷入险境，随时可能爆发危机。

企业根据经营战略、同业竞争对手情况、历史经验教训、专家意见等方法确定两指标的合理值（见图 17—1）。当实际值落在第Ⅳ象限时，应当发出财务预警；当落在第Ⅲ象限时，已经面临经营危机。为了化解财务风险，企业可以强化现金观念，提高信用政策标准，积极开源节流等。

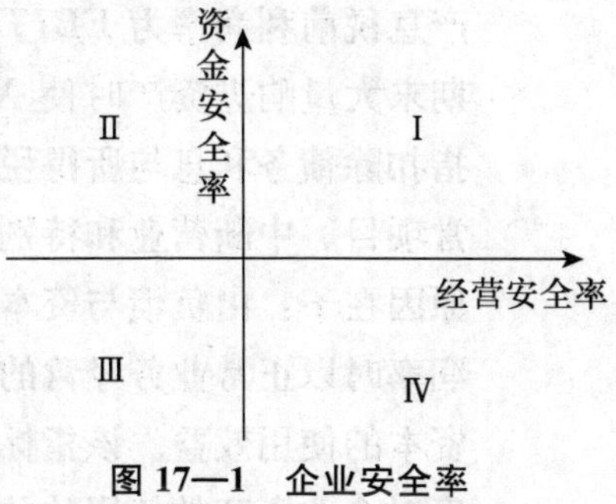

图 17—1　企业安全率

2）多元线性函数模型。

多元线性函数模型又称 Z 分数（Z score）模型，1968 年美国的 Edward Altman 最早开始研究，是指对企业多个财务比率进行汇总，求出一个总判别分值来预测企业财务危机。它从总体、综合的角度来检查企业的财务状况。

多元线性判别一般方程为：

$$Z=V_1X_1+V_2X_2+\cdots+V_nX_n$$

式中，V_1，V_2，…，V_n是权数；X_1，X_2，…，X_n是各种财务比率。在运用上，它也需要将企业样本分为两类：预测样本和测试样本。根据预测样本构建模型，将单个企业各种各样的财务比率转换成单一的判别标准，即Z值。然后根据Z值进行判定，将企业分为“破产”和“非破产”两类。

这也是最早运用多变量方法研究企业财务危机的模型。具体来讲，Z分数模型选定5个指标，从企业的获利能力、财务结构、偿债能力等方面综合反映企业财务状况。Altman将5个财务比率指标作为变量合并入一个函数方程：

$$Z=0.012X_1+0.014X_2+0.033X_3+0.006X_4+0.999X_5$$

X_1=(期末流动资产－期末流动负债)/期末总资产

X_2=期末留存收益/期末总资产

X_3=息税前利润/期末总资产

X_4=期末股东权益的市场价值/期末总负债

X_5=本期销售收入/总资产

式中，X_1为营运资本/资产总额，反映了企业资产的折现能力和规模特征。营运资本是企业的劳动对象，具有周转速度快，变现能力强，项目繁多，性质复杂，获利能力高，投资风险小等特点。一个企业营运资本持续减少，往往预示着企业资金周转不灵或出现短期偿债危机。

X_2反映了企业的累积获利能力。期末留存收益是由企业累积税后利润而成，对于上市公司，留存收益是指净利润减去全部股利的余额。一般来说，新企业资产与收益较少，因此相对于老企业X_2较小，而财务失败的风险较大。

X_3即$EBIT$/资产总额，可称为总资产息税前利润率，而我们通常所用的总资产息税前利润率为$EBIT$/平均资产总额，分母间的区别在于平均资产总额避免了期末大量购进资产时使X_3降低，不能客观反映一年中资产的获利能力。$EBIT$是指扣除债务利息与所得税之前的正常业务利润（包括对外投资收益），不包括非正常项目、中断营业和特别项目及会计原则变更的累积前期影响而产生的收支净额。原因在于：由负债与资本支持的项目一般属于正常业务范围，因此，计算总资产利润率时以正常业务经营的息税前利润为基础，有利于考核债权人及所有者投入企业资本的使用效益。该指标主要从企业各种资金来源（包括所有者权益和负债）的角度对企业资产的使用效益进行评价，通常是反映企业财务失败的最有力依据之一。

X_4测定的是财务结构，分母为流动负债、长期负债的账面价值之和；分子以股东权益的市场价值取代了账面价值，因而对公认的影响企业财务状况的产权比率进行了修正，使分子能客观反映公司价值的大小。对于上市公司，分子应该是未流通的股票账面价值＋流通股票期末市价。X_4的分子是一个较难确定的参数，尤其对于股权结构较复杂的企业。

X_5为总资产周转率，企业总资产的营运能力集中反映在总资产的经营水平上，因此，总资产周转率可以用来分析企业全部资产的使用效率。如果企业总资产周转率高，说明企业利用全部资产进行经营的成果好，效率高；反之，如果总资产周转率低，则说明企业利用全部资产进行经营活动的成果差，效率低，最终将影响企业的获利能力。如果总资产周转率长期处于较低的状态，企业就应当采取措施提高各项资产的利用程度，对那些确实无法提高利用率的多余闲置资产应当及时进行处理，加速资产周转速度。X_5的分子“本期销售收入”应该为销售收入净额，指销售收入扣除销售折扣、销售折让、销售退回等后的金额。

通过对 Z 分数模型的研究分析得出：Z 值越小，该企业遭受财务失败的可能性就越大。按该模型 Z 值大于 2.675 时表明企业的财务状况良好，当 Z 值小于 1.81 时表明企业财务状况堪忧，美国企业的 Z 值的临界值为 1.81。具体判断标准如表 17—2 所示。

表 17—2　　Z 分数模型具体判断标准

$Z \geqslant 3.0$	财务失败的可能性很小	财务不失败组
$2.8 \leqslant Z \leqslant 2.9$	有财务失败可能	
$1.81 \leqslant Z \leqslant 2.7$	财务失败可能性很大	
$Z \leqslant 1.8$	财务失败可能性非常大	财务失败组

Altman 选择了 1968 年尚在持续经营的 33 家美国企业进行预测，其准确率令人满意。而且分析的资料越新，准确率越高，如依据临近财务失败的报表资料预测的准确率为 96%，依据财务失败前一年的报表预测准确率为 72%。但无论怎样，都必须以财务报表的真实性、准确性、完整性为前提。近年来，澳大利亚、巴西、加拿大、法国、德国、爱尔兰、日本和荷兰都进行了类似的分析。尽管 Z 值的判断标准在各国间有相当的差异，但各国“财务失败组”的 Z 值的平均值都低于临界值 1.81。

Z 分数模型从企业的资产规模、折现能力、获利能力、财务结构、偿债能力、资产利用效率等方面综合反映了企业的财务状况，进一步推动了财务预警的发展。Z 分数模型具有较高的判别精度，该模型在西方预测公司破产的准确率可以达到 70%～90%。公司破产一般发生在第一次 Z 值出现负数的 3 年里。但是该模型也存在一些缺陷：第一，工作量比较大，研究者需要做大量的数据收集和数据分析工作。第二，在前一年的预测中，Z 分数模型预测精度比较高，但在前两年、前三年的预测中，预测精度都大幅下降，甚至低于单变量的判别模型。可能的原因就是很多财务变量只是企业陷入财务困境的征兆，或者说是一种表象，而不是陷入财务困境的原因和本质。过多的财务指标增加了模型的噪音。第三，Z 分数模型对预测变量有严格的联合正态分布要求，假定自变量呈正态分布，两组样本要求相等的协方差，但现实中大多数财务比率并不满足这一要求，且一旦在预测变量中出现虚拟变量，此假设就不能成立。这大大限制了该模型的使用范围。第四，使用 Z 分数模型判别方法，要求预测样本与测试样本之间一定要进行配对，但配对标准很难确定。第五，该模型可从总体角度检查公司财务状况，有利于不同时期财务状况的比较，但不具有横向可比性，即不可用于规模、行业不同的公司之间的比较。

3）F 分数模型。

由于 Z 分数模型在建立时并没有充分考虑现金流量的变动等方面的情况，因而具有一定的局限性。为此，有学者拟对 Z 分数模型加以改造，并建立其财务危机预测的 F 分数模型（failure score model）。F 分数模型的主要特点是：

第一，F 分数模型加入现金流量这一预测自变量。许多专家证实现金流量比率是预测公司破产的有效变量，因而它弥补了 Z 分数模型的不足。

第二，F 分数模型考虑到了现代化公司财务状况的发展及其有关标准的更新。比如公司所应有财务比率标准已发生了许多变化，特别是现金管理技术的应用，已使公司所应维持的必要的流动比率大为降低。

第三，F 分数模型使用的样本扩大。

F 分数模型如下：

$$Z=-0.1774+1.1091X_1+0.1074X_2+1.9271X_3+0.0302X_4+0.4961X_5$$

式中，X_1，X_2，X_4 与 Z 分数模型中的 X_1，X_2，X_4 相同，这里不再进行分析。

X_3＝(税后纯收益＋折旧)/平均总负债

X_5＝(税后纯收益＋利息＋折旧)/平均总资产

F 分数模型与 Z 分数模型中各比率的区别就在于其 X_3，X_5 与 Z 分数模式中的 X_3，X_5 不同。

X_3 是一个现金流量变量，它是衡量企业所产生的全部现金流量可用于偿还企业债务能力的重要指标。一般来讲，企业提取的折旧费用，也是企业创造的现金流入，必要时可将这部分资金用来偿还债务。

X_5 测定的是企业总资产在创造现金流量方面的能力。相对于 Z 分数模型，它可以更准确地预测出企业是否存在财务危机（其中的利息是指企业利息收入减去利息支出后的余额）。

F 分数模型中的五个自变量的选择是基于财务理论，其临界点为 0.027 4；若某一特定的 F 分数低于 0.027 4，则将被预测为破产公司；反之，若 F 分数高于 0.027 4，则公司将被预测为继续生存。

4）多元逻辑（Logit）模型。

多元逻辑模型的目标在于寻求观察对象的条件概率，从而据以判断观察对象的财务状况和经营风险。它是建立在累积概率函数的基础上，不需要自变量服从多元正态分布和两组间协方差相等的假设条件。Logit 模型假设企业破产的概率 p（破产取 1，非破产取 0），并假设 $\ln[p/(1-p)]$ 可以用财务比率线性解释。首先假定 $\ln[p/(1-p)]=a+bX$，然后根据推导可以得出 $p=\exp(a+bX)/[1+\exp(a+bX)]$，从而计算出企业破产的概率。其判别方法和其他模型一样，先是根据多元线性判定模型确定企业破产的 Z 值，$Z=a+bX$，然后推导出企业破产的条件概率。其判别规则是：如果 $p>0.5$，则表明企业破产的概率比较大，那么判定企业为即将破产类型；如果 $p<0.5$，则表明企业财务正常的概率比较大，判定企业为财务正常。

Logit 模型最大的优点就在于不需要严格的假设条件，克服了线性方程受统计假设约束的局限性，从而具有广泛的适用范围。Ohlson（1980）首次使用这种方法来分析财务预警问题，他分析了选用的非配对样本在破产概率区间上的分布以及两类判别错误和分割点的关系，得出结论认为以前根据行业和资产规模来进行样本配对的选样方法过于武断，将资产规模变量直接放入模型中。他还在研究中构造了两个虚拟变量，研究结果表明它们对模型具有较强的解释能力。目前这种方法的应用也较为普遍。但是，其计算过程比较复杂，而且在计算过程中有很多的近似处理，不可避免会影响其预测精度。

5）多元概率比（Probit）回归模型。

Zmijewski（1984）使用 Probit 方法建立模型来分析财务预警问题。同样，他假定企业破产的概率为 p，并假设企业样本服从标准正态分布，其概率函数的 p 分位数可以用财务指标线性解释。Probit 模型计算方法和 Logit 很类似，先是确定企业样本的极大似然函数，然后通过求似然函数的极大值得到参数 a，b，接下来利用下面的公式求出企业破产的概率。和前面的判别规则一样：如果 $p<0.5$，就判别为财务正常型；如果 $p>0.5$，则为即将破产型。

$$p=\int_{-\infty}^{a+bX}(1/\sqrt{2\pi})\mathrm{e}^{t^2/2}\mathrm{d}t$$

Probit 模型和 Logit 模型的思路很像，但是在具体的计算方法和假设前提上又有一定的差异，主要体现在三个方面：一是假设前提不同，Logit 不需要严格的假设条件，而 Probit 则假设企业样本服从标准正态分布，其概率函数的 p 分位数可以用财务指标线性解释；二是关于参数 a，b 的求解方法略有不同，虽然二者都采用极大似然法，但是 Logit 采用的是极大化对数似然函数求解，而 Probit 采用极大化积分似然函数求解；三是求破产概率的方法不同，Logit 采用取对数方法，而 Probit 采用积分处理方法。

6）人工神经网络（ANN）模型。

前述定量分析模式均采用非参数统计方法，均以选定的独立变量结合历史数据资料建立一个预测模型，并用来作为未来分类判别之用。基于这种统计方法的模式有很多缺点：第一，传统的统计区分方法受制于若干母体分配的假设前提，已经很不适用于今日复杂多变的企业运作环境模式；第二，它对错误资料的输入不具有容错性，无法自我学习与调整，也无法处理资料遗漏的状况；第三，所运用的统计方法是静态方法。鉴于此，有些学者提出了非统计方法，如递归分类树、人工智能、人工神经网络等，其中较有代表性的是人工神经网络。

人工神经网络（artificial neural network，ANN）模型就是将神经网络的分类方法应用于财务预警。而人工神经网络是一种平行分散处理模式，其构建原理是基于对人类大脑神经运作的模拟。ANN是一种平行分散处理模式，具有动态性，它可克服统计方法的限制，是解决区隔问题的一个重要工具。它通常由输入层、输出层和隐藏层组成，其信息处理分为前向传播和后向学习两步。网络的学习是一种误差从输出层到输入层向后传播并修正数值的过程，学习的目的是使网络的实际输出逼近某个给定的期望输出。根据最后的期望输出，得出企业的期望值，然后根据学习得出判别规则对样本进行分类。

ANN除具有较好的模式识别能力外，还可以克服统计方法的限制。因为它具有容错能力和处理资料遗漏或错误的能力。最为可贵的是，ANN还具有学习能力，可随时依据新数据资料进行自我学习、训练，并调整其内部的储存权重参数以应对多变的企业环境，这是传统方法所无法比拟的。由于ANN具备上述良好的性质与能力，故可作为解决分类问题的一个重要工具。我国学者杨保安等（2001）将这一方法运用到银行财务预警的分析中，最后的测试结果与实际情况基本一致。在国外，Salchenberger et al.（1992）使用这一方法对金融企业的财务失败进行判断，Altman，Marco and Varetto（1994）对意大利的企业进行了财务失败的分析预测。这些研究与以往的线性分析模型相比都取得了更好的结果。

人工神经网络具有较好的纠错能力，从而能够更好进行预测。然而，由于其理论基础比较抽象，对人体大脑神经的模拟的科学性、准确性还有待进一步加强，因此其适用性也大打折扣。

7）联合预测模型。

联合预测模型是运用企业模型来模拟企业的运作过程，从而动态描述财务正常企业和财务困境企业的特征。然后根据不同特征和判别规则，对企业样本进行分类。其运用的关键就是如何准确模拟企业的运作过程。因此它要求能够有一个基本的理论框架，通过这一框架来有效模拟企业的运作过程，从而能够有效反映和识别不同企业的行为特征、财务特征，并据以区分企业样本。

联合预测模型最大的优点就是克服了财务预测模型只运用财务指标的片面性，它能够动态模拟和反映企业经营过程中的方方面面。因为财务指标有其先天的局限性，只能计量企业运营的财务结果，遗漏了很多事关重大但未能在财务指标中得到体现的非财务信息，如人力资源状况、企业发展战略、企业地理位置等。

联合预测模型在进行预警分析时是同时采用两种或两种以上的方法建立的模型。建立混合模式的目的是同时采用多种方法，克服各个方法的缺陷，取长补短。如韩国的 B. S. Ahn et al.（2000）将粗糙集理论与神经网络方法结合起来，建立了混合模型；英国的 FengYuLin and SallyMcClean（2001）以四种独立的财务预警研究方法为基础，建立了混合模式。混合模式的实证结果表明，在同等条件下，混合模式明显优于单变量模式。

3. 定量模式下的指标选择和指标权重确定

（1）财务比率指标的选择。

财务比率指标的设计和选择是建立财务监测和预警系统的重要前提。预警离不开监测，监测离不开财务比率。因此，建立财务监测和预警系统，必须首先在分析系统的环境、目标、结构、功能及其与整个监测和预警系统之间的关系的基础上，通过严格的理论和实证分析，科学合理地设计和选择财务比率指标。

财务比率指标的选择应当遵循灵敏性、超前性和稳定性原则。灵敏性是指选择的财务比率指标要能够比较灵敏地反映财务运行的主要方面；超前性是指选择的财务比率指标应当超前于实际财务运行的波动；稳定性是指对选择的财务比率指标的变化幅度进行不同状态划分后，划分的标准能够保持相对稳定。

为了保证财务比率指标具有科学性和实际应用价值，作为构成财务比率指标的主体财务比率，至少应当包括偿债能力、盈利能力、营运能力、资本增值能力和现金流量状况等五个方面，以便从不同角度、不同侧面综合反映财务状况。为了评价债权人所关注的资产负债水平和偿债能力，应选择流动比率、资产负债率；为了评价投资者所关注的盈利能力和资产保值增值能力，应选择销售利润率、总资产报酬率、资本收益率和资产保值增值率；为了评价企业的营运能力，应选择应收账款周转率和存货周转率；甚至为反映企业未来财务运行状况，应选择一些非财务指标通过量化作为系统中的一个元素，例如市场占有率、产品品质、员工积极性、创新能力等。

主要财务指标按经济意义的分类用图 17—2 表示。

（2）各财务比率指标权重的确定。

反映各指标重要程度的权数的选择会直接影响系统的科学性和准确性。权重的确定可以通过对各指标的内在本质以及与企业财务状况的相关性进行深入分析，广泛调查，征求专家意见，并通过在实践中反复验证确定。各类财务指标在契约财务预警中的重要性和地位并不是一成不变的，而是会随着企业经营和财务状况的发展

- 公司财务绩效
  - 偿债能力状况
    - 短期偿债能力
      - 流动比率
      - 现金流动负债比率
    - 长期偿债能力
      - 资产负债率
      - 有形净值债务率
  - 资产营运状况
    - 流动资产周转率
    - 总资产周转率
    - 长期资金适合率
    - 每股净资产
  - 财务效益状况
    - 净资产收益率
    - 每股收益
    - 总资产利润率
  - 发展能力状况
    - 净利润增长率
    - 每股收益增长率
  - 现金流量状况
    - 每股营业现金净流量
    - 主营业务现金比率
    - 经营活动现金结构分析
    - 经营活动产生的现金流量净额增长率

图 17—2　财务指标分类

变化而变化的，所以在确定每个财务指标在企业财务风险预警中的重要性和程度时，不能简单地只看某个指标的大小和变化，而应将其放在企业整个经营环境和财务状况中来认识，并合理确定其比重和权数，才能真正认识和把握该指标在企业财务指标预警体系中的重要性和相关程度。

4. 财务预警系统的模式比较

(1) 单变量模式与多变量模式的比较。

单变量模式与多变量模式都是对企业财务危机进行预测和评价，其基本目的相同。但由于两类方法使用了不同的研究方式，具有不同的侧重点，它们也存在着诸多区别。

首先，预测的内容有差别。单变量模式通过单个比率的趋势变化来对企业财务运营中某个方面的问题进行预测，如无法偿债，无力支付股利，现金周转不畅，面临破产危机等。多变量模式通过多个财务比率的综合分析对企业财务状况进行综合评价与分析，从整体角度对企业财务危机进行预测。

其次，预测的方法不同。单变量模式对单个比率进行分析考察，观察分析其发展趋势与变化。多变量模式则同时考虑多个财务比率，将它们按照一定的研究方法汇集到某个多变量模型中。在模型的构建与分析中用到了包括数学统计方法在内的多种方法和理论。

最后，实施的难易程度不同。显然，单变量模式具有计算简便、容易理解等特点。而多变量模式由于系统较为复杂，需要的基础资料较多，在具体实施时会麻烦得多，其分析过程也不像单变量模式那样一目了然。

进行企业财务危机预测时，单变量方法与多变量方法并没有冲突，它们可以同时应用。应用时，由于各方法不可能百分之百准确，同一企业可能会得出不同结果，此时，就需要结合企业的具体情况进行定性分析。

(2) 定量模式与定性模式的比较。

企业财务预警的两大类方法——定性分析法与定量分析法，各有各的优缺点，两者的主要区别如下：

第一，两者的分析方法不同。显然，定性分析法侧重于从事物“质”的角度分析问题，着重分析事物的来龙去脉及因果关系，以说理的方式透过事物的表象抓事物的本质；而定量分析法则从可量化角度出发，对事物运用数学、统计等多种方法进行分析，侧重于以数据说明问题。

第二，两者受执行人的影响程度不同。定性分析法受执行人主观意见的较大影响，对同一问题，不同的分析人往往会得出不同的结论；而定量分析法由于已将有关信息进行了量化处理，并规定了适用标准，对同一信息集，一种方法只会得出唯一的结论，基本不会受执行人的影响。

显然，定性分析法具有较大的灵活性，可以根据企业的具体情况进行相应的调整，这是定性分析法的优点，但也由此产生了这种方法的缺点，即太容易受执行人个人主观意见的影响，执行人个人的偏见往往会给企业带来巨大的损失。尽管我们可以通过成立专家组的方式来减轻个人主观意见的影响，但仍然无法克服定性分析法的固有缺陷。所以，较好的解决方案是同时使用定性分析法与定量分析法，取长补短，弥补各自的缺陷，这样既考虑了企业自身的具体情况，又避免了仅用定量分析法一锤定音的武断。

5. 财务预警模型的评价

可以发现财务预警模型的一个共同点就是，在模型中都运用了会计数据和财务比率。原因在于债务契约、贷款协议、信用评级都采用了这些数据和比率来评价企业的偿债能力，并限制管理人员的行为。如果企业违反协议，会使企业承受极高的违约成本，甚至导致企业破产。不过，需要指出的一点是，违反契约与企业破产并没有必然的联系，破产也不是会计数据和财务比率恶化的必然结果。

但是，客观地讲，这些模型仍然存在一定的局限性。下面将较为详细地评价企业财务预警模型。

首先，这些模型缺乏理论上的依据。因为迄今为止，尚无一个重要的理论能说明财务比率在破产前的预测能力。这些模型都是通过实证研究得到的，由于缺乏理论的指导，研究人员在变量选择时会受自身价值判断的影响。事实上，上述诸多模型中指标的选取都存在显著的差异，我们无法判断哪一个模型在长期中更为有效，即使是反映同一类型的财务指标，不同的研究者选取的指标差异也很大。比如，对反映盈利能力的指标，有些模型中选用资产报酬率和流动资产收益率，而有些模型选用销售利润率和税前利润/销售总额。而且，目前选取的预测变量，仅仅是企业陷入财务困境的征兆，而非其陷入财务困境的根本原因。从这个角度来看，大多数财务预警模型提供给财务分析人员的信息只是一些表象，不能从根本上预防企业陷入财务困境。

其次，财务预警模型会受样本选取范围和样本时间区间的限制。研究发现：不同的样本选取范围和不同的时间区间所得出的预警模型存在很大的差异。在样本的选取范围上，会受不同国家和地区、不同行业的限制；在样本的选取时间上，也会受数据的完整性和研究区间的影响。所以，对不同的国家而言，由于其经济环境的差异，财务预警模型可能不同；同样的，对于不同的时间区间，得出的模型也可能存在显著差异。其原因在于，不同行业要求的财务比率经验值可能不同，有些甚至有很大的差异。比如，以流动比率为例，工业企业的流动比率大多在 2：1 比较合理，而商业企业的流动比率合理值则低于该值。这样一来，模型的适用范围就会由于不同的经济环境、不同行业以及不同的时间区间而大打折扣。

再次，这些模型的变量只涉及会计数据和财务比率，没有考虑到非量化因素。而事实上，非量化因素比财务指标在揭露企业财务状况方面可能更为可靠、有效。比如，企业过度扩张、过度依赖银行贷款、企业人力资源匮乏、企业市场定位不清等都预示着企业存在潜在的危机，而这些是财务比率所不能反映的。因此，企业财务预警模型不能单独依靠财务数据，至少在预警系统中要涉及非财务数据。换句话说，既要涉及定量信息，也要涉及定性信息，这样才能更为完备地反映企业面貌。由于定性信息不能在预警模型中体现，所以我们可以采用评分方法，将评分的结果作为企业预警系统的一个构成部分。

最后，由于不同的模型需要不同的前提条件，比如自变量要服从正态分布，样本要求协方差相等，而事实上很多时候这些条件并不能得到满足。很多研究都是直接假定样本和自变量符合条件。所以，从这一角度来讲，我们所建立的模型大多是在近似条件下成立的，这必然影响模型的正确性和预测精度。而 Logit 模型和 Probit 模型虽然对假设前提要求不太严格，但是由于该模型的计算与分析较为复杂，也难以得到广泛的应用。

对于我国企业来说，由于我国经济状况、地域、行业等诸多因素的差异，在运用这一基本模型时，如何根据自身的需要和特点，设计和选择财务比率指标，确定权重和各种景气状态的数量特征值，是企业建立和用好该模型的关键。

评分法是将若干个财务比率用线性关系结合起来，运用指数法的计算来反映企业财务失败风险，以此来预测是否将出现财务危机。我国学者顾晓安（2000）运用功效系数法（评分法的一种）构建了企业的财务预警系统。他选择了 8 个评价指标，分别计算各指标的单项功效系数，再进行加权，计算出综合功效系数。据其数值大小，将警情划分为相应的警限区间，通过观测综合功效系数所在的区间监测警度，预报警情。而张爱民等（2001）采用多元统计分析中的主成分分析法对企业财务预警进行了研究。他们选用 8 个企业财务指标，选择了 40 家我国上市公司为估计样本，进行主成分分析，也得到了不错的分析结果。

（三）动态财务预警的实证研究

1. 研究方法设计

在本章中，我们先进行存量现金管理模型的推导，然后根据前人的研究成果选定财务预测模型，最后将两者结合起来共同构建综合预测模型。

（1）存量现金管理模型的推导。

存量现金管理模型（cash inventory model）其实就是存货模型在货币资金管理中的运用。它有两项基本假设：其一，企业将多余的现金投资于短期有价证券，可随时转化为现金；其二，企业未来年度的现金流可以比较准确地预测，一次流入，逐渐流出，直到现金余额接近零时再同样重复。

如果公司的现金管理行为符合存量现金管理模型，那么处于财务困境的公司与财务状况正常的公司在现金管理行为上会有较为明显的差异。这种差异正好可以用来进行财务预警。

下面，我们将对存量现金管理模型进行推导。假设 t 时期内现金总需求量为 $S(t)$。为了便于模型的建立，我们假定在每期开始时，公司会将这一笔钱 $S(t)$ 投资于有价证券，需要现金时，每次收回的现金量为 A，则交易次数 N 为（$S(t)/A$）。公司现金管理的成本包括机会成本和转换成本两部分。机会成本就是持有现金带来的潜在损失，因为平均持有现金量 M 为 $A/2$，所以机会成本就可以用 $I(A/2)$ 来表示，其中 I 为银行同期利率。转换成本（现金与有价证券的转换成本）由两个部分构成：一项是每次转换的固定成本 a，与交易次数有关；另一项为变动成本 b，与交易量有关，用公式表示为 $Y=a+bX=a(S(t)/A)+bS(t)$。所以，现金管理的总成本 C 为：

$$C=I(A/2)+a(S(t)/A)+bS(t) \qquad (17—1)$$

对式（17—1）中的 A 求一阶导数，可以得到：

$$A^*=(2aS(t)/I(t))^{0.5} \qquad (17—2)$$

则最佳现金持有量 M^* 满足：

$$M^*=A^*/2=(aS(t)/2I(t))^{0.5} \qquad (17—3)$$

式（17—3）中的 M^* 为最佳现金持有量，但在一般情况下，公司实际持有现金量与最佳现金持有量之间会存在一定的差距。将式（17—3）变形推广得到实际现金持有量 $M(t)$：

$$M(t)=(a/2)^{0.5}S(t)^{0.5}/I(t)^{0.5}=DS(t)^{ES}I(t)^{EI} \qquad (17—4)$$

式中，$M(t)$ 为实际持有的现金量；ES 和 EI 分别是 $S(t)$ 和 $I(t)$ 的弹性系数。从式（17—4）可以发现，在正常情况下，$S(t)$ 的弹性系数 ES 为正值，而 $I(t)$ 的弹性系数 EI 为负值。也就是说，在正常情况下，公司持有的现金量随着现金总需求量 $S(t)$ 的增加而增加，随着 $I(t)$ 的增加而减少。

对式（17—4）两边同时取对数，可以得到：

$$\text{Ln}M(t)=\text{Ln}D+ES\ \text{Ln}S(t)+EI\ \text{Ln}I(t) \tag{17—5}$$

建立模型可以得到静态现金管理模型：

$$\text{Ln}M(t)=\text{Ln}D+ES\ \text{Ln}S(t)+EI\ \text{Ln}I(t)+u(t) \tag{17—6}$$

（2）模型的近似处理。

在式（17—6）中，$M(t)$ 是 t 期的实际现金持有量；D 是规模常数；$S(t)$ 是交易性现金需求量；$I(t)$ 是机会成本；ES 和 EI 是现金管理的弹性系数；$u(t)$ 是残差。在实际运用中，我们会对变量做一些近似处理：实际持有现金量 $M(t)$ 用公司手头现金和银行存款来度量；现金总需求量 $S(t)$ 用净销售额来代替；利率 $I(t)$ 以同期的银行利率乘以 100 来替代，也就是我们所说的机会成本。

经过近似处理，得到实证分析的静态现金管理模型。在式（17—6）中，$M(t)$ 为因变量，$S(t)$，$I(t)$ 为自变量，通过时间序列回归，可以得到相关系数 D，ES，EI，即为现金管理特征变量。

（3）财务困境公司的行为。

如果一家公司进入财务困境，那么意味着公司可以得到的最大现金余额 $MH(t)$ 与公司导致流动性危机的最小现金余额 $ML(t)$ 非常接近。也就是说，持有现金量可以变化的区间范围［$ML(t)$，$MH(t)$］非常小。这就意味着现金持有量的驱动因素 $S(t)$ 和 $I(t)$ 的弹性系数 ES 和 EI 的绝对值特别小。图 17—3 和图 17—4 很直观地表示出财务困境公司和财务正常公司现金持有量的差别。由此，我们作出相关假设：

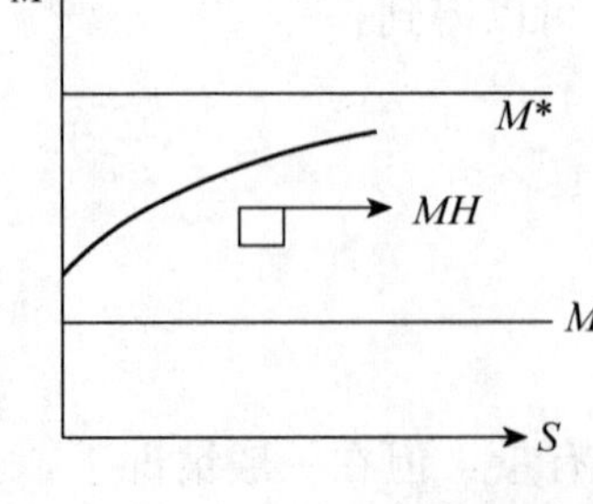

图 17—3　财务正常公司的现金持有量

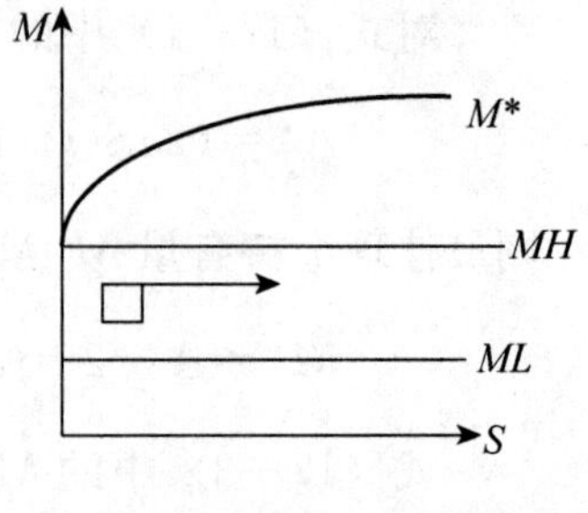

图 17—4　财务困境公司的现金持有量

假设 1：财务困境公司现金持有量的驱动因素 $S(t)$ 和 $I(t)$ 的弹性系数 ES 和 EI 的绝对值比财务正常公司的相应系数小。

（4）现金管理动态调整过程。

式（17—6）中的模型只是静态的，并不包括任何调整行为。而事实上，任何公司的现金管理行为都是动态的，都存在一个动态调整过程。财务状况正常的公司会将其现金持有量向最佳现金持有量的方向调整。在现金管理过程中，其成本包括两个部分：一是实际现金持有量未达到最优的机会成本；二是上期现金持有量向本期现金持有量调整的转换成本。由于无论是向正方向调整还是向负方向调整都会发生成本，所以我们假定现金管理成本和现金调整量之间呈二次函数关系，如式（17—7）所示。

$$C(t)=\alpha(M(t)-M^{*}(t))^{2}+\beta[M(t)-M(t-1)]^{2} \tag{17—7}$$

式中，α 是非均衡成本（非最优成本）的系数；β 是调整成本的系数。影响 α，β 的因素有两个方面：一是调整现金持有量的难易程度；二是非最优情况下带来的潜在损失的大小。调整现金持有量越容易，公司现金管理的成本就会越小，公司就会沿着正常的方向进行调整以克服非最优现金持有量带来的损失。然而如果调整现金持有量非常困难，那么公司就不会去调整现金持有量，而是接受非最优带来的潜在损失。在正常情况下，$\alpha>0$，$\beta>0$，公司会沿着正常的方向进行现金持有量的调整，$M(t)$ 逐渐向 $M^{*}(t)$ 靠拢。

式（17—7）两边对 $M(t)$ 求导变形，可以得到：

$$M(t)=(\alpha/(\alpha+\beta))M^{*}(t)+(\beta/(\alpha+\beta)M(t-1)) \tag{17—8}$$

式（17—8）变形可以得出：

$$M(t)-M(t-1)=Y(M^{*}(t)-M(t-1)) \tag{17—9}$$

式中，$Y=\alpha/(\alpha+\beta)$。式（17—9）就是我们所说的现金动态调整过程。左边 $M(t)-M(t-1)$ 表示公司实际调整的现金量，右边 $M^{*}(t)-M(t-1)$ 反映公司应该调整的现金量，而 Y 度量了公司现金调整的比率，我们称之为调整比率。若 $Y=1$，说明公司实际现金调整量等于应该调整的现金量，公司现金调整已经达到最优；若 $Y>1$，则说明调整过头，矫枉过正；若 $0<Y<1$，说明调整不足，离最优化还有一定的差距；若 $Y<0$，则公司的现金向反方向调整，与最优偏差越来越大，这往往意味着公司经营陷入重大困境，只好听之任之，放任自流。

对于财务正常公司而言，若 $M(t-1)$ 与 $M^{*}(t-1)$ 不等，公司就会调整其现金持有量，向最优现金持有量靠拢。但对于财务困境公司而言，情况则迥然不同。由于公司现金持有量不足，即 $M(t-1)<M^{*}(t)$。按照正常情况，$M(t)$ 应该超过 $M(t-1)$，向 $M^{*}(t)$ 靠拢。而事实上，由于公司已经面临财务困境，现金管理成本非常高且显得力不从心，只好接受非最优带来的损失。如果情况进一步恶化，公司的现金持有量会逐渐下降甚至迅速下降，与最优现金持有量的差距越来越大，即$M(t)<M(t-1)$，也就是说公司会出现反方向的调整（即 $Y<0$，参见图 17—5 和图

17—6)。根据上面的推导，对于进入财务困境的公司，有下面的公式成立：

$$M(t)<M(t-1)<M^*(t) \quad (17—10)$$

$$M^*(t)-M(t)>M^*(t-1)-M(t-1) \quad (17—11)$$

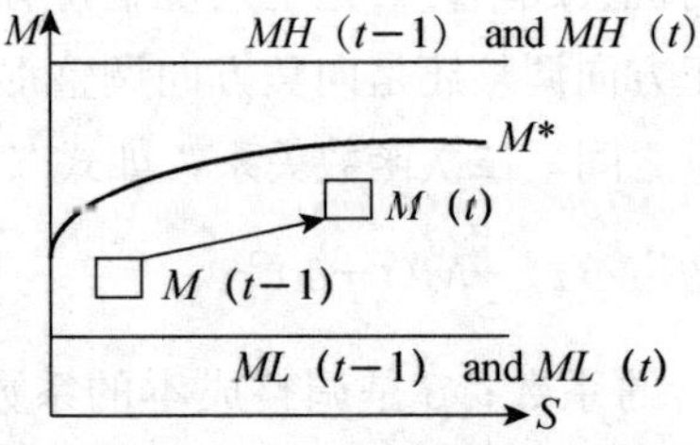

图 17—5 财务正常公司的现金调整过程

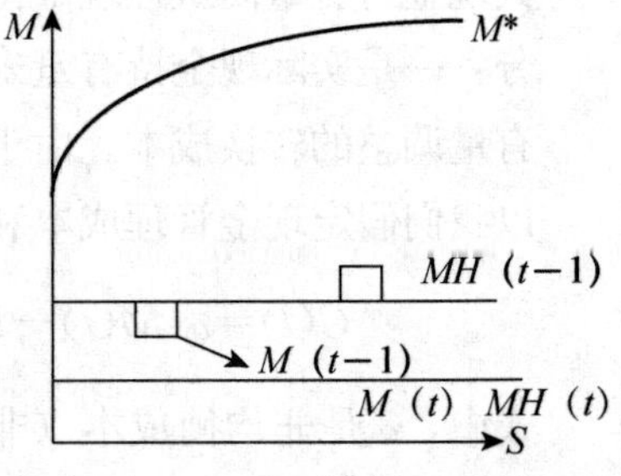

图 17—6 财务困境公司的现金调整过程

下面我们分析，什么情况会出现反方向调整。也就是说，管理层对现金持有量下降、偏离均衡值熟视无睹或者是力不从心，甚至有动机进行反方向调整。观察式（17—7）可以发现，一旦 $\alpha<0$，$\beta>0$，则实际现金持有量与最优值偏差越大，总成本反而越小，所以公司愿意进行反方向的调整以减少现金管理的成本。从式（17—9）可以发现，同时还要满足 $\alpha+\beta>0$，因为只有在这种情况下，Y 值为负值，才会出现反向调整。所以有如下假设：

假设 2：面临财务困境的公司其调整比率 Y 为负值，财务正常公司的调整比率 Y 为正值。

（5）动态现金管理模型的推导

从静态现金管理模型的推导可以看出，关键在于寻求最佳现金持有量 $M^*(t)$。然而，由于无法获取式（17—3）中的 a 值——证券交易的固定费用，所以也无法通过这一途径获得最佳现金持有量，只好另觅他径。

关于现金持有量研究的理论主要有两类：一类是融资等级理论（financing hierarchy theory），另一类是静态权益理论（static tradeoff theory）。其中融资等级理论认为：公司没有最优现金持有量，现金是一项负的负债，并不存在所谓的“最优现金持有量”。而静态权益理论认为：公司的现金持有量应当处于边际收益等于边际成本的水平上，并且收敛于某一均值。而这一平均值可以采用若干年公司现金持有量均值，因为公司本身就具有自我调节和自我纠错的能力。很多实证研究均采用前三年现金均值作为公司最佳现金持有量，并按照移动平均法依次类推（Sham-Sunder and Myers，1999；许海，2001）。本文也采用这一观点。

得到了公司的最佳现金持有量 $M^*(t)$ 之后，我们可以根据式（17—9）的变形式（17—12）计算公司的 Y 值。

$$Y=(M(t)-M(t-1))/(M^*(t)-M(t-1)) \quad (17—12)$$

这样，在我们的动态模型中，共产生了四个解释变量：D，ES，EI，Y。其中 D，ES，EI 是通过静态现金管理模型回归的估计系数，Y 是通过式（17—12）计算得到的调整比率。运用 Logit 判别模型，我们可以得到下面的动态现金管理模型：

$$\mathrm{Log}[(1-\mathrm{Prob}_i)/\mathrm{Prob}_i]=\mathrm{INTE}+S[D,ES,EI,Y] \qquad (17—13)$$

式中，Prob_i 指的是公司 i 进入财务困境的概率，进入财务困境的公司 Prob_i 取 1，财务正常公司的 Prob_i 取 0；INTE 表示模型的截距；$S[\cdot]$ 表示的是一个集合，从这一集合中选取解释变量，下同。

（6）财务指标预测模型。

当然，现金管理行为只是公司的一方面，而财务指标是另一面。就如同硬币的两面一样，二者缺一不可。公司一旦面临财务困境，就不仅反映在现金管理系数的变化上，而且也会体现到财务指标上。目前的财务指标预测模型由于缺乏经济理论支持，在财务指标的选取上还处于探索阶段，主要依靠研究者的经验和直觉来筛选。本章广泛考察了国内外相关成果，选择有显著贡献和最具代表性的预测变量，建立以下模型：

$$\mathrm{Log}[(1-\mathrm{Prob}_i)/\mathrm{Prob}_i]=\mathrm{INTE}+S[\text{财务指标}] \qquad (17—14)$$

（7）综合预测模型。

现金管理和财务指标都只是公司经营活动的一面，要进行准确预测，可以考虑尽可能全面模拟公司的经营状况。正是基于上述思想，我们将现金管理和财务指标二者结合起来，共同构建综合预测模型：

$$\mathrm{Log}[(1-\mathrm{Prob}_i)/\mathrm{Prob}_i]=\mathrm{INTE}+S[D,ES,EI,Y,\text{财务指标}] \qquad (17—15)$$

2. 研究对象与样本设计

大部分国外财务预警研究都将破产企业作为研究对象，而国内破产上市公司样本几乎没有，所以大多数研究都将“因财务状况恶化”而被戴帽的 T 族上市公司界定为研究对象。财务预警研究样本包括三个部分：构造样本、配对样本、测试样本。其选样标准如下：

第一，样本公司由两部分构成：ST 样本组和非 ST 样本组。首先我们选取 1998—2000 年度曾因财务状况异常而被特别处理的上市公司作为 ST 样本组，同时要求样本组特别处理之前至少 5 年的财务数据。因为我们要据此采用时间序列回归①得出 ST 公司和非 ST 公司的现金管理弹性系数 LND，ES，EI 等，再进一步求出各年度不同公司的现金调整比率 Y。非 ST 样本组的选取标准主要是会计年度、行业

① 在进行时间序列回归时，尽可能采用较长年份的数据。如果公司被 ST 之前有 5 年以上的数据，将采用全部数据进行回归，如果仅有 5 年则仅采用 5 年的数据。

和资产规模：行业严格相等或者近似等于，总资产规模相差在5%以内。由于数据时间长度的要求，再加上比较严格的配比标准，那些被特别处理之前数据年份不够或者找不到相应的配对公司的无效样本，都将被剔除。

第二，如果样本同时在两年内以ST的身份出现，归为第一年样本。① 其中1998年和1999年同为ST身份的公司有5家，归为1998年样本；1999年和2000年同为ST身份的公司有24家，归为1999年样本。

第三，组内分布控制。由于研究样本来源于3个会计年度，所以我们采取了Altman（1968）的研究方法，使最终进入样本的个体在各年大致平均分布。

这样，最后找到了84家符合条件的样本，ST和非ST各42家，其中2000年46家，1999年24家，1998年14家。然后，随机从ST公司中抽出12家，与配对样本共24家作为测试样本②，其余的60家作为构造样本。

3. *财务指标、研究方法与判别阈值*

（1）财务指标的选择。

由于财务指标的选取缺乏相应的经济理论指导，所以本专题在广泛考察和借鉴国内外相关成果的基础上，最终选取了如表17—3所示的预测变量。

表17—3　　　　预测变量的名称和含义

比例项目	变量	比例项目	变量
A. 财务结构		净资产收益率	X_{10}
负债/净资产	X_1	每股收益	X_{11}
负债/总资产	X_2	非主营业务利润/总资产	X_{12}
固定资产合计/总资产	X_3	E. 成长能力	
B. 偿债能力		(本年度净利润－上年度净利润)/($\lvert$本年度净利润$\rvert$＋$\lvert$上年度净利润$\rvert$)	X_{13}
营运资本/总资产	X_4	留存收益/总资产	X_{14}
C. 经营能力		每股未分配利润	X_{15}
存货总额/主营业务收入净额	X_5	F. 现金流量	
D. 经营效率		每股经营现金流量③	X_{16}
主营业务利润/总资产	X_6	现金/(总资产－现金)	X_{17}
主营业务收入/股东权益合计	X_7	净资产＝股东权益合计＋少数股东权益 非主营业务利润＝利润总额－主营业务利润 留存收益＝股东权益合计－股本－资本公积	
(本年主营业务收入－上年主营业务收入)/净资产	X_8		
(利润总额＋财务费用)/总资产	X_9		

① 因为有些样本第一年被ST时，只是一年亏损、净资产低于面值或者严重亏损，到第二年状况尚未改观，但又不够PT的条件——三年连续亏损，所以仍然以ST的身份出现。

② 测试样本与构造样本相对应。构造样本主要用来构建财务预警模型，而测试样本主要用来测试构建模型的准确性和预测精度。

③ 1998年以前，由于证监会不要求披露现金流量表，所以那时的现金流量值采用Opler and Stulz（1999）的方法进行估计：估计的现金流量＝息税后的利润＋当年折旧—股利。

（2）预测方法的选择。

本文所选用的预测方法就是 Logit 方法，主要原因在于 Logit 本身的特点和因变量的0—1 特性。在变量选取方法上，本文选取三种方法，并择优录用（参见表 17—4）。

表 17—4　　变量的选择方法及特点

变量选取方法	特点
向前选择法	开始模型中无变量，选择判别能力最大的变量进入模型
向后选择法	所有变量都在模型中，逐步剔除判别能力最小的变量
全部进入法	所有变量都在模型中

（3）判别阀值的确定。

财务预警的一个核心问题就是判别阀值（cut off point）的确定。它主要取决于两个方面：对预测先验概率和预测误差成本的估计。大多数研究假定先验概率和误差成本，将判别阀值定为概率均值（0.5）。判别规则如下：预测值大于 0.5 的公司被判为 ST，小于 0.5 的被判为非 ST。①

4. 实证研究结果

（1）前一年研究结果。

描述性统计结果表明：ST 样本组 *ES* 和 *EI* 均值的绝对值明显低于非 ST 样本组，与假设 1 相吻合。ST 样本组的 *Y* 值的均值为负，非 ST 样本组的 *Y* 值的均值为正，与假设 2 相吻合②（参见表 17—5）。接下来，我们分别采用向前选择法、向后选择法、全部进入法构建预警模型，并根据预警精度筛选，结果如表 17—6 所示。

表 17—5　　现金管理特征变量描述性统计结果

变量	ST 公司样本组		非 ST 公司样本组		$Pr>F$ 检验
	均值	标准差	均值	标准差	
LND	4.078	32.687	2.743	24.824	0.813
ES	0.396	3.494	0.787	2.152	0.861
EI	0.139	2.756	−1.259	2.135	0.009
Y	−1.099	3.944	5.300	10.142	0.002

① 为了更好地进行过程监控并说明预测含义，我们将预测区间进一步划分为五个子区间，分别为（0，0.2），[0.2，0.4]，[0.4，0.6]，[0.6，0.8]，[0.8，1]，代表不同的含义，并据此分析困境公司动态演变过程，限于篇幅，此处不再赘述。

② 限于篇幅，描述性统计的结果没有在此列出。

表 17—6 财务指标预测模型之比较

模型	方法	选取的变量	构造的模型	回判精度	预测精度
现金管理模型（模型一）	向前选择法	Y①	$Log[(1-Prob_i)/Prob_i]=-0.168-0.263Y$	0.75	0.75
财务预测模型（模型二）	向前选择法	X_9，X_{14}，X_{15}	$Log[(1-Prob_i)/Prob_i]=-1.508-27.130X_9+17.713X_{14}-5.173X_{15}$	0.867	1.00
综合预测模型（模型三）	向前选择法	X_6，X_{11}，X_{15}，X_{17}，EI，Y	$Log[(1-Prob_i)/Prob_i]=-514.264+1\,310.483X_6-1\,304.467X_{11}-500.273X_{15}+3\,409.766X_{17}-31.345EI-161.820Y$	1.00	0.875

从表 17—6 发现，预警精度最高的是财务预测模型（模型二），其次是综合预测模型（模型三），动态现金管理模型（模型一）最低。分析其原因在于：第一，由于资料上的限制，很多样本公司我们只用了 5 年的年报资料来进行时间序列回归，误差较大，而且模型运用中较多地方采取了近似处理，难免影响到预测精度；第二，公司的现金管理行为很容易被短期操纵，譬如，一个进入财务困境的公司可能会通过向银行或者关联企业借款而优化现金流量指标；第三，目前我国上市公司大多还没有现金管理理念，其现金管理行为与模型假设存在不相符的地方；第四，公司的现金流量多与收付实现制相关，很多偶然因素可以改变，而公司被戴帽的标准却是权责发生制下的产物——净利润和每股净资产面值。

财务预测模型的回判精度并不太高，只有 86.7%，但其预测精度却出奇的好，达到了 100%，这一结果令人振奋。② 其中，（利润总额＋财务费用）/总资产（X_9）这一指标具有超乎寻常的预测能力。这说明，在预测变量的选取上，并非越多越好；相反，很多变量的加入反而会增加模型的噪音。

详细考察财务预警模型中的变量“（利润总额＋财务费用）/总资产（X_9）、留存收益/总资产（X_{14}）、每股未分配利润（X_{15}）”，我们发现 X_9 反映了公司总资产的盈利能力，X_{14} 和 X_{15} 反映了公司的成长能力和成长空间，而盈利能力、成长能力与公司的长久生存和持续发展息息相关，自然也成为财务预警前瞻性的核心解释变量。进一步分析发现，这三项指标大多和净利润直接相关。分析其原因，主要有以下两点：其一，我们的研究对象是 ST 和非 ST 公司，而其评判标准之一就是是否盈利，盈利指标自然成为很具有前瞻性的预测指标；其二，公司的留存收益和未分配利润也是公司未来发展前景的重要指标。留存收益和未分配利润越多，一方面说明公司已经创造了很多的积累和沉淀，另一方面也说明公司有很多的资源可以运用于未来成长，还有很大的成长空间。正因为如此，这些指标成为区分 ST、非 ST 的标志性变量。

① 变量选取的重要性水平为 SPSS 10.0 中的默认值 5%，下同。

② 为了避免样本特殊性带来的预警偏差，我们选取了 2000 年大样本（990），总体预测精度 95.1%，说明财务预警模型具有很高的应用价值。

(2) 前两年、前三年预测情况。

对于前两年、前三年预测情况，一般的研究方法主要有三种：一是长短期预测均使用一个模型，即将企业陷入财务困境前两年、前三年或更长时间年度的相关财务指标带入已构造的前一年判别模型中，以同样的判别规则来判断其归属，从而验证已构造模型的前瞻性；二是根据不同年度的报告数据构造预测模型，但所有模型使用同一组预测变量，即不同时间跨度模型之间的差异仅在于模型中预测变量参数的差异；三是运用先前的研究方法，重新构造新的前两年、前三年的预测模型，从而得出分别符合前一年、前两年和前三年的预测模型。在我们的研究中同时考察了这三种方法，结果发现了十分有趣而有意义的结论：利用同一模型进行多期预测不太可行；利用原解释变量修正后的模型效果也不佳；而重新构建的模型，无论是从回判精度上还是预测精度上都大大提高（见表 17—7)。

表 17—7　筛选后的前两年、前三年预警模型①

重新构建模型	变量	构建模型	回判精度	预测精度
前两年预警模型（模型四）	X_2，X_5，X_7，X_9，X_{11}，EI，Y	$\text{Log}[(1-\text{Prob}_i)/\text{Prob}_i]=-215.865X_2-31.479X_5+3.225X_7-3\,114.078X_9-338.731X_{11}-7.120Y+17.507EI-0.048$	1	0.792
前三年预警模型（模型五）	Y，$X9$	$\text{Log}[(1-\text{Prob}_i)/\text{Prob}_i]=4.207-62.619X_9$ $0.321Y$	0.870	0.737

从表 17—7 可以看出，在前两年、前三年的预测中，综合预测模型表现出较高的预测精度。研究中还发现一个有趣的现象：随着时间向前推移，动态现金管理模型的预测下降幅度要远远小于财务指标模型。这主要是因为，从某种意义上讲，财务指标是公司进入财务困境的“果”，而公司的现金管理特征变量是公司进入财务困境的“因”。在公司进入财务困境的前两年和前三年，由于“果”还没有完全表现出来，“因”就体现出很大的重要性和很强的预测能力。

(3) 综合运用。

上述分析可以看出，公司财务状况恶化首先表现为现金管理上的恶化，紧接着才体现在财务指标上。所以在前两年、前三年的预测模型中，既有现金管理指标，又有财务指标，而在前一年的预测中，就只有财务指标。由于模型综合考虑了公司经营管理的两个方面——现金流量和财务指标，从而能够更为全面、更为及时地捕捉到公司经营恶化的影子，提前揭示出公司经营管理中潜在的风险点。

对于现金流量类指标，销售额、利率的弹性系数 ES 和 EI 并没有表现出很好

① 由于在前两年的预测中同样存在估计现金流量的问题，按照我们先前对现金流量估计的假定，如果前一年的累计折旧低于当年，就无法采用这一方法估计。由于这一条件的限制，满足条件构造样本的数量为 57 家，测试样本仍为 24 家。当然，这并不影响模型的构建和预测效果。

的预测效果，而现金调整比率的预测效果则非常明显。究其原因，主要在于：弹性系数主要表现为调整过程和对外界变化的敏感度，而调整比率则更大程度上体现为调整结果。由于我国上市公司现金管理意识不强，公司较少主动进行现金管理调整，更多的是被动接受现金流状况恶化的现实。其结果必然导致调整比率比弹性系数的预测效果要好。

在实际应用中，先把公司相关指标代入模型二，看公司是否会在下一年度进入财务困境：如果是，那么公司已经面临很大的财务风险，管理层和投资者需要引起高度重视；如果不是，那么公司面临的风险相对较小。再将数据代入模型四，看看公司在下两个会计年度是否会进入财务困境：如果答案为否，说明公司面临的风险更小了；如果是，则管理层和投资者要引起重视。最后，将数据代入模型五，看三年后公司是否会进入财务困境：如果仍然为否，说明公司几乎没有什么财务风险；如果是，则需要提请管理层和投资者注意。应用流程可以用图17—7描述。

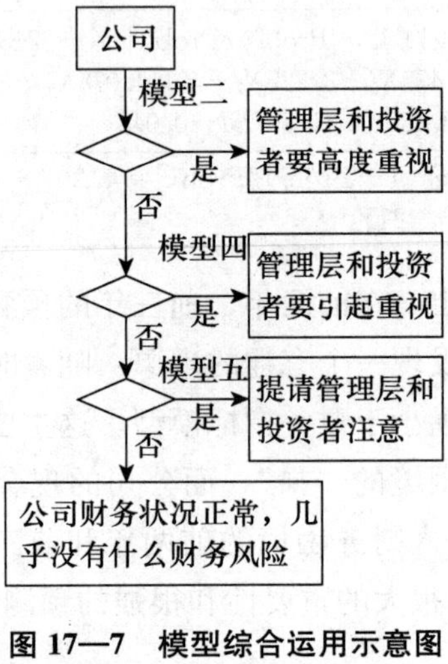

图 17—7　模型综合运用示意图

5. 研究结论及其局限性

(1) 研究结论。

本研究的视角对准我国 A 股上市公司，更多地站在一般投资者和债权人的角度，利用公开披露的信息研究动态财务预警。经过筛选得到了模型二、模型四、模型五分别适用于三个不同年度的预警模型，从而可以动态判定公司是否会进入财务困境以及将在什么时候进入财务困境，具有很强的实际操作性。主要的研究结论如下：

1) 时间距离公司进入财务困境的年限越近，预测精度越高；反之，预测精度越低。

2) 财务困境公司现金持有量的驱动因素 $S(t)$ 和 $I(t)$ 的弹性系数 ES 和 EI 的

绝对值比财务正常公司的相应系数小，但并不是很显著。

3）面临财务困境的公司其调整比率 Y 为负值，财务正常公司的调整比率 Y 为正值。

4）对于不同时间跨度的预测，我们应该利用新数据构建新预警模型。关键是寻找在企业长期发展中具有"指示"能力的信号，寻找导致公司进入财务困境的"因"，而不是"果"。

5）在公司进入财务困境前一年的研究中，使用财务预测模型的预测效果比较好，而在前两年、前三年的预测中，使用综合预测模型的效果比较好。

6）（利润总额＋财务费用）/总资产这一盈利能力指标具有超强和超前的预测能力。

（2）研究局限性。

在本文的研究中，还存在一些不足和局限，有待进一步探讨和改进：

1）研究方法上的局限性。本文初次尝试采用 Panel 数据进行财务预警动态研究，然而由于资料获取上的限制，我们只能选取最为基本的五年数据进行时间序列回归（time-serials），难免会产生较大的误差。

2）假设前提上的局限性。本研究使用动态存量管理现金模型，它有两项基本假设：现金和有价证券的转换、现金一次流入然后逐渐流出。这些假设和公司的现金管理行为存在偏差，从而在一定程度上加大了预测误差。

3）模型推导中的局限性。本研究模型推导中，对于"最优现金持有量、每股经营现金流量"等指标的计算采用近似处理，虽然都有实证研究作为理论支撑，但是也会影响预警效果。

（四）案例分析

把 ST 公司界定为财务失败公司，以"松辽汽车"上市公司为例来验证多元预测模型的运用。"松辽汽车"于 1998 年底被宣布为特别处理公司（ST 公司），所以距离特别处理 1 年以上的最近会计年度报表是 1997 年度。其 1997 年 12 月 31 日的报表部分资料如表 17—8 至表 17—10 所示。

表 17—8　　松辽汽车公司资产负债表

1997 年 12 月 31 日　　单位：元

流动资产	356 366 718.13	流动负债	249 840 895.51
固定资产	343 921 021.57	长期负债	165 123 720.09
		股本	140 160 000.00
		留存收益	236 352 186.69
资产合计	791 476 802.29	负债及股东权益合计	791 476 802.29

表 17—9 **损益表** 单位：元

税前收益	18 479 716.41
税后收益	18 479 716.41
折旧	13 798 060.12
本会计期间其他资料：	
平均总资产	761 427 152.18
平均总负债	375 675 107.29
利息收入	4 771 461.30
利息支出	13 485 811.78
期末股价	6.76

表 17—10 **股本结构表** 单位：万股

（一）尚未流通股份	期末数
1. 发起人股份	
其中：国家股	7 440
其他	0
2. 募集法人股	240
3. 内部职工股	1 536
尚未流通股份合计	9 216
（二）已流通股份	
1. 境内上市的人民币普通股	4 800
2. 其他	0
已流通股份合计	4 800
（三）股份总数	14 016

松辽汽车公司 F 分数计算结果见表 17—11。

表 17—11

自变量	系数	计算结果－0.177 4
$X_1=0.1346$	×1.109 1	＝0.149 3
$X_2=0.2986$	×0.107 4	＝0.032 1
$X_3=-0.0125$	×1.927 1	＝－0.024 1
$X_4=1.0040$	×0.030 2	＝0.030 3
$X_5=0.0052$	×0.496 1	＝0.002 6
F		＝－0.164 6

其中：

$$X_1=(356\,366\,718.13-249\,840\,895.51)/791\,476\,802.29=0.134\,6$$

$$X_2=236\,352\,186.69/791\,476\,802.29=0.298\,6$$

$$X_3=(-18\,479\,716.41+13\,798\,060.12)/375\,675\,107.29=-0.012\,5$$

$X_4=416\ 640\ 000/414\ 964\ 615.6=1.004\ 0$

$X_5=(-18\ 479\ 716.41+13\ 798\ 060.12+8\ 711\ 347.39)/761\ 427\ 152.18$
$=0.005\ 2$

由以上对“松辽汽车”的 F 分数计算结果 $-0.164\ 6$ 低于 F 分数模式的分界点 0.027 4，可事先预测松辽汽车公司可能会发生财务危机。F 分数模式的数值在其临界点上下 0.077 5 内为所谓的不确定区域，即在此区域内，可能将原始成本中能继续生存的公司预测成破产公司，而将破产公司预测成继续生存公司，所以若公司的 F 分数落在此不确定区域，则管理决策者应予进一步分析，以了解公司财务是否确实将进入困境。因为 F 分数模式（当然也包括 Z 分数模式）只是决策者进行管理决策的辅助系统方法之一，旨在辅助管理决策当局，警告可能发生的财务危机，其目的并非完全取代决策者的智慧、经验与判断。

同样，我们也可以用 Z 分数模型对松辽汽车公司进行预测。资料如下：

X_1，X_2，X_4 均与 F 分数模型相同，可直接引用，分别是：

$X_1=0.134\ 6, X_2=0.298\ 6, X_4=1.004\ 0$

松辽汽车公司 1997 年 12 月 31 日：销售收入 85 989 835.10 元，总税前利润 −9 768 369.02元。

$X_3=-9\ 768\ 369.02/791\ 476\ 802.29=-0.012\ 3$

$X_5=85\ 989\ 835.10/791\ 476\ 802.29=0.108\ 6$

即得

$$Z=0.012X_1+0.014X_2+0.033X_3+0.006X_4+0.999X_5=0.119\ 9$$

表 17—2 已列出：当 Z 值 $\leqslant 1.81$ 时，则说明企业财务失败的可能性非常大，松辽汽车公司的 Z 值正好落在此范围内。

通过上述模型的运用，我们可以清楚地看到预警模型对上市公司的有效性。在公布此财务报表日，松辽汽车并未被列入 ST 公司的行列，但预警模型显示出它的生产经营已存在严重困难。这就要求股东、管理人员以及其他相关人士及时了解企业所面临的财务困境，改变经营策略，或进行实质性的资产重组，这样才能在市场低迷时适应市场要求，避免决策失误。对于 ST 公司，其资产重组或改革的难度更大，需要利润的大幅拉升才能改变现状，及时准确的财务状况预测更是必不可少的警报器。

四、未来研究方向

财务预警研究的目标是更为准确、更早地预测财务风险，使之消灭于萌芽阶段，为企业发展保驾护航。在过去的研究中，学者们提出了不同方法、不同指标以实现这一目标。

就财务预警的准确性来说，不同的指标和方法针对企业不同状况各有优势。在今后的研究中可以将不同财务危机进行分类，分析各类危机的发生机制，寻找最合适的预测方法和指标。

就预测期间来说，在危机爆发前夜的准确预测是没有价值的，学者们应努力延长财务预警方法的预测期，并提高远期预测的精度。因为财务报表数据的滞后性，财务指标的反映更接近财务危机的“果”而非“因”。为延长预测期，应深入分析财务危机发生的来龙去脉和因果关系，发现危机本质，寻找各种更接近危机根源的指标，如现金管理、资本预算、融资能力、公司治理等非财务指标，以及相应的预警方法。

目前我国的相关研究多是针对上市公司的。然而，非上市民营企业是我国经济中最为活跃也是风险较大的部分，近几年温州便多次出现大量民企因资金链断裂而倒闭的情况。非上市民营企业对我国经济发展有很大意义，也是财务预警理论和方法的用武之地，相关研究应得到学者们的关注。

预警的最终目标是防范危机于未然。了解“防”的需求可以帮助我们更好地认识“预测”的职责和目标，在更早更准确“预测”的基础上，也应研究如何充分利用预测所得信息，例如将财务预警与公司治理、内部控制、内部审计等理论相结合，有效规避财务危机，保障企业健康运营，以实现企业价值最大化的目标。

理论只有在实务应用中才能实现其价值，但目前财务预警理论的应用几乎是空白。究其原因是，各类企业情况差别大，预测模型又通常有一定假设，导致缺乏具有可操作性和通用性的预警方法。如何为各类企业提供易于操作的财务预警方法，并使其为监管机构所用，在实务应用中不断发展，是未来研究的一个方向。为此，需要研究经济环境、企业环境、会计信息质量等对预警方法效果的影响，创造假设条件更低的预测模型。

随着市场经济和经济全球化的发展，风险管理在企业管理中将处于愈加重要的地位，财务预警理论也将有更加宽广的应用舞台，为理论研究提供了广阔的空间。

建议阅读文献

[1] 陈静．上市公司财务恶化预测的实证分析［J］．会计研究，1999，4（9）：31～38

[2] 顾晓安．公司财务预警系统的构建［J］．财经论丛，2000（4）：65～71

[3] 吴世农，卢贤义．我国上市公司财务困境的预测模型研究［J］．经济研究，2001（6）

[4] 张鸣，张艳．财务困境预测的实证研究与评述［J］．财经研究，2001（12）：29～34

[5] 张鸣，张艳．中长期财务困境预测实证研究［J］．中国会计与财务研究，2003（5）

[6] 张鸣，张艳，程涛．企业财务预警研究前沿［M］．北京：中国财政经济出版社，2004

[7] 张鸣，程涛. 上市公司财务预警实证研究的动态视角 [J]. 财经研究，2005 (1)：62～71

[8] 杨淑娥，黄礼. 基于 BP 神经网络的上市公司财务预警模型 [J]. 系统工程理论与实践，2005，1 (1)：12～18

[9] 王克敏，姬美光. 基于财务与非财务指标的亏损公司财务预警研究——以公司 ST 为例 [J]. 财经研究，2006 (7)

[10] Altman，E. I. Financial ratios，discriminant analysis and the prediction of corporate bankruptcy [J]. *The Journal of Finance*，1968，23 (4)：589-609

[11] Ohlson，J. A. Financial ratios and the probabilistic prediction of bankruptcy [J]. *Journal of Accounting Research*，1980，18 (1)：109-131

[12] Zmijewski，M. E. Methodological issues related to the estimation of financial distress prediction models [J]. *Journal of Accounting Research*，1984，22：59-82

[13] Myers，S. C. Determinants of corporate borrowing [J]. *Journal of Financial Economics*，1977，5 (2)：147-175

[14] Laitinen，E. K.，Laitinen T. Cash management behavior and failure prediction [J]. *Journal of Business Finance & Accounting*，1998，25 (7—8)：893-919

[15] Opler，T.，Pinkowitz，L.，Stulz，R.，et al. The determinants and implications of corporate cash holdings [J]. *Journal of Financial Economics*，1999，52 (1)：3-46

张　鸣（上海财经大学）

专题18 公司行为财务

在思想史家的眼里，任何一个时代都有一种时代精神，这种时代精神影响着思想和表达的所有领域①，而代表这种时代精神的大师又常常都具有同生共死的奇特现象。20世纪五六十年代同时功成名就的法国结构主义者在80年代初短短几年间戏剧性的集体性非正常死亡，预示着法国知识界一个时代的开始与终结。② 财务学也不例外，不同时期有不同的主流思想，从60年代晚期的税差学派，70年代中期的代理理论，80年代不对称信息与信号模型到90年代末的法与金融学理论，尽管峰回路转，但连绵不断，且每个时期都有江上数峰青，从而带有思想史所要求的连续性。21世纪初，延续这一联系纽带的就是本文将要描述的所谓公司行为财务。尽管迄今为止还没有一个关于公司行为财务的明确定义（相关定义主要仿自其近邻关于行为金融的定义，如谢夫林定义行为财务为"关于心理学如何影响财务学的研究"③，塞勒甚至将其看成是"行为金融的一个重要研究分支"④），但不可否认的是，最近数年来，公司行为财务已经渐成公司财务的主要研究领域之一⑤，其间在诸如资本结构、股利政策、投资决策、公司收购与兼并以及首次公开发行等若干公司财务的传统研究领域里，公司行为财务提出了许多不同于正统财务理论的新观

① 罗兰·斯特龙伯格：《西方现代思想史》，5页，北京，中央编译出版社，2005。

② 1979年10月3日，普兰查斯从自家窗口跳下，结束生命；1980年3月26日，罗兰·巴特在遭遇车祸后辞世；1980年11月16日，阿尔都塞掐死自己的妻子，被送精神病院；1981年9月9日，拉康患失语症后死去；1984年6月25日，福柯因艾滋病丧生。

③ Shefrin，H.，2002，Preface to the Oxford Edition，Shefrin，H.，*Beyond greed and fear：Understanding behavioral finance and the psychology of investing* [M]. Oxford University Press，1999，p. ix.

④ Thaler，R. H.，2005，A Survey of Behavioral Finance，Advances in Behavioral Finance，Vol. II，Edited by R. H.，Thaler，*Russell Sage Foundation*，New York，Princeton University Press，p. 56。本人尝试着将公司行为财务界定为是"关于人的心理因素如何影响管理者在公司财务中行为的研究"。关于这个定义，我们后面还要再予以说明。

⑤ Baker，M.，R. S. Ruback and J. Wurgler："公司行为财务文献现今已经成熟到可以概略出若干理论框架，用于贯串大量日经月累的实证检验证据。"见 Baker，M.，R. S. Ruback and J. Wurgler，2004，*Behavioral Corporate Finance：A Survey*，NBER Working Paper Series，p. 48。

点、新见解和新方法，形成了一个新的研究方向①，甚至被看成是对传统公司财务理论的叠代。② 那么，公司行为财务的思想源流是如何产生的，它又是如何演变的？公司行为财务又是如何重新解释主流财务理论已经解释过的财务学现象的？如何看待公司行为财务这一新兴理论，这是本文所要介绍的内容，具体而言，本文将分为两个部分，第一部分介绍公司行为财务的起源和演变，即公司财务理论如何从理性到非理性的嬗变；第二部分介绍公司行为财务如何挑战传统财务学理论。

一、公司行为财务：从理性到非理性的嬗变

（一）经济学对心理学的扬弃：理性的成功

公司行为财务可以被看成是财务学的一个组成部分，而如果将财务学看成是经济学的一个分支，那么公司行为财务的起源或许可以追溯到出现"第一个真正学术意义上的经济学家"③ 亚当·斯密（1723—1790）的年代。据说亚当·斯密曾经写出一本不怎么出名（与其《国富论》相比）的书——《道德情操论》（*The Theory of Moral Sentiments*，也是他的第一本书）。在这本书里，亚当·斯密将人设想为利己的动物，并提出了很多对现代行为经济学的预言。例如，亚当·斯密写道："从好境况跌落到坏境况的痛苦大于从坏境况转到好境况的快乐。"④ 显然亚当·斯密将人的痛苦与快乐看成是影响人的行为的两个重要因素。与亚当·斯密同时代的学者杰里米·边沁（1748—1832）在人的快乐与痛苦原理的基础上建立了功利主义，其中所采用的效用原理即高度强调了人的心理因素的作用。19 世纪据说是一个酷爱测量人的快乐与痛苦的年代，所以那个年代经济学家具有双重作用，既是经济学家同时也是心理学家。杰里米·边沁就是其中的杰出代表之一。边沁说过一段名言："大自然将人类置于两个至高无上的主人的统治之下，即痛苦和快乐。正是它们这二者，指出了我们所该做的，决定了我们所将做的……无论我们做什么，都受着它们的支配。"⑤ 边沁甚至认为，人的快乐与痛苦可以按照其价值排列，而其

① Thaler, R. H., 2005, Preface, Advances in Behavioral Finance, Vol. II, Edited by R. H., Thaler, Vol. II, *Russell Sage Foundation*, New York, Princeton University Press, p. xvi.

② Baker, M., R. S. Ruback and J. Wurgler："这类研究（公司行为财务）用可能更为现实的行为假设来替代传统的理性假设。" Baker, M. S. Ruback and J. Wurgler, 2004, *Behavioral Corporate Finance: A Survey*, NBER Working Paper Series, p. 48。

③ 约翰·米尔斯：《一种批判的经济学史》，115 页，北京，商务印书馆，2005。

④ Adam Smith, 1759, *The Theory of Moral Sentiments*, Indianapolis, Ind: Liberty Classics, 转引自 Camerer C. F., and G. Loewenstein, 2004, Behavioral Economics: Past, Present, Future, Advances in Behavioral Economics, Edited by C. F. Camerer, G. Loewenstein and M. Rabin, *Russell Sage Foundation*, New York, Princeton University Press, p. 5.

⑤ H. W. 斯皮格尔：《经济思想的成长》，295 页，北京，中国社会科学出版社，1999。

价值可以通过诸如强度、耐久度、确定性和不确定性以及远近亲疏等“维度”来加以估计。① 应该说直到古典政治经济学的年代，经济学还保留了道德哲学的残迹，也还未职业化。其实在经济学一词还没有取代政治经济学用语之前，经济学的基本框架还是保持了心理学、伦理学、神学和法律的特征，这方面的一个典型代表是在包括“奥地利三重奏”的门格尔（1840—1921）、维克塞尔（1851—1926）和庞巴维克（1841—1914）所共同形成的所谓边际学派（the marginal utility school）的论述中，经济学的文献里也还能见到心理学的笔迹。例如，庞巴维克笔下描述了关于沙漠中旅行的人、失去同伴的孤独的猎人和原始森林中住小木屋的农民的不同边际效用。②

但是经济学家对心理学的天然爱好在后来被所谓的新古典经济学派所遗弃，无论是新古典时期早期一代法国学派的古诺（1801—1877）和杜普伊特（1804—1866），还是后来边际主义的代表人物杰文斯（1835—1882），或是洛桑学派的主将瓦尔拉斯（1834—1910）都是如此。新古典经济学派之所以断然抛弃心理学，原因固然复杂，但主要有三方面的考虑：首先，古典政治经济学基本上是以亚当·斯密的理论为框架，以大卫·李嘉图的理论为体系，以归纳、历史分析和演绎式推理为方法，但在解释法国大革命和拿破仑战争以及随之而来的工业化所产生的大量问题时，古典政治经济学一筹莫展，说明古典政治经济学无论在理论上还是在研究方法上已经逐渐过时。连被誉为“古典经济学家之神”的约翰·斯图尔特·米勒和牛津大学第一个政治经济学教授纳索·西尼尔也最终“对这门学科的信念灰飞烟灭了”。③ 当19世纪“科学”概念的确立最终拉开了科学与哲学之间的距离后，经济学面临了在哲学和科学之间的艰难取舍。与早先法国桥梁道路学校的工程师们和冯·图南等农业专家的零散研究不同，具有数学、物理学和生物学等自然科学背景的科学家大量转入经济学领域，物理学等科学方法得到了经济学家的大量模仿，数量分析得到广泛运用，越来越成为一种普遍的研究方法。因此，“从19世纪70年代起，随着经济学家努力仿效物理学……领头的有两个人，一个在英国，叫杰文斯（1835—1882），一个在洛桑，是法国经济学家瓦尔拉斯（1834—1910）……对于杰文斯而言，把经济学确立为一门科学，就是要和精确测量经济数量的活动紧密联系起来。……同样的，瓦尔拉斯也在通过推动经济学的数学化，使经济学科学化”。④ 这一“科学化”的革命结果就是经济学最终在20世纪初由边际学派逐渐转变成了我们现在所谓的新古典经济理论。⑤

① Bentham，1789，Jeremy，*An Introduction to the Principles of Morals and Legislation*，Oxford：The Clarendon Press，转引自R.B.埃克伦德和R.F.赫伯特：《经济理论和方法史》，105页，北京，中国人民大学出版社，2001。

② 庞巴维克：《资本实证论》，第三篇“价值”，149～204页，北京，商务印书馆，1983。

③ 罗杰·E·巴克豪斯：《西方经济学史》，174页，海口，海南出版社/三环出版社，2007。

④ R.E. 巴克豪斯：《西方经济学史》，177～179页，海口，海南出版社/三环出版社，2007。

⑤ 所谓新古典经济理论的“新”（neo）表示一种新范式的古典主义，在古典主义中加入了边际学派的分析方法。

其次，新古典经济学派致力于将经济学改造成为可与自然科学相类比的学科，不单单只是一门可以用规范性语言来表述的，而且还是一门可以通过精确的定量分析来进行测量的学科。弗兰克·奈特曾指出："经济学，或更为准确地说，理论经济学，是社会科学中唯一一门渴望以严谨著称于世的学科。"① 新古典经济学正好实践了奈特的论断。杰文斯曾公开宣称："很明白，经济学如果是一门科学，它必须是一种数学的科学。……在我看，只因经济学所探究的是量，所以它必须是数学的。任何物，如果是能大能小的，它的法则与关系就必定有数学性。"② 瓦尔拉斯更是试图通过建构一个庞大的方程组来解决经济学的一般均衡问题，从而对一般均衡体系给出了数学说明。瓦尔拉斯曾指出："纯粹经济学理论是一门科学，在一切方面都和物理数学相似。这个论断是创见的，也许会显得有些奇特；但是我方才已经证明这是千真万确的。"③ 新古典经济理论这种对"科学"的痴迷到艾尔弗雷德·马歇尔（1842—1924）时已经达到了登峰造极的地步。马歇尔将古典经济学和边际主义很好地结合起来，形成了著名的新古典综合。新古典综合将经济学看成是一种发现具体事实的工具，而不是这些具体事实本身，例如马歇尔说过："经济学家研究各种心情，是通过心情的表现，而不是心情的本身。"④ 马歇尔本人是个数学家，虽然他不赞成完全用数学来替代经济学理论，但连莱昂内尔·罗宾斯后来都说："马歇尔采用了完全符合于他的理论观点的数学技巧。"⑤ 马歇尔同时认为经济学虽然不如自然科学精确，但是它的进步会使它变得更加精确。如马歇尔所预言的，经济学确实在进步，也在进步中变得更为科学化，但是新古典经济理论在让经济学变成科学的同时，也相继放弃了许多它认为"不科学"的成分，而心理学当时就是被经济学认为"不科学"的成分之一。

最后，当经济学独立成为一门学科的时候⑥，心理学尚且还在为独立成为一门学科而苦苦奋斗。"直到 19 世纪末期，心理学才被承认为一门独立的学科。之前的两个世纪，关于心理学应该研究什么以及这类研究应该如何开展得到了发展"。⑦ 虽然这期间从古代中国、波斯、印度、希腊和罗马都出现了不少杰出的心理学家先驱，如荀子

① 弗兰克·H·奈特：《风险、不确定性与利润》，安佳译，3 页，北京，商务印书版，2006。

② 斯坦利·杰文斯：《政治经济学理论》，30 页，北京，商务印书馆，1997。

③ 莱昂·瓦尔拉斯：《纯粹经济学要义》，55 页，北京，商务印书馆，1997。

④ 马歇尔：《经济学原理》（上卷），37 页，北京，商务印书馆，1983。

⑤ Robins, L., 1998, *A History of Economic Thought*, Edited by S. G. Medema and W. J. Samuels, p. 309。平心而论，马歇尔是新古典综合里最早注意到"经济学是一门研究财富的学问，同时也是一门研究人的学问……它研究各任何社会活动中与获取和使用物质福利必需品最密切相关的那一部分"的学者之一。见马歇尔：《经济学原理》（上卷），24 页，北京，商务印书馆，1983。

⑥ 经济学何时成为社会科学中独立的学科呢？"当经济学被证明同自我调节的市场过程一致的时候，它就自动出现了。而发现作为自我调节的市场过程是 18 世纪的一个现象。"见 R. B. 埃克伦德和 R. F. 赫伯特：《经济理论和方法史》，9 页，北京，中国人民大学出版社，2001。

⑦ J. F. Brennan, 2004, *History & Systems of Psychology*, Pearson Education Asia Limited and Peking University Press, p. 72.

和孟子、扎拉斯特（628—551 B.C.）、苏格拉底（470—399 B.C.）和普洛提努（ca. 203—270）。此外，诸如意大利文艺复兴时期的弗朗西斯·培根（1561—1626）、加利莱奥·伽利略（1564—1642）、约翰·凯普勒（1571—1630）和艾萨克·牛顿（1642—1727）等科学家也对心理学倾注了很多心血。但心理学史上毕竟出现过所谓“心理学有一个很长的过去和一个很短的历史”的说法。① 说它的过去很长，是因为心理学的一部分源自于哲学，哲学的历史很长；② 说它的历史很短，是因为心理学独立成为一门科学迄今不过 120 年而已。“心理学最早出现于德国心理学家厄恩斯特·海因里希·韦伯（1795—1878）和自然科学—哲学家古斯塔夫·T·费克纳（1801—1878）的作品里”。③ 其中韦伯主要研究人的触觉与刺激，包括著名的“韦伯幻象”（Weber's illusion），费克纳则发展了为人称道的“费克纳方法”（Fechner methods）。德国心理学家鲁道夫·赫尔曼·洛茨（1817—1881）在 1852 年出版了据说是世界上第一本生理心理学著作 *Medizinische Psychologie oder Physiologie der Seele*，另一位德国心理学家冯·赫姆霍尔兹（1821—1894）的杰作 *Handbook of Physiological Optics* 也在此期间成书。1879 年，伟大的德国心理学家威尔赫尔姆·旺德（1832—1920）在莱比锡大学创建了第一个心理实验室，从而开启了心理学作为一门科学的大门④，旺德培养出了包括埃米尔·克雷佩林和莱特纳·威特默在内的一大批杰出的心理学家。因此，可以说，心理学是在 19 世纪最后 25 年里才开始挣脱宗教和哲学的束缚，加入到科学研究的领域，“很长时间以来心理学是属于哲学范畴的，后来随着心理学研究技术的改进，这些关于人类知识、技能和行为等的研究也就转移到了科学的王国”。⑤ J. F. 布伦南在总结 19 世纪前心理学的发展历程时指出：“在数学与实证方法双重进步的帮助下，17 和 18 世纪期间科学研究迅速发展。这些发展对于心理学历史非常重要，因为它们对 19 世纪科学的权威地位做出了贡献，而心理学乃是在此基础上构建起来的。”⑥

在心理学成长为一门科学的过程中，不能不提到行为主义。行为主义对心理学

① Dennis Coon，John O. Mitterer：《心理学导论》，17 页，北京，中国轻工业出版社，2008。

② Plato（公元前 427—347）、Aristotle（公元前 384—322）、Rene Descartes（1596—1650）和 Barnch Spinoza（1632—1677）被认为是对心理学的产生具有影响的若干个有代表性的哲学家。例如，Plato 曾提出“心理健康”的概念，Aristotle 贡献了著名的三条联想定律，Rene Descartes 发表过人的身体与心灵不同论，Spinoza 则提出了二重理论。见 M. 艾森克：《心理学——一条整合的途径》，5～6 页，上海，华东师范大学出版社，2001。

③ W. Viney and D. B. King，2004，*A History of Psychology*：*Ideas and Context*，Pearson Education Asia Limited and Peking University Press，p. 204.

④ Dennis Coon，John O. Mitterer：《心理学导论》，18 页，北京，中国轻工业出版社，2008。

⑤ B. H. 坎特威茨、H. L. 罗迪格（III）、D. G. 埃尔姆斯：《实验心理学——掌握心理学的研究》，21 页，上海，华东师范大学出版社，2001。

⑥ J. F. Brennan，2004，*History & Systems of Psychology*，Pearson Education Asia Limited and Peking University Press，p. 90.

最终发展成为一门科学起到了非常重要的作用。[①] 行为主义出现于 1912 年的美国，其代表性人物为 J. B. 华生（1878—1958）。华生的行为主义，其哲学基础来自于 19 世纪中叶法国哲学家孔德（1798—1857）的实证主义和美国哲学家詹姆斯（1842—1910）的实用主义。[②] 它的自然科学基础则来自俄国生理学家 I. M. 塞切洛夫（1829—1905）、I. P. 巴甫洛夫（1849—1936）和 V. M. 贝克特里夫（1857—1927）关于条件反射的实验证据。华生强烈反对把心理学看成是一门对心理或意识体验的学科。第一，华生严厉批判了构造主义等传统心理学派和内省主义对心理内容的强调，他认为传统心理学的许多研究仅仅只是依靠个体对自己经验的内省报告，都是主观的、不科学的。第二，华生强调心理学应该采用基于对人的行为的精确观察和度量来进行研究的科学方法。华生将心理学直接定义为“行为科学”，并提出行为科学的理论目标就在于通过“对行为进行预测和控制”的客观方法才能实现。[③] 为此，华生提出四种他认为属于“客观”的方法，即观察法、条件反射法、口头报告法和测验法。第三，华生认为环境在形成人与动物的行为中发挥着非常重要的作用。他认为对人的行为的预测和控制可以通过对影响行为的环境条件的理解来完成。因此，华生将其行为主义的观点建立在心理学即为行为，行为受环境影响，行为可衡量的基础上。第四，华生认为，对人的行为的衡量可以通过刺激与反应（stimulus-response）来实现，即每个人的反应决定于其所受到的刺激，因此，每个人的行为实际上可以通过对刺激与反应之间的因果关系得到深入的分析。华生坚持说：“决不再回到我们的定义：决不使用意识、心理状态、心理、内容、内省、可证实等这类词语。而应该用刺激和反应、习惯形成、习惯整合这类词。”[④] 可以看出，华生对人的行为与外部环境的刺激之反应的强调为心理学提供了一种客观的、实证的科学方法，也表明了行为主义者试图将心理学建设成为一门自然科学。[⑤] 正是受行为主义思想的影响，心理学最终发展成为一门独立的科学，而没有继续沦为哲学的附庸。

但是无论是韦伯早期的心理学，还是华生的行为主义，比起已经在 19 世纪就完成新古典综合的经济学，心理学的科学化进程明显变得落后。对于急欲将自身改

① 关于行为主义与心理学的关系存在三种不同的认识，一种认为心理学就是行为的科学，如 Pillsbury 认为“心理学是一种行为的科学”；另外一种认为心理学不完全等同于行为主义，如 Eysenck 认为“心理学并不仅仅是行为的科学”。本文接受 Sternberg 的观点，将心理学界定为“研究心理和行为的科学”。见 M. 艾森克主编：《心理学——一条整合的途径》，2 页，上海，华东师范大学出版社，2001。

② 孔德认为，一切科学知识均必须建立在对经验事实的观察和实验上。经验是知识的唯一来源与基础。詹姆斯将哲学、科学以及人的全部认识都完全局限在经验和现象的范围内，属于“彻底的经验主义”。见夏基松：《现代西方哲学教程》，32 页，上海，上海人民出版社，1995；刘放桐等：《新编现代西方哲学》，198 页，北京，人民出版社，2000。

③ Watson，J. B.，1913，Psychology as the behaviorist views it. *Psychological Review* 20，158.

④ Ibid.，166-167.

⑤ Watson 的思想到了 C. L. Hull（1884—1952）、E. C. Tolman（1886—1959）和 B. F. Skinner（1904—1990）那里发展到了极端，并最终形成了新行为主义（Neobehaviorism）。新行为主义更加强调心理学是一门描述行为科学的观点，也更加重视对行为的实验分析。

造成一门科学的经济学而言，已经无法再耐心等待心理学能后来赶上。因此，就在心理学开始为其作为科学的一门独立分支而努力的时候，新古典经济学已经毫不留情地将它舍弃了。著名经济学家熊彼特（1883—1950）在回答“经济学是一门科学吗”的问题时写道：“既然经济学使用普通公众不使用的技巧，既然有些经济学家在完善这些技巧，经济学显然是我们定义范围内的一门科学。……不幸的是实际情况并非如此。我们还没有走出森林；事实上连进都还没有进去呢！我们要想站稳脚跟，首先必须搬走许多障碍——其中最严重的叫做‘意识形态’。”① 心理学大概就是熊彼特所要搬走的“意识形态”之一吧。

（二）现代财务学对经济学理性主义的盲从

财务学作为经济学的一门分支始于 1900 年。对于大多数人来说，公元 1900 年也许只是极为平凡的一年，它不过只是编年史上一个被人为规定好的时间概念，如果说它还有一点意义，可以把它看成是基督徒之年。不过，对于财务学来说，1900 年却是一个极不寻常的年代。1900 年 1 月 6 日，法国巴黎科学院院长 G. 达布克最终在一本题为《投机理论》的博士论文上签上自己的名字，同意这篇论文的作者路易斯·巴彻利耶申请进行博士论文答辩。大约三个月后，即 1900 年 3 月 19 日，答辩如期举行。恐怕谁也没有想到这篇论文日后竟然成为财务学独立成经济学一门分支的标志。不过，数十年来，财务学家们始终没有数典忘祖，包括著名财务学大师斯蒂芬·罗斯在内的众多财务学家都一致认定“财务学是经济学的一个分支”。② 乔治·康斯坦丁尼德斯在美国财务学会主席致词里还指出：“财务学与经济学的一个中心主题就是追求一种……统一的理论。”③ 倒是经济学家们对财务学家这种“认祖归宗”的态度似乎很不以为然。所以，史上才会有 1939 年那届美国经济学会年会上的“费城兵变”④，马克维茨（时为芝加哥大学经济系的一名学生）当初以证券组合作为其博士论文进行答辩时，弗里德曼曾一口咬定这一选题不是经济学方面的论文，不能授予马克维茨经济学博士学位。后来当马克维茨荣获诺贝尔经济学奖后，他为此还在获奖讲演中耿耿于怀地说：“至于他（指弗里德曼——引者注）对论文的是非，此时我很愿意让步：在我辩护论文时证券组合理论不是经济学的一部分。但是现在它是。”⑤ 与亚当·斯密时期的经济学一样，20 世纪初还处于懵懂时

---

① 约瑟夫·熊彼特：《经济分析史》（第一卷），22 页，北京，商务印书馆，1996。

② Ross, S. A., 1989, *Finance*, *The New Palgrave* (*Finance*), edited by Eatwell, J., M. Milgate and P. Newman, Palgrave Macmillan, p. 1.

③ Constantinides, George M., 2002, Rational Asset Pricing, *Journal of Finance*, Vol. 57, p. 1567.

④ 当时以卡内基理工学院的 Dr. F. Field 为首的 32 名与会的财务学者因不满美国经济学会没有把财务学纳入经济学会的活动计划中而决意退出经济学会，另外组建了一个新的学会，即现在的美国财务学会（American Finance Association）。

⑤ 见哈里·马克维茨：《证券夹理论基础》，载《诺贝尔经济学奖金获得者讲演集》（下），王宏昌编译，86 页，北京，中国社会科学出版社，1997。

期的财务学本能上也同样关注人的心理对财务学的影响。在寥寥可数的几篇文献里可以管窥到早先财务学者们对人的心理作用的关注。例如，巴彻利耶在《投机理论》一文里写道："概率取决于未来事件，结果导致不可能用数学的方式来预测。而这类正是投机者试图预测的概率。投机者分析可能影响市场价值或者市场波动振幅的升降。由于他在交易中的对手方必定带有相反的看法，所以他的经验绝对具有个人性质。"①

然而，正如经济学急欲站到科学那面大旗下，财务学也急欲于站到经济学这面大旗下，因此，如同经济学发展到了新古典经济学时舍弃心理学一样，财务学在演变成为经济学一门分支的过程中也迅速放弃了心理学。不过，如果说经济学或财务学彻底放弃了心理学，这一说法其实不完全正确。准确地说，经济学是用了一个理性假设将人的心理因素固定住了。理性假设即假定人在一切经济活动中都是理性的，而这个理性假设恰恰就是来自于新古典经济理论。"由于这些理性主义者的思想起源于 18、19 世纪的古典经济学派，所以他们通常被称为新古典主义经济学家"。② 那么，什么是理性？什么是人的理性？这个问题比较复杂，它与现代主义密切相关，所以谈理性必须从现代主义谈起。所谓现代主义指从勒内·笛卡尔的哲学设计，经过启蒙运动后延伸到孔德、马克思和马克斯·韦伯等人思想的各类理论观点，其内容涉及经济、政治、社会以及文化的转型等方面。

现代主义里的现代一词据说源于拉丁语 modo，公元 5 世纪后期盖拉修斯教皇一世所使用的这个拉丁语词传到了正在出现的中世纪③，意思是"正在现在"。与此相关派生出了三个相关名词，即"现代主义"（modernism）、"现代性"（modernity）和"现代化"（modernization），其中现代主义是类似于上层建筑的表述，现代化属于经济基础式的表式，现代性是把它们两者联系起来的东西④，因此，现代一词被看成一个标志了个体化、世俗化、工业化、文化分化、商品化、城市化、科层化和理性化等动态过程的词汇。所有这些动态过程共同构成了现代世界。⑤ 作为一个历史分期的概念，现代主义既是一个量的时间概念，一个可以划清的时段，又是一个质的概念，即可以根据某种变化的特质来标识这个时段的经济、政治、社会以及文化特征，因此，若纯粹从质的方面来看，现代主义具有如下若干典型特征：

（1）崇尚科学。现代主义非常关心认识论，认识论的核心是知识论。在现代主义看来，知识就是科学，科学被看成是高于所有其他知识的东西，只有科学才被看成探寻真理的知识。现代自然科学、社会科学和人文科学的使命就在于揭示客观世

---

① Louis Bachelier：1967，*Theory of Speculation*（Trans. By A. J. Boness），*The Random Character of Stock Market Prices*，edited by P. H. Cootner，Cambrideg，Mass：MIT Press.

② 玛丽卢·赫特·麦卡蒂：《非凡的经济智慧》，2 页，北京，中国人民大学出版社，2006。

③ 詹姆逊文集：《现代性、后现代性和全球化》，13 页，北京，中国人民大学出版社，2004。

④ 姚大志：《现代之后：20 世纪晚期西方哲学》，316 页，北京，东方出版社，2000。

⑤ 道格拉斯·凯尔纳、斯蒂文·贝斯特：《后现代理论》，2～3 页，北京，中央编译出版社，1999。

界和主观世界的真相，并最终找到它们的永恒真理，所有其他知识都仅仅只是“意见”（opinion）。例如，著名的“笛卡尔梦想”（即笛卡尔在1619年11月10日所做的三个梦）就在于试图建构起一个放之四海而皆准，可作为基本方法论的“普遍科学”。[①]“那个世纪（指启蒙运动——引者注）的主要思想家都致力于完善科学分析的方法，即仔细的、严格的、合乎逻辑又符合自然的研究方法，不再直接诉诸超自然的原因”。[②] 所以，将科学置于至高无上地位反映了现代性所蕴含的内容，而“18世纪使‘科学’享有极大的荣耀”。[③]

（2）崇尚自由。启蒙运动及其之后的自由主义基本上都是以解放叙事为基础，从中世纪几乎完全黑暗的时代出来，启蒙运动希望实现人类的普遍解放。这种解放叙事主导了自由主义的发展，并将人类历史的终极目标指向自由的王国。

（3）崇尚个人。现代主义的目的之一在于实现科学与自由的伟大理想。那么，现代主义如何实现这个理想呢？它主要“依靠一个关于人作为主体的神话”。启蒙之前，上帝是至高无上的，一切规则均由上帝意志所决定，所有人都必须服从上帝。启蒙之后，用尼采的话说，上帝死了，人自立为王，成为历史的主体和客体了。因此，启蒙运动的另外一个目的就是将上帝逐出世界，推翻基督教的上帝，把人提高到至高无上的地位。[④]

（4）崇尚理性。现代主义所推崇的人不是简单的个人，而是理性的人。从笛卡尔开始，所有关于现代性的理论都非常推崇理性。理性被看成是真理所在，也是知识与社会进步的源泉。无论是孟德斯鸠、伏尔泰、卢梭等法国启蒙思想家，还是康德等德国启蒙思想家，都是以张扬理性为特征，启蒙运动本身就被看做理性的再次觉醒。启蒙运动的目标是为了创造一套理性的道德体系，而现代社会也正是按照理性的规范来构建思想体系和行动体系。

与现代主义的科学自由和个人理性的双重结构相趋同，理性也成了经济学最基本的概念之一。[⑤] 所谓的理性在传统经济理论里被阐释为如下三个方面：内在一致性选择、自利最大化和一般最大化，其中，自利最大化始终成为经济学主流里对理性的时尚定义。例如，肯尼思·阿罗将“使某种东西最大化”看成是理解“理性”概念的传统观点。[⑥] 理性要求个人服从一系列先验的内在一致性选择条件，或者预期效用最大化或自利最大化公理。“在当代经济学中，理性的自利观一直占据着主流地位。……这种将理性理解为对自利的理智追求的狭隘观点以及与此相对应的所

① 参见Rene Descartes：《笛卡尔思辨哲学》，54～58页，北京，九州出版社，2006。

② 罗兰·斯特龙伯格：《西方现代思想史》，127页，北京，中央编译出版社，2005。

③ 同上，173页。

④ 姚大志：《现代之后：20世纪晚期西方哲学》，3页，北京，东方出版社，2000。

⑤ 阿马蒂亚·森指出：“‘理性和‘自由’属于经济学、哲学和社会科学中的基本概念。确实，这些领域中许多重要主题都有赖于对这两个基本概念的解释。’”见阿马蒂亚·森：《理性与自由》，1页，北京，中国人民大学出版社，2006。

⑥ 肯尼思·阿罗著，陈志武，崔之元译：《社会选择与个人价值》，5页，成都，四川人民出版社，1987。

谓'经济人'对形成当代经济学的主流学派起了很大的作用"。① 在微观经济理论上，理性假设始终是企业理论的基础假设。无论是 W.J. 鲍莫尔的销售收入最大化理论，还是 R. 马里斯的成长最大化理论或者是奥利弗·E·威廉姆森的利润最大化理论都是理性假设中自利最大化形式的体现。诚如威廉姆森所指出的："除了竞争之必要性外，利润最大化假设还可以在其他基础上得到支持，即追求自利的基础。"② 鲍莫尔也表明："一开始就必须说清楚，这个假设（指销售收入最大化作为企业目标）没有在哪个方面与理性假设相冲突。……除非我们准备确定他人的价值，或除非他们追求不一致的目标，如果要有效地追求任何恰好得以被选择的目标，则我们必须将行为类分为理性的。"③ 在宏观经济理论上，理性假设自 J.F. 穆思于 1961 年提出"理性预期"概念后④，在"沉寂了十年之后"（卢卡斯和萨金特语）重新得到认识。经过卢卡斯、萨金特以及尼尔·华莱士等人发展为所谓的理性预期学派。理性预期学派实际上是把新古典经济学关于理性经济人的理性经济行为的基本观点加以分析、扩展和补充。例如，萨金特曾指出："前述 Fisher 理论的贯彻面临两个严重的欠缺。……一个可处理的方法即假设公众的预期为穆特（1961）和萨缪尔森（1965）意义上的理性，又相当于经济和统计理论的最优预测。"⑤

当财务学在 20 世纪五六十年代建立起其现代理论体系时，它同样追随经济学的脚步，努力将自己也架构成为一门科学。⑥ 无论是马克维茨或威廉·夏普的资本资产定价模型（CAPM），还是莫迪格利安尼和米勒的 MM 定理基本上完全秉承了经济学的理性假设。例如，莫迪格利安尼和米勒在他们的第一篇著名论文（即 MoMi）里就表述过："此定理可以从如下任何一个理性决策衡量标准中得到表示，即（1）利润最大化；（2）市场价值最大化。而这两者在确定性下是约当相等的。"⑦ 在第二篇著名论文（即 MiMo）里，他们更清楚地说明："尽管'完美市场'、'理

① 见阿马蒂亚·森：《理性与自由》，16 页，北京，中国人民大学出版社，2006。相关的例子如 Edgeworth（1881），Marshall（1890）和 Pigou（1920）的福利经济学和所谓的 Arrow-Debreu 定理都依赖于理性的假设。

② Williamson，O. E.，1963，*The Economics of Discretionary Behavior：Managerial Objectives in a Theory of the Firm*，Prentice-Hall Inc.，p. 239.

③ Baumol，W. J.，1959，*Business Behavior*，*Value and Growth*，Harcourt，Brace & World，Inc.，pp. 46－47。

④ J. F. Muth 给出的理性预期定义如下："由于得到对未来事件的相同预测，经济人的预期与相关经济理论的预测本质上是相同。" Muth，J. F.，1961，Rational Expections and the Theory of Price Movements，*Econometrica*，Vol. 29，p. 316。

⑤ Sargent，T. J.，1973，*Rational Expectations*，*the Real Rate of Interest*，*and the Natural Rate of Unemployment*，*in Rational Expectations and Econometric Practice*，Vol. I Edited by R. E. Lucas，Jr. and T. J. Sargent，the University of Minnesota，pp. 166－167.

⑥ 关于财务学作为一门"科学"与"非科学"之间的区别，J. Fred Weston 曾指出："关键问题在于我们是否有能力用公式来表达命题。……而我们确实具有这种能力。" Weston，J. F.，1955，Toward Theories of Financial Policy，*Journal of Finance*，Vol. 3，p. 133。

⑦ Modigliani，F.，and M. H. Miller，1958，The Cost of Capital，Corporation Finance and the Theory of Investment，*American Economic Review*，Vol. 48，p. 262.

性行为’和‘完全确定性’等术语广泛使用于整个经济理论，但从一开始即在现有文章内容中表达清楚这些假设的准确意思或许有益。……‘理性行为’意味着投资者爱财永远甚过于亏财，且对于他们财富的递增是以现金支付的方式或增加他们所持股票的市场价值的方式并无差异。”① 同样，我们从马克维茨和威廉·夏普的论文里也可以看到理性假设的影响。例如，威廉·夏普曾这么解释他的老师马克维茨的研究工作：“在过去十年间，若干经济学家在风险条件下已经构建出处理资产选择问题的规范模型。遵从冯·诺伊曼和摩根斯顿，马克维茨建立了一种基于预期效用最大化的分析方法，并提出组合选择难题的一般解决方案。”② CAPM 和 MM 定理的建立，一方面将财务学从“似乎发展缓慢，完全局限在一些孤独、主要是经验研究者如考尔斯和沃金等人之中”③ 转变成为一个具有经济学意义的理论框架，并能够在经济理论的分析基础上，通过构建自己的数量分析方法来进行深度分析的现代经济学分支④，从而让财务学能够以一门科学的姿态赢得经济学和其他学科的认同。但另一方面，对主流经济学主要假设的移植，也让现代财务学从一开始就浸淫在经济学的要义里，深受自利最大化等理性假设的束缚，对于心理学自然也是持敬谢不敏的态度。

（三）从现代的理性到后现代的非理性之转向

财务学重新找回心理学，或者准确地说经济学重新找回心理学，是在 20 世纪 80 年代，而这一时期也正是整个人类思想从现代向后现代转向过程中最为波澜壮阔的时期，遍及西方的社会运动、政治变革、新思潮和文化反叛将矛盾的焦点一致指向现代主义。实际上，从 20 世纪六七十年代开始，现代主义即受到了各方面广泛的质疑和批判。现代主义希望现代化能够发展出客观的科学、普遍的伦理和法律以及完美的艺术，但一切并没有按照这种美好的愿望去实现。现代化在带来科学技

---

① Miller，M. H.，and F. Modigliani，1961，Dividend Policy，Growth，and the Valuation of Shares，*Journal of Business*，Vol. 34，p. 412.

② Sharpe，W. F.，1964，Capital Asset Prices：A Theory of Market Equilibrium under Conditions of Risk，*Journal of Finance*，Vol. 19，p. 426.

③ Ross，S. A.，1989，*Finance*，*in The New Palgrave*（*Finance*），edited by Eatwell，J.，M. Milgate and P. Newman，Palgrave Macmillan，p. xii.

④ Jonathon B. Baskin 写道：“世纪之交（指 19 世纪末 20 世纪初）……例如财务知识，它的大部分内容仍然是描述性的，偏重于制度和法律结构……研究文献很少且没能通过系统的理论综合地联系起来。”“Michael C. Jensen 和 Clifford W. Smith，Jr. 同样注意到：“(20 世纪）50 年代之前的公司财务理论充斥了逻辑上的不一致，而且几乎完全是带法规性质的，也就是以规范研究为取向。”自 20 世纪 50 年代，实证研究方法取代规范研究方法成为财务学最主要的分析工具，“传统上属于经济学的分析方法和技术开始应用到财务问题上”。分别见 Baskin，J. B. and P. J. Miranti，Jr，1997，*A History of Corporate Finance*，Cambridge University Press，p. 10；Jensen，M. C.，and C. W. Smith，Jr.，1984，The Theory of Corporate Finance：A Historical Overview，in *The Modern Theory of Corporate Finance*，Edited by M. C.，and C. W. Smith，Jr.，McGraw-Hill Book Company，p. 2；Weston，J. F.，1981，*Development in Finance Theory*，*Financial Management*，Tenth Anniversary Issue，p. 5。

术进步和物质社会繁荣的同时，也带来了人类物欲的横流，宗教的衰败所引起的精神空虚和焦虑，人与人之间的冷漠和无情以及现代技术的残酷及对自然的肆意破坏导致环境污染和资源衰竭。① 正如丹尼斯·贝尔在其影响极大的《后工业社会的来临》的书里所言："我们不断听说我们现正生活在一个'技术变化不断加速'的时代里，它正在造成新的'爆炸性的'社会问题。"②

对现代主义的批评产生了后现代。什么是后现代？后现代是与现代相对应的一个概念，"用于描述据说紧随现代性之后的一个新的历史时期"。③ 据说英国画家约翰·沃特金斯·查普曼早在1870年就使用过"后现代绘画"一词来称呼包括莫奈、塞尚等在内的法国印象主义绘画，但把那个年头说成是后现代的萌芽显然太过幼稚。在20世纪四五十年代，后现代一词偶尔也被拿来形容某些新颖的建筑和诗歌。但直到20世纪六七十年代，后现代才真正开始被广泛用来描述"与现代相反或在现代之后出现"的东西。从20世纪80年代以后，形形色色的后现代理论开始占据全世界众多学科中的文化思想领域，涌现出很多著名的学者，如雅克·德里达、米歇尔·福柯和琼-弗朗科斯·利奥塔，并最终形成了一个后现代主义的提法。其实，后现代一词何时出现本身并不重要，重要的是后现代代表什么？应该说，后现代标志着两个时代之间的分野，它代表一个时代的结束与另一个时代的开始。④ 当然，要区分开这两个时代需要费点笔墨，不过有一个方法可以很好地区别现代与后现代。我们常常习惯于用尼采"上帝死了"来作为现代主义旗帜的口号，后现代主义也可以用一句类似的短语来概括其本质，那就是福柯所谓的"人死了"（death of man）。对待人的态度可以说是区分现代主义和后现代主义的一个最基本点。在现代主义者看来，作为一个主体的人永远是世界的中心，是宇宙的尺度。而作为对现代主义的批评者和反叛者，后现代主义首先要完成的任务就是要终结人的神话，去掉作为主体的人在宇宙的中心地位。那么，后现代主义者是如何完成去掉"人的中心"的任务呢？他们采用两种方法，即所谓的利奥塔批判与福柯批判。

利奥塔批判即质疑科学在现代主义中有至高无上的地位。在现代主义里，人的地位是与科学的地位紧密相连的。只要将科学看成是高于所有其他知识并成为全部知识的总称，让全部科学围绕着真理，从事科学研究的人就会获得崇高的地位。因此，以利奥塔为代表的后现代主义首先就是要降低科学在文化知识中的地位。利奥

① Zygmunt Bauman 在其著作《后现代性及其缺憾》中广泛讨论了现代性所带来的问题。这本书书名不准确，应该采用其引言的标题《现代与后现代的缺憾》。见齐格蒙·鲍曼：《后现代性及其缺憾》，1～111页，上海，学林出版社，2002。

② 丹尼斯·贝尔：《后工业社会的来临》，215页，北京，商务印书馆，1986。

③ 道格拉斯·凯尔纳、斯蒂文·贝斯特：《后现代理论》，3页，北京，中央编译出版社，1999。

④ 1982年的《牛津英语辞典·增补》中所收录的后现代一词有如下注解：后现代（post-modern），形容词，指继"现代"以后或比"现代"晚；具体指艺术中，尤其是建筑中的现象，适用于指一种反抗那种确指的"现代"（参看词条现代，形容词，第二条释义）的反应运动。派生词有后现代主义（post-modernism），后现代主义者，后现代主义者的（post-modernist），形容词和名词。

塔认为，科学只是全部知识中的一种而已，知识本身还包含其他各种形态，它主要跟“知道什么”相关，但并不意味着“如何知道”，正义、幸福和美都应该成为科学的对象，贬低其他知识而独尊科学是错误的。利奥塔甚至认为，被现代主义贬低的其他知识其实也是传统文化知识中的精髓，可用“叙事”一词概括。“叙事”与科学具有如下差别：

（1）科学只从事一种语言游戏，脱离和排除其他所有的语言游戏，具有一致性。“叙事”反对一致性，主张进行各类语言游戏。

（2）科学只关心主体，而不关心所指的客体和对象。“叙事”是综合性的，它将认知、行为、语言等统一到叙事中。关心的是“叙事”本身，它决定什么东西应该说和做，且谁来说，谁来做，人反倒成了语言的工具。

（3）科学只是证伪，但不等于它可以被证实；相反，“叙事”具有评价事物标准的功能。通过讲述故事，“叙事”提出什么是人们可以做，什么是人们不可以做的标准。①

概括而言，在利奥塔看来，科学意味着把一种话语凌驾在其他话语之上，实质上就是用一种话语压迫其他话语，从而试图形成一种能够统合不同领域的普遍原则，建立起总体性，其本质就是要建立人的权威性。所以，利奥塔号召后现代主义必须向总体性挑战，解构总体性。这也是为何解构总体性成了后现代理论的核心概念之一。

福柯批判则是质疑理性作为人的本质，强调人具有非理性的另一方面。以福柯为代表的后现代主义者指出：“现代主义者和后现代主义者之间的争论是一场关于理性的争论。”② 随着科学地位的确立，理性主义的传统得到了体现。理性逐渐取代上帝成为思想的最终归宿地，成为被信仰的东西。“17 世纪是一个理性时代。这是不可否认的。……那个世纪的主要思想家都致力于完善科学分析的方法，即仔细的、严格的、合乎逻辑又符合自然的研究方法”。③ 科学的发展同时也为理性概念注入了工具成分，即理性通过科学试图建构起系统和一致的知识体系和话语，从而能够对各类经验进行分类和整理，建立统一的、总体化的理论模式。但是福柯批评说，如此一来，理性其实代表压迫，强调理性实际上就是强调人对自然的殖民统治和对社会和人心的压制。福柯举例说，当笛卡尔说“我思故我在”（ego cogito）时，他既肯定了理性，也肯定了作为理性主体的人，是在“非思想”中发现“思想”，而并非在“思想”中发现“非思想”。但福柯觉得，由此就会产生一个重大问题：即我思故我在的“我”如果想成为我没有“思”到的东西，或者我思故我在的

① 秦喜清：《让—弗·利奥塔：独树一帜的后现代理论家》，100～131 页，北京，文化艺术出版社，2002；姚大志：《现代之后：20 世纪晚期西方哲学》，230～246 页，北京，东方出版社，2000。

② 沃尔夫冈·韦尔施：《我们的后现代的现代》，410 页，北京，商务印书馆，2004。

③ 罗兰·斯特龙伯格：《西方现代思想史》，127 页，北京，中央编译出版社，2005。

"我"要想成为我所不"在"的东西，我必须是什么？福柯直言，人若想要了解他自己，他就不能仅仅只通过"我思"，还必须通过我所"不思"，"不思"是永远停留在人的内心深处的，人永远是"我思—我不思"的双重物。福柯在这里所说的"思"即指理性，"不思"即指非理性，人的"我思—我不思"也就是人的"理性—非理性"。① 按照福柯的思路，并非只有理性才具有合理性形式，"在我看来，合理性的人和给定形式都不是理性……理性是一个长长的叙事，但现在已经结束，另一种叙事将代之而起"。② 福柯所谓的另一种叙事实际上指后现代主义者所肯定的不可通约性、差异性和片断性。

以利奥塔和福柯为主的后现代主义者们对理性假设的挑战让经济学家不得不重新回到对非理性的思考之路上。财务学作为经济学的附庸也跟着回到非理性的思考年代。

（四）行为公司财务：回到非理性的年代

财务学被认为是"了解个人及其代理人如何在不同期间内具有不确定收益的各种不同选择中进行抉择"的一门学科③，"其重点在于资本市场的运行以及资本资产的供给与定价"④，两者通过资本市场来实现所谓的阿罗-德布鲁一般均衡。⑤ 大致上，财务学可以分为资本市场理论与公司财务政策两大领域，前者研究投资者个人及资本资产的定价，后者研究公司管理者—代理人及资本资产的供给。必须承认，当心理学重返财务学时，它首先是回到投资者那里，数十年后再被应用到公司财务政策上。心理学回到投资者研究领域的代表性论文是 1985 年 7 月美国财务学会会刊《财务学刊》第 40 卷同时发表的两篇论文，即谢夫林和斯塔特曼的《赢家卖得太早，输家卖得太迟之分解：理论与证据》，另一篇是迪邦特和撒勒的《股票市场过度反应了吗?》。这两篇文章被认为是最早"确定了如何思考行为现象之含义的两个不同途径。前者侧重证券价格，后者强调投资者行为"。⑥ 由此形成了所谓的行为金融。而心理学被应用到公司管理者—代理人及资本资产的供给，并由此形

---

① 福柯在《疯癫与文明》一书的前言里引 Pascal（1623—1662）的话说："人必然会疯癫到这种地步，即不疯癫也只是另一种形式的疯癫。"福柯同时写道："作为起点的应该是造成理性与非理性相互疏离的断裂，理性对非理性的征服，即理性强行使非理性不再成为疯癫、犯罪或疾病的真理……疯癫与非疯癫、理性与非理性难解难分地纠缠在一起；它们不可分割的时候，正是它们尚不存在的时刻。它们是相互依存的，存在于交流之中，而交流使它们区分开。"见米歇尔·福柯：《疯癫与文明》，刘北成、杨远婴译，1～2 页，上海，三联书店，2007。

② 杜小真编选：《福柯集：结构主义与后结构主义》，502～503 页，上海，上海远东出版社，2003。

③ Copeland, T. S., and J. F. Weston, 1992, *Financial Theory and Corporate Policy*, Addison-Wesley Publishing Company, p. 1.

④ Ross, S. A., 1989, *Finance*, *The New Palgrave* (*Finance*), edited by Eatwell, J., M. Milgate and P. Newman, Palgrave Macmillan, p. 1.

⑤ LeRoy S. F. and J. rner, 2001, *Principles of Financial Economics*, Cambridge University Press, p. 3.

⑥ Shefrin, H., 2002, *Beyond Greed and Fear*: *Understanding Behavioral Finance and the Psychology of Investing*, p. 8.

成所谓的公司行为财务则是在十多年之后。如果同样要选择某一两篇论文作为公司行为财务形成的地标，则非斯特恩在1996年于《商业周刊》第69卷上所发表的《非理性世界里的理性资本预算》一文莫属。总体上看，行为金融和行为公司财务之间的不同主要体现在以下三个方面：

第一，投资者的非理性还是管理者的非理性。

在现代财务学的传统理论框架下，投资者和公司管理者都被认为是“理性的人”。无论是行为金融，还是公司行为财务均对此提出异议，正如撒勒所指出的：“某些时候，为了找到经验证据上的谜底，必须考虑如下可能性，即经济体中的某些当事人，其行为在某些时间里不是完全理性的。”① 在撒勒看来，当事人要么无法准确更新他们的概念，要么虽然能够适当地运用贝叶斯法则，却无法做出与主观效用最大化相一致的决策。不同的是，在行为金融看来，“非理性的最主要原因出在投资者一方”，而公司行为财务则“假设创业家或管理者为非理性”。② 因此，行为金融强调投资者非理性行为所产生的影响，公司行为财务着重在于公司管理者非理性行为所产生的影响。

第二，市场的有效性与非有效性。

传统财务学家与行为主义者的论战内容之一集中在有效市场假设，传统财务学家认为市场价格充分反映了所有相关的信息，也反映了公司的基本价值，所以在一个有效的市场里，投资者无法获取超常收益，管理者的投资决策最大化也相当于公司市场价值最大化。撒勒曾调侃说：“在法玛发表于1970年的那篇关于有效市场的综述中所描述的那个世界里……财务经济学家都不知道市场异象（anomaly）一词怎么拼写。”③ 但无论是行为金融还是公司财务行为的赞成者都指出，由于市场异象的存在，市场并不是有效的。由于完全套利的作用不可能充分实现，市场价格无法迅速回归至公司的基本价值，因此价格无法充分反映相关的信息。史莱佛做出如下描述：“如果套利是充分的，那么套利者就可以及时调整……需求变动，而且价格也会及时做出准确的反应。这样的话，即使许多投资者是非理性的，市场仍然是有效的。如果投资者完全理性，就没有力量来扰乱最初的有效市场。”④ 不过，行为金融与公司行为财务对有效市场的作用却有不同的理解，行为金融关心的是在一个并非有效的市场下，套利不完美如何导致投资者出现误定价，公司管理者接受这种误定价，并相应做出各类决策。公司行为财务所讨论的是“当有效市场不再成立时，公司管理者会有何行为”的重要问题。此时，公司管理者被认为会出现行为偏差，投资者却被认为是理性的。

---

① Thaler，R. H.，1993，*Advances in Behavioral Finance*，Russell Sage Foundation，p. xvii.

② Tirole，Jean，2006，*The Theory of Corporate Finance*，Princeton University Press，p. 9.

③ Thaler，R. H.，1993，*Advances in Behavioral Finance*，Russell Sage Foundation，p. xvi.

④ 安瑞德·史莱佛：《并非有效的市场——行为金融学导论》，24页，北京，中国人民大学出版社，2003。

第三，心理因素还是行为主义。

行为金融被谢夫林看成是“将心理学应用于融资行为的实践者的行为”①，因此它在很大程度上强调人的各类心理因素的影响。同样是谢夫林的定义，公司行为财务却被看成是“确认影响公司价值最大化行为的关键心理障碍，以及与此相关管理者可用于减轻这些心理障碍影响的措施”。② 可以看出，在谢夫林看来，公司行为财务更多在于强调人的行为。历史上，行为主义被称为是心理学三大势力之首（第二势力为弗洛伊德的精神分析心理学，第三势力为马斯洛的人本主义心理学），但行为主义又“拒绝心理的解释”。例如，著名的行为主义者斯金纳就认为：“心理学是关于行为的科学，其研究对象是行为本身。”③ 行为主义与狭义心理学之间的最主要区别在于行为主义强调了人在受到环境和教育刺激时的反应，这也可以说是行为金融与行为公司财务的区别。

那么，在这三大区别的基础上，公司行为财务是如何挑战传统财务学理论的呢？

二、公司行为财务如何挑战传统财务学理论

如果从渊源、演变和师承关系等方面来看，公司行为财务其实并不是一个理论学派，它本身也没有提出一个完整的理论框架，从本质上而言，公司行为财务只是对传统财务学理论的理性假设所做出的一个修正，与传统财务学其他假设不断被修正是一样的。不过，由于理性假设是传统财务学理论的最基本假设，也是传统财务学各个主要领域的研究基础，所以，它不是一个简单的修正，而是具有广泛的代表意义。所以，公司行为财务的思想一经出现，即迅速传播到公司财务的各主要传统研究领域，形成了一批不同于传统财务学理论的新观点、新方法和新证据，其中以资本结构领域和 IPO 领域的市场择时理论、投资、筹资与收购和兼并领域的过度自信理论和股利政策领域的迎合理论最具代表性。另外，管理者羊群行为也被看成是公司行为财务的一部分内容。

（一）市场择时理论

虽然市场择机的思想在希克曼（1953）关于 1900—1938 年早期美国公司的融

---

① Shefrin，H.，2002，*Beyond Greed and Fear*：*Understanding Behavioral Finance and the Psychology of Investing*，p. 3.

② Shefrin，H.，2007，*Behavioral Corporate Finance*：*Decisions that Create Value*，McGraw-Hill/Irwin，p. xiv.

③ 杨鑫辉：《新编心理学史》，245 页，广州，暨南大学出版社，2003。

资行为和穆尔（1980）关于1940—1970年美国经济的商业周期与公司融资的研究文献里已有所体现。① 以后，在里特（1984，1991）、洛克伦和里特（1995）、斯皮斯和阿弗莱克-格雷夫斯（1995）等人关于首次公开发行（IPO）的文献里，公司的市场择机行为也引起了学术界的注意。但它作为行为公司财务的一个分支而得到普遍讨论却是始自于贝克和沃格勒。哈佛大学的贝格和纽约大学的沃格勒于2002年发表于《财务学刊》第57卷第1期上的《市场择机与资本结构》一文将市场择时理论成功地应用于解释公司资本结构难题，两年后，耶鲁大学的韦尔奇（2004）对该理论做了非常重要的反证。② 随后几年，随着行为公司财务的影响越来越广泛，市场择时理论也日益成为和传统的权衡理论、优序融资理论相抗衡的资本结构主流理论。

在贝克和沃格勒提出市场择时理论之前，权衡理论和优序融资理论已经结束了它们之间的激烈交锋，作为权衡理论最主要批判者的迈尔斯本人也不再否定权衡理论作为资本结构主流理论之一的重要地位。因此，与当初优序融资理论一对一的挑战权衡理论不同，贝克和沃格勒的市场择时理论现在不得不同时面对权衡理论和优序融资理论两大成熟的主流理论，这就要求贝克和沃格勒从一开始就必须非常小心地构建他们的理论基础和完成对理论的验证，而事实也正是如此。首先，贝克和沃格勒相当谨慎地对市场择机进行质的定义和量化处理。他们把市场择机看成一个狭义的概念，即“股票市场择机”，专门用于指“在高位价格上发行股票和在低位价格上回购股票。其动机在于利用股票资本成本相对于其他形式资本成本的暂时变动”。③ 贝克和沃格勒的这个定义以后被普遍接受成为市场择机的一般概念，绝大部分学者都是对贝克和沃格勒的定义进行直接演绎，例如，韦尔奇关于“公司净回购活动后的发行”的表述无非是对其的简化。④ 黄和里特的“公司高层管理人员根据相对资本成本发行股票”完全是其翻版⑤，而埃利奥特等人的“贝克和沃格勒得

① 穆尔甚至注意到，若处于商业周期的增长期，美国公司股票与债券之间的比率通常都会提高，而若处于衰退期，该比率则会下调。见希克曼：《公司债券融资数量》，美国国家经济研究局，1953；穆尔：《商业周期、通货膨胀与预测》，美国国家经济研究局，1980。

② 绝大部分学者均承认贝克和沃格勒（2002）和韦尔奇（2004）在市场择时理论发展中的奠基性作用。例如，利里和罗伯茨：“我们重新检验了贝克和沃格勒（2002）和韦尔奇（2004）的结论。”凯汉和蒂特曼指出：“我们所探讨的问题系由贝克和沃格勒（2002）以后又由韦尔奇（2004）所提出。”蔡齐和特里帕赛表明：“贝克和沃格勒（2002）定义了一个新的资本结构理论。……他们第一次提出将市场择时理论扩展到资本结构。”徐同样认识到：“自从贝克和沃格勒（2002）有影响的论文以来，市场择机及其对资本结构的影响已经变成一个富有争议的主题。”见利里和罗伯茨：《公司是否重新保持其资本结构的平衡?》，载《财务学刊》，第60卷，2576页，2005。凯汉和蒂特曼：《公司历史及其资本结构》，载《财务经济学刊》，第83卷，3页，2007。蔡齐和特里帕赛：《何类版本的股票市场择机影响了资本结构》，阿拉伯联合酋长国大学和美国北得克萨斯大学工作稿，2页、5页，2005；徐：《市场择机是否影响了资本结构?》，加拿大多伦多大学工作稿，1页，2006。

③ Baker，M.，Wurgler，J.，Market timing and capital structure [J]. *The Journal of Finance*，2002，57（1）：1-32，p.1.

④ Welch，I.，Capital structure and stock returns [J]. *Journal of Political Economy*，2004，112（1）：106-132.

⑤ 见黄和里特：《资本结构的市场择时理论之检验》，肯尼索州立大学和佛罗里达州立大学工作稿，2页，2004。

出结论说，当公司股票看起来便宜（归咎于低估）时，公司发行股票和债券”，凯汉和蒂特曼的“当股票市场被认为更为有利、公司可以募集相当巨额的资金时，公司倾向于降低其负债比率”，蔡齐和特里帕赛的“根据贝克和沃格勒，当市场—账面价值水平太高时，管理者系统性地对股票发行进行择机”等等，① 几乎可以说是重述了贝克和沃格勒的定义。

在此基础上，贝克和沃格勒提出他们用于衡量市场择机的独特方法，即用市场—账面价值比来衡量市场择机。贝克和沃格勒为此解释说：“我们的主要发现在于，低债务杠杆的公司即那些在市场价值评估很高时筹集资金的公司，市场价值评估以市场—账面价值比来衡量。而高债务杠杆的公司即那些在市场价值评估很低时筹集资金的公司。……如果市场—账面价值比的变动可以作为管理者所认为的市场价值错误评估的替代变量，那么，这个故事（市场择机）可以解释（公司资本结构）的结果。”② 市场—账面价值比中的公司权益市场价值最初是班茨在实证检验资本资产定价模型时发现的“另外一个与资产定价相关的因子”。在由博士论文改写的文章里，班茨以纽约股票交易所在 1926—1975 年间的全部股票为样本，他的检验证据表明，由小规模公司所构成的组合，其风险通常比由同等数量的大规模公司所构成组合的风险来得大，因此，不考虑规模效应的资本资产定价模型其实是个错误。尽管班茨同时承认：“对于诸如此类的效应，并没有任何理论基础。我们甚至不知道是否这个因子就是规模本身或者只是某一或某几个与规模相关的真实但未知的因素。”但说明“规模效应已经至少存在了 40 年以上”。③ 几乎同一时间，斯塔特曼在一篇 MBA 论文里首次用市场—账面价值比作为反映公司规模的替代指标，他发现美国公司股票的收益率与该比率呈显著的负相关关系。④ 市场—账面价值比的重要作用真正被得到重视则是在法玛和弗伦奇发表了著名的《股票预期收益的横

① 见埃利奥特、凯特-坎特和沃尔：《关于融资逆差的进一步证据：市场择机的影响》，美国俄克拉荷马州立大学、荷兰弗里杰大学和美国北卡罗来纳州立大学工作稿，1 页，2004；凯汉和蒂特曼：《公司历史及其资本结构》，载《财务经济学刊》，第 83 卷，3 页，2007；蔡齐和特里帕赛：《何类版本的股票市场择机影响了资本结构》，阿拉伯联合酋长国大学和美国北得克萨斯大学工作稿，2 页，2005。

② Baker, M., Wurgler, J., Market timing and capital structure [J]. *The Journal of Finance*, 2002, 57 (1): 1-32, p. 2, p. 4.

③ 见班茨：《普通股股票的收益与市场价值之间的关系》，载《财务经济学刊》，第 9 卷，3、16 页，1981。莱因加纳对 566 家纽约股票交易所和美国股票交易所上市公司的实证分析也发现，由市场价值最小的公司所构成的组合，其超常收益率显著为正，而由市场价值最大公司所构成的组合，其超常收益率显著为负；在同一个市净率分组里，最小规模公司的表现好过于最大规模公司的表现，说明存在与市净率无关的相当大的规模效应。同时，莱因加纳还发现，控制住市净率，可以看到规模效应非常明显；反之，控制住规模效应，市净率效应就看不到了。据此，莱因加纳认为，资本资产定价模型忽略了一组与规模和市净率相关的因子，其中特别是与规模效应相关的因子，所以，资本资产定价模型是错误的。见莱因加纳：《资本资产定价的错误—基于盈利收益和市场价值的实证性异象》，载《财务经济学刊》，第 9 卷，19～46 页，1981。

④ 斯塔特曼的 MBA 论文无法看到。此处转引自见班茨：《普通股股票的收益与市场价值之间的关系》，载《财务经济学刊》1981，第 9 卷，16 页；法玛和弗伦奇：《股票预期收益的横截面》，载《财务学刊》，第 47 卷，427 页，1992。自法玛和弗伦奇后，学者多不再引用这篇论文。

截面》一文后开始的。法玛和弗伦奇在这篇论文里指出市场—账面价值比可以和市场贝塔、公司规模、债务杠杆和市净率一起作为解释股票平均收益横截面变动的变量，例如他们说："股票平均收益与公司规模之间具有很强的关系，而在股票平均收益与贝塔之间没有任何确定的关系。……股票平均收益与权益账面—市场价值比之间同样具有很强的横截面关系。如果有，此类账面—市场价值效应比规模效应更为强大。"① 法玛和弗伦奇同时还注意到，债务杠杆（账面总资产与权益市场价值比率或账面总资产与账面权益价值比率）与账面—市场价值比之间存在"密切的联系"。一个较高的账面—市场价值比说明市场判断公司的前景不好，"如果资产是被理性定价的，我们的结果显示股票的风险是多元的。其中风险之一可用规模作为替代变量，另外一类风险可用普通股股票的账面价值与其市场价值之比来替代"。② 所以，法玛和弗伦奇反复强调，一定存在某些与公司规模和账面—市场价值比相关的共同因子，此类因子可用于解释股票平均收益的横截面变动。法玛和弗伦奇甚至指出："股票平均收益的规模效应和账面—市场价值比效应的背后会有一个经济故事。"③ 不过，贝克和沃格勒没有完全采用法玛和弗伦奇的说法，而是在此基础上做了若干改进。其一，贝克和沃格勒弃用了法玛和弗伦奇的定义，转而采用雷简和津盖尔思（1995）以及琼格、金和斯塔尔茨（1996）的提法，对市场—账面价值比重新进行了定义，即使用公司市场—账面价值比，而不是权益账面—市场价值比。贝克和沃格勒将"市场—账面价值比定义为总资产减去权益账面价值，加上权益市场价值后，再除以总资产。"④ 这个定义与雷简和津盖尔思以及琼格、金和斯塔尔茨对于市场—账面价值比的定义完全相同。前者定义如下："市场—账面价值比为总资产的账面价值减去权益的账面价值，加上权益的市场价值后，再除以总资产的账面价值之比率。"后者将其定义为："公司市场价值（权益的市场价值加上总资产，减去权益的账面价值）与总资产之比率。"⑤ 其二，贝克和沃格勒不是采用时点概念的市场—账面价值比，而是采用期间概念的市场—账面价值比，对于此期间概念的市场—账面价值比，贝克和沃格勒将其称为"外部融资加权平均市场—账面价值比"（external finance weighted-average market-to-book ratio）。

---

① 见法玛和弗伦奇：《股票预期收益的横截面》，载《财务学刊》，第47卷，440页，1992。

② 同上，428页。次年，在另一篇文章里，通过对1963—1991年间纽约股票交易所、美国股票交易所和纳斯达克交易市场数千家公司的分析，法玛和弗伦奇再次验证了他们早先的结论。"毫不奇怪，三个股票市场因子捕获了股票收益最突出的共同变动部分。……显而易见，由高低权益账面—市场价值比之差所构成的组合捕获了与权益账面—市场价值比相关的股票收益变动部分，这部分恰是市场和由大规模公司与小规模公司所构成的组合所忽略掉的。"见法玛和弗伦奇：《股票和债券收益中的共同风险因子》，载《财务经济学刊》，第33卷，21页，1993。

③ 同上，55页。

④ Baker，M.，Wurgler，J.，Market timing and capital structure [J]. *The Journal of Finance*，2002，57 (1)：1-32，p. 3.

⑤ 见雷简和津盖尔思：《对于资本结构，我们知道了多少？从国际数据中所得到的某些证据》，载《财务学刊》，1995，第49卷，1453页，表9；琼格、金和斯塔尔茨：《择机、投资机会、管理层自行处置与证券发行决定》，载《财务经济学刊》，1996，第42卷，167页，表1。

$$\left(\frac{M}{B}\right)_{efwa,t-1} = \sum_{s=0}^{t-1} \frac{E_s + D_s}{\sum_{r=0}^{t-1} E_r + D_r} \times \left(\frac{M}{B}\right) \tag{18—1}$$

“外部融资加权平均市场—账面价值比”可以说是市场择时理论中最重要的概念，是理解贝克和沃格勒的市场择时理论的关键。正是在这个公式的中心基础上，贝克和沃格勒建立起了资本结构市场择时理论，其理论核心思想即“资本结构是权益市场择机各种尝试的累积结果”。[①] 在贝克和沃格勒看来，市场择时理论实际上又可分为两个版本，分别连接到不同的资本结构理论思路上。一个是理性的版本，即以管理者和投资者的理性为前提，将市场—账面价值比看成是衡量逆向选择的成本，对于不同时期的不同公司，逆向选择的程度与市场—账面价值比呈反向关系，包括迈尔斯的动态优序融资理论在内的资本结构理论都属于这类版本；另一个版本是非理性的版本，即管理者认为投资者是非理性的，所以，当市场被错误定价、权益资本成本不同寻常之低时，公司就会发行股票，因此，公司的净股票发行与市场—账面价值比成正向关系，包括拉波塔（1997）和谢内夫（2000）的解释都属于这类版本。

在建立起市场择时理论后，贝克和沃格勒以此为依据对优序融资理论和权衡理论展开批判。在贝克和沃格勒看来，优序融资理论无法解释他们所观察到的如下两个财务现象：（1）为何公司债务比例与投资机会成反向关系，而不是如任一版本的优序融资理论所预测的正向关系。贝克和沃格勒明确指出：“很难想象哪一种版本的优序融资理论可以解释清楚债务比例和投资机会历史长期沿革之间强有力的关系。”[②]（2）为何公司债务比例的变动主要是通过股票发行，而不是像迈尔斯所竭力主张的那样通过内部留存收益变动。同样，贝克和沃格勒也对资本结构理论的另一传统分支——权衡理论提出批评。虽然权衡理论同样也认为公司债务比例会因市场—账面价值比的变动而进行相应调整。例如，迪安吉罗和马苏利思（1980）的文章就非常清晰地描述了这种情况。但不同的是，根据权衡理论，债务比例对市场—账面价值比变动的调整是“暂时的”、“短期的”，且是对“当前的”市场账面价值比的一种调整，而按照贝克和沃格勒的市场择时理论，市场—账面价值比对债务比例的影响是“持续的”、“长期的”，“历史上的”市场账面价值比在决定公司债务比例中的作用远比“当前的”市场账面价值比更为重要。通过对权衡理论和优序融资理论这两大传统理论的批判，贝克和沃格勒终将市场择时理论扶上资本结构主流理论的宝座。

（二）过度自信理论

“过度自信”与“过度乐观”都属于同一概念，源自于心理学中个人的“自大”

① 琼格、金和斯塔尔茨：《择机、投资机会、管理层自行处置与证券发行决定》，载《财务经济学刊》，1996，第42卷，3页。

② Baker, M., Wurgler, J., Market timing and capital structure [J]. *The Journal of Finance*, 2002, 57 (1): 1-32, p.3.

思想。在弗洛伊德和罗杰斯学者的精神分析学里就有过细致的分析，以后迪泰思和沃尔斯特等实验社会心理学家将其模型化。那么，自大为何会产生个人的过度乐观行为呢？温斯坦表示“根据流行的看法，人们偏好于将他们自己看成是无价之宝。他们希望别人才是灾祸的牺牲品，而不是他们自己。这说明此类想法不仅仅只是对生活的期许，而且是判断上的错误，此类错误可以被称为不现实的乐观主义”。[①] 在斯文森的实验里，当人们从事那些以技能为主的行业时，人们无法对其自身的能力和风险性进行无偏差的估计。[②] 所以，斯文森指出：“相信自己比别人更有本事可能导致他们冒更大的风险，而这类行为还被那些‘胜者为王’且获得成功的人所印证。”[③] 类似于斯文森的实验结果在罗伯逊（1977）关于车祸、温斯坦（1977）关于犯罪行为以及哈里斯和古坦（1979）关于疾病等早期文献里均可见到。不过最有名也是对管理者的过度乐观和过度自信最有影响的研究当属温斯坦于1980年发表于《个性与社会心理学刊》上的著名论文《关于未来生活事件不现实的乐观主义》。在这篇论文里，温斯坦全面、细致地分析了个人对未来生活中好事件和坏事件的不同反应。温斯坦实验的关键结论在于它表明了“人们产生乐观主义偏见的真正原因纯粹在于人们的认识性误差”。[④]

当然，无论是斯文森实验还是温斯坦的论文都纯粹是关于一般个人行为的心理学研究，心理学还没有延伸到经济学和管理学领域。不过，斯文森文章的结尾处倒是很偶然地提到可以将他的实验结果与早先拉伍德和惠特克的一项实验联系起来，按照斯文森的描述，拉伍德和惠特克在他们的实验里发现“管理学院的学生和公司总裁对于其自身胜任能力的利己偏见会导致他们对未来做出过度乐观与冒险的计划”。[⑤] 拉伍德和惠特克的实验其实包括三项研究：在前两项研究里，分别有37名选修市场学入门课程的本科生和35名选修管理模拟的高年级学生被当成实验对象。所有学生都被要求模拟充当销售经理的工作，他们必须对新产品销售进行预测。拉伍德和惠特克的检验结果表明，实验对象均将销售增长看成是一个有效的成功标示，同时认为他们不仅具有获得成功的能力，而且也终将获得成功。在拉伍德和惠特克的第三项研究里，他们于1975年秋天对48家纽约州制造公司总裁进行了一项调查。拉伍德和惠特克的调查表明，受访的公司总裁确实过高估计了他们公司的业绩表现，48位公司总裁中，27位认为他们的公司表现会高于平均水平，而只有4位觉得他们公司的表现差。不过，对那些曾经有过预测失败经历的公司总裁而言比

① Baker, M., Wurgler, J., Market timing and capital structure [J]. *The Journal of Finance*, 2002, 57 (1): 1-32, p. 806.

② 见斯文森：《我们真的比我们的驾驶同行更安全和更熟练吗?》，载《Acta 心理学刊》，第47卷，146页，1981。

③ 同上，147页。

④ 同上，818页。

⑤ 同上，147页。

较不可能高估自己公司的表现。拉伍德和惠特克指出："与其竞争者相比，管理者对于他们公司成功的可能性抱有一种缺乏分辨力的印象，但除非在承认失败的强制条件下，否则管理者所持有的这一印象很难被清除掉。"① 拉伍德和惠特克实验将心理学关于"自大"的实验对象从一般个人行为集中到了管理者行为的方面。

在拉伍德和惠特克实验之后，卡梅尔和洛瓦诺实验被认为是经济学文献中关于过度自信和过度乐观最早的实验研究。在这项实验里，卡梅尔和洛瓦诺的主要目的在于将过度自信假说视为可用于解释新成立公司高失败率的原因。卡梅尔和洛瓦诺指出，企业家所犯错误有两个原因，一是虽然正确认识到自己的能力，但错误地估计了竞争对手的能力；二是虽然正确估计了竞争对手，但过度估计自身企业的成功概率。卡梅尔和洛瓦诺将第二个原因称为是"过度自信"的解释。卡梅尔和洛瓦诺实验表明，如果人们对于自身的能力过度自信，则在那些越可能出现过度自信的行业或职业里，行业利润或职业薪酬就越可能为负。而且，卡梅尔和洛瓦诺所提出的过度自信假说也表明人们更多地偏好以业绩为基础的激励机制，对风险则不那么敏感。

不过，无论是温斯坦还是斯文森，或者是拉伍德和惠特克或是卡梅尔和洛瓦诺，早期学者并没有对"过度乐观"与"过度自信"两个概念进行过细分，而是笼统地用"过度乐观"一词予以概括，用于泛指"因自大导致个人对其自身能力产生过分膨胀和不切实际的看法"。② 这一概念后来在管理学家那里得到了明确的区分。例如，马梅迪尔（Malmendier）和泰特（Tate）认为，过度自信更多表现为"好于常人"（better-than-average effect）的现象，即当比较他们自己和同事的能力时，人们往往倾向于夸大自己的聪明才智。③ 过度乐观则主要体现为人们对未来结果的高估。所以，在马梅迪尔和泰特的系列论文里，他们"沿用关于利己属性的文献，选择'过度自信'的提法来区分以下两者：对个人自身能力（比如智商或驾驶技术）的过高评价和与个人情形相关的结果，这类结果源于对外生结果的一般高估"。④ 热尔韦、希顿和奥迪安对"过度乐观"和"过度自信"之间的区别之处表述得更为清楚。热尔韦等人将"过度乐观"定义为："认为出现对自己有利的未来

① 见拉伍德和惠特克：《管理者短视：组织计划中的利己偏见》，载《应用心理学刊》，第 62 卷，198 页，1977。

② 见里甘，戈斯林克，哈斯奇和厄尔斯：《人对自身能力是否看法过高》，载《个性与社会心理学刊》，第 31 卷，295 页，1975。

③ "好于常人"实际上是社会心理学家所发现的一种人的心理现象。在 20 世纪 80 年代得到较为深入的研究，阿利克是其中的一个代表性学者。在他和克洛茨所合作的文章中，他们将"好于常人"定义为"对自己的评价高于对其他人的评价的一种倾向"，或者说"好于常人"，"可以被看成是一种类型的利己偏见"，"是一种普遍的、稳健的现象"。在此偏见中，人们对自己的品质和前途给予比别人更好的评价。阿利克和克洛茨共同进行了七项实验，他们的实验数据证实，人们倾向于对自己抱有不现实的、正面的自我形象。也倾向于对他自己的行为、观点、品质和前途给予比他人更高的评价。这种倾向取决于人的个性和个人联系面以及在很大层面上受不同的比较条件所影响。因此，从研究内容来说，"好于常人"也属于社会比较理论的研究范畴。见阿利克和克洛茨：《个人联系、个性及好于常人效应》，载《个性与社会心理学刊》，第 68 卷，804～825 页，1995。

④ 见马梅迪尔和泰特：《CEO 过度自信与公司投资》，斯坦福大学和哈佛大学工作稿，5 页，2002。

事件的可能性高于实际的可能性。……他们预计落在他们身上的好事情要比别人更为经常。”① 相对而言，他们将“过度自信”定义为：“认为个人所掌握信息的准确性要好于实际。换句话说，比赋予自己所掌握信息正常理由还要多的权重。”② 热尔韦等人很详细地举例说，就一个投资项目而言，过度乐观的管理者自认为该投资项目的收益大于实际，所以他会比理性的管理者更快地实施该投资项目。相比较之下，过度自信的管理者自认为该投资项目的风险小于它实际的风险，所以他不会比理性的管理者更迟地实施投资项目。哈克巴思大致上也持同样看法，他指出：“过度乐观的管理者相信公司收益比实际上的收益大，不太可能会出现财务困境。过度自信的管理者相信公司风险比实际上的风险小，也不太可能出现财务困境。”③ 哈克巴思进一步指出，以债券发行为例，过度乐观和过度自信的管理者都会认为他们的证券被市场所低估，其原因也都在于对息税前利润增长率的高估或息税前利润风险性的低估。不同之处在于，过度乐观管理者是因为高估息税前利润的增长率而低估债券的违约风险，而过度自信的管理者是因为低估了息税前利润风险性而低估了债券的违约风险。哈克巴思同时还认为，“过度乐观”是个人固有的本性，很难更改，“过度自信”则是环境造成的，因势变迁。可以看出，马梅迪尔和泰特、热尔韦、希顿和奥迪安以及哈克巴思都将“过度乐观”和“过度自信”看成是相互不同的概念而加以明确区分。当然，热尔韦等人也承认，现实中管理者往往同时表现出“过度乐观”和“过度自信”，很少看到管理者只体现出其中的某一方面品质，“过度自信”意味着管理者同时认为事情具有确定性，并自身表现为“过度乐观”。因此，除马梅迪尔和泰特只集中于讨论“过度自信”，希顿满口只提“过度乐观”外，我们看到在热尔韦、希顿和奥迪安、哈克巴思以及奥利弗等人的文章里，“过度乐观”和“过度自信”常常被同时放在一起进行分析。

希顿可说是最早注意到行为理论能够运用于公司财务领域的学者之一，也是少数几个“集中”研究管理者过度乐观的学者。希顿发表于《财务管理》2002 年夏季号上的著名论文《管理者过度乐观与公司财务》被认为是最早讨论公司财务中管理者非理性的表现形式之一——管理者的过度乐观问题的早期文献，引用率极高。其实，希顿这篇文章的研究对象很狭窄，他自己说他的文章“只是集中在管理者的过度乐观及其与自由现金流量的联系面上”。④ 希顿认为，对于詹森所提出的自由现金流量理论，公司财务学界历来有两种主要研究方法，即以迈尔斯和马杰卢夫（1984）为代表的信息不对称方法和以詹森本人（1986）为代表的代理成本方法。

① 见热尔韦、希顿和奥迪安：《过度自信、投资政策与高管人员的股票期权》，美国杜克大学和加州伯克利大学工作稿，3 页，2003。

② 同上，3 页。

③ 见哈克巴思：《管理者品质与资本结构决策》，印第安纳大学凯利商学院工作稿，17 页，2 页，2004。

④ 同上，33 页。

但在希顿看来，这两种方法是互相冲突的。前者认为自由现金流量对公司投资有益，而后者认为自由现金流量产生代理成本。希顿提出，如果能够从管理者过度乐观的角度来看，可以不需要涉及信息不对称和代理成本的问题，从而能够只在一个单一的分析框架里解释清楚自由现金流量所产生的利益和成本问题。希顿指出，根据心理学文献，管理者过度乐观表现为以下两个方面，一方面，过度乐观的管理者会认为市场低估了其公司股票的价值，其所筹集的任何外部资金都可能会被看成成本太高，所以，他们可能极不愿意通过筹集外部资金来完成对项目的投资。如此情况下，过度乐观的管理者将更为偏好公司的内部资金。从这个角度而言，自由现金流量对他们来说是"非常有价值的"。另一方面，管理者的过度乐观又会让他们对公司现金流量预测产生过高的估计，从而导致过度乐观的管理者高估公司的投资机会。此时自由现金流量的存在必然会造成过度乐观管理者进行那些表面上是好的、实际上是坏的投资项目。从这个角度来说，自由现金流量又成了"非常有害的"东西。

那么，如何衡量管理者过度自信呢？这是过度自信理论里最难以解决的问题，也是最关键的问题之一。后来关于管理者过度自信的大量研究就集中在这个关键问题上。目前为此，学术界提出三种主要的衡量方法，即马梅迪尔-泰特方法、消费者情绪指数方法和多次收购方法。其中马梅迪尔-泰特方法是影响最大的方法。马梅迪尔-泰特方法主要来自斯坦福大学的马梅迪尔和哈佛大学的泰特自 2002 年以来连续发表的一系列关于管理者过度自信的研究论文。其中重要的有三篇，即《CEO 过度自信与公司投资》、《CEO 过度自信与公司投资》和《过度自信是否影响公司投资？再论 CEO 过度自信的衡量方法》。综合三篇论文的内容而言，马梅迪尔-泰特方法的主要内容如下：

首先，马梅迪尔和泰特指出，但凡大公司的管理者通常都无法完全分散公司的风险，因此哪怕他们仅是稍微厌恶风险，只要有可能，管理者也会试图减少他们在公司的个人利益。所谓个人利益指"作为他们的薪酬，CEO 获得的大量的股票和期权"。[①] 马梅迪尔和泰特指出："与外部投资者不同，CEO 无法交易他们的期权或通过卖空公司股票来规避风险。此外，CEO 的人力资本和声誉又与公司业绩表现密切相关。如此一来，CEO 极可能过分暴露于公司特定风险中，在绝大部分场合里，他们不应当持有公司股票直至到期日那一天。"[②] "特别地，对于超实值期权，风险没有分散化的 CEO 应该在规定的执行期间里执行他们的期权，只要有可能，他们就应该减少所持有的公司股票份额。"[③] 在马梅迪尔和泰特看来，如果一个 CEO 持续性地在某个标准日期后才执行他们的期权，只能说明他们太过于相信自己有能力让公司股票价格继续升高，从而希望通过持有公司期权从预期股票价格的上升中获取利润。"如果管理者固执地不肯减少他们个人所面临的公司特定风险，

① 见马梅迪尔和泰特：《CEO 过度自信与公司投资》，载《财务学刊》，第 60 卷，2663 页，2005。

② 见马梅迪尔和泰特：《CEO 过度自信与公司投资》，斯坦福大学和哈佛大学工作稿，3 页，2002。

③ 同上，15 页。

则可以被归类为过度自信。”① “如果管理者重复地不执行超实值期权，或习惯性地买入他们自己公司的股票，则可以被归类为过度自信。”② 按照这个逻辑思维，马梅迪尔和泰特构建了如下三种衡量管理者过度自信的方法。

方法之一：67%期权持有者方法。所谓67%指在期权的第5年里，实值期权的超值部分已达到的比例，也可以看成是CEO在公司权益中所占比例。67%衡量方法构建如下：首先，将所持期权在第5年里至少两次超过67%的CEO列为单独的样本；然后，从该样本中再将那些在第5年内或之前第一次没有执行期权的CEO划出；最后，在第一次没有执行期权之后，将这类在任职期限内至少出现过一次此类行为的CEO定义为过度自信的管理者。③

方法之二：期权长久持有者方法。所谓长久持有（马梅迪尔和泰特最早将它称为永续持有）指CEO始终持有期权直至期权的最后到期日。根据马梅迪尔和泰特所提供的数据，85%到期的期权仍属于实值期权，平均超值部分为253%，说明过度自信的管理者习惯性地不分散公司风险。④

方法之三：习惯性买家方法。所谓习惯性买家方法也称为净买家方法，即对于那些任职超过10年的CEO，如果他们在过去5年里买入公司股票超过卖出股票（净买入）的年份多过在过去5年里卖出公司股票超过买入股票（净卖出）的年份，则将他们定义为过度自信的管理者。

以上三个方法中，曾统一都被马梅迪尔和泰特称为“信念披露法”（revealed beliefs' approach），意指“CEO从个人组合的交易中可以推断出他们对所在公司业绩表现的信念”。⑤ 前两个方法主要通过CEO执行期权的时机来衡量过度自信，后一种方法是用CEO买入和卖出股票的量来衡量过度自信。应该说，马梅迪尔和泰特所提出的管理者过度自信的衡量方法视野相当独特，设计十分精巧，考虑非常周到。这也是马梅迪尔和泰特的研究中最令人瞩目的亮点。⑥

---

① 见马梅迪尔和泰特：《CEO过度自信与公司投资》，载《财务学刊》，第60卷，2661页，2005。

② 见马梅迪尔和泰特：《CEO过度自信与公司投资》，斯坦福大学和哈佛大学工作稿，1页，2002。

③ 显然，内部人信息、信号传递、风险容忍以及税收等因素也可能影响到管理者对执行期权的考虑。马梅迪尔和泰特逐一排除了这些因素。

④ CEO习惯性地不执行实值期权的原因也可能在于他们的“懒惰”行为。不过马梅迪尔和泰特发现，大约68%的CEO在期权到期日之前有过买卖股票或执行其他期权的行为，说明他们并不懒惰，而是过度自信。同上，25页。

⑤ 见马梅迪尔和泰特：《过度自信是否影响投资？再论CEO过度自信的衡量方法》，载《财务管理》，第11卷，652页，2005。

⑥ 马梅迪尔和泰特另外还提出一种所谓的“舆论形象刻画法”（portrayal in the press），该方法建立在外部人对CEO的形象认识上。它的构建方法如下：首先，马梅迪尔和泰特从每年的《纽约时代周刊》、《商业周刊》、《金融时报》、《经济学家》和《华尔街日报》等著名财经杂志上收集与每位CEO相关的文章；其次，将凡是出现“自信”、“有信心的”、“乐观的”、“乐观主义”、“可靠的”、“谨慎的”、“保守的”、“务实的”、“俭朴的”以及“稳定的”之类相关词汇的文章记录下来；再次，根据这些词汇对文章进行整理，分为“不自信”和“不乐观”两类；最后，据此构建一个哑变量指数（total dummy）。如果CEO经常被用上述词汇来描述，total dummy为1，反之为0。马梅迪尔和泰特认为，通过“舆论形象刻画法”得出来的检验结果可以为“信念披露法”“增加”新的证据。见马梅迪尔和泰特：《过度自信是否影响投资？再论CEO过度自信的衡量方法》，载《财务管理》，第11卷，653～655页，2005。

其次，马梅迪尔和泰特提供了一份他们自认为是“第一次用经济领域的数据提供了过度自信的证据”。[①] 利用他们所设计的上述三种衡量管理者过度自信的方法，马梅迪尔和泰特以 1980—1994 年间美国《福布斯》杂志所列的 477 家大型公众公司为检验样本。样本中不仅包括了 COMPUSTAT 等诸如规模、股东权益和行业等公司数据，还包括 Dun & Bradstreet 等关于 CEO 的个人数据，如任职经历和教育背景。其中最核心的数据来自于耶马克（1995）以及霍尔和利布曼（1998）。这部分数据包括每家公司每年中管理者持股比例和期权的详细信息，比如期权的执行价格、剩余期间及执行数量，等等。

从文献上看，衡量过度自信的第二个方法是所谓的消费者情绪指数法。在介绍情绪指数法之前，必须先要提到哈克巴思关于管理者过度自信与公司筹资关系的两篇研究论文，一篇题为《公司借贷之决定：一种行为视野》，另一篇题为《管理者品质与资本结构决策》，两篇文章相继出现在 2003 年与 2004 年。这两篇论文奠定了信心指数法的理论基础。《公司借贷之决定：一种行为视野》一文在很大程度上受到迈尔斯早期一篇题为《公司借贷之决定》文章的影响，连题目都复制迈尔斯的文章题目。[②] 所不同的是，哈克巴思在此篇文章里却为管理者的过度乐观与过度自信行为大唱赞歌。哈克巴思写道：“管理者过度乐观和过度自信改善了诸如迈尔斯（1977）投资不足问题所产生的债权人—股东利益冲突。”[③] 所谓迈尔斯投资不足问题源于迈尔斯在他 1977 年的文章里留下的一句话：“公司债的存在将削弱公司从事好的未来投资的动机，从而减少国内公司市场价值的现值。”[④] 哈克巴思充分发挥了迈尔斯的这句话，哈克巴思诠释说，按照迈尔斯的意思，如果公司发行风险债务，由于风险债务无须承担投资成本却能获得投资收益，一旦管理者的行为基于最大化股东价值而不是公司总价值，那么，管理者必然心存如下动机，即推迟投资，应该说管理者的此类行为是无效率的。当债权人越能够预计到管理者此种投资不足的动机，他所要求的风险债务成本就越高，反过来又造成管理者越无效率地推迟投资。如此一来，公司债务的事前价值可以被看成一种代理成本，这类债务代理成本一方面随着公司资本结构中债务的增加而提高，另一方面也随着公司投资机会集中的增长选择余地的增加而提高。因此，债权人和股东之间的利益冲突所产生的代理成本影响了公司的资本结构。这就不难理解为何哈克巴思要如此推崇迈尔斯的文章。当然，哈克巴思对迈尔斯的文章也另有自己的看法，哈克巴思认为，虽然管理者在上述过程中起重要的作用，但诸如迈尔斯之类的现代公司财务理论

① 见马梅迪尔和泰特：《CEO 过度自信与公司投资》，斯坦福大学和哈佛大学工作稿，6 页，2002。

② 哈克巴思自己在文中多次提到迈尔斯的影响。他甚至说出了“本文的主要兴趣在于迈尔斯（1977）意义上的真实期权”一类的话。见哈克巴思：《公司借贷之决定：一种行为视野》，印第安纳大学凯利商学院工作稿，2004，7 页；迈尔斯：《公司借贷之决定》，载《财务经济学刊》，第 5 卷，147～175 页，1977。

③ 见哈克巴思：《公司借贷之决定：一种行为视野》，印第安纳大学凯利商学院工作稿，2004，摘要。

④ 迈尔斯：《公司借贷之决定》，载《财务经济学刊》，第 5 卷，155 页，1977。

“在很大程度上都忽略了在构建高管人员复杂决策过程中共同的个人品质”。[①] 哈克巴思的这句话实际上包括两层含义：一方面，管理者在面临复杂任务时容易对他们的能力做出不正确的判断；另一方面，管理者的个人特性影响不同阶段因果关系的属性。即管理者个人往往将成功（而不是失败）的结果归因于他们所采取的行动，而不是他们的运气。因此，哈克巴思的文章就是为了分析在“存在管理者过度乐观与过度自信的情形下，筹资决策与投资决策之间内生互动”的复杂关系。

那么，过度自信的管理者是否能比理性管理者更好地做出决策呢？哈克巴思在这里再次提出了一个与众不同的观点（用哈克巴思自己的话说是“令人惊奇的”观点）。哈克巴思认为，回答这个问题的关键取决于管理者过度自信的程度。在哈克巴思看来，一个轻微过度自信的管理者可能因高估现金流量的价值而高估了公司的价值，这样他们就会提高公司债的水平，公司债水平的提高将会约束管理者追求自身利益最大化目标的行为。正因为过度自信的管理者事前被动地约束了他们的自我利益，过度自信管理者下的公司将比理性管理者下的公司具有更高的价值，所以，轻微过度自信的管理者所做出的筹资决策将比理性管理者更加符合公司股东的利益。从这个方面而言，哈克巴思认为“轻微过度自信的管理者能起到积极的作用”，“管理者过度乐观和过度自信的品质能够减缓管理者—股东之间的利益冲突，让公司表现更好”。[②] 当然，哈克巴思同时也指出，极端过度乐观和极端过度自信的管理者会引致较高的破产成本，“极端过度乐观和极端过度自信对公司价值是种损害”。[③]

哈克巴思的两篇文章建立起了管理者过度自信与筹资决策之间的理论关系及在该理论关系下若干可以进行实证检验的方向。但可惜的是，哈克巴思本人没有尝试进行相关的实证检验。倒是澳洲国立大学的奥利弗做了一个间接的检验，可以用来作为哈克巴思文章的一个补充说明。之所以说奥利弗所提供的证据是间接的，原因在于奥利弗采用消费者情绪指数（consumer sentiment index）作为衡量管理者过度自信的指标。消费者情绪指数其实是美国密执安大学所构建的用于衡量美国家庭对于美国目前与未来经济状况的预期心理的一种指数。它通过对美国本土 500 户家庭中的成年人进行电话访问，征询被访问者对他们目前的财务状况、预计下一年度财务状况的变动情况、预计下一年度和未来五年的商业环境以及对可能的大宗家庭购买时机等五方面的看法。然后将五方面问题的得分进行平均，从而得出该消费者情绪指数。可以看出，该指数只是衡量了消费者的信心指数，若与马梅迪尔和泰特的检验相比，就可以看出该指标无法衡量管理者是否出现过度自信，只是被奥利弗借用来“作为衡量管理者自信度的替代指标”。

---

① 见哈克巴思：《公司借贷之决定：一种行为视野》，印第安纳大学凯利商学院工作稿，1 页，2004。

② 见哈克巴思：《管理者品质与资本结构决策》，印第安纳大学凯利商学院工作稿，17 页，21 页，2004。

③ 同上，17 页。

奥利弗发现1978—2004年间，管理者的平均自信度大约为90，自信度最高的年份为2000年，达到107.6，最低为1980年，仅为64.4。公司债务水平与管理者自信度之间的参数估计值为0.001（t值＝8.341），说明两者之间存在显著的正相关关系，即“管理者的自信程度越高，公司的债务水平就越高”。[①] 应该说，奥利弗以上的检验只是证实了“管理者的自信度”与公司债务水平之间的关系，并没有检验出“管理者的过度自信”与公司债务水平之间的关系。不过，奥利弗对此实证结果的解释很耐人寻味，奥利弗写道：“此一结果支持如下见解，即乐观主义（过度自信）导致管理者高估了其决策结果的成功概率，而低估了其风险。这种情形造成公司管理者更多地进行借债。”[②] 由此可见，奥利弗文章的本意还是想检验是否“管理者过度自信导致公司管理者进行了更多的投资、借入更多的债务和从事更多的收购”等主题。但与马梅迪尔和泰特不同，奥利弗没能够很好地解决管理者过度自信的衡量问题。奥利弗的检验虽然简单，却被他自己说成是“最早从实证上提供了关于资本结构与管理者自信度之间关系的研究之一”。[③]

除了马梅迪尔—泰特方法、消费者情绪指数法之外，还有所谓的多次收购方法。该方法认为，过度自信的CEO往往自认为他们在诸如多次收购之类的复杂交易中具有超出别人的能力，所以他们经常急于进行类似于多次收购的活动，如此就会低估收购中的风险或高估收购中的收益。所以，部分学者借此来建立衡量管理者过度自信的指标。例如比利特和钱（2006）将在过去五年内至少收购过两家公众公司的CEO看成是过度自信的CEO[④]，杜卡什和佩特梅扎斯（2006）则将于三年内进行过五次或五次以上收购的CEO归类为过度自信的管理者。[⑤]

要理解多次收购方法，则必须从罗尔关于“自大假说”的那篇著名论文谈起。不过，罗尔那篇论文的相关实证检验并不多。后来比利特和钱、杜卡什和佩特梅扎斯等人将自大假说成功转到过度自信上来，才让罗尔的理论假说在实证上的检验得以进行。例如，比利特和钱指出：“与阿塔斯、博德和罗尔不同，我们所扩展过的自大假说认为CEO并非天生自大，而是从收购经验中变得过度自信。所以，扩展后的自大假说所预计的财富效应与阿塔斯、博德和罗尔所预计的财富效应不同。即源自自我归因的过度自信预计有多次收购经历的收购方公司会出现更多的负财富效应。”[⑥] 比利特和钱的这段话隐含两层意思，其一，在很短时间内进行多次收购的管理者倾

① 见奥利弗：《管理者自信度对资本结构的影响》，澳大利亚国立大学经济与商业学院工作稿，12页，2005。

② 同上，12页。

③ 同上，1页。

④ 见比利特和钱：《CEO的过度自信是天生的还是后来养成的？来自于频繁收购者的自我归因证据》，艾奥瓦大学蒂普皮商学院工作稿，2006。

⑤ 见杜卡什和佩特梅扎斯：《收购、过度自信的管理者和自我归因偏差》，旧自治领大学工作稿，2006。

⑥ 见比利特和钱：《CEO的过度自信是天生的还是后来养成的？来自于频繁收购者的自我归因证据》，艾奥瓦大学蒂普皮商学院工作稿，7页，2006。

向于过高地估计他们的能力。过度自信的管理者自认为他们在诸如多次收购之类的复杂交易中具有超人的能力，且远比别人胜任。他们往往低估收购中的风险或高估收购方公司和目标公司之间的协同收益，所以，过度自信的管理者常常急于进行类似于多次收购的一系列投资活动，并自认为这类活动满足了股东利益最大化。因此，可以说“较多次的管理收购是过度自信的直接特性”。① 其二，根据“自我归因”假设，过度自信管理者在越往后的收购中发挥着越重要的作用，而越往后的收购，股东的财富效应越小。因此，过度自信管理者所进行的多次收购必然出现如下特征：首先，与初次收购相比，收购方公司随后的各次收购会显示出更多的负财富效应；其次，从前面的成功收购中变得过度自信的收购方更可能再次进行收购，其结果会导致更不好的财富效应；最后，从多次收购经历中变得过度自信的管理者必然出现对公司前景的过度乐观。② 采用多次收购法来衡量管理者过度自信的检验主要有比利特和钱及杜卡什和佩特梅扎斯两项检验。

比利特和钱的最终检验样本包括从1985—2002年2 213家公司、2 487位CEO和3 795起收购交易。他们首先对如下两个变量进行定义：收购交易次序（deal order）和频繁收购者（frequent acquires）。在比利特和钱看来，所谓收购交易次序指对每位CEO过去五年内从事收购所进行的排序，将第二次或第二次以上的收购交易称为高阶收购交易。所谓频繁收购者指过去五年期间至少收购过两家公众公司的CEO。比利特和钱的检验结果发现：其一，在多次收购中，第1次收购公告日前后三天的平均累积超常收益率为－0.12%，不显著异于零。而第2～7次公告期平均累积超常收益率依次为－1.52%，－1.18%，－2.18%，－1.24%，－1.82%和－1.69%，在5%的统计水平上均显著大于零，与第1次收购的平均累积超常收益率之间存在显著的区别。同时，将全样本分为频繁收购者和非频繁收购者后可以发现，频繁收购者中，只有在第2次和第2次以后的收购中才会出现负的平均累积超常收益率。而且，比利特和钱的证据还表明，以上第1次和随后各次之间在财富效应上的区别不因收购的支付方式不同而出现区别。所以，他们认为以上证据均符合“自我归因”假说的预期。其二，多元回归表明，在控制诸如公司规模、托宾Q和经营性现金流量等收购方公司和收购交易的特征变量后，第2次和第2次以上收购出现更高的负平均累积超常收益率。代表CEO进行多次收购的哑变量显著为－1.29%。比利特和钱认为，此结果表明“CEO的多次收购经历非常重要且不能将它的影响简单地归因为公司本身的特征”。③ 其三，若以收购方公司在收购交易三年后的买入—持有期间超常收益率（BHER）来衡量公司长期业绩表现，比利

① 见杜卡什和佩特梅扎斯：《收购、过度自信的管理者和自我归因偏差》，旧自治领大学工作稿，3页，2006。

② 见比利特和钱：《CEO的过度自信是天生的还是后来养成的？来自于频繁收购者的自我归因证据》，艾奥瓦大学蒂普皮商学院工作稿，2页，2006。

③ 同上，16页。

特和钱发现，对于那些频繁收购者来说，第 1 次收购的平均 BHER 高达 21%，随后各次收购的平均 BHER 却为－14%。同时，Logit 分析结果显示，第 1 次成功的收购交易提高了 CEO 未来各次收购的概率。不过，由于未来各次收购的平均 BHER 均为负，说明"成功的" CEO 在未来的收购中并不成功。为此，比利特和钱觉得，"过去好的业绩表现导致更多的收购，但这些随后的收购却出现负的财富效应。所以，收购后的业绩表现支持了自大假说"。[①] 综合而言，比利特和钱认为，可以将实证检验证据看成是与源于"自我归因"假说的扩展的"自大"假说相一致。"自我归因"假说是能够解释"全部"实证检验结果的"唯一"假说。

杜卡什和佩特梅扎斯几乎可以看成是比利特和钱检验的翻版。不过杜卡什和佩特梅扎斯自己强调了他们的检验与比利特和钱检验存在如下两方面区别：第一，杜卡什和佩特梅扎斯的研究对象为私下收购，而比利特和钱的研究对象为公开要约；第二，杜卡什和佩特梅扎斯基于美国公司的数据，而比利特和钱基于英国公司的数据。不过，在笔者看来，杜卡什和佩特梅扎斯的检验特色在于他们严格区分了过度自信与自我归因两个概念。杜卡什和佩特梅扎斯说过如下一段话来区分这两者："自我归因强化了个人的过度自信。……自我归因支撑着过度自信，蒙受此偏差的管理者在他们的判断中更可能出现高度的过度自信，他们高估（低估）了收购潜在的正的（负的）结果。这类过度自信具有诱发那些边际上摧毁价值之收购的倾向。"[②] 杜卡什和佩特梅扎斯认为，自我归因假说预计多次收购中随后发生的各次收购，其股东财富效应要小于第 1 次收购出现的股东财富效应。因此，杜卡什和佩特梅扎斯以 1980 年 1 月 1 日至 2004 年 12 月 31 日期间英国的 3 844 起单一收购和 1 490 起多次收购为样本，实证检验第 1 次收购与随后各次收购的股东财富效应。杜卡什和佩特梅扎斯用于衡量管理者过度自信的方法相对较为简单，他们用管理者在一个较短的时间跨度内所进行的收购次数来确认管理者是否存在过度自信，具体来说，他们将在三年时间里进行过五次或五次以上收购的管理者归类为过度自信管理者。在杜卡什和佩特梅扎斯看来，采用此类方法具有如下四方面的理由：第一，该方法与希顿（2002）的看法一致，即过度自信的管理者启动更多的投资项目。第二，该方法符合马梅迪尔和泰特（2004）的观点，即过度自信的管理者倾向于高估他们选择目标公司的能力，也高估收购的协同利益，相反，低估了投资项目的潜在损失和他们自身的分析能力。第三，按照该方法，当过度自信管理者进行多次收购时，过度自信的投资者也会从事更多的股票交易，这符合奥

---

① 见比利特和钱：《CEO 的过度自信是天生的还是后来养成的？来自于频繁收购者的自我归因证据》，艾奥瓦大学蒂普皮商学院工作稿，20 页，2006。与马梅迪尔和泰特相同，比利特和钱还分析了收购前后 6 个月内 CEO 的内部交易数据，结果也表明，比起第 1 次收购，CEO 在随后进行多次收购时更为自信。

② 见杜卡什和佩特梅扎斯：《收购、过度自信的管理者和自我归因偏差》，旧自治领大学工作稿，8 页，2006。

迪安模型（1998）的预计结果。第四，与戈尔和撒科（2002）及克拉默（2003）的研究相吻合，该方法表明过度自信管理者提高了公司在股权竞争中的成功概率。

杜卡什和佩特梅扎斯所得到的检验结果与比利特和钱检验的结果非常类似，例如，杜卡什和佩特梅扎斯也发现，围绕随后各次收购交易公告前后两天的平均累积超常收益率要小于第1次收购交易同期公告期间的平均累积超常收益率，说明自我归因假说在强化管理者过度自信中发挥着重要的作用。他们的多元回归结果也表明，多次收购中，代表第1次收购的哑变量与公告日前后五天的平均累积超常收益率之间的参数估计值不显著为正，而代表随后各次收购的哑变量与公告日前后五天的平均累积超常收益率之间的参数估计值却显著为负，说明自我归因诱发了管理者的过度自信。杜卡什和佩特梅扎斯关于内幕交易和收购后公司长期业绩表现的检验证据也表示，由于管理者对公司收购战略的过度自信，所以，管理者增加他们对公司的持股，相反，收购后公司的长期业绩表现却持续下降。这些证据均被杜卡什和佩特梅扎斯解释为对自我归因假说的支持。略有不同的是，杜卡什和佩特梅扎斯将管理者过度自信与自我归因所产生的财富效应分开进行各自分析。首先，他们比较了单次收购与多次收购两个样本所形成的公告期平均累积超常收益率的差异。他们发现，前者为0.79%，后者为1.34%，两者之间的差异在1%的统计水平上显著，说明多次收购的市场反应不如单次收购的市场反应。此证据支持了管理者过度自信的看法。其次，杜卡什和佩特梅扎斯比较多次收购中第1次收购与随后各次收购所产生的财富效应。他们发现，多次收购中第1次收购在公告前后五天的平均累积超常收益率显著为正（1.72%），这个数据既高于单次收购的同期平均累积超常收益率（1.34%），也高于随后各次收购的同期平均累积超常收益率（0.79%）。杜卡什和佩特梅扎斯认为，此类证据证实管理者过度自信受自我归因所驱动。

（三）股利迎合理论

2001年初，美国《财务经济学刊》发表了一篇由美国芝加哥大学教授尤金·法玛（Fama）和麻省理工学院教授肯尼思·弗伦奇（French）共同撰写的论文，论文的标题是《消逝的股利：公司特征改变了还是支付意愿降低了?》。[①] 在这篇文章中，法玛和弗伦奇用大量无可辩驳的数据表明，实际上自1978年以来，美国三大交易市场：纽约股票交易所、美国股票交易所和纳斯达克的上市公司中，支付股

① 这篇文章的简化版同时还刊登在2001年《应用公司财务学刊》，第14卷，第1期春季号上。法玛和弗伦奇专门注明他们发表在《财务经济学刊》里的同名文章是“加长版本和技术含量较高的版本”。见法玛和弗伦奇：《消逝的股利：公司特征改变了还是支付意愿降低了?》，载《应用公司财务学刊》，第14卷，67页，2001。本章中笔者同时交替使用了这两篇论文里的数据。

利的公司比例逐年降低，1973 年大约 52.8%的上市公司支付股利[①]，这一比例在 1978 年达到最高峰，当时约有 66.5%的上市公司支付了股利。1978 年以后，支付股利的上市公司比例开始无休止地下降，1987 年支付股利的上市公司比例降至 30.3%，到 1999 年只剩下不到 20.8%的上市公司尚在支付股利。支付股利的公司数量从 1978 年的 2 419 家骤减为 1999 年的 1 063 家。[②] 其中，纽约股票交易所支付股利的上市公司比例从 1979 年的 88.6%下滑到 1999 年的 52.0%，美国股票交易所支付股利的上市公司比例从 1978 年的 63.4%跌落到 1999 年的 16.9%，纳斯达克从 1977 年的 54.1%降低到 1999 年的 8.6%。[③] 1978—1999 年，每年大约有 9.8%的上市公司从支付股利的样本中消失，包括停止支付股利（terminations）、下市和并购等原因。其中，停止支付股利的上市公司比例维持在每年 4%～5%的水平上，下市公司比例保持在 0.9%，与之相反，因并购导致上市公司不支付股利的比例从 1963—1977 年的 2.7%上升到 1978—1999 年的 3.9%。相比较之下，首发股利（initiation dividend）的上市公司比例在 1978—1999 年之间平均维持在每年 1.8%，到 1999 年只剩下微不足道的 0.7%。而同一时期恢复支付股利的上市公司比例每年仅为 6.2%，1999 年也不过只有 2.5%。[④]综合以上数据，法玛和弗伦奇得出肯定的结论："1978—1998 年间，支付股利的上市公司正在以较高的比例消逝而去。"[⑤]

无独有偶，费里斯、森和霍等另外三位学者几乎完全参照法玛和弗伦奇的方法，对 1988—2002 年间 3 551 家英国公司支付股利的情况进行了同样的分析，也几乎得出了与法玛和弗伦奇相同的结论。费里斯、森和霍发现，1988 年，英国大约有 1 358 家（占当年公司总数的 75.9%）公司支付了股利，自那之后，支付股利公司比例缓慢下滑，从 1998 年开始，下降的速度加快，2001 年跌到谷底，仅余 759 家（占当年公司总数的 54%）公司支付股利，2002 年也仅为 54.5%。[⑥]

---

① 法玛和弗伦奇之所以选择 1973 年为起始点，原因在于三大交易市场自该年起开始有完整的上市公司数据。法玛和弗伦奇所使用的芝加哥大学的 CRSP 数据库包括 1926—1999 年纽约股票交易所上市公司的全部数据，1963 年起增加了美国股票交易所上市公司数据，1973 年起新增加纳斯达克交易市场的数据。但在法玛和弗伦奇的样本中，不包含金融机构和公用事业公司。

② 1973 年之前，单纯从纽约股票交易所上市公司的数据来看，大萧条造成支付股利的上市公司比例从 1930 年的 66.9%急剧下跌到 33.6%。在 1943—1962 年之间，超过 82%的上市公司支付股利，其中特别是 1951 年和 1952 年，支付股利的上市公司比例高达 90%。见法玛和弗伦奇：《消逝的股利：公司特征改变了还是支付意愿降低了?》，载《财务经济学刊》，第 14 卷，6 页，2001。克里斯蒂 60 年的数据（1926—1985 年）同样表明，1933 年，鉴于当时的经济状况，将近半数的纽约股票交易所上市公司缺失股利支付。而且大萧条后，缺失股利支付的上市公司比例大幅度增加。见克里斯蒂：《股利收益率与预期收益——零股利之谜》，载《财务经济学刊》，第 28 卷，103 页，1990。

③ 见法玛和弗伦奇：《消逝的股利：公司特征改变了还是支付意愿降低了?》，载《应用公司财务学刊》，第 14 卷，69 页，2001。

④ 同上，70 页。

⑤ 见法玛和弗伦奇：《消逝的股利：公司特征改变了还是支付意愿降低了?》，载《财务经济学刊》，第 14 卷，8 页，2001。

⑥ 见费里斯、森和霍：《上帝保佑女王和她的股利：英国公司的股利支付》，载《商业学刊》，第 79 卷，1150～1155 页，2006。

在法玛和弗伦奇看来，传统的股利理论无法解释上述现象。那么，为何传统理论会失灵呢？法玛和弗伦奇没有给出解释。直到2004年夏天，哈佛大学的马尔科姆·贝克（Baker）和纽约大学的杰弗里·沃格勒（Wurgler）提出“股利迎合理论”，从行为公司财务的角度清晰解释了法玛和弗伦奇所发现的现象。贝克和沃格勒指出，传统理论无法解释上述现象的主要原因在于传统的股利理论往往只考虑股利的需要方面，而忽略了股利的供给方面，即公司管理者是否“迎合了投资者对股利不断变化的需求，以达到使其股票价格最大化”。为此，贝克和沃格勒提出一种新的股利理论，即“股利迎合理论”。

按照贝克和沃格勒的说法，所谓的“股利迎合理论”主要包括三个基本内容：其一，无论是心理上还是制度上的原因，部分投资者对支付股利的股票具有未知或时变的需求；其二，支付股利和不支付股利公司的股票价格因投资者的这类需求会产生分离，而套利机制无法防止这种分离；其三，管理者会理性地“迎合”投资者的这类需求，即当投资者愿意为支付股利的公司股票支付较高价格时，管理者将支付股利；反之，当投资者不愿为支付股利的公司股票支付较高价格时，管理者将不支付股利。①

为此，贝克和沃格勒引入了一个非常重要的概念：股利支付溢价（the dividend premium）。这个概念构成了股利迎合理论的核心内容之一。那么，什么叫做股利支付溢价呢？贝克和沃格勒并没有从定性上很好地解释这个概念，他们只是提到：“如果支付股利公司股票的溢价（姑且称为股利支付溢价）为正……”“我们将股利支付选择与若干基于股票市场的衡量对支付股利公司股票未知需求的方法联系起来”。② 不过他们在定量上非常详细地描述了具体如何衡量股利支付溢价。在贝克和沃格勒看来，股利支付溢价可以通过以下四种方法予以衡量。方法一：支付股利公司与未支付股利公司的平均市场价值与账面价值比的对数值之差。其中，市场价值为日历年度末公司股票价格乘以公司已发行在外的股票数量；账面价值为公司股东权益加上优先股股票的账面值。或者说，市场价值与账面价值比＝(账面资产－股东权益账面价值＋股东权益市场价值)/账面资产，该方法以后也常被贝克和沃格勒称为市场股利溢价方法。方法二：同一公司享受现金股利的股票和享受股票股利的股票在价格上的对数值之差。此处同一公司主要指诸如公用事业（citizens utilities，CU）等同时发行两类不同股票的公司，一类支付现金股利，另一类支付股票股利，故也称为CU股利溢价方法。方法三：公司首发股利平均公告效应。贝克和沃格勒所谓的首发股利指公司在被看成是新支付股利公司的12个月内第一次公告支付现金股利。方法四：支付股利公司和未来支付股利公司在价值加权指数的未来收益上之差。必须注意到的是，贝克和沃格勒所提出的股利支付溢价概念是个时变(time-varying）的概念。用贝克和沃格勒的话说是“股利与股票价格高度相关，但

---

① 见贝克和沃格勒：《股利迎合理论》，载《财务学刊》，第59卷，1125页，2004。

② 见贝克和沃格勒：《股利迎合理论》，载《财务学刊》，第59卷，1130页，1135页，2004。

在不同的时间点上具有不同的正负方向”。[①] 所以，与公司支付股利的典型特征、公司的代理问题或信息不对称问题所具有的时变性一样，投资者的需求也同样具有时变性。根据贝克和沃格勒所提供的数据，用等权的市场股利溢价方法计算出来的股利支付溢价在 1962—2000 年间均不相同，最高为 1962 年的 22.9%，最低为 1999 年的－74.9%。从总的变动趋势来看，前后共出现了四次起伏，1962—1966 年间，股利支付溢价均为正，1967 年开始出现了三年的负值，到了 1970 年重新为正。自 1975 年开始，股利支付溢价跌入一个长达 24 年的负值期间，中间未曾出现正值，直到 2000 年，股利支付溢价仍然是－31.5%。用价值加权的市场股利溢价方法计算出来的股利支付溢价同样具有非常明显的时变特征。

股利支付溢价概念的界定并不是贝克和沃格勒所提出的“股利迎合理论”的终极目的。贝克和沃格勒坦言，他们的主要企图在于考察“首发股利和股利缺失的总发生率是否与这些股利支付溢价之间具有相互联系”。[②] 贝克和沃格勒用法玛和弗伦奇发表于 2001 年的文章所包含的公司样本数进行检验，发现以价值加权得到的市场股利溢价的对数值之差每增加一个标准差，下一年公司首发股利发生率即可增加 3.9 个百分点。市场股利溢价变量可以解释公司首发股利发生率 60%的变动情况。贝克和沃格勒的文章有一段话形象说明了以上两者之间的“非常之强的正相关关系”，“平均而言，当股利支付溢价为正时，公司首发股利发生率为 11%，而当股利支付溢价为负时，这一数字仅为 3.1%。在样本的前半部分，股利支付溢价与随后的首发股利发生率几乎是步调一致在运动。20 世纪 70 年代末，股利支付溢价沉没下去，引起首发股利发生率再次下跌。自 1978 年以来，股利支付溢价始终为负，首发股利发生率也同样维持在低位。”[③] CU 股利溢价和公告效应溢价与公司首发股利发生率之间的参数估计值分别为 1.70（t 值＝2.21）和 2.15（t＝2.51），在统计水平上均显著为正。从公司股利连续支付率（股利缺失发生率）与股利支付溢价之间的回归结果来看，贝克和沃格勒发现，“当股利看起来被股票市场所折现时，支付股利公司更可能出现股利缺失（不连续支付股利）”，“股利支付溢价再次暗合了迎合理论”。[④] 基于以上经验证据，贝克和沃格勒自信地认为股利迎合理论得到了“支持”，即“当股利支付溢价显然为正时，公司更愿意首发股利；当股利支付溢价显然为负时，公司更愿意缺失股利”。[⑤]

那么，股利迎合理论又是如何解释法玛和弗伦奇所发现的现象呢？贝克和沃格勒本人在同年发表的《股利的出现与消逝：与迎合动机的关系》一文里写道：“我

① 见贝克和沃格勒：《股利迎合理论》，载《财务学刊》，第 59 卷，1126 页，2004。
② 同上，1126 页。
③ 同上，1142 页。
④ 见贝克和沃格勒：《股利迎合理论》，载《财务学刊》，第 59 卷，1145 页，2004。
⑤ 同上，1147 页。

们自问在贝克和沃格勒（2004）文章里所表达的股利迎合的见解是否可以清楚地解释公司支付股利倾向问题。"[①] 首先，贝克和沃格勒重新审视了法玛和弗伦奇所发现的现象。贝克和沃格勒用法玛和弗伦奇方法再次描述了1963—2000年期间的公司支付股利倾向。结果显示，该期间内的公司支付股利倾向其实出现了如下四段不同的变动趋势：（1）自1963年到1966—1968年间出现递增趋势；（2）从1967—1969年间到1972—1974年间转为递减趋势；（3）从1973—1975年间至1977年再次呈现递增趋势；（4）自1978年起又成为递减趋势。贝克和沃格勒指出，法玛和弗伦奇只看重1978年后所出现的递减趋势，所以他们认为上市公司的股利消逝了。而实际上，上市公司的股利在历史上呈现某种程度的"出现"和"消逝"交替轮回的现象。其次，贝克和沃格勒进一步指出，以上公司支付股利倾向的四个趋势段中，每一段趋势都可以与股利支付溢价的变动趋势相互联系起来，"两段序列之间有某种程度令人印象深刻的暗合"。[②] 例如，1963—1967年之间，股利支付溢价显著为正，同一期间，公司支付股利倾向也呈递增趋势；自1968年开始，股利支付溢价跌落到负值区域，公司支付股利倾向随即转为递减趋势。1973年股利支付溢价重拾正值，并一直维持到1978年，与此同时，在尼克松政府冻结公司支付股利政策解除后，公司支付股利倾向迅速恢复递增趋势，这一势头保持到1977年。据说"最令人惊奇的是"，1977年之后，股利支付溢价急剧下降，一路滑落到2000年都没有止跌，与之相对应，公司支付股利倾向再次转为递减趋势，且呈长期递减趋势。如此精妙的吻合，连贝克和沃格勒都赞叹"令人吃惊之成功"。

为了从实证上进一步验证公司支付股利倾向与股利支付溢价之间的相关关系，在"绝对忠实于法玛和弗伦奇的实证检验框架下"，贝克和沃格勒另外给出如下检验方程：

$$\Delta PTP_t = a + bP_{t-1}^{D-ND} + cNixon_t + \varepsilon_t \qquad (18—2)$$

式中，ΔPTP_t 表示公司支付股利倾向的变动；P_{t-1}^{D-ND} 表示滞后一期的价值加权股利支付溢价；$Nixon_t$ 为哑变量，表示1972—1974年间尼克松政府采取控制公司股利支付政策的时间段。[③] 贝克和沃格勒对1963—2000年多达3 797家美国公司样本的

① 见贝克和沃格勒：《股利的出现与消逝：与迎合动机的关系》，载《财务经济学刊》，第73卷，272页，2004。

② 同上，277页。

③ 1971年夏天，为了挽救衰退的经济，对付庞大的预算赤字，遏制同时并存的高通货膨胀和高失业率，尼克松和他的主要政府经济决策顾问在美国戴维营秘密召开了"（美国）经济政策史上一次最激动人心和富有戏剧性的"所谓"周末戴维营会议"。参加周末戴维营会议的人除了尼克松外，包括财政部长约翰·康纳利、联邦储备委员会主席阿瑟·伯恩斯、白宫预算管理局局长乔治·舒尔茨、副局长艾伦·韦伯、总统经济顾问委员会主席保罗·麦克拉肯、成员之一赫伯特·斯坦、财政部主管货币事务的副部长保罗·沃尔克、两名白宫助理和一名总统讲稿撰写人等。8月15日夜，从戴维营风尘仆仆赶回来的尼克松通过全国广播电视网发表了著名的"八点方案"讲话稿。"八点方案"第一点内容如下："不准提高物价，既不准提高工资、租金、利息、收费，也不准提高股利。"1971年11月，美国利息和股利委员会另外发表股利增长指引，其中规定，自1972年起，任何未支付股利的公司在新的一年里不能派发股利。该指引直到1974年4月30日利息和股利委员会被解散为止。见赫伯特·斯坦：《美国总统经济史》，137～141页，长春，吉林人民出版社，1997；贝克和沃格勒：《股利的出现与消逝：与迎合动机的关系》，载《财务经济学刊》，第73卷，279页，2004。

检验结果表明，股利支付溢价每提高 18%，公司支付股利倾向大约显著增长 1.53%～1.70%，尼克松政府时期控制哑变量则导致公司支付股利倾向每年减少若干个百分点。由于法玛和弗伦奇的分析重点主要在 1977 年后公司支付股利倾向的变化方面，因此，贝克和沃格勒的股利迎合理论若要成立，首先必须在实证检验上说明公司支付股利倾向与股利支付溢价之间的相关关系。为此，贝克和沃格勒首先完整地采用法玛和弗伦奇的方法计算出公司支付股利倾向；其次，通过对 1963—1977 年的序列数据进行回归，贝克和沃格勒得出公司支付股利倾向与股利支付溢价之间的适配模型；再次，通过适配模型估计出 1978 年及其后的预计公司支付股利倾向；最后，贝克和沃格勒根据实际公司支付股利倾向与预计支付股利倾向的平均绝对预测误差（即吻合程度）来解释法玛和弗伦奇所谓的“消逝的股利”现象。贝克和沃格勒的检验结果表明，如果将市场总价值对账面总价值之比考虑在内，平均预测误差仅为 3.4%；如果不考虑市场总价值对账面总价值之比，平均绝对预测误差为 4%；若将尼克松政府时期的哑变量再考虑进来，平均绝对预测误差在考虑市场总价值对账面总价值之比的情况下仅为 2.2%。鉴于公司支付股利倾向本身在预测时就存在若干个百分点的平均绝对预测误差范围，上述预测可合理地说是相当的准确。所以，贝克和沃格勒自信地表示：“迎合动机可以解释……法玛和弗伦奇所描述的 1977 年后股利消逝的实际幅度。”①

三、未来研究方向

据说有人问过《等待戈多》的作者贝克特，到底戈多是谁？什么时候会来？贝克特的回答是，你以为我知道。我要是知道，我早写出来了。公司行为财务的未来研究是什么，很大程度上，我们与贝克特一样，不是能够回答得清楚的。最近几年，公司行为财务研究似乎也已经达到了一个顶峰，举目四顾路茫茫，却是一个不争也无奈的事实。不过，最近财务学界在与心理学相关的两个领域所取得的进展却令人关注。虽然这两个领域都是先与投资者有关，但或许很快就会被引入到管理者心理上，也未必可知。

（一）选美竞赛

凯恩斯（1936）最早将选美竞赛（beauty contests）的概念引入到金融市场的研究中。在其被广为援引的著作里，凯恩斯说道：“职业投资与报刊所举办的选美竞赛很相似，在这类竞赛里，参选者们必须从 100 幅照片中挑选出 6 幅最美丽的面

① 见贝克和沃格勒：《股利的出现与消逝：与迎合动机的关系》，载《财务经济学刊》，第 73 卷，287 页，2004。

孔。最后的奖品颁给那些能选出与全部参选者的平均偏好最为接近面孔的参选者。所以，每位参选者不是要选出他自己认为最美丽的面孔，而是那些他认为最有可能抓住其他参选者好奇心的面孔（凯恩斯，1936，p. 156）。”后来的学者将金融市场的选美竞赛解释为，不仅需要了解金融市场参与者本人对某项资产未来收益的看法(beliefs)，而且必须了解市场参与者对其他参与者看法的看法，即高阶的看法。不过尽管心理学、政治学和经济学已经有一大批文献广泛地应用了选美竞赛的概念（格罗斯曼，1976；赫尔维格，1980；戴蒙德和维里奇亚，1981；汤森，1983；贝里和麦克阿瑟，1985；毕德勒和哈默米斯，1998；哈默米斯和毕德勒，1994；托多若夫、曼迪索德兹和赫尔，2005；泽波维茨和蒙特帕里，2005；莫纽斯和罗森布兰特，2006)，财务学直到最近才开始将选美竞赛概念引入到资产定价研究里，在此之前，标准的资产定价模型均没有包含高阶的看法在内。希勒（1995）以美日两国投资者关于日本资本市场价格开放的民意测验为例，发现两国投资者对同一事件的看法相当不一致。比爱斯和波萨尔特斯（1998）在海萨尼（1967）的假设基础上，建立了一个资产价格和交易量关系的选美竞赛模型，可用于从理论上分析投资者出现不同看法时的投机行为。阿兰、莫里斯和森（2006）同样建立了一个动态的含噪音的理性预期资产定价模型，该模型包含了高阶看法，可用于表达凯恩斯所描述的情形，即资产价格不仅反映投资者的平均看法，还反映投资者对于平均看法的“平均看法”。

（二）投资者有限关注度

关注度（attention）或称注意力，是人类认知的稀有资源之一，它泛指人类大脑中心认知处理能力的局限性（卡尼曼，1973；帕斯勒，1998)，投资者关注度指每位投资者在给定的一段时间里，只能处理有限的信息。投资者的关注度会因为信息来源的类似性、信息处理能力的限制性和行为偏差而具有局限性（森斯，2003；赫茨勒菲，2004)，即投资者的有限关注度。

由于投资者有限关注度（investor limited attention）在研究投资者对信息的反应以及资产价格决定中起着非常关键的作用，可以修正财务学传统上所谓的无缝模型（seamless model)。所以其在财务学领域里的相关研究日益得到重视（洪和斯特恩，1999；胡伯曼和里格夫，2001；赫茨勒菲和陶，2003；彭和熊，2006；维格纳和波勒特，2007；巴伯和奥顿，2008；科汉和法拉兹尼，2008)，目前学术界的研究思路主要沿着两条主线展开：一条是关于投资者有限关注度与公司盈利公告的反应研究，另一条是关于投资者有限关注度与公司股票市场价格的动能关系研究。但是无论是哪条线的研究都始终面临一个巨大的挑战，即如何衡量投资者的有限关注度。换句话说，投资者是如何分配其有限的关注度或者说投资者究竟关注哪些事情。从理论上来说，投资者有限关注度无法得到直接衡量，所以现有文献往往采用间接的替代方法（达、恩格尔伯格和高（2011）除外）。

大体来说，目前衡量投资者有限关注度的替代方法包括：(1) 新闻或媒体头条。例如，胡格曼和里格夫（2001）较早发现了一个有趣的现象，即在《华尔街日报》发布的消息要比《自然》等学术杂志发表类似内容的论文对公司股票价格的影响来得大。(2) 公司财务报表。例如，赫茨勒菲和陶（2003）首先建立一个模型，说明当投资者关注度有限时，不同的信息传递工具及不同的表现形式是如何影响公司股票的市场价格的。赫茨勒菲、郝、陶和张（2004）则发现，公司资产负债表虽然比损益表包含了更多关于公司盈利能力的信息，可是投资者往往没有充分关注资产负债表。(3) 股票价格收益率和交易量。例如，郝和莫斯科维茨（2005）也证实规模较小、价格较低、流动性较差的公司往往被投资者所忽略。维格纳和波勒特（2009）发现，无论是股票价格还是股票交易量都会对上市公司的盈利公告产生及时反应（immediate response）或滞后反应（delayed response）。但理论上来说，如果投资者有限关注度不影响公司股票价格和交易量，则无论是在星期五还是星期五之外发布上市公司盈利公告，任何类型的反应都应该是一样的。根据维格纳和波勒特的经验数据，超过 80%的上市公司选择在星期一到星期四之间发布公司盈利公告，只有 5.7%的上市公司选择在星期五发布盈利公告。如果在星期五发布盈利公告，60%会出现滞后反应；在星期五以外，滞后反应的情况只有 40%。这些证据支持了投资者有限关注度假说。赫茨勒菲、林和陶（2009）的检验则显示，投资者关注度会受到特定信息公告的影响。同一天可能有很多公司公告盈利，称为多信息日（high-news days），反之称为少信息日（low-news days）。赫茨勒菲、林和陶发现，在多信息日里，股票价格收益率和交易量对盈利信息公告的反应相对不敏感，反之，低信息日的反应相对敏感。他们将此现象定义为“投资者关注度分散”假设。(4) 行业与市场信息。例如，彭、熊和波勒斯勒夫（2007）同样发现投资者关注度具有很强的时变性特征，当市场整体风险增加时，投资者会把他们有限的关注度转移到与市场相关的信息上，而后又会将有限的关注度转回到与公司特征变量相关的信息上。彭和熊（2006）证实投资者存在类别学习（category learning）行为，即一个关注度有限的投资者会更多地关注市场和行业的信息，而不是公司的特征信息。在极端的情况下，投资者甚至会将全部关注度放在市场和行业层面的信息上，而忽略所有与公司相关的信息。洪、特鲁斯和沃卡诺夫（2007）的研究表明，从行业收益率中可以预测股票整体市场的变化，换句话说，股票市场对行业收益率里所包含的公司基本信息的反应是相对滞后的；相反，维格纳和波勒特（2007）的经验证据表明，根据消费和人口统计数据所预测得到的未来消费需求增长率可用于预测行业未来长期的股票收益率。但是，投资者往往很少关注未来长期的盈利信息，具体来说，投资者往往忽略关于公司五年以外预期盈利能力的信息。(5) 广告支出。例如，钱曼纽和严（2009）；库龙、卡纳塔斯和维斯顿（2004）以及娄（2008）的研究。另外，莫德里亚、吴和张（2010），达、恩格尔伯格和高（2011）最近提出一种可以通过互联网信息来直接度量投资者有限关注度的新方法。例如，达、恩格尔伯格和高（2010）使用Google搜索频率来衡量投资者有限关注度。他们认为，搜索频率本身就反映了投资者的关注度情况，而以Google在美国互联网搜索引擎市场中所占的72.1%的份额而言，其信息可以代表公众的普遍观点。Google每周按照搜索条目编制搜索量指数（search volume index）。该指数可以通过Google趋势（Google Trends：http://www.google.com/trends）公开获得。

建议阅读文献

行为公司财务理论的演进

[1] Zingales，L. In search of new foundations [J]. *The Journal of Finance*，2000，55（4）：1623-1653

[2] Graham，J. R.，Harvey，C. R. The theory and practice of corporate finance：Evidence from the field [J]. *Journal of Financial Economics*，2001，60（2）：187-243

[3] Baker，M.，Ruback，R. S.，Wurgler J. Behavioral corporate finance：A survey [R]. *National Bureau of Economic Research*，2004

[4] Shefrin，H. 2007. *Behavioral Corporate Finance：Decision that create value* [M]. McGraw-Hill International Edition

市场择时理论

[5] Alti，A. How persistent is the impact of market timing on capital structure? [J]. *The Journal of Finance*，2006，61（4）：1681-1710

[6] Baker，M，Wurgler J. Market timing and capital structure [J]. *The Journal of Finance*，2002，57（1）：1-32

[7] Benninga，S.，Helmantel，M.，Sarig，O. The timing of initial public offerings [J]. *Journal of Financial Economics*，2005，75（1）：115-132

[8] Dittmar，A. K.，Dittmar，R. F. The timing of financing decisions：An examination of the correlation in financing waves [J]. *Journal of Financial Economics*，2008，90（1）：59-83

[9] Fischer，E. O.，Heinkel，R.，Zechner，J. Dynamic capital structure choice：Theory and tests [J]. *The Journal of Finance*，1989，44（1）：19-40

[10] Flannery，M. J.，Rangan，K. P. Partial adjustment toward target capital structures [J]. *Journal of Financial Economics*，2006，79（3）：469-506

[11] Hennessy，C. A.，Whited，T. M. Debt dynamics [J]. *The Journal of Finance*，2005，60（3）：1129-1165

[12] Kayhan，A.，Titman，S. Firms'histories and their capital structures [J]. *Journal of Financial Economics*，2007，83（1）：1-32

[13] Leary，M. T.，Roberts，M. R. Do firms rebalance their capital structures? [J]. *The Journal of Finance*，2005，60（6）：2575-2619

[14] Lucas, D. J, McDonald, R. L. Equity issues and stock price dynamics [J]. *The Journal of Finance*, 1990, 45 (4): 1019-1043

[15] Yung, C, Colak, G, Wang, W. Cycles in the IPO market [J]. *Journal of Financial Economics*, 2008, 89 (1): 192-208

[16] Welch, I. Capital structure and stock returns [J]. *Journal of Political Economy*, 2004, 112 (1): 106-132

股利迎合理论

[17] Baker, M, Wurgler, J. A catering theory of dividends [J]. *The Journal of Finance*, 2004, 59 (3): 1125-1165

[18] Baker, M., Wurgler, J. Appearing and disappearing dividends: The link to catering incentives [J]. *Journal of Financial Economics*, 2004, 73 (2): 271-288

[19] DeAngelo, H., DeAngelo, L, Skinner, D. J. Are dividends disappearing? Dividend concentration and the consolidation of earnings [J]. *Journal of Financial Economics*, 2004, 72 (3): 425-456

[20] Fama, E. F., French, K. R. Disappearing dividends: changing firm characteristics or lower propensity to pay? [J]. *Journal of Financial Economics*, 2001, 60 (1): 3-43

[21] Li, W., Lie, E. Dividend changes and catering incentives [J]. *Journal of Financial Economics*, 2006, 80 (2): 293-308

过度自信理论

[22] Aktas, N., DeBodt, E., Roll, R. 2006. *Hubris, learning, and M&A decisions empirical evidence*. Unpublished working paper, The Anderson School, UCLA

[23] Billett, M. T., Qian, Y. Are overconfident CEOs born or made? Evidence of self-attribution bias from frequent acquires [J]. *Management Science*, 2008, 54 (6): 1037-1051

[24] Doukas, J. A., Petmezas, D. Acquisitions, Overconfident Managers and Self-attribution Bias [J]. *European Financial Management*, 2007, 13 (3): 531-577

[25] Gervais, S., Heaton, J. B., Odean, T. *Overconfidence, investment policy, and executive stock options* [J]. Rodney L. White Center for Financial Research Working Paper, 2003 (15-02)

[26] Hayward, M. L. A., Hambrick, D. C. Explaining the premiums paid for large acquisitions: Evidence of CEO hubris [J]. *Administrative Science Quarterly*, 1997: 103-127

[27] Heaton, J. B. Managerial optimism and corporate finance [J]. *Financial Management*, 2002: 33-45

[28] Hietala, P., Kaplan, S. N., Robinson, D. T. What is the price of hubris? Using takeover battles to infer overpayments and synergies [R]. *National Bureau of Economic Research*, 2002.

[29] Peng, L., Xiong, W. Investor attention, overconfidence and category learning [J]. *Journal of Financial Economics*, 2006, 80 (3): 563-602

[30] Malmendier, U., Tate, G. Who makes acquisitions? CEO overconfidence and the market's reaction [J]. *Journal of Financial Economics*, 2008, 89 (1): 20-43

[31] Malmendier, U., Tate, G. CEO overconfidence and corporate investment [J]. *The Journal of Finance*, 2005, 60 (6): 2661-2700

[32] Malmendier, U., Tate, G. Does overconfidence affect corporate investment? CEO overconfidence measures revisited [J]. *European Financial Management*, 2005, 11 (5): 649-659

[33] Roll, R. The hubris hypothesis of corporate takeovers [J]. *Journal of Business*, 1986: 197-216

羊群行为

[34] Banerjee, A. V. A simple model of herd behavior [J]. *The Quarterly Journal of Economics*, 1992, 107 (3): 797-817

[35] Bernhardt, D., Campello, M., Kutsoati E. Who herds? [J]. *Journal of Financial Economics*, 2006, 80 (3): 657-675

[36] Bikhchandani, S., Hirshleifer, D., Welch, I. A theory of fads, fashion, custom, and cultural change as informational cascades [J]. *Journal of Political Economy*, 1992: 992-1026

[37] Graham, J. R. Herding among investment newsletters: Theory and evidence [J]. *The Journal of Finance*, 1999, 54 (1): 237-268

[38] Prendergast, C., Stole, L. Impetuous youngsters and jaded old-timers: Acquiring a reputation for learning [J]. *Journal of Political Economy*, 1996: 1105-1134

[39] Scharfstein, D. S., Stein, J. C. Herd behavior and investment [J]. *The American Economic Review*, 1990, 80: 465-479

[40] Welch, I. Sequential sales, learning, and cascades [J]. *The Journal of Finance*, 1992, 47 (2): 695-732

[41] Welch I. Herding among security analysts [J]. *Journal of Financial Economics*, 2000, 58 (3): 369-396

[42] Zwiebel, J. Corporate conservatism and relative compensation [J]. *Journal of Political Economy*, 1995, 103: 1-25

沈艺峰（厦门大学）

专题 19　商业模式与企业价值

一、问题提出

管理学大师彼得·德鲁克曾经说过一句话："当今企业之间的竞争，不是产品之间的竞争，而是商业模式之间的竞争。"商业模式这个概念最早并不是来自德鲁克，而是著名经济学家约瑟夫·熊彼特。早在1939年，熊彼特就指出："价格和产出的竞争并不重要，重要的是来自新商业、新技术、新供应源和新的公司商业模式的竞争。"跟德鲁克的说法一对照，何其相似乃尔？

熊彼特推崇企业的"创造性破坏"，他的思想被后来的经济学家和管理学家继承为"企业经济租金"(rent of enterprise）理论。所谓企业经济租金，指的是企业总收益减去各个参与企业的机会成本收益（即其在市场中的个体收益）的总和，换言之，是企业剩余。Makadok指出了三种构成超额利润的企业经济租金来源：基于受到保护的市场势力而产生的垄断租金；凭借企业拥有独特资源而产生的李嘉图租金；依靠企业动态创新能力的熊彼特租金。最后一种"熊彼特租金"（也称S租金）被认为是来自商业模式创新的经济租金。

从熊彼特算起，商业模式概念已经有超过70年的历史，然而，真正引起业界和学界重视的却是互联网时代和金融时代的到来。互联网大大扩展了企业的覆盖范围，提高了企业信息的传递速度。互联网企业大部分都是轻资产，转变商业模式的负担较轻。金融时代的本质在于资源在不同时点和不同去向之间的可交换，因此，企业的各种资源性约束被降到最低，企业家和企业更乐于试验各种商业模式。其中的典型就是携程。在企业还没建立起来之前，携程的团队就靠着旅游门户网站的商业模式点子拿到了风险投资的资金。然而，这个商业模式只是"看上去很美"，靠广告盈利的能力却很有限。后来，经过投资者和创业团队的讨论，毅然改变了商业模式——做机票、酒店等旅游资源的预订，收取佣金。商业模式一对路，携程立马风生水起。换做 20 年前的实业时代，携程早就胎死腹中了。对携程的创业团队和投资者来说，在互联网时代和金融时代进行商业模式变革，可谓是“最好的时代”。

正因为如此，最近几年，学界和业界言必称商业模式，作为信息时代企业发展主要推手的风险投资也把商业模式列为评估企业的三大标准之一（另外两个是市场空间和管理团队）。

二、中外文献回顾

（一）商业模式定义

一直以来，理论界对商业模式并没有一个统一的定义。总结起来，有以下三类看法。

第一类，并没有截然分开商业模式和已有的管理学概念，把商业模式作为一个描述企业运作的概念，典型代表是 Applegate，Stahler and Magretta。例如，Applegate 指出，商业模式是复杂商业的描述，通过商业模式能够研究商业的结构和各结构性元素之间的关系，以及商业如何响应现实世界。Magretta 则进一步希望区分商业模式和战略的概念。他解释，商业模式从系统性的角度描述商业各部分如何组合在一起，不同于战略，商业模式不包括实施和竞争。

第二类，开始把重点放在企业外部，用系统的视角解释商业模式，逐渐把商业模式和管理学传统概念区分开来，典型代表是 Weill and Vitale 和 Amit and Zott。Weill and Vitale（2001）把商业模式定义为对企业的客户、同盟者和供应商之间角色和关系的一个描述，描述中包含主要的产品流、信息流和资金流以及各种类型参与者主要的利益。Amit and Zott（2001）是难得的在商业模式定义、理论体系和实证研究等方面都做出贡献的学者，他们认为商业模式指的是焦点企业（focal firm）和顾客、合作伙伴、供应商等做生意的方式，具体而言，是涵括为满足市场的感觉需求（perceived needs）而由焦点企业或其合作伙伴实施的具体活动、活动之间的连接方式、负责经营管理活动的利益主体等的系统。

第三类定义则重点考虑了商业模式的价值评估，这类定义以 Afuah，Tucci and Rappa 为代表。Afuah and Tucci（2001）的研究主要定位于互联网商业模式。他们认为，互联网商业模式描述公司怎样利用互联网以一种可行的方式赚钱，也许短期会亏损，但长远来看将获取利润。Rappa 的定义更为宽泛，认为商业模式是一种商业运作的方法，通过这样的运作方法，企业能够生存，即产生收入。

从表 19—1 的三类定义可以看到商业模式研究的逐渐推进，第一类定义还不能把

表 19—1　　　　商业模式定义学者观点分类

角度	作者	观点
关注商业系统整体	Timmers (1998，1999)	商业模式包含三个方面：一是关于产品、服务和信息流的体系结构，包括对各种商业活动参与者和他们所扮演角色的描述；二是各种商业活动参与者潜在利益的描述；三是收入来源的描述。
	Weill and Vitale (2001)	商业模式为公司的客户、同盟者和供应商之间角色和关系的一个描述，并且还描述主要的产品流、信息流和资金流以及各种类型参与者主要的利益。
	Amit and Zott (2001)	商业模式是一种事务组成要素的体系结构配置，它被设计用于充分利用商业机会。他们的框架描述了由公司、供应商、候补者和客户所组成的网络运作事务的方式。
关注企业运作	Applegate (2001)	商业模式是复杂商业的描述，通过商业模式能够研究商业结构和各结构性元素之间的关系，以及商业如何响应现实世界。
	Stahler (2002)	强调一个模式总是复杂现实的简化，它帮助理解商业的基础或者规划未来的商业。
	Magretta (2002)	商业模式解释了企业如何运作。商业模式从系统性的角度描述商业各部分如何组合在一起，不同于战略，商业模式不包括实施和竞争。
价值评估	Linder and Cantrell (2000)	商业模式是组织创造价值的核心逻辑。
	Petrovic，Kittl and Teksten (2001)	商业模式是商业系统创造价值的逻辑。
	Gor-dijn and Akkermans(2000)；Van Vliet(2000)	比较了商业模式和过程模式，认为确定商业模式是电子商务信息系统需求工程的第一步，商业模式揭示了商业运作的实质。商业模式不是关于过程，而是关于商业活动参与者之间的价值交换。
	Afuah and Tucci (2001)	充分利用互联网的公司应该有一个互联网商业模式，互联网商业模式描述公司怎样利用互联网以一种可行的方式赚钱，也许短期会亏损，但长远来看将获取利润。
	Hawkins (2001)	商业模式是一种构造各种成本和收入流的方式，在基于产生的收入能够支撑自己的意义上，使商业变得可生存。
	Elliot (2002)	同样关注了商业关系和成本/收入流，认为商业模式明确了商业投资中不同参与者之间的关系，参与者各自的利益、成本状况和收入。
	Rappa (2002)	从根本上说，商业模式是一种商业运作的方法，通过这样的运作方法，企业能够生存，即产生收入。商业模式通过明确说明企业在价值链中的位置，来阐述企业如何赚钱。
	荆林波 (2001)	所谓商业模式，是指一个企业从事某一领域经营的市场定位和盈利目标，以及为了满足目标顾客主体需要所采取的一系列整体的战略组合。
	Osterwalder (2004)	商业模式是一个概念性的工具，它包括一组元素和它们之间的关系，并可以表示公司获利的逻辑；商业模式描述公司提供给一个或者若干客户群的价值，以及公司和其伙伴网络所组成的体系结构，这个体系结构致力于创造、营销和送达这个价值和关系资本，并以产生利润和可维持生存的收入流为目的。

商业模式与传统管理概念分开，第二类定义已经建立起了企业与其外部合作伙伴的系统视角，第三类在第二类的基础上，多少涉及了对商业模式的评估。但是，以上三类定义都存在硬伤：第一类定义不能与传统管理概念分开，无法厘清商业模式的外延；第三类定义则容易陷入“商业模式就是好”、对商业模式作价值判断的怪圈，从而招致学界的诘问。事实上，商业模式是一个中性的客观描述，不是说好企业才有商业模式，也不是说有了商业模式就能造就好企业。商业模式是对企业状态的一种描述，本身不涉及价值判断。

值得关注的是第二类定义，整体性地描述焦点企业与其外部利益主体的活动系统无疑是个创见，也能为企业和企业家认识自身的商业模式提供很好的分析工具。其中尤以 Amit and Zott（2001）的研究最为系统化。但是 Amit and Zott（2001）把焦点放在活动系统上，而活动仍然是拘泥于传统价值链（或价值网）理论，其实质是基于现有商业模式的活动系统分析，对可能出现的新活动系统却语焉不详，这无疑会缩小商业模式创新的选择集。近年来，很多新企业都产生了新的跨行业商业模式，比如去年在创业板上市的爱尔眼科，把零售的连锁系统和医院中的眼科结合在一起，其活动既区别于一般的零售连锁系统，又与传统的眼科存在本质区别，用活动系统视角去分析商业模式，很难产生这种跨行业、颠覆性的商业模式创新思路。

而把利益主体截然分为焦点企业和外部利益主体两类则会造成另外一个问题：很多企业的部分活动、部门或职能是既可以放在内部又可以放在外部的，更典型的是，有一些活动、部门或职能是介于这两种之间的，在 Amit and Zott（2001）的分析框架中，并没有严格定义这类活动、部门或职能。例如，企业家们都很熟悉的连锁店就很难简单归结为焦点企业还是外部利益主体。如果是直营店，所有权归属焦点企业；加盟店的所有权属于外部利益主体；参股、控股或者合作的连锁店则介于两者之间。更为重要的是，不管是直营、加盟还是参股、合作等，只要是连锁店，其活动和地位对于焦点企业来说体现的更多是共同点而不是差异。很多连锁企业都会同时具备以上几种业态，把其中一部分归类为焦点企业，一部分归类为外部利益主体，这样会忽视他们的共同点，把问题复杂化而不是相反。

（二）商业模式构成要素

作为一个综合的概念，商业模式有更低一级的子概念，也即其组成要素。理论界对此也有不同的看法，总的来说可分为两大派系。

从表 19—2 可以发现，有的学者对商业模式中的组成要素仍脱离不了传统管理学的概念，很多直接引用了战略、组织结构等领域的要素，比如核心战略、产品等；有的学者则引入了法律因素等原本不属于企业研究范畴的概念。

表 19—2 商业模式构成要素学者观点分类

主要观点	作者	构成要素
将实施商业模式所必需的资源和组织的内在基础包括在商业模式中	Hamel（2000）	核心战略，战略资源，价值网络，客户界面
	Afuah and Tucci（2001）	客户价值、范围、定价、收入来源、关联活动、实现、能力、持久性
	Osterwalder（2004）	产品、客户界面（目标客户、销售渠道、关系）、基础设施管理（价值配置、能力、伙伴关系）和财务状况（成本结构、收入模式）
将商业模式和操作需求分开，资源、组织结构和战略被分别处理	Weill and Vitale（2001）	基础设施、关键成功因素和核心能力源自每个独特的商业模式，但不是商业模式自身的属性
	Alt and Zimmermann（2001）	将使命、过程、法律因素和技术也纳入商业模式框架，提出了六种一般性因素：使命、结构、过程、收入、法律因素、技术
	Papakiriakopoulos and Poulymenakou（2001）	商业模式包括四个主要组成部分：协调事项定义对各种活动的相互依赖的管理；整合竞争描述与其他公司的关系；顾客价值使公司的商业模式与市场和顾客的需要相联系；核心能力面对市场机遇公司如何利用资源

（三）商业模式创新动力

即使商业模式确定下来了，也会不断产生变化，这就是商业模式创新。如果创新是逐渐的、小幅度的，称之为商业模式演化；如果创新是根本性的、颠覆性的，称之为商业模式重构。

对于商业模式创新的动力，学界和业界总的来说分为两派：外生因素和内生因素。

支持外生因素的包括技术推动、需求拉动和竞争逼迫等视角，分别对应于环境、顾客和竞争对手的外生因素。例如，德勤咨询公司在 2002 年对 15 家企业的商业模式创新进行研究后发现，推动商业模式创新的动力主要来自企业为了满足消费者长期拥有但被忽视或未得到满足的需求而进行的努力。德勤列举的例子包括美国西南航空提供的廉价短途航空旅行服务，星巴克提供的消费者可承受的奢侈和能够放松、交谈及参与的聚会场所等。

支持内生因素的则包括企业高管视角和系统视角。例如，Linder and Cantrell（2000）的研究表明，企业高管是推动企业商业模式创新的主要动力，有些高管甚至把商业模式创新放在传统创新之前。而 Mahadevan（2000）则发现，随着行业内竞争的加剧和现有客户需求的变化，企业现有商业模式的价值趋于减小，从而要求运用新技术或利用外部环境变化带来的机会去实施创造价值的新策略，其结果就是商业模式创新。

三、基本问题分析

（一）商业模式定义

从本质上讲，商业模式是企业与其利益相关者的交易结构。

利益相关者，指的是具备独立利益诉求、有相对独立的资源和利益的输入输出、跟核心企业存在交易关系的行为主体。按照传统的定义，供应商、渠道、顾客等是自然的利益相关者。但实际上某些企业内部的单元，如研发部门、库存管理部门等，也可以看成是一个利益相关者。在这里，是否定义为利益相关者，最重要的衡量指标是可独立，换言之，这个利益相关者是可以剥离出来作为一个独立企业的，或者可以独立出来成立一个事业部。例如，阿里巴巴的网上支付就是一个独立的利益相关者，最终也独立出来成为一个公司，这就是支付宝，并引领了包括快钱、财付通。

同样是家具连锁卖场，商业模式就有很多种，其中以红星美凯龙、宜家和居泰隆为典型，分别代表了三种不同的商业模式。

第一种以红星美凯龙为代表，投资建设卖场，凭借品牌优势，塑造一站式家装概念。通过建设推广销售终端，吸引家居用品众多厂商入驻卖场，收取厂商的租金和物业费。物流配送由厂商负责。其操作手法如图 19—1 所示。

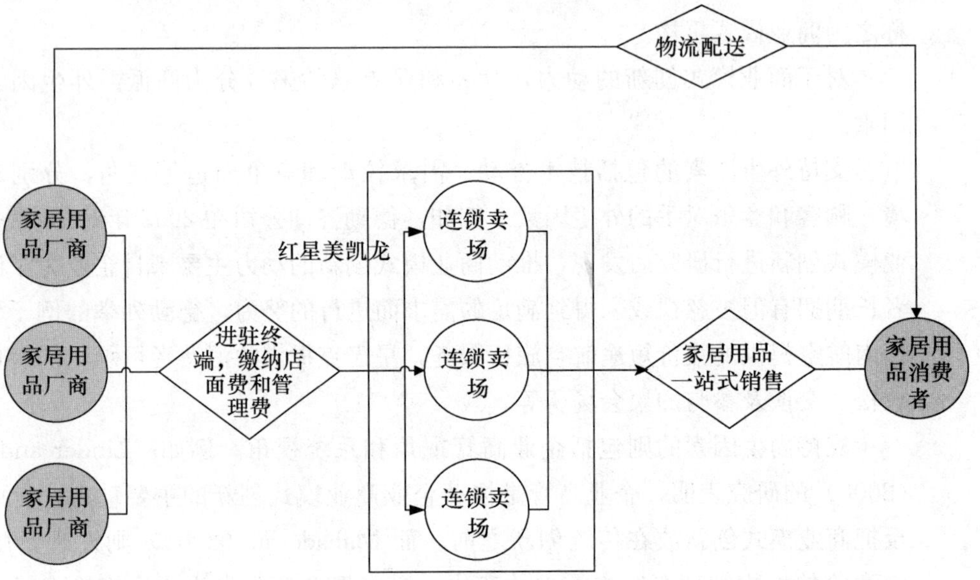

图 19—1　红星美凯龙的操作手法

第二种以宜家为代表，输出设计，让家居用品厂商为自己做 OEM 制造。开设卖场，或特许加盟卖场，但都由宜家管理，为消费者提供舒适的家居用品购物环境。宜家负责厂商到卖场之间的一切物流（高效物流是宜家的关键能力之一），从卖场到消费者的物流由消费者自己负责。通过产品销售利润、物业升值、特许经营等获利。其操作手法如图 19—2 所示。

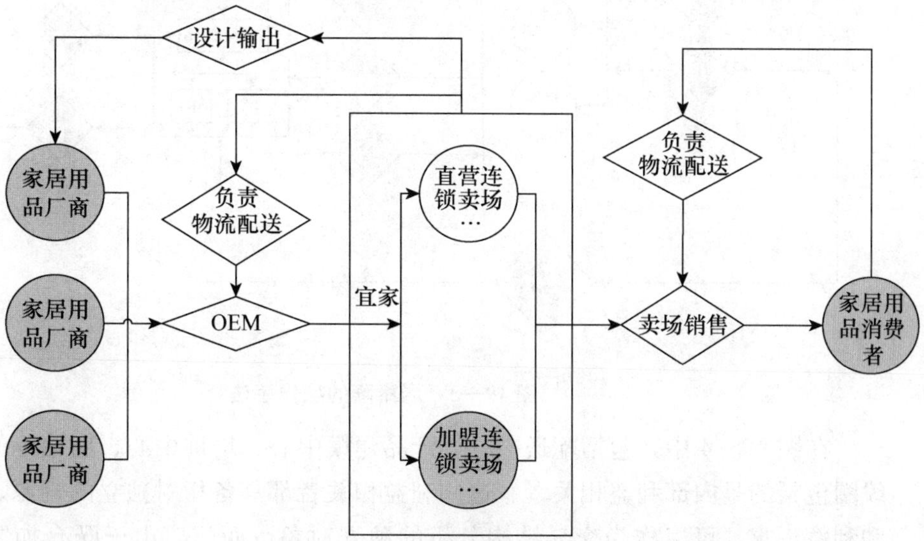

图 19—2 宜家的操作手法

第三种是居泰隆，通过对装修公司、供应商和销售商的整合，减少中间环节，降低流通成本，发展连锁超市（与动辄几万平方米的家居大卖场相比，居泰隆的超市面积一般仅为 1 000 平方米甚至四五百平方米，不到前者的 1/10）。通过产品建模中心，对家具厂商的产品进行信息化建模，为其信息系统提供数据支撑；通过信息系统，实现需求多元化下的规模采购；采购信息由居泰隆系统到厂商再到门店，由第三方物流负责统一配送到门店，门店再负责到客户的物流；居泰隆通过家居用品销售和合作伙伴的佣金返点获利。其操作手法如图 19—3 所示。

以上三种商业模式中，为消费者提供什么客体，如何获得这种客体，企业需要和哪些利益相关者发生交易，具体交易的内容和方式，企业可以得到什么收入，需要支出什么成本，相应操作手法对企业的资源和能力有什么要求，企业体现出来的投资价值如何，这些问题的答案是截然不同的。

商业模式不但关注外部利益相关者，而且关注内部利益相关者，还关注介于前面两者之间的类内部利益相关者。同时关注内部利益相关者和外部利益相关者，有助于拓宽企业边界理论的原有定义，也更利于企业决策。以利益相关者为核心分析居泰隆的交易结构有助于理解这一点。

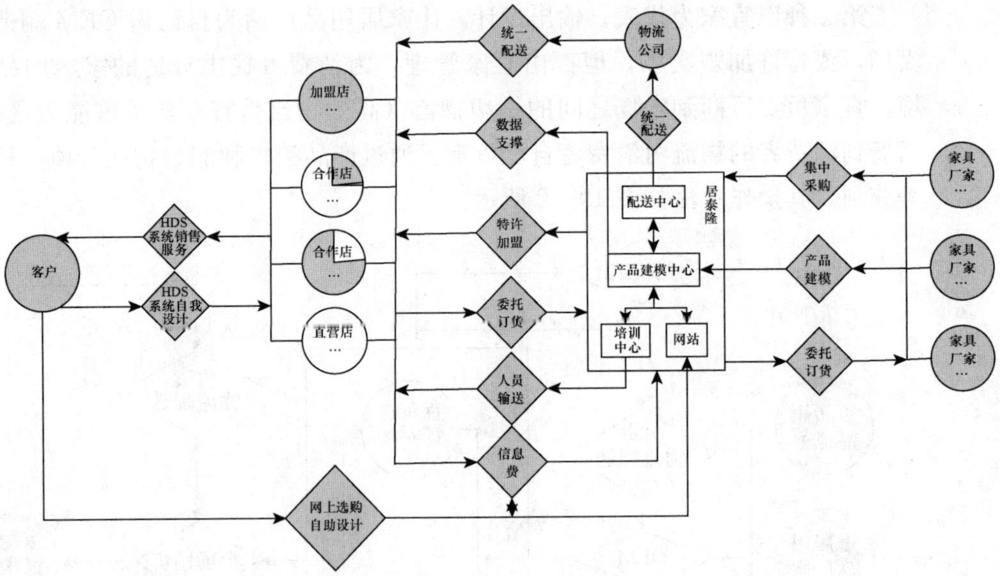

图 19—3　居泰隆的操作手法

在图 19—4 中，包括配送中心、产品建模中心、培训中心、网站等的居泰隆实线圈包括的是内部利益相关者。这些利益相关者都具备相对独立的资源、输入输出和利益诉求，可以作为交易结构分析的独立对象。而门店由于既有加盟，又有参股，还有直营，和培训中心等相比，门店属于外部利益相关者；而与客户、家具厂商等相比，门店又属于内部利益相关者，因此可以称之为类内部利益相关者。无疑，物流公司、家具厂商和客户属于外部利益相关者。

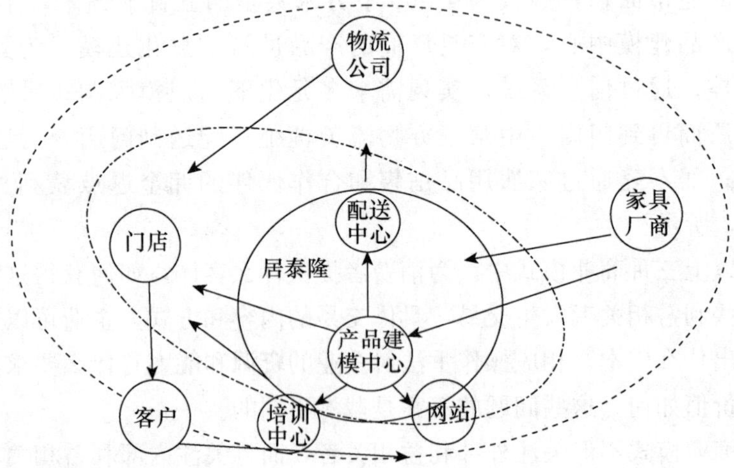

图 19—4　利益相关者

因此，企业边界有三种划分办法：只包括内部利益相关者；包括内部利益相关者和类内部利益相关者；包括所有利益相关者，也即整个交易结构。在图 19—4 分别用实线、虚线、短横线三个圆圈表示不同划分办法的企业边界。事实上，分析企业的战略和竞争优势，已经越来越难以决然地抛弃外部利益相关者了。单纯地管理内部利益相关者会造成企业家顾此失彼，只见树木不见森林。

那么，分析商业模式时，是否可以不关注内部利益相关者而只关注外部利益相关者（或者加上类内部利益相关者）？我们把内部利益相关者省略掉，居泰隆整体作为交易结构上的一个独立节点，得到如图 19—5 所示的另外一种交易结构。

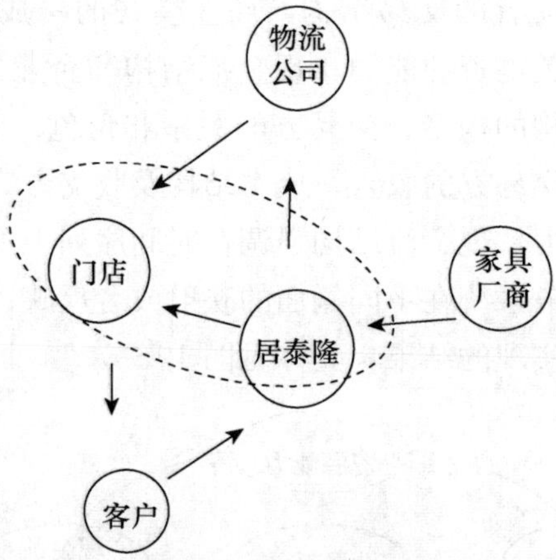

图 19—5　交易结构

这个交易结构并不能很好地表达培训中心、产品建模中心、配送中心、网站等的独立资源、输入输出和利益诉求。把同一组部门定义为内部、类内部还是外部利益相关者，意味着完全不同的交易结构。在分析交易结构的过程中，界定清楚内部、类内部和外部利益相关者，为分析不同商业模式的价值创造能力提供了理论基础。对于同一个商业模式，关注同个利益相关者在内部、类内部和外部之间的动态流动，为商业模式的演化和重构提供了动态分析工具。

很多研究者和管理者把同一个业务活动的内包、外包作为商业模式设计本身。然而，在没有设计好交易结构之前，业务活动是不确定的，因此，也无从决定外包还是内包。打个比方，在传统连锁家居卖场模式里，物流是个重要的环节，因而，以往的商业模式观点认为，物流是外包还是内包是商业模式的核心决策问题。然而，在传统连锁家居卖场模式里，并没有（居泰隆模式中的）产品建模这个新业务活动，基于传统连锁家居卖场模式之上来讨论居泰隆就会无从下手。事实上，只有把产品建模中心这个利益相关者设计到交易结构，才存在（产品建模环节）外包、内包的决策问题。原来的内外包决策是建立在一个假定已经存在的商业模式之上的，但实际上在没有划定利益相关者之前谈论单独一个活动的外包、内包决策问题将大大限制商业模式的创新空间。因此，设计交易结构首先是划定利益相关者，其次才是设计与他们的交易关系。

另外，以往的理论强调一体化和专业化的对立。但是，一体化只包括行业内部的横向一体化和纵向一体化，并不包括培训中心这样的利益相关者。交易结构能够为理解企业商业模式提供全面的视角。甚至，针对专业化、一体化和多元化，分析他们之间交易关系的构型（也就是交易结构安排）比单纯考虑战略的选择更为重要，也更能够指导企业的运营决策。

（二）商业模式构成要素

作为利益相关者的交易结构，商业模式的构成要素包括六个：业务系统，定位，盈利模式，关键资源能力，现金流结构和企业价值。其核心概念是业务系统，强调整个交易结构的构型、交易方的关系和角色；定位强调满足顾客需求的方式，盈利模式强调与交易方的收入、成本结构及收支方式，关键资源能力强调支撑交易结构的资源和能力，现金流结构强调在时间序列上现金流的表现结果，这四个要素都可以看成是业务系统在不同侧面的映射或者反映；最后的企业价值是商业模式创新的目标和最终实现的结果，具体见图 19—6。

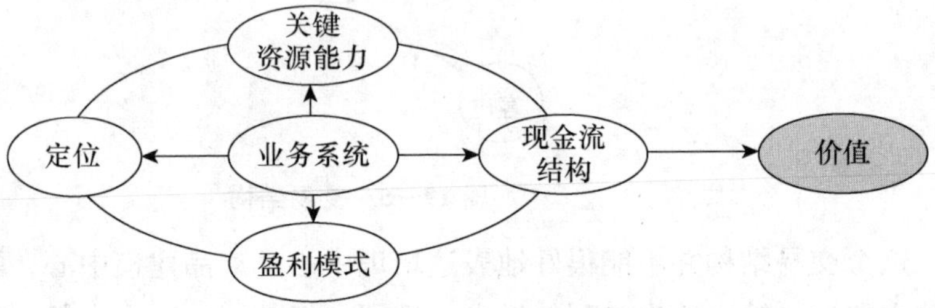

图 19—6　商业模式构成要素

1. 业务系统——企业选择哪些行为主体作为其内部或外部的利益相关者

业务系统由构型、关系和角色三部分组成。构型指利益相关者及其连接方式所形成的网络拓扑结构；关系指与利益相关者的交易内容、方式与治理（这里的治理主要指控制权和剩余收益索取权的归属）等；角色指拥有资源能力即拥有具体实力的利益相关者。这三方面的不同配置都会影响整个业务系统的价值创造能力。

先说业务系统中的构型。在前文中，我们已经画出了宜家、红星美凯龙和居泰隆的业务系统图，可见在连接方式的拓扑结构上，宜家和红星美凯龙有诸多相似之处；而居泰隆则跟前面两者有较大的区别，这就是构型上的差异。

再说业务系统中的关系。交易关系是一个多元化的概念，其中包括内容、方式和治理。内容回答交易什么；方式回答怎么交易；治理则回答双方在交易中如何分割权利，包括纯市场交易、纯所有权交易和介于这两者之间的长期契约、参股、控股、企业联盟等。例如，红星美凯龙和家具厂商交易的内容是店面的租用，方式是家具厂商入住并缴纳租金、红星美凯龙提供物业管理并收取租金，治理是双方进行市场交易。

最后是业务系统的角色。从交易角色上看，红星美凯龙在交易结构中的角色是商业地产商，其中的家具厂商是租户；而居泰隆拥有的是对整个软件及其运营系统支撑的连锁加盟体系，家具厂商成为其中一个环节的供应商。这是双方利益相关者在交易结构上角色的差异。

2. 定位——企业满足顾客需求的方式

需要特别指出的是，这个定义中的关键词不是客户（客户可以改变），也不是需求（需求可以不同），而是方式。比如，同样是满足客户喝豆浆的需求，可以开连锁店卖豆浆（永和大王），可以卖豆浆机让客户自己操作（九阳），可以开社区体验店现磨现卖，等等，这都是定位的差异。

企业会选择什么样的方式与客户交易，影响因素是（与顾客的）交易价值与交易成本。

例如，开社区体验店跟直接卖豆浆机或者豆浆相比无疑会提高一部分交易成本，但是增加了体验的交易价值，会吸引一部分追求新体验的顾客。宜家温馨的店面布置，提升了顾客的体验，间接提高了顾客的交易价值。

一项具体交易的成本由三部分组成：搜寻成本、讨价还价成本和执行成本。好的定位能够降低其中的某一项或某几项交易成本。例如，宜家的连锁模式增加了与客户的触点，降低了客户的搜寻成本；中介模式为交易两边的客户缩小了谈判对象的规模，降低了讨价还价成本；网上支付突破了银行时间、地点的限制，为客户降低了执行成本；居泰隆的整体解决方案模式为客户大大减少了交易商家的数量，同时降低了搜寻成本、讨价还价成本和执行成本。

3. 盈利模式——以利益相关者划分的收入结构、成本结构以及相应的收支方式

盈利模式包括盈利的来源和计价的方式。

盈利来源，具体来说，分为收入和成本两方面。收入方面，红星美凯龙的主要收入是租金和物业费；宜家是产品的品牌溢价；而居泰隆是各个环节的交易返点。成本上，居泰隆由于更多地借助其软件系统，门店就省了很大一笔展示费用。在连锁家具卖场行业，店面展示费差不多占了总成本的1/3。这部分空间的节省，直接构成了居泰隆结构性竞争优势的主要来源。

盈利来源不同会影响计价方式的不同。比如，红星美凯龙对家具厂商收取租金，红星美凯龙拿固定收益，家具厂商得到剩余收益；居泰隆则跟家具厂商按照交易量收佣金，双方均得到分成收益。

4. 关键资源能力——支撑交易结构背后的资源和能力

关键资源能力是企业商业模式运行背后的逻辑，是其运营能力有别于竞争对手并得以持续发展的背后支撑力量。不同的商业模式要求企业具备不同的关键资源能

力，同类商业模式其业绩的差异主要源于关键资源能力水平的不同。

红星美凯龙的交易结构聚焦于商业地产和连锁卖场运营，门店的面积和数量直接影响其成长性，卖场管理和开店能力是其关键资源能力；宜家的交易结构聚焦于连锁品牌产品连锁，其卖场管理、品牌运营和物流配送是其关键资源能力。比较这两个，由于红星美凯龙只负责商业地产，并不负责具体产品的销售，因此不需要具备物流配送能力；而宜家恰恰反过来，物流配送能力很重要，但是开店速度就没那么重要了，提升单店盈利和物流周转率同样可以成就高业绩。因此，不同的商业模式，其背后逻辑即关键资源能力也不同。

5. 现金流结构——以利益相关者划分的企业现金流入的结构和流出的结构以及相应的现金流形态

从这三个案例来看，红星美凯龙、宜家由于展示面积比较大，宜家还要负担产品 OEM 的资金投入，早期现金流投入也较大；而居泰隆的门店一来展示面积比较小，二来有订单才下给厂家和物流，是零库存，早期现金流投入自然比较小。而后期的现金流入，红星美凯龙取决于门店面积和租金水平；宜家取决于品牌溢价水平和门店成本控制；居泰隆则取决于交易量的充沛程度。从对资金流的压力来看，新开店对红星美凯龙和宜家的压力较大，居泰隆则较小。因此，现金流结构这个概念对分析不同商业模式在不同时点上的资金流状况也即财务风险有很好的前瞻作用。

此外，现金流结构也可以设计。同一个盈利模式可以对应不同的现金流结构。例如，同样是手机卡充值，可预存话费，可月结。前者首先使用的是用户的资金，运营商提前获得充沛的现金流以投入用户服务，后者则是先服务后收费，运营商需要先将自身的现金流投入运营服务。在客户初期投入较大的情况下，借助金融工具，或分期付款，或融资租赁，降低客户一次性购买门槛，无疑会吸引更多客户；在客户每次投入不大又重复消费的情况下，预收款，同时配以高质量的服务，能够在保持甚至提高客户满意度的同时释放企业的现金流压力。

6. 企业价值——商业模式的落脚点

评判商业模式优劣的最终标准就是企业价值（商业模式价值或者焦点企业价值）的高低。对于上市公司而言，直接表现为股票市值。而对于还没上市的公司，其企业价值的评估可以参考以下指标：净资产收益率、人均利润、净利润增长率等。总的来说，好的商业模式总是可以用同样的资源创造出更大的产值和利润。

如果按照商业模式组成要素逐项分析下来，宜家、红星美凯龙和居泰隆的商业模式分野就更加清晰了（具体见表 19—3）。

表 19—3　　家居连锁企业的商业模式分析

商业模式要素	红星美凯龙	宜家	居泰隆
定位	连锁卖场的商业地产运营	家居用品连锁卖场及相关地产运营	装修、家居用品全案设计，全程服务
业务系统	图 19—1	图 19—2	图 19—3
盈利模式	收入：进驻厂商的租金和物业费，地产升值 成本：卖场建设和维护成本	收入：销售利润，特许经营收入，地产升值 成本：卖场建设和维护成本；设计、生产、物流配送等环节的成本	收入：销售利润；加盟费；厂商、物流方的返点；人员派遣到终端的收入 成本：直营店建设和维护成本，人员培训成本
现金流结构	先期投入较大，后期获利水平稳定，同等利润水平占用的净资产较大	先期投入较大，后期获利水平较高，同等利润水平占用的净资产较大	先期投入较少，后期获利可靠持续，同等利润水平占用的净资产较小，且逐年下降
关键资源能力	品牌，卖场管理能力，服务能力，贴牌管理能力，开店能力	设计、生产资源的整合；物流配送能力；卖场管理能力	服务能力，多利益相关者的管理协调整合能力，连锁家居超市运营指导能力
企业价值	中等	中等	高

（三）商业模式的企业价值

作为焦点企业（其商业模式被研究的企业）与其利益相关者的交易结构，一个好的商业模式总是能为焦点企业及其利益相关者创造最大的价值，换言之，实现焦点企业剩余与利益相关者剩余之和的最大化。

正如图 19—7 所示，商业模式创造了巨大的交易价值，并付出一定的交易成本，两者之间的差为交易结构的价值空间；除了交易成本，焦点企业和利益相关者都需要付出货币成本，如内部管理费用、原材料采购成本等，价值空间减去货币成本就是商业模式为所有利益相关者所实现的价值创造，其组成为焦点企业剩余加上利益相关者剩余。

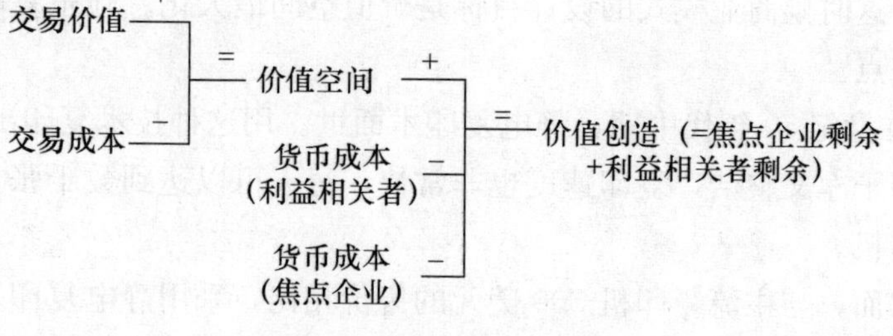

图 19—7　商业模式的企业价值

上文介绍的居泰隆，为顾客提供了物美价廉的装修一体化解决方案，为物流公司和家具厂商提供了大量的订单，这些都是商业模式为利益相关者所带来的交易价值；与此同时，居泰隆与家具厂商、物流公司的谈判，家具到当地门店再到顾客家中的配送、安装，都是商业模式运行时所必须付出的交易成本。交易价值和交易成本两者之差就构成了价值空间。此外，居泰隆要付出网站、培训中心等内部管理单元的成本，而家具厂商需要安排生产，物流公司需要建立仓储，这是焦点企业和利益相关者所必须付出的货币成本。价值空间扣除这些货币成本之后，就是价值创造。

价值创造反映了一个商业模式的价值大小，是利益相关者交易结构所形成企业组织的总剩余。在这里，商业模式价值，价值创造，焦点企业剩余与利益相关者剩余之和，这三者的内涵是一致的。好的商业模式要实现价值创造最大化。

不同前提条件下，谋求价值创造最大化的努力途径有所不同。

1. 同样需求，不同满足方式

这种情况有两种努力途径。

(1) 交易价值相同，交易成本不同——交易成本最小化。

在这种情况下，交易结构为交易各方提供的交易价值是基本类似的，除了治理结构，各个利益相关者所扮演的角色也是一致的。因此，治理结构的选择会直接影响交易成本的不同。寻求交易成本最小化，是谋求价值创造最大的有效途径。

农业合作社就是一个很好的典型。阿斯米尔拍卖合作社让花农会员拥有合作社的“控制权”和“剩余收益索取权”（剩余收益的返还，按照对合作社交易成本额的贡献比例分配，而非“出资额”），一方面有效提升了花农会员的积极性，另一方面使花农联合起来对抗市场的其他垄断力量，提高了风险共担能力。同时由于花农的利益具有很强的同质性，集体决策的成本并不太高，因此，这种商业模式就比零散的花农买卖要强大得多。合作社盛行于农业经济，并非巧合。

(2) 交易价值不同，交易成本也不同——价值空间最大化。

针对同一种需求，如果采取的商业模式中利益相关者组成不同，或者同一个利益相关者所承担的角色和关系不同，那么有可能面临交易价值和交易成本都不同的情况，这时候商业模式的设计目标是价值空间最大化。施乐复印机的历史完美诠释了这一点。

20 世纪 50 年代中期，静电复印术面世。用这种技术复印出来的复印件是干的，页面即干净又整洁，复印速度也非常快，每天可以达到数千张，远远高于当时主流的复印机。

然而，与主流复印机 300 美元的售价相比，采用静电复印术的机器制造成本是 2 000 美元。当时复印机厂家盛行的做法是采用“剃须刀—刀片”模式：对复印机设备用成本加上一个适当的价格卖出，目的是吸引更多的客户购买，而对配件和耗材则是单独收费，并且通常会在其成本之上加很高的价以获取高额利润。显然，由于成本过高，静电复印术很难照搬这种商业模式。在经受各种质疑之后，静电复印术最终采取了一种新的商业模式，并于 1959 年推向市场：消费者每个月只需支付

95 美元就能租到一台复印机，在每个月内如果复印的张数不超过 2 000 张，则不需要再支付任何其他费用，超过 2 000 张以后，每张再支付 4 美分。如果客户希望中止租约，只需提前 15 天通知公司即可。效果好得出奇：用户的办公室一旦安装了这种复印机，由于复印质量很高而且使用方便，用户每天——而不是每个月——要复印 2 000 张！这意味着从月租的第二天起，绝大多数复印机每多复印一张，就可以带来额外收入。此后十几年，该公司收入增长率一直保持在 41%，其股权回报率（ROE）也一直长期稳定在 20%左右。到了 1972 年，原本一家资本规模仅有 3 000 万美元的小公司已经变成了年收入高达 25 亿美元的商业巨头——施乐公司！

跟原来的“剃须刀—刀片”模式相比，施乐复印机的商业模式无论是从交易价值上，还是交易成本上都发生了彻底的变革，其价值空间无疑更大，因此，其商业成就更加辉煌也就不足为怪了。

2. 不同需求，同样模式——价值创造最大化

如果针对不同的客户需求，采取类似的模式，那么其交易成本结构是类似的，区别主要在于交易价值。当然，焦点企业和利益相关者所付出的货币成本也将由于需求的不同而大相径庭。

打个比方，同样是特许经营，如果都采取上缴固定加盟费，焦点企业（总部）获取固定收益，利益相关者（加盟商）获取剩余收益，即使一个是做餐饮，一个是做运动服装销售，仍然可以认为这两个模式是一样的。显然，这两个特许经营的交易成本结构是类似的，但是，餐饮的需求和运动服装销售的需求千差万别，需要上缴的固定加盟费肯定不同，因此，加盟商为总部所带来的交易价值肯定也不同；各自需要投入的货币成本也不同。最后，能否实现价值创造（交易价值减去交易成本再减去焦点企业和利益相关者的货币成本）最大化，将决定不同模式之间的竞争优势差异。

3. 同样需求，同样模式——管理效率最大化

这种情况比较简单：交易价值和交易成本的结构都类似，最终战略取向和管理能力的差异导致了企业竞争优势的差异，因此，这时候企业应寻求管理效率最大化。

那么，如果企业实现了同样的价值创造，我们如何评价它们之间的商业模式效率呢？我们认为，这时候货币成本越低，其交易效率就越大。换言之，我们把商业模式的交易效率定义为货币成本除以价值创造。

（四）商业模式创新动力

作为一种交易结构，利益相关者之间利益的平衡度是决定交易结构是否稳定的先决条件。换言之，如果有什么因素打破了利益相关者的利益和实力对比，交易结构就有可能发生变化，从而形成商业模式创新（具体见图 19—8）。而这种因素可能来自外生或者内生，这才是商业模式创新动力分歧的根源所在。

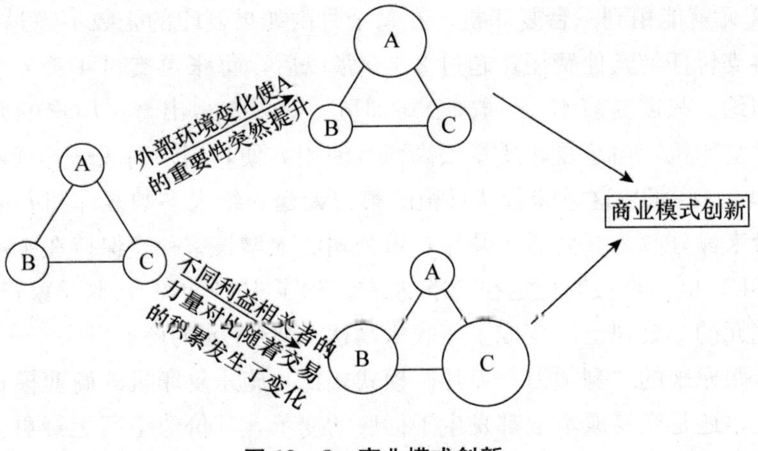

图 19—8　商业模式创新

商业模式价值并不等于焦点企业价值。因此，假如存在两种可选的商业模式，一种是商业模式价值较大，而焦点企业价值较低，另一种是商业模式价值较低，但焦点企业价值较大，那么，焦点企业有极大的意愿选择后者，而能否完成这个选择，很大程度上取决于焦点企业与其他利益相关者的资源禀赋所带来的实力对比和风险分担。例如，当国美壮大之后，很难抑制住冲动而不提高家电厂商的进场费。而当家电厂商的微利有可能经过国美的渠道走向亏损的时候，有实力的家电厂商就会建立自己的专卖店渠道。在这里，家电厂商建立专卖店渠道跟与国美合作相比，就整个企业组织的商业模式来说是不经济的，但是对家电厂商而言，这却是实现其企业价值最大化的合理选择。而从国美的角度出发，如果家电厂商与它合作，商业模式价值将达到最大，其焦点企业（国美）价值也足够大了；但由于国美要进一步提高其焦点企业价值，就不免失去一些合作伙伴的支持。最终的均衡结果来源于双方资源能力禀赋在交易结构上的博弈。

商业模式价值和焦点企业价值的不一致性，为商业模式的动态分析提供了理论逻辑基础。商业模式动态变化的驱动力可以是外生的，也可以是内生的。

外生的市场、环境、经济、政治等条件会改变利益相关者等的资源禀赋和力量对比，对商业模式产生巨大的影响。比如，小灵通是一种落后的无线通信技术，当UT斯达康大力推行时，很多通信设备商包括华为、中兴并不看好。但是，小灵通资费便宜，在三四线市场需求巨大，中国电信本身又没有无线业务，因此，UT斯达康和中国电信一拍即合：UT斯达康建设网络、销售终端，中国电信大力推广运营，终于成就了巨大的IT神话：UT斯达康一飞冲天，登陆纳斯达克，并连续17个季度盈利打破分析师预测；中国电信的本地网一开通小灵通，必然成就高速成长。然而，随着3G的来临，中国电信变成了包括有线、无线的全业务运营商，小灵通立刻变成边缘产品，双方的交易结构走向崩溃，而UT斯达康也风光不再！UT斯达康和中国电信的交易结构，因顺应市场发展而结成，又因市场变化而解体，可谓商业模式受外生因素影响的典型。

内生的力量也会造成商业模式的演化或者重构。交易结构中的所有利益相关者都有独立的利益诉求和资源能力禀赋。同样的交易结构，可能在目前这个市场环境和利益相关者的实力对比、利益诉求的前提条件下是最优的；但是，随着环境发生变化，利益相关者通过交易结构产生的实力积累带来了利益诉求变化，都有可能使原有交易结构不适应新的发展需要。这时候，就有必要对原有交易结构进行逐渐的演化或者革命性的重构。当然，对交易结构进行动态合约设计，是另外一个具有前瞻性的制度安排。

当资源能力禀赋支撑下的利益分歧还没有达到足以让交易结构解体的时候，商业模式更多的体现出演化的现象。例如，携程的商业模式建立在酒店、机票等旅游资源预订的中介服务上，其中必要的一点就是要收取酒店、机票的佣金。随着市场力量越来越强大，携程在和酒店等的谈判过程中越来越强势，其压价能力越来越强。酒店合作伙伴于是产生了分化：有些酒店仍然选择和携程合作（例如，如家），有些已经开始绕过携程发展自己的会员系统（例如，汉庭），有些则从一开始就把重点放在会员系统上（例如，七天）。酒店合作伙伴的分化并不会对携程的商业模式产生颠覆性的变革，但是，会对携程商业模式的演化产生一定的影响。

当资源能力禀赋支撑下的利益分歧强大到足以让交易结构解体的时候，商业模式将很有可能进行彻底的重构。例如，IBM 商业模式重构，埃斯特利奇推出的开放性 IBM PC 兼容架构采取了英特尔的芯片、微软的操作系统和其他供应商的元器件，一举打败了苹果的封闭系统。从 1981 年推出第一台 PC 开始，短短三四年时间，IBM PC 事业部从无到有，从有到大，1985 年收入超过 45 亿美元，如果独立出来，仅 PC 部门就可以成为美国第 74 家大工业公司，名列美国第三大计算机公司，仅次于 IBM 自己和 DEC。然而，IBM 这个交易结构在成就自己的同时，也培育了英特尔、微软和康柏等竞争对手。当英特尔和微软形成 Wintel 联盟的两大主宰，当康柏先于 IBM 推出 386 桌上型个人电脑时，IBM 终于意识到了事情的严重性。然而，形势不可逆转，IBM 重新推出自己的芯片和 OS/2 操作系统看起来更像是回光返照式的挣扎，PC 事业部终于随着埃斯特利奇的坠机“无可奈何花落去”。2004 年，IBM PC 部门卖给联想固然有发展战略转移的考虑，但其壮士断腕所折射出的王朝背影仍不免让人扼腕叹息。

以具备独立利益诉求和资源能力禀赋的利益相关者作为商业模式分析的核心，能全面、动态地分析商业模式运行的逻辑，预测商业模式运行的前景，从而为商业模式的动态演化和重构提供可行的理论分析工具。

（五）商业模式与其他理论关系

1. 管理模式与商业模式

商业模式跟管理模式的区别主要是理论内涵不同、着眼点不同、管理客体不同，并最终导致对企业绩效的影响也不同。

Robert A. Anthony 和 Vijay Govindarajan 在《管理控制系统》一书中提出战略实施框架，实质上是管理模式的理论体系。该理论框架认为，管理模式反映了企业的执行机制，分为六个要素：战略、组织结构、管理控制、企业文化、人力资源管理和业绩（见图 19—9），管理学的不同子学科属于该体系不同方面的阐述和分析。

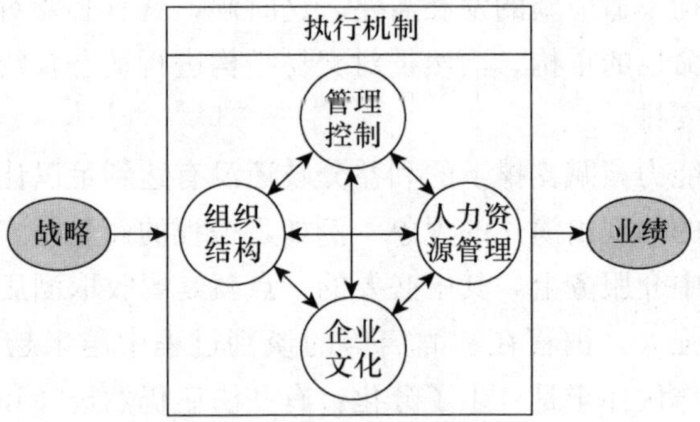

图 19—9　战略实施框架

战略决定企业的发展方向，是企业实现其长远目标的方法和途径。

组织结构是按照战略的要求，确定企业由哪些部门和岗位组成，部门与岗位的目标、职责和职权是什么，以及相互关系是怎样界定的。

管理控制指的是企业中的管理流程以及相应的制度和方法，常见的如战略规划流程、经营计划流程、预算管理流程、新产品开发流程、销售管理流程、风险管理流程等。

企业文化是企业内部员工共同的价值观和行为准则。

人力资源管理，则是那些与人力资源的招聘、培养、选拔、考核和激励等相关的工作。

战略通过组织结构、管理控制、企业文化和人力资源管理来实现，业绩是战略实现的结果。

商业模式是企业的基础结构，类似于一艘战舰的构造：不同种类战舰的发动机、船舱、甲板、炮塔、导弹等的结构和配置不同，在舰队中的位置和功能也不同。

管理模式类似于驾驶战舰的舰队官兵：舰队的最高长官，既需要组织分配官兵的工作，制定相应的管理控制流程，并建立官兵的选拔、培养和激励等制度，也需要有能够凝聚舰队战斗力的舰队文化。

只有先确定好了整个舰队的配置，构造好每一艘战舰，才能确定需要招募什么样的官兵以及如何提高官兵的战斗力。从这个角度上说，商业模式设计必须先于管理模式设计，商业模式重构的重要性也必然凌驾于战略、组织结构、人力资源等的转型之上。

商业模式是一个企业的运行机制，与人没有直接关系；而管理模式与人有直接关系，是一个企业的执行机制。商业模式调整优化可以从这五个方面的任何一个或者多个方面着手。当然，每一个方面的调整都会引起或者需要其他方面相应进行必要的调整和优化。商业模式也是不分行业的，在一个行业有效的商业模式如果出现在另外一个行业，对于这个行业来说就是商业模式的创新以至重构。

2. 战略与商业模式

战略指企业实现长期目标的方法，具体包括：加强型战略（市场开发，市场渗透，产品开发）、一体化战略（前向一体化，后向一体化，横向一体化）、多元化战略（相关多元化，不相关多元化）、防御型战略（收缩/重组，剥离，清算）和支持型战略（合资，兼并/合并，收购）。

在具体的战略方面，战略理论的关注点主要在产品、市场、产业价值链的定位，而商业模式除了定位，更注重利益相关者的利益诉求和交易结构，其关注点超过产业价值链的范畴。前文中提到的居泰隆，培训中心、网站、HDS 系统等内部利益相关者是一般家居用品营销企业所不具备的，而厂商和物流方在其中的职能也和传统的定位不一样。

即使是定位，战略和商业模式对其定义也不同。战略中的定位主要关注提供什么产品，为谁提供，换言之，更关注具体的客户及其需求；而商业模式中的定位主要关注如何提供，换言之，更关注满足（客户需求的）方式。因此，选择直销还是经销本身是商业模式问题，而经销什么产品、向谁经销等，则属于战略问题。

战略的暗含前提是目标客户群体的确定，而商业模式并没有这个暗含的理论前提。先定战略而后定模式，会大大限制商业模式的设计选择集；反过来，先定模式而后定战略，则有很多切实可行的战略选择集。因此，先定商业模式，确定好利益相关者和交易结构，后定战略，能够为战略制定提供一个坚实的现实基础，因此较易找到企业运营的解决方案。同一个行业，不同商业模式，制定的战略千变万化，企业业绩自然不同。而同一个商业模式，选择不同的战略，企业业绩也不会一样。在实际操作中，先定商业模式，后定战略，比较容易找到创新的企业设计解决方案。

3. 价值链理论与商业模式

由迈克尔·波特提出的价值链理论，一般性地把企业内外价值增加的活动分为基本活动和支持性活动，基本活动涉及企业生产、销售、进料后勤、发货后勤、售后服务。支持性活动涉及人事、财务、计划、研究与开发、采购等，基本活动和支持性活动构成了企业的价值链。假如企业做专业化，把价值链的不同环节分出去，就变成了通常所说的“产业价值链”。

价值链理论是基于一个传统的产业划分。划定好了行业和产业，暗含的前提就是确定了交易活动和交易对象，比如，传统连锁家居卖场中的物流、店面管理等。

当今的商业世界，不同产业不同行业之间的触点越来越多，其间的交易活动也越来越多样化，已经很难用简单的价值链或价值网来概括，此外，商业模式设计本身也可以并且需要创造新的交易活动。

此外，价值链的基本活动有一个时序的潜在假设，但是，随着企业联盟的出现，交易方的增多，很多活动的时序已经不是固定的，而是可变多样的。

价值链理论是以活动为中心的，而商业模式理论则是以利益相关者为核心的。同样的价值链活动可以由不同的利益相关者实施，其交易结构也可以截然不同。

四、未来研究方向

（一）结构洞理论

一个结构洞是两个行动者之间非冗余的联系。打个比方，对于三个行动者 A，B，C 而言，如果 A 和 B 有联系，A 与 C 有联系，但 B，C 之间不存在联系，则 B 和 C 之间存在一个洞。A，B，C 之间关系的这种结构就是一个结构洞，而 A 是结构洞的中间人。结构洞能够为中间人（如上面提到的 A）获取“信息利益”（information benefits）和“控制利益”（control benefits）提供机会，从而比网络中其他位置上的成员更具有竞争优势。此外，不同的社会网络结构所造成的社会效益是不同的。

假如把结构洞引入商业模式交易结构的研究，则可以通过分析焦点企业在成为结构洞中间人过程中，因其“信息利益”和“控制利益”而形成结构性竞争优势所带来企业绩效的不同表现来评价不同类型的商业模式。此外，从网络结构分析交易结构的构型，也可以对企业的结构性竞争优势和绩效影响提供坚实的理论基础。

（二）利益相关者理论

利益相关者理论认为，通过合法性、权力性和影响能力可以把利益相关者分为七类：蛰伏、关键、或有、危险、权威、从属、要求。也有部分学者根据与企业的紧密程度把利益相关者分为首要利益相关者和次要利益相关者。

假如从商业模式的交易结构出发，结合交易成本经济学，则可以按照权力归属把利益相关者分为内部、类内部和外部，有可能更明晰，也更符合企业的决策习惯，为企业专业化、一体化、多元化或者兼并收购等战略选择提供决策依据。

此外，利益相关者理论在预设交易结构的基础上划定各种利益相关者的分类。然而，按照商业模式的利益相关者交易结构理论，在没有设计好商业模式之前，利益相关者的分类是开放的；只有在确定好企业的商业模式之后，利益相关者才有可能确定为内部、类内部和外部。

（三）交易成本经济学

从交易成本的角度研究商业模式，可以分析业务系统的角色即利益相关者之间的权力归属。利益相关者的角色可以分为所有权交易、市场交易和介于这两者之间的加盟、直营、特许、参股等中间状态。分析这些角色的应用条件将大大丰富交易成本经济学的理论框架。

交易成本经济学关注的是焦点企业的交易总成本，而商业模式关注整个商业模式交易结构中所有利益相关者的交易总成本。一个交易结构要能够自行运转起来，各个利益相关者自身的交易总成本要达到最低，或者比不列入这个交易结构之前更低，这是一个交易结构能否稳定和持久的利益基础。

交易成本经济学分析的是在确定交易内容和部分交易对象之后，对某部分交易内容是由企业自己运营还是直接向外部购买的决策问题。对应到商业模式的框架上，交易成本经济学实际上预设了交易结构的部分构型和部分关系，只是对剩余构型、关系和角色提供决策分析。而商业模式的设计是不预设前提的，企业交易什么，如何交易，跟谁交易等，都可以成为分析交易成本的决策过程。比如，携程在早期的时候做旅游门户网站，遭遇市场惨淡之后才转为做旅游资源预订中介网站，按照原先的交易成本经济学是没办法分析的，因为交易内容、交易对象完全变了，而由于商业模式不预设交易内容（关系）、交易对象（部分构型），就有可能对此类现象进行分析。

（四）机制设计理论

机制设计理论认为，对于任意给定的一个经济或社会目标，在自由选择、自愿交换、信息不完全等分散化决策条件下，能否设计以及怎样设计出一个经济机制，使经济活动参与者的个人利益和设计者既定的目标一致。经济机制理论包括信息理论和激励理论，并用经济模型给出令人信服的说明。经济机制理论的模型由四部分组成：经济环境，自利行为描述，想要得到的社会目标，配置机制（包括信息空间和配置规则）。

从研究路径和方法来看，与传统经济学在研究方法上把市场机制作为已知，研究它能导致什么样的配置有所不同，机制设计理论把社会目标作为已知，试图寻找实现既定社会目标的经济机制，即通过设计博弈的具体形式，在满足参与者各自条件约束的情况下，使参与者在自利行为下选择的策略的相互作用能够让配置结果与预期目标相一致。

机制设计理论在社会目标给定、参与者给定的前提下得到相应的配置机制。商业模式的企业目标可以认为是给定的（企业价值最大化），但参与者并不给定。利益相关者的多少或取舍是商业模式设计最为关键的问题之一；即使给定利益相关者，其交易的内容不同、方式不同，涉及的机制设计问题也不相同，这些问题在机制设计理论中并没有得到解决。当然，在设定好利益相关者和交易内容之后，机制设计理论在商业模式领域有很大的用武之地。

（五）战略与商业模式的相互决定关系

Amit and Zott（2008）证明了商业模式和产品市场战略是截然不同的（distinct）、互补而非替代（complements，not substitutes）的一对概念；商业模式和产品市场战略的组合一致性能够为企业创造优秀的业绩，例如创新型商业模式（novelty-centered business models）配合差异化、成本领先和早期进入市场（differentiation，cost leadership，or early market entry）的产品市场战略能够提升企业业绩。

但是，是先有商业模式还是先有战略，是商业模式决定了战略还是战略决定了商业模式，两位学者并没有做出解答，而是在研究展望中把这个作为进一步研究的方向。

事实上，战略的暗含前提是目标客户群体的确定，而商业模式并没有这个暗含的理论前提。因此，如果先确定战略而后定模式，则会大大限制商业模式的设计选择集；反过来，先定模式而后定战略，则不存在这个问题。因此，研究者表示，先定商业模式，确定好利益相关者和交易结构，后定战略，能够为战略制定提供一个坚实的现实基础，因此较易找到企业运营的解决方案。在理论上，如何对这个问题进行论证，有待进一步研究。

建议阅读文献

[1] 迈克尔·波特．竞争战略［M］．北京：华夏出版社，1997

[2] 彼得·德鲁克．创新与企业家精神［M］．上海：上海人民出版社，2002

[3] 彼得·德鲁克．卓有成效的管理者［M］．北京：机械工业出版社，2009

[4] 罗珉，曾涛，周思伟．企业商业模式创新：基于租金理论的解释［J］．中国工业经济，2005（7）：73～81

[5] 荆林波．对新经济相关问题的研究［J］．世界经济与政治，2001（5）：11

[6] 魏炜，朱武祥．发现商业模式［M］．北京：机械工业出版社，2009

[7] 魏炜，朱武祥．重构商业模式［M］．北京：机械工业出版社，2010

[8] Schumpeter，J. A，Fels R. *Business cycles*［M］．New York：McGraw-Hill，1939

[9] Peter，Weill.，Michael，R. Vitale. *Place to space：Migrating to e-business models*［M］．Boston，MA：Harvard Business Press，2001

[10] Amit，R.，Zott，C. 2001. Value creation in e-business［J］．*Strategic Management Journal*，22（6-7）：493-520

[11] Applegate，L. M. E-business Models：Making sense of the Internet business landscape［J］．*Information Technology and the Future Enterprise：New Models for Managers*. G. Dickson，W. Gary and G. DeSanctis. Upper Saddle River，NJ，Prentice Hall，2001

[12] Stähler, P. 2002. Business models as an unit of analysis for strategizing [C]. *International Workshop on Business Models*, Lausanne, Switzerland: 4-5

[13] Linder, J. and S. Cantrell. 2000. Changing Business Models: Surveying the Landscape [J]. *Accenture Institute for Strategic Change*

[14] Gordijn, J., Akkermans, H., Van Vliet, J. 2001. Designing and evaluating e-business models [J]. *IEEE Intelligent Systems* 16 (4): 11-17

[15] Afuah, A. and Tucci, C. 2001. *Internet Business Models and Strategies* [M]. New York: McGraw-HillInternational Editions

[16] Magretta, Joan. 2002. Why Business Models Matter. [J]. *Harvard Business Review* 80 (5): 86-92

[17] Rappa, M. A. 2004. The utility business model and the future of computing services [J]. *IBM Systems Journal* 43 (1): 32-42

[18] Hawkins, R. 2001. The "Business Model" as a research problem in electronic commerce [J]. *STAR* (*Socio-economic trends assessment for the digital revolution*) *IST Project*, Issue Report

[19] Elliot, S. 2002. Introduction to B2C strategies and models [J]. *Electronic commerce: B2C strategies and models*: 1-17

[20] Mahadevan, B. Business models for Internet-based e-commerce [J]. *California Management Review*, 2000, 42 (4): 55-69

[21] Petrovic, O., Kittl, C. &Teksten, R. 2001. *Developing business models for e-business* [J]. Paper presented at the International Conference on Electronic Commerce, Vienna

[22] Papakiriakopoulos, D., Poulymenakou, A., Doukidis, G. 2001. *Building e-Business Models: An Analytical Framework and Development Guidelines* [J]. In the Proceedings of 14th Bled Electronic Commerce Conference 6: 25-26

[23] Weill, P., Vitale, M. R. 2001. *Place to space: Migrating to e-business models* [M]. Boston, MA: Harvard Business Press

[24] Mahadevan, V., Chaczko, Z., Braun, R. 2004. Mastering the mystery through "SAIQ" metrics of user experience in telecollaboration business systems [C] //*ICWI*: 1029-1034

[25] Hamel, G. *Leading the Revolution* [M]. Boston, MA: Harvard Business School Press, 2000

[26] Zott, C., Amit, R. 2008. The fit between product market strategy and business model: implications for firm performance [J]. *Strategic Management Journal* 29 (1): 1-26

[27] Makadok, R. 2001. Toward a synthesis of the resource-based and dynamic-capability views of rent creation [J]. *Strategic Management Journal* 22 (5): 387-401

[28] Timmers P. 1998. Business models for electronic markets [J]. *Electronic Markets* 8 (2): 3-8

朱武祥（清华大学）

图书在版编目（CIP）数据

财务管理理论前沿专题/周守华主编. —北京：中国人民大学出版社，2013.11
高等院校研究生用书
ISBN 978-7-300-18248-3

Ⅰ.①财… Ⅱ.①周… Ⅲ.①财务管理-高等学校-教材 Ⅳ.①F275

中国版本图书馆 CIP 数据核字（2013）第 247255 号

高等院校研究生用书
财务管理理论前沿专题
主　编　周守华　汤谷良　陆正飞　王化成
Caiwu Guanli Lilun Qianyan Zhuanti

出版发行	中国人民大学出版社		
社　　址	北京中关村大街 31 号	**邮政编码**	100080
电　　话	010－62511242（总编室）		010－62511770（质管部）
	010－82501766（邮购部）		010－62514148（门市部）
	010－62515195（发行公司）		010－62515275（盗版举报）
网　　址	http://www.crup.com.cn		
经　　销	新华书店		
印　　刷	北京溢漾印刷有限公司		
规　　格	185 mm×260 mm　16 开本	**版　　次**	2013 年 11 月第 1 版
印　　张	29.25 插页 1	**印　　次**	2023 年 5 月第 5 次印刷
字　　数	580 000	**定　　价**	59.00 元

教师教学服务说明

中国人民大学出版社财会出版分社以出版经典、高品质的会计、财务管理、审计等领域各层次教材为宗旨。

为了更好地为一线教师服务，近年来财会出版分社着力建设了一批数字化、立体化的网络教学资源。教师可以通过以下方式获得免费下载教学资源的权限：

在中国人民大学出版社网站 www. crup. com. cn 进行注册，注册后进入“会员中心”，在左侧点击“我的教师认证”，填写相关信息，提交后等待审核。我们将在一个工作日内为您开通相关资源的下载权限。

如您急需教学资源或需要其他帮助，请在工作时间与我们联络：

中国人民大学出版社　财会出版分社

联系电话：010-62515987，62515735

电子邮箱：ckcbfs@crup. com. cn

通讯地址：北京市海淀区中关村大街甲 59 号文化大厦 1501 室（100872）